WE NOW KNOW: Rethinking Cold War History

歴史としての冷戦

力と平和の追求

John Lewis Gaddis
ジョン・ルイス・ギャディス 著
Kanji Akagi Yusuke Saito
赤木完爾・齊藤祐介 訳

慶應義塾大学出版会

WE NOW KNOW: Rethinking Cold War History
by
John Lewis Gaddis

まえがき

数年前私は、オックスフォード大学のハロルド・ヴィヴィアン・ハームズワース記念講座の教授として招聘され、この高名な大学に一年間滞在した。私の職務は、学生の個別指導、セミナーへの参加、学寮食堂の教授席での会食、ならびに私が選択したテーマで五十分八回の講義をすることであった。私が滞在したのは一九九二年の秋からの一年であったが、まるで七百年以上前のミカエルマス学期と同様に、秋になるとオックスフォードは学生であふれた。学生たちは勉強熱心ではあるが、じめじめした気候のために風邪をひいていて、すでに体内に取り込んでいた細菌とオックスフォードの霧や湿地に特有の細菌とが混じりあって、鼻声で話し咳込んでいた。少なからぬ数の学生とこれら細菌も一緒に、ハイストリートにあるエグザミネーション・スクールでの私の講義に出席した。そのため私も程なく、くしゃみが出るようになり、鼻水や鼻づまりで私は講義をしばしば中断することになった。

連続講義のテーマはふさわしくも冷戦であり、私にとってなじみ深い主題であった。しかし悩みの種となったオックスフォードの風邪の細菌類と同様に、その時の国際環境にはなじみがなかった。一九九二年は、だれもが今や冷戦後の時代に入ったと合意した最初の年であったが、その結果として、この年の講義は私にとって冷戦の起源からその終結までを取り上げる初めての機会となった。そこで、私はルイス・ハレーの古典的な業績であるが、世に問うには

早すぎた『歴史としての冷戦』に倣って、彼が一九六〇年代にこのテーマを扱った方法を踏襲した。すなわち、

［冷戦を］長い人類の歴史において何回か繰り返された闘争の一つとして、また我々の経験によれば、かかる紛争はそれ自体の力学を有しており、発端、展開および終結のサイクルを描くことを特色とする現象として取り扱った。*

ハレーの博識にもかかわらず、私には彼を凌駕する二つの大きな利点があった。私には冷戦の結末がわかっていたし、量的にはわずかではあるが、少なくとも旧ソ連、東ヨーロッパ諸国、中華人民共和国の冷戦に関する史料に接している。そこで私は古い講義ノートを破棄することを決意し（もっともそれは黄ばんでボロボロになっていたので、いずれにせよオックスフォードのじめじめした気候のなかでは朽ち果てたであろうが）、単なるアメリカ外交史としてではなく、国際史（international history）として新しい講義ノートを準備することに決めた。そこでは、冷戦の終結が冷戦全体についての理解に与える影響に焦点が当てられる。これは小さな書物になるはずであった。

一九九三年夏にオックスフォードを去るときまでには、「向こう側」からの史料公開のしずくが、大洪水には至らないにしても、氾濫の様相を呈するまでになっていた。これらの新史料を公正に判断することは、講義であれそれをとりまとめた出版物であれ、ほとんど不可能であろうと理解するようになっていたが、冷戦について我々がすでに知っていることに関連づけながら、新しい史料をできるだけ取り入れて冷戦史の全体像を描くことはより価値のあることだと考えるようになった。それでも多くの史料がその後も公開されつつあったため、冷戦の最初の三分の一の期間だけでも新事実が相当な量にのぼり、この期間を扱った草稿がすでにして長大なものになっていた。そのため、冷戦の最初の三分の一の期間に焦点を当てざるをえなかった。このようにして、キューバ・ミサイル危機までを扱い、重複はあるが相互に関連するひとそろいの叙述として本書を構成することにしたのである。

本書の題名『我々は今やわかっている（*We Now Know*）』を解題しておこう。「我々」という言葉で私が意味するのは、私が研究結果を解釈させてもらった、冷戦後の冷戦史研究者である。あらゆる歴史家が先駆の歴史家の恩恵に

浴しており、その意味で私が「我々」と「私」を結び付けることは珍しいことではない。しかし、先駆者の業績から学ぶのは普通若者であるのに、ここではそのパターンが逆転している。すなわち「新」冷戦史は主に二十、三十代の研究者によって書かれており、その中には光栄なことに私の教え子が何人かいるが、教え子やその同世代の者たちが私から学んだものがたとえ何であっても、私が彼らから学んだものに比べると色あせてしまうからだ。したがって、私はここで喜んで彼らから受けた恩恵を記したい。もっともこれらの若い教師たちが本書にどのような点数を付けるのがふさわしいと考えるかは、今後を待たなければならない。

題名中の「今や」という言葉で本書を時間軸上のある特定の時点に位置づけたい。それは決して永久ということを意味しているのではない。それは、冷戦の最中には知らなかったか、あるいは少なくともはっきりとは知らなかったことについて、「今の時点」ではわかったつもりであると私が考えている、ということである。たしかに、時の経過とともに我々はより多くのことを知るようになるであろうが、そうしたことは私がこの本で書いた内容と一致するかもしれないし、しないかもしれない。「……と見える」や「……と思われる」あるいは「現在利用可能な史料に基づいて」といった、もったいぶった表現で文章を始めていたとしたら、極端に冗長な著述となっていただろう。だがそうした留保は本書全体に適用されている。ちょうど本書が、私が以前考え議論したことの多くを修正したように、私は新しい事実が明らかにされることを考えて自分の考えを変更する権利も留保しておきたい。

「わかっている」という表現では、すべての歴史解釈につきものの暫定的な性格を想定している。歴史家は自分自身が生きる時代や場所の産物であり、その囚われの身でもある。歴史家が先入観から逃れられないのは、自分のワープロや教える学生に向かう際に神のごとく不偏不党にはなれないのと同じである。私は先入観なしに新たな史料に取り組もうと試みた。しかしながら、実際あらゆる歴史家も正直に言うことはないと思うが、そうした史料が収まるところに収まるのにまかせたと言うつもりもない。私は大半の歴史家と同様、自分の解釈の文脈でそれらを配列した。

こうした史料の取り扱いに同意できるかどうかは読者自身の判断に委ねたい。

本書執筆にあたって、すでにものにしているロシア語、ポーランド語、チェコ語、ドイツ語、ハンガリー語、中国語、ベトナム語、そして、スペイン語に磨きをかけつつ、同時にモスクワ、ワルシャワ、プラハ、ベルリン、ブダペスト、北京、ハノイにある公文書と格闘したと言いたいところであるが、残念なことに、実際はそうではない。本当のところは、そうするかわりに英語ですでに利用可能となっていた史料に頼ったし、しかもそれらの数に圧倒された。私は、ワシントンにあるウッドロー・ウイルソン・センターの冷戦国際史プロジェクトの発行する紀要、研究論文を特に利用した。同センターでは、ジェームズ・ハーシュバーグ氏とその同僚たちが冷戦に関する資料を収集し、容易に利用可能な形にまとめるということに文字通り尽力されていた。そしてまた、これを通して、「新」冷戦史の研究者はジョン・DならびにキャサリンT・マッカーサー財団が同プロジェクトに提供している援助から支援を得ていることになり、この援助がなければこの分野の研究はほとんど立ち行かなくなるであろう。

私が本書で採用した手法は、一次史料や現地語に基づいた専門的な研究書に代わるものではない。「私がしてきたようにではなく、私が言うようにしなさい」と私は自分の学生に言っているのだが、学生たちは「ロッキー・ホラー・ピクチャー・ショウ」の台詞か何かのように、今やオウム替えしに出来るほどこのせりふを何度もきかされている。全体的な冷戦史理解に求められる、すべての公文書や言語をものにした歴史家はまず存在しないであろう。冷戦史の多くは本書のように、他の研究者の業績や言語的能力の恩恵に大きく依拠しながら書かれていくことであろう。

かなりの多くの方々や、研究機関の援助によって、本書が出版される運びとなった。オックスフォード大学出版会（在オックスフォード）のティム・バートン氏は風邪に悩まされて講義する私を励まし、最初にこの講義を本にまとめることを提案してくれた。長い間おつきあいをしているニューヨークにあるオックスフォード大学出版会の編集者、シェルダン・ミーヤー氏がその考えに強く賛同した。私が執筆を開始するやいなや、オックスフォード大学のクイーンズカレッジの学寮長と同僚には快適な環境を提供していただいた。私は特にアラステア・パーカー氏やオックスフォードの友人の中では、アン・デイトン氏、ジョン・ドゥンバービン氏、ローズマリー・フット女史、ティモシー・ガートン・アッシュ氏、ダニエル・ハウ氏、ロバート・オニール氏、アダム・ロバーツ氏、ジョン・ロウェット氏、アヴィ・シュライム氏、ガイヤ・ウッズ氏に特に感謝の意を表したい。

ジェームズ・ハーシュバーグ氏の支援は不可欠のものであった。氏の編集する冷戦国際史プロジェクトの紀要の各号が三十ペイジから三百ペイジに膨らむにつれて、氏が新しい文書を探し出し、掘り出したのと同じぐらいの速さで執筆することはできないのではないかという深刻な思いが増してきた。また私は、国家安全保障関係文書コレクション（National Security Archive）からの援助もいただいた。そこではトム・ブラントン氏、マルコム・バーン氏、クリスチャン・オスターマン氏、ヴラディスラヴ・ズボック氏には、新しい文書を多く紹介していただいた。そして、ゲイル・ルンデスタッド氏、オッド・アーン・ウェスタッド氏には、私が結論部分を執筆しているときに、ノルウェー・ノーベル財団からの心のこもった支援を提供していただいた。また、ウッドロー・ウイルソン・センターでの一年の研究生活からは多くの恩恵を得た。当初は別の目的があったのだが、主に本書を仕上げるために使わせていただいた。チャールズ・ブリッツァー氏、サミュエル・F・ウェルズ二世氏、そしてロバート・ハッチングス氏は、私が本書の完成に向けて格闘しているとき、忍耐強さと理解を示していただいた。

私はまた、特別なご恩をニコラス・リゾポウロス氏に感じている。氏には、まったく適切なときに、外交評議会のウイトニー・シェパードソン・フェローシップに選出していただいた。本書のタイトルページに感謝の念をもって記されているが、このフェローシップによって、各章の草稿をハロルド・プラット・ハウスの手強いが、洞察力に富む専門家の前で発表する機会が私には与えられた。この専門家諸氏の中には、ロバート・ベイスナー、トンプソン・ブラッドレー、マクジョージ・バンデイ、ジョン・C・キャンベル、ジェームス・チェイス、マーク・ダナー、キース・デイトン、デイヴィッド・デヌーン、ロバート・デヴリン、マイケル・ダン、フレッド・グリーンスタイン、デイヴィッド・ヘンドリクソン、スタンレー・ホフマン、ジョン・アイアトライデス、ジョン・アイケンベリー、マイルズ・カーラー、エザン・カプスタイン、ダニエル・カウフマン、ケネス・ケラー、ブルックス・ケリー、ポール・ケネディ、ダイアン・クンツ、チャールズ・カプチャン、メルヴィン・レフラー、ロバート・レグボルド、マイケル・マンデルバウム、アーネスト・メイ、チャールズ・ウイリアム・メインズ、カール・マイヤー、リンダ・ミラー、フィリップ・ナッシュ、ジョン・ニューハウス、ヴァルデマー・ニールセン、マイケル・オッペンハイマー、マイケル・ピーターズ、エドワード・ローズ、ギデオン・ローズ、アーサー・シュレジンガー二世、マーシャル・シュルマン、レオン・シーガル、トニー・スミス、ジャック・スナイダー、アンダーズ・スティーヴァンソン、ウイリアム・タウブマン、マーク・トラックテンバーグ、ヘンリー・ターナー、ロバート・W・タッカー、リチャード・ウルマン、リンダ・リグリー、ファリード・ザカリアという方々が含まれていた。このように便宜を図っていただいたことが、本書執筆時の「リゾポウロス待遇」は有名になった。これらの顔ぶれが示しているように、本書において真価を発揮していることを私は望むだけである。

私はまた、研究助手のルー・スー・チャン、D・J・クリントン、ウッドロー・ウイルソン・センターのレベカ・デイヴィスにも感謝の意を表したい。さらに、本書の草稿を用いて、かなりの部分を教材として課せられたオハイオ大学の大学院生や、草稿の一部を読んで批評をしてくれた同僚のアロンゾ・ハンビー、スティーヴン・マイナーやチェスター・パークにもお礼を申し上げる。オハイオ大学現代史研究所のハリー・ウィラード、カラ・ダンフィーには快く準備を手助けしていただいた。オックスフォード大学出版局のソフィー・アーマドには出版の最終段階で忍耐強くそして、細部に至るまで細心の注意を払っていただいた。

草稿を読んで批評を頂いた方の中には、マシュー・コネリー、ロバート・H・フェレル、アレグザンダー・ジョージ、ホープ・ハリソン、ジョージ・F・ケナン、ゲイル・ルンデスタッド、ウイルソン・D・ミスキャンブル、トーマス・シェトリ、マーテイン・スミス、ナンシー・バンコフ・タッカー、オッド・アーン・ウェスタッド、ヴラジスラヴ・ズボックの各氏がいる。そしてこの中には、プリンストン大学で学位論文を作成中（そしてクリスマス休暇）にもかかわらず、時間を割いて、草稿を丹念に読んでくれた息子のマイケルも含まれている。これらすべての方々や研究機関のご支援に対して、私は心から感謝を申し上げたい。本書は、こうした支援があって、一層改良が施されたのである。しかし、もちろんどなたも、息子のマイケルでさえも、本書の内容に関してはまったく責任などなく、それは私のみが負うべきものである。

最後に献呈の辞を申し述べたい。オハイオ大学はこれまで四半世紀以上にわたってわが家ともいうべきものであった。私はそこで研究者としての経歴を築き、一世代におよぶ間学生を教育し、今や立派に成長した研究機関を設立し、さらにはアセンズという素晴らしい町で家族を養ってきたのである。これ以外の場所ではかくもうまくことは運ばなかったであろう。今般、はからずも当地を去ることになったが、この、他には希な、人情に厚く、今もなおやや秘密めいたところのある場所について、せめて思いのたけでも吐露せずにいられない。そこで被った恩恵は終生忘れ難いものとなるであろう。

ジョン・ルイス・ギャディス
オハイオ州アセンズ
一九九六年八月

* Louis J. Halle, *The Cold War as History* (New York: Harper & Row, 1967), p. xii.

目次

凡例

一　原註は一括して巻末に掲載した。
一　本文中の［　］内の語句は、ラヴレンティ［ベリヤ］のような、訳者による機械的な補足であり、〔　〕内は訳註である。
一　本文中の傍点は、原文中のイタリックによる強調部分に付している。
一　本文中、原著者の叙述の中にある、「今」、「今日」、「現在」などは、原著が刊行された一九九七年を指す。
一　各章の中見出しは訳者による。

第一章　世界の分割

今日世界には二つの偉大な国民が存在する。すなわちロシア人とアメリカ人である。彼らは出発点は異なるが、同じ目標に向かっているように思える。（中略）両国は神の摂理という秘められた意図によって、それぞれ世界の半分をその掌中に収めるべく運命づけられているようである。

アレクシス・ド・トクヴィル、一八三五年(1)

第三帝国の敗退に伴い、またアジア、アフリカ、そしておそらく南米のナショナリズムが出現しつつある中で、対等に張り合うだけの力を持った大国は世界に二つだけとなるであろう。すなわちアメリカとソヴィエト・ロシアである。歴史と地理の法則が命じるところにより、この二つの大国は軍事的あるいは経済とイデオロギーの分野の双方において、角逐を余儀なくされるであろう。同様の法則によって、両大国がヨーロッパの敵となることは不可避となる。そして遅かれ早かれ、両大国が、ヨーロッパで唯一残された偉大な国民であるドイツ民族の支援を得るのが望ましいことに気づくであろうこともまた確かである。

アドルフ・ヒトラー、一九四五年(2)

冷戦の歴史を、予見された出来事が現実のものとなる一世紀以上前に下されたトクヴィルの有名な予言から説きおこすのは、ありふれたやり方にさえなってきている。ヒトラーの予測は、そうした出来事がまさに進行中であったときに述べられたものだが、当然ながらあまり知られてはいない。それにもかかわらず、民主政治の最も偉大な研究者と独裁政治の最も恥ずべき実践者とによって、百十年の時を隔てて提出された二つの将来展望における類似性は印象的である。誰にとっても、何が待ち受けているのかを、最も漠然とした表現で予想することさえもがまったく希有なことだからである。一九四五年に始まる世界の分割は本当に「神の摂理という秘められた意図」の結果であったのか、あるいは、ヒトラーのより世俗的な言い回しを好むのであれば、歴史と地理に由来する一連の法則の結果であったのだろうか。または起こりそうにもない偶然であったのか。それとも大きな出来事がしばしばそうであるように、それらの中間であったのか。

トクヴィルは大抵の人々と同じやり方で予測を行った。すなわち、過去と現在を未来に投影したのである。当時、アメリカとロシアは人口疎らであるものの資源に富んだ広大な大陸を有していた。両国は高い出生率を誇っており、したがって急速な発展への潜在力があった。両国は次から次へとフロンティアを越えて膨張していったが、それを妨害する力を持った競争相手には遭遇しなかった。しかし似ているのはここまでである。アメリカは一八三五年においてすでに世界で最も民主的な共和国であったが、ロシア帝国は権威主義的君主制の最も顕著な実例であった。トクヴィルはこの対照を明確に見て取った。すなわち、アメリカ人が「個人の利害に依存し、個人の力と良識に自由な活動の余地を与え」たのに対して、ロシア人は「社会の全権力を一人の人間に」集中させた。(3) しかし重要なことは、統治体制におけるこの相違が、米露二国間関係、あるいはこれら両国と他の国々との関係にいかなる影響をもたらすのかについて、彼がまったく語っていないことである。その後の世代が「二極性」と呼ぶことになったものが、トクヴィルを驚かせることはなかったであろうが、体制の相違から対立——それが熱いものであれ冷たいものであれ——が生ずるか否かについては、研究者の中でも最も鋭い洞察力を持ったトクヴィルにとってさえ、明らかなことではなかった。

現在、ロシアとアメリカによるグローバルな覇権闘争の始まりから盛時を経てその終幕までについて説明することは、千里眼を有する人物ではなく歴史家の努めである。我々はトクヴィルが辛うじて見分けることができたにすぎない遥かな地平線のかなたにいる。我々は彼の予言が、ヒトラーの予想さえ上回るような形で現実のものとなったことを知っている。すなわち巨大な力と激しい敵意とが実際に結びつき、全ヨーロッパと世界の国々の大半のみならず、人によれば、文明そのものの未来をも包み込んだのであった。今や我々は、どのようにしてこの対立が起きたかを観察し、トクヴィルとヒトラーが予想したロシアとアメリカの力の優越が、どのような過程を経て、世界があれほどまでに恐れた冷戦にまで発展したのかを検証する立場にいる。冷戦が起こるべくしてそうなったものであるのかどうか、また、一八三五年から――あるいは一九四五年からでさえ――今日に至るまで他にとることのできる道筋があったのかどうかに関して、あれこれ思いを凝らすことについても我々はまた自由な立場にいるのである。

Ⅰ　初期の米露関係

トクヴィルの執筆時には、アメリカとロシアには、今日のいわばパラグアイとモンゴルの間に存在するほどのつながりしかなかった。アメリカはナポレオン戦争と、危うく自滅しかけた一八一二年の対英戦争の後で、ヨーロッパ問題へのさらなる関与から身を引こうとした。一八二三年のモンロー宣言は新大陸に対する厚顔な主張であると同時に、旧大陸からの喜ばしい撤退でもあった。そうした自己否定的な布告を発することはなかったけれども、一八二五年の皇帝アレクサンドル一世の死後、ロシアも内向きとなり、どのみち充分に安定的であると思われたヨーロッパの秩序維持について時折一定の役割を演ずるだけとなった。同じ時期にアメリカとロシアの関心がヨーロッパから離れ、大陸帝国の発展に向かい始めたという変化は、来るべき数十年間には両国の市民の間にほとんど関係が生じないであろうことを意味していた。世界にはまだ諸帝国が交差することなく拡張するのに充分なほどの余地があったのである。

多少の接触があったことは確かである。アメリカ独立革命の時代以降、わずかな貿易と人の往来があり、このことが今度は、アメリカとロシア双方において教育のある少数の人々の中に互いの文化や制度に対する控えめな関心を生じさせたのである。両国は領土内で征服した人々を管理するという、同じではないが類似した問題を抱えていた。非常に異なる状況のもとではあったが、両国は奴隷制度をほぼ同時期に廃止した。ロシアの農奴は一八六一年に解放され、一八六三年にアメリカの奴隷制は廃止された。両国はこの時代の明白な覇権国であるイギリスに強い不信感を抱いていたが、その態度はクリミア戦争時のロシア人に対するアメリカ人の共感であるとか、南北戦争中の北部に対するロシア人の「ひいき」に現れていた。また両国は、北アメリカ大陸の北西太平洋岸における領土と漁業権をめぐって長期化した一連の紛争を解決するために協力し、それは一八六七年にロシアがアラスカをアメリカに売却することで実を結んだのだった。(4)

この時代にロシアはさらに権威主義的になり、アメリカはますます民主的になったが、一九世紀においては外交がそれぞれの国内体制の共通点や相違を反映することはまれであった。そうでなければアメリカはイギリスと非常に友好的な、そして帝政ロシアとはきわめて敵対的な関係を築いていたであろう。しかしながら現実はそれとは逆であった。一つの理由は、イギリスの海軍力の優位と北アメリカに残されていたイギリス領土とがワシントンの利益を脅かしていたことであった。しかしまた、初期の米露関係においては国内問題に干渉しないという相互に承認された伝統が存在した。両国はまったく似ても似つかなかったけれども、相手を作り変えることによって利益を得ようなどということは、アメリカ人にもロシア人にも単に思い浮かばなかったのである。(5)

一九世紀最後の一〇年間に起こった輸送・交通機関や通信における驚くべき進歩は、こうした形の両国関係に最初の変化をもたらした。アメリカ人が海軍を近代化しつつあったまさにその時に、ロシア人はシベリア横断鉄道を建設したが、これは、北東アジアを長く支配してきた老帝国である清国が崩壊に瀕しているときにあって、両国がその地域に影響力を及ぼすことを可能にさせるような技術の同時発展であった。地球の反対側をめざして拡張する動きが、主要なヨーロッパ列強や徐々に自己主張を強めつつあった日本もまた重大な利害をもつ場所において、突如として一時に収斂したのである。結局は一九〇四年から一九〇五年にかけて日露戦争が勃発し、セオドア・ローズヴェルト大統領は、敗北したロシア人に満洲において縮小したプレゼンスを維持させるといったやり方で和平を斡旋した。しかしこの紛争の間は、アメリカは公然と旧敵であるイギリスと並んで日本を支援し、ロシア帝国の野望に対して抵抗したのであった。(6)

米露間に敵意をもたらした第二の原因もまた、この時代の輸送・交通機関や通信における革命から生じた。安価な汽船料金のためにロシアからアメリカに向かう移民の流れ――その総数は一八八〇年代では毎年一万九千人であったのが、第一次世界大戦に先立つ一〇年間においては年間二〇万人にまでに達していた(7)――が急増し、それとともに、物資の欠乏や官憲による弾圧についてのおぞましい話も伝わるようになった。そうこうするうちに、はるかに少ない人数であったけれども、この未だに謎めいた帝国についての好奇心を満たすためにアメリカ人たちもロシアに旅行し始めた。彼らのうちには見聞したぞっとするような話を、巡回講演会であるとか、当時盛んになりつつあった大衆向けの新聞や雑誌において披露した者もいた。したがって、一八八一年のアレクサンドル二世暗殺の後で、ロシア政府がその抑圧的性格を強化する決心を固めたように思われたまさにその時に、アメリカの大衆はそれについての認識をこれまで以上に高めていたのである。シベリア流刑制度を鮮やかに暴露した、探検家で著述家のジョージ・ケナン以上に、ロシアに対するアメリカ人の態度を変化させた者はいない。(8)しかしながら、民主主義国家がロシアのように残酷にその人民を扱う政府とはたして「正常な」関係を持つことができるのかどうかを疑問視したのは、決して彼一人だけではなかった。立憲民主主義国家の数を片手の指で数えることができたトクヴィルの時代であれば、この問題はアメリカ人にとって仮説にとどまるものであっただろう。しかしそうした状況もまた変化しつつあった。すなわち、二〇世紀の初頭までには、アメリカではなくロシアが例外的な存在として目立つほどに、民主的な体制が充分に世界に普及していたのである。[9]

　このようにして、距離の克服はアメリカとロシアの友好関係を強化しなかった。むしろそれは、従来、距離の隔たりがうわべだけの利害の一致を助長していた両国関係に、地政学や人権をめぐる議論を持ち込むことによって事態を悪化させたのである。技術の進歩によってロシア人とアメリカ人はお互いをよりよく知ることができるようになった。しかし、コミュニケーションが対立を和らげるという一般の通念とは逆に、結果として彼らは両国関係の処理がかえって難しくなったことを発見したのである。第一次世界大戦の勃発の頃までには、アメリカの金融資本家たちが間接的に――すなわちイギリスやフランスを通じて――ロシアの軍事作戦を支援していたという事実にもかかわらず、政府間の接触は根深い不信を基調とするようになっていた。さらに、たとえ一九一七年の二月にペテルブルグで革命が起こり[10]ロシア皇帝が退位するというようなことがなかったとしても、アメリカは英・仏・露の側に立って参戦しただろうが、その場合には、「世界を民主主義にとって安全なものとするための」戦いにロマノフ王朝と提携してアメリカが関与することを正当化するのは困難だったであろう。本人も承知していたように、そうした努力をする必要がなかったのはウッドロー・ウィルソンにとって幸運であった。[11]

II　ウィルソン対レーニン

よく言われるように、第二次世界大戦がヨーロッパに力の真空をもたらしたとするならば、第一次世界大戦がもたらしたのは正統性の真空であった。なぜなら、戦争に伴う大変動がドイツ帝国、オーストリア・ハンガリー帝国、オスマン帝国、ロシア帝国といった帝国すべてを一掃しただけではなく、そもそも戦争の勃発を許し、また終わらせることに無力であった旧外交に対する信頼をも失墜させたからである。一九一七年の末にボルシェヴィキがクーデタを起こした頃には、帝国的体制やその支配の方法を擁護するような人々はほとんど見当たらなかった。そして一九四五年にアメリカとソ連の軍事力がヨーロッパの真空を埋めたように、一九一八年にはアメリカ人とロシア人のイデオロギーがその真空を埋めたのである。そうしたイデオロギーは、少なくとも制度や伝統からと同じ程度に、特定の個人によって生み出された。対照的な国家的経験がすでに作り出していた相違をさらに拡大する方向で、はじめて個性というものが米露関係を形作ったのである。

アメリカと新しいロシアの臨時政府はわずかの期間だけ同じ側で戦った。なぜなら、十月革命によって、その優柔不断な政権は、単独講和のみならず世界中から資本主義を滅亡させることに専心する政権に取って代わられたからである。新しいソヴィエト政府はその正統性を、神でも自由選挙でもなく科学に求めた。すなわち彼らは階級闘争が歴史の究極的な原動力であるとし、自分たちの政策をその歴史のメカニズムに結びつけ、それによって彼らの成功が確実となると主張したのである。(12) このようにして、彼らは意図した目標に到達することについて、他のいかなる政府にも負けず劣らず確信を抱いていた。この場合その目標とは――ほとんど見込みのないものとはいえ――世界革命であった。(13) レーニンが請け合ったのは他国の内政に対する根本的な介入であり、それは政府の転覆にとどまらず、その社会そのものの打倒だったのである。

レーニンと時を同じくして、アメリカの外交政策もより穏やかな革命を迎えつつあった。ウィルソンは、アメリカの参戦をそのものずばりの理由、すなわちヨーロッパの勢力均衡を回復するということによって正当化することには満足していなかった。そのかわりに、戦争目的として民族自決、市場開放、集団安全保障を主張することによって彼もまたイデオロギー的な枠組みを押しつけたのである。彼の目的はレーニンのそれとは違って革命を輸出するというのではなく、不正の、ひいては戦争の原因となりうると自らみなすものを除去することで、世界政治を変革しようとすることであった。[14] これはボルシェヴィキの場合と同じく、それなりに野心的な目標であった。二〇世紀のその後の歴史の大半は、ウィルソンとレーニンのこのようなイデオロギーの衝突によって展開した。どちらのイデオロギーも一九一七年一一月のボルシェヴィキのクーデタから一九一八年一月のウィルソン大統領による一四箇条の演説にいたる、わずか二ヵ月半の間に世界政治の中に注入されたのである。[15]

外見上の目新しさにもかかわらず、両者の思想はそれぞれの国民に深く根付いた性格を反映していた。トクヴィルであればウィルソンのリベラル資本主義をおなじみのものだと見たであろうし、レーニンは彼の党と政府をロシア皇帝と変わらない専制的な方法で運営したのである。[16] ウィルソンとレーニンの主張にみられる普遍主義は、トクヴィルに限らず一九世紀の観察者たちを驚かせたであろう。自らの主張について、単にそれを自国内で実現し、外に向かってはその優劣を競い合うということにとどめるのではなく、可能な限りあまねく国外で実行に移そうとしたからである。彼らがやろうとしたことは、まったく異なる方法ではあったが、既存の国際政治システムに対する根本的な挑戦であった。ウィルソンは超国家的な国際連盟を提唱し、レーニンの場合には、全世界のプロレタリアートの蜂起と圧制者の打倒を呼びかけたのである。フランス革命のもっとも戦闘的な時期以来こうしたことが起こったことはなかったし、アメリカあるいはロシアの外交政策を見ても、これほど包括的かつ切迫した主張がなされた前歴はなかった。

イデオロギー的な思考の一つの重要な特徴はその決定論である。イデオロギーの信奉者が自ら信じ、また他人に信じ込ませようとするのは歴史が自分たちの味方であり、自らが選択した目標への進展が不可避であって、それ故に抗しがたいものであるということである。だが、ウィルソンとレーニンのイデオロギー的対立はあらかじめ定められたものであったというよりも、むしろ偶然の産物であった。これにはドイツの拙劣な外交が大きく関係している。ウィルソンがアメリカを参戦に導いたのは、ドイツ政府が愚かにも無制限潜水艦戦を再開したからであり、さらに愚かなことには、ドイツがメキシコとの同盟を提案し――この提案はイギリスによってその外交暗号電報が傍受解読され、ただちにアメリカに通報された――テキサスからカリフォルニアに至る「失われた領土」の返還を約束したからである。(17)他方で同じく軽率なことに、ドイツはレーニンが亡命先のスイスからペテルブルグに戻るように手配し、そうすることによって、陰謀家の小さな一団をたちまちのうちに地球上でもっとも巨大な国家の中枢に据えることになる、一連の驚くべき事態のきっかけを作ったのである。(18)

ウィルソンとレーニンは、彼らを取り巻く状況に対して、当意即妙に、雄弁さと確固たる目的をもって、まったく大胆不敵に対応した。そうした資質はいずれかの一人に宿っているというだけでも充分に印象的だったであろうが、両者がそれらを備えていたということは驚くべきことのように思われる。もしこの偉大な改革家と偉大な革命家とがまさに同じ時代において傑出し、世界に向かってそれぞれご託宣を下すというようなことがなかった場合に、事態がどのような道筋をたどったかは我々にはわからない。しかしながら、これらの二〇世紀におけるもっとも救世主的な二人の指導者の存在なくして、歴史が実際にそうであったような道筋をたどることはほとんどありえなかったであろう。言うなれば、彼らが登場した瞬間は、混沌《カオス》理論の専門家が呼ぶところの「初期条件に対する鋭敏な依存性」であった。(19)こうして、もし物事がこの特定の時代に異なる個性のもとで起こっていたら、集合的な規模では著しい違いが生じたであろう。いわば偶然の事態によって、ウィルソンとレーニンは相対立するイデオロギー的な未来像を定義し、それを自国内に定着させ、後に指導者の地位を去るにあたって、彼らよりは構想力に乏しい後継者たちに相続すべき遺産の決定を任せたのである。

III　戦間期におけるアメリカとソ連

一九一七年から一九一八年にかけての事態は、アメリカとソヴィエト・ロシアの両者をしてもっとも根本的な形で相対立するような目的を宣言させることにより、共産主義と資本主義との間に生ずる対立の象徴的な基礎を作りだした。しかしこの理念の衝突が、予想されたほどにはその後の四半世紀において実際の対立をもたらすということにはならなかった。諸国家間の抗争が、ウィルソンとレーニンによってもたらされたイデオロギー上の両極性に沿って展開されるということはなかったのである。

戦争の原因を除去するという、ウィルソンが望んだような運動の先頭に立つ代わりに、アメリカは軍事力の行使によってもたらされた世界における優越した地位を放棄した。大国というものは一度手に入れたその地位を喜んで手放すようなことはしない、という国際関係理論の基本的な前提がこのようにして覆された。他方ソ連では、レーニンが望んだ世界革命を引き起こす代わりに、彼の作った政府は息詰まるような官僚主義的専制体制への変貌を開始し、国家の消滅とそこに住む民衆の解放というマルクス主義理論を傷つけた。こうして、ワシントンもモスクワもグローバリストたちが当初主張したことにふさわしい形で影響力を行使するというようなことがなく、ヨーロッパはおおむね再び自らの思うがままに振る舞ったのである。

第一次世界大戦後、アメリカはヨーロッパから決して孤立したのではなかった。アメリカは、イギリス、フランスおよび日本とともに、一九一八年から一九二〇年まで続いたロシア領土の占領に不本意に参加したが、その動機は混乱して支離滅裂であり[20]、結果もそれ相応の意味のないものとなった。そうした干渉は、ボルシェヴィキたちが自らをロシア・ナショナリズムの擁護者と装うことを許すことにさえなったかもしれない。しかしながら、革命への干渉がなければ彼らが資本主義世界に対して敵対的にならなかったとする理由もほとんどないのである[21]。アメリカはまた、戦時中に債務国から債権国へと移行することによって築かれたヨーロッパとの拡大した経済関係をその後も維持した。現在明確なのは、アメリカの民間資本が第二次世界大戦後のより際立ったマーシャル計画の場合と同様に、一九二〇年代のヨーロッパ復興にとって重要であったということである[22]。しかし、経済的影響力だけでは国際システムを作り変えることも、そこで起こるすべてのことを決定することもできず、アメリカの行動がウィルソンの願望を満たしえなかったのは経済以外の領域においてであった[23]。

戦後初期のもっとも重要な地政学上の事態は、不首尾に終わったロシアへの干渉や、ヨーロッパの経済的な安定に対する関与にもかかわらず、アメリカが一九二〇年以降、ヨーロッパ大陸において政治・軍事的な事態の進展を主導する有意な努力を一切しなかったという事実である。アメリカがこのような控えめな道を選んだことについて、歴史家たちは、平時における孤立主義という長年の伝統が復活したからであるとか、戦争中にウィルソンが自国民に多くのことを期待しすぎたからであるとか、あるいは、平和のために彼が描いた構想に関してヴェルサイユ条約から得るものがほんのわずかだったからであるとか、様々な議論を展開してきた[24]。しかしそこにはさらに深い理由もあった。アメリカがヨーロッパの政治から身を引いたのは、ヨーロッパでの力の均衡に対する明白な挑戦が存在せず、したがって自らの安全保障が脅威にさらされることがなかったからである。ドイツは敗北し、ソヴィエト・ロシアは内戦と党派抗争によって引き裂かれ、戦争中に「同僚」となったイギリスとフランスが今後敵になることはほとんど考えられなかった。一九二〇年代に認識されていた危険があったとすれば、それは成長する日本海軍の増強によってもたらされたものであり、ワシントンの一貫した国家安全保障政策というべきものはその問題に対処することだったのである。[25]

ヨーロッパからの撤退がもたらした帰結について、研究者の間に合意はないが、それが重大であったことは間違いない。研究者の中には、アメリカがイギリスの経済覇権を継承することに失敗したために、世界経済を運営する中心がなくなり、そのことが大恐慌をさらに激化させ長期化させたと主張する者がいる。[26]また、アメリカがより強硬な態度をみせていたならば、ヨーロッパの民主主義国によるヒトラーに対する抵抗意思も強化されたはずで、そのことは第二次世界大戦の勃発を阻止することになったかもしれないとする主張もある。[27]一つの明確な行動基準は、アメリカが明白かつ現存する危険なしには世界の責任を負うことに消極的であったということである。かの悪名高い一九一九年から二〇年にかけての「赤の脅威」の時期において顕著だったような、アメリカ国内での破壊活動に対する疑惑から発せられた警告にもかかわらず、戦間期のソ連はそうした行動基準を満たすほどのものではなかった。実のところ、この時期のもっとも重要なアメリカとソ連の接触は、資本主義の堅牢な砦であるアメリカ企業が、世界で唯一の共産主義国との貿易やそこへの投資を増大させようとする努力だったのである。[28]

ソ連も第一次世界大戦後ある意味でヨーロッパから手を引いたが、それは一連の異なった理由からであった。レーニンは孤立主義者ではなかった。彼の掲げた国際主義によって、伝統的な外交と、革命を世界に広めるために一九一九年に彼が創設したコミンテルンという、当時のきわめて尋常ならざる手段とが組み合わされることになった。しかしこの二つの手段は、相互に補強しあうよりも足を引っ張り合った。資本主義政府転覆の試みをほとんど隠蔽しようともしないことによって、ソ連外交官と他国の政府との交渉が困難なものになった。また、このようにして外交関係が冷却化しても、今度は、コミンテルンの工作員を摘発する努力が水を差されるというようなことはほとんどなかったのである。さらにボルシェヴィキがプロレタリアートの国際主義をロシア急進主義という偏狭な習性から脱却させなかったことが、ヨーロッパの労働者たちにとっての彼らの魅力を低下させることにもなった。[29]やがては、ほとんどの革命と同じように、時間の経過がロシア革命の目標を、すぐに達成可能なものから究極的な願望へと移行させつつあった。レーニンの後継者であるイオシフ・スターリンが一九二〇年代後半にその権力を強化していくにつれて、彼は世界革命という目標を決して放棄はしなかったけれども、同時にソヴィエト国家の力と安全の強化を次第に強調するようになったのである。

スターリンが母親の助言にしたがってグルジアの聖職者になっていたとしても、ソ連はおそらく大国になったことだろう。しかし彼はそうしなかった。この一見すると印象の薄い人物が、ほかの競争者たちを出し抜き、またレーニン自身の意図に反して後継者になったという事実は、ソ連が大国化する方法に大きな影響を与えた。農業の集団化と、それによって可能となった大規模な工業化をトロツキーやブハーリンでも命じたかもしれないと想像することは可能である。しかしながら、彼らやほかの誰であれスターリンの依拠したような野蛮な手法でそれらを実行したり、ほとんど虚像に過ぎない敵に対して激しい粛清を加えたであろうかということになると、それほど明確に言うことはできない。[30]偏執症――「悪意のない出来事なのに悪意があるものと解釈し、敵意を含まない行動にも敵対する動機を見出そうとする」性向[31]――であるからといって無能であることにはならない。スターリンの場合、その偏執症はきわめて異様な統治の態様と共存しており、また疑いもなくそれを鼓舞してもいた。第二次世界大戦より前にスターリンの政策がもたらした死者の数は、現在ロシアと西側の双方において一千七百万人から二千二百万人の間であると認められており、これはヒトラーによるホロコーストの犠牲者の優に二倍以上なのである。[32]

こうした災厄のあまりのすさまじさを目の当たりにして、我々は鬼哭啾々という以外にそれを表現する術をほとんど知らない。しかし、あえてそれを表現するならば、スターリンが国家と自己の安全保障にとって必要とされるものをまったく先例のないやり方で混ぜ合わせたということだろう。彼が第一に見習おうとした歴史上の人物がテロ活動の経験という点で充分に素行の悪いレーニンではなく、イワン雷帝であったという点は示唆的である。[33]何年も後になってスターリンの後継者であるニキタ・フルシチョフは、彼の昔の上司が「完全に無責任で自分以外の者を尊敬するという気持ちがまったく欠けて」いたと回顧することになる。[34] レーニンの遺産や、マルクス主義イデオロギーが求めるものと同じ程度に、スターリンが選択した諸策も彼が運営する政府、さらには統治する国家さえをも変容させ、一九三〇年代には、それらを彼の個人的な病的猜疑心を肥大化させたガルガンチュアのような巨人に仕立て上げたのであった。[35] この究極の自己中心主義的行為は、数え切れないほどの悲劇を生みだした。そのうちの一つは、もう一人の巨大な権威主義的エゴイストであるヒトラーによるヨーロッパ支配の企図に抵抗するうえで、ソ連の能力が制約を受けたということであった。

それは当初、ドイツ国内の潜在的な抵抗勢力を弱体化させてしまったことに現れた。スターリンのヨーロッパ社会主義に対する不信はきわめて大きく、彼はナチスが一九三三年に政権を奪取しようとしたとき、それに反対するためのドイツ共産党と社会民主主義勢力との協調を禁じた。[36] この政策がもたらした結果に警戒心を抱いたスターリンは、国際連盟を通じた集団安全保障を推進することを外相のマキシム・リトヴィノフに許可したけれども、同時にモスクワにおける粛清裁判が広く公開されていた。それゆえヒトラーの所業の大部分がまだ隠されている時に、スターリンは自らのテロ行為を公衆の面前にさらしたのである。ファシズムに抵抗すべきか、あるいは宥和すべきかについて態度を決めかねていたヨーロッパの民主主義諸国が、このリトヴィノフの提案に醒めた対応をしたのも不思議ではなかった。[37] しかし彼らだけが近視眼的な見方をしていたわけではない。イデオロギー上の矛盾にもかかわらず、スターリン自身も長い間ナチス・ドイツとのある種の協調を望んでいたからである。[38] ドイツ軍によるポーランド侵攻のほんの数日前、またソ連自身へのそれには二年にも満たない時点の一九三八年八月に、彼がヒトラーとの間で不可侵条約締結の決断を下したことは、こうしたスターリン外交の精神、さらに、所詮はそれに見合っただけの能力を体現するものでしかなかった。

このようにして、第二次世界大戦前夜アメリカとソ連は傍観者の立場にいた。彼らは、自国の大きさや強さからヨーロッパ問題に関して本来与えられるべき役割から自らを除外する道を選択するか、あるいは気がついてみると自らが除外されていたのである。政府の形態はほとんどこれ以上ないぐらいの対比を見せながらも、ソ連とアメリカの指導者は戦争が再び迫りつつある時に無力感を共有していた。双方の国とも事態を支配することはできなかったし、将来の協調についてもわずかな展望さえ見いだせなかった。事情に通じた者にとっても、一九三九年の末という時点においてさえ、ロシアとアメリカが最後には世界を支配するであろうというトクヴィルの一八三五年の予言を依然として的外れのものとみなせる、充分な理由があった。

IV　二人の独裁者

ヒトラーとスターリンの経歴には、重要な共通点があるとともに重要な相違がある。両者はともに、それぞれの社会におけるアウトサイダーの境遇から絶対的な地位に昇りつめた。両者はともにその潜在的な敵からは過小評価され、また目的を達成するためならテロを含む可能ないかなる手段でも用いる覚悟があった。二人はまた、大戦後の過酷な平和と世界的な経済危機がヨーロッパにおける民主主義の前進を失速させた状況に乗ずる一方で、大衆を支配するための技術的諸手段が発展したことをも利用した。電話・ラジオ・映画・自動車・飛行機といった技術革新によって可能となったプロパガンダ、監視、および迅速な行動のための機会を全面的に活用したのである。両者はともに、この結果として、権威主義こそが未来の潮流であるという多くのヨーロッパ人の確信から利益を得ることになった。そして彼らは個人の利益と国家の利益とを結びつけ、国際主義者のイデオロギーを実行に移すことに専念したのである。

しかし、スターリンが結果としていつか来るべき世界プロレタリアート革命を期待していたのに対して、ヒトラーはただちに人種の純化を行うことを追求していた。また、スターリンが用心深く柔軟であったのに対し、ヒトラーは万難を排してその邪悪な原則を貫き通した。ヒトラーはアーリア人至上主義とユダヤ人の絶滅という自己の目的を文字通り、そしていかなる犠牲を払おうとも達成しようとし、国家あるいは自分自身の安全さえをも決して優先させようとはしなかった。スターリンが辛抱強く、野心を達成するのに必要である限り時間をかける用意があったのに対して、ヒトラーは自分自身に課した期限に間に合わせることについて狂信的なまでに固執した。スターリンがなりふり構わず戦争を避けようとしたのに対して、ヒトラーはきわめて意図的に戦争を挑発したのである。(39)

どちらの独裁者もともにヨーロッパの支配を欲していたが、その事実は彼らをして、ヨーロッパにおける勢力均衡の維持というアメリカの伝統的な利益と争わせることになった。しかし、ヒトラーのみがヨーロッパの支配を企てることができる立場にいた。彼はこのようにして、アメリカやヨーロッパの民主主義諸国、さらにソ連に対してまでも切迫した脅威を作りだし、それは当然のことながらやがてヒトラーの犠牲となる国々の間に存在した対立を克服させることになる。

ワシントンとロンドンでは間違いなくそうしたことが実際に起こった。フランクリン・D・ローズヴェルトは久しくナチス・ドイツをアメリカの安全保障に対する主要な危険とみなし、一九三三年にソ連を外交承認して以来、モスクワとの協力の余地を残してきていた。(40)ウィンストン・チャーチルは、少なくとも彼の前任者ネヴィル・チェンバレンと同じくらいマルクス＝レーニン主義を忌み嫌っていたが、地政学がイデオロギーよりも重要であるとするローズヴェルトの見解を共有していた。(41)この二人の指導者はナチスとソ連の同盟関係の脆さを見越しており、可能になり次第いつでも、ヒトラー包囲網に対するソ連の助力を受け入れる用意があったのである。彼らはまた、ドイツの攻撃が差し迫っていることについて一九四一年の冬から春にかけて繰り返しスターリンに対して警告を発していた。(42)ソ連のこの独裁者が同盟相手であるもう一人の権威主義者においていた信頼——それは一種の粗暴なロマンティシズムであり、スターリン自身の気性と統治の方法がそれに異論を唱えることを許さなかった――のみが、必要とされる防衛措置を妨げ、同年六月のヒトラーの侵攻を破滅的な奇襲にしたのである[43]。内務人民委員部長官のラヴレンティ・ベリヤはその侵攻の前日、スターリンへの手紙の中でこう書いている。「私の部下と私は、イオシフ・ヴィサリオノヴィチ［スターリン］、あなたの賢明な予言をはっきりと記憶しております。ヒトラーは一九四一年には我々を攻撃してこないでしょう[44]。」

ドイツの総統はスターリンに関してそうした幻想はまったく持ちあわせていなかったが、彼もまた、地政学的論理を独裁者のロマンティシズムに従属させていた。彼はドイツ民族の人種的利害が東方に「生存圏」を必要とすることを常に信じていたことから攻撃を行ったが、イギリスを敗北させることなくロシアを侵略したナポレオンの軽率な前例に対してまったく注意を払っていなかった。同年一二月、日本の真珠湾攻撃の四日後に、アメリカに対してヒトラーが宣戦布告したことを説明することはさらに困難である。もしヒトラーが対米宣戦布告をしなかったならば、ローズヴェルトはすでに行われていたイギリスへの武器貸与や、まさにその頃にはソ連に対しても行われていた武器貸与を含むアメリカの戦争資源を太平洋に振り向けるべきだとの猛烈な圧力をかけられたに違いない。ヒトラーの行動に関する最良の説明は、日本が参戦したことに対する興奮が彼の健全な思考を妨げたことと、独裁政体においてはそうした損害を修復するメカニズムが備わっていなかったこと、であるように思われる[45]。

スターリンとヒトラーはほとんど同じ理由から愚かな過ちを一九四一年に犯した。彼らの統治のシステムは彼らのロマンティシズムを反映し強化したが、最高指導者の無能力に対して何らの安全装置をも提供しなかった[46]。その結果は一つの幸運をもたらした。なぜなら、アメリカとその民主主義の同盟国に対する独裁国家の連合の可能性を排除したからである。民主主義国家は今や彼ら自身で同盟するとともに、簡単ではなかったが、一方の独裁国家に対抗してもう一方の独裁国家と同盟を結んだ。ドイツ外交はアメリカとロシアを再びヨーロッパへ引き込んだのであったが、今回はこのような経過をたどったため、イデオロギー上の深い相違にもかかわらず、両国は互いになくてはならない依存関係に入ることになった。ドイツに対するソ連の巨大な人的資源の消耗なしには、アメリカとイギリスが成功裏に第二戦線を開設することは考えられなかっただろう。しかし、武器貸与という形をとったアメリカの物質的な援助なしには、またそれとともにアメリカが日本を太平洋で押さえ込んでいなければ、赤軍はそもそもナチスの侵略を撃退することはできなかっただろう。(47)

トクヴィルははるかな昔、アメリカとロシアがもしその気になればとてつもない規模で人的・物的資源を統御するであろうことを見通した。これら両国の潜在的な力は、彼が心の中に描くいかなるヨーロッパの国をも凌駕していた。トクヴィルや他の誰もが予期しえなかったことは、アメリカ人とロシア人とが、同時に、国境を越える形で、しかも共通の理由のためにそうした力を行使することになる状況である。ヒトラーの二つの宣戦布告がそうした状況をもたらした。ソ連とアメリカは、復讐心をまさに共有しながらヨーロッパの闘技場に再び舞い戻るだけの、やむを得ない理由を与えられた。このようにして、その予期せざる愚かな行為により、この思いもよらなかった歴史のいわば代理人［ヒトラー］がトクヴィルによる古の予言をその成就の目前にまで引き寄せたのである。

V　異なる安全保障観と戦後構想

第二次世界大戦の終結時にアメリカとソ連がそうであったように、力の真空を隔てて大国が対峙している時には互いの国益をめぐって相手と衝突したり、その国益を傷つけることなしに、その真空が埋められることはまずありえない。たとえ戦後のこの二つの覇権国が立憲民主主義国であったとしても、そうした事態が起きたであろう。大戦時の英米関係を研究する歴史家は、最も緊密な同盟関係にあった英米の二国間にさえ衝突や摩擦があったことをかなり前から明らかにしている。[48] 不信感の元となったあまりにも多くの遺産が今やその仲を分かつようになったために、大戦での勝利はソ連とアメリカとの関係の調整をそれ以上に難しいものにしていた。権威主義的政治体制と民主主義政治体制の伝統の相違、共産主義と資本主義によるお互いに対する挑戦、第一次大戦後の西側による干渉というソヴィエト側の記憶、スターリンによる粛清やヒトラーとの日和見主義的な条約の締結についてのアメリカ人の鮮明な記憶など、枚挙にいとまがない。大戦中の数年間の協調が、これらすべてを一掃すると考えるのは期待がすぎるというものであろう。

しかしながら、それと同時にこれらの遺産がおよそ半世紀にわたる米ソ対立を生み出す必要もなかった。大国の指導者はまったく過去に縛られるとは限らない。新しい状況がつぎつぎと出現し、それに対処しようとするとき、指導者は過去の方法を捨てることを厭わない。大戦中に共通の理由によって提携したことは、両国関係について想像できる限りにおいてのそうした新しい状況であった。したがって、ローズヴェルトとスターリンが実際に両国の将来を困難に満ちた過去からどの程度まで解放できるかどうかに、多くのことがかかっていたのである。

ローズヴェルトと彼の主だった補佐官は、大戦の勝利の後にいかなる危険に直面してもそれに対抗し、アメリカの安全を確保することを決意した。だが彼らには、その危険とは何で、どこから生じるのかについて明確な判断はなかった。[49] その結果、アメリカの戦後の安全保障に関する思考は各論というよりも総論的な性格をもったものとなった。彼らは間違いなく、敵対的な国が再びヨーロッパ大陸を支配しようとするのを防ぐことが死活的な利益だと見ていた。彼らはまた、軍事的能力が戦間期のように適切でない水準にまで低下することを傍観するつもりはなかったし、アメリカ資本主義に利益をもたらすように国際経済を再編する機会を見逃す気もなかった。アメリカが孤立主義に回帰しないことを決意し、自らが指導的な役割を果たすようなグローバルな安全保障組織を創設するために、戦争によってもたらされた「二度目の機会」を楽観的に受けとめていたのである。[50]

しかしこうした優先順位はアメリカ一国としての死活的利益を反映してはいなかった。さかのぼること四半世紀、ウィルソン大統領はアメリカの戦争目的を国際システム全体の改革に結びつけた。彼の思想はその時点では理解されなかったが、第二次大戦が起きたことでこの考え方に対する関心が人々の間に広く広まり、人々が罪の意識にさえ駆られたことで、三たびこのような紛争が起こることを避ける手段として生き返ったのである。[51] 一九四一年の八月、ローズヴェルトは懐疑的なチャーチルをウィルソンの考え方に賛同させるべく説得し、大西洋憲章の中で共に三つの戦後構想を発表した。その構想とは、(一)民族自決――自らの統治形態を選ぶことが可能な人々はその転覆を望まないだろうから、それ故に、ローズヴェルト流に表現すれば、恐怖からの自由を達成する、(二)開かれた市場――商品と資本の流れが規制されないことで経済的繁栄が保証され、貧困からの自由をもたらす、(三)集団安全保障――安全を達成しようとするならば、国家は個別に行動するよりもむしろ集団で行動すべきであるという確信、であった。[52] ミハイル・ゴルバチョフが数十年後に使うことになる言葉で表現すると、安全保障とはすべての国にとって共通のものであらねばならず、与えられる国もあれば除外される国もあるというものではない、ということである。[53]

ウィルソンの原則に対する公約にもかかわらず、ローズヴェルトもチャーチルもより現実的な政策を排除しなかった。民主主義国家ではありえないことだが、もし戦後構想が彼らだけに任されていたならば、ローズヴェルトが時折語っていた、四大国――アメリカ、イギリス、ソ連、国民党中国――が武力を行使し、あるいはその可能性をちらつかせて中小国を押さえ込んで、世界の警察官として活動するという構想にたどり着いていたであろう。[54] しかし、政治的に敏感なローズヴェルト大統領はウィルソン主義の制約によってこの構想を主張できなかったが、それと同様に、この冷徹なアプローチですら四大国による集団安全保障を意味していたのである。すなわち、もし四大国の一つが他の国の安全を否定し、自国の安全保障の最大化を図っていたならばそれは機能しなかったであろう、ということである。[55] したがってローズヴェルトの思考の中には、たとえ理想を抱いて行動していたにせよ現実的に考えて行動していたにせよ、単独主義に傾く要素はまずなかったのである。

アメリカは第一次世界大戦後のように尻込みすることはなく、戦後世界で権力を追求することになった。民族自決、開かれた市場、集団安全保障というウィルソンの原則に基づく平和を構築するだけの力がアメリカのみに備わっているとの確信があったのである。アメリカはそうした平和を自己の排他的な都合のために維持するのでもなければ、すべての諸国に等しく利益を分配するような方法で運営するのでもなかった。多くのまだはっきりとはしない可能性が、これらの両極端の間に横たわっていたのである。ウィルソンとは異なり、ローズヴェルトは国民や議会の同意を当然視してはいなかったので、むしろ戦後処理に対する国内の支持をとりつけるべくあらゆる段階で注意深く努力した[56]。ウィルソン的平和の実現にはまた別の方法があるかもしれないが、今回はアメリカ国民だけでなく、大国のそれぞれに対してウィルソン的平和を機能させることに利害関係を持たせるという、非ウィルソン的な手法がとられることになった。ローズヴェルトがスターリンに対処しようと考えたのは、原則を伴ったこの実践的な枠組みの中においてだったのである。

ソ連の指導者もまた大戦後の安全保障を追求した。ソ連は少なくとも二千七百万人の国民を戦争で失ったので[57]、その他のことを考えることは難しかった。しかし、国家の利害、党の利害、そしてスターリン個人の利害の間に区別をもうけることがもはや許されなかったというまさにその理由から、共通の安全保障あるいは集団安全保障の伝統などというものが、モスクワからみた優先順位を決定することはなかった。国家の安全保障がスターリン個人の安全保障を意味するようになっており、このクレムリンの支配者は多くの脅威を認識していたことから、現体制に対する考えられるすべての挑戦者を除去するため、すでに大規模殺人という手段に訴えていたのである。スターリンが一九三〇年代に国内で始めた所業以上に、国家の安全保障に対する単独主義的なアプローチを想像するのは難しいだろう。外部の同盟国との協調は、ドイツが首都モスクワを射程に捉えていた時には明らかにスターリンにとって好都合であったが、ヒトラーが敗北してからもその協調が続くかどうかということは別の問題であった。外部との協調は、年老いた独裁者が自己の安全保障観を多国間関係に基礎を置くものに変え、自らを体現した政府を作り変えることができるかどうかにかかっていたのである。(58)

スターリンについては、彼がレーニンやトロツキーの目標であった世界革命をずっと前に諦め、異なる社会体制の国との平和的共存を意味するように思われる「一国社会主義」を選択した、と言われることがある。しかしこの主張はスターリンの立場を誤解している。彼が一九二〇年代の末に実際に行ったのは、革命が他の先進工業諸国で自発的に発生するというレーニンの予言を放棄することであり、その代わりとして、彼は社会主義を広め、やがては資本主義を打倒する活動の中心としてソ連自身を位置づけるようになったのである。(59) その結果、革命を押し進める主要な手段が、マルクスの考えである歴史決定論的な階級闘争から、スターリンにとって支配可能な領土の獲得というものへと変更されることになった。スターリンの秘密工作員の一人は、「世界共産主義革命の普及という考えは、世界支配という我々の願望を隠蔽するためのイデオロギーの幕である」と、数十年後に述懐している。(60)「この戦争は過去の戦争とは異なるものだ。領土を占有した者が、その社会体制も押しつけるのだ……他に道はない」と、スターリン自身も一九四五年にユーゴスラヴィアの共産主義者ミロヴァン・ジラスに語っていた。(61)

スターリンには、自らが支配する領土を越えた場所でソ連の利益を促進するため従来にない手段を講ずる充分な用意があった。彼はレーニンのコミンテルンをそのまま維持したが、自分自身の目的に合うようにそれを利用するようになった。このことはスペイン内戦の時に明らかとなり、スターリンはファシストと戦うだけでなく、トロツキストを一掃するためにコミンテルンの工作員を使用したのである。(62) スターリンが講じた最も先見の明があった措置の一つとして、一九三〇年代にイギリスやアメリカで徴募した青年たちによる精巧なスパイ網を作ったことがある。彼らのほとんどは反ファシストの知識人であり、こうした措置は彼らがしかるべき地位にまで昇進し、実際にスパイ活動が実績をあげる何年も前に講じられていたのである。[63] スターリンはまた、戦争そのものを革命運動を推し進めるための手段の一つとして排除していたわけではない。彼はヒトラーとは違い、あらかじめ決められたタイムテーブルに合わせるために軍事紛争の危険を冒すようなことはしなかった。しかし、彼は実際に資本主義諸国間の戦争が資本主義陣営を弱体化させ、「社会主義の包囲」を加速させる可能性が大きいものとみていた。これがおそらく一九四一年のドイツの侵攻を予期できなかった一つの理由であるかもしれない。[64] さらに、スターリンはソ連自体をも巻き込む資本主義陣営との最終戦争の可能性を決して排除したことはなかった。ソ連外相ヴャチェスラフ・モロトフは、「第一次世界大戦では、資本主義の奴隷制度の中から一国をもぎとった。第二次世界大戦は社会主義陣営を創りだした。そして第三次大戦は帝国主義を永遠に抹殺するだろう、とスターリンは見ていた」と回顧している。[65]

スターリンの言葉をあまりに大げさであるとみなすことは簡単だろう。現実には、語られていることとできることの間には常に距離が存在するからである。しかしながら、スターリンに関して顕著なのはそうした距離が非常に短いということなのである。今やある程度までは徐々にわかってきたのであるが、スターリンは自国を誇張なく、自ら語ったとおりに統治したのであった。独裁者とはそういうものであり、部下はスターリンのあらゆるコメントや実際に仕草までをも詳細に検討し、政策を――まったく信じがたい科学的理論でさえも――それらに基づいて実行しようとしたのである。[66] ヒトラーですらこれほどの独裁政治は行わなかった。[67] 結果として、ある種の尺度を超えた自己相似性が生み出されることになった。[68] すなわち、頂点に位置する専制君主が、党と国家の官僚機構の各階層においてより小さな暴君を大量に生み出したのである。彼らの活動は、レーニンやスターリンの肖像より外国の指導者の肖像の方が価値あるものとされているかもしれないという証拠を探し出すために、切手収集家を調査するまでに至った。[69] 安全保障について実際はるか先までも見越して考えたのは、いかにもこの究極の自己中心主義者であるクレムリンの指導者らしいことではあっただろう。[70] しかし、彼が考えていたのは常に自分自身の安全についてのみだったのである。

ここに難しさがあった。西側民主主義国は暴力あるいはその脅威を拒絶する安全保障の形態を求めていた。すなわち安全保障とは集団的利益でなければならず、利益を与えられる国がある一方で利益が得られない国が生じることではなかった。スターリンはまったく異なる考え方をしていた。すなわち安全保障は、潜在的な挑戦者を恫喝するか、もしくは排除することによってのみ得られるということである。世界政治はソ連政治の延長線上にあり、そのソ連政治とはスターリンにとって好ましい個人的環境を拡張したものであると考えられていた。[71] つまり、一国の安全保障のために他のあらゆる国の安全を奪うことを意味する、ゼロサム・ゲームであると考えられていたのである。こうした見解の相違が対立を避けがたいものにしたように思われる。

VI　妥協の可能性

ところで、こうした見方は当時の状況についてあまりに身も蓋もないとらえ方ではないかとも思われる。なぜなら、アメリカ合衆国と民主主義同盟諸国はドイツや日本と戦うにあたり、ソ連と協力する道を何とか見出したからである。米ソ両国が戦後、同様の関係をどうにかして築きあげ、その結果として、スターリンの要求する安全を西側にとって必要な安全保障と一致させるようなことはできなかったのだろうか。あらゆる人々を満足させるということにはならなかったとしても、続く四十五年間に及ぶ超大国間の対立を回避するような形でのヨーロッパの勢力圏分割というものは実現できなかったのだろうか。

スターリンは、ローズヴェルトやチャーチルと並んで大戦中の三巨頭の一人であることに満足していたように思われる。[72] ソ連の公文書は、彼がワシントンの意図に関して安心できる報告を受けていたことを示している。「ローズヴェルトは他のいかなる著名なアメリカ人よりも我々に対して友好的であり、また彼が我々との協力を望んでいるのはまったく明らかである」と、一九四三年六月にリトヴィノフ大使は述べた。またその一年後に、リトヴィノフの後任であるアンドレイ・グロムイコは、ホワイトハウスの主人が誰であれ、ソ連とアメリカは「将来発生しうる問題や両国にとって関心のある問題……を解決するための共通の論点を見いだすことができる」と予想している。[73] たとえスターリンの安全保障に関する長期的な考えが英米同盟のそれと実際に衝突したとしても、共通の軍事目的がそのような違いを取り繕う最も強力な誘因となっていた。なぜ大戦中のこうした協力の実習が戦後にまで及ぶ習慣にならなかったのかについては、検討してみる価値がある。

今日その主な理由と考えられるのは、スターリンが安全保障を領土と同等視することに固執したことである。一九四一年夏のドイツによる侵攻の直後にモスクワに到着した西側外交官は、ソ連の指導者が既にヒトラーとの協定によって得られた領土を保持するための戦後処理を要求していることに驚いた。それはバルト三国であり、フィンランド、ポーランドおよびルーマニアの一部であった。スターリンはこの件に関して羞恥心やきまりの悪さといった感情とは無縁であった。このような利権を獲得する方法が、おそらくは他の誰の目からみてもそうした利権を不当なものとして認識させてしまったことに、彼は気づいていなかったのである。領土的野心ということになるとスターリンには敵と味方の区別はなかった。[74] 一度スターリンに与えられた領土は何であれ承認することが求められたのである。

スターリンは再三にわたる第二戦線開設の要請と自らの領土的要求とを絡めた。自らの政策によって一年間イギリスを単独でドイツと戦わせ、その結果イギリスはほとんどそれに応ずべき立場にないなどない、ということは顧みなかった。また、アメリカが一二月に参戦した後、ソ連が――明らかに妥当な戦略的理由から――戦火を交えないと決めていた日本という敵に対して、当のアメリカが太平洋で釘付けになっているという事実にもかかわらず、スターリンは先の軍事的・領土的な要求を繰り返したのである。戦後に関する要求と大戦中の援助とのこうしたリンケージは、かつてロシア人が好んで言ったように「偶然ではなかった」。一九四二年のヨーロッパにおける第二戦線は「西側にとってまったく不可能な作戦」であったと、後にモロトフは認めている。「しかし、我々の要求は政治的に必要であり、我々は彼らに対してあらゆることを求めなければならなかった。」[75]

表面上、この策略は成功した。当初の強烈な反対の後、ローズヴェルトとチャーチルはソ連が要求する国境線の拡大に関する権利を結局は認めることになった。彼らはまた、ソ連に隣接する諸国における「友好的」政府の樹立に反対しないということを明確にした。これはバルト海からアドリア海にかけてソ連の勢力圏を認めることを意味し、それは大西洋憲章と容易には相容れない譲歩であった。しかしこの憲章の起草者たちには、こうした結果を避けるための実行可能な方法がわからなかったのである。軍事的必要性からドイツと戦うためソ連の継続的な協力が求められていた。また彼ら自身としても、西ヨーロッパ、地中海、中東、ラテンアメリカ、東アジアでの勢力圏を放棄するつもりはなかった。[76] 民族自決は柔軟性のある概念であったので、三巨頭のいずれもが、ソ連政府が大西洋憲章に関して「これらの諸原則を実際に適用するには、それぞれの国のおかれた状況、必要とされるもの、および歴史的な独自性に適応させる必要がある」と言明したことを、迷わず支持できたのであろう。[77]

しかしながら、ここがまさに問題となった。というのはスターリンと違って、ローズヴェルトとチャーチルは国内の有権者の前で自分たちの決定を弁護しなければならなかったからである。それゆえ、ソ連が影響力を拡大させたやり方は、彼らにとって些細な問題ではなかった。[78] スターリンはこの点に関してほとんど理解を示していない。彼には民主的手続きの経験がなかったので、民主的方法を尊重すべきであるという要求を退けたのである。テヘラン会議においてローズヴェルトが、アメリカ国民はバルト諸国における国民投票を歓迎するだろうと仄めかすと、「何らかの宣伝工作をしておけばよい」とスターリンはローズヴェルトに助言した。[79]「まったく馬鹿げている。（ローズヴェルトは）軍事的指導者であり最高司令官である。誰が敢えて彼に反対するだろう」とスターリンはモロトフに不満を述べた。[80] ヤルタにおいて、ローズヴェルトがポーランドでの最初の選挙は「シーザーの妻」のように純潔なものである必要があると強調した際に、「彼女についてはそう言われたけれども、実のところ、彼女にもその咎はあったのだ」とスターリンは冗談で応じた。[81] アメリカはポーランド以外の東欧諸国のいたるところで自由選挙を実施することを主張したが、モロトフはそれをあまりにも「度が過ぎている」とスターリンに警告した。「心配するな。見ていたまえ。後でどうにでもなる。重要なのは諸力の相関関係なのだ」というスターリンの返答をモロトフは思い起こしている。[82]

このソ連の指導者はある意味では正しかった。崇高な原理原則の表明ではなく、軍事力がその地域で起こった事を決定することになった。しかし、ソ連の単独行動はスターリンの予期し得なかった長期的なコストをもたらしたのである。最も重要なのは、ソ連の勢力圏を東ヨーロッパ諸国が受け入れるかもしれなかったというあらゆる可能性をも潰してしまったことである。この可能性は後に考えられるほど不自然なものではなかった。チェコスロヴァキアの大統領のエドヴァルド・ベネシュは、国内自治が保証されるかわりに外交および軍事政策に対するソ連の支配を受け入れるという「チェコ問題の解決策」について公に語ったし、ローズヴェルトの側近の一人であり一九四三年以降駐ソ大使となったW・アヴェレル・ハリマンもこうした措置に強い関心を示し、ポーランド人にその利点について説得しようとしたのである。[83] 東ヨーロッパにおけるソ連の安全保障上の利益と民主主義の手続きとの二つを何とか両立させようとしていたローズヴェルトとチャーチルであったなら、ほぼ確実に賛同していただろう。

こうした構想はスターリンの視点から見ても問題外というわけではなかった。というのも、彼はフィンランドとの恒久的解決の基礎としてこの妥協策を認めていたからである。[84] 当初スターリンは、ハンガリー、チェコスロヴァキアおよびドイツのソ連占領地区における自由選挙を認めた。スターリンは東ヨーロッパを支配下に置いた時に、熱狂的な反応を期待しさえしていたのかもしれない。「私が思うに、赤軍が解放軍として近隣諸国のどこでも歓迎されなかったので、スターリンは驚きかつ傷ついたのである」と、ハリマンは回想している。[85]「我々には依然として、第二次大戦の破局の後ヨーロッパもまたソヴィエトになるかもしれない、という望みがあった。誰もが資本主義から社会主義への道を辿るだろうと思った」と、フルシチョフも述懐している。[86] ここでは、スターリンが他の同類の独裁者に寄せる共感とはまた別の、もう一つのロマンティシズムが現れていたのである。すなわち、イデオロギー上の連帯と解放に対する感謝の念とが、ソ連の近隣諸国に残存するナショナリズムの兆候だけでなく、ロシア拡張主義に対する古くからの恐怖をも克服することを期待するほどにスターリンは非現実的であったということになる。特にナショナリズムについては、恐らくソ連というまさに多民族帝国そのものの中で彼自身がそれを克服しえた——あるいはそうみえた——のと同様に、容易なことであると考えたのかもしれない。[87]

もし、赤軍がポーランドや他の解放された国々において、アメリカ、イギリス、自由フランス各軍が一九四三年および一九四四年にイタリアとフランスに上陸した時と同じように熱狂的に迎えられていたら、チェコ＝フィンランド方式によるある種の妥協は他の東ヨーロッパ諸国においても実行可能であっただろう。しかしながら、スターリンが何を期待していたかは別にして、こうしたことは起こらなかった。このことによって、すべての連合国が支持できたかもしれないヨーロッパ分割の可能性が排除されてしまったのである。このように、アメリカの勢力圏が概ね同意によって生まれたのに対し、ソ連の側ではそれを強制力でもってしか支えられないことが確実となった。この結果生まれた両陣営の非対称性が、他の何よりも冷戦の起源、激化、そして結末を物語ることになる。

VII　独裁者の行動様式

それでは、なぜチェコ＝フィンランド型の解決策はフィンランドのみで成功し、他では成功しなかったのであろうか。なぜヒトラーの被害者たちは、ヒトラーを打倒するのに誰よりも貢献したロシア人を、アメリカ人およびその同盟相手であったイギリス人やフランス人を迎えた時のように暖かく歓迎しなかったのであろうか。これらは考慮に価する疑問である。最も単純に言えば、その答えはどれほど人間性に期待しうるか、に関係してくる。

拡大したソ連の国境線に沿って親ソ的な国家を樹立しうると考えたことは、ローズヴェルトやチャーチルだけでなく、スターリンにとっても誤算であった。というのは、バルト諸国を完全に吸収し、ドイツ、ポーランド、ルーマニアそしてチェコスロヴァキアの大きな領域を削り取る一方で[88]、これらの国々の人々に対して自国を削り取った国への暖かい態度を期待する、というようなことがはたしてソ連に可能であったのかと思われるからである[89]。もちろん、フィンランド人は領土を奪われても何とか対応したが、すべての人々がフィンランド人と同じように振る舞うというわけではなかった。もし自由選挙が許されたとしても、ポーランド人とルーマニア人が、北の隣国フィンランド人が有名になったのと同じような特筆すべき自制心を発揮したかどうかはまったくわからない。また、ソ連が選択の機会を与えた他の東ヨーロッパ諸国においてでさえ、フィンランドの例にしたがってモスクワが内政に干渉しないという確証もなかった。それらの国々は隣国がスウェーデンではなくドイツだった、という点で確かに違っていたのである。

しかし、そこには地理の問題にとどまらないものがあった。問題を複雑にしたのは、スターリンが自国民に押しつけ、また至るところに広めようとした他でもないその体制に対する懸念が高まりつつあったことである。大戦はファシズムの敗北で終結しつつあったが、権威主義体制の敗北ではなかった。一方の独裁者を打倒するためにもう一方の独裁者に頼ったことで、双方が同時に消え去ることはないという代償を払うはめになったのである。ソ連やヨーロッパ諸国の共産党がドイツとの戦争で勝ち得た道徳的蓄積がいかに大きかったとしても、スターリンの政府がヒトラーの政府と同じ位に抑圧的なものであり、また、今後もそうであり続けるという兆候を示したという事実を覆い隠すことはできなかった[90]。世界の労働者を鎖から解き放つために一世紀前に始まった活動は、今度は、配下にある労働者や他の人々に対して、鎖に繋がれた状態が完全な自由を意味するということを納得させようとしていたのだった。だが人々は盲目ではなく、ドイツの独裁に対する勝利はソ連の独裁に対する恐怖を白日の下に曝すことになった[91]。

こうした事態を懸念したローズヴェルトとチャーチルは、スターリン自身も変わったのだということをヨーロッパ人に納得させようとした。すなわち、国境線を越えて体制を拡大するという野心をスターリンが否定した時、その言葉は本心からのものであり、それ故に、東ヨーロッパ諸国の人々はスターリンの要求する国境線の変更や、それらの国々のすべてを含むことになる勢力圏の提案を問題なく受け入れることができるのだ、といったような説得である。しかし、こうしたやり方はスターリンの協力を必要とした。というのも、もし彼の行為が大西洋憲章の文言とそぐわなければ成功はおぼつかなかったからである。ソ連が安全保障に関して単独主義的なアプローチから多国間主義のそれに変わったことを示すことができなければ、ソ連の支配下に入る同意を東ヨーロッパ諸国から得るための前提が生まれるはずがなかった。こうした状況によって、今度はアメリカとイギリスが自ら宣言しかつスターリン自身も支持していたと思われた原則を公に破棄し、そうすることで初めてモスクワとの協力が可能になるという苦渋に満ちた立場に置かれることになったのである。

独裁者は目的が手段を正当化すると見る傾向にあり、それに応じて自由に振る舞うのが一般的である。民主主義国家においては、指導者が進退窮まってそうしたことを望んだとしても、そのような贅沢が許されることは稀である。そこでは国民の意見が実際に重要なのであるが、スターリンの経験ではそうした事態に向き合う必要はなかった。したがって、スターリンが追求した目的は同盟相手が欲したもの——安全な戦後世界——と一致しているように見えたけれども、そうした目的を達成するために彼が用いた手段が、目的そのものをまったく台無しにしてしまったのである。ポーランドの事例はこのことを最もよく表している。[92]

想像するに、スターリンが、独ソ協定に続く侵攻の時期に捕えた少なくとも一万五千人のポーランド人将校を一九四〇年春にカチンやその他の場所で殺害する命令を下した時、安全保障のことが頭にあったのだろう。明らかにスターリンは、ヒトラーとの関係を危うくするかもしれない混乱を避けること、過密な収容所の人員を減らすこと、そして恐らく、ソ連の国益に同調しないかもしれない将来のポーランドの指導者を抹殺することを望んでいた。スターリンにこの問題が熟慮できたはずはない。というのは、彼は数百万人のソ連の市民に対してすでに行っていた類の扱いを、ポーランド人に行おうとしていたに過ぎず、将来は他の多くの人々にも同じことをしようとしていたからである。(93)

スターリンが予期しなかったのは、一九四一年にヒトラーがソ連に侵攻した後にポーランドとの関係を修復する必要が生じたということや、ロンドンのポーランド亡命政府を認め、ドイツと戦うためにソ連領内でポーランド軍を再編成する必要があると判明したこと、そして一九四三年にナチス政権がカチンの森の虐殺事件を世界に暴露したことであった。スターリンは事件の責任を認めず、国際的な調査を求めたロンドンのポーランド亡命政府との断交を選んだ。その後、スターリンはルブリンに傀儡政権を樹立し、それをポーランドの正統政府として扱い始めた。こうした策略は、一九四四年に赤軍が同国に進撃した際に軍事力によって後押しされた。その後、スターリンはワルシャワのポーランド人レジスタンスの蜂起を助けるどころか、それに対するアメリカとイギリスによる援助物資の空輸さえ許さなかったのである。このことは、スターリン自身が四年前にカチンで始めた反共ポーランド人の粛清をはるかに大きな規模でドイツが仕上げるという結果をもたらした。こうした一連の悲劇が示しているのは、不安をもたらす事態に直面すると、自分の過去の行為がそもそも問題の一因であったのかもしれないと認めるよりも、むしろ未来を作り変えようとするスターリンの性向である。

結局スターリンは莫大な犠牲を払うことによって、自分が望んだ従順なポーランド政府をかろうじて手に入れることができた。こうした事例に見られるスターリンの残忍性や冷笑的態度のおかげで、何よりもソ連の戦争努力が培った西側での信用が失われ、ロンドンとワシントンでは将来のソ連との協力に対する疑問が生じ、(94)ヨーロッパの他の地域では深刻かつ永続的な恐怖が生じることになった。スターリンはまたポーランド人に根強い敵愾心を持たせ、その(95)ために彼やそのすべての後継者たちにとってポーランドは絶えず不安の種となったのである。クレムリンが弾圧の手段を見出しえなかったという意味で最も効果的なソ連当局に対する抵抗は、やがてポーランドから生まれることになった。[96] その後、カチンの虐殺事件に関するスターリンの責任を認める公式見解が遅ればせながら一九九〇年になって漸く提出されたけれども、それはソ連最後の政権が、半世紀前にスターリンによって構築された勢力圏の不当性だけでなく自らの非正統性をも認める行為の一つとなった。[97]

独裁的な指導者というものは道義的な良心の呵責に苛まれることがないため、民主主義国の指導者に対して非常に有利な立場にあると思われてきた。選択した目的を達成するためにすべての手段を用いることができるということが、力の源泉であると考えられたのである。今日、こうした見方はあまり確かなものではないように思われる。なぜなら、そうした体制の不利な点として、抑制と均衡の機能が欠落しているということがあげられるからである。誰が独裁者に向かってあなたは愚かなことをしようとしているなどと言えるであろうか。スターリンが許可を与えた殺害、強奪した国々、主張した国境線の変更、そして無理強いした勢力圏は、ソ連に何ら永続的な安全をもたらすことはなく、まさにその反対であった。スターリンの行為は、ヨーロッパにおいて時とともに強まり衰えることのない抵抗運動の基礎を築くことになった。そのため、彼が構築した体制を力によって維持する用意のない指導者がソ連に登場すると、ソヴィエト帝国、ひいてはソ連自身がそれを切り抜けて生き伸びることはなかったのである。

VIII　スターリンの性格と冷戦

社会心理学者は個人の行動を解釈する際に、「資質的」行為と「状況的」行為という有益な区別をしている。資質的行為は環境に関わらずほぼ同じであり、個人的性格に深く根差している。何が起きたとしても柔軟性を欠く対応を行い、したがって予測可能である。これに対して状況的な行為は環境とともに変化する。この場合、その人の行為を決定する際に、個人的な特性の持つ重要性はより少ない。しかしながら歴史家はこうした分析を適用する場合に慎重である必要がある。なぜなら、心理学者であれば、自分の行為は周囲のせいにし、他人のそれを性格のせいにするということがいかに起こりやすいかをわきまえているからである。(98) 冷戦責任論のような論争的な大問題を扱う場合に、熟慮の末に判断を下すことを、感情を満足させることとはき違え、個人の偏見を追認してしまうのはあきれるほどにたやすいであろう。(99)

一九四五年末までに、アメリカとイギリスの指導者の多くは、その熱意の程度は別として、スターリンの行動を資質的な説明によって解釈するようになっていた。スターリンとの交渉や妥協のための今後の努力は失敗しそうな気配であったが、それは、スターリン自身がいわば昔日の彼ではなくなることが交渉の成功のために必要であるとみなされたからである。これ以降は、立場を死守し、原則を譲らず、事態の改善に向けて時の経過を見守るという決心を固めるのみであった。少なくともこれが二人目のジョージ・ケナンの見方であった。一九四六年二月二二日、彼によってモスクワから打電された極秘の「長文電報」が、この後半世紀間のアメリカ外交政策を形成することになったが、その影響力の大きさは、その昔、彼の遠い親戚がロシア皇帝の独裁を非難した時よりも大きかったのである。また「封じこめ」戦略はアメリカにとどまるものでもなかった。イギリスの前首相ウィンストン・チャーチルがミズーリ州フルトンで演説し、世界に向けて「鉄のカーテン」という言葉を発していたまさにその時、モスクワ駐在のイギリス代理大使フランク・ロバーツは似たような見解をロンドンに送っていたのである。(100) しかしながら、三月二〇日にモスクワから送られたあまり知られていない方のケナンの電報では、資質的な実情がより明確に説明されている。その電報の中で彼は、「完全な武装解除、アメリカの空軍力および海軍力のソ連への移管、そしてアメリカ共産党への政府権力の委譲に至らないものはすべて」スターリンの不信を和らげることにはならないだろうし、またそれらを達成したとしても、この老いた独裁者は恐らく「罠の匂いを嗅ぎつけ、最も悪意ある疑いを持ち続けるだろう」と述べたのである。[101]

もしケナンが正しかったのなら、我々は冷戦の原因をこれ以上探し求める必要はない。つまり、スターリンに主な責任があったということである。しかし、スターリンに責任があることを前提として策定されたような政策は、自分に甘く相手に厳しいという、人間にはよくありがちな性癖を体現したものではなかったと断言できるのだろうか。要するに、相手の性格が悪いから事態が悪化したのであって、こちら側の行為を含め、それ以外の状況がそうした結果をもたらしたことなどには思いおよばない、という訳である。歴史家がこの罠から逃れるための検証手段はあるのだろうか。

一つには、特定の関係にある当事者がお互いに相手を観察する際の一貫性、あるいは非一貫性の形跡を調べてみるという方法がある。ことに、環境が変わっているのに長年にわたりほとんど変化を見せない態度は根が深く、したがって資質的な行動であることを示唆している。風が吹けば木は微妙に傾くが、良きにつけ悪きにつけ枯れてしまうまでその場に立ち続けているのと同じである。一方、ものの見方が環境とともに変化する場合、それは状況対応的な行動であることを表している。いうなれば、葡萄の蔓が周囲の環境に対応して、這ったり、登ったり、くっついたり、絡み合ったり、必要とあらば引っ込んだりするようなものである。ローズヴェルトのこうした葡萄の蔓のような人格は広く知られており、今さら多言を要しまい。常に融通無碍で捉えどころのないローズヴェルトほど資質的なところの少ない指導者はほとんどいなかったと思われる。それではスターリンの場合はどうであろうか。彼は世界政治の中で、自らの国内政治を決定づけていた偏執症を捨て去ることができたのだろうか。彼はこちらが懐柔的な態度で接すればそれに対応できたであろうか。あるいは、封じこめ政策が唯一の現実的な対処方針だったのであろうか。

同輩の独裁者に対するスターリンの行動は紆余曲折に満ちていた。スターリンはヒトラーについては疑わしい点を好意的に解釈する場合もあったが、逆に大敵と見なす時もあった。ユーゴスラヴィアのヨシプ・ブロズ・チトーと中国の毛沢東に対する態度は、それぞれ反対方向にではあるが、時間と共に徐々に変化した。[102] 他方、民主主義諸国の資本主義者に対するスターリンの態度は不変であり、彼は常にその動機に疑いを抱いていた。「忘れるな、我々は資本主義世界全体と闘争をしているのだ（敵との交渉もまた闘争である）」と、早くも一九二九年にスターリンはモロトフに警告していたのである。[103] スターリンは一九四一年、差し迫ったドイツの攻撃に関するローズヴェルトとチャーチルの警告を、事態を急転させるために考案された挑発であるとして切り捨てた。[104] また、早くも一九四二年六月にスターリンは英米の原爆開発計画に対するスパイ活動を許可したが、それはこれら両国がスターリンに原爆開発情報を与えないとする公式の、しかしその時点ですでに無意味になっていた決定を下すはるか以前のことだったのである。[105] さらに彼は、アメリカやイギリスとの戦時中の直接的な軍事協力の進展に、繰り返し障害を設けるような振る舞いに出た。[106] 彼はたとえば、テヘラン会談においてローズヴェルトとチャーチルの宿泊区画に盗聴器を仕掛けただけでなく、早熟な言語学者であるベリヤの息子に毎日そのテープを翻訳させ、内容を報告させた。[107] 「チャーチルは、誰も見ていなければ、他人のポケットから一コペイカを抜き取るような類の男だ。ローズヴェルトはそんな奴じゃない。奴はもっと高いカネのためにだけ、他人のポケットに手をつっこむことをする。」枢軸国に対抗する連合国間の協力が最高潮に達した一九四四年六月のノルマンディー上陸前夜に、スターリンがこう警告したことはよく知られている。[108]

これはスターリン一流の悪意に満ちた褒め言葉かもしれないが、信頼の表現とは言い難い。またこのソ連の指導者は、ヤルタにおいて記録上は一度だけアメリカ大統領の身体的衰弱に同情の念を表明した。「なぜ天は彼をそんなにひどい目に合わせる必要があったのだろうか。彼は他の者より少しでも悪いことをしたとでもいうのか。」しかし、まさにその発言の新鮮さこそが、それを聞いたグロムイコに深い印象を与えた。彼の上司は「資本主義社会に属する誰に対しても同情を向けることは滅多になかった」のである。[109] わずか数週間後、その同じスターリンは、イタリアにおけるドイツ軍の降伏についての英米による秘密交渉が実は赤軍をドイツに入れないための謀略だと非難して、死期の近づいたローズヴェルトを驚愕させ激怒させた。[110] また何年も後、あるソ連のインタビュアーがモロトフに対して「肢体不自由にしてなおアメリカの大統領になるとは。それも三期もの間。相当な悪者であったに違いない」と水を向けると、この古参ボルシェヴィキは「よくぞ言った」と心から同意したのである。[111]

もしスターリンの心の内を知る者がいたとすれば、それは忠誠心に厚い専従党員で、申し分のない理由から「主人の代弁者」として知られるようになったモロトフであった。[112] 九十歳の大台を超えても、モロトフのローズヴェルトに関する記憶は鮮明であり、辛辣で飾りがなかった。たとえば、日本の目標を爆撃するためにローズヴェルトがシベリアの空軍基地の使用を要請したことがあったが、それは、「戦争のためというよりも、ソ連のある部分を占領するための口実であった。後になったら、彼らをそこから追い出すのは容易ではなかったであろう」とモロトフは述べている。ローズヴェルト大統領のより大きな意図は見抜かれていたのである。

ローズヴェルトはドルの力を信じていた。他に何も信じていなかったというのではなく、アメリカは豊かで、貧しく疲れ果てた我々が確実に物乞いに来るだろうと考えていたのだ。「そうなったら、連中の尻を蹴飛ばしてやる。しかし、今のところは放っておけばよい」という訳である。彼らはここで計算違いをした。彼らではなく、我々がマルクス主義者だったのだ。彼らはヨーロッパの半分が失われてはじめて目を覚ました。

「ローズヴェルトは我々に対して自己を韜晦する術を知っていたが、トルーマンはまったく知らなかった。」しかし個人的魅力によっても事実を覆い隠すことはできなかった。「ローズヴェルトは誰の首根っ子でも押さえ込む帝国主義者であったのだ」とモロトフは回想している。[113]

たとえ戦時中のスターリンのローズヴェルトに対する態度が、引退したモロトフの半分ほどの疑い深さであったとしても、一つの重要な構図が浮かび上がる。つまり、アメリカの史料もイギリスの史料も、スターリンの根深い英米不信に匹敵するような英米側の疑念を何も明らかにしていないのである。後になって、確かにチャーチルはソ連の戦後の意図を前から警告していたと信じられるようになったが、公文書が久しく明らかにしているのは、一九四五年に入って大分経ってからも、彼の希望と恐怖心とが繰り返し現れるという複雑な内実なのである。[114] ローズヴェルトの場合、公的であれ私的であれ、スターリンに対する何らかの不信が表されたものを見つけ出すのは、彼の死の直前に至っても難しい。疑いを抱いていたのは確かであろうが、たとえそうであったとしても、あまりに注意深く隠されていたので、歴史家がその痕跡を見つけるのには多大の労力を必要としたのである。[115] ケナンは一九四四年の夏、初めてスターリンの行動に関して資質的な説明を提示した。[116] しかしモロトフとは対照的に、ケナンは上司から賛意を得ることはなく、それ以後もしばらくは同じであった。

こうした見方をすると、冷戦は実際に一九四五年に始まったのであろうかという疑問が出てくるに違いない。なぜなら、冷たい戦争を戦うということはスターリンの性癖だったからである。スターリンは生涯を通して、自分の家族、側近やその家族、古参の革命同志、他国の共産主義者、理由は何であれナチス・ドイツを打倒するために西側と接触を持った赤軍復員兵に対してさえ、何らかの形でそうした戦いに従事してきたのである。[117]「自国内のすべての活動を自分のものの見方と性格とに服従させた男、スターリンは、国外においてそれとは違ったように行動することはできなかった」とジラスは回想した。「スターリン自身が自ら国家に課した専制主義、官僚制、偏狭さ、そして卑屈さの奴隷となってしまったのである。[118]」フルシチョフはさらに直截に、「ソ連の内部の者であろうが、外部の者であろうが、誰もスターリンの信頼を得ていなかった」と語っている。[119]

こうして、一九四五年四月のローズヴェルトの死は長期的な米ソ関係の方向を変えるものではなかった。すなわち、もしスターリンがローズヴェルトをまったく信用していなかったとしたら、「店のうるさい親爺」であるハリー・S・トルーマンやこの新大統領が頼るようになる強硬派の補佐官たちを、どうして信頼できたであろうか。[120] 続くイギリスの総選挙における労働党の勝利も、英ソ関係を何ら改善させるようなものではなかった。スターリンは自分が不信感を抱く範囲にはまったく制限など設けなかったし、どちらかと言えばヨーロッパの保守主義者以上にヨーロッパの社会主義者が大嫌いであった。フルシチョフは、スターリンが一九四五年一二月のモスクワ外相会談において、幸いその場に居合わせなかったトルーマンとイギリス外相アーネスト・ベヴィンの双方を故意に侮辱したことに触れている。「なぜスターリンはそのようなことをしたのか。説明するのは難しい。私が思うに彼は世界全体の政策を取り仕切ることができると信じていた。それゆえに、彼は我々のパートナーである国家の代表に対してそうした不躾な振る舞いをしたのだろう」と語っている。(121)

仮にスターリンの性格に関して疑問が残っていたとしても、一九四六年二月のソ連邦最高会議の「選挙」前夜にスターリンが行った戦後初の重要な演説において、彼は完全にそうした疑問を晴らした。その演説は、一部のアメリカ人が考えたのとは違って「第三次世界大戦の宣戦布告」ではなかった。(122)しかし、それはモロトフの回想と同様にスターリンの内心を明らかにするものであった。スターリンの説明にしたがえば、第二次世界大戦は資本主義の内部矛盾を唯一の原因として起こったものであり、ソ連の参戦のみがその戦いを解放戦争に変えるものであった。もし、天然資源や市場が「合意と平和的解決法により、経済的重要度に応じて定期的に各国間で再分配される」としたら、あるいは未来の戦争を避けることが可能かもしれない。しかし彼は次のように付け加えた。「世界経済の発展が資本主義の条件下にある現状では、それは不可能である。(123)」スターリンについての最も鋭敏な伝記作家によれば、これらすべてが意味したのは、「戦後期は、たとえ現実においてではないにしても、理念においては新たな戦前期とでも言うべきものに変容させる必要がある」ということに他ならなかった。(124)

「獲得すればする程さらに安全になる、という領土を重視する時代遅れの安全保障概念へ回帰する傾向がロシアでは見られた」と語ったのは、米ソの外交関係の樹立に向けて自らローズヴェルトと交渉した、元ソ連外相で元駐米大使のマキシム・リトヴィノフである。この発言は、前述したスターリン演説の数ヵ月後にモスクワで行われたＣＢＳ

特派員リチャード・C・ホテレットとの会見時のものであった。リトヴィノフが説明するには、その原因は、「共産主義世界と資本主義世界との対立は不可避であるという、我国に横溢しているイデオロギー的概念」であった。もし西側が突如としてソ連の領土要求をすべて受け入れることになったら何が起こるのかについて、ホテレットは知りたがった。「多かれ少なかれ短期間の内に、西側は次のさらなる要求に直面することになるだろう。[125]」

リトヴィノフがいわば畳の上で死ぬことができたのは実に驚くべきことである。[126] 大戦中の協力が破綻したことに関する彼の見方が、秘密のままにされることはほとんどなかった。というのは、リトヴィノフの同僚が、盗聴された彼の会話記録を、モロトフ曰く「いつものように」定期的に聴取していたからである。なぜこの老外交官は反逆罪で逮捕されたり、銃殺されたりしなかったのだろうか。おそらく彼が集団安全保障や西側との協力を公に支持していたために、逆説的ながら保護されたのかもしれない。スターリンは時々、自分の体制が外の世界にどう映っているかをことのほか心配した。おそらくソ連が再び西側の援助を必要とする場合に備えて、スターリンはリトヴィノフを生かしておいたのかもしれない。あるいは、彼の後継の外相が好んで説明したように、彼は単に幸運だったのかもしれない。「リトヴィノフは単に偶然によって生き残った一人だった」と、モロトフはいつもの冷酷な明確さで回想している。[127]

IX　歴史研究における個人

リトヴィノフの死からわずか数ヵ月後、スターリンもベッドの上でその死を迎えた。おそらくは、一九五三年には主治医さえをも不倶戴天の敵と見なすようになっていたことに由来する医療行為の拒絶の結果ではないだろうか。[128] この最後の、しかし彼の特徴を示した出来事は、なぜ冷戦が起こることになったのかを回顧し、またそれを避けることができなかったのかどうかを推察するうえで有益な観点を与えてくれる。

その一一八年前にトクヴィルは二極世界の出現を予言したが、必ずしもそこに敵意が生ずるとは述べなかった。充分に慎重な歴史家であった彼は、一八三五年の時点で観察しえた潮流が未来の歴史の枠組みを示すにすぎないことを理解していたのである。彼には予見しえない個人という存在が、それと遭遇するであろう諸条件との相互作用を通して歴史を決定することになるのであった。「人が自らの歴史を創るのである」ともう一人の歴史観察者であるカール・マルクスは後に語った。「しかし彼らは望み通りにそうするのではない。彼らは自らが選んだ状況の下で歴史を創るのではなく、すぐ目の前にある、与えられた、過去から受け渡された状況の下でそうするのである。[129]」

　歴史家の役割あるいはそのあるべき姿とは、個人と彼らが受け継いだ状況とのいずれか一方にのみではなく、もっぱらそれらがどのように交錯したか、という点に焦点を合わせることである。それを実行する一つの方法は、歴史を再現可能な実験として考えることである[130]。すなわち、せめて思考の中だけでも、トクヴィルの様な不変の傾向に対する関心を維持する一方、事態に対処する個々人の中にみられるマルクスの言うような多様性を考慮に入れることである。もしその結果が実際起こったことを繰り返した場合、人間ではなく環境が結果を決めたのだ、と考えることは妥当であるように思われる。しかし、人間が入れ替わった場合に事態の方向も変わったように見えるならば、すなわち歴史再現の実験が常に同じ結果をもたらさないならば、決定論的な説明に疑問をもつべきだ。なぜなら、一体どのような類の決定論が、特定の時点において特定の個々人にそれぞれの歴史を創る権限を付与するというのであろうか。そのようなものはとても決定論であるとは言えない。

　一八三五年を出発点とする米露関係の再現実験において、地理的な位置関係、人口統計学上の潜在力、対称的な社会的・政治的組織の伝統はほとんど変化していない。アメリカ人が専制的な統治形態を、またロシア人が民主的なそれを形成していたかもしれないと考えるのは難しい。両国とも、国際政治の場で鳴りを潜めてはいなかっただろうし、遅かれ早かれ必ずヨーロッパや東アジアの諸問題に介入したであろう。

しかし、ウィルソンとレーニンが行ったように、米ソ両国がそれぞれの民主主義と独裁の伝統をまったく同時に地球規模に及ぶイデオロギーに変化させる、ということを予知できただろうか。スターリンがその後、ボルシェヴィキ革命思想の国際主義を残虐な自己陶酔主義の一形態に変えることを予期することができたであろうか。それは帝政時代のロシア・ナショナリズムへの単なる回帰ではなく、相容れないイデオロギーを主張する同時代のあの指導者［ヒトラー］のみがかろうじて太刀打ちしうるものだったのである。さらに、ヒトラーがその後、彼自身に立ち向かう共産主義と資本主義の連合を構築させ、最後にはドイツ中央部で戦勝者たるソヴィエト、アメリカ両軍が友愛の抱擁をするまでに至ることを予想できただろうか。そして、この連合が数ヵ月で崩壊し、その後にはほぼ半世紀に及ぶ冷たい戦いが続くことが予測されたであろうか。

地勢、人口の推移および伝統がこうした結果をもたらす一因となったが、それを決定した訳ではなかった。因果関係の連鎖を作るためには、状況に対して予測し得ない反応をする人間が必要であった。そしてまた、その連鎖を決まった場所に固定するために、自らの独裁主義、妄想、自己陶酔的性向にしたがって予測し得る反応をする、特定の一人の人間を必要とした。(131) スターリンのいない冷戦というものがあり得ただろうか。あったかもしれない。歴史上において必要不可欠である者などいないのである。

しかし、スターリンには冷戦が始まった時に権力者の地位にあった者の中でも際立ったいくつかの特質があった。自己の安全を確保するために、自分以外のあらゆる人々の安全を奪ったのはスターリンだけであった。すなわち、彼が行ったような恐怖政治にまで依拠する西側の指導者は皆無だったのである。また、スターリンだけが自分の国を肥大化した自らの分身に作り変えた。西側指導者の誰もそうした芸当はできなかっただろうし、試みた者もいない。そして、スターリンだけが戦争や革命を究極の目的を追求する手段として受け入れた。彼ほど暴力というものを進歩と結びつけて考えた西側の指導者は皆無だったのである。

それゆえ、スターリンは冷戦を求めていたのだろうか、という疑問が生じる。この疑問は「魚は水を求めるか」と訊ねるのに若干似ている。疑念や不信、変わらぬ冷笑的性質は、彼にとって好ましいばかりでなく必要とされる周囲の環境であった。スターリンはそれなしでは行動することはできなかったのである。「協調的態度は彼には策略や愚直さとして映った」のであり、「タフであることは、いわばまつろわぬ敵としてのアメリカというソ連の抱く印象を単に固めさせただけであった」と、ウィリアム・タウブマンは結論づけている。(132) アメリカは、やがてスターリンとその後継者に対しても同様の見解をもつようになった。アメリカの指導者の中には、そう見る理由がなくなり始めてからも長い間こうした印象を抱き続けた者もいたが、これは一九四五年当時、ワシントンや他の西側諸国で支配的な見解ではなかったのである。一方、スターリンは一九四五年の時点でも、それ以前から一貫してそうであったようにこうした見方をもち、不充分な医療措置によって死去する日までさらに抱き続けることになるのであった。

第二章　対峙する冷戦帝国――ヨーロッパ――

首相［チャーチル］はその時、戦後世界を支配しその進む方向が委ねられるような国家は、自らの要求が満たされ、領土的、あるいはその他の野心をまったく持たないことが重要だと述べた。……さらに、飢えた国家や野心を持つ国家は危険であると語った。そして彼は、世界の指導的国家には幸せな金持ちのような地位が与えられることを希望した。

テヘラン会談議事録、一九四三年一一月三〇日(1)

新しいソ連国境を示す地図が、戦後、スターリンの別荘に届けられた。その地図は学校で使う教科書ぐらいの、とても小さなものであった。スターリンはそれを壁にピンでとめ、「我が版図を今一度見てみよう。北部についてはあらゆる事が申し分ない。フィンランドは我々の怒りを買い、そのため国境線はレニングラードからさらに先へと移動した。バルト諸国――昔からロシア領なのだが――は再び我々のものとなった。すべての白ロシア人、ウクライナ人、モルダヴィア人は、統合された。西部地域についてはこれでよい」と述べた。次に彼は突然、東部地域の国境線に目を向けた。「ここでは何を得たのだろうか。クリル諸島は今や我々のものとなったし、サハリンも完全に我々のものとなった。これでよい。それに旅順も大連も我々のものである」とスターリンは言った後、――手に持ったパイプを中国の地図の上で横に滑らせて――「東清鉄道も我々のものであるし、中国とモンゴルについてはすべて問題ない。しかし、ここの国境線だけはどう考えても気にいらん」と述べ、コーカサス地方を指し示したのである。(2)

フェリックス・チュエフ

一九四七年までには、旧秩序を打破した国家の間において新秩序を建設するための協力があり得ないことが明らかとなりつつあった。こうして近代史上で最も顕著な政治的分極化がもたらされることになった。それはあたかも巨大な磁石が出現し、大半の国家や、しばしばそれらの国の内部の諸活動や個人までもが、ワシントンあるいはモスクワから生ずる磁場に沿って整列することを余儀なくさせるようなものであった。いずれかの陣営に入ることが強迫観念のように思われた大戦後のこうした国際システムにおいては、どちらの側とも与しないことは決して容易なことではなかった。トクヴィルがアメリカ人とロシア人とがいつかはそうなると予言していたように、アメリカとソ連は今や過去のいかなる大国よりも、「世界の半分の運命」を握る存在に近かったのである。

国際関係の理論家はこのようなシステムを理解する際には、そのシステムを構成している「単位」についてほとんど注意を払う必要がないと主張してきた。諸国家はアナーキーな状況の中に存在するため、生き残ることが彼らにとって共通の目的となり、パワーはすべての国家が――その国内体制の如何にかかわらず――そうした生存を確かなものにするための手段となる。したがって、国家の行動は何の変哲もないビリヤードのボールのようなものとなる。それらの衝突は意味を持つが、ビリヤードのボールの性質自体には意味がないということになる。(3) 仮にこの見方に立てば、トクヴィルが米露関係で権威主義と民主主義の伝統を区別したことは、まったく的外れということになるのである。

しかし歴史家が指摘しなければならないのは、冷戦中のアメリカとソ連がいかに「強大」であったとしても、彼らが手に入れ行使した「パワー」には、ほとんど類似性がないという点である。両国がビリヤードのボールにたとえられたとしても、同じ大きさや重さや嵩を持つものではなかった。軍事的、経済的、イデオロギー的、道徳的であれ、いずれの観点から見ても、ワシントンとモスクワが支配したそれぞれの勢力圏は似ても似つかぬものであった――このことは今やそのうちの一つが存在していないことから明白である。あるいはリンゴとオレンジの比較のほうが、より適切な比喩かもしれない。少なくともこの比喩であれば、非対称性、いびつさそして内部の腐敗の可能性を考慮に入れることになるからである。

しかしながらこのモデルにも欠点がある。なぜなら米ソ関係の形成における第三勢力――第四、第五そして第ｎの勢力については言うまでもないが――の役割をほとんど考慮に入れていないからである。もし大国が自国に服従している国々の意向に沿うのではなく、それらの意思に反して権威を伸張しようとすれば、大きな相違が生まれる。そして、抵抗か協力かいずれかを究極的に選択するのは、勢力圏を押しつけた者ではなく、そこに組み込まれた者なのである。もし我々が第二次世界大戦後の国際システムを理解しようとするならば、大国の盛衰を説明しうる分析的枠組みが必要である。しかし同時にそれは、非常に強力な中心国によって情勢が動かされている時でさえも、周辺諸国の行為によっては結果に違いが生じる、などといったいわゆるパワーの限界にかかわる問題だけでなく、パワーの性格やそれが生み出す影響力の変動の問題をも説明しうるものである必要がある。

私はそのような枠組みが、民主主義や権威主義よりも古い統治形態の中に存在すると考える。それは帝国である。この場合の帝国とは、一つの国家が直接的であれ間接的であれ、あるいは部分的であれ全体的であれ、明白な武力の行使から、威嚇、依存、誘導そして暗示に至る手段で、他国の行動を規定する状況を意味する。[4] アメリカとソ連の双方の指導者は、一九四五年以降彼らがしていたことに「帝国的」との名称を刻印されたとすれば気色ばんだことであろう。しかし帝国の建設には艦隊を派遣することも、領土を奪うことも、旗を高く掲げることも必要ないのである。「非公式」的な帝国は、一五世紀から一九世紀にかけてヨーロッパ諸国が世界の他の部分に広汎にわたって押しつけた一層「公式」的な帝国よりもはるかに古く、しかもそれらと肩を並べて存在し続けた。(5) 冷戦期において、ワシントンとモスクワは、ロンドンやパリそしてウィーンといった古の帝都のような魅力はともかくとして、それらがもっていた特質の多くを備えるようになっていた。そして二〇世紀後半の大半の時期を通じて、アメリカとソ連の影響は、少なくともそれまでのいかなる帝国にも劣らず世界中にあまねく及んでいたのは確かである。

しかし、その遍在性は権威が挑戦を受けずにすむことを決して保証することはなかったし、そうした事実がまた、帝国の比喩を冷戦史に適用しようとすることのもう一つの理由なのである。一般的な印象に反して、帝国内の影響力は常に双方向に作用する。帝国を支配する側が支配される側に単に影響を及ぼしてきただけではない。支配される側もまた、驚くべき影響力を支配する側に与えてきたのである。(6) 冷戦はこうした様式の例外ではなく、そしてこのように認識することで、我々はこの対立がどのように出現し、展開し、ついにはあのような形で終結したのかを理解することができるのである。

I　スターリンにおける革命と帝国の共存

ソ連帝国がアメリカよりも一層計画的に形成されたと言う単純な理由から、そちらの帝国の構造から始めようと思う。長い間明白であったのは、スターリンが権威主義的な構想に加えて帝国的な構想を持っており、ひたすらその実現に邁進したということである。スターリンほどかくも長きにわたって権力を振るい続け、あるいは衝撃的な結果をもたらした有力な帝国建設者は西側には存在しない。

ロシア専制君主の帝国主義のみならず、世界中のあらゆる形態の帝国主義を粉砕すると誓った革命運動の中からスターリンが出現してきたことはいささか厄介な問題である。しかしながら、このソ連の指導者は独自の理論を構築し、生涯を通じていかにして革命と帝国とが共存しうるかを示すことに驚くほどの精力を注いだ。一九一七年四月、この問題に関する最も初期の公式声明の一つの中で、彼はボルシェヴィキが決して帝国主義者にはなりえないと認めた。そもそも革命後のロシアであれば、間違いなく非ロシア人の十分の九までが独立などを欲しないであろうというのであった(7)。ところが、この年の末にボルシェヴィキが実際に権力を掌握した後において、それら少数民族の中でスターリンのこうした論理に説得力を覚えた者はほとんどおらず、レーニンの新政府が直面した最初の問題の一つは旧ロシア帝国の解体であって、それは一九九一年に共産主義の権威が最終的に崩壊した後にソ連で起こった事態と似ていなくもなかった。

レーニン自身が帝国主義に反対であったためか、あるいはそれと同じくらいもっともな理由として、当時のソヴィエト・ロシアが弱体であったためかはともかくとして、フィンランド人、エストニア人、ラトヴィア人、リトアニア人、ポーランド人そしてモルダヴィア人が帝国からの離脱を許された。同じことを求めた他の民族——ウクライナ人、ベラルーシ人、カフカス人、中央アジアの諸民族——はそれほど幸運ではなく、一九二二年にスターリンはこれらの残された（しかも再び獲得した）民族集団をロシア共和国に編入することを提案したが、結局は、レーニンに生涯最後の行為の一つとしてそれを覆させ、多民族からなるソヴィエト社会主義共和国連邦を樹立させることになった(8)。しかし、レーニンの死後スターリンがその後を継ぐと、その創設の諸原則が何であれ、ソ連が平等な共和国から構成される連邦などにはなりえないことが即座に明らかとなった。むしろそれは、ロシア皇帝によるものよりさらに強固に中央集権化された帝国の最新版として機能することになったのである。

レーニンとスターリンの最も顕著な相違点は、権威主義やテロをめぐるものではなく、大ロシア・ナショナリズムの正統性に関するものであった。ボルシェヴィズムの創始者〔レーニン〕は、その特徴的な辛辣さでもって、「あの全きロシア人、大ロシア主義的排外主義者」や、「牛乳の中のハエのように、排外主義的な大ロシア主義の不浄の海」の底に沈み込むことの危険性について警告していた。そうした誘惑によって、革命が世界中に広がるという可能性が台無しにされるかもしれなかったのである。[9] しかし、スターリン自身――レーニンの暗黙の非難の対象であった――は、移民の中に時折見られるあの熱烈さを備えた大ロシア・ナショナリストであった。[10] スターリンはレーニンの後継者としての地歩を固めた直後の一九三〇年に私信の中で真情を吐露し、「すべての国の革命的労働者の指導者たちは、ロシアの労働者階級の最も示唆に富む歴史、その過去、ロシアの過去を貪るように学んでいる」と記すことになる。「これらすべてがロシアの労働者の心の中に革命的国家の誇りを植えつけ（植えつけざるを得ないのだ）、それが山を動かし、奇跡を起こすことを可能にするのである」。[11]

非ロシア系諸民族によるソ連からの離脱の権利を公式に明記した一九三六年の「スターリン憲法」は、大粛清、およびその後スターリン体制の顕著な特徴として彼の死まで続くことになるロシア・ナショナリズムの高揚に対する官許の時期と符合した。[12] それは非ロシア系諸民族が仮定の上では離脱の権利をもっているにもかかわらず、そうしたことを考えることすらしないであろう一連の環境を生み出すことによって、この偉大な権威主義者が一九一七年に下した誤れる自らの予言を有効ならしむる作業に着手したかのようであった。その様相は粛清裁判そのものに似ており、そこでは合法性の枠組み――非ロシア系共和国における土着の言語と文化に対する、帝政時代を上回る許容までも――が維持されていたのである。しかし、スターリンは誰であれ自らの支配に対して挑戦する形でそうした権利を行使したり、独自の文化を奨励したりすることについては徹底してこれを抑え込んだ。スターリンは自らロシアの過去を学び、領土の拡張を追求することは「反動的」ではないとの結論に至ったように思われる。スターリンによるイデオロギー面での主要な革新は、古のモスクワ大公国の君主たちの野心、特に周囲のすべての土地を「収穫し」支配するという野心を、ボルシェヴィキ革命を実際に喚起したのではなかったにしても、その革命の中から生まれたプロレタリアート国際主義という反帝国主義的な精神の上に、無理やり覆いかぶせたことであったのかもしれない[13]。

　スターリンがマルクス主義的な国際主義とロシア専制君主の帝国主義を合体させたことは、第二次世界大戦のかなり前から存在した、世界革命の進展とソ連国家の影響力拡大とを同一視するという彼の習癖を一段と強めるのみであった[14]。スターリンはこの組み合わせを例外なく適用した。一九三九年のヒトラーとの条約から得られた主要な利点は、ボルシェヴィキ革命と第一次世界大戦の戦後処理とで失った領土を取り戻したことであった。しかし、一九四一年のドイツによる攻撃以降に、新たな同盟国である英米に対してこうした取り決めを認めさせることをスターリンがいかに重要だとみなしていたかということは、帝国主義とイデオロギーとの合体という彼の政策から説明することもできるのである。スターリンは東アジアでも同じ目的をもっていた。すなわち日露戦争以前に満洲においてロシアが占めていた地位を要求したのである。これは一九四五年のヤルタ会談において、対日参戦を約束することの代償として最終的に達成された[15]。「私の外相としての任務は我が祖国の国境を拡張することであった」とモロトフは何年も後に誇らしく回想している。「そして、スターリンと私はこの任務について実に巧みに対処したように思われる[16]」。

II　スターリン帝国の出現

　西側の立場からすれば、重要な問題は、第二次世界大戦終結時点でソ連の国境線がどこで確定したにせよ、それを越えてモスクワの影響力がどこまで及ぶのかということであった。スターリンはミロヴァン・ジラスに、ソ連は自国の陸軍が到達できる範囲内で自らの社会体制を強要することになろうと示唆していたが[17]、同時にきわめて慎重であった。アメリカとその同盟国が蓄積していた軍事力を鋭敏に認識していたため、スターリンは勝利を確信できるほどソ連が復興するまでは、もう一つの破滅的な戦争に自国を関わらせるようなことはしないと決意していたのである。「トリエステ問題で第三次世界大戦を起こしたくはない」とスターリンは失望したユーゴスラヴィア人に説明し、一九四五年六月に撤退を命じた。[18] その五年後、スターリンは朝鮮戦争に介入しないという決定を、「第三次世界大戦が終わって間もないし、第三次世界大戦の準備ができていない」ということを理由に正当化することになる。[19] したがって、まさにソ連の勢力圏がどれほど拡張することになるのかということは、いかに注意深く機会と危険のバランスを図るのかという点にかかっていたのである。「我々は攻勢をとっていた」とモロトフは認めた。

彼ら（おそらく西側）は確かに我々に対する布陣を強化した。しかし、我々は征服地を確固たるものにしなければならなかった。我々は、ドイツの占領部分から社会主義ドイツを創り出し、チェコスロヴァキア、ポーランド、ハンガリー、そしてユーゴスラヴィアにおいて秩序を回復した。これらの国々では情勢がまだ定まっていなかった。そして資本主義的な秩序を締め出そうとした。これこそが冷戦だった。

しかし、「もちろん」とモロトフは付け加えて、「やめる頃合いをわきまえていなくてはならなかった。この点、スターリンは限界内にうまくおさまっていたと信じている」と語った。[20]

だが、その限界を設定したのは一体誰か、あるいは何であったのか。スターリンは支配する必要があると考えた国について、既定の一覧表をもっていたのだろうか。スターリンにはそれらの国の内部で「資本主義的な秩序を締め出す」ことへの抵抗に直面したなら、行動を中止する用意があったのだろうか。あるいは、残りの資本主義諸国からの反対に直面し、ソ連にまだ戦争の準備が整っていない段階でその危険を冒すことになった時にのみ、拡張は停止したのであろうか。

スターリンは国境の変更を望む場所に関してはきわめて明確であったが、モスクワの勢力圏をどこまで広げるかということに関してはそれほどでもなかった。彼はソ連の周囲に「友好」国家を配置することを主張したが、何ヵ国が必要かということは特定しなかった。彼は戦争中ドイツの分断を要求していたが、戦争の終わりにはそれを否定した。一九四五年六月に彼がドイツの共産主義指導者に語ったところでは、ドイツは一時的に分断されるが、彼ら自身が再統一をもたらすことになるのであった[21]。スターリンは最終的には世界革命が起こるとの考えを決して捨てなかったが、彼がドイツの共産主義者に示唆したように、それはソ連自身から生じる影響力の拡大の結果としてそうなるのであった。あるスパイ高官が回顧するところでは、「クレムリンにとって、共産主義の任務は第一に、ソ連の国家としての勢力を確固たるものにすることであった。軍事的な強さと我が国に接する国々を支配することによってのみ、超大国としての役割を担保することが可能であった[22]」。

しかし、スターリンはどれだけ迅速に、あるいはどのような状況下で、これが実行に移されるかについて——まちがいなく彼自身が分からなかったからであろうが——何の示唆も与えなかった。スターリンはたしかに、西側の抵抗に遭遇した場合、膨張を停止する準備をしていた。アメリカ、あるいはイギリスに対してさえも、この両国が利益を明確にしたところではスターリンは両国に挑戦する意思をもたなかった。チャーチルは、スターリンがギリシアにおけるイギリスの影響力を保証する有名な一九四四年の「パーセンテージ」合意〔東南欧に関する英ソ間の勢力圏合意〕に執拗に固執したと認めているし、ユーゴスラヴィアの資料は、アメリカとイギリスが地中海における両国の交通線の遮断を決して許さないだろうという、スターリンの警告を明らかにしている[23]。スターリンは一九四六年の春、イランにおける彼の野心が英米の反対に直面した際にはすぐさま手を引き、それは同じ年の後になってトルコ海峡にソ連の基地設置を要求した時と同様であった[24]。前進した後で退却するというこの法則は一九三〇年代の粛清の時に既に現れており、ドイツという外的脅威が無視できないほど大きくなったときに粛清は休止された。ベルリン封鎖と朝鮮戦争の時にもこの法則が再び現れ、アメリカが予期せざる強硬な反応を引き起こすと、ソ連は多大の慎重さを示したのである。

しかしながら、これらすべてのことはスターリンの野心が限定されていたことを示しているのではなく、ただそれらを達成するための予定表を彼が持っていなかったことを示しているにすぎない。モロトフは顧みてそれを裏付ける証言をしている。「我々のイデオロギーは可能なときには攻勢を支持するが、そうでない場合、我々は待機する」[25]。膨張への欲望と危険の回避とが組み合わされたこの行動様式を考えると、西側がもう少し早く封じこめを始めていたらどうなっていたであろうかと思わずにはいられない。歴史家ヴォイチェフ・マストニーは、西側が冷戦の開始に一部責任があるとすれば、その責任はただ封じこめを早期に実施しなかったことにある、と述べている[26]。

東ヨーロッパのように西側の抵抗が起こりそうもなかったところでは、スターリンはソ連内部にすでに作り上げていた政治体制と同じものを遅かれ早かれ構築しようとした。モスクワからの権威は、従順さによって選ばれた官僚から構成される政府と党の機構を経由し、その後これらの国々の内部で経済運営や、社会・政治制度、知識人、そして家族関係さえをも通して浸透した。生活のあらゆる側面がスターリン自身によって決定されたソ連の国益と融合され、後にそれに従属させられるにつれ、大半の社会に存在していた個人と公共の領域の差異が消滅した[27]。こうしたものに従えなかった者やそうする意思のなかった者は、スターリンの現実の、あるいは想像上の敵が一九三〇年代にソ連国内で経験したものと同じ、一連の威嚇、恐怖、そして究極的には粛清、公開裁判、処刑に直面した。フルシチョフは「スターリンは、他国との友好関係とはソ連が指導し、他の国がそれに従うものと理解していた」と回想する。「スターリンは、ソ連国内と同様に、人民の敵に対する戦いをそこで遂行した。彼には一つの要求しかなかった。絶対的な服従である[28]」。

このようにして、スターリンの政策は拡張と併合という帝国主義のそれであり、それを推進する際の決意、維持するために用いられる威圧の手段、そしてその政策を支えるためのうわべだけの反帝国主義的な正当化、の諸点でのみ以前の帝国とは異なっていたに過ぎなかった。ロンドン、パリ、リスボンそしてハーグの植民省が発見しつつあったように、歴史の潮流が帝国支配の思想に反して流れている時、また、ソ連が史上最も野蛮な侵略を受け、その打撃から復興を果たそうとしている時に、スターリンがかくも多くの帝国的野望を達成することができたのは、彼の道義性の証明ではないにしても、能力の証明である。他の帝国が縮小しつつあり、ソ連があれほど脆弱であった時に、スターリンが自らの帝国を拡張できたことには説明を要する。[29] ヨーロッパの内外においてこうした過程に反対する動きが出現するまでに、なぜあれほど時間を要したのだろうか。

一つの理由は、ソ連が第二次大戦中に枢軸国との戦いで被った莫大な犠牲が、事実上ソ連の評判を「浄化した」ことである。ソ連とその指導者は、大手を振って歩く権利を「手に入れた」か、あるいはそのように見えた。[30] 西側の政府にとって、ソ連を輝ける戦時同盟国から、新しい危険な敵とみることに素早く転換することは難しかった。トルーマン大統領と後に国務長官となるディーン・アチソンには、二人ともまったく共産主義に共感するところはなかったにもかかわらず、戦後初期の相当の期間、いわば疑わしきは被告人の利益にといった形でソ連に有利に計らう傾向があった。[31] 同じ状況はドイツのアメリカ占領地域においても起こっており、ワシントンではソ連に対して「強硬姿勢をとる」ことが当たり前になった後も、ルシアス・D・クレイ将軍はソ連占領当局との協力関係を築き、「強硬姿勢」を求める要求を拒絶していたのである。[32]

スターリン版の帝国主義に対する抵抗が遅れたもう一つの理由は、当時マルクス＝レーニン主義が広汎な魅力をもっていたことである。ソ連の外にあった革命家が実情をよく知らずにこの国に対して抱いていた賞賛の念を、今となって回想することは難しい。「共産主義は、私や、分裂し絶望にあえぐ我が祖国で、何世紀にもわたる隷属と後進性とを飛び越え、現実自体をも迂回したいと切に望む人々にとって、最も合理的で、人を酔わせ、すべてを包み込むようなイデオロギーだった」とジラスは、後に「第三世界」と呼ばれることになる地域の大半でも共感されたであろうコメントの中で回想している。[33] ボルシェヴィキ自らがすでに一つの帝国を打倒し、他の帝国を糾弾することで身を立てていたために、イギリス、フランス、オランダそしてポルトガルの植民地主義と戦っている人々が、ソ連の帝国主義というようなものもまた存在しうると理解するのには、数十年かかるのであった。ヨーロッパの共産主義者——とりわけユーゴスラヴィア人——はそれよりは早い段階でそうしたことを理解したが、大半の者にとって大戦終結時にはまだそれは明白なことではなかったのである。

ソ連の拡張主義に対する初期段階の抵抗が欠如していたことについて、さらにもう一つの説明は、ソ連の拡張主義に身をさらしたすべての人々にとって、その抑圧的な性質がすぐには明らかにならなかったことである。東中欧において左派が政権を獲得したことに伴って、長い間栄達を阻まれていた諸集団はそれを期待することが可能となった。一九三〇年代を記憶していた多くの人々にとって、ソヴィエト・ブロック内の自給自足的経済の方が、好景気と不況の周期的循環を伴った国際資本主義の荒波にもう一度さらされることよりも好ましいと思われた。[34] また、モスクワは、東中欧のあらゆるところで同時に過酷な統制を押しつけたわけでもない。[35] 単なる行政上の無能力によってこのことは部分的に説明できるかもしれない。あるロシアの歴史家は「東ヨーロッパの巨大なスターリン主義国家における組織の混乱、管理上の問題、部局間の対立は桁外れだった」[36] と指摘している。しかし少なくともいくつかの地域によっては、スターリンが厳格な統制の必要性を認めず、自らに対する重大な挑戦ではなくそれらの国々の自発的な協力が得られると思っていた、ということもまたありうるのである。なぜスターリンは戦後における自由選挙を約束したのか。彼は共産主義者が勝利すると考えたのかもしれない。

スターリンと東ヨーロッパの住民とが、お互いについて知るようになるのにはそれなりの時間を要したという印象が強い。このクレムリンの指導者は、国境の外ではソ連の権威が必ずしもあらゆる場所で歓迎される訳ではないことを認識するのに手間取ったのである。しかし彼はこうした実情を理解するようになるにつれ、あらゆる場所にソ連の権威を押しつける決意を一層強くした。東ヨーロッパの住民もまた、ソ連圏に組み込まれることがいかに拘束的なものとなるのかをなかなか認識しなかった。しかし、彼らはそれを認識するようになると抵抗の決意を一層強くした。たとえその抵抗なるものが、強制力なしに支配の正統性を確保する際に不可欠とされる被支配者からの同意というものを与えないという、消極的だがぶっきらぼうな手法によるものであったとしてもである。このようにして、スターリンが帝国を強化しようとしたことで、その帝国はより抑圧的になると同時に一層不安定なものになった(37)。この間、戦後ヨーロッパに関するもう一つの構想が、第二次世界大戦の結果登場した他の大帝国、すなわちアメリカの帝国から生まれつつあり、これもスターリンの懸念材料となったのである。

III　孤立主義の退場

アメリカ帝国とソ連帝国とを比較する際の最初の留意点は、両国にとって事態が著しく正反対に進展したことである。スターリンの帝国建設の決意は、実際にそれが可能になる条件が整うよりかなり前にまでさかのぼる。彼は最初に国内で権力基盤を固め、ナチス・ドイツを打倒し、同時にこの企てにおいて同盟国が自国の長期的目標を妨げないように手を打たなくてはならなかった。アメリカはその逆であった。帝国が建設可能な条件は、アメリカの指導者たちがそうする意図を明確に持つかなり前から生まれていた(38)。それでも彼らは懐疑的な有権者の支持を必要としており、それは決して保証されてはいなかった。

アメリカには、第一次世界大戦が終了した時点で世界の覇権をとる準備ができていた。その軍事力は戦争終結に決定的な役割を果たした。その経済的な優越によって、ヨーロッパ復興のあり方と進展の双方を制御できた。ウッドロー・ウィルソンが一九一八年の終わりにヨーロッパ大陸に到着し、熱狂的な歓迎をうけた時に気がついたように、アメリカのイデオロギーは非常な尊敬を集めた。ヴェルサイユ条約はたしかに、ウィルソンの掲げた原則からすればかなり物足りないものであったが、国際連盟は彼の構想を忠実に具現化し、他でもない合衆国憲法そのものを模範とする明確な法的基礎を国際秩序に提供した。もし世界がアメリカの影響力の拡大を受け入れたと思えた時があったとすれば、それはこの時であった。

しかしながらアメリカ人自身はそれを受け入れなかった。上院が国際連盟加盟を否決したことは、国際的な平和維持の責任を担う熱意が国民一般に明らかに欠けていることを表していた。実業界、労働界および農業分野の一群にみられた海外市場と投資の機会を求めることへの関心を別とすれば、ほとんどのアメリカ人は、自国の経済が世界の残りの部分と結びつくことから生じる利益をほとんど認識しなかった。したがって、一九二〇年代におけるヨーロッパ復興への努力は、政府と密かに調整しつつも民間主導という形態をとるしかなかったのである。保護関税は一九三〇年代に入ってもかなりの期間実施されていたし——世界恐慌の始まりとともに実際に税率は上昇していたが——、また国民総生産に占める輸出の割合は、一九二一年から一九四〇年の間、平均してわずか四・二パーセントと、他国と比較して低い水準のままであった[39]。海外投資が一九一四年から一九一九年の間に二倍になったのに対して、アメリカ国内への外国からの投資は半減した[40]。しかしこの変化も、海外投資などとは無縁な一般国民の多数派の中に存在したような、西半球の外にある国際政治を支配しようと企てるのではなく、そこから一歩距離をおく方がよいと考える生来の傾向を克服するほどのものにはほとんどなり得なかった[41]。

この孤立主義的な政策についての合意が崩壊したのは、潜在的な敵対国が再びヨーロッパの安全を脅かしつつあるということをアメリカ人が理解しはじめたまさにその時になってからである。今回は自らの所属する西半球さえも、ヨーロッパで起こりつつあることがもたらす結果から逃れられないかもしれないと思われた[42]。一九三九年九月以後、ローズヴェルト政権は、世論と議会が戦争には至らぬ手段でイギリスとフランスへの援助を認めると即座に行動した。

また、中国を占領し、後に至って仏領インドシナを占領する日本に対抗していくことも決定し、真珠湾への攻撃を導く一連の事態を始動させた。[43] それ以来歴史家はこの問題に悩まされてきた。世界の舞台における二〇年間におよぶ相対的な不活潑さの後、突然、アメリカはなぜ極度に活動的になったのだろうか。国家の安全に対する明瞭で差し迫った危険が存在しない限り、アメリカのエリート層が久しく望んできた帝国というものに対する国民からの支持は得られないだろうと政府が判断し、そうした支持をむしろ喚起することには着手しないでいたのだろうか。[44] 冷戦の起源と展開についても似たような理解ができないだろうか。[45]

　こうした解釈にはいくつかの問題点がある。その一つは、謀略と偶発性の混同である。たとえローズヴェルトが日本に「最初の一発を撃たせる」ように策動することを望んでいたとしても、ヒトラーがこの機会を捉えて宣戦布告し、そのことでヨーロッパへアメリカが軍事介入することが可能になるということを彼は知ることはできなかったであろう。アメリカはヒトラーの宣戦布告がなければ太平洋に大半の戦力を展開していたであろうが、太平洋は世界的な覇権獲得へ向けて行動を開始する基盤にはとてもならなかったであろう。これらの説明はまた、他の行動主体のもつ自律性をほとんど考慮していない。すなわち、ヒトラーと日本の軍国主義者はアメリカが行ったことに反応していただけであると仮定し、個人的、官僚的、文化的、イデオロギー的、地政学的な、他に考えられる行動の動機を重要でないとみなしている。最後に、このような議論は近因と遠因との比較考量に耐えうるものではない。かつて歴史家のマルク・ブロックは、建前からいえば、登山者が絶壁から落ちる原因を物理学や地質学を引き合いに出して説明することができると指摘した。重力の法則や山がなかったならば、事故はたしかに起こらなかったであろう。しかしこのことは山に登るすべての人が落ちてしまうことを意味しない。[46] ローズヴェルトがアメリカを戦争に参加させ、その後にアメリカが世界大国になることを欲したからといって、彼の行動だけがこれらの出来事を生じさせたことにはならないのである。

孤立主義の破綻についてのより適切な説明はもっと単純である。それは権威主義の復活と関係していたのである。アメリカ人は一九世紀末、国家の国内での行為が対外行動を決定するのではないかと考え始めていた。[47]第一次世界大戦時の帝政ロシアやドイツ帝国の場合とまったく同じように、一九三〇年代のドイツ、イタリアおよび日本の行動が、そうした見方をふたたび登場させたであろうことは容易に理解することができる。ひとたびそうした事態が生じると、アメリカ人は微妙な違いを見分けるような質ではないので、あらゆる場所で権威主義に対抗することを始めたが、これによって一九四一年にいくつかの権威主義国家と同時に対決する意思を示したことが説明できるかもしれない。しかしこの解釈も完全ではない。この解釈はアメリカが過去において、特にラテンアメリカの権威主義国とうまく共存できたことや、その後もしばらくはそうであり続けたことを説明していない。たしかにこの解釈では、戦争中にアメリカが二十世紀最大の権威主義者スターリンを同盟相手として遇したことの説明もつかない。

思うに、孤立主義の衰微とアメリカ帝国の擡頭についての最良の説明は、いわゆる良性の権威主義と悪性の権威主義との間にアメリカ人――恐らくは考えられている以上に緻密である――がよく設定する区別に関係するのではないだろうか。ニカラグアのソモサ、もしくはドミニカ共和国のトルヒーヨのような支配体制は不快ではあるがアメリカの利益に対して何ら深刻な脅威を与えることなく、時にはアメリカの利益を促進させたため、良性の権威主義とされた。ナチス・ドイツや帝国日本のような体制は、その軍事能力からしてまったく別物であった。スターリンの権威主義はヒトラーと手を組んでいた一九三九年から四一年の間、悪性のそれであったが、ヒトラーと対決するようになるとそれは良性の権威主義と見なされたのである。ドイツの敗北後、それをどのような体制と見なすかは未定であった。

それでもなお、一九四一年一二月七日までは、悪性の権威主義であってもそれがアメリカに危害を加える可能性は仮説であり続け、その日突然にしてまったくの現実となった。半世紀以上経過した今日になってようやく、アメリカ人はその衝撃を克服しつつある。アメリカ人は真珠湾心理といったもの――外界には不倶戴天の敵が本当に存在するのだという考え――に充分に慣れ親しんだため、そうした敵が存在しないということになると今やそれをかつての古いお馴染みの世界ではなく、奇妙な未知の世界であるとみなすのである。このようにして、真珠湾攻撃はアメリカ帝国にとって決定的な出来事であった。なぜなら、アメリカが世界的な大国となりその地位を維持することについて、アメリカ人に関する限り最も理屈にかないかつ正当化しやすい理由――危険に曝された国家の安全――が現実のものとなったのが、まさにその時点だったからである。[48]その時までは孤立主義が花盛りであった。しかし、孤立主義のせいでアメリカが軍事的な攻撃を受けるかもしれないということがひとたび明らかになると、孤立主義は打撃を被り、そこから回復することは決してなかった。決定的であった年は一九四五年でも一九四七年でもなく、一九四一年だったのである。

ドイツと日本の敗北後、ソ連が「第一の敵」の肩書きを自動的に引き継いだわけではない。アメリカの戦略家の思考においては、自らが脆弱であるという感覚が、脅威の源泉を特定することよりも先んじていた。すなわち、軍事技術における革新――長距離爆撃機、長距離ミサイル出現の予測――が、真珠湾に対して行われたような奇襲攻撃が将来どこからもたらされるのかが明らかになる前に、そうした攻撃がまた起こりうるのだという未来像を作り出したのである。戦争中ワシントンで立案された、軍事あるいは政治経済面での戦後計画のいずれにおいても、それを将来の仮想敵国としてのソ連と関連させることは一貫してなかった。誰がその原因であるにせよ、脅威はむしろ戦争そのものから生じるように思われ、最も可能性が高いと考えられたのは、第二次世界大戦の敵が復活することであった。[49]

望ましい解決策は圧倒的なアメリカの力を維持することであり、それは充実した平時の軍事体制と、万が一侵略が生じた際にそれを退けるために世界中にはりめぐらした基地の網の目を意味した。しかし同様に重要なのは、戦争から復興した国際社会が、ウィルソンの国際連盟ほどは野心的でない国際連合や、世界恐慌の再発を防ぎ、繁栄を確保することを任務とする国際通貨基金や世界銀行といった新しい経済組織を通じて、戦争の根本的な原因を取り除こうとした点である。アメリカとイギリスは、ソ連がこれらの軍事および経済の安全を保障する多国間の試みに参加することを希望すると考えていた。冷戦は、スターリンがこの枠組みを受け入れられなかった時、あるいは受け入れるつもりがないとなった時に発生したのである。(50)

アメリカ人は自らの戦後世界構想をソ連に押しつけようとしたのであろうか。モスクワからはそのように見えていたのは疑いない。ローズヴェルト、トルーマン両政権とも、彼らの究極の意図に関してスターリンの疑念を喚起するほど――彼は何に対しても疑い深かったが――充分に粘り強く政治的な自決と経済的統合とを強調した。しかし、ソ連の指導者が自らの覇権に対する挑戦とみなしたものは、アメリカ人にとってみれば多国間主義《マルティラテラリズム》を再生しようとする試みでもあった。一九四七年以前のどの時点においても、アメリカとその西ヨーロッパ同盟諸国はソ連が最終的には同調するかもしれないとの希望を捨てなかった。現に、一九四七年を通じて、ソ連を西側に同調させることを目的とした交渉は成功の見込みもなく外相レヴェルで続けられるのであった。アメリカ人の態度は一つの体制を押しつけようというよりも、そうした体制の長所が必ずしも自明のものとして遍くは理解されないことについての当惑であった。したがって、それはスターリンの考え方とは著しく異なっていた。スターリンは、ソ連で実践されているマルクス＝レーニン主義の利点を他の国々における社会主義者が理解するようになる可能性は考慮したが、資本主義者については論外であった。(51)彼らは説得されるのではなく、最終的には打倒されねばならなかったのである。

IV　封じこめの発想と帝国

敵対する大国による勢力圏の出現によって、モスクワとの協調を期待しそれを基礎とする多国間主義《マルティラテラリズム》の原則は深刻な困難に直面した。しかしアメリカ人は多大の創意工夫によって、共通の安全保障体制を基に単一の国際秩序を構築する原案と、ソ連の拡張する力と影響力とを牽制することを狙った、第二の、そしてより即興的に作られた概念とを合体させた。その概念とは、もちろん、封じこめであり、その主要な手段がマーシャル計画〔ヨーロッパ復興援助計画〕であった。

封じこめの発想は、たとえ世界が一つにはならないにしても、再度の世界大戦があってはならないという命題から出発した。勢力均衡を保ちながら平和を維持することが必要だった。一九三〇年代に出現してしまったような、平和の必要条件とみなされたものと力との間の乖離が再現されてはならなかったのである。そして、ヨーロッパで地政学的な安定が回復できるとしたら、時はソ連に対して不利に、西側民主主義国には有利に働くだろうし、権威主義が「未来の波」である必要はなく、遅かれ早かれ、クレムリンの権威主義者でさえもこのことに気づき、政策を変更するであろう、というのであった。ジョージ・F・ケナンは、一九四八年に「ソ連の指導者には、議論ではないにしても、状況を認知する用意はある。したがって、もし、外部の世界との関係で対立の要素を強調することが彼らにとって明らかに利益にならないような状況を作り出すことができるなら、彼らの行動と自国民に対する宣伝内容の論調さえをも修正させることができるだろう[52]」と書いている。

時は西側に味方しているというこの考えは、少なくともケナンに関していえば、帝国の歴史についての研究から生まれた。エドワード・ギボンは『ローマ帝国衰亡史』の中で、「遠隔の地方を服従させようとすることほど、自然に逆らうことはない」と書いており、ケナンが読んだ中で、これ以上に大きな、あるいは後々まで残る印象を感じとった箇所はまずなかったのである。ケナンは第二次世界大戦の初期に、ヒトラーの帝国が長く続くことはないという結論を下し、大戦終結の数ヵ月後には、スターリンが東ヨーロッパに構築し始めていた帝国にも同じ論理を適用した[53]。すなわち、ソ連が獲得した領土と勢力圏は最終的にはソ連にとって不安の源泉となるだろうというのであった。その理由は、モスクワの統制に対してそれらの域内から確実に生じるであろう抵抗と、そうした統制の内実について世界の残りの場所からこれも確実に沸き上がるであろう憤激との二つであった。ケナンは、一九四七年に匿名で公刊した、冷戦に関するテキストの中で最も有名な「ソ連の行動の源泉」と題する論文の中で、「彼らが想定している資本主義世界のように、ソ連の権力の中には腐敗の種が含まれている」と主張した。そして、「これらの種の発芽は、かなり進んでいる」(54)と付け加えたのである。

しかしながら、これらすべての理屈も、もしヨーロッパ大陸の真っ只中で、隣接するソ連という新たな存在がヨーロッパ人をおびえさせ、彼ら自身の士気を崩壊させてしまうとすれば、ソ連の実情がそのようなものであってもヨーロッパの人々にとってほとんどなぐさめにはならなかったであろう。ここで危険であったのは、ヒトラーが試みたのと同じように赤軍がヨーロッパ大陸の残り半分を侵略し占領することではなく、むしろ、士気を阻喪し、消耗したヨーロッパの人々がモスクワの命令で動く共産主義政党に無思慮に投票してしまうことであった。封じこめ戦略の最初の数歩——ギリシアとトルコへの一時しのぎの軍事的、経済的援助と、より注意深く構想され、野心的であったマーシャル計画——は、そのような文脈の中で実施された。すなわち、それらは最終的な復興を狙った実体のある支援であると同時に、安心感の付与という無形の緊急措置だったのである。ケナンが好んで議論したように、脅迫が成立するには二つのことが同時に起こらなければならなかった。脅迫する側がその努力をするだけでなく、同様に重要なことだが、その標的とされる側も脅しをそれとして受けとめることに同意しなくてはならなかったのである。(55)一九四七年の施策が狙ったのは、脅しに対して屈することがないような自信を生み出すことであった。

歴史家の中には、自信の喪失に対するそのような懸念は誇張されていると主張する者もいる。つまり、ヨーロッパ大陸の経済的な回復はすでに緒についていたし、ヨーロッパ人自身も、アメリカ人が理解していたほど心理的に士気を阻喪していた訳ではないというのである。(56)他にも、当時の真の危機はアメリカ経済の中にあり、もしヨーロッパ諸国がアメリカ製品を買うためのドルを持っていなかったら、アメリカが経済的な覇権国として振る舞うことを期待するのが困難であったことを付け加える者もいる。[57] さらに他の論者は、マーシャル計画が、アメリカ国内ですでに機能していた実業界、労働者、政府の間の共栄関係を海外に投影しようとするための手段であったと主張してきた。要するに、ウィルソン的な価値観ではなく、アメリカの企業資本主義の中で成長してきた経済優先の政治を残りの世界にとっての模範としたというのである。[58] これらの議論すべてに取り柄がある。少なくとも、歴史家はマーシャル計画をより広い経済的、社会的、歴史的な文脈の中に位置づけることを余儀なくされた。さらに視野を広げれば、それらの議論はアメリカ帝国がそれ自身に内在する固有の原因をもち、ソ連という外部からの挑戦に対する単純な反応からのみ生まれたわけではないことを指摘したのである。

　同時に、封じこめるものが何も存在しなかったとすれば、マーシャル計画を中核とする封じこめ戦略がどのように展開することができたかを理解するのは難しい。ヨーロッパ人の士気の減退、英仏両国の疲弊、アメリカ経済の圧倒的な優越という、類似の状況が存在した一九二〇年代の初頭を思い浮かべるだけでよい。第二次世界大戦後のようなアメリカ帝国は出現しなかったのである。二つの時代の決定的な相違点は、当然ながら国家安全保障に関係している。真珠湾攻撃は、アメリカ人が建国初期以来認識していなかった、アメリカが脆弱であるという雰囲気を作り出し、また一九四七年までにソ連は、最もそれらしい脅威の源泉となっていた。したがって、アメリカの帝国は、ソ連帝国のような国内的な原因からではなく、主として、アメリカの孤立主義を克服しなければならぬほどの外部の脅威に対する認識を原因として出現したのであった。[59]

　ワシントンが大戦中に抱いていた戦後の国際秩序構想は、政治的な自決と経済面での統合という概念を前提としていた。その構想は、他の国がそれに抵抗するのではなく参画することを欲するような、一組の共通の利益を想定することで機能するように意図されていた。マーシャル計画はかなりの程度この基準を満たしていた。それはグローバルというより地域的な規模で運営されたが、国家次元ではなく、国際的に推進された経済復興を通じて民主主義の促進を図ろうとしたのである。たしかに、その目的はアメリカの勢力圏を作り出すことにあったが、その勢力圏内の国々に対してはかなりの自由が与えられることになった。民主主義と市場経済の原則が要求したのはまさにそうしたものに他ならなかったが、勢力圏内でのそのような自律性を促す、さらに二つのより実際的な理由があった。第一に、アメリカ自身に巨大な帝国を経営する能力が欠けていた。占領したドイツと日本を統治していくことの困難さだけで充分であった(60)。第二に、自律を促そうとする考え方はヨーロッパ人の自信を回復させるという任務の中に暗に含まれていた。なぜなら、彼らの自信が回復した時点を、当のヨーロッパ人自身でなければ一体他の誰が指摘するというのであったのだろうか。

　最後に指摘すべきは、ケナンや他の初期の封じこめの設計者が帝国の比喩を使っていたにしても、自分たちが帝国を作り出しているのではなく、むしろ勢力均衡を回復していると見ていたことである。アメリカの諸資源が限られていることを痛いほど——恐らくは過度に——認識し、また、積極的な対外関与姿勢《インターナショナリズム》を支持する国内の政治的合意が保持できないかもしれないことを恐れたため、彼らはヨーロッパとアジアに独立した力の集中地域を再構築することに着手した(61)。これらの地域は世界の資本主義システムに統合され、新しい覇権の管理者であるアメリカの影響下に入ることになった。しかし、そこにはスターリンが理解していたような意味での衛星国を作るという意図はなかった。むしろそれは、第二次世界大戦中にアメリカの政府関係者が作成した多国間主義的な諸要件をできる限り多く堅持する一方で、「第三勢力」がソ連の拡張主義に抵抗するという考えだったのである。国務省のジョン・D・ヒッカーソンの一九四八年の説明によれば、アメリカが本当に求めていたのは「ただ単にアメリカの影響力を広げていくことだけではなく、もし必要な場合には、ソ連に対してもアメリカに対しても『ノー』と言うほどに強靭な実体のあるヨーロッパの統合」なのであった(62)。

　このようにして、アメリカ帝国には帝国意識やその企図といったものがほとんど見られなかった。このことは独立革命にまでさかのぼる反帝国の伝統によって部分的には説明されよう。一八九八年の米西戦争とそれに続くフィリピン反乱の時のようなこの伝統からの逸脱も、むしろそうした伝統の適切さを――西半球の外においてではあるが――補強するだけだった。帝国的な発想を抱いていたウィルソンや二人のローズヴェルトのような指導者が、国力が帝国的な行動を可能ならしめたずっと後においてもそうした行動を認めない国内の動向に配慮せざるを得なかったという、立憲体制の構造も理由の一つである。そして、このような国内的制約が第二次世界大戦中に劇的に縮小したときであっても――完全にそれが消滅することはなかった――、アメリカ人は自らを帝国的な勢力であると考えることに依然として困難を覚えたのである。諸帝国を完全に克服するという形で国際システムを再構築するという考えは、まだすたれなかったが、アメリカがその任にあたることについての疑念も同様だった。(63) 結局、帝国経営の責務に必要とされる自信とそうした責務の存在についてのワシントンの自覚とを一致させたのは、またしても外的環境――スターリンによる彼自身の帝国の経営方法と、それがヨーロッパ人にアメリカ帝国の方を選択させた経緯――だったのである。

Ⅴ　スターリンの帝国経営

どのような帝国であっても試練はそれを経営するときに生じる。なぜなら、最も抑圧的な専制政治体制においてさえも、被支配者の間にある程度の黙従が必要とされるからである。威圧や恐怖では必ずしもあらゆる場所で無制限に権威を支えるという訳にはいかない。遅かれ早かれ、そのような手段がもたらす社会、経済、心理的なコストは得られる利益を上回り始めてしまう。異論に耳を傾け、それを和らげ、そしておそらくはそうした異論の一部なりともを受容して自己変革することのできる帝国は、単に抑圧するだけの帝国よりその命脈を保っていく可能性が大きい。(64) 建物や橋、野球のバットを設計する時には、弾性が剛性と同様に重要なものとなる。こうしたことは、政治の世界においてもそれほど違うことはない。

今日明らかになっていることは、ソ連が、当時は必ずしもそのようには見えなかったが、自らの帝国を格別巧みに経営していたわけではないということである。スターリンはその個性や自らの周囲に築き上げた統治構造のために、ソ連圏に属する諸国民の意向を忖度することについてより無頓着になっていた。彼は自分の下す指示からの逸脱を深い疑念をもってながめただけでなく、指示がまだ与えられていないところで独自の行動が出現することにも反対した。その結果スターリンは、ヨーロッパ人の追従者を、それを維持するのが不可能なほど困難な立場へと追いやった。スターリンを満足させるためには、彼らがそうすべきであるとスターリンが決定していたことについて何であれ、時には彼がそうした決定を下す前においてさえ、まずは彼の承諾をうるように計らうしかなかったのである。

一九四四年の終わりに、東ヨーロッパ諸国で当時スターリンの最も強力かつ忠実な同盟相手であったユーゴスラヴィア人が、この国の北辺に沿って移動中のソ連の軍隊が地元の女性を強姦しているとソ連の指揮官に丁重に訴えたとき、一つの事件が起きた。この件にスターリン自身が注目をして、時に涙を流しながら語ったところでは、ユーゴスラヴィアはソ連側の軍事的な犠牲に対して充分な敬意を払っていない、ということであった。また、「血と砲火と死の中、何千キロの行程を進撃してきた兵士が女性と楽しみ、ちょっとした問題を起こす」ことに共感を示していないとも言って非難したのである。これは些細な問題ではなかった。赤軍の行為はその占領地域全般で悩みの種であり、当該地域の住民たちとの不和を生む大きな原因とまでなっていた。しかしながら、スターリンの唯一の関心は、彼が同盟諸国に求めていた尊敬と服従の基準をユーゴスラヴィアが満たしていない、ということであったように思われる。他方でユーゴスラヴィア側は、見たところ初めて、モスクワから指示される国際共産主義が一体誰の利益のために奉仕するものなのだろうかという疑問を抱き始めたのであった(65)。

似たような問題は、ユーゴスラヴィアによる戦後のバルカン諸国連合構想においても生じた。当初スターリンはこの構想を支援する考えであり、おそらくそれはルーマニアのようなかつての敵国から米英の軍事代表を取り除くことの口実であったであろうが、すぐに態度を保留し始めた。ユーゴスラヴィア自体があまりに強力になるかもしれず、トリエステ帰属問題の主張や一九四六年に二機の米軍機を撃墜したことで明らかになったような、彼らの熱しやすい性質は西側を挑発することになるかもしれなかった。ユーゴスラヴィアによるアルバニア接収計画の速度緩和と、ギリシア内のゲリラに対する支援の全面停止とが命令された。(66) 冷戦という文脈の中で、これらの行動は米英に対峙するときのスターリンの慎重さを反映しており、この限りにおいて、それは緊張を緩和させたのである。しかし戦闘的なユーゴスラヴィア人にとって、それは彼らの利益——概ねイデオロギーの枠組みで定義されていた——を、ソ連国家のそれに従属させようとする帝国の権威の傲慢さと映ったのであった。

西ヨーロッパ諸国の共産主義者たちが、自らをスターリンの忠実な支持者と自認していたにもかかわらず、スターリンは、東ヨーロッパ諸国とほぼ同様に彼らをうまくまとめることができなかった。一九四七年五月、フランス共産党はポール・ラマディエを首班とする政権に不信任案を提出したが、それは彼に内閣から共産党の閣僚を追放させたにすぎなかった。イタリアでは、アメリカの強い後ろ盾もあって、同じ月の末に共産主義者が追放された。(67) ソ連共産党と各国共産党の関係を担当していたアンドレイ・ジダーノフは、モスクワからの許可なく行動し、「ソ連の労働者」に懸念を引き起こしたと言ってフランスの同志を厳しく叱責した。彼はその後、ヨーロッパの他のすべての共産党にこのやりとりを伝えた。(68) その意味するところは、いかなる者も、まず最初にモスクワの指示を仰ぐことなしに何もしてはならないということであった。自国の政府内で責任をもち、それ故国益を考慮するかなりの義務を負っていた共産主義者にとって、それは満たすことが明らかに困難な要求であった。

一九四七年六月、アメリカが予想外にもソ連と東ヨーロッパ諸国に対してマーシャル計画の提供を申し出たことは、スターリンの帝国経営に一層重大な困難をもたらした。これは、ケナンがそうした勧告を行った時にまさに望んでいたことでもあった。[69] 信奉するイデオロギーから生じる奇妙な思い違いからか、ソ連の指導者は常にアメリカによる何らかの形での経済的支援を予期してきた。レーニン自身が、海外に市場を求めてやまないアメリカの資本家たちが、新たに誕生したソ連に対するその表向きの反感にもかかわらずそこへ熱心に投資することを期待した。[70] スターリンも第二次世界大戦後、アメリカの大規模な復興借款に期待し、一九四五年のはじめには、マルクス主義の理論家によってその到来が確実視されていた経済危機をアメリカが食い止めるのに手を貸すため、そのような援助の受入れを申し出るようモロトフに対して許可することまでしたのである。[71] マーシャル計画が発表されたときのスターリンの最初の反応は、資本主義陣営は死に物狂いであるに違いないというものであった。こうして、彼はソ連と東ヨーロッパの同盟諸国がその計画に実際に参加すべしとの結論を下し、ヨーロッパ諸国が必要とする援助の性質と範囲を決定することになっていたパリ会議に参加させるため、モロトフと経済専門家からなる大規模な代表団を速やかに派遣したのであった。[72]

しかし、それからスターリンは考えを改め始めた。駐米大使のニコライ・ノヴィコフはアメリカによるソ連への申し出が誠実なものではありえないと警告し、「マーシャル計画を詳細に検討すると、アメリカの政策手段として、最終的には西ヨーロッパ諸国によるブロックの形成を目的としていることがわかる。その計画に伴う善意は、それを覆い隠すための煽動的な公式のプロパガンダである」と報告してきた。[73] ソ連の情報機関は、アメリカの国務次官ウィリアム・クレイトンがイギリス当局とともに、ドイツを西ヨーロッパ経済へ組み込み、これ以上の戦後賠償をソ連に与えないためにマーシャル計画を活用しようと策謀をめぐらせているとする――充分に正確な――情報を入手していた。[74] この情報と、アメリカがヨーロッパ側の一致した対応を求めるであろうとのパリにおける感触とによって、スターリンは考えを翻し、代表団を引き上げるという命令を下した。「ソ連代表団は、これらの主張を、ヨーロッパ諸国の国内問題に干渉し、それらの国々の経済をアメリカの国益に従属させる申し出とみなす」と、モロトフは苦しい弁明をしたのであった(75)。

しかしながら奇妙なことに、当初、スターリンは東ヨーロッパ諸国がソ連のこうした行動に従うことを要求しなかった。彼の指示は、それらの国々の代表にパリ会議におけるその後の審議に参加することを求め、「英仏のプランは受け入れがたいものであると示し、全会一致の賛同を妨げ、他国の代表をできる限り多く道連れにして会議から引き上げるようにせよ」というものだったのである(76)。しかしながら、その命令が有効であったのもわずか三日間だけであった。なぜなら、再度スターリンが考えを改めたからである。東ヨーロッパ諸国、特にチェコスロヴァキアなど、共産主義者が政権をまだ完全には掌握していない国々が、スターリンの筋書きに従わずマーシャル計画による支援を受け入れた場合どうなるであろうか、ということであった。このようにして、ソ連共産党中央委員会は「その会議への参加を拒絶すること、すなわち代表を派遣しないことを提案する。各国はそれぞれが適切であると思われる拒絶理由を挙げてもかまわない(77)」と、きまりが悪そうに述べた新しいメッセージを提出したのだった。

運悪く、チェコスロヴァキアとポーランドは最初の指示に従い、すでに出席の意思を通告済みであった。ポーランドは直ちに方向転換したが、チェコスロヴァキアの場合には、指示への抵抗を決めたというよりもむしろ混乱していたため、対応が遅くなってしまった(78)。スターリンは、チェコスロヴァキアの指導者をモスクワにうむを言わせず呼びつけることでこれに対処した。スターリンが彼らに伝えたところによれば、アメリカ人がソ連に敵対する西側連合を固めるため、マーシャル計画を利用していることを彼は「具体的な根拠に基づいて」確信していた。

したがって、ソ連政府はこの会議への招待を受け入れるという諸君の決定に驚いている。我々にとってこれは友好関係の問題である。諸君がパリへ出向くならば、ソ連を孤立させるような行動に協力するという意思の表明になろう。すべてのスラブ諸国は拒絶したし、アルバニアでさえ拒絶することを恐れなかった。それゆえに、我々は諸君が考えを改めるべきだと考えるのである(79)。

スターリンの意図は彼自身を含めすべての者にとって今や明らかとなった。東ヨーロッパ諸国がマーシャル計画や、アメリカによる他のいかなるヨーロッパ復興計画にも参加することはなくなったのである。「私は独立した主権国家の外相としてモスクワへ行ったが、ソ連の従僕として帰国した」と、当時のチェコスロヴァキアの外相、ジャン・マサリクは苦々しく述べている。(80)

しかし、クレムリンの主もまたいくつかの幻想を捨てていた。マルクス＝レーニン主義理論は長い間、西側における戦後の経済崩壊だけではなく米英間にやがては対立が起こることを予言していた。一九四六年九月にワシントンから送られ、モロトフが注意深く注釈を加えた報告書において、ノヴィコフ大使は「アメリカはイギリスを最も強力な潜在的競争国として認識している」と主張していた。そして、英米関係は「非常に重要な問題について一時的に合意しているが、内部に大きな矛盾を抱えており、継続していくことはあり得ない」とされたのである。(81)一九四七年のはじめまで、スターリンはイギリスに対して軍事同盟さえ申し出ていた。モロトフへの報告書によれば、「ソ連外交は、イギリスにおいてほとんど無限の可能性を持つ」というのであった。(82)マーシャル計画はこれらの分析がいかに誤っていたかを示したのである。資本主義者たちは今や相互の違いを本当に克服できたように見えた。彼らは、お互い同士よりも、ソ連のほうをより重大な脅威であるとみなしたようであった。時はモスクワの側にはなかったのである。イデオロギーがまたもスターリンをロマンティシズムに導き、現実から遊離させた。少なくともヨーロッパにおいて、この現実を一度理解すると、彼がその衝撃から完全に立ち直ることはなかったのである。

VI　アメリカの帝国経営

ソ連とは対照的に、帝国経営に関してアメリカが驚くほど熟練していることが判明した。国内の民主政治の過程を経て彼らの権威は確立されていたので、その指導者たちはモスクワの同業者とは違って、説得や交渉、妥協の術において経験豊かだったのである。国内政治で培われた洞察力を外交政策に適用することには、困惑させるような結果を生んだ可能性もある。トルーマン大統領がスターリンをカンザスシティーの老練な政治的支援者トム・ペンダーガストになぞらえたり、また国務長官のジェームス・F・バーンズがロシア人をアメリカの上院にたとえて、「相手の州に郵便局を建設すると、向こうはこちらの州に郵便局を建設するであろう」と述べたことなどがその例である。[83]しかし民主政治に慣れていたことは、第二次世界大戦中、この国によい結果をもたらした。この国の戦略家たちは、自分たちの考えが同盟諸国の国益と能力を反映するものでなければならないと考えていたし、同盟諸国のほうが独自の提案を行い、それを真剣に考慮することも可能だったのである。[84]アメリカが最終的には不釣り合いなほど巨大な力を行使しうることを、すべての当事者が——戦時中と同じく——認識していたという事実にもかかわらず、相互の調整というそれと同じ形式は戦後も繰り返された。

アメリカが冷戦の初期にあまりに同盟国の意向を尊重したので、歴史家の中には、ヨーロッパ諸国、特にイギリスがアメリカを上手に操縦したのだと理解した者もいた。[85]ロンドンの労働党新政権は実際に、トルーマン政権に対してその対ソ政策を強硬路線に転換するよう促した。チャーチルは既に政権の座を離れていたが、一九四六年三月の彼による「鉄のカーテン」演説は、そうした動きを後押しするものであったにすぎない。イギリス人は、たとえソ連との包括的な解決の可能性を危うくさせるにしても、ドイツ内の西側占領地区の統合を迫ることでアメリカよりも先んじていた。また、アーネスト・ベヴィン外相がギリシアおよびトルコへの軍事・経済援助を停止したことで、一九四七年二月という時点でのこの両国をめぐる危機が発生し、アメリカからは東地中海へ関与すること以外の選択肢がほとんど失われるとともに、トルーマン・ドクトリン宣告の機会が提供されたのである。[86]そして、新任のジョージ・C・マーシャル国務長官に本人の名前を被せたアメリカによる包括的な援助計画の発表を促したのは、西ヨーロッパ全体の絶望的な経済的苦況であった。

しかし、このような議論をあまりに重視するのは安直である。トルーマンとその補佐官たちは世間知らずであったわけではない。彼らはそれぞれの段階で自分たちが何をしているかをわきまえていたし、自らの行動がアメリカの国益を増進させると確信しているという理由だけでそうしたのである。彼らは決して主導権を完全にヨーロッパ側に委ねたわけではなかった。彼らは統合された経済復興計画を主張したし、ヨーロッパ側の要求がアメリカ議会の承認を得る限界を越えることが明らかになった時には、援助受け入れ予定国の要望を押さえこんだのである。ケナンは「最終的には、我々はヨーロッパ側に確認することなく、援助の内容をただ伝えるだけであろう」と記している[87]。とはいえ、アメリカ側にも同盟諸国の考えを受け入れ、それを活用するだけの柔軟性があった。彼らは実行に移す時機については、しきりに同盟諸国側にその決定を委ねたのでもある。結果として、イギリス、フランス、その他西ヨーロッパ諸国は、アメリカの勢力圏に編入されることになるにもかかわらず、ワシントンが行っていることに自分たちも関与していると感じるようになったのであった[88]。

ヨーロッパ諸国のエリートたちがこれらすべてに同意したのは彼ら自身の利益に合致するという理由からであり、ヨーロッパの「一般大衆」が決して顧慮されることはなかった、という議論も確かにあろう。しかしながら、アメリカとの提携を選んだあらゆる国において、自由選挙の結果それが最終的に承認されたことには想起してみるだけの価値がある。新設された中央情報局「ＣＩＡ」はそうした結果が出ることに常に確信をもっていたわけではなく、一九四八年四月のイタリアの選挙の際に最も顕著だったように、民主政治の過程を操作するようなことを現に行った[89]。しかし、アメリカは二つの悪のうちでより害の少ないほうであり、そしておそらくは恩恵をもたらす原動力ですらあるとみなす傾向がヨーロッパに浸透していなかったならば、反共産主義的な労働組合や知識人組織を支援するＣＩＡの秘密活動を含む陰の努力も、ほとんど成功することはなかったであろう。フランスの政治学者レイモン・アロンは、

「反スターリンの立場をとる者は、アメリカのリーダーシップを受け入れることから逃れる道はない、ということを完全に確信している」と主張した。[90] フランスの農民にしても、これとはまったく違った考えをもっていたということはなかったであろう。

同様に、敗北した敵の話になっても民主主義的な習慣は重要であった。ローズヴェルト政権は、戦後のドイツを過酷に扱うつもりであったし、一九四四年の終わりに、大統領が懲罰的なモーゲンソー計画から徐々に距離をとり始めたあとでさえ、この考えは、アメリカ軍に対する統合参謀本部指令、ＪＣＳ一〇六七においても引き続き見てとることができた。この指令は、あたかも病気あるいは機能障害を避けるのに必要な最低水準を越える経済の回復を促進するための、いかなる措置をも禁じていたのである。[91] 経済的統合と政治的自治を基礎とするアメリカの戦後構想は、占領ドイツには当てはまらないもののように見えた。あるいは当初はそのように思われた。

しかし、そうした非一貫性についてのぎこちなさがすぐに表面化することになった。いずれにしても、ワシントンを遠く離れたアメリカ人には、そこから出される命令を軽視する傾向があった。クレイ将軍は、上からの命令を実行することが不可能であったので、命令を変えるか、握りつぶすか、無視するかのいずれかしか方法がないだろう、とすぐさま結論を下したのである。そこで彼は、ドイツ人と親しく交わることを禁止する措置を愚かしく思い、その抜け道を発見した指揮下の部隊の先例に倣うことにした。このようにして、困難な状況において不適当な指令を突きつけられたために、アメリカの占領軍は――顧みて大胆不敵であったと思われるが――やむを得ず、自らの国内経験から得た直感を拠り所として、占領していたドイツの一部に民主主義を移植し始めたのである。[92]

今日では、ソ連の占領軍当局もまた直面する問題にそぐわない不明確な指令を受け、動きがとれない状態にあったことがわかっている。時にはモスクワの意図に反して、かなりの独断の余地を何とか手に入れたこともあった。[93] しかしアメリカの占領軍と違っていたのは、独断で何を行ったのかということであった。赤軍は東ヨーロッパの至る所でのその振る舞いを再現して、略奪や暴行をかなり広範囲に行い、その全貌が今日になってようやく明らかになりつつある。ソ連占領地区の産業施設の約三分の一が賠償として持ち去られ、兵士たちは一九四五年と一九四六年に、二百万人ものドイツ人女性を強姦したのであった。歴史家のノーマン・ナイマークは以下のように強調している。

東方からの難民、あるいはソ連占領地区の町や村、都市の住民のいずれであれ、東側占領地区の女性たちは西側には大半が知られることのなかった経験を持った。それは、長期にわたって、至る所に存在した脅迫や、強姦の現実にさらされるという経験である。(94)

アメリカの占領当局は当初ドイツ人との友好的接触を禁止していたが、すぐに政策を転換した。これとは対照的に、ソ連の当局は初めこうしたことを奨励したが、結局、敵愾心を煽ることになるとして完全に禁止しなければならなかった。(95) たしかにロシア人は、自分たちの成功が共産党員を除いた占領地区のドイツ人にとっても利益をもたらすような振る舞いをしたり、そうした制度を築いたりすることなどはほとんどしなかったのである。

アメリカはもちろん経済復興の見込みを約束することができたが、ソ連はできなかった。このことが、そうでなかった場合に比べて民主主義を有利にしたことは確かである。しかし、マーシャル計画やそれに匹敵する支援がドイツに提供されると確約される前に、クレイ将軍の主導で民主化はうまく進行し始めていたのであった。モスクワが唯一提供する意図もしくは能力をもつ権威主義は、それに比べてはるかに魅力の乏しい選択肢であった。(96) ナイマークは、「ソ連当局は、自分たちの占領地区をボルシェヴィキ化したが、それはそのような計画が前から存在していたからではなく、単に社会を組織しようとするとき、その方法しか考えつかなかったからである。ソ連の当局は、潜在的な友好国をも自らの行動によって敵としてしまったのである」と、結論づけていている。(97) あるいは、クレイ将軍が後年回想しているように、「我々はまるで天使のように見え始めていたのだ。それは我々が天使であったからではなく、東ヨーロッパで行われていることと比べると、そのように見えたから」(98)であったのかもしれない。

アメリカ人は、勢力圏を確立するにあたって、選挙によらない政府や過酷な処置を勢力圏内の国の国民に押しつけることが必要であると単に考えなかっただけである。実際、ギリシアやトルコ、スペインのような抑圧的な体制が既に存在している地域については、ソ連の拡張主義を封じこめる上でいかに有用ではあっても、アメリカがそれらの体制を支援することに関してワシントンでは深刻な疑問が持ち上がっていた。(99) また、アメリカは帝国をすでに建設済みであったが、「分割統治」という古代帝国のやり方に倣う意図もなかった。むしろ、経済力をナショナリズムのようなものを克服するための梃子のような手段として用い、それによって、ヨーロッパをいつも従順であるとは限らない「第三勢力」として出現させようとしたのであった。それは、まるでアメリカ人が、国内で長期にわたって当然視されてきた伝統的な考え方を外国に投影しているかのようであった。すなわち、人には思いやりをもたねばならず、できるだけ制約しないで好きなようにやらせることが政治的、経済的にも賢明であり、脅したり、管理を強化したりすれば元も子もない、という考え方である。スターリンによる帝国の経営方法との違いは、これ以上ないほどであった。

VII　スターリン帝国の最初の亀裂

スターリンは、マーシャル計画を知った後でソ連帝国の経営手法を改善する必要を認めた。そこで、スターリンは、一九四七年九月にポーランドでフランス、イタリアの共産主義者と、ソ連および東ヨーロッパの共産党による会議を召集した。その会議の表向きの目的は互いの友好協力に関する意見を交換することであった。スターリンは各代表団が集まってから初めて本当の目的を明らかにした。それは国際共産主義運動の新たな調整組織を設立するというものであった。スターリンは戦時中の一九四三年に同盟国を安心させるためコミンテルンを廃止しており、その後はコミンテルンの老練なリーダーであったブルガリア人のゲオルギー・ディミトロフを長とするソ連共産党国際部がその機能を引き継いでいた。[100] だが一九四七年の春から夏にかけて起きた出来事によって、こうした措置は、スターリンの目から見ると調整機構としては不十分なものであることが明らかになったのである。

シクラルスカ・ポレバ〔ポーランドの古城〕に到着した代表団は、ジダーノフの戦闘的な演説で迎えられた。その演説の中でジダーノフは、世界は取り返しのつかないところまで二つの対立する陣営に分割されていると述べた。彼はまた、「あからさまなアメリカの拡張主義的計画」は、「同じように世界支配を狙い、だが周知のように惨めにも失敗した、ファシストの侵略者によるあの無謀な計画を大いに彷彿させる」[101] と言ってアメリカを非難した。会議の出席者は、「コミンフォルム」を創設すること、そしてその本部をベオグラードに置くというソ連の提案——ユーゴスラヴィア人にみられた独立傾向に対する、スターリンの懸念からすればあてつけがましい姿勢——を考慮するように求められ、ポーランド側の若干の留保を経て全会一致でそれを承認した。[102] フランス共産党指導者であったジャック・デュクロは、そうした新しい手順について次のようにまとめている。「フランス、イタリアは自らの提案を提出することはできるだろうが、ベオグラードで採択される様々な決定には満足しなければならなくなるだろう。[103]」

コミンフォルムがこのようにして創設されたにもかかわらず、チェコスロヴァキアが短期間ながらも独立する姿勢をとったことは、スターリンの脳裏に重くのしかかっていたにちがいない。チェコスロヴァキアは、東ヨーロッパの他のどの国よりもソ連の覇権に自らを適応させようとしてきた。一九三八年のミュンヘン会談の席上で、いかに簡単にイギリス、フランスがチェコスロヴァキアの国益を裏切る行為をとったかという苦々しい思いを抱いていたために、チェコスロヴァキア大統領のエドヴァルド・ベネシュはソ連の影響力が拡張することを歓迎したが、その一方で、マルクス＝レーニン主義者に対しては、戦後チェコスロヴァキアが再び民主的なシステムを構築していく上で恐れを抱くことは何もないことを伝えて安心させる、という姿勢をとった。ベネシュは一九四三年にモスクワで、チェコスロヴァキア共産党指導者に対して、「もし君たちがうまくやってくれるのなら、きっと君たちは勝利をおさめるだろう」

と述べている。(104)

だが、ベネシュが意味していたのは民主的な手段による「勝利」であった。一九四六年五月の議会選挙で、共産党は実際に善戦したものの、共産党への人気は、スターリンが翌年、マーシャル計画へのチェコスロヴァキアの参加を禁止した後に急落しはじめた。情報部からの報告で西側が介入することはないとみたチェコスロヴァキア共産党は、おそらくはスターリンの賛同を得て、一九四八年二月の政府の危機につけこみ、クーデタを実行に移した。その結果、チェコスロヴァキア共産党は完全に政府を支配して、もはや予測不可能な選挙に訴えてでる必要もなくなったのである。(105) こうした動向に対してワシントンは何ら驚きの色をみせなかった。ケナンは、東ヨーロッパで共産主義者が全権を掌握していない国々にソ連は遅かれ早かれ強行介入するものと予想していた。チェコスロヴァキアは、そうした国のリストの中で最もその可能性の高い国であった。(106) しかし、アメリカや西ヨーロッパの大衆にとっては、共産党によるプラハの掌握は冷戦が勃興しつつあるそれまでの時点の中で起こった最も衝撃の大きい出来事であった。ほんの十年前に西側が放棄したことによって、第二次世界大戦の直接の引き金となったまさにその同じ国で起こったのである。その後まもなく、マサリクの自殺、あるいは殺害とも見なされた事件が起こった。彼は、チェコスロヴァキアの建国者の子息であり、彼自身もまたチェコスロヴァキアの自由のもろさの象徴、そして今やそれに対する殉教者となったのだった。(107)

チェコスロヴァキアでのクーデタが劇的な衝撃をもたらしたために、スターリンにもほとんど予想できない結果が生じた。そのクーデタによって、短期間でしかも部分的には捏造に近いものであったが、新たな戦争の勃発に対する恐怖心がワシントンで生まれたのである。(108) その結果、マーシャル計画に対する議会の反対が除去され、一九四八年四月に最終的な承認が得られた。また、アメリカ、イギリス、フランスによってドイツの占領地区の統合がはかられ、独立した西ドイツ国家を創設することへ向けた動きが加速した。そして、アメリカの当局者たちはこれまでよりも真剣に、ベヴィンが数ヵ月前から推し進めていた二つの考えを考慮し始めることになった。すなわち、経済支援だけではヨーロッパの自信は回復できない、それゆえに、アメリカがソ連の支配の外に残されたヨーロッパ大陸を守るため、直接的な軍事的責任を負わなければならないという考えである。(109)

スターリンは一九四八年の晩春にソ連帝国をさらに強固なものにしようとし始めていたが、それはより悲惨な結果をもたらすことになった。東ドイツにおいて大衆の支持が得られないことが次第に明らかとなり、ソ連側の管理の及ばないベルリンのアメリカ、イギリス、フランス占領地区で新しい通貨が導入された上に、西ドイツを独立した国家として樹立するという提案がなされた。これに対応して、スターリンはソ連占領区域にあるベルリンの封鎖を段階的に強化することを命じた。スターリンは三月に、東ドイツの指導者たちに「一緒にやろうではないか。おそらく我々は彼らを追い出すことができるであろう」と述べている。(110)当初その計画はうまくいっているかのように見えた。翌月には、占領地区のソ連当局者は「我々の管理と厳しい統制は、ドイツ内のアメリカ人やイギリス人の威厳を損なうほどの大きな打撃になっている」と報告していた。ドイツ人は、「アメリカ人、イギリス人がロシア人を前にして後退し」、それはロシア人の強さの証明だ、と信じるようになったとされた。(111)自信に満ちたスターリンは八月のはじめ、西側の外交官たちに向って、新しい通貨の導入や西ドイツ樹立の計画を棚上げすれば、「あなた方にもはや面倒なことは何もないだろう。明日にでもそうすることは可能だろう。よく考えたほうがいい」と述べている。(112)

だがこの時までに、スターリンの計画はすでに逆効果を生み始めていた。今や西側では、戦争が起こるのではないかとの本当の恐怖心が生まれ、これによってアメリカと西ヨーロッパ諸国間の軍事同盟設立へ向けた動きが早まった。さらに西ドイツの独立計画が加速され、このことはソ連占領区域外の共産主義者に対してあったわずかながらの支持もすべて減少させることになり、当時ほとんどの人が予想していなかった、トルーマン大統領の再選の可能性を実質的に後押しすることになったのである。(113)封鎖についても効果があがったとはいえなかった。「ベルリンと西側占領地域とを結ぶ『空輸作戦』を行ったクレイ将軍の試みは無駄になっている。アメリカ側は自らのとった対策が高くつくことになると認めた」と、四月にベルリンのソ連当局者はモスクワに時期尚早な報告をしていた。しかし実際には、ソ連だけではなくアメリカやその同盟国自身も驚くほど即興的にあみ出したベルリンへの空輸作戦が成功したので、西側は何の譲歩もする必要はなかったのである。スターリンには、降伏かあるいは戦争かという避けたかった選択肢しか残されていなかった。一九四九年五月、ソ連の外交政策上最も屈辱的な後退の一つとなってしまったが、スターリンはベルリン封鎖を解除することで前者の選択肢を選んだのである。(114)(115)

ベルリン危機が示したことは、ヨーロッパにおいてソ連が拡張すれば、アメリカやその同盟国からそうした動きを止めようとする抵抗が生まれるということであった。スターリンはそれまで一度として――少なくとも予見しうる将来においての――軍事的な対決の危険を冒す覚悟をしていなかった。核の搭載が可能だと思われる爆撃機をイギリスの基地に配備したことをも含め、西側のベルリン危機への対応は、ソ連側がこれ以上前進すればそうした結果をもたらすかもしれないことを明らかにしたのである。ある赤軍の将軍は何年も後に、当時ソ連の指導部はベルリンと心中する覚悟はできていなかったと回想している。(116)

それでも、共産主義者たちが既に支配していた地域においては、ソ連による統制を強化するという仕事が残されていた。しかし、ここにおいても一九四八年は転換点となった。というのも、こうしたソ連の動きがはじめてあからさまな抵抗を受けることになったからである。表向きはソ連とユーゴスラヴィアの関係は緊密なものに思われたのだが、赤軍によるユーゴスラヴィア国民への虐待、バルカン連合構想計画やギリシアの共産主義者への支援に関する以前からの意見の相違を受けて、二国の関係は次第に緊張していった。強烈な独立志向をもつユーゴスラヴィア人にとっては、ソ連に従うことが困難になりつつあった。ソ連の国益が国際共産主義とはますます相容れないものになっているように思われたからである。スターリン自身、ユーゴの指導者を煽ったり、恫喝したりする手法を交互にとり、時には彼らを自分の別荘で延々と深夜飲食させたり、別の機会には、彼らの過剰なイデオロギー的攻撃性や、モスクワの意図に対する不十分な配慮を非難したりした。ユーゴスラヴィアとアルバニアが統一を考え始めた一九四八年初頭、二国間の緊張は頂点に達した。スターリンはユーゴスラヴィアがアルバニアを「呑み込む」ことについては反対しなかったが、かえってそれがユーゴスラヴィア側に様々な疑念を抱かせることになった。というのも、ユーゴスラヴィア側にはソ連が一九四〇年にバルト諸国を「呑み込んだ」ことが記憶に鮮明であったし、その前例がいつの日か自分たちに向けられるかもしれないとの恐れを抱いていたからである。こうした心配は、スターリンがその後それまでの方針を変更して、モスクワと協議することなくユーゴスラヴィアがアルバニアに派兵したことをきびしく非難したことで大きくなった。[117] 一九四八年年六月までに、これらの二国間の対立は公のものとなり、共産主義世界が再び一つになることは決してなかったのである。

ソ連とユーゴスラヴィアとの間でみられたことは、ある意味では、モスクワの権威が自国に及ぶことを東ヨーロッパ諸国が受け容れることはないとスターリンが理解するようになり、他方で、東ヨーロッパ諸国が、ソ連当局がいかに威圧的になる可能性があるかを理解するようになった過程の延長にすぎなかった。ただ、ユーゴスラヴィアだけがソ連に抵抗する能力をもっていたのである。その政権は赤軍の支援を受けて樹立されたわけではなかったし、権力を維持するのにソ連に依存してはいなかった。スターリンとの関わりの中で、次第にチトーやその他のユーゴスラヴィア共産党の指導者たちはその立場を変化させ、敬虔な侍祭から宗派を異にする異端者となったのである。つまり、スターリンが作り上げた体制と同様に、スターリンの人格もまた、自立的な判断をなしうる者にとって「魅力的」なものではなかった。ソ連帝国は押しつけることによってのみ維持しうることが今や明らかとなった。チトーの離反が示したのは、送付されたかもしれないどんな招待状も、より親しく付合ってみると撤回されることになるということだったのである。

スターリンはこの屈辱的な出来事についてまったく彼らしい方法で対応した。たとえユーゴスラヴィア自体には手が届かなかったとしても、彼は、他の場所でユーゴスラヴィアに同調する可能性のあるすべての人間を手にかけることにしたのである。こうして東ヨーロッパでの粛清裁判が続いたが、それは十年前に、スターリンがソ連国内で異端やその徴候を嗅ぎ付けた時に命じたことをそっくり再現したものであった。[118] 一九四九年から一九五〇年までには、ユーゴスラヴィアの外に公然たるチトー主義者はほとんど存在しなくなった。しかし、共産党や党組織を運営する官僚を別にすれば、ソ連の勢力圏内で生活することで何か得るものがあると信ずる人々もまた、ほとんどいなかったのである。数多くの人々が今や隠れチトー主義者となり、こうした人々は定期的に、一九五三年の東ベルリン、一九五六年のブダペストやワルシャワ、一九六八年のプラハにおいて、そして一九八九年にはあらゆる場所で一斉にその正体を明らかにするのであった。

Ⅷ　多国間主義とアメリカ帝国

他方西ヨーロッパ諸国はアメリカの勢力圏下でもほとんど失うものがないと確信するようになっていた。ヨーロッパを「第三勢力」にするという考え方はすぐに消滅していったが、それはアメリカ側がその考えに関心を失ったからではなく、西ヨーロッパ諸国自身が「第三勢力」になることを拒んだからであった。[119] 一九四九年四月に北大西洋条約機構（ＮＡＴＯ）が創設されたが、それは当初からヨーロッパ主導ですすめられてきた。それは帝国の建設を要請しその中に自らが内包されるという、これまで小国が大国に対して送付したどんなものよりも明快な招待状であった。[120]

ＮＡＴＯによってヨーロッパが永久に分割されてしまうことを憂慮するケナンは、一九四九年春の終わりに、ヨーロッパ大陸におけるアメリカとソ連の双方の関与を終わらせる一つの手段としてドイツを再統一し、中立化させるという計画を主張した。しかしこれはイギリスやフランスによってすぐに拒否されることになった。[121] ケナンや他のアメリカ政府の高官が西ヨーロッパに回復させようとした自信というものは、アメリカだけが提供しうる枠組みの中からのみいまや姿を現わすことができたし、あるいはそのようにみえたのだった。

一方、ソ連帝国への編入は何者をも安心させなかった。尋ねるだけの価値のある問いは以下のようなものであろう。なぜ違いが生じたのか。アメリカの同盟諸国は安全を強化するために、なぜあれほどまでに自主性を放棄する気になったのか。歴史を見れば分離することの難しい主権と安全という概念が、この場合にはなぜ分割しうるものと広く解釈されるようになったのか。

これらの疑問に対する解答は、その際立った双極化という点で戦時中の政策当事者が期待していたものとは違った形で出現した戦後世界の分裂という事態にもかかわらず、多国間主義の安全保障観をアメリカが何とか維持したことにあるように思われる。そうした安全保障観はアメリカが第二次世界大戦中から培っていたものである。アメリカにこうしたことが可能であったのは、ローズヴェルトの軍事戦略と同様に、トルーマンの外交政策の中にも国内民主政治で培った習慣が反映されていたからである。外国との交渉や妥協、合意形成といったことは、国内でこれらのことを行っていた政治家にとっては当然のことに思われたのであった。この意味で、アメリカ政治の伝統は、ケナンに代表される現実主義的な批評家が考えていたこと以上にアメリカにとって役立つことになったのである。[122]

アメリカが西ヨーロッパで勢力圏を建設していった過程のあらゆる段階で、様々な取引が行われた。トルーマン政権は、イギリスに対して武器貸与に代わって戦後借款を拡大させたが、それは労働党政権が外国との貿易や投資に対する障壁を取り払うという条件付きであった。これがイギリスの経済にとって悲惨なものとなりうることが判明すると、アメリカは即座にギリシアとトルコに対して経済的、軍事的支援を負うことでイギリスの負担を軽くする動きに出た。同時に、こうした状況を利用して、トルーマン・ドクトリンという形でソ連の拡張主義を封じこめるための呼びかけを行ったのであった。それはベヴィンやアトリーが予期していたより一層広汎なものであった。さらにその後で、アメリカはマーシャル計画の下で全ヨーロッパ再建のための援助を拡大することを提案したが、そこにはドイツをも含んだ受け入れ諸国が以前からの対立関係を解消し、経済的にも政治的にも統合の方向へ動いていくという条件が課されていたのである。

ソ連とは異なり西ヨーロッパ諸国はこうした考えを受け容れたが、すぐに彼らもアメリカに条件を課すようになった。それはアメリカと正式に軍事同盟を締結するということであり、これにワシントンは同意した。その一方でアメリカには、イギリスやフランス、そしてその近隣諸国の側が、独立した西ドイツ国家を形成することに同意するであろうとの理解があった。こうした状況を不快なものと考えたフランスは、NATOを、ソ連とドイツとを「二重に封じこめる」[123]ための装置であるとみなして、これを最大限に活用した。このため、フランスはドイツに対する懲罰を強調するそれまでの立場からシューマン・プラン提案によるドイツとの直接的な経済協力関係へと移行し、ヨーロッパ石炭鉄鋼共同体を創設する道をひらくことになったのである。こうした動きは、そもそも経済的統合を推し進めていくことによってフランスとドイツの敵対関係を解決に導こうとしていたアメリカにとって、驚きでもあったが快く受け容れられるものであった。[124]

その間に、西ヨーロッパ諸国内部ではあまり目立たない形で一連の社会的な妥協が進行していた。アメリカは戦争の結果、ヨーロッパ諸国が「左傾化」していくのを憂慮していたが、同時にヨーロッパ諸国をより中道的な政治へ追い込むことにも慎重であった。つまり、ワシントンの高官の中には彼らが言うところの「非共産主義的な左翼」がソ連に対する抵抗の中核となりうると解している者もいたが、[125]あまりあからさまな圧力は逆効果になるかもしれないとの恐れをより多くの者が抱いていたのである。だが西ヨーロッパ諸国もまた妥協をした。アメリカがフランスやイタリアに対してソ連への抵抗運動の中核となるようにあまり圧力をかける必要はなかったが、それはこれらの国々における「左傾化」の動きが、そもそも資本主義を否定するほどに伸張することは決してなかったからである。これらの国々の人々には、自ら主導して中道勢力による政治的連立を形成すれば、アメリカからの待望の支援と保護とを手に入れる可能性が高いことが容易に理解できた(126)。

このようにして、重要なことは、単に西ヨーロッパ諸国がアメリカに勢力圏を構築させその中に自らを内包させるよう促したことだけではない。アメリカ側もヨーロッパに対してその勢力圏をいかに機能させるのかを決定する責務を共有するよう促し、ヨーロッパ側もまたそれを望んだのである。ワシントンの高官自身も、何をすべきなのか正直なところあまりわかっていなかったことが多かったし、こうしたことによってこの相互調整の様式が説明されるところがある。しかし、こうした様式が進展したのは、アメリカの国家安全保障に対する見方が性質上、国際的なものになっていたからでもあった。フランクリン・D・ローズヴェルトの遺した外交政策に関する最も重要な遺産は、アメリカの安全保障が他国のそれに依存するものであり、自力で講じる方策が何であれ、単にそれに頼るものではないということをアメリカ人に納得させたことであったのかもしれない。アメリカの国内政治から生まれた妥協するという習慣のために、それまで孤立主義的であったこの国にとって、新たな状況に対して自らを適応させることが思っていたよりも容易になったのである。そしてこうした妥協の結果、今度は西ヨーロッパの側が、自らの利益についてアメリカのそれとの間に共通の基盤を見出すような定義をしたのだった。

IX　二つの異なる帝国

アメリカのヴェトナムへの軍事介入や、ソ連によるチェコスロヴァキアとアフガニスタンへの侵攻、そして一九八〇年代初頭に高まった核戦争に対する恐怖を経た後になってみれば、第二次世界大戦後ワシントンとモスクワがそれぞれヨーロッパに築き上げた勢力圏の間に顕著な違いは存在しなかったと論ずることが時宜にかなうのかもしれない。すなわちこれらの勢力圏は、その圏内の人々すべてに対して一律に自治を否定したので、「道義的には同等であった」と主張されたのである。[127] 歴史を学ぶ者は、道義については自分なりに判断を下さなければならないが、歴史の記録をざっと吟味しただけでも、これらの帝国の構造が、その成り立ちや組成、多様性に対する容認度、そして明白になったその持続性という諸点において、これ以上ありえないほど異なっていたことがわかるだろう。それらの相違点がどういうものであったのかを特定することが重要である。

第一に、そしてこれが最も重要なことであるが、ソ連帝国にはある特定の個人――あらゆる意味での現代版ツァーリ――の意向と手法とが反映されていた。ソ連の国内構造とそれを統治した人間の持つ影響力とを分離させることが不可能であったように、東ヨーロッパにおけるソ連の勢力圏もまたスターリン自身の特質を身につけていたのである。そこに至る過程は急なものだったわけではない。スターリンは実際に戦後しばらくの間、この地域の政治的、経済的、知的生活における、ある程度の自発性を容認していた。それはちょうど、スターリンが一九二九年にレーニンの後継者として自分の立場を固めた後、ソ連国内でとった政策と同様であった。しかし、自らの権威に対する挑戦はいうまでもなく、異議の兆候だけでも察知した時には、スターリンは本能的に、現代では前例のないような徹底したやり方でそうした自発性を削ぐ動きをみせたのである。これが一九三〇年代のなかばにソ連国内で行われた粛清であり、一九四七年以降の東ヨーロッパ諸国でも同じことが再現された。このようにして、ボルシェヴィキ革命前の民族問題に関するスターリンの初期の考え方から、第二次世界大戦後の帝国経営に至るまでには、直接のつながりがあったのである。つまり、自決権については、誰もそれを行使しようとしない限りは構わないというのであった。

アメリカ帝国はそれとは非常に異なっていた。権威主義的な支配の伝統をもたず、長年にわたり立憲体制の下で交渉、妥協、そして利益の調整に重きを置いてきた国であれば、そうしたことを予期できたであろう。アメリカがヨーロッパに構築した勢力圏について顕著なのは、その存在や基本的な仕組みに対して、そこに編入された人々からの要求がアメリカ人自身からのそれと同じくらい頻繁に反映されたということである。第二次世界大戦の終結時点で、ワシントンの高官たちは、自国の利益のためにヨーロッパ大陸の半分を守ることが必要となるということにまったく気づいていなかった。彼らはそのかわりに、戦後のヨーロッパに地政学的安定をもたらすため、ヨーロッパ諸国間に勢力の均衡を再構築するという考えに傾いていたのである。マーシャル計画という、アメリカの支援が前例のないかたちで提供されたものでさえ、ヨーロッパを「第三勢力」にするという原則に基づいて打ち出されたのであった。それ以上のもの、すなわち経済活性化の起爆剤〔マーシャル計画〕だけでなく、軍事的な楯の必要性をも主張したのはヨーロッパ諸国だったのである。

このようにして、一方の帝国は招かれることによってつくられ、他方の帝国は強制によってつくられた。戦時中に、西方からの解放軍を歓迎したが東方からのそれを恐れた時と同じように、ヨーロッパ諸国がそうした区別を行ったのである。それは、ヨーロッパ諸国が当時――その後に続く世代にとっては必ずしも常にというわけではなかったにせよ――、アメリカ帝国とソ連帝国とがいかに違ったものになるかをはっきりと理解していたからである。たしかに、その範囲においてアメリカ帝国はすぐにソ連帝国を凌駕することになったが、それはアメリカの影響力拡大に対する抵抗がソ連帝国の場合ほど大きいことが決してなかったからである[128]。逆説的にいえば、帝国に対するアメリカ人の欲求がソ連帝国に比べて控えめであったから、アメリカ帝国の方がより大きくなったのかもしれない。アメリカはその歴史の大半を通じて、支配の範囲を目の届く限り拡大するなどということをせずに生存し、繁栄さえしうることを示してきた。レーニンのイデオロギー的な国際共産主義の論理は、スターリンの大ロシア・ナショナリズムや個人的な偏執症によって修正されつつ、ソ連はアメリカのようにはできないということを示唆したのである。

したがって、ヨーロッパにおける初期の冷戦は、アメリカかソ連かどちらか一方の政策を個別に検討するだけでは理解することができない。ヨーロッパ大陸で展開したのは、一方のとった行動がもう一方だけでなくヨーロッパ諸国にも影響を与えるという相互作用のシステムであった。そして、今度はヨーロッパ諸国が示した反応が、ワシントンやモスクワのさらなる意思決定を形作ったのである。それぞれの超大国が持つ国内制度の違いに主に由来するのだろうが、アメリカ帝国のほうがソ連の経営するものに比べてより広範な多様性に適応するだろうことがすぐに明らかとなった。その結果、ヨーロッパ諸国の大半はアメリカの覇権を受け容れるだけでなく招き入れることさえしたが、ロシア人の覇権がもたらすであろうものに対してはひどく恐れたのである。

第二次世界大戦終結の時点で道が二つに分かれた。そして、あるアメリカの詩人の言葉を捩るならば、実にそれがすべての違いを生み出したのである。

第三章　対峙する冷戦帝国——アジア——

我々の国を一軒の住宅にたとえるなら、焚き木だのガラクタだの、埃、ノミ、南京虫、虱だので一杯の大変に不潔な家だ。解放の後、この家を徹底的に掃除する必要がある。不潔な諸々を処分し、整理整頓しなければならない。掃除が完了して初めて客を招き入れることだろう。ごく親しい友人であれば掃除の終わる前にでもこの家にあがることができるし、掃除を手伝ってもくれるだろう。

毛沢東からアナスタス・ミコヤンへ、西柏坡、一九四九年二月(1)

お世辞を言われるのは嫌いだが、私にそれを言う者は多い。不快なものだ。中国のマルクス主義者は成熟した、したがって、ソ連国民およびヨーロッパ諸国民は中国に学ぶべきである、と私が今日述べたのは別にお世辞ではない。真実を述べているのだ。

スターリンから劉少奇へ、モスクワ、一九四九年七月(2)

第二次世界大戦を乗りきったアメリカ合衆国とソ連は揺るぎない権威をもち、彼らの勢力圏は明確に区分され、また、そうした勢力圏確立の過程は普遍主義的なイデオロギーによって正当化された。こうした状況にもかかわらず、一九四八年末まで、冷戦は主としてヨーロッパ内の紛争にとどまっていた。世界の他の場所で発生した事態が米ソの利害関係に影響を与える可能性について、モスクワとワシントンにはかなりの自覚はあったものの、そうした事態がどんな形で、あるいは何時起こるのかについてさえもほとんど明確ではなかったのである。両国がヨーロッパで確立した帝国の機能は違っていたが、共通点が一つ存在した。ヨーロッパ中心主義である。この結果、一九四九年から一九五〇年に突然生じた冷戦のアジアへの拡大には誰もが驚愕することになった。

アジアにおいて、第二次世界大戦はヨーロッパのように一つではなく、いくつかの力の真空地域を残した。日本の敗北によって数十年にわたり北東アジアを支配した帝国が崩壊した。中国においては戦争は国民党政権を弱体化し、長年の競争相手であった共産主義者の力を強め、国内紛争の再燃と激化をもたらしつつあった。また、戦争初期における日本の躍進はヨーロッパの植民地体制の権威を貶め、インド亜大陸や東南アジアでの独立運動を促進したのである。しかしながら、こうした事態の進展が出現しつつあった米ソ冷戦とどのように関わるのかは、すぐにはわからなかった。

米ソ両超大国は、終戦までにほぼ戦争結果に沿うかたちで東アジアにおける一定の立場を確保していた。太平洋地域での戦闘の大半を担ったアメリカは、アメリカが、そしてアメリカだけが日本の将来を決定するということを明確に主張した。ドイツの状況とは異なり、この敗戦した敵国に対する共同占領は行われず、また占領政策に関する戦時同盟諸国との協議も形式的なものにすぎなくなるのであった。日本降伏のわずか数日前に宣戦布告したソ連は、ヤルタ会談でローズヴェルトがスターリンに約束した対日参戦の代償、すなわち、サハリンの南半分と千島列島のすべて、および満洲の港湾、鉄道の権益を要求した。米ソ両軍はそれぞれ朝鮮半島の半分を占領したが、これは予期せぬ突然の日本の敗北によりすみやかに占領する必要が生じたからである。ワシントンとモスクワの政府高官は互いに相手国のアジアへの意図に警戒感をもっていたのは確かだが、そこにはヨーロッパの将来に関してすでに両国間に不和が生じていたことが大いに影響していた。

一九四九年までは、冷戦はほとんどアジア大陸には到達していなかった。第二次世界大戦の最後の数年間に中国の共産主義勢力が伸張していたにもかかわらず、ソ連は終戦時に蔣介石の国民党政府を承認し、協力することに合意した。後にスターリン自身が認めたように、彼は中国が次の大きなマルクス主義革命の間際にあることを見抜けなかったのである。同じ時期、国民党の軍事的愚行や汚職の横行、また民衆の支持の低下に失望したアメリカは、新たな連立政府に毛沢東の共産主義者を加えるよう国民党に迫っていた。この連立政府の実現に失敗したとき、トルーマン政権は驚くべき冷静さで、共産主義者の支配する中国というものを甘受する動きをみせ始めていた。これは当時ロシア人もまだ思い至らなかったことである。

ヨーロッパ人の場合とほぼ同様に、自らの選択によって冷戦の提携関係を強化することはアジア人、ことに中国人に委ねられた。ヨーロッパでは、ソ連がその権威を押しつけたのに対してアメリカは招かれた存在という形だったが、中国での状況は逆だった。中国の民衆は国民党から共産党へ、その忠誠の対象を変更することを選び、それが一九四九年に毛沢東の大勝利へとつながった。毛沢東は政権を樹立すると、イデオロギー的な理由とアメリカからの攻撃に対する恐れから、中国がソ連の勢力圏内に入る道を模索した。一九五〇年までに勢力均衡の根本的な変化が起こったと思われる。ほぼ一夜にして共産主義世界は二倍に拡張したのである。

同じ頃、北緯三八度線を挟んだ朝鮮人は、外の世界にはほとんど気づかれることなく、冷戦期における最初の主要な熱戦を開始することで自らを含めあらゆる人々を驚愕させることになる一連の動きに着手していた。その血塗られた三年間の闘争はアジアにおける抗争を拡大し激化させたばかりでなく、ヨーロッパ、ひいては全世界に影響を与えることになった。

Ｉ　第二次世界大戦直後の状況

第二次世界大戦終結時のヨーロッパとアジアの状況において最も重要な相違は、日本を打倒することについてソ連が何ら大きな役割を果たさなかったことである。一九三〇年代、日ソ関係は緊張が続き、一九三九年にはソ連占領下のモンゴルと日本占領下の満洲の国境で戦闘すら起こっていた。(3)しかし一九四一年にドイツがソ連に侵攻するやロシア人はそれだけで手一杯となり、アメリカとイギリスにはソ連を太平洋の戦争に参戦させる準備ができていなかった。

その状況はほどなく変化した。ノルマンディー上陸に先立って赤軍がドイツ国防軍の力を弱体化したように、アメリカが日本本土を侵攻する前に、膨大な兵員数の蔣介石軍が日本軍を消耗させることをアメリカは期待していた。しかし国民党の戦いぶりは期待通りのものではなく、一九四四年までには彼らからはもはやほとんど何も望みえないようになっていたのである。(4)ソ連を太平洋での戦争に参戦するように説得することが次善の策となった。このようにして、ローズヴェルトがヤルタ会談で、一九〇五年にロシアが日露戦争に敗北する以前の北東アジアにおける旧ロシア帝国の勢力圏の回復に同意したのは、ドイツ降伏後のソ連の対日参戦をスターリンが約束する代償としてであった。チャーチルはこの協定に反対した。また、依然として満洲の主権を保持していた中国国民党は相談にすらあずからなかった。しかし、大半の歴史家は、こうした合意がなくともスターリンが手に入れることができたであろうものしか、ローズヴェルトは与えてはいないと結論づけている。(5)また、一九四五年の夏までに蔣介石もこれらの措置を甘受した。スターリンが見返りとして蔣介石にとってより価値のあるもの、すなわち国民党政府の承認、また中国共産党の権力掌握を援助しないという約束を仄めかしたからであった。(6)

軍事上の必要性はローズヴェルトの死の直後、アメリカによる初の原爆実験成功によって再び変化した。この秘密を知ったごく少数の人々は、直ちに、日本打倒にもはやスターリンの援助が必要のないことを悟ったのである。一九四五年七月後半に開催されたポツダム会談では、ソ連の参戦に対する米英同盟の熱意は明らかに冷めていた。広島の壊滅から二日後の八月八日にソ連が参戦したとき、それはまったく予想しえなかった不利な状況を打開するためにスターリンがとった、威厳を損なう緊急措置として理解されたのだった。そうであっても、モロトフは日本を占領する米軍最高司令官ダグラス・マッカーサー将軍がソ連軍と占領行政を分担するよう提案することをやめなかったし、また、スターリン自身も北海道全土をソ連の占領地帯として要求することを思いとどまらなかった。アメリカ側がこうした提案をにべもなく拒絶したとき、ロシア人はわずかに不満をもらすことぐらいしかできなかった。(7)

このようにして、アメリカによる日本の単独占領は複数国によって占領されたドイツの場合とは際立って対照的だった。米ソ間に芽生えつつあった敵対関係がこうした占領形態の一因となった。トルーマン政権が日本占領で絶対に避けたかったのは、ヨーロッパですでに経験したソ連とのやりとりの再現だった。この意味で、スターリンの単独主義はすでに悪影響を及ぼし始めていた。しかし、たとえヨーロッパでことがうまく運んでいたとしても、アメリカが日本占領を違う形で行うことになったような理由はほとんど見当たらない。結局のところ、アメリカが対日戦勝利に果たした役割はソ連がドイツ打倒時に果たした役割よりもさらに決定的なものだったのである。(8)また東京には、人の意見に耳を傾けないという点にかけては近代史においてもっとも極端な占領指導部が設置された。マッカーサーは、イギリス、オーストラリア、中国といった同盟諸国の見解に対しても、彼の司令部に配属されたソ連の代表使節のそれに比べて格段の注意を払うなどということはしなかった。ワシントンの高官たちは、敗者であり今や完全に畏縮していた日本人と同様にマッカーサーに従った。マッカーサーにはスターリンと同じく、多国間の枠組みで事をすすめるといった考えはなかったのである。

マッカーサーの手法は権威主義的であったかもしれないが、その結果はきわめて民主的なものであった。彼は日本をリベラルで資本主義的な、そして反戦かつ無抵抗主義的とさえいえる社会に変容させる過程を統括した。一九三二年のボーナス軍〔大恐慌下に従軍補償金（ボーナス）の即時支払を要求してワシントンに集結した多数の第一次大戦の在郷軍人〕行進の後、非武装の退役軍人たちを首都から排除した男は、今や急進的な社会変革者となったのである。マッカーサーのもつ無制限の権力と前例のない尊大さが占領国に対する無知と結びつかなかったならば、彼はあれほど徹底した措置をとらなかったであろうとはこれまでいわれてきた。(9) では、マッカーサーの民主的な生来の傾向というものは何に由来していたのだろうか。もしロシア人が日本の占領政策を任されていたならば、同様の結果を生んだであろうか。ロシア人がそうした権限を持っていたドイツではこうしたことが行われただろうか。

スターリンが正確に予言していたように、勝者は自らの社会体制を占領地域に押しつけ、「他の道はない」(10) のであった。マッカーサーのような権威主義者でさえもが民主主義の移植を優先させることができたということは、いかに深く民主主義的価値観がアメリカの文化に浸透していたかを示している。もしマッカッサーが違った方法で占領統治を行っていたとしたら、日本は一九八〇年代までにアメリカ人に対抗し、ロシア人を意気消沈させるような能力を持った経済的超大国として登場していなかったのではないか、ということを証明する方法はない。しかしマッカーサーなしには、このような民主主義国家になった可能性ははるかに少なかったであろう。(11) 実際、彼は民主化に夢中であったので、ワシントンの上司が米ソ競争に心を奪われているということを気にとめなかった。マッカーサーの政策は、封じこめの戦略が形を見せ始めたかなり後になっても、ワシントンの政策とは隔絶したままだったのである。(12)

冷戦はより直接的に、日本の旧植民地であり、米ソ共同占領下におかれた朝鮮半島における事態の展開に影響を与えた。アメリカの戦争計画は朝鮮半島上陸を想定していなかったが、日本降伏により本土侵攻の必要がなくなると、トルーマンは赤軍が朝鮮半島を完全な統治下におくことを阻止するために部隊の朝鮮半島への移動を認めた。ソ連の日本における占領地域を拒否した時と同様に、この決定にはヨーロッパでの事態の展開が影響していた。しかし、スターリンはアメリカ軍の展開を敵対的な行為とは見ていなかったようである。スターリンは抗議することもなく、ワシントンがあわてて即興で設定した北緯三八度線における境界線の提示を受け入れた。[13] この境界地帯はやがてドイツを分割する境界線と同様に軍事化されることになった。しかし、戦後最初の五年間、朝鮮は米ソ両国にとって周辺的な関心の対象にとどまっていたのである。[14]

姿を見せ始めた超大国の対立は、太平洋での戦争が残したもうひとつの力の真空地帯、すなわちヨーロッパの植民地支配が崩壊した南アジアおよび東南アジアに間接的な影響を及ぼした。アメリカは長い間反植民地主義の伝統を育み、また、それを自賛してきた。一八九八年にスペインから獲得してこの原則を破ることになったフィリピンでさえ、ワシントンが一九四六年にはフィリピンに独立を付与することを約束していたために、今やこの原則の一例となった。ローズヴェルトは、イギリス、フランス、オランダの帝国主義に対する敵意を隠さなかったが、ある歴史家が述べたように、「そのあらゆる言葉は反植民地主義的だったが、行動が伴うことはほとんどなかった」。[15] もしローズヴェルトが生きていたとしたら、植民地に最終的な自治を付与する準備を開始するよう同盟諸国をせっついたかもしれないが、彼らが日本人の手によって奪われた宗主権を再び主張するのを妨げたであろうとは考えにくい。秩序と安定がローズヴェルトの最優先事項であり、民族の解放はずっと先の目標であったと思われる。

同じように、トルーマンの政策も一見したところ矛盾しているようにみえたが、次第に冷戦の論理が現れ始めた。トルーマンはローズヴェルトを継承して、イギリスに対してインドの放棄を迫った。これは拡張しすぎた同盟国の経済的、軍事的負担を減らす措置であり、またインド亜大陸の民族運動が共産主義と結びつく可能性を防ぐためであると考えられた。[16] また、気のすすまないオランダに対してはより強く迫り、インドネシアの独立を保証するよう要求した。そこでは共産主義がとって代わる見通しが何ら存在しなかったにもかかわらずである。[17] しかし、仏領インドシナでは共産主義者のホー・チ・ミンが民族主義的抵抗勢力を率いており、ワシントンの民族自決に対する熱意はすぐに消えうせてしまった。一九四五年九月、ホー・チ・ミンは一方的にヴェトナムの独立を宣言し、アメリカ独立宣言をあてつけのように引用したが、彼が手本とした国からはいかなる激励も寄せられなかったのである。[18] トルーマン政権は、ホー・チ・ミンがフランスを追い出すためにどんなテキストを引用しようとも、この地域におけるフランスの戦前の地位を回復させることを決意した。興味深いことに、アメリカ政府高官はその後数年間にわたって毛沢東とモスクワとの関係よりも、ホー・チ・ミンとモスクワとの関係についてより強い懸念をもっていたのである。[19]

II　国民党に対する米ソの支持

アメリカは第二次世界大戦の間、中国共産党よりも中国国民党の方を支持したが、これは何も驚くようなことではない。国民党はソ連でさえ合法と認める国際的に認知された中国の政府であったの対し、共産党は長征を行い、洞窟で暮らし、マルクス＝レーニン主義の独自な解釈をしている無名の集団にすぎないと見なされていたのである。ワシントンは、ソ連の場合と同様に日本と戦う上で、共産党による軍事的助力が国民党の無能さを補うことが明らかになる一九四四年までは、彼らのことをまともに考慮し始めることはなかった。たとえそうであったにしても、関係が疎遠であったのは、アメリカが蔣介石との関係を継続していたこともあるが、毛沢東が内戦に勝利したならば、中国にソ連の影響力が及ぶことをアメリカがすでに警戒していたためでもある。逆説的ではあるが、アメリカ政府が一九四五年にスターリンと蔣介石の関係強化を支持した理由の一つは、ソ連の指導者が毛沢東を牽制することを期待したからである。[20]

そのような考え方は、後からそう見えるほどには希望的な観測というわけでもなかった。その理由を知るためには、中国における革命の見通しに関するスターリンの見解がどう変化したかをたどってみればよい。マルクス主義者の理論が示唆するように革命には工業化された都市のプロレタリアートの結集が必要であるならば、中国にはそのような階級が存在しなかったので、革命は決して起こり得なかった。一方、革命が農民とブルジョワジーを含むものにまで拡大すれば、マルクス主義の本質を喪失する可能性がある。レーニンは進んでこの可能性を受け入れ、「長年にわたり隷属化されてきた諸国や人民については、たとえ時代錯誤であってもその民族感情に特に気を配ること」、また民族運動と融合するのではなく、提携することを共産主義者に命じたのだった[21]。

しかしながらスターリンが一九二七年に気づいたように、この種のバランスをとる政策は危険なものとなりえた。まだ初心者だった中国共産党はモスクワの命令に従い、国を統一するために孫文とその後継者である蔣介石が指導する中国国民党と提携した。「彼らは最後まで利用しなければならない。レモンのように絞って、それから捨てるのだ」とスターリンが言ったように、その後、共産党は国民党にとって代わるはずだった。しかし現実には、国民党は共産党に襲いかかり、絞るどころか壊滅に近い状態にまで追い込んでしまったのである。スターリンは即座に体制を立て直し、中国共産党に自らを守るように命じるとともに、スターリンの処置を非難したトロツキーを筆頭とするソ連国内の反対派に反撃した[22]。この経験は海外でのナショナリズムと結びついた革命に対するスターリンの熱意に冷水を浴びせ、一九四五年に毛沢東に対してスターリンが悲観的な見通しを持った理由ともなったのである。

スターリンは外国人との会話の中で、中国共産党を「マーガリン・マルクス主義者[23]」と呼び、一笑に付すことを好んだ。しかし何を意図していたかはわからない。ユーゴスラヴィア人なら証言できたであろうが、スターリンは自分が統制しえない共産主義者すべてのことを純正のものではないとみなした。彼の考える真の革命とは、自発的に起こるものではなく、モスクワからの煽動と指導によってなされるべきものだったのである[24]。中国側の史料は、西側の学者たちの長年の主張とは裏腹に、毛沢東がそうした要求にほぼ忠実であったことを示唆している。コミンテルンと中国共産党の関係は一九三〇年代から四〇年代はじめにかけて密接であり、中国共産党がスターリンの承認を得ないで、外交であれ軍事であれ、率先して何か事を起こすようなことはほとんどなかったことが今や明らかとなっている。また、スターリンは中国共産党が国民党に最終的に勝利するという見通しを捨てたわけではなかった。スターリンは戦争終了時に、日本軍から捕獲した武器を満洲にいる毛沢東の軍隊に譲渡していたし、赤軍撤退後の彼らの立場を強化する措置を密かに講じていたのである。(25)

こうしたことにもかかわらず、スターリンが蔣介石と取引することを選んだのにはいくつかの理由があった。恐らくは東アジアにおけるアメリカの軍事能力が東中欧地域でのそれに比べて際立っていたことから、スターリンはこの地域でのアメリカとの紛争を避けることに熱心だった。彼は、共産党よりも国民党のほうがヤルタ会談でローズヴェルトが約束した領土的譲歩を行いやすいと考えた。彼はまた、日本を拠点とするアメリカの力の基盤に対する緩衝として、協力的な国民党を利用できるとすら期待していたのかもしれない。(26) スターリンは一九四五年末に、蔣介石の息子に次のように語っていた。「あなたがた中国人は気づくべきだ。アメリカ人は自らの利益を守るための道具として中国を利用できると考えている。そして、あなたがたは必要とされなくなったときには確実に犠牲者となるだろう(27)」。ソ連の指導者が毛沢東に対して再び蔣介石と協力するよう促したのは、このような理由からであった。毛沢東は失望したものの従順に従ったのである。(28)

このようにして、戦争直後の中国に関する米ソの政策で際立つのは、偶然とはいえ当初それらの間に一致したものがあったことである。ワシントンとモスクワの双方とも日本の降伏後には国民党が中国を再び支配すると想定し、その結果を受け入れるように中国共産党を説得しようとした。米ソともに、共産党と国民党には協力する用意がないことを理解せず、(29) また、中国人民からの支持を獲得することについて国民党よりも共産党のほうがはるかに長じていることを予期しなかった。こうした意外な事実の重要性は、最初はワシントンで、続いてモスクワで徐々に理解され始めることになる。それも、ヨーロッパでの冷戦という借りもののレンズを通してのことであった。

III　アメリカの中ソ離間策

一九四〇年代後半の朝鮮から一九九〇年代初頭のボスニアに至る一連の事例が示すように、個々の国家の外にある者が、たとえいかに強力であったとしても、当該国の内部の当事者同士が殺し合いを選択した場合にそれを防ぐことは難しい。中国のように巨大で、かつ外部勢力の影響を受けてこなかった国の場合、問題はさらに大きい。国民党と共産党は第二次世界大戦のことを世界的な紛争などではまったくなく、むしろ、一九二〇年代後半から続いてきた彼ら自身の内戦から注意をそらす程度のものとしてしか認識してこなかった。双方は、日本に対する闘争では内戦相手の犠牲によって自らの立場を強めることを望んでいた。そして、日本が降伏したとき、両者は同盟国の忠告を聞かずに互いの力を試すべく直ちに行動を起こしたのである。この競争は当初、中国東北部、特に満洲をどちらが支配下に置くかという争いとなって現れた。一九四五年の終わりには、中国共産党が勝利しそうな気配であり、これにはワシントンとモスクワの双方ともに困惑した。

トルーマン政権はこの時点で二つの重要な決定を下したが、それぞれが中国国民党を支援する目的を持っていた。第一に、共産党進出の機先を制するため、アメリカ空軍および海軍を使用して蔣介石の部隊を中国南部から東北地方へと密かに移送する措置が承認された。また第二には、トルーマン大統領自身が、国民党と共産党の紛争の政治的解決を図る交渉のためジョージ・C・マーシャル将軍を中国へ派遣することを命じたのである。当時は、戦時の同盟国を支持するための措置として正当化されていたが、これらの決定はソ連の影響を最小限にとどめることをも意図していた。ワシントンが恐れていたのは、中国共産党がモスクワからの命令によって活動しているかもしれないということとだった。ワシントンが望んだのは、満洲へ国民党軍を急送し、国民党主導による連立政府に共産党を引き込み、ソ連に手出しをさせない形で状況を安定化することであった。マーシャルに与えられた訓令は明確なものであり、中国をモスクワの統制下におくことになる協定以外なら、解決のためのあらゆる機会を見出すことだったのである。(30)

一九四七年までにマーシャルの派遣は失敗に終わったことが明らかとなった。憤激あるいは事態の合理化のいずれの理由からにせよ、アメリカは、中国共産党および毛沢東に対してより柔軟な見方をする方向で対応した。表向きの言い方が何であれ、国務省は国際共産主義が一枚岩であるなどとは決してみなしてこなかった。彼らは、ソ連が国外の共産主義を統制することが困難になるだろうと当初からみていたのである。(31)マーシャル計画はそうした見通しを利用しようと計画されたものであったし、共産主義陣営からのチトーの離反はこの見通しが現実となることをやがて確認することになった。(32)このようにして、中国において反ソ的な共産主義が出現する可能性は充分に存在した。毛沢東の活動はほとんどモスクワに頼ることなく、何であれ外国からの影響を軽蔑する民族主義的な伝統に根ざしたものだったのである。たしかに、トルーマンとその補佐官たちはスターリンが中国共産主義を自らのために利用することを依然として恐れていたし、中国での共産主義の勝利を歓迎するまでには至っていなかった。しかし、こうしたことはアメリカを恐れさせるほどのことでもなかった。マーシャルが国民党主導の連立政府に共産党を含めること——当時彼がヨーロッパではまさに反対していた類の解決方式——を粘り強く模索していたという事実は、彼が何らかの方法で毛沢東たちと交渉する可能性を考えていたことを示唆している。

もちろん、アメリカ議会とマス・メディアにおける蔣介石の支援者はこの見解を受け入れなかった。彼らは、とくにヨーロッパでのマーシャル計画を支持する条件として、中国国民党への軍事的経済的支援を継続することを政府に強要した。しかしケナンを中心とする国務省の戦略家は、共産主義中国が世界の勢力均衡を崩すものではないと冷静に結論づけていたのである。東アジアにおける最も重要な産業および軍事的中心である日本はアメリカの確固たる支配下にあり、この間マッカーサーはワシントンからの圧力を受け、占領政策を戦犯処罰と社会改革に力点を置いたものから、急速な経済復興をめざすものへと変更しはじめていた。この考えは、ソ連の膨張主義を封じこめることのできる一連の防衛的拠点の中に、同じ敗戦国である西ドイツと同様、日本も含めるというものであった。チャイナ・ロビーがいかなる考えを持っていたにせよ、トルーマン政権は、中国を誰が支配していようとも、そこを強力な拠点としてではなく沼地のようなものであるとみなすようになっていた[33]。事情を知るマーシャルは一九四八年初めに上院外交関係委員会で次のように警告したのである。「我々には、より死活的な地域での精力を浪費してまで、経済的あるいは軍事的に、現在の中国政府の相次ぐ失敗を引き継ぐ余裕はない[34]」。

ヨーロッパ向けの政策を東アジアの状況に適用するという、控え目だが一致した努力がそれに続いた。アメリカは、自らその過程を統制しかつ速効性を期待しうる場所においてのみ、経済復興とそれがもたらすであろう地政学的な安定とを追求することになったのである。それゆえ日本の復興と、そのために必要とされる東南アジアの市場および原材料の確保とに力点が置かれることになった。また、マーシャルの後継者ディーン・アチソンが言うところの、この「巨大な半月弧」の向こう側で、ワシントンは「アジアのチトー」を模索することになり、毛沢東が当然その有力候補となった。「モスクワの最も基本的な目的と中国のそれとは相容れない」とアチソンは一九五〇年はじめに上院議員に非公式に述べており、トルーマン政権は朝鮮戦争が始まった後でさえ、決してこの見解を全面的に放棄したというわけではなかったのである[35]。

毛沢東とその勢力をモスクワから引き離すことが目的なのか、あるいは中国の共産主義者をモスクワの傀儡として描くことで、彼らを打倒するように中国人民を仕向けることが目的なのか、そこにはたしかに混乱があった[36]。しかし、中国がすでに朝鮮半島に介入したかなり後の一九五一年の五月になっても、国家安全保障会議では、「北京とモスクワの意見の違いを助長し」、「あらゆる可能な手段を用いて北京の体制内に亀裂を生じさせる」ことで、「ソ連の有力な同盟国である中国を離間させる」という目的が、依然アメリカのアジア政策の第一目標として掲げられていたのである。[37] 同じ月にディーン・ラスク国務次官補が中華人民共和国について、「ロシアの植民地政府であり、スラブ人による大きな満洲国だ」と公式に非難したのは、この戦略に忠実に従っていたことになる。[38]

IV 「くさび」戦略と毛沢東の「向ソ一辺倒」

「くさび」〈中ソ離間〉戦略の失敗は、トルーマン政権が目的の明確化に失敗したためであり、また国内政治、特にチャイナ・ロビーの影響や引き続いて擡頭したマッカーシズムがその戦略の実施を妨げたためであると解釈されてきた。こうした説明には依然意味がある。マッカーシズムの背後にどのような意図があったにせよ、政府あるいは公人としての生活から破壊分子と疑われた人々を排除しようとしたことは、少なくとも薄めた形でのスターリン的な偏執症に対する免疫をアメリカ人でさえ持ち合わせていなかったことを明らかにした。こうした行為が大量投獄や大量殺戮にはつながることはなかったし、トルーマン自身も果敢にこうした行為に反対したので、スターリンの粛清と比較することはとてもできない。しかし、それらは多くの人々の人生を破滅させ、間違いなく政策を制約したのである。事実、当時の国内情勢を前提とすれば、大統領とその政府が、海外の共産主義者と取引するいかなる可能性にも道を開いておくことができたということは特筆すべきことである。[39]

しかし、こうした説明はアメリカ側の見解のみに焦点をあてたものであり、毛沢東自身がアメリカとの協力の現実的な可能性や、その望ましさを如何に評価していたかについて考慮していない。最近明らかにされた中国側の史料は、アメリカがより明確な目的をもち、いっそうの行動の自由を確保していたとしても、ソ連から中国共産党を引き離すという試みは成功しなかったであろうということを強く示唆している。毛沢東がたとえアメリカとの協調を望んでいたとしても、一九四六年初めにおけるマーシャル使節団の初期の段階でそうした期待は終わったと思われる。[40] それ以降、毛沢東はアメリカを中国共産革命の第一の敵とみなし、アメリカに抵抗することで革命の成功が保証されると確信するようになったようであった。それがほかの「野蛮人」――この場合はソ連――を招き入れて、東アジアに彼らの影響力が拡大することを意味していたとしてもである。[41] 毛沢東がこうした態度をとったのにはいくつかの理由があった。

第一に、最も重要であったのはイデオロギーである。中国のこの共産主義指導者は、たとえマルクス主義自体にそれほど精通しておらず、古代中国の政治術に多くを頼っていたとしても、自分自身のことを本当にマルクス主義者であるとみなしていた。[42] 後に、モロトフが彼らしくない共感とともに認めたように、「英雄だけが『資本論』をよむことができる」のであった。[43] 毛沢東はソ連の工業化達成に感銘を受け、その人的コストに過度の注意を払うことはなかった。長年にわたってスターリンから役に立たない助言――最近では、進撃中の共産党が国民党に対する最終的勝利のために揚子江を渡河することに対して、中止するように警告を与えた[44]――を受けていたにもかかわらず、ソ連型システムの手法を中国の条件に適用すれば衰退してしまった中国を救い出すことができると考えていた。[45] さらにマルクス＝レーニン主義の「民主集中制」という概念も、一人の絶対的指導者による権威主義的支配という古代からの中国の慣例に対して、新しい洗練された正統性を与えた。[46]「中国共産党とソ連の間にいかなる意見の違いがあったとしても、結局のところ、彼らは同じ大義、同じ理想のために闘っている同志であった」と、中国の歴史家は結論づけている。[47]

第二に、毛沢東はアメリカに拒絶され、ある意味では裏切られたと感じていた。彼は戦争中、アメリカの軍事外交代表団との最初の接触を歓迎したし、ジャーナリストのエドガー・スノーやアンナ・ルイス・ストロングといった幾人かのアメリカ人との間で個人的な関係も築き上げた。しかし毛沢東には生硬なイデオロギーだけでアメリカの政策を解釈するところがあった。[48] 彼はワシントンが蔣介石を支援しつづけていることに憤りを感じていたのである。そのため、彼はマーシャル使節団の調停努力について、特にそれが蔣介石の部隊の満洲への移動をアメリカが支援した時期と重なった時に、もっともな理由ではあるがその中立性に対して疑いの目をむけた。「我々にとって、それはアメリカ帝国主義者との最初の取引であった。我々には経験が足りなかった。結果的に我々は取り込まれたのである。こんな経験をしたからには、二度と騙されるようなことはしない」と毛沢東は後に回想している。[49]

毛沢東がソ連の影響を受け入れることを望んだ第三の、そしていっそう重要な理由は、中国側の文書によって最近ようやく明らかになった。共産党が国民党を中国本土から追い出し、その権力が確固たるものになり始める時までに——その過程は彼ら自身が考えていたよりも早かった——毛沢東は少なくともアメリカの中国内部への介入を予期するようになっていたのである。彼は一九四九年初めソ連に対し、アメリカは日本および国民党との軍事同盟を計画しており、中国東北部に約三〇〇万人の兵力を上陸させ、満洲、ソ連極東部、シベリアに核攻撃さえしかけてくるかもしれない、と警告していた。[50] そのような企ては、想像しうる限り、トルーマン政権が実際に考えていたこととはかけ離れたものであった。したがって、毛沢東がなぜこのような特異な考えをするようになったのかをさらに注意深くみる必要がある。

まず、毛沢東は中国人だったのであり、そのことは、自分の国が宇宙の片隅に存在するなどとは彼がみなさなかったということを意味する。[51] 中国が周辺部にあり、誰からみても死活的関心事ではありえないという考えは、彼には理解し難いことであった。そして、中国の文化や歴史のあらゆるものが示唆するようにこの国が重要であるならば、世界で最も強力な国家であるアメリカが、傀儡である蔣介石が放り出されたのに彼を救う手立てを何ら講じないでいる訳はない、ということになる。毛沢東は一九〇〇年の義和団の乱だけでなく、無名のアメリカ人探検家フレデリック・タウンゼント・ウォードが鎮圧に手を貸した一八五〇—六四年の太平天国の乱など、かつてアメリカが中国に介入してきた歴史を忘れてはいなかった。彼はまた、一九一八年にアメリカとその同盟国がボルシェヴィキ革命を潰そうとしてロシアに介入したことも知っていた。[52] 毛沢東の観点からすれば、中国革命はその時代以降に起きた最も重要な出来事であるから、アメリカが何らかの方法で再び介入してこないなどというのはほとんど侮辱的なことだった。「中国を手に入れることによって、アメリカはアジア全土を手中に収めるだろう。アジア戦線を固めれば、アメリカ帝国主義はその軍事力をヨーロッパでの攻撃に集中できるであろう」と彼は一九四九年に警告した。[53]

また毛沢東は、アメリカ政府がどのように機能しているのかをほとんど理解していなかった。そのかわりに、彼は中国における権威主義的支配の伝統というフィルターを通して、マルクス主義のモデルである民主集中制をアメリカという場面の上に単純に投影した。これは、毛沢東が主立ったアメリカ人によるすべての意見表明――東京駐在の将軍や議会にたむろする右翼の三流政治家によるものであれ、あるいはチャイナ・ロビー系の報道機関による加熱した論説であれ――について、ワシントンの今上皇帝――偶然とはいえそれには似つかわしくないミズーリ州出の役人風情ハリー・トルーマン――の叡慮を体するものとして理解していたことを意味したのである。毛沢東には、公式の政策と、当時ワシントンにあふれていた無責任な意見との区別ができなかった。中国の情報機関の能力が高ければ、こうした過度の単純化を避け得ただろうが、当時中国が利用できた情報の資料は、概ねソ連のタス通信、中国系アメリカ人シンパによる時折の報告、そしてワルシャワまたは香港で手に入るアメリカの新聞などに限られていたのである。[54]

最後に、スターリンがアメリカによる介入の可能性を繰り返し毛沢東の頭に植え付けようとしたことが知られている。これらの警告は、中国共産党が国民党を駆逐しようとして速く動きすぎることを抑制する狙いから、意図的に誇張されたものだったかもしれない。しかしそれらはまた、スターリンの本音を表していたのかもしれないのである。ソ連側の準備が整っていないうちにアメリカとの戦争が勃発することに対して、スターリンが恐れを抱いていたことを記録した独自の証拠文書がある。[55] 彼は一九四九年初めに、中国共産党の揚子江渡河がアメリカの反撃を招いたとしても、ソ連は支援のために中国に出向くことはできないことを明確にした。スターリンはまた、国民党側が彼に中国内戦を調停するように求めてきていることを中国共産党に伝えた。そしてスターリンはアメリカとの紛争勃発の可能性を警告するために、秘密裏にアナスタス・ミコヤンを毛沢東との会談に派遣したのである。ソ連高官の訪問は初めてのことであった。(56)

それでも毛沢東は一九四九年四月、揚子江渡河を命じ、彼の軍隊は翌月には上海を占領した。アメリカの介入はなかったが、毛沢東は依然その可能性を深刻に考え、介入を抑止するためにいくつかの措置を講じた。彼は外に向けた声明の中で、中国を占領しようとする侵略者が直面する困難、戦争においてアメリカのもつ技術的優位に対抗しうる中国側の兵員数における有利さ、そして、「正義の戦争」を戦うことから生まれる道徳的な利益などを強調することにより自信を植え付けようとした。(57)彼は侵入の起こりそうな中国の海岸沿いの軍事力を増強した。(58)そして一九四九年六月末、彼はかの有名な「向ソ一辺倒」宣言を発し、それは誕生間際の人民共和国がソ連と提携することを明らかにした初めての公式声明となったのである。

トルーマン政権がジョン・レイトン・スチュアート大使に中国共産党との非公式接触を中断するように指示した直後にこの声明が出されたので、西側の一部の歴史学者たちは、ワシントンが結果的に毛沢東をソ連の手中に追いやり、それゆえ朝鮮戦争勃発の前年に中国との友好的関係を築く機会を逃したのだと結論している。(59)中国の歴史家たちはこの説に懐疑的である。彼らが利用できる史料によれば、毛沢東ははるか以前からアメリカとの協調についてのいかなる真剣な可能性も放棄していたようにみえる。彼はアメリカ人と時折接触することに寛容であったが、それは友好的関係を望んだがゆえであるというより、アメリカの攻撃がいつどこに予期されるかを判断するためであった。(60)

アメリカが「くさび」戦略を適用しようとしているのを察知した毛沢東は、わざわざスターリンに「アジアのチトー」になるつもりがないことを確約した。中国共産党はユーゴスラヴィアの背信を激しく非難し、また、これまでその理由が謎とされてきた一九四八年後半の瀋陽（奉天）におけるアメリカ総領事アンガス・ウォードの投獄も、満洲における西側外交官の継続的な存在に対するソ連の疑念を晴らすための努力であったと思われる。[61] 一九四九年六月三〇日における毛沢東の「向ソ一辺倒」演説には、彼の主要な部下の一人である劉少奇による極秘のモスクワ訪問を円滑に運ぶという、特定の目的があったことが今や明らかである。[62]「毛主席は、この一辺倒の決定は我々自身で行ったのであり、将来それを強いられるよりもましだと言っている」ともう一人の主要な部下である鄧小平は説明している。[63]

V　中ソ同盟の成立

第二次世界大戦末期にスターリンが中国国民党との取引を望んだ時のように、彼が毛沢東の歩み寄りをはねつけていたら、毛沢東の戦略はほとんど機能しなかったであろう。毛沢東がチトーと距離をおくことにひどく熱心だったという事実は、マルクス＝レーニン主義者の同志としての、そして今や内戦の勝者としての地位がモスクワに受け入れられるかどうかについて、いかに彼に自信がなかったかということを示唆している。にもかかわらず、毛沢東はそれを熱望した。長年にわたる多くの仕打ちにもかかわらず、手の届かない彼方のスターリンに対する彼の傾倒は、スーパースターに対するファンのそれに近かったのである。[64]

この間、スターリンの見解は地政学的、イデオロギー的そして感情的理由までもが興味深い絡み合いをしながら変化しつつあった。彼は一九四八年に中国におけるソ連代表であるI・V・コヴァリョフに対して、「中国で社会主義が勝利をおさめ、我々諸国が一つの道を進むならば、世界における社会主義の勝利は事実上保証されるであろう。我々を脅かすものは何もない。したがって、中国共産党を支持するためのあらゆる努力や手段を差し控えることはできない」と語った。コヴァリョフはこの老独裁者が、レーニンの著作集の中から「世界での社会主義の勝利における中国革命の役割について」の一節を声に出して読んでいたことを思い出している。[65] いつもの用心深さで、スターリンは毛沢東の勝利が完全なものになるまで本人自身との会談を差し控えていた。しかし一九四九年七月に劉少奇が秘密裏にモスクワを訪問したことは、様子を探る機会を提供することになった。

一連の会談についての中国側の記録は、スターリンが世界革命運動の新しい夜明けについて、謙虚であると同時に敬意を払い、哀愁と感傷そして戦闘的な陶酔感に浸っていたことを明らかにしている。彼は中国からの訪問者に対して見通しを誤ったことに関して、何時にない調子で謝罪を行い、次のことを認めた。

我々の見解がいつも正しいとは限らない……我々自身があなたがたの邪魔をしたことはわかっている……我々の声明が正しいのか間違っているのかを、あなたがたの方で判断してみるべきだ。なぜなら、あなたがたの国の真の情勢に対する理解が欠けているために、我々は間違った忠告をするかもしれないからだ。過ちを犯したときは、それに留意し修正できるよういつでも知らせてほしい。

毛沢東の妻であり、訪ソ代表団の一人であった江青が緊張しながら「スターリン同志の健康のために」と祝杯の辞を述べたとき、スターリンは感情に動かされて返答した。

私の健康がみなさんの幸せの源でもあるというのは本当であろうか。お世辞でなければよいが。……私にとって最も重要なことは、ソ連と中国の共産党という兄弟間の友好と団結である。この団結は世界革命にとってとてつもなく大きな意義を持っている。スターリンが生きているうちは、両国の人民は互いに結びつくべきである。スターリンの亡きあとも、そうすべきである。……あなた方の示されたすばらしい賛辞や好意のすべては私を喜ばせた。しかし、人はいつか死ぬのである。

それからスターリンは、過ぎた世紀の革命の道筋をたどりながら歴史の教訓を述べ始めた。「傲慢さのために、マルクスとエンゲルスの死後、西ヨーロッパの社会主義者たちは遅れをとり始めた。世界革命の中心は西方から東方へと移った。今や中国と東アジアに移りつつある」。彼はさらに次のように続けた。

それゆえ、我々の仕事は何らかの形で分担されるべきである。……私は、中国が植民地、半植民地、従属国での民族的あるいは民主的革命運動を支援することにより一層の責任を負うことを希望する。……ソ連は、（アジアにおいて）中国がその立場上なしうるのと同じ役割を果たすことはできないし、同じ影響力を持つこともできない。……同様に、中国はソ連がヨーロッパで持っているのとおなじ影響力を持つことはできない。だから、国際的革命のために……あなた方が東方の植民地や半植民地に関していっそうの責任をもてば、あなた方はそこで意義ある役割を果たせるだろう。我々は西方でより多くの責任を受け持ち、より多くの役割を果たすだろう。つまり、これは我々の逃れられない責務なのだ。

スターリンは、中国人がソ連を「兄」と呼んできたことについて言及し、この独白をしめくくった。

私は、いつの日か弟が兄に追いつき、追い越してゆくことを心から希望している。これは私や同僚が望んでいるだけではなく、歴史の法則である。後発の者は最終的に先行者を追い越すのだ。弟が兄を追い越すことに乾杯しよう。

中国側は驚いてその場で凍りつき、杯を空けることを拒んだ。それはロシア側の感情を害した。そして、その晩は気まずい雰囲気の状況でおひらきとなった。「もちろん、私はそれを決して忘れることはない」。劉少奇の通訳であった師哲はのちに述べている[66]。

これまでとは違ったスターリンのこうした気分についてはいくつかの理由が浮かぶ。彼は世界革命に関与することを決して放棄してはいなかった。しかしながら、今や彼はそれがソ連の領土的拡張だけでなく、第二の巨大な共産主義国家の拡張を通じて起こることを認識していたのである。西側との戦争に対する恐れは「間接」戦略の必要性を提示していた。それゆえ、中国に東方での主導権を持たせることは有利であった[67]。さらには、毛沢東を周辺での紛争に引き入れ、中国があまりにも強大にならないようにするための方法の一つとして、ソ連から離れたところでのある程度の中国の拡張主義を認めていたのかも知れない。

しかし、こうした説明は感情を抜きにしたずる賢い計算を想定したものである。スターリンと新たな同盟者である中国人との会談で際立っていたのは、そこでみられた感傷的とさえいえるほどの強い感情だった。この老いゆく独裁者は、毛沢東の勝利の中に革命に献身した自らの青年時代を見出したかのようである。また恐らくは、一九二七年より前に、民族主義が共産主義の目的にかなうものであるとの立場をとっていたことが正しかったことの確認でもあっただろう。こうした見解は、チトーのようにはならない、すなわち中国の同志はソ連を裏切らないという毛沢東の確約を補足するものであったかもしれない。それはまた、このクレムリンの指導者が劉少奇に不意に述べた次のような確約をも説明しうる。「他国の政党に自らを従属させている政党を受け入れることなどはできないし、それは決してありえない」。コヴァリョフがのちに回顧したように、「そこでスターリンが言ったことはすべて本当だった。しかし、彼が実際にしたことはまったく別のことだ。彼はユーゴスラヴィアを支配するだけではなく、他の社会主義諸国の党を支配しようとしたのである」(68)。しかし、これは必ずしも老独裁者がそうすることを望んでいたことを意味する訳でもない。礼儀正しい中国人がそうしていたようにみえたように、人々が彼に単純に賛同すれば、彼らを支配する必要はなかったのである。

しかし、毛沢東は劉少奇よりも厄介であった。一九四九年一〇月一日の中華人民共和国の正式な建国宣言に引き続いて、毛沢東は、七〇歳の誕生日を迎えようとしているスターリン本人に会うために長い間かなわなかったモスクワへの巡礼に出発することを熱望した。しかしながら毛沢東は、贈り物が返礼を期待していると思われるのではないかと気にかけていた。結局、中国産の白菜、大根、玉葱そして西洋梨の詰め合わせを持っていくことにした。スターリンがこれらで何を作ったのか、また到着時にどれほど新鮮であったのかは分からない(69)。毛沢東は列車で行くことを強く主張したが、この旅は長く辛いものだった。列車が満洲の瀋陽を通過した時も、毛沢東の気分はよくならなかった。

彼は自分の肖像画よりもスターリンの肖像画の方がより多く掲げられていることに気づいたのである。[70]彼のモスクワ到着後に何が起こったのかということについて、厳しい交渉が行われたに違いないとか、毛とスターリンの間にはすでに深刻な溝があったとか推測し、丸二ヵ月にもおよぶこの訪問は異常なものであったと西側では説明されてきた。たしかに、アメリカ国務省やＣＩＡは一連の意図的なニュースの漏洩によって当時そうした印象を広げようとしたのであった。[71]

しかし中ソ両国の史料は、より複雑な状況を示唆している。毛沢東の成功を予期し得なかったことに対するスターリンの再度の謝罪は、それを悔いながらも感情にあふれていた。「今やあなたは勝者である。勝者は批判されるべきではない。これは当然のことだ。……中国革命の勝利は全世界の均衡を変えるであろう」。そこには翻訳不可能な中国の比喩でソ連側を惑わせる不思議な毛沢東がいた。「この旅のために、我々は見かけだけでなく味も良いものを持ってくることを望みました」。[72]またスターリンはコヴァリョフから、毛沢東の忠誠心を疑う非常に重要な報告を受けている。しかしその後、スターリンは明らかに毛の信頼を得ようとしてその文書を彼本人に直接手渡し、中国専門家としてのコヴァリョフの経歴を突如終わらせるとともに、中国におけるソ連側の諜報組織をも傷つけたのである。[73]この訪問では双方に文化的な失態もあった。中国側は「赤いケシ」と題するバレエに招待されたが、これは一九二七年の蔣介石による共産主義者大量殺戮を扱ったものであった。またより悪いことに、その題名は、阿片貿易の犠牲者である中国の長期にわたる屈辱感を思い起こさせるものだったのである。それに対して毛沢東は、レニングラードを旅したとき、冬宮、ペトロドヴォレツ、スモーリヌイ女学校、クロンシュタット、あるいは街を取り囲む第二次大戦の戦跡を訪れても、まったく関心を示さないことで仕返しした。何もしない退屈とさえいえる期間が続き、あたかも双方は相手が動き出すのを待っているかのようであった。「私のここでの務めは三つだけだった」。のちにこの中国の指導者は驚くホストに不平まじりで回想した。「第一に食べること、第二に寝ること、そして第三には排泄だった」。[74]

しかしながら最終的に、毛沢東はモスクワに来たのが単にスターリンの誕生日を祝うためだけでなく、実質的問題を討議するためであることを知らしめた。毛沢東は、友好関係を強調する共同声明から完全な軍事同盟に至るまでの一連の提案を示した。スターリンは即座に後者の提案を選んだが、毛沢東は交渉のために首相である周恩来をモスクワに呼ぶこと――再び列車で――を強く主張して、問題を先延ばしにしたのである。慎重なロシア人に強固な関与を認めさせるという困難を克服して、周恩来はついに正式な条約を出現させた。それは、第三国によってソ連と中華人民共和国のいずれか一方が攻撃された場合、もう一方は支援する義務を負うものだった。毛沢東による北京の中央委員会宛の電報によれば、この同盟の目的は「日本とその同盟国（恐らくアメリカ）が中国を侵略することを阻止すること」にあった。また中国は、「世界の帝国主義諸国を相手にする際の大きな政治的資産として」中ソ条約を利用できることになったのである。[75]

これによって、毛沢東はアメリカを抑止するために依然として用心深いソ連を招き入れて、その影響力が中国で拡大することをはっきりとさせたのである。このことは、中国がソ連の衛星国あるいはそれに似たような存在になることを意図していたということではない。毛沢東はいかなる時も、彼の党、彼の祖国が他人の支配に屈するということを受け入れるつもりはなかった。また、ソ連との関係を発展させることには困難が伴わなかったわけでもない。毛沢東とスターリンの会談の雰囲気は次のように描かれている。「刺激的かつ曖昧で、双方の指導者とも常に警戒心をもち、相手に関する他愛ない話柄の中にさえそこに隠された意味や罠となりそうなものを探していた[76]」。疲労困憊したスターリンの通訳者ニコライ・フェデレンコは、「ほとんど肉体的な危険を感じた」と回想している。[77]

しかしながら、トルーマン政権が想定していたこと、すなわち、毛沢東は論理的にはアメリカ人よりもロシア人を恐れており、それ故アメリカとの関係を発展させる機会を歓迎する、という考えが今日からみれば間違っていたことは明らかである。一九五〇年の中ソ条約は毛沢東が求めたものであった。東ヨーロッパ諸国とソ連との同盟とは違って、それは毛に強いられたものではなかった。むしろそれは、毛沢東が差し迫っている危険な敵と信じていたものから身を守るために、いつかは危険な存在になるかもしれないが今はそうではないもう一方の大国の保護を求める手段だったのである。(78)

この意味で、それは西ヨーロッパ諸国がソ連の侵攻を恐れてアメリカに安全保障を求めた一九四九年四月の北大西洋条約と類似している。両条約とも拡大抑止の形をとっているが、それは超大国が巻き込まれることにいささか尻込みしながらも進められたものであり、付随する資源の支出や戦争の危機に対する懸念を伴うものだった。しかし両条約は、それを締結せず、したがって同盟国の崩壊という危険を冒すことのほうがより悪い選択肢であることに対する懸念から生まれたのである。両条約は、可能性はあるにしても実際にはほとんど起こり得ない攻撃の脅威に対して向けられていた。しかし、政治家たちは数十年後の歴史家の結論ではなく、その時彼らが信じているものに基づいて行動するものである。実際には起こりそうもない、あるいは完全に想像上のものですらある恐怖を取り除くために行動することは、諸帝国の歴史のなかで――それが押しつけられたものであれ自ら招き入れたものであれ――まったく前例のないものであったわけではない。(79)

VI　朝鮮戦争の開戦経緯

帝国の辺境に位置する小国が、その自己中心的な行動によって大国同士を意図せざる戦争に巻き込むということについても、前例がなかったわけではない。一九五〇年六月末の朝鮮半島における突然の戦闘勃発は、そうした過程についての望みうる限りもっとも明瞭かつ典型的な実例である。それはまた、しばらくの間並行して進行してきた別々の出来事が、突如収斂して予期せざる結果をもたらしうることを明らかにしている。というのも、朝鮮戦争で際立つのが、その勃発、拡大、そして最終的決着のいずれもがあらゆる人々に与えた驚きの大きさにあるからである。平壌、モスクワ、北京、ソウル、東京、そしてワシントンでなされた数々の決断が事態を引き起こしたのだが、それにもかかわらず、いずれの首都においても、決定を下した誰もが予期しないものへと発展したのだった。

冷戦の初期の歴史が示していることの一つは、アメリカとソ連にとって、ある国を占領する方が占領を終わらせることよりも容易であったということである。一九四五年の末までに、朝鮮における米ソの共同管理は、相手が撤退しないかもしれないという恐れから、自分にもそうする用意がないというドイツでの状況に酷似するようになっていた。しかしドイツが両超大国にとって明らかに戦略的な重要性を持った地域であったのに対して、朝鮮半島はそのようには思われていなかった。米ソ両軍がそこに留まったのは、ワシントンであれモスクワであれ、この地域そのものが重要であるという強い信念からではなく、互いを抑制するためだった。[80]この点で、朝鮮半島は冷戦期に当然のこととなった形態の先駆けとなった。過去の帝国同士の競合にもあったように、相手がある場所に単に存在しているということ自体が、自分もそこに存在すべきであるという確信を他方に抱かせたのである。[81]

朝鮮問題はまた、周辺というものが容易に中心部を操ることが可能であるという、諸帝国のもう一つの特徴を再現した。朝鮮半島は日本の降伏後無政府状態に陥っており、その結果生じた混乱の中で、他の地域の情勢に気をとられていた米ソの当局者たちは、秩序を回復し彼らの利益を促進する可能性があれば、党派にかかわらず誰に対してでも好意を示した。スターリンは直ちに、中国共産党とともに日本と戦った経験を持ち、ソ連が訓練した若い朝鮮人共産主義者である金日成の支持を決めた。[82]一方、アメリカはそれほどの確信はなかったが結局、李承晩に対する支持を決めた。彼は初老の抗日運動の闘士であり、人生の大半を亡命者として過ごしてきた。金日成と李承晩には多くの相違があったが、共通点も多々あった。両者とも熱烈な朝鮮民族主義者で自分に朝鮮全土を指導する権利があると主張し、人為的に押しつけられた北緯三八度線で分割された占領状態を終わらせることを決意しており、また、その行動が予測不能であるとともに互いを軽蔑しきっていたのである。

こうした有望とはいえない状況の中で、相互の合意によるものではなかったけれども、米ソ双方が曲がりなりにも朝鮮半島から撤兵しえたのは驚くべきことであった。トルーマン政権は撤退の口実を探し続けており、国連監視のもとに一九四八年に南朝鮮で行われた選挙――ソ連はそれを北朝鮮では許さなかった――の後、その機会を捉えた。こうしたことが李承晩を権力の座にすわらせ、ソウルを地盤とする非民主的で強烈な反共主義政府の形成を可能にした。モスクワは平壌においてすでに樹立していたさらに非民主的な金日成の政府に固執した。一九四八年末にはソ連軍は北朝鮮から撤退し、一九四九年半ばまでにはアメリカ軍も南朝鮮から立ち去ってしまっていた。国そのものが分割されたままであったという事実にもかかわらず、端的に言えば、朝鮮は、冷戦下の超大国が競い合うことをしないと決めた場所となったかのようであった(83)。

しかしながら、朝鮮は冷戦の様々な闘争の場の中でも最も激しい戦場となってしまった。今日でさえその理由は論争の的である。北朝鮮、ソ連、中国の最も初歩的な史料さえ長年にわたって手に入れることができなかったことも一因だが、そもそも起こりえないような状況の積み重ねによって朝鮮戦争が勃発したため、著しく当惑させられるほどに取り揃えられた官製の神話や歪曲された歴史解釈によって、その起源がおおい隠されてきたのである。どこの軍隊が一九五〇年六月二五日の朝に最初に三八度線を越えたかという、これほど単純な事実ですら、その目的についての議論に負けず劣らず、長年にわたって激しい論争の対象となっていた。この紛争に関する最も著名なアメリカの歴史学者は、十年以上の歳月と一五〇〇ページあまりを紛争の起源の研究に費やしてきたが、一九九〇年の終わりになっても、「誰にも責任はないか、あるいは全員に責任がある」などと結論することができた。「誰が朝鮮戦争を始めたかを問うべきでない」というのであった(84)。

しかし冷戦終結にともなって、それを問うことだけでなく、それに答えることも可能になってきた。朝鮮において超大国が、いずれにせよ発生したであろう内戦の上に彼ら同士の競合関係を覆い被せたという事実から出発するのが最適だろう。一九四八年の国連認可の下で南朝鮮で選挙が行われたために、三八度線が軍事境界線という当初の目的を遙かに越えて、今や国際的な一定の合法性を持つに至っていた事実にもかかわらず、金日成、李承晩の両者ともそれぞれ自らの条件で国を統一しようと決意していた。両陣営とも戦争の勃発に先立って、何回か三八度線を越えて襲撃を試みていた。しかし双方とも全面的な侵攻を独力で開始することはできなかった。必要な装備や支援を提供してくれるよう、保証人である超大国を説得する必要があったのである。[85]そこで問題は、軍事的手段で朝鮮を再統一する試みを容認したのはソ連、アメリカのいずれであったのかということに要約される。そして、李承晩がアメリカから得たのが赤に変わろうとしている黄信号だったのに対して、再三の要請の後、一九五〇年初めに金日成がスターリンから青信号を獲得したことが今日では史料によって確認されているのである。[86]

それでは、普段は慎重なこのソ連の指導者が南朝鮮への攻撃を承認した理由は何であったのだろうか。国際的な革命の見通しに対するスターリンの新たな楽観主義にそれを求めることができるかもしれない。マーシャル計画の成功とベルリン封鎖の失敗、西ドイツの独立、そしてNATOの結成によって、西ヨーロッパにおけるソ連の影響力の拡大は限界に直面していた。[87]アジアはより前途有望に思えた。たとえば中国では、ヨーロッパでよりも民族主義が共産主義と結びつきやすいことが示されていた。また、先年の夏にスターリンが劉少奇に対して決して繊細とはいえない言い方で指摘したように、中国国境の向こう側にも好機があるかもしれなかった。そうしたものの一つとして、スターリンがインドシナにおける状況を注視していたことが今日知られている。そこでは、ホー・チ・ミンがフランスに対する戦争への支援をソ連と中国に求めていたのである。[88]

しかしなぜ朝鮮半島なのか、という疑問は解消されない。たしかにスターリンは、トルーマン政権が対日占領におけるソ連のいかなる役割をも拒否し続けていることを憤慨するだけの理由を持っていたし、アメリカが日本を主要な軍事拠点に変えようと躍起になっていることも認識していた。一九五〇年一月、彼は毛沢東に「とりわけアメリカが現在の政策を続けるならば、日本は……間違いなく立ち直るだろう」と語っている。[89] 共産主義者の政府が今や中国を支配しているのであるから、ソ連が第二次世界大戦末期に満洲で確保した軍港や海軍施設を最終的には放棄しなければならないことをスターリンは承知していた。新たな中ソ条約によればその移管は一九五二年までに行われることになっていた。しかし今日我々は、スターリンが、第三国の市民による満洲での経済的関与を禁じるよう中国に対して要請する秘密議定書に固執し、毛沢東がこれに不承不承、そしてかなり困惑しつつ同意したことを知っている。[90] 満洲におけるソ連の権益を北京がいつまで保障するのかを疑い、保障が続かない場合に備えて、北東アジアにおける別の取り決めを考慮しようとすることは、いかにもスターリンらしいことであったかもしれないのである。

そしてスターリンには機会主義、すなわち、大した抵抗も引き起こすことなく成し遂げられるだろうと彼が考えた状況で前進する傾向があった。結局のところ、アメリカは朝鮮に対する関心が比較的薄いことを隠そうともしなかった。一九四九年にアメリカ軍が撤退したばかりでなく、アチソン国務長官は一九五〇年一月一二日の、善意からではあるが不注意な言葉使いをした演説において、南朝鮮と台湾を西太平洋におけるアメリカの「不後退防衛線」から公に除外したのである。アチソンはそれらの地域を放棄しようとしたのではなく、その時点でのアメリカの戦略を説明していたのである。それは、毛沢東の受けた印象とは対照的に、アジア大陸における軍事紛争を避け中国内戦には介入しないということであった。アチソンは南朝鮮の人々と中国国民党が自国の安全を国際連合に頼る必要があるだろうと指摘し、今までのところ、国連が頼りにならない「弱い葦」であるなどとは証明されてはいないと述べた。[91] スターリンと毛沢東は恐らくこの上品すぎた婉曲な表現を理解できなかったように思われる。

アチソン演説は、それに先だって提出された極秘の国家安全保障会議における戦略の再検討――これに関してスターリンは、ガイ・バージェスのような情報に通じたイギリス人のスパイたちから知らされていた可能性がある――とともに、東アジアにおける対米戦争の危険に関するスターリンの考えを改めさせることになった[92]。それ以前の時点では、スターリンはアメリカの介入の危険性について中国に繰り返し警告して自制を促し、一九四九年一二月一六日に至っても、「たった一箇所でも変更する場合には、この条約における千島列島や南サハリンなどに関する条項をも修正するという問題を提起する法的根拠を、アメリカとイギリスに与える」という理由で、蔣介石と結んだ一九四五年の条約を擁護して、毛沢東を失望させていたのである。しかし、一九五〇年一月二二日までにはスターリンの立場は急激に変化していた。新たな中ソ条約が生まれることになった。古い取り決めは「公平でない」というのである。「ヤルタ会談での諸決定に違反しないだろうか」と毛沢東が質問すると、スターリンは「その通り」と答えた。

たしかにそうだろうが、そんなことは知ったことではない。条約は変えられるべきだという立場をいったん我々がとったならば、その立場を守らなければならない。不都合なことが生じるのは確かであり、アメリカとは争わねばならないだろう。しかし、すでにそうなっているようなものではないか[93]。

これはスターリンの発したまったく新しい攻撃的な科白であり、それは毛沢東を喜ばせると同時に驚かせもした。アチソンによる公の場での発言であれ、あるいはトルーマン政権による秘密裏の決定であれ、いずれにせよその結果としてスターリンが魅惑的な好機を発見し、毛沢東自身であってもそう表現したであろうように、その「時機を捉える」決心を下したのだとするのが最もまことしやかな説明ということになる。スターリンが、同じくアチソン演説を読んでいた金日成から南朝鮮を「解放する」時が来たとの提案を受け取ったのはまさにこの状況においてであった。

金日成の要請は決してこれが初めてということではなかった。何年も後に行われたあるソ連外務省の研究によって、力ずくの朝鮮再統一を催促するおびただしい数の電報が発見されたが、それらはすべてモスクワにおいて拒否されていた[94]。しかし一九五〇年一月一九日、金日成はT・F・シトゥイコフ在北朝鮮ソ連大使に対して、中国の解放が成就したのであるから、再びその大義に従事するときだと語った。

南朝鮮の人民は私を信頼し、我々の軍事力を当てにしている。パルチザンはこの問題を解決しないだろう……国土全体の再統一という問題をいかに解決すべきか考えると、近頃私は眠ることができない。朝鮮半島南部の人民を解放するという問題が長引くならば、私は朝鮮人民の信頼を失うことになるだろう。

金日成はさらに続けて、李承晩が北を攻撃し反攻作戦の口実を提供するだろうから、南に侵攻する必要はないと以前スターリンが示唆したと語った。しかし李承晩は口実を与える素振りを見せていなかった。その結果、シトゥイコフの記録によれば、金日成は「再びスターリン同志を訪ね、攻撃の許可を求めねばならないと考えている……彼は自分から攻撃を始めることはできないと言った。なぜなら彼は共産主義者として訓練された人間であり、彼にとって同志スターリンの命令は法律であるからだ[95]」ということであった。南朝鮮は「アメリカの支援を得られる見込みはほとんどない」、なぜなら「トルーマン大統領は中国を手放したように台湾を手放す」ように思われるからであるとシトゥイコフは一月二八日に付け加えている。李承晩自身、アメリカは「南朝鮮の利益のために戦う意思」がないと結論づけていた[96]。

毛沢東がまだモスクワに滞在中、スターリンと朝鮮半島情勢について討議したことが今日明らかになっている。金日成は「自分の考えと異なる声にではなく、同じ声にのみ耳を傾けるだろう」とスターリンは語った。「彼はまったく若くて勇敢だった。」中国側は何を考えていたのだろうか。アメリカの介入について毛沢東は注意深く答えた。「アメリカは介入しないだろう。なぜならこれは朝鮮の国内問題である。しかし朝鮮の同志はアメリカの介入を考慮に入れておく必要がある[97]。」スターリンは一月三〇日、シトゥイコフ大使に宛てて以下の電信を送った。「同志金日成の不満は理解している。しかしこのような大問題には周到な準備が必要であることを彼は理解しなければならない。準備することで重大な危険を避けることができる。彼が本件につき私と話し合いを望むならば、私はいつでも彼を受け入れる用意がある。本件について彼を助ける用意があることを伝えよ[98]。」

これらの出来事にかかわった北朝鮮側関係者によれば、金日成と配下の将軍たちは四月にモスクワを訪ねた折、スターリンに次のように請け合った。「アメリカは決して戦争に参加しないだろう。我々はこのことに絶対の自信を持っている。……アメリカは巨人、中国を失いつつあったのに、それでも介入しなかった。アメリカが朝鮮半島での小さな戦争に介入するとは思えない。」また、たとえアメリカがこの紛争に実際に介入しても、北朝鮮の攻撃が南朝鮮における共産主義シンパの蜂起に火をつけるだろうから、戦争は数日のうちに終わるだろうというのであった。(99) スターリンはなおも慎重だった。彼は、「朝鮮問題よりも対処しなければならない重要な問題がある」から、「〔北〕朝鮮の友人たちはソ連からあまり援助と協力を期待しないよう」にと注意を促した。また北朝鮮の攻撃を最終的に承認するには、毛沢東の同意が条件であると付け加えた。「酷と思われるかもしれないが、私は何もしない。諸君は毛沢東にすべての支援を求めよ。(100)」スターリンは五月、「国際情勢の変化により、再統一を進めようという朝鮮の提案に同意する」ことを北京に伝えたが、「問題は中国と朝鮮の同志の一致によって最終的に決定されねばならず、もし中国の同志によって不賛成の意が表明された場合には、問題の解決は新たな話し合いがあるまで延期されねばならない」ことを明記したのである。(101)

同じ五月に金日成が毛沢東を訪問した際、当初毛沢東は懐疑的で、アメリカが介入する可能性について再度警告した。しかし最終的に彼は見たところ二つの理由から承認を与えたようである。第一に金日成は成功の見込みに関して、スターリンが実際よりも楽観的であるかのように述べた。第二に、より重要なことに、毛沢東自身このとき台湾侵攻を計画しており、ソ連の軍事支援を以前から求めていた。(102) これに対して、スターリンはアメリカを刺激する恐れがあるから反対であると助言していたが、毛沢東のモスクワ訪問の間に――台湾を防衛しないというトルーマン政権の声明に反応したのはほとんど確かであるが――考えを変え、ことを先に進めるように中国を激励したのである。(103) 毛沢東が南朝鮮侵攻に対して留保する態度をとっていれば、計画中の台湾攻撃を支援することにスターリンが神経質になったかもしれなかった。毛沢東は金日成に対して、アメリカが実際に介入した場合、朝鮮国境に兵力を駐留することを中国に求めるかどうか尋ねたが、金日成はそのようなことは恐らく必要ないであろうと彼に請け合った。その後金日成は毛沢東の熱意についてスターリンに報告したようである。これによって彼はロシア人と中国人の双方に対し、それぞれがいかに支援しているかを彼自身の期待する程度にまで誇張するという離れ業を達成した(104)。

スターリンはすでに北朝鮮におけるソ連軍の増強を承認しており、モスクワの参謀本部から派遣された代表が詳細な戦争計画を立案していた。南が北に侵攻したという虚構を維持するために、最も秘密を要する作戦命令で「反撃」という単語がスターリン自身の承認をうけて使用された。ある北朝鮮の将軍が後に説明している。「それは偽造の、すなわち我々の計画を隠蔽する偽情報だった(105)。」攻撃の三日前、慎重なクレムリンの指導者はシトゥイコフ大使に対して、これらの作戦であまりにソ連の役割が目立つことは「アメリカが介入する口実を与えることになるだろう」と警告した(106)。

これらの計画について中国がどれほど知っていたかについてはいまだに疑問がある。金日成が中国の助力は必要ないと語った後、毛沢東は朝鮮で起きていることにほとんど関心を示さなかったようであり、北朝鮮の攻撃が行われるわずか四八時間前に陸軍の数個軍団を台湾海峡に再展開するよう命じたほどだった(107)。侵攻が開始されたとき、毛沢東も、南朝鮮やアメリカの人々と同じように油断していたのである。ＣＩＡは一九五〇年六月一九日になっても、北朝鮮の南への急襲は考慮されたが中止され、金日成は半島における彼の行動を宣伝と破壊活動に限定するだろうと結論づけていた。これはＣＩＡによる最悪の誤判断のひとつであり、この組織の歴史上「大きな汚点」であると後年ある関係者が認めている(108)。

VII　アメリカの戦争介入

しかしその後、アメリカが韓国の援助に乗り出したその迅速さと断固たる姿勢に、今度は北朝鮮やソ連を始め全世界が驚く番であった。なぜこうなったかを理解するためには、一九三一年における日本の満洲征服と一九三八年のミュンヘン会談に関するアメリカ人の記憶を想起するだけで足りるであろう。これらの不法行為にその時点で抵抗していたならば第二次世界大戦が起こることはなかったと、ほぼすべてのワシントンの政府関係者たちが信じていたからである。[109] 真珠湾攻撃のような完全な奇襲攻撃のみが、トルーマンと彼の補佐官たちにアジア大陸から撤退するという慎重に考慮された決定を覆すことを確信させたであろう。金日成、スターリン、毛沢東の愚かさにより、これがまさに起こったのである。

ホー・チ・ミンがのちに南ヴェトナムで行うように、単に金日成が韓国へゲリラを浸透させただけならば、アメリカの反応はそれほど劇的なものとはならなかったであろう。李承晩政権を転覆する秘密工作で金日成が満足していたならば、アメリカ――非常に扱いにくい同盟者にほとんど好感を持っていなかった――が何かをしていたかどうかはまったくわからない。しかし一九五〇年六月二五日に実際に起こったことは、第二次世界大戦の終結以降初めての、国際的に承認された境界を越えたあからさまな軍事的攻撃であった。侵略が実際に引き合うということを再度証明しかねない危険、また侵略が起こった時に同盟諸国間の心理的自信が崩壊することに対するアメリカの恐れ、さらに、蔣介石の中国を救うために何もしなかったという非難へのトルーマン政権の神経質な対応、そして国連と集団安全保障の原則に対するトルーマン大統領の個人的な関与など、[110] これらすべてを勘案すれば、アメリカに激しい反応を引き起こさせるうえで、金日成がスターリンと毛沢東を説得して自ら実行したことほどうまく計算された行為はなかったであろう。

それだけでなく、アメリカのみがこのように反応したのではないことに留意することが重要である。北朝鮮の侵略に抵抗する決定は他の多くの国々の間で初めから強い支持を得ており、その中には三年間にわたる戦争で国連の旗のもとで戦うために自国の軍隊を派遣した国もあった。中華人民共和国の国連代表権問題の取扱に抗議して、ソ連が一月以来安全保障理事会をボイコットしていたために、この世界的な組織がその役割を果たすことができた。韓国防衛のためにアメリカが提出した決議案に対して拒否権を行使するために、グロムイコはソ連代表ヤコブ・マリクを派遣するようスターリンを説得したが、失敗に終わっている。「この時スターリンは、一度だけ感情にとらわれて最良の判断を下さなかった」[111]。

しかしながら、これまでそう思われていた以上に、スターリンには国連に主導を許すことについてのより明確な理由があったのかもしれない。予期しないアメリカの反応と朝鮮での戦闘が中国をも巻き込む可能性に衝撃を受けて、もし軍事作戦が国連主導の下で実施されるとすれば、アメリカが宣戦布告するという形のものにはなりにくく、そうであれば中ソ条約の条項によってソ連までもが自動的に巻き込まれることもない、とスターリンは考えたのかもしれない[112]。同盟を堅持するという義務が、いくつかの戦局で実際にアメリカがこの紛争を拡大させるのを抑制しており[113]、少なくともこの点において、モスクワの老独裁者は彼の助言者たちの幾人かが認識していたよりも抜け目がなかったのかもしれなかった。

ワシントンが韓国防衛を強く支援していたので、歴史学者の中には一連の出来事があまりにうまく関連しすぎているとみる者もいた。すなわち、トルーマン政権がすべてを企んだのに違いないと彼らは示唆したのである[114]。このような疑念がもちあがったのは、国家安全保障会議が一九五〇年春の間、中国の「喪失」とソ連の原爆保有に直面して根本的な政策の見直しを行ったという事実によってである。四月に完成されたＮＳＣ六八は共産主義を調整された国際的運動として描写し、それゆえケナンの封じこめ戦略が強調していた死活的利益と周辺的利益の区別を放棄した。NSC六八の起草者たちはまた、「ソ連の企図」として繰り返し特徴づけられているものを挫折させるために、アメリカの軍事予算を三倍にすることを提唱していた。[115] 断固とした財政保守主義者ともいえるトルーマン大統領は、朝鮮における戦闘が勃発した時にはNSC六八の勧告を承認していなかった。しかし彼はすぐに考えを改め、同文書を承認し、NSC六八は彼の政権の残りの任期において外交・軍事政策の基礎となったのである。朝鮮半島への米軍派遣が「NSC六八の勧告を理論の領域から外に取り出し、当面の予算の問題に変質させた」とアチソンは後に認めている。[116] しかし、だからといって、アメリカはこのような結果が生じるように計画していたのであろうか。北朝鮮、ソ連、そして中国がいわば「巧みに操ら」れて韓国を攻撃し、その結果、アメリカの政府関係者がすでに決定していた再軍備に必要な口実を提供することになったというのであろうか。

　粘り強い努力にもかかわらず、このような議論を裏付ける確たる証拠はまだ見つかっていない。両陣営とも実際には三八度線に沿って襲撃をしていたが、南からもう一回侵入すれば北からの大規模な侵攻を誘発するなどということを、ソウルや東京、ワシントンの誰が確信していたかを知るのは難しい。トルーマン政権の高官たち、あるいはマッカーサー将軍が李承晩と共謀し、彼に北朝鮮を攻撃させたというようなことを証明する文書は見つかってはいない。それどころか実際には、ヨーロッパの状況が未だに不安定であったので、アジアで地上戦の危険を冒すには最も不適当な時期だったであろう。また、もしすべての出来事が計画されていたとするならば、マッカーサーが鮮やかに実行した一九五〇年九月の仁川上陸以前は、アメリカおよび韓国軍が、面目を失うような一連の軍事的敗退を被るままに任せていたのはなぜなのかを知るのは容易ではない。謀略ならば物事をこのように近接させて進行させることはないであろう。そして、新たなソ連および中国側の史料によって、「隠蔽された」歴史についての憶測や、意図せざる帰結などあり得ないとする主張を必要としないような、朝鮮戦争の一連の因果関係が明らかになっている。[117] スターリン自身が冷戦初期に一度ならず示したように、自らの窮地を脱出するにあたって、時には敵の失策というものが自分の行為と同じくらいのものを達成することがありうるのである。

Ⅷ　中国の戦争介入

朝鮮戦争が拡大し中華人民共和国を巻き込む過程を考えるとき、意図と結果の間に乖離が生じうるということが同様に明らかになる。中国の内戦に関与しないというトルーマン政権の戦争前までの決定は、北朝鮮の攻撃の後においても、それまでと同じく変わらなかった。しかし六月二五日の出来事はそのための方法を再考させた。国連軍が朝鮮半島で戦っている間、中国共産党および中国国民党のどちらの軍事行動をも阻止するという命令のもと、第七艦隊は台湾海峡を哨戒することになったのである。蔣介石は中国本土を攻撃する口実を探していたし、毛沢東も一九五〇年の時点で台湾「解放」を計画していたので、交戦の可能性が高いと考えられていた(118)。しかしマーシャル使節団が示したように、国内紛争に外部が介入する際に、それがいかなる形を取りその背後にある動機が何であれ、その効果が不偏不党であることは稀である(119)。

アチソン国務長官は、ペンタゴンやマッカーサー将軍、議会内外の声高な国民党支持者たちはいうまでもなく、自らの国務省に対しても、台湾を防衛しない賢明さについて納得させることが容易でないことに気づいていた。「不後退防衛線」という考えは、結局のところ、沿岸島嶼を確保することを意味した。しかし、共産主義者と不和になることを恐れて最大の島の一つを除外することは、とりわけ一九五〇年春、アメリカ情報機関が中国の沿岸にソ連空軍が展開している証拠を発見した後では、評判のよい方法ではなかった(120)。一九四一年一二月、日本軍機が台湾の基地からフィリピンを攻撃したように、もし毛沢東の軍隊が台湾を手に入れ、ソ連に空軍施設の使用を許可したならば、彼らはフィリピンのみならず沖縄や日本そのものを含む西太平洋全域に容易に脅威を与えることになるであろう。こうした軍事上ならびに内政上の理由から、朝鮮半島で戦争が勃発したときトルーマン政権はすでに台湾政策を再検討していたのである。[121]

六月二七日に発表された台湾海峡中立化宣言は、トルーマン大統領にとってはそれほど難しい決断ではなかったが、北京には深刻な影響をもたらした。毛沢東は戦争の計画作成を支援したにもかかわらず、北朝鮮の攻撃と迅速なアメリカの対応に驚いた。アメリカがいまにも中国を侵略するという兆候に常に神経過敏であったために、彼は第七艦隊の派遣を、紛争を限定化する試みとしてではなく、拡大する最初の段階であると即座に解釈した。ワシントンがこの機を捉えてフィリピン人、およびヴェトミンと闘うフランス人に対する経済・軍事支援を増加させたことに気づいた毛沢東は、アメリカによって調整された攻勢が、今や、朝鮮、台湾、フィリピン、そしてインドシナから自分に対して向けられているものと結論づけた。「アメリカのアジア侵略は、アジア人民の広範かつ断固とした抵抗を誘発させるだけである」と、毛沢東は六月二八日に最高国務会議において語った。[122]

この後間もなく、毛沢東は朝鮮半島が侵略者アメリカと対決するのに中国軍にとって相応しい場所であることを決断したようである。早くも七月には、「雨が降り出す前に傘を差すべきだ」とする軍事司令官たちの助言を受けて、[123]毛沢東は中国東北部で兵力を増強し始め、八月には台湾侵攻計画を放棄した。それはマッカーサーが仁川に上陸し、アメリカが北朝鮮に侵攻し満洲国境に接近する可能性が生じる数週間前であったことが現在判明している。[124]「もしアメリカ帝国主義者が（朝鮮半島で）勝利したならば、彼らは勝利に目が眩んで我々を脅すかもしれない。したがって我々は相応しい時期を選んで（北）朝鮮を支援し、志願軍の名の下に介入しなければならない」と毛沢東は政治局で八月四日に語っている。[125]

偶然にも、毛沢東はマッカーサーの意図を先読みし、仁川に上陸が予期されることを金日成に明確に警告した。[126]金日成は予防措置を講じなかったが、九月一五日に上陸が行われた後で、周恩来は国連軍による三八度線突破を阻止するための一連の外交的行動を開始した。そうした動きについては、毛沢東は不本意ながら参戦したのであり、一一月末の中国介入に続く二年半にもわたる、恐らくは不要であった米中対決をもたらしたのは、中国の警告をワシントンが無視したからである、とこれまで解釈されてきた[127]。中国側の史料に基づくさらに最近の記述では、毛沢東は当初から介入を企図しており、周恩来の外交努力は、朝鮮半島においてアメリカとその同盟国と戦争することについて毛沢東の側に逡巡があったためというよりも、ソ連の軍事援助が直ちに得られるかどうか不確かであったことと並んで、参戦のためのもっともらしい正当性を確保するためのものであったとされている[128]。今やいずれの解釈も完全には正しくないように思われる。

九月二九日、金日成はすこぶる動揺し、もし国連軍が北朝鮮に実際に侵攻したならば、自分の兵力では彼らを阻止することはできず、自らの国が「アメリカ帝国主義者の軍事的跳躍台」になるであろうとスターリンに警告した。

したがって、親愛なるイオシフ・ヴィサリオノヴィチ［スターリン］、我々はあなたに特別な援助を要請せざるを得ない。換言すれば、敵軍が三八度線を越えるときソ連からの直接的な軍事支援を大いに必要とするだろう。もし何らかの理由によりそれが不可能であるならば、中国やその他の人民民主主義国家が国際的な志願兵を編成して我々の闘争に軍事的支援を与えてくれるよう助力してほしい[129]。

スターリンは金日成にではなく、一〇月一日に毛沢東に回答し、「我々の朝鮮半島の友人が絶望的状況に陥っているので」中国の「志願兵」を派遣するよう要請した[130]。翌日、毛沢東は朝鮮半島に実際に部隊を派遣する計画を立てていたことは認めたが、「入念に検討すると、そうした行動が非常に深刻な結果をもたらすかもしれないと考える」と述べた。中国軍の装備は貧弱であり、彼らがアメリカに勝つ保証もなく、その結果生じる対立は容易に「アメリカと中国との間の公然たる紛争を引き起こす可能性があり、その結果としてソ連も戦争に引きずり込まれるかもしれない」

のであった。また、そのような対立は「平和的建設のための我々の全計画を完全に崩壊させるだろう。……我々は平和を必要としている」とされた。もちろん、部隊を派遣しないことは「朝鮮半島の同志たちにとっては非常に済まないこと」であり、彼らは今やパルチザン戦に移行せねばならないことになった。しかし他に選択の余地はないようであった。[131] 同日「隣人の国家的危機を拱手傍観するのは辛く感じる」と毛沢東は同僚たちに語っている。[132]

スターリンは北京のこの予想もしなかった疑念表明に最大限の努力をすることによって応えた。一〇月五日、毛沢東が中国軍を朝鮮半島に派遣すると以前語ったことを、スターリンは毛沢東に思い出させた。もし毛沢東がそうするならば、アメリカは朝鮮半島に関する北朝鮮に有利な和解案を受け入れねばならないだけでなく、台湾を放棄し、また、日本との単独講和および日本帝国主義復活の計画を断念せざるを得なくなるだろう。「消極的な静観政策」を採るならば、中国はこうした利益を享受することはできないであろう。もちろんモスクワはアメリカとの「大戦」の可能性も考慮に入れていた。

我々はそれ〔アメリカとの大戦〕を恐れるべきなのか。私の考えではそうではない。なぜなら我々は一緒になればアメリカやイギリスよりも強いし、一方（今日アメリカにいかなる支援も与えることもできないドイツを除き）その他のヨーロッパ資本主義諸国はまともな軍事力を提供していない。もし戦争が不可避であるならば今行うべきであって、日本軍国主義がアメリカの盟友として復活し、アメリカと日本が大陸において、李承晩によって支配された全朝鮮というかたちでの格好の橋頭堡を確保しているであろう数年後ではない。[133]

一〇月七日、毛沢東は譲歩し、朝鮮半島に最終的には九個師団を派遣することを約束したが、それは直ちに行われるということではなかった。[134] 北朝鮮の軍事的状況がますます絶望的になっていることを考えると、これはスターリンにとって充分ではなかった。

中国の立場を説明するため毛沢東の命令により一〇月九日に訪問していた周恩来と林彪に対して、スターリンは

「朝鮮に派兵したくないというのはあなた方の決定である」と述べた。「しかし朝鮮半島の社会主義は非常に短い間に崩壊するだろう」。したがってソ連と中国は北朝鮮に避難先を提供することを計画し始めなければならなかった。その後まもなく、一三日にスターリンは金日成に北朝鮮から完全に退去するように命じた。[135] フルシチョフは落胆した彼の上司が、東アジアの隣人としてのアメリカという存在に慣れるだけでよいのだと結論づけたことを回想している。「だから何だというのだ。もし金日成が失敗しても、我々の部隊を参加させたりはしないぞ。なるようになれだ」。[136]

しかし北朝鮮崩壊の見込みは、すでに動揺していた中国にさらに衝撃を与えた。なぜなら中国は朝鮮半島における軍事情勢の深刻さを認識していなかったからである。周恩来はスターリンに、中国が実際に介入するとなったらソ連の空軍力を当てにしてよいかどうか尋ねた。スターリンはその他の軍事支援と同様、当てにしてもらってよいと即座に回答した。[137] この情報を熟考して、同じく一〇月一三日に毛沢東は以下のように打電した。「我々の同志の躊躇は、国際情勢への疑問および我々に対するソ連の支援への疑問、そして空軍の援護が明確でなかったことから生じた。今やこれらの疑問は払拭された」。さらに、中国は北朝鮮を守るために装備は貧弱であるが九個師団を直ちに派遣するつもりであるが、ソ連の航空支援が不可欠であり、二ヵ月以内にそれが適切に提供されることを望むとしていた。[138] このメッセージを受け取ると、スターリンは即座に、金日成に対して先の退去命令を無視するように伝えている。「朝鮮に対する最終的な、そして望ましい決定がようやく下されたことは喜ばしい」と、安心したこの独裁者は付け加えた。[139]

この新しい情報が示していることは、毛沢東はたしかに一九五〇年の夏以来、介入に傾いており、その準備を許可していたにもかかわらず、いざ開始のための最終命令を下す段になると躊躇したというものであった。これは恐らく部下の間における意見の不一致が理由である。彼は何日もためらい、中国側の記録が注意深く記しているように眠れぬ夜が続いた。最終的に彼は決断を下し、自ら暴露的に述べているように、「中国人民志願軍に対して朝鮮半島に速やかに進軍し、朝鮮の同志たちと共に侵略者と戦い、栄光ある勝利を獲得することを命じた」[140]。しかしそうするまでにはスターリンからの強烈な圧力が必要だったのであり、このクレムリンの指導者は、中国人に対して北朝鮮が即座に崩壊する見通しをつきつけることによって、ようやくそれを達成したのである[141]。もし介入しなければ、と毛沢東はいまだに懐疑的な周恩来に宛てて、自己流のドミノ理論をふりかざして打電した。「敵の軍隊が鴨緑江に向って進軍するとき、国内外の反動主義者たちが傲慢なほど大得意になるだろう」。そして彼は、背後に潜む不安感を反映したような循環論法によって次のように付け加えた。「我々は参戦すべきであると考える。戦争に参加しなければならない。参戦は我々に大いに有利に働く。反対にもし参戦しなければ、それは大いに不利に働くことになる」[142]。

アメリカが別の選択肢をとっていたならば、一九五〇年一一月末から一九五三年七月まで続き、すべての側に大きな負担をかけた米中戦争――それが実態であった――を避けることができたであろうか。おそらくそうであっただろうが、新しい証拠はその選択肢の幅を狭めている。明らかに、もしアメリカが一九五〇年六月に北朝鮮の攻撃に対して反応しなかったとすれば、台湾海峡に第七艦隊を派遣するためのあのように明確な正当性を見いだすことはなく、したがって、取り返しがつかないほど毛沢東を憤慨させるということもなかっただろう。しかし毛沢東はすでにアメリカとの間に距離をおき、アチソンも、自ら宣告した不後退防衛線の外に台湾をとどめるという方針に対する批判をかわすのが次第に困難となりつつあることを感じていたのである。したがって、いずれにしろ海軍派遣の可能性は充分にあった。また、毛沢東は台湾侵攻を計画していたのであるから、朝鮮半島での出来事とはまったく無関係に、蔣介石を守るためのいかなるアメリカの行動も毛沢東の怒りを買うことになったであろう。

もし国連軍が三八度線で止まったならば毛沢東は介入したかどうか、という問題に答えるのはさらに難しい。毛沢東は介入の準備を仁川上陸よりずっと以前に始めていた。それに先立つ二週間前、中国の軍事指導者たちは参戦するのに最適の時期はアメリカとその同盟国が北朝鮮に侵入した後であると提案したが、彼らはそれを中国介入の必要条件とはしなかった。[143] 軍事的な位置として三八度線は実際的ではないので、マッカーサー軍が、たとえ望んだとしても、一九五〇年六月二五日以前の境界線に戻る可能性はほとんどなかった。[144] 政府内に意見の不一致があったことや、ソ連の支援が不確実だったことが、毛沢東の計画を複雑にした。このことが、一〇月前半に北京が発した曖昧なシグナルの原因かもしれない。反対にスターリンは中国をアメリカと対決させることを決心したが、同時にソ連には対決させないことを固く決心したので、もし毛沢東が介入を拒否したならば北朝鮮全部を犠牲にしただろう。[145] これは危険の負担と回避とが同時に起こる不思議な組み合わせだった。スターリンは米中戦争およびアメリカによる朝鮮半島全体の占領という両方の事態に備えていた。彼はいずれかの決断を毛沢東に委ねたのである。

いったん決定を下すと毛沢東は後ろを振り返らなかった。兵力を分断し補給線を過度にのばす目的で、彼はマッカーサーを北朝鮮奥深くに誘い込んだ。もし国連軍が平壌の北、朝鮮半島の最狭部で停止したならば、中国が彼らを攻撃しなかっただろうことを信じる理由は今日ほとんどない。毛沢東の部下で最高位の将軍である彭徳懐は次のように説明した。[146]「大魚を釣り針にかけるためには、魚に餌を味わわせる必要がある。マッカーサーは一度も敗北したことがないと自慢している。どちらが壊滅するかやがてわかるだろう」[147]。一九五〇年の終わりまでに、中国は戦局を逆転させ、アメリカとその同盟国軍を三八度線の南に押し戻した。毛沢東の野心はそれに応じて膨らんでいった。彼は今や敵を朝鮮半島から一掃し決定的勝利を収める自信を持ったのである。中国の大量の人的予備兵力に比べれば、原子爆弾を含めてアメリカの技術的優位性などとるに足らないし、[148] さらに一層重要であるのは中国人民の揺るぎない意思と決意である、と毛沢東は主張した。このようにして、朝鮮戦争が試練と機会の場になるとは予想もしないことだった。[149]「この数年で、我々が何十万ものアメリカ人の生命を奪い尽くしたなら、アメリカは撤退を余儀なくされ、朝鮮問題は解決するだろう」と一九五一年三月、毛沢東は快活にスターリンに請け合った。[150] また、後に「〔さもなければ〕彼らは我々よりもずっと人口が少なくなるだろう」と語っている。[151]

IX　意図せざるアジアの帝国

冷戦のアジアへの拡大は、もしその結果があれほど悲劇的でなかったならば、間違いつづきの喜劇と見なされうるであろう。なぜならヨーロッパにおける冷戦は、大陸の勢力均衡やその帰趨をめぐり争っていた統治の形態、といった争点をめぐって発生したのに対し、アジアの冷戦は主に不注意による間違いの結果として発展したからである。アメリカもソ連もアジア大陸に死活的な権益をもっておらず、第二次大戦後は蔣介石と中国国民党をこの地域の支配勢力として承認することに満足していた。超大国のどちらも国民党体制の崩壊を引き起こしたり、あるいは毛沢東と中国共産党の勝利に重要な役割を果たさなかった。ワシントン、モスクワともに朝鮮半島で進行中の出来事に大した注意を払わなかった。事実、一九五〇年六月に戦闘が始まるまで、朝鮮半島は、一九四五年に即興で講じた乱雑な措置から生じる紛争を避けるため、米ソが協調する有望な例として位置づけることができたかもしれないのである。冷戦初期の最も深刻な対立が、冷戦の主要当事者たちが周辺的な事柄とみなしていたことをめぐり生じたという事実については説明を要する。

ドイツ、東ヨーロッパや日本といったより重要な争点をめぐって戦うことは危険すぎたであろうということが、一つの説明になるかもしれない。(152) 戦後初期において、ソ連の通常戦力の優位性がアメリカの核戦力の優位性と均衡していた不安定な状態を考えるとき、こうした主張が成立する余地がある。両大国とも勝利の確信が持てない破滅的な紛争に容易に陥ってしまう可能性を懸念していたのである。こうした論理によれば、死活的な利害が存在せず、暴力の水準が限定される何らかの保証のあった場所においてのみ戦争が起こったのである。

しかしこの説明は事態の掌握と、理性的な計算の存在とを前提にしている。一九四五年から一九五〇年の間に東アジアで起きたことを振り返ったときに直ちに明らかになるのは、ワシントンやモスクワの政府当局者が実際には事態をほとんど掌握していなかったこと、また、世界のこの地域で遭遇した突発的な出来事に対してほとんど計算抜きで――すなわち感情的に――反応したことである。[153] 諸帝国の歴史には馴染みの様式をたどって、冷戦における周辺地域の事態の進展は思いもよらない影響をその中心部に及ぼした。そうなった理由をさらに細かく検討してみる価値はある。

第一に、一方が撤退すると他方がそこに生じた空隙を利用するだろうと想定する傾向が存在していた。一九四五年以後の朝鮮分割はそのような理由から生じた。マーシャル特使派遣時のアメリカの蔣介石への「傾斜」もまた同様であり、それは毛沢東の気分を害した一連の決定の最初のものとなった。アジアにおけるプレゼンスを維持するコストが明らかになるにつれ、撤退に関する両超大国の懸念は次第に減少していった。アメリカは中国共産党の勝利に甘んじ、米ソは朝鮮半島から曲がりなりにも撤退したのである。しかしその時までには、元に戻すことが難しい別の過程が動き出していた。

その中の一つは、イデオロギーが現実を歪めることになった経緯である。毛沢東は一九四六年以来アメリカ人の悪意を確信していたので、革命を抑圧しようという実際にはありもしない謀略から革命を守るためにモスクワに「傾斜」した。中国共産党の成功に驚きまた歓迎したものの、彼らの究極の目的についていまだに慎重だったスターリンには、この強力な盟友を受け入れ、彼らと軍事的経済的な同盟を結ぶ他に選択の余地はなかった。モスクワに指導された国際共産主義の一枚岩というものは存在しなかったが、共通のイデオロギー上の幸福感――すなわち歴史の力は自分たちの側にあるとの確信――が存在し、それが一九四九年末から一九五〇年初めにかけてスターリンや毛沢東にとどまらず、ホー・チ・ミンや金日成の行動にも大いに影響を及ぼしたのである。[154]

そうしたイデオロギー上の幸福感はまた、スターリンのそれまでの対米行動を形づくっていた慎重さを減退させた。

それ故スターリンは金日成にくどかれるままに、以前は拒否してきたこと、すなわち朝鮮半島を軍事的な方法で再統一することを承認したのである。毛沢東はより懐疑的であり、台湾についての彼自身の計画のために同調した。しかし北朝鮮が負け始めると、イデオロギー的な熱意があれば成功は確実であると信じていたので、彼もまた慎重さをかなぐり捨ててアメリカと対決することになった。

アメリカ人自身は軽率ではないにしても曖昧な行動に終始した。マーシャル使節団や「不後退防衛線」戦略など、アメリカは明確でないシグナルを送った。こうしたことは、まず毛沢東に疑念を抱かせ、続いてスターリンを機会主義へと向かわせた。ひとたびトルーマン政権が韓国の防衛と、台湾海峡の哨戒の決定を下してしまった後は、米中の軍事衝突は不可避であったかもしれない。新たな史料から得られた驚くべき事実のひとつは——一九五〇年一〇月の前半、不安で眠れず日夜呻吟した一時期を除いて——中国人民が帝国主義者に対して「決起した」ことを示すということだけの理由で、アメリカに抵抗しようとした毛沢東の情熱であった。(155)

毛沢東にとってこれは大きな誤算であった。毛沢東は革命に対するトルーマン政権の敵意を誇張しただけでなく、毛沢東自らその影響力を招き入れた国、ソ連から早晩受けるであろう中国の独立に対する脅威を過小評価していたからである。毛沢東が晩年、ソ連との均衡を図るため、アメリカを受け入れる必要があることに気づいたのは皮肉な巡り合わせである。このため毛沢東は一九七二年にリチャード・M・ニクソンを個人的に歓迎した。ニクソンは一九五〇年代に「赤い中国」とその所業すべてを非難することで政治経歴を築いたアメリカの政治家である。(156)この中国の主席はすべてにおいて先見の明があった訳ではない。

だが最も先見の明がなかったのはスターリンである。というのは、北朝鮮に南を侵略する許可を出したのは他でもない彼であったが、そのたった一つの行動から生じるであろう様々な結果を意図した訳ではなかったからである。これには、朝鮮半島へのアメリカの予期せざる軍事介入はもとより、毛沢東がソ連に対して抱いた最初の失望の兆候

――中国への当初約束されていた軍事支援をスターリンが惜しんだことから生じた――もまた含まれるであろう。これ以降、毛沢東はモスクワの助力を当てにすることにかなり慎重になり、モスクワの権威に敬意を表する度合いを相当程度弱めるようになったのである。[157]

また、スターリンの軽率な言行がもたらした影響はアジアに限定されなかった。韓国への攻撃はヨーロッパや中東におけるソ連の軍事攻勢の端緒にすぎないとの恐れから、――後に間違いだとわかったのだが――トルーマン政権は今や、アメリカの国防予算を三倍にするというNSC六八の勧告を実行に移していた。トルーマン政権はまた、スターリンが何にもまして恐れたであろう行動、すなわち西ドイツの再軍備を実行し、アメリカ軍を恒久的にヨーロッパに駐留させることを決定した。スターリンが金日成に侵攻の許可を与えたときに彼が抱いていた意図と、この近視眼的な行動が早晩もたらした結果の間に、いったいどんな関係が存在しえたのかを理解することは困難である。[158]

かつての諸帝国が、大失敗が起こらなかったならば守るに値するとは決して考えなかったであろう利益を防衛するはめにしばしば陥ったように、冷戦時の帝国も、気づいてみると、冷戦の始まった場所から遙かに離れた東アジアにおける一連の紛争に巻き込まれていたのであった。こうした紛争はやがて「第三世界」と呼ばれることになる地域へと拡大していくことになった。いっそう皮肉なことは、第三世界ではしばしば現実の戦闘が起こったのに対して、冷戦という闘争の最も重要な対象であるヨーロッパでは決してそうはならなかったという事実である。国家が死活的な利益と周辺的な利益とを容易に混同しうるということや、行為の結果というものが時には背後にある目的と――まったく悲惨なまでに――一致しなくなりうることについて、これ以上の明快な証明はありえないであろう。

第四章　核兵器と初期の冷戦

私が恐れているのは、機械が数世紀も先に道徳よりも進んで、たとえ道徳が機械の進歩に追いついても、もはや道徳が存在する理由がなくなってしまうことである……。我々は地球上で這いずりまわるシロアリのような存在にすぎず、地球をあまり深く食い荒らせば、たぶんその報いがまわってくるだろう。——ひょっとしたらだが。

ハリー・S・トルーマン　一九四五年七月一六日(1)

原子爆弾は、柔な神経をもった連中を脅かすためにあるのだ。

イオシフ・スターリン　一九四六年九月一七日(2)

有史以来続いてきたことがその動きを逆転させるのを目にする機会はまれである。しかし一九四五年八月六日にはまさにそれが起こり始めていたのであり、その日世界は、核兵器の存在と核兵器のきわめて高い殺傷力とを同時に学んだのである。そのときまでは、ほとんど例外なく兵器の革新は、戦争に訴える可能性を減ずることなく戦争を戦うコストを増加させてきた。斧、槍の発明から、弓矢、火薬や銃、軍艦や戦車、潜水艦、高性能爆薬、空からの爆撃にいたるまで、それらの技術進歩はただ単に破壊力を増大させ、殺傷できる人間の数を増加させることだけであると思われていた。戦争効率は瓦礫と死体の数で測られるものになっていた(3)。

二十世紀初頭までは、戦争で使用される兵器そのものが戦争を引き起こす一因となってきた。一九一四年以前に、特に「ドレッドノート」級の戦艦と後継の戦艦の建艦競争がなかったならば、第一次世界大戦は決して勃発することはなかったかもしれない(4)。Uボートが存在せず、ドイツ人がそれを使わなければ、アメリカはこの大戦に参加することは決してなかったであろう。「電撃戦」を可能にする軍隊の機動性なくしては、たとえ迅速で容易な勝利を収める魅力的な見通しがあったとしても、ヒトラーは「いかさま」の段階を越えて、第二次世界大戦を拡大させることは決してなかっただろう。航空母艦を基地とする航空戦力を持たなかったならば、日本は一九四一年に真珠湾攻撃を行うことはできなかったであろう。

したがって、軍事技術の歴史上で最も特筆すべき革新が戦争ではなく平和をもたらすことになったと理解することは、いささか驚くべきことである。一九四五年八月九日にトルーマン大統領の命令によって二つ目の原子爆弾が投下され、長崎を壊滅させてから、現在まで半世紀あまりが経過した。原子爆弾投下という事件以来、大国は何万発もの核兵器を生産し、その大半の照準を挑発的に相互に向けて定めていた。だが、冷戦より前の時代と同様に、その時代で最も高度な兵器を使用したであろうと思われるような機会が冷戦期には数多くあったにもかかわらず、核兵器を管理していた者は、たとえどんな理由があろうと、いかなる国に対しても核兵器をただの一回も使用することがなかった。そして核兵器の使用についてのこのタブーがいつか破られることがあったとしても――今後核技術が拡散し、その可能性はますます高まることになるであろう――冷戦の終結が、冷戦期を生きてきた人々がおおいに恐れていた世界的な大惨事の発生をほとんどありえないこととしたのである。したがって、武器技術が発達すればそれを実際に使う機会もそれだけ増えることになるという古くからの原則が、もはや当然視できなくなった。これは人類の長く嘆かわしい戦争の歴史のなかで、きわめて大きな変化である。

この変化をもたらした原因は、核兵器が生み出す殺傷力が飛躍的に増大したことであった。通常兵器と核兵器の殺傷力がどれほどかけ離れたものなのかを、フットボールにたとえれば、相手チームの選手にタックルをかけたときに、より強く踏ん張ることができる新しいシューズを手に入れることと、相手チームだけでなく、グラウンド、観客、スタジアム、駐車場、テレビ放映はもとより、自分の所属するチームまでをも即座に破壊できるような新しい装置を開発すること、の二つに見られる差のようなものである。核兵器が登場した当初から、理性的な人々がそれを使用することを躊躇したことは何ら不思議なことではない。(5)

とはいえ、歴史は道理をわきまえない人間で溢れている。実際、人間の行動においては、歴史的、文化的、イデオロギー的、心理学的背景が生み出す大きな違いがあるので、まず「合理性」ということについて単一の基準があるのかどうかを考えてみなければならない。核兵器について今や最も特筆すべきことは、核兵器が造られたことや、それを人々が恐れるようになったということではない。むしろ、核兵器が登場したことによって、過去であれば常に大国間の戦争に至っていたような、歴史的、文化的、イデオロギー的、心理的対立を超越できる、新たな種類の合理性の出現が、緩慢ではあっても確実に促進されたということである。

この新たな合理性は、兵器がその破壊力を増せば、それがそれだけ使いにくい代物になるという単純な認識から生まれた。(6)だが、これは戦史において革命的な考え方であり、実際には、兵器の発達とそれに課された使用目的との間のつながりを断ち切ることを意味した。この新しい考え方によって、少なくとも冷戦期において究極的な戦争の装置であったものが、どのようにして最終的に平和をもたらすことになったのかが説明されるのである。

I　実戦兵器としての原爆

核兵器の開発は伝統的な形で行われたが、従来では考えられない場所で生み出された。伝統的な形というのは、特に一九三〇年代末の原子核分裂の発見にみられるような科学面での発達が、第二次世界大戦の勃発という、それを活用する機会と一致したという意味である。戦争の勃発が予期されることによって戦争を戦うための技術の発展が刺激されたのはこれが初めてのことではなかった。ただ、核兵器が生み出された場所は予想外の所であった。立派な工業生産能力や確固たる軍事的伝統はあったが、アメリカはそれまでその歴史の大半を通じて、世界に先駆けて新しい軍事技術を生み出したことはほとんどなかった。アメリカ人は、それまでは独自の兵器を作り出すというよりはむしろ他国の兵器を模倣する傾向にあり、一九二〇年代から三〇年代にかけては、いかなるレヴェルにおいても、実用的な専門家集団としての軍隊をほとんど維持しようとはしなかった。(7)アメリカの大統領がイギリスおよびカナダの同盟国と共同で核兵器を製造する緊急計画を認可した一九四一年一〇月、彼の指揮下にあるアメリカ陸軍はまだ馬やラバを使って訓練を行っていたのである。(8)

大胆さ、想像力および冷徹な現実主義をあわせ持つというフランクリン・D・ローズヴェルトに固有の資質がもしもなかったならば、事態は異なった方向へ進んでいたかもしれない。より平凡な大統領が、そのような重要な時期において、結果もわからないような技術の開発に莫大な資源をはたして投入したであろうかということはまったくわからない。だが、ローズヴェルトは自国の大半の人々よりもずっと早くに、ヒトラーのドイツが最も根本的な形でアメリカの安全を脅すと判断していた。その危険に対処するために、公には中立の立場をとり続けながらも、ローズヴェルトには広範囲にわたって非常手段を講じる用意があった。原子爆弾製造の決定はそれらの中のひとつにすぎなかったのである。[(9)] 経済的な面のみならず地政学的な面においても、同盟国にはほとんど選択肢が残されていなかった。アメリカのみが、敵の攻撃という大きな危険にさらされることなく、必要な研究や開発、製造を可能にするだけの余裕のある産業施設を所有していたのである。[(10)]

民主主義的な制度の持つ強みが奇妙な形でこうした結果に寄与することになった。公的なものに限らず、私的な教育基金も共に投入するという革新的なやり方があったために、アメリカの大学は、一九三〇年代までに当時急速に進歩を遂げていた原子物理学の分野においてヨーロッパの大学と競い合うようになった。その一方で、ナチス・ドイツではユダヤ人排斥主義が擡頭していたが、――ヒトラーのこの動きへの過度の傾倒は高くつくものとなった――その結果、アメリカの大学への移籍という形でヒトラーはヨーロッパの多くの優れた物理学者を失うことになった。[(11)] 生存と野心、あるいは科学と道義、というものの優先順位がそれらの人々の内面において最も切迫した形で一致し、原子爆弾という究極の結果をもたらしたのである。また、ヨーロッパに留まったドイツの科学者たちは、総統のために同じものを製造しようとすべての精力を傾けていたわけではなかった。それは、おそらく絶対悪と絶対的な力とが結びついた場合のことを恐れていたからだろうと思われる。[(12)]

この恐るべき兵器を手にして、アメリカは単純で率直な理由から、それを日本に対して使用した。すなわち、できるだけ早く、決定的に、そして安上がりに勝利を達成するために原爆を使用したのである。間に合ってさえすれば、ドイツが核による最初の攻撃目標となっていた可能性が高い。すなわち、イギリスもアメリカも、ドイツ各都市を通常兵器によって破壊することに関して抑制する姿勢は見せていなかったからである。[(13)] 広島と長崎とが核兵器によって破壊され（後者はおそらく不必要であっただろうが）、日本人を驚愕させ、降伏へと追い込んだ。その結果、仮に原爆を投下することなく日本を敗北に追い込んだ場合に、想定された規模はともかく日米双方に生じたであろう死傷者を生み出す事態を回避したのである。[14] トルーマンは後に、「この点については間違いのないようにしておきたい。私は原爆を一つの軍事的兵器であるとみなし、それが使用されることには何ら疑問は持っていなかった」と回想している。[15]

しかし、軍事上の決定が地政学的な真空地帯でなされることはめったになく、この原爆使用も例外ではなかった。実際に、トルーマンやその顧問たちは、原子爆弾の効果を示すことによってソ連に強い印象を与え、おそらくは彼らを威嚇することにさえなるだろうと考えていた。すでにアメリカとモスクワの関係は緊張したものになっていたから、こうした考えが表面化しなかったならば、それは驚くべきことであったであろう。[16] 原子爆弾を開発した科学者の中には、少数ながら、もっと先のことを考えていた者がいた。すなわち、アメリカ政府やソ連の人々、そしてそれ以外の世界中の人々を驚愕させ、将来の戦争に対する嫌悪感を抱かせる手段として原爆の使用に賛成したのである。[17] しかし一九四五年夏の時点では、こうした正当化は二義的なもの、つまり、実際には決定的な意味を持たなかった。戦争を行っているときに、いかなる方法で戦うのかを冷静に、あるいは体系的に考えることは決して容易なことではない。核兵器によって軍人や政治家はゆくゆくはこうした自己反省を強いられるようになっていくが、第二次世界大戦は、兵器の実用性とその破壊力との間に断絶を認めないという、古来より用いられてきた枠組みの中で解決された最後の大規模な紛争であった。[18] この文脈からすれば、原子爆弾を使用するという決定は道理に適うものだったのである。

II　原爆と対ソ外交

しかし繰り返すように、第二次世界大戦後における核の使用はまた別の問題であった。つまり、アメリカがとった行動はそれまでの大国の行動様式に合致しなかったのである。この点について、たとえば、X国が独占的に、一見したところ「絶対」兵器だと見えるものを手中にしたと仮定して考えてみよう。[19] このような場合、X国は、国家の最大の優先事項として、また、どんなに犠牲を払っても、XのライバルY国や、その他の潜在的な競争国に、この「絶対」兵器を決して入手させないようにするとは考えられないであろうか。またX国が、「絶対」兵器の独占状態が保たれている間、これを利用して他国に圧力をかけたり、必要とあらば思いのままに従わせようと脅したりすることは予想されないであろうか。X国が、たとえ独占状態がもはや不可能になっても、核の優位を保ちつづけようとして「絶対」兵器の大量生産を即座に始めることは予期できないであろうか。そしてまた、万一、X国がどんなレヴェルであれ、別の紛争に巻き込まれた場合、Y国やその他の国から報復されるという現実的な見通しがないならば、その新しい戦争兵器を使って勝利を確実なものにする可能性が高いと考えられないであろうか。抽象的ではあるが、アメリカが核兵器の実効的な独占状態を享受していたときには、これらすべてが本来起こって然るべきであったのである。しかし、現実にはそうならなかったために説明が必要となる。

なぜアメリカは、ソ連やその他の国々が核兵器を開発するのを阻止しようと予防戦争に訴えたりしなかったのだろうか。統合参謀本部は広島と長崎への原爆投下直後に、軍事的行為によって核の独占をいかに永久的なものにするのかについてしばらくの間検討していたが、それは実を結ばなかった。その理由の一つはアメリカの国家としての自己イメージと関係がある。つまり、アメリカは自分から戦争を始めることはなかった。一九四五年九月、国防省の作戦立案者であるジョージ・A・リンカーン将軍は「最初の一撃を加えることは望ましいかもしれないが、私たちの現在の政治システムにおいて、そのような行動に出ること、あるいはそうすることになると述べることは政治的に実行可能ではない」と認めている。[20] その後も時折、ソ連の核関連施設を全滅させるために先制攻撃をしかけるということが話し合われた。しかしこうした検討は、国連を通じた国際的な核管理を達成するための努力が失敗した後や、あるいはソ連がすでにアメリカとその同盟国を攻撃するのに充分な能力を備えている状況では一体どうなるのかという文脈においてなされるのが常であった。[21] 一九四八年末になっても、トルーマン大統領は原子兵器が、いかなるものであれ攻撃的な軍事作戦に本当に役に立ちうるものなのかどうかいまだ確信を持てないでいた。「というのも、アメリカの人々が当時、攻撃的目的で核兵器を使用するのを容認しないかもしれなかったからである。[22]」

また、実行に移す場合にもより難しい点があった。すなわち一九五〇年より前の時期に、アメリカの政府高官たちは、実際にソ連に対して予防戦争を始めたとしても、勝利できるかどうかについていかなる局面においても確信が持てなかったのである。原子兵器の製造は、振り返ってみれば著しく緩慢だと思われるペースで進められており、その結果、一九四七年三月にトルーマン・ドクトリンが発表された時、アメリカには一四発の原子爆弾しか存在しないことをトルーマン大統領は聞かされていた。[23] 一九四八年春にベルリン封鎖が始まった時には、嵩張って取り扱いが難しく、組み立て未了のわずか五〇発の核兵器が利用可能な状態にあっただけで、また原爆搭載可能なB29は三〇機余りしかないという有り様であった。[24] 当時は、ソ連領内にどれだけの攻撃目標があって、それらすべてがどこに存在しているのかもまったくわかっていなかった。ソ連に関する最良の情報としては、ドイツが第二次世界大戦当初に撮影した航空写真と、他の場合は、大戦前か一九一七年以前に作成された地図しかなかったのである。[25] アメリカ空軍は一九四九年の時点で、約七〇のソ連の都市を破壊したところで、「それ自体は、ソ連の降伏をもたらしたり、共産主義を根こそぎにしたり、民衆を支配しているソ連指導者の権力を決定的に弱体化させることにはならないだろう」とし、一方「ソ連軍が西ヨーロッパや中東、極東の要域に迅速に侵攻してくる能力を減少させることはできないであろう」[26]と結論していたのである。逆にもし勝利を収めることができたとしてもどうなったであろうか。国防長官のジェームズ・フォレスタルは、「ロシア人を征服することと、その後彼らをどう扱うかを考え出すこととは、まったく別問題である」と指摘している。[27]

しかし予防戦争が不可能であっても、核による外交は可能であったかもしれなかった。アメリカは、核の独占的保有という事実を使って、ソ連やその他の潜在敵国に協力を強いることができたであろうか。一九四五年夏の間、陸軍長官ヘンリー・L・スティムソンは、ソ連が立憲民主主義国家になるまで、原子爆弾に関する情報の公表を控えるよう端的に主張していた。ジェームズ・F・バーンズ国務長官は、アメリカの核の独占によってソ連から外交的な譲歩が引き出されることを明確に期待した[28]。トルーマン大統領自身もこのようなアメリカの一方的政策を支持しているように見えた。長崎への原爆投下後の最初のラジオ演説の中で、彼は「原子爆弾はあまりに危険なものなので、それを法律の行われない世界に放置することはできない」と述べ、それ故にアメリカ、イギリス、そしてカナダは、「原爆製造の機密を保有しているが、自国や世界の他の国々を壊滅させる危険から守るために、原爆を管理するための方法が見出されるまで、決してその機密を明らかにするつもりはない[29]」と警告したのである。

このような態度に関して注目すべきことは、こうした姿勢がとられていたという事実ではなく、いかに迅速にこの姿勢が放棄されたかということである。広島に原爆が投下されてから数週間以内に、アメリカの政府高官は核の独占が一つの外交手段として利用できるという考えを捨て、そのかわりに、核の国際的管理を早急に模索する方向に方針を変更した。この背景にはいくつかの理由があった。一九四五年九月にロンドンで行われた戦後初めての外相会議で、ソ連のモロトフ外相が柔軟どころかより強硬な姿勢をみせたことから、それまでは原子爆弾が、セオドア・ローズヴェルトのいう「大きな棍棒」の現代版になりうるのだと考えていた人々の自信が揺らぐことになってしまった[30]。

国務次官ディーン・アチソンは、同月末に、「イギリス、カナダとの原子爆弾の共同開発は、ソ連にとっては自国に向けられた英米系の共同戦線という、疑いようのない証拠と映るに違いない。ソ連政府のように強力で権力欲の強い政府が、こうした状況に激しい反応を示さないということはありえないことだ」と警告した[31]。

さらに、ソ連自身が原子爆弾を製造しないという保証はまったくなかった。ソ連の科学者たちは核開発の原理を充分に理解していたし、アメリカは広島への原爆投下後ただちに原爆完成の過程を詳細に解説し公表することによって、その原理の多くが正しいことを親切にも確認して見せた[32]。マンハッタン計画は多国間協力によってすすめられたものであり、このために、原爆を純粋にアメリカの問題でありアメリカだけが利用できる機会であるとすることはできなかった。したがってアメリカ大統領やその顧問たちは、イギリスやカナダの支援を受けて、すべての核兵器を国際連合の権威の下に置くという野心的な努力へと乗り出した。すなわち、アメリカは――製造方法を自分は知っているという保証の下ではあるが――最終的には、自らにも原爆の保有を禁じることによって、潜在敵国に対して原爆を保有させまいとしたのである。

核の国際管理計画は一九四六年の春にアメリカ人によって打ち出された。それはまず、アチソンと後に原子力委員会委員長になったデイヴィッド・E・リリエンソールが原子物理学者たちの協力を得ることで、草案が作られ、その後、国連におけるアメリカのスポークスマンであるバーナード・バルークの手によって修正された。この計画は、人々の間で広く共有されたものの、一時的なものにすぎなかった態度を反映していた。すなわち、それはアメリカがもたらした新種の戦争に対する畏怖や、それを処理するために世界政治での新たなアプローチを見出そうとする決意であり、また、国連およびそれが依拠する国際的な法手続への信頼であり、さらには、原爆を製造した科学者の忠告に対する敬意であり、そして、モスクワとの敵対関係を避けたいとする未練がましい希望などであった。これらは、アメリカが核の独占を可能な限り長く維持する含みをもった周到な提案であり、ソ連側もこの点を素早く指摘した。ただし、それらは核による永久的な覇権の追求を隠蔽するための単なるジェスチュアでもなかった。無意識的なものであったにせよ、広島や長崎に対してアメリカの指導者が感じた罪の意識や、アメリカ人が自らの行為から導き出し、改革や恐らくは罪の贖いに際して払われる特有の努力として表れた責任感を過小評価すべきではない[33]。

アメリカの政府高官は、核の国際管理を受け容れる代償についての決定を行うのに、ソ連と真剣な外交交渉を行う必要性を認めていいなかった。バルーク案は国内における妥協の産物であって、国際的な妥協を反映したものではなかった。バルーク案は、原子物理学者らが提供するよう主張していたことと、軍や懐疑的な議会とがあきらめようとしていたこととを折衷したものであった。その結果アメリカは、ソ連に対して「受諾するか拒絶するかのいずれかしかない」との立場で提案し、スターリンは一九四七年初頭までに後者を選択することになった[34]。このようなスターリンの行動によって、トルーマン政権は、今や進行中であると思われるソ連の原爆開発計画がアメリカの核の独占を終わらせないうちに、それを利用してできるだけのことをする以外の選択肢をほとんどなくしてしまったのである。

トルーマン大統領と顧問たちは、自らが率先して核の国際管理を模索することで核による外交を断念したため、今や原爆外交に回帰することが難しいことを理解していた。軍に対するシビリアン・コントロールの原則に沿って行動していたため、トルーマン大統領は、何発の原子爆弾が実際に使用可能なのかといったことや、もし現に使用されたらどれほどの影響をもたらすのかといった最も基本的な情報ですらペンタゴンに対して提供しないことを強調した。トルーマン大統領は、彼自身に言わせれば、「原爆を投下すべき時を血気にはやる中佐如きに決定させたくはなかった[35]」のである。このため、ソ連との戦争に関する緊急事態対処計画と、それを戦う際に利用可能な兵器との間には連携がほとんど見られないことになった。また、仮に戦争となった場合に、トルーマン大統領が真っ先にそれらの兵器の使用を本当に裁可するのかどうかの保証もなかった[36]。それはあたかもトルーマン大統領が――核兵器に関する彼自身の態度は、彼が外に対して見せようとしていた姿勢よりも実際には曖昧なものであったが[37]――ソ連に対してと同様、自国の軍に対しても〔核兵器の使用について〕絶えず憶測させ続けることが重要だと考えているかのようであった。こうした制約の下では、ソ連側に強い印象を与えるほどの戦略をアメリカが構築することは決して容易なことではなかった。

こうした困難な状況が実際に明らかになったのは一九四八年四月のことであった。この時ウィンストン・チャーチルは、ベルリンと東ドイツを放棄するか、あるいはソ連の都市が攻撃されるという目に遭うのか、の選択をスターリンに対して迫ることを提案したのである。ソ連をいかに扱うかということに関するイギリスのこの前首相の考え方が、一九四六年三月の有名な「鉄のカーテン」演説の中で主張されたとき、ワシントンでは、それは完全な賛同とまではいかないまでも、大いなる尊敬の念を持って受け入れられたものだった。だが、チャーチルのこの新しい提案に対しては、トルーマン政権の内部では、風変わりな哲学者であるバートランド・ラッセルの場合と同様に、あまり関心が払われなかった。ラッセルは、「ソ連の譲歩を確かなものにするために、必要とあらばどんな圧力」もかけていくべきであることを主張していたのである。ルイス・ダグラス駐英大使は「チャーチル提案の中の欠陥は、あなたの方がよくおわかりでしょう」と、国務次官のロバート・ロヴェットに電報を打ったが、それで話はおしまいであった。(38)

一九四八年夏の終わりに、ベルリン封鎖の間、トルーマン大統領がB29爆撃機をこれみよがしにイギリスの基地に配備することを認めたことは確かである。(39)しかしそうした措置には見かけ倒しのところがあり、ましてやチャーチル——あるいはラッセル——の考えを実行に移すなどという意図にははるかに及ばないものがあった。原子爆弾を使用すると公然と脅しをかけることもなかったし、配備されたB29爆撃機には核兵器も搭載されてはいなかった。このことはソ連側にも、容易にわかったであろう。というのは、核兵器搭載可能なB29は外見からはっきりと区別できたし、核兵器に関する情報交換が行われていた英米合同委員会にはソ連のスパイであったドナルド・マクリーンが潜入していたからである。(40)B29爆撃機の配備は急いで下された場当たり的な決定であり、トルーマン大統領が軍事より民生を優先させた結果から生じた別の問題、すなわち、ペンタゴンに対して強要されていた異常とも思えるほどの緊縮予算によって生じていたアメリカの通常戦力の劣勢を埋め合わせようとした窮余の一策だったのである。(41)

このため、トルーマン政権にはソ連を抑止するために、核の独占に頼る以外にほとんど選択の余地がなくなってしまった。そうした能力は決して無意味なものではなかった。もしアメリカが核を占有していなかったならば、ベルリンを防衛したり、独立した西ドイツ国家の建設を促したり、北大西洋条約機構を創設したりすることに伴う危険を冒すことは決してなかったであろう。(42) しかし、能力は戦略ではなかった。核兵器に対する依存は、意図的な選択というよりも切羽詰まった状況から生じたものであった。つまり、トルーマン大統領とその周囲の者にとって、世論、国内経済、憲法上の要請、道義的考察、国家安全保障のうちいずれをまず優先させるか、という問題は未解決のままであった。そのために、今度は、いかにしてアメリカの核の優位を利用していくべきかを系統立てて考える努力が阻害されてしまったのである。

一九四八年の夏から秋にかけて、ワシントンの政府高官たちは政策に自信を持てないでいた。たとえ危険を冒したとしても、そうしないことのほうがかえって危険が大きいと考えたからである。なぜなら、そもそもアメリカによる核の独占はスターリンが危険を冒す事を抑止してはこなかった。実際には、核の独占がかえってスターリンの行動を助長したのかもしれなかったのである。

III　ソ連の原爆開発

アメリカが原子爆弾を製造したのは、後になってそれは誤りだと判明したが、ヒトラーも同じように国家の最優先事項として原爆の製造を進めているかもしれないと考えたからであった。ソ連が原爆製造にとりかかったのは、まったく正しい判断ながら、アメリカ合衆国がすでに原爆を製造していると考えたからである。ローズヴェルト大統領は、ナチス・ドイツがまだ潜在的ではあっても敵国となる蓋然性が高いと考えて、一九四一年一〇月に原爆製造の決定を下した。翌年スターリンがまだ原爆そのものではなく、それに関する研究プロジェクトを認可したとき、彼もまた、潜在的ではあっても敵国となる蓋然性がある国［アメリカ］――とは言っても、その時はまだ同盟国であったが――を念頭に置いていた。

今では明らかなことではあるが、ソ連当局が原子兵器の実現可能性について初めて知ったのは、『ニューヨーク・タイムズ』紙の記事からである。原子核分裂が軍事に転用可能である点をホワイトハウスに警告しようとして、科学記者のウィリアム・ローレンスが一九四〇年五月五日に記事を掲載し、――誤認ではあったのだが――その中で、ドイツがウラニウム二三五を抽出して爆弾に使用しようとしていると述べた。ローズヴェルト大統領はすでに核分裂の研究については知っていたものの何ら関心を払わなかった。しかし偶然イェール大学の歴史学者ジョージ・ヴェルナツキーが、自分の父で鉱山学者であるヴラジーミル・ヴェルナツキーにその新聞の切り抜きを送ったところ、父親はソヴィエト科学アカデミーにそれを送付した。その結果、ソヴィエト科学アカデミーはウラン委員会を設立し、直ちに核連鎖反応の実現可能性を立証して、ソ連国内におけるウラニウム鉱床の位置を確認する組織的な努力をおこなうように主張したのである。(43)

しかし一九四一年六月のドイツ軍による侵攻のために、こうした調査は遅れることになった。またこの侵攻によって、ソ連の物理学者はすぐにでも軍事的な利益を生み出す可能性が大きいと思われる仕事に転じることになった。(44)しかしこの時までには、ソ連の諜報機関がすでに一九三〇年代にケンブリッジ大学で徴募していたスパイを通してイギリスの核研究を監視しはじめており、そのうちの一人、おそらくジョン・ケアンクロスが英米が共同でウラン爆弾を製造していることを通報したのである。内務人民委員部〔ソ連の秘密警察＝ＮＫＶＤ〕の長官ラヴレンティ・ベリヤは、スターリンに対して滞りなく情報を報告した。(45)スターリンの示した最初の反応は、一説によると、いかにも彼らしい疑り深いものであった。「そんなことは信じない。それから、誰も目にしたことのないような化学物質を使用して戦争に勝つことができる、などと信じたりしないよう忠告しておく。単なるプロパガンダにすぎないものだとは思わないのか。我が国の科学者たちによる軍のための新兵器開発から注意をそらすことを意図しているのではないのか」。(46)

だが、イギリスに潜伏していたスパイからだけでなく、ほどなくマンハッタン計画の責任者となるJ・ロバート・オッペンハイマーらアメリカ人物理学者たちとの接触を図っていたソ連のスパイからも報告が集められた。どれだけの価値ある情報がこうした努力によって収集されたかは依然として明らかになっていないが、こうした情報収集が行われたという事実は、スターリンの態度如何にかかわらず、ベリヤが継続して関心を払っていたことを示している。(47)その間、これまでよりも有益な情報が、ドイツ人の亡命科学者でイギリスでの核開発計画に参加し、その後ロス・アラモスに移ったクラウス・フックスから舞い込むようになった。(48)

しかしスターリンは、ヴェルナツキーの新聞切り抜きの件のような歴史の流れを変えるもう一つの奇抜な事件が起こるまで、こうした報告ですら真剣に受け止めようとしなかった。若手のソ連人物理学者ゲオルギー・フリョーロフは、イギリスやアメリカの学術雑誌の中で自分の業績が引用されているかどうかを探していたところ、それらの雑誌においては原子物理学についての言及がもはや行われていないことに気づいた。この傾向について自分の上司たちが興味を示さないので、彼は一九四二年四月にスターリンに直接手紙を書くという危険を冒した。彼はその手紙の中で、もし米英が核に関する研究の隠蔽に懸命になっているとすれば、それは重要な問題であるにちがいないと示唆したのである。(49)目に見えない分子を理解するのは難しいことであったかもしれないが、目に見えない情報について理解しようとすることは難しいことではなかった。スターリンはすぐに要点を理解した。英米両国がマンハッタン計画についての秘密保全を確実にしようとしたことが、あいにくなことに、この計画の重要性をスターリンに悟らせることになったのである。

ソ連のNKVDは一九四二年六月に、「伝えられるところによると、ホワイトハウスはきわめて多額の資金を、秘密裏に進められている原子爆弾の開発計画に充てることを決定したようだ」と、ニューヨーク、ロンドン、ベルリンにいるソ連工作員に打電した。訓電はさらに以下のように続けた。「研究や開発がすでにイギリスやドイツで進行中である。……原子爆弾開発計画についての理論的、実用的な側面に関する情報や、原子爆弾の開発に関連して将来、アメリカ、イギリス、ならびにドイツの政策がどのように変化しうるかについての情報を入手するため、適切だと思われるあらゆる手段を講じられたし」[50]。こうした一連の出来事について興味深いのは、スターリンにこのようなスパイ活動強化の判断を下させたのが主に英米両国に対する関心であり、ドイツに対してはそれほど関心が払われていなかったということである。スターリンがこのようにして警戒心を向けた相手国のうちの二国が戦時の同盟国で、一国のみが敵国であったことなどは、彼にとってはたいした問題ではなかったようにみえる[51]。一九四二年一〇月に、ある長老のソ連人科学者が、原爆についてローズヴェルトやチャーチルに向かって単に質問してみればよいのではないかと提案した際、スターリンは「将来、世界を支配することになる兵器に関する情報を彼らが渡すなどと君が思っているならば、とんだ政治音痴だ」と述べたと言われている[52]。

この点に関してスターリンが正しかったのかどうかは興味深い問題である。マンハッタン計画では明らかに秘密保全が何にもまして優先されたが、それはドイツのスパイによる危険から機密情報を守ることに主眼を置いていた。ソ連側の浸透工作の方がより油断のならないものとなる可能性については、アメリカ人は戦後になるまで完全には把握していなかった[53]。原子物理学者たちは、科学は開かれたものであり、国際的なもので、エリートによる事業であるという信念を決して捨ててこなかったし、アメリカ政府によって要求された検閲や隔離、日常行動の制限に対して不安ながら適応していたときですら、それは変わらなかった。ここから生じた緊張状態のために、長期にわたり費用のかさむ軍備競争、あるいは破滅的な将来の戦争の可能性すら予見される一方で、原子兵器の国際管理というこれまた予言的な洞察も生まれることになったのである[54]。この点からすれば、英米がソ連に対して原爆に関する情報を教えることとは正しいことのようにも思われた。「そうすることを支持する意見があるであろうことはわかる」と一九四三年にオッペンハイマーは認めた。しかし、彼はソ連による諜報活動に言及して、「裏口からそれを漏らすことは好きではない」とつけ加えたのである。[55]

ローズヴェルト大統領は、核に関する情報をソ連に対して提供するという考えをすぐに拒絶することはしなかった。彼はチャーチルとの間で、「相互の同意なしに第三国」に対して核に関する情報を与えるのは差し控えるとの合意をそれまでに交わしていたにもかかわらず、一九四四年の春から夏にかけて、情報提供を勧めるデンマーク人物理学者ニールス・ボーアからの忠告を深刻に考慮した。今となってはもうその理由は決してわからないかもしれないが、九月に、フランクリン・D・ローズヴェルトは最終的にチャーチルの強い反対に押し切られて、ボーアの忠告を拒絶している。もっとも、ローズヴェルト大統領の脳裏にはワルシャワ蜂起のことが鮮明に残っており、大統領側近のソ連専門家は、その時点で、原子爆弾問題よりもはるかに重要度の低い問題に関してソ連を信頼することのないよう警告を発するようになっていた。[56] ローズヴェルト大統領は、少なくともその一年前から、ソ連が原爆に関する秘密を盗み出そうとしていたことには気づいていた。[57] 現在顧みて驚かされるのは、ローズヴェルトが核兵器の開発においてソ連との協力を拒否したということではなく、むしろソ連のスパイ活動を示す証拠が挙がった場合でも、彼らしく冷静に対処していたということである。

その理由については、ソ連側のいくつかの資料が示唆しているように、主要なアメリカの政府高官や原子物理学者が、自らの判断でロシア側の政府高官らに機密情報を手渡していたからであるとは考えにくい。[58] それよりも、まだアメリカは戦争に勝たねばならなかったことが重要である。すなわちソ連は依然としてアメリカにとって非常に大切な同盟国であったこと、そして同盟国として、ソ連の指導者が信頼に値しない態度をアメリカ側に対して示していたとしても、善意に解釈され得たのであったということが適切な説明である。マンハッタン計画それ自体は、アメリカ人のうちでもほんの一握りの人たちにしか知らされていなかった。前に触れた皮肉な事例に則して言えば、ソ連のスパイによってその機密が盗まれないようにもっと積極的な活動をしていたとすれば、かえってその機密が危ういものになっていたかもしれない。もちろん科学者であれ外交官であれ、ローズヴェルト政権の高官たちであれ、当時のアメリカ人は誰もが、我々が今では知っていること、そして当時スターリンならば理解していたに違いないこと、すなわち冷戦というものが起こることになることはまだわかってはいなかったのである。

ソ連の原爆開発計画にあたっては、我々がかつて考えていた以上に、スパイたちの活躍が実際には大いに貢献していたように思われる。[59] 早くも一九四三年三月の時点で、ソ連でオッペンハイマーと同じ立場にいたイーゴリ・V・クルチャトフは、スパイたちがもたらす情報を「我が国と我が国の科学にとって、巨大ではかりしれないほど重要」なものであると評価した。ソ連側はスパイ活動によって、西側で進行している作業の重要性について確証を得ることになったばかりでなく、「そうした作業における問題を設定していく上で多大な労力を要する段階の多くを避けて通ることができ、それを解決するための新しい科学的方法や技術を学び取ること」[60] が可能となった。モロトフ外相は何年も後に、「我々のスパイは、実に素晴らしい諜報活動を行った。彼らは、我々が真に必要としていたものを、うまく盗み取ってきてくれた」[61] と回想している。

そうした状況ではあっても、戦争がまだ続いていた間はソ連の核開発の進展は緩慢なものであった。ひとつ問題となっていたのは、ソ連領内にはウラニウム資源がほとんど存在しないということであった。おそらくレーニン主義者のドクトリンに基づき、ソ連政府は資本家が自分たちに対して憎しみを抱いていると想定すると同時に彼らを金で動かせるとも考えていたので、一九四三年に、すでに数ヵ月前にシカゴ大学ではじめて核連鎖反応を生み出した原子炉と同じものをソ連国内に建設するためのウランをアメリカから購入しようとさえしたのである。しかも、これはマンハッタン計画に関する数々の秘密を解き明かそうという努力が全速力で続けられていたのと同時期に行われたのであった。アメリカ側はこの時までにソ連のスパイ活動にうすうす気づいてはいたが、ウランの提供を拒否すれば、かえってそうした活動の成果を裏付けさせるだけになると懸念して、実際にソ連に要請された物資のいくらかを提供した。

しかしその量はソ連が求めたものよりはかなり少ないものであった[62]。ソ連のウラン不足は、それが入手可能なチェコスロヴァキアやドイツ東部に赤軍が侵攻するまで続いたのである[63]。

ソ連に総力をあげた開発努力が見られなかったさらに大きな理由は、核兵器で実際に何ができるのかについて、クレムリンの指導者たちがなかなか理解できなかったことがあげられる。モロトフはスターリンから核の研究に関して当初責任を負わされていたが、それが一体どういうものであるのかをほとんど理解していなかった。一九四五年はじめにその地位を引き継いだベリヤは、核がどんな意味を持つものなのかモロトフより明確に理解はしていたが、彼ですらマンハッタン計画に潜入していたソ連のスパイが提供する機密報告に対して完全に信頼を寄せていたわけではなかった。ベリヤは部下の一人に対して、「もしそれが偽の情報ならば、君たち全員を独房にぶちこんでやるからな」と脅しをかけていた[64]。

ニューメキシコ州の砂漠で最初の核実験が実施された直後の一九四五年七月二四日、トルーマン大統領がポツダム会談の席上でスターリンに対して原爆のことを実際に知らせたとき、このソ連の指導者にとってそれはあまり驚くようなことではなかった。なぜならトルーマン大統領よりもずっと早い段階で、スターリンは核兵器というものが存在しうる可能性について理解していたからである[65]。スターリンはアメリカが日本に対してその兵器を有効に使用するよう望んでいるとだけ述べた。この直後スターリンは、もっと本音を覗かせながら、「トルーマンは圧力をかけようとしている、抑えつける気だ」とベリヤに述べ、さらに次のように語った。

ソ連に対する彼の態度はとりわけ攻撃的だ。もちろん原子爆弾がトルーマンにとって追い風になっている。……しかし脅迫や恫喝の政策は我々にとって受け入れがたい。それ故、何物も我々を脅すことはできないと思わせるだけの根拠を見せつけてきたのだ。ラヴレンティ［ベリヤ］よ、他のいかなる国にも、我々に対して決定的に優位な立場をとることを許すべきではない。クルチャトフ同志には、もっと自分の任務を急いで遂行するよう伝えてくれ。そして、我が国の科学者た

ちが今後作業をこれまでよりも加速化させていく上で一体何を必要としているか、彼にたずねてくれないか。(66)

その後、核開発があまり進展していないことについてスターリンがクルチャトフを強く叱責したときに、クルチャトフはソ連の戦時体験を持ち出して弁解した。「きわめて多くのものが破壊され、数多くの人々が亡くなりました。食料の配給はわずかで、何もかも充分ではありません」。

スターリンは動じず、「もしも子供が泣かないのならば、母親にはその子が何を欲しがっているのかはわからない。私は君の要求を拒んだりはしないので、欲しいものは何でも言って欲しい」と応えた。(67) さらに、スターリンは物質的な報酬をちらつかせてこの科学者を驚かせた。「我々は、常に数千人もの人々に良い生活、いや、非常によいと思われるもの以上の生活をさせ、ゆったりくつろげるように自分の別荘や、車も持つことが出来るようにさせることだって可能だ。……細かい仕事に時間と労力をかける価値はない。むしろ、その仕事をもっと大胆に、ロシア人なりのスケールでやっていくことが必要だ。……私は、この件に関して援助は最大限に行うつもりだ」。(68)

アメリカによる原爆開発の結果、ソ連の物理学は目に見えない分子レヴェルから国家安全保障の問題に関わるところまで引き上げられた。その結果、ソ連の物理学者たちはスパイ行為によって手にした数々の情報を通して、西側の前例を模倣する自由を得た。スターリンはソ連の遺伝学に介入し破滅的な結果をもたらしたのとは対照的に、原爆開発に関してはまったくイデオロギー的制約を課さなかった。クルチャトフはルイセンコにはならなかったのである。物理学者らはこの機会を最大限に利用したため、ほどなく自分たちの技術を水素爆弾の製造に向けたときには、スパイからの情報を実際のところ必要としなくなるのである。(69) ベリヤが、ある時、原子物理学者に物質的、精神的な自由を与えてしまうと危険ではないかとスターリンに尋ねたところ、彼は保護者気分から一変して、「自由にさせておけばよい。いつでも連中を銃殺刑に処することができるのだから」と答えたという。(70)

IV　スターリンの核外交

スターリンは、広島に原爆が投下された数日後にソ連の物理学者に対して「広島への原爆投下は、世界を揺るがすことになった」と発言し、「世界のバランスが崩れてしまった。原爆をつくるのだ。そうすれば、我々から大変な危険を取り除くことが出来るだろう」(71)と述べているが、そのとき彼が予見していた危険とは、ソ連に対する直接的な攻撃ではなかった。アメリカがこの新兵器開発の分野ではるかに先行したことに対する不満や衝撃にもかかわらず、モスクワではアメリカが実際に自分たちに対して原爆を使用するだろうとの差し迫った懸念は見られなかった。しかしながらスターリンは、アメリカ人の気質に対する寛大な判断よりも、アメリカの兵器庫にはほんのわずかの原爆しか存在しないとするきわめて正確なスパイの報告から、そうした確証を得ていたようである。(72)

ソ連にとっては心理的な威嚇の方がより重要であった。モロトフ外相は「日本に投下された爆弾は、日本ではなく、むしろソ連を標的にしていたのだ。アメリカは我々に対して、ソ連は原爆を所有していないがアメリカにはあるということを肝に銘ずるように伝え、もしおかしなことをすればあのような結果になるのだと言明したのだ」と回想している。(73)アンドレイ・グロムイコによれば、スターリンは、「米英はヨーロッパや世界に影響を及ぼす様々な懸案について、自分たちの作成したプランを我々に強要するために」核の独占を利用してくるだろうと予想していた。「しかし、そうはさせない」とスターリンは述べた。(74)スターリンはアメリカの行動を座して待つつもりもなかった。彼は、トルーマン政権が核外交を試みる前からソ連がそれに対抗するために練っていた戦略の実行に直ちに着手したのである。(75)

ソ連政府は、公式には、原子爆弾が戦後の勢力均衡に何ら変化をもたらさないとの立場をとった。したがって、ソ連外相モロトフは一九四五年九月に開催されたロンドン外相会議の席上で、アメリカのバーンズ国務長官の面目を潰して核兵器について無粋な冗談をとばすほど、わざわざこの新兵器を軽蔑する態度をとったのである。モロトフは会議における別の機会で「原爆に乾杯」と言って杯を上げ、酒に酔った勢いでアメリカ人を驚かそうとして、「我々には原爆がある」と言った。[76] この負けず嫌いであった外相は後に、「我が国民に多少は自信を持ってもらえるように返答して、我々は強気に出なければならなかった」と認めている。[77] スターリンはモロトフ外相のこの行動にまったく不安を感じなかった。[78]「会議が失敗に終わったのはバーンズ国務長官のせいであろう。我々はそのことを遺憾だとも思わない」と語った。[78] だが、一二月に行われたモスクワ外相会談の席上でモロトフ外相が同じような態度をとったときには、さすがのスターリンもモロトフ外相はいささか度が過ぎていたと考えた。スターリンは、ソ連を訪れているアメリカやイギリスからの代表団を前にして、「この問題はきわめて重要であるから、冗談の種にすることはできない。我々は、この偉大な発明が平和目的のために使用されるよう、今や共同で対処していかなくてはならない」と語ったのである。[79]

アメリカとイギリスの代表団がモスクワを訪問したのは、原子力エネルギーの国際管理を行う目的で国連に設置される委員会にソ連の参加を求めるためであった。アチソン＝リリエンソール案、後にはバルーク案となるものの第一段階である。ソ連政府高官の中には、原爆に物怖じしない自らの姿勢が奏功したことの証としてこの英米側の訪問を受け止めた者もいた。[80] おそらくはこの理由によって、ソ連は国連における議論への参加に実際に同意したのだろう。しかし、国際管理についての合意がすぐに得られることは決してなかった。アチソン＝リリエンソール案やバルーク案では、アメリカが核の独占状態を放棄する前に、原子兵器の製造にあたるすべての施設を管理する強力な国際機関を創設することになっていたからである。ソ連の立場は、非保有国による製造を阻止するような仕組みを作ることなしに、現存する兵器の破棄を迅速に行うようにするというものであった。[81] 一九四六年一〇月、ソ連外交団の一員で科学者でもあったディミトリィ・スコベリツィンは、ベリヤとモロトフに対して状況を次のように説明している。

もしバルーク案が受け入れられたならば、それに署名をした国々が原爆の製造をそれぞれ独自に進めようとする活動は縮小され、国際機関（実質的にはアメリカによる機関）に委譲されることになります。そうなると、その国際機関は我々ソ連の保有する資源を管理下に置くことになります。我々はそうした助力は拒みます。大戦中のアメリカのように、自力で我が国が原爆の製造をするうえで必要なすべての研究や準備作業を実行することを決意しています。(82)

モロトフ外相がその直後、国連に対して、ソ連がすぐにでも原子爆弾と「その他の兵器」を保有することになると語ったときには、スターリンさえも驚いて、「おい、あれはちょっと言葉が強すぎた」と指摘した。モロトフは「たしかに我々はまだ何も保有していなかった」と認めたが、「私は、この問題に関して最新情報を知っていたのだ」と回想している。(83)

モロトフ外相が公の場で何を発言したにせよ、スターリンは今や以前よりは原子兵器の効果をよく理解していた。ソ連代表団は、原爆が投下されてから二週間後に広島に入り、自分たちがそこで目撃した惨劇について本国に詳細な報告を送った。またアメリカに招待されたソ連の科学者たちは、一九四六年にビキニ環礁でおこなわれた戦後初めての原爆実験に立ち会っている。(84)いつかアメリカがソ連を攻撃してくるかもしれないと恐れて、スターリンは地下か、場合によっては湖の下のようなところにソ連の原爆製造施設をうまく隠すように指示を出した。(85)スターリンは、「あれは強力だ。とてつもなく強力だ」と一九四八年にミロヴァン・ジラスに語っているが、そのときまでにソ連の自前の原子爆弾製造は著しく進んでいた。(86)一九四九年七月、ソ連の最初の核実験が行われるわずか数週間前になっても、核のことが脳裏に焼き付いていたスターリンは、劉少奇率いる中国代表団に対して、「我々指導者が戦争を遂行することになった場合、ロシア国民は我々指導者をあまり理解してはくれないだろう。いやそれ以上に彼らは、我々が、戦中、戦後の努力と苦しみすべてを過小評価し軽く考えたとみなして、我々を追い出すかもしれない」と警告していたのである。[87]

核実験の日が近づくにつれて、スターリンはソ連が予備の爆弾を所有していないことを懸念し、「アメリカが原子爆弾を使って我々に圧力をかけてきたとき、それに対抗するものが何もなかったら一体どうなるのだろうか」と述べた。万が一に備えて、科学者たちは最初の核爆弾を二つに分けることができなかったのだろうか。もっと小さな爆弾となると、連鎖反応を維持する臨界質量を欠いてしまうと科学者らが説明をしたときに、スターリンはイデオロギー上の言葉を使って科学を理解しようとした。そして、「臨界質量、……臨界質量。それは弁証法的な概念でもある」と語ったという。[88] ソ連の指導者がこのように神経質になっていたということでもなければ、一九四九年八月二九日に実施された原爆実験の成功を公表しないなどという、さもなければ人を戸惑わせるような彼の決定をおそらくは説明し得ない。こうして、そのニュースを三週間後に暴露する役回りが、空気採取技術を利用してソ連領内での原子爆発の証拠を入手したアメリカ人に与えられたのである。[89] その核実験を目撃したベリヤは、「あれはアメリカの実験と同じようだったか。すっかり同じだったか。へまはやらなかったか。クルチャコフが我々をからかおうとしているんじゃないだろうな[90]」と興奮して問い質していたという。

スターリンは、アメリカが予防戦争によってソ連を打倒しうると自信をもつほど充分な兵器を蓄積する前に、ソ連の科学者が原子爆弾を提供し、それによって抑止力の基礎をソ連も手にすることができるということに賭けようと――正しかったことが後に判明したが――決めていた。[91] この戦略の鍵は、たとえ実際にはさまざまな恐れを感じてはいても、決してその恐れを態度に現さないようにすることであった。それゆえに、ソ連はアメリカの原子爆弾があたかも存在しないかのように外交を展開しなければならず、また大半の場合にそうしたのである。そうした兵器は「柔な神経をもった連中を脅かすためにあるのだ[92]」というのが、これについてのスターリンによるもっとも知られた発言の要点だった。スターリンはそのことを充分理解できる立場にいたのである。

ソ連がアメリカの核攻撃能力への懸念によって態度を軟化させたかもしれないのは、一九四八年のベルリン危機と、一九四九年の始めにスターリンが毛沢東に長江を渡河するのを思いとどまらせようとした時だけである。だがこうした場合においてですら、アメリカの持っていた力とスターリンのとった行動との因果関係はとても明確なものとはいえなかった。ソ連専門家であるチャールズ・Ｅ・ボーレンは翌年、「アメリカによる核の独占がソ連の政策に影響を与え、ソ連の攻撃的な姿勢を抑えることになったかどうか推量するのは難しい」との結論を下している。(93) 数十年後に、歴史家デイヴィッド・ホロウェイは、アメリカの原子爆弾の影響力についてほんのわずかに異なる言葉で評価した。「おそらくアメリカが核兵器を持つことで、戦争が引き起こされることを恐れたソ連は武力行使を抑制する立場をとるようになった。また同時に、アメリカの核兵器を前にして、自国が弱い立場にあると見られるのを恐れたソ連はより非協力的となり、妥協もしたがらない態度をとるようになってしまった(94)」。

なぜスターリンの賭けは成功したのだろうか。スターリンがこの期間に、自分の外交を展開するよりも、アメリカの核外交を骨抜きにすることにこれほど巧みであったのはなぜだろうか。ソ連のスパイ活動が多少の関係があるのは確かである。ソ連のスパイが、アメリカの初期の核開発計画の最も重大な機密を探り出し、モスクワにその情報を送っていたのは明らかである。アメリカの持つ核攻撃能力は実際には取るに足らぬものであった。そこで、スターリンはチェコのクーデターやベルリン危機、金日成に韓国攻撃の許可を与えるという、危険を冒すことができたのである。たとえ核に頼らなければならない不測の事態が起こったとしても、アメリカにはソ連を攻撃して敗北させるだけの能力がまだ備わっていないことがスターリンにはわかっていたのであった。(95) アメリカはまもなく急速に核兵器を増強することになるが、それはアメリカによる核の独占がもはや崩れた後で始まったし、またそのことが理由の一部でもあった。タイミングというものが戦略上大変重要であるけれども、ソ連のスパイのおかげで、スターリンは並外れた正確さをもってそれを測ることができたのである。

スターリンが核による外交がいかなるものであるかをアメリカ人よりもよく理解していたことも、そうした賭を成功させた。スターリンにはこうしたことができたのであった。スターリンは人を脅すことにかけては老練であったため、明らかにそれについて経験不足であったトルーマン大統領とその補佐官たちが核によって恐怖心を与えるという目的を成し遂げるための方策を練り上げるかなり前から、自分自身が脅されていると相手に悟られることの危険について理解していた。ワシントンの政府高官は、アメリカが核を独占していることを、平時に、強制力を持つ効果的な手段として活用することができなかった。立場が逆であったならば、スターリンがそのように手間取ることはなかったであろう。

こうしたすべてのことから一つの興味深い疑問が生まれてくる。それは、世界で最初に核兵器を持った国が同時に民主主義国家でもあったということが重要であったのかどうか、という疑問である。スパイ活動に関して言えば、重大な影響を及ぼしたことは明らかである。ソ連が行ったスパイ活動の規模は驚くべきものであったが、アメリカ、イギリス、そしてカナダの政府がこのように機密を要する問題に関して、自国民のみならず、大戦時の同盟国に対して寄せた信頼感もまた大変なものであった。[96] 同盟国や原子物理学者、そして世論からの圧力を受けて、トルーマン政権は核の国際管理を求めるようになったが、その結果、戦後においてもアメリカが原爆を保有できるのかどうかは一年あまり明確ではなかった。[97] この点が解決されてからは、トルーマン大統領が堅実にも文字どおり文民優位の原則に基づいて原爆を管理したので、それが力と外交との関係にどのような影響をもたらすことになるのかについての探求に水が差された。それら兵器の数や性質について、ペンタゴンの計画立案者よりもソ連の情報機関の方がおそらくは詳しく知っていただろうと思われるほどトルーマン大統領が情報を統制したことも、そうした傾向を助長した。ふさわしい態度とは如何なるものかということについての自己イメージも健在だった。民主主義国家は自分からは戦争を始めないのだとすれば、あからさまな挑戦もないのにそれを開始すると脅すことは容易ではなかったのである。

しかし、我々はこうした議論を過度に重視すべきではない。なぜなら、民主主義国家あるいは専制国家のいずれの手の内にあれ、核兵器自体のもつ特徴の一つがこの時点ですでに作用しはじめていたからである。すなわち、そのような兵器をまだ所有していない時にはそれを必要とする理由を考えつくことは容易だったが、それをいったん手にした暁には、それをどう使用するのかを理解することが困難となった。スターリンもトルーマンの場合と同様に、直ちにこの問題に直面することになるのである。

V　ソ連の核兵器開発とトルーマン政権

ソ連の核実験に対するトルーマン政権の反応は、その四年前にスターリンがアラモゴードや広島、長崎からの知らせを受けた時とほぼ同様であった。米ソとも双方が原子兵器を開発中であることは察知していたが、いずれの場合にも、予想していたよりも早く相手が現実の能力を獲得することになった。たとえ実験成功のタイミングが折り込み済みのものであったとしても、その心理的衝撃を予想することはできなかった。アメリカは、ソ連が原爆開発に成功するまで五年から二〇年の時間が必要であろうと予測していたのだが、毎年その予想年限を先へ延ばすという悪しき習慣に陥っていた。[98]その結果、ソ連が原爆の完成を四年でやってのけたという事実は衝撃以外の何物でもなく、またそれは、ソ連がすぐれたスパイ網を通して察知していながらも一九四五年の夏に受けた驚きと同様であった。今や二つの核保有国が存在するようになったという事実に対するトルーマン大統領の最初の反応もまた、先のソ連の態度と類似していた。重大な変化が起こったのではないという訳である。彼は「ゆくゆく他国がこの新兵器を開発することは予想されていたことであり、我々はその可能性を常に考慮してきた」と述べ、国民を力づけたのであった。[99]

しかしトルーマンはスターリンとは異なり、おそらく民主主義体制によることからであろうが、あまり長くは無関心を装うことができなかった。一九五〇年の初めまでに、彼はこの新しい状況に対処するためにいくつかの方策を講じたが、それらが一緒になって核兵器に対する依存を増すと同時にまた減らす効果をもつことになった。トルーマンが生み出したのは戦略ではなく混乱であった。大統領とその補佐官たちは、一九五三年に政権を離れるとき、一九四九年と同じく実際に核兵器をどう扱うことができるのかよく理解していなかった。

アメリカはまず原爆を増産することで二大国が核兵器を保有するという二極の世界に対応したが、これはたとえ一九四九年八月にソ連が核実験を行わなくても起こったと思われる反応であった。予算上の制約からペンタゴンが次第に核攻撃能力に依存せざるを得ない状況に置かれていたまさにその時に、技術の大幅な革新によって、より少量の核分裂物質でより強力な核兵器の開発が可能になっていた。ソ連の核実験の成功はこうした過程を加速させただけであった。ソ連の核実験が成功したとき、アメリカはほんの二〇〇発程度の原爆を保有していたが、程なくずっと多くの原爆を保有することになったのである。[100]

アメリカの次なる反応はもっと劇的なものであった。アメリカが先に進まずソ連がそうした場合を憂慮した、すべてではないにせよかなりの原子物理学者からの圧力を受け、トルーマン大統領は一九五〇年の一月の終わりに、核分裂ではなく核融合に基づいた、新たな、一層強力な兵器の開発に関する研究を認可した。一九四二年以来アメリカの物理学者たちはこのような「超特大爆弾」が理論的に可能であると理解していた。そうした爆弾の持つ驚愕すべき意味合いに気づいたためか、あるいは開発方法に関する不透明さのためかはともかく、マクジョージ・バンディが述べたように、彼らは「この問題についての慎み深い沈黙の申し合わせ」を守っていた。大統領自身は、どうやら一九四九年の一〇月までその研究について何も知らされていなかったようである。[101]

補佐官の間に深刻な意見の不一致があったにもかかわらず、[102]トルーマン大統領にとって、ソ連がこのような兵器を開発可能であることがいったん理解されると、この兵器の製造を決定することはきわめて簡単であった。彼は核の国際管理が実現可能だとはもはや信じていなかった。トルーマン大統領のスターリンに対する疑念は今や、四年半前にスターリンが原爆製造に関して全面的な努力を命じたときにトルーマンに対して抱いていたものと同じものであった。ソ連が熱核兵器を保有しているにもかかわらずアメリカが保有していない場合、ソ連が熱核兵器外交を展開しないという保証は何もなかった。一九五〇年一月三一日、水爆を製造するとの声明に署名した時、トルーマン大統領は、アメリカがギリシャとトルコへの援助を決意した際に誰もが世界の終末を予想していたと述べた。「しかし、我々は実際援助を進めたが、世界は破滅しなかった。今回もまた同じである」[103]。

しかしソ連の原爆実験成功に対するトルーマンの反応として最後に指摘すべきは、核兵器の有効性をあまり強調しないようにしたことである。一九四九年の晩冬から一九五〇年の初春にかけて起草されたNSC六八では、財政的影響を度外視して通常戦力の大幅な増強が主張され、新兵器のための軍事的目的を見出すのが困難であることが暗に確認された。この文書の起草者たち――ポール・ニッツはその中で最も影響力があった――は、「我が国の全般的な航空、陸上および海洋戦力、そして同盟国の戦力を、我々が軍事的に過度に原子兵器に依存することのない水準にまでできるだけ早急に増強する」必要があると主張したのである。

NSC六八は、核分裂兵器の増産に関しても水素爆弾の製造に関しても異議を唱えることはなかった。しかし、この文書は、核保有国が二つ以上存在する世界における核による脅しの信憑性の問題について初めて言及したのであった。危険なのは、「直接攻撃を受けないならば原子戦争を戦うことを望まないという我々の意図を計算したうえで、他国に対して段階的に行われる侵略」であった。その結果、「降伏するか、世界戦争に突入するかのいずれかの選択しかない」[104]ことになる恐れがあったのである。この議論には二つの逆説が存在した。つまり、核兵器の数が増え、より強力になるとともに、それはより使用できにくくなったということであり、また、核兵器がより使いにくいものになるにつれ、相手の使用を抑止するという目的のために、それがますます多く必要とされるようになったということである。論理というものは、この分野においては一般のそれではなかった。

当時存在し、そしてそれ以後もずっと見られたのは、一九四九年から一九五〇年にかけてのアメリカの決定が新たなかつ致命的とさえいえる軍拡競争に火を付け、その結果、国際管理に向けて残されていたかもしれない新たな取り組みの可能性を封じてしまったのではないかという大いなる苦悩であった。[105] もっとも、水素爆弾に関する限り今日証拠は明白であり、ソ連はアメリカより先に熱核兵器の開発に着手したのである。いかなる理由であれ、つまり権威主義的な社会の特質からであれ、科学文化の相違からであれ、またはその両方からであるにせよ、ソ連においてはアメリカとは違って核分裂兵器と核融合兵器との区別は重要ではなかった。[106] 他の誰にも増してソ連の「超特大」開発に貢献したアンドレイ・サハロフは、死を迎える直前に次のように無愛想に語った。

> ソ連政府は（または、より適切にはスターリンやベリヤ、またはその仲間など権力の中枢にいた者は）、すでにその新開発のもつ潜在的可能性を理解しており、彼らにその開発の推進を思いとどまらせることができるものは何もなかった。仮にアメリカが熱核兵器の開発の放棄あるいは中断へ向けていかなる動きを示していたとしても、そうした行為は狡猾な欺瞞策か、あるいは愚鈍さと弱さの証と見なされたであろう。いずれにせよソ連の反応は同じであったはずだ。すなわち、罠の可能性を未然に避け、敵の失態に一刻も早くつけ込むということだ。[107]

ソ連の核の歴史に関する最も綿密な研究者は、「水素爆弾を開発するという決定は次に来るべき必然的な段階であったし、アメリカで生じたような鋭い自己分析など何も引き起こさなかった」[108] と結論している。

VI　原子爆弾の物理と心理

二大国が原子爆弾を所有し、双方にすでに熱核兵器を開発する計画があったにもかかわらず、戦争の実行可能性そのものが問題とされることはまだなかった。一九五〇年代に入ってからも、モスクワとワシントン双方の軍事計画立案者は、第三次世界大戦が万一勃発してもそれは第二次世界大戦と大きく異なるわけではないという、安堵感を与える考え――このような場合の安堵感に意味があるかどうかはさておき――にしがみついていた。

古い発想の枠組みはそれを生んだ条件が存在しなくなった後も長く存続するものであり[109]、この傾向がソ連とアメリカの戦争計画にも現れていたことが今日では明らかである。デイヴィッド・ホロウェイは、米ソ双方の戦略家が未知の兵器である原子爆弾に対して既知の観念をもって適応しようとした、という驚くほどの類似性を実証している。深淵を目の前にすると、その深さを最小限に見積もりたくなるのがおそらく自然なのだろう。米ソ両国はいかなる新たな世界戦争においてもそうした兵器の使用を想定していたが、両国ともそれが決定的な存在となるとは見なしていなかった。米ソ両国の通常戦力における非対称性によって――ヨーロッパでは赤軍が圧倒的ではないにしても充分に地上兵力の面で優位であり、アメリカは海空軍において圧倒的に優位であった――将来の戦争は第二次世界大戦型になるであろう、と戦争計画立案者は予想した。ソ連がヨーロッパの大半と、おそらくは中東や北東アジアの要域をも占領する。アメリカ、および生きのびた他の同盟諸国は、まず戦略爆撃で反撃し、そしてそのずっと後になって、奪われた領土を奪還するために進攻することになる。またソ連は効果的な長距離爆撃能力を欠き、不充分な海軍しか持たないことから、外部からの攻撃に対して依然として概ね安全であるアメリカでは、その間、一九一七年から一八年、一九四一年から四五年までと同じく、いわば「兵器廠」が戦争遂行のために必要な軍需品と人員の大半とを供給する。核ではなく伝統的な軍事能力が最終的にどちらの側が勝利するかを決定するだろう、ということなのであった[110]。

かつて日本に降伏を強いたのがわずか二発の原爆のもつ決定力であったことを考慮すると、右で述べた姿勢はもはや古くさく愚かであるとさえ思われるかもしれない。しかし、原子兵器の物理的な効果がこれほどまでに革命的であることは、米ソ双方の軍事専門家にとってそれほど明確ではなかった。広島と長崎の廃墟を視察したソ連の関係者は、一九四六年のビキニ環礁での核実験を目にした者と同様、新兵器の力に畏怖の念を感じたが、それが戦争そのもの、戦争における生き残りの可能性を考えられないものにしてしまうほど強力なものであるとは見なさなかった。[111]原爆の結果を直接目の当たりにしたアメリカ人の中には、同じ結論に達した者もいた。たとえばポール・ニッツは、焼夷弾による東京やその他の都市に対する空襲は、少なくとも原爆と同じぐらいの荒廃をもたらしており、原子爆弾の持つ意味は将来の戦争行為に対してもたらす重大さではなく、効率の良さにあることに注目していたのである。[112]さらに、広範囲に分散しているソ連の攻撃目標と日本のそれとの間には類似性がほとんどなかった。ホロウェイが指摘しているように、アメリカは一九四九年の時点でアメリカが保有しているおおよそ二〇〇発の原子爆弾すべてを投下した際に生じる損害を試算したが、一九四一年の独ソ戦における最初の四ヵ月間にソ連が被った人的損害と物理的被害は、その試算を上回っていたのである。当時のソ連の情報機関も同様の試算をしていたように思われる。[113]

しかしながら、心理的な影響を知るには異なる面からの計測が必要であった。これは軍人ではなく政治指導者の領分だった。原子爆弾は戦略兵器であると同時に恐怖心を抱かせる兵器であり、日本人が誰よりも理解していたように、これほどの恐怖心を抱かせるのはこの兵器が持つ効率性であった。原子爆弾の軍事使用を命じた唯一の人間は始めからこのことを理解していた。トルーマンは、戦争を遂行するためのこれらの新手法について、物理的な面の考慮と心理的な面の考慮とを分離することが可能であるとは決して考えつかなかったし、その結果、それらの兵器を革命的なものとして扱うことを力説したのであった。恐怖心を利用することについてはお手のものだったスターリンもまた、心理的な観点から原爆について考えていた。したがって、死に物狂いで核開発に努めていたときでさえ、この兵器の重要性を軽視するという彼独自の「原子外交」が生まれ、それゆえに、いったんそれを手に入れると、以前より一層安全ではなくなったのではないかと恐れたのであった。

したがって、仮に一九五〇年に米ソ戦争が起こっていた場合の結果をどう推定するかは、そうした物理的な効果と心理的な効果とのバランスをいかに考えるかということ次第となろう。物理的な観点からすれば、この二つの超大国は非対称的ではあっても比較的対等な競合関係にあった。それはたとえてみれば虎と鮫の対決のようなものに、あるいはむしろナポレオン戦争におけるフランスとイギリスとの関係に似たようなものであって、軍事的能力の非対称性のために相手との直接交戦の機会がしばらくの間は回避され、故に勝敗も先延ばしにされるということになった可能性がある。しかし、こうしたことは実際に双方にとっては何事にも動じない強靱な神経が必要とされたであろう。英仏海峡へと殺到するソ連の電撃戦や、わずか二、三発の原子爆弾によるモスクワあるいはレニングラードの消滅がもたらす心理的な結果を推測することの方がはるかに困難なのである。

しかしながら、時はソ連に味方しなかった。アメリカによる原爆の増産は、物理的な側面と心理的な側面との間にある溝を次第に埋めつつあったのである。わずか二〇〇発の原子爆弾でソ連を敗北させることは実際には困難であったかもしれないが、アメリカは一九五〇年の終わりまでに二九九発、一九五一年には四三八発、一九五二年までには八四一発を保持していたことは、今日我々が知るところでもあり、おそらくスターリンもスパイからの報告によって当時承知していたであろう。他方、ソ連は、スターリンが死んだ年に約五〇発の原子爆弾を保有していたに過ぎず、アメリカに比べると約一七対一で劣勢にあった(114)。したがって、ソ連が獲得した原爆の物理的な能力がスターリンに心理的な安心感を与えることはほとんどなかったであろう。トルーマンと同様、彼も核兵器を手にして、それが本当に良いものであるのかを訝ったに違いない。

Ⅶ　朝鮮戦争と核の現実（一）

一九五〇年六月の朝鮮半島における戦争の勃発は、核時代の現実を露呈した最初の機会であった。朝鮮戦争は、最も絶望的な軍事的状況にあるときでさえ原子爆弾の使用がいかに厄介なものであるかを示した。このような視角からすれば、原爆はこの紛争の結果にはまったく関係がなかったことになる。しかし別の視点からすると、原爆は決定的に重要なものであった。というのも、朝鮮戦争は冷戦下の熱戦がどのように戦われるかを決定したからである。アメリカもソ連も互いに直接対決したり、利用可能なすべての戦力を投入したりすることはせず、その代わりに紛争をそれが起こった戦域内に閉じこめておくようにすることが、すぐに決まり事のようになった。激しく敵対する者の間における暗黙の協調というこうした様相は、双方が核兵器を保有していなければ生じ得なかったであろう。

朝鮮戦争の間にソ連が示した慎重さは理解しうるものである。スターリンが金日成に韓国への攻撃を許したことはたしかに軽率であったが、いったん自分の行動がアメリカの予期せぬ軍事的反応を引き起こしたことが明らかになると、彼は過剰といえるほど慎重になった。ソ連は戦争勃発時にはたとえあったとしてもほんのわずかの使用可能な原子爆弾しか保有していなかったし、アメリカ領内の攻撃目標にまで到達し得る運搬手段については皆無であった(115)。侵攻に先立ちスターリンが北朝鮮に対して、アメリカが実際に介入した際には中国人に救援を請うよう警告した時、彼の脳裏にはこうした核攻撃能力の不備が存在したことは確かである。同じく、国連軍の仁川上陸後、スターリンがソ連にはまだ第三次世界大戦を闘う用意がないと中国側に宣告したことや、また、彼が北朝鮮の敗北とウラジオストック近辺での米軍の存在を甘受する姿勢をみせたことなども、それによって説明できよう(116)。さらに、中国と北朝鮮の部隊を支援するためソ連空軍が広範に参戦していたことは今や周知だが、スターリンがこれを隠蔽するために異常とも思える努力を払ったことについても同様である(117)。中国は、原子爆弾に関する情報についてはロシア人ほど詳しくなかったので、その兵器を発明した国との戦いにより強い意欲をみせた。最終的に、朝鮮半島において起こり得るとスターリンが最も恐れていたことを回避できたのは中国人の犠牲によってであり、ソ連による核攻撃能力の獲得によるものではなかったのである。

核兵器に関する中国人の思考は著しく矛盾したものであった。毛沢東はかなり前から、「人々を恐怖に陥れるためにアメリカ反動主義者が用いる張り子の虎」であるとして原子爆弾を切り捨てていたし、アメリカが中国を侵略するかもしれないと懸念した際、核兵器の使用もありうると認識しつつも、通常兵器の使用を重視していた。いずれにせよ、桁外れの人的資源を常に拠り所にすることができたので、中国にとってアメリカの技術的優位はほとんど意味をなさなかった。「緑におおわれた山々がある限り、薪の心配をする必要はない」ということだったのである。朝鮮戦争勃発後、毛沢東はアメリカの核兵器が役に立たないことを故意に——一貫性を欠く言い回しで——あざけった。

「我々は、お前たちが原子爆弾を使うことを許さない。しかし、もしそれを使うというのなら、使ってみるがいい。お前たちは自分の選んだ道を進むことができるし、我々もまた自らの道を進むであろう。原子爆弾を使えばいい。私は手榴弾で応じるであろう。私はお前たちの弱点を捕捉して、最後に打倒してやる」。

毛沢東はまた、「我々は原爆を保有しておらず、したがって彼らを止めることはできないのだから、相手がそれを使用するのに任せざるを得ない」、しかし「我々は恐れはしないし、ただ覚悟しなければならないだけだ」と八月四日に政治局の会議で告白している。そうした覚悟の一部として［核兵器を］軽視することも必要とされた。アメリカの原子兵器は「二、三〇〇〇トンのTNT爆薬に等しいに過ぎない」と、二ヵ月後に中国の報道機関は快活に言い放った。朝鮮半島における中国の将校らは「そのような爆弾は実戦では使えない」と教えられ、ある雑誌は、それらの兵器が使用する者に破滅をもたらすであろうと確信をもって主張したのである。

しかし、アメリカの原子爆弾を過小評価していたときでさえ、毛沢東はアメリカを威嚇するためにはるかに初歩的なソ連の核兵器に期待を寄せていた。彼の頭には、中ソ同盟が常にアメリカを牽制する目的を持つという考えがあったが、今や、それが朝鮮半島においてアメリカによる最も強力な兵器の使用を阻止するということになったのである。毛沢東が朝鮮戦争への介入を命令する直前に、ある中国紙の論評は「我々に対して原子爆弾を使用することを怖れるべきはアメリカである。なぜなら、その極度に集中した産業基盤はソ連の核報復に対してより脆弱であるからだ」と述べた。[124] 毛主席がこのような初期段階の「拡大抑止」の概念を信じていたのか、あるいはただ単に不安を抱く部下を安心させようとしていたのかどうかはわからない。しかしながら注目すべきことは、中国の指導者の間では一九五二年の秋になっても、「アメリカが国際世論の圧力の下にあり、ソ連の核報復によって抑止される」という理由から、朝鮮半島では戦術核兵器よりも強力な武器の使用を差し控えるであろうとの確信が存在したことである。[125] さらに指摘すべきことは、二年後の第一次金門馬祖〔台湾海峡〕危機の期間に、中国の台湾奪回を援助するためにアメリカとの戦争の危険を冒すことはないという姿勢をソ連が明らかにするまで、毛沢東が自らの原爆開発計画を開始する必要を認めていなかったということである。[126] ソ連の核の傘がいかに小さく穴だらけであるかを悟ったとき、彼は初めてその下で安閑としていられなくなったのである。

しかし、最も説明が難しいのは、朝鮮戦争におけるアメリカの核兵器に対する姿勢である。ソ連の核攻撃能力が依然として低いものであったので、朝鮮戦争勃発時において、アメリカは実質的に原爆の独占状態を保っていた。[127] 北朝鮮の開戦劈頭の攻撃やその後の中国の介入によってアメリカ軍が経験した敗北は、その軍事史上かつてない屈辱であった。[128] 限定戦争下での核兵器使用に関するタブーは——実際にまさに「限定戦争」という概念そのものが——まだ定着したものとなってはいなかった。朝鮮戦争がそうした原則を定義することになったが、戦争勃発時においては、この戦争の遂行がそれらの原則を反映するようになると予期する理由はほとんどなかった。[129] そうした原則は、世界で最も経験豊かな核保有国が、その新兵器によって今や可能となった戦争の態様を学んだことから生まれたのである。

トルーマン政権は、朝鮮半島において原子兵器の優位性を有利に使おうとしたが、決して成功しなかった。一つの問題点は、適切な攻撃目標がなかったことである。原子爆弾は第二次世界大戦中の戦略爆撃にその起源をもち、産業施設や交通輸送網、軍事拠点に対する使用を意図したものであって、背中に背負えるほどのものしか持たずに山道に沿って進む農民の軍隊を阻むためのものではなかった。そのような戦争において、原爆投下がはたして決定的な効果をもたらすか否かはまったく明確ではなかった。すなわち、敵は進撃を続行するかも知れず、そうした場合、原爆が無効であることがあからさまになり、世界の他の場所でのその有効性をも損なう可能性があった。[130] 一九五三年一月、驚くほど事情に精通しているソ連情報部の報告書は次のように述べている。

アメリカの軍指導者は、朝鮮半島における原子爆弾の使用について、その実効性を確信していない。彼らは、もし原子兵器の使用がアメリカの真の優越性を保証しないのであれば、その威信に最後の一撃が加えられることになるであろうと恐れている。さらにこうした場合には、残余の原子兵器が、威嚇手段としての重要性を著しく失うことになると彼らは確信しているのである。[131]

要するに原子爆弾の使用で意図した結果が得られないかもしれないという危険を冒すよりは、それをまったく使用しない方が得策であるということである。

アメリカの政府高官が、核の優越性にもかかわらず、依然としてソ連との戦争を懸念していたということも指摘できよう。実際にここでの主な関心事は、中国が攻撃された場合、ソ連が支援のために参戦する義務を課していた中ソ条約であった。朝鮮半島内の中国軍部隊、または満洲の兵站施設に対する原爆の使用が、この戦争にソ連を介入させることになるかもしれなかった。アメリカ政府はスターリンがそうした結果をどれほど避けたいと思っていたか、ということにほとんど気づいていなかったのである。もしそうした戦争になれば、ソ連空軍は日本、あるいは韓国を爆撃するであろうし、一層危険であるのは、ヨーロッパあるいは中東地域のような、より死活的に重要であるが依然として無防備であった地域にまで戦闘が拡大しかねないということであった。それは、朝鮮半島における戦争を枝葉の問題にかえてしまいかねない見通しだったのである。[132] 毛沢東とスターリンが署名した条約は双方が求めていた抑止力を提供した。それと同時に、アメリカがソ連に対して保持していた核兵器とその運搬能力における優位は、この場合

ほとんど意味をなさなかったことになる。(133)

しかし、そもそも原子爆弾を他のすべての兵器から区別することになる特徴の中に、もう一つの難点があった。トルーマン大統領自身は広島と長崎の破壊に関して不眠症に陥ることはなかったと主張したものの、その彼が、同じような決定を二度と下す必要がないように望んでいたことを示す多くの形跡もある。どこであれ他国――特にソ連――が核攻撃能力を持つ限り、アメリカもまたそれを持たなければならなかったであろうが、それは決して将来における実戦での自動的な使用を意味するものではなかった。大統領は非公式にではあるが、「できることなら、原爆を決して再び使用しない」と一九四九年に断言していた。(134)また逆説的ではあるが、職業軍人気質のようなものも核兵器の使用を思いとどまらせていたかもしれない。軍人は慣れ親しんだ戦闘方法を変更する恐れのある科学技術に対して、しばしば心理的な抵抗――時には道義的嫌悪感のようなものさえ――を感じてきた。(135)このような本能的な勘が、朝鮮半島における原爆投下目標の選定についてアメリカの統合参謀本部があれほど困難を覚えたことと関係があった可能性もある。

しかし、たとえトルーマンと配下の将軍たちが、朝鮮半島で原子兵器を使用することに対してためらいをもたなかったとしても、同盟国はそうではなかったであろう。何といっても、朝鮮半島における軍事行動は国連旗の下に行われた多数国による企てであり――スターリンは予測していたかもしれないが(136)――そのことがアメリカの行動の自由を抑制していた。トルーマン大統領が、一九五〇年一一月の記者会見で朝鮮半島における核兵器使用が常に「考慮されてきた」と不用意に発言したとき、驚いたヨーロッパ諸国は、もしアメリカがそのような行動を取った場合に払うべき代償が、朝鮮半島にとどまらず他の地域においても同盟国間の結束を揺るがすものになるとの態度を明らかにした。(137)スターリンは、この問題について翌月にワシントンで開催された極秘の英米協議に彼のスパイである「ロナルド・」マクリーンがまたも関与していたことで、ほぼ確実にその重要性を認識していただろう。(138)

それでは、朝鮮戦争の間、トルーマン政権は核兵器を実際のところどう扱ったのだろうか。この政権は、NSC六八の方針にしたがって、核および通常戦力を著しく増強する大規模な再軍備を正当化するためにこの戦争を利用した。また、グアムの米軍施設に対してだけでなく、一九四八年を再現してイギリスの基地に――今回は核仕様だが原爆を実装していない――B29爆撃機を展開した。一九五一年春のダグラス・マッカーサー将軍の解任後、トルーマン政権は核兵器をグアム基地の爆撃機に搭載するために移送することさえしたが、それらはその後直ちにアメリカ本土へ送り返された。核兵器使用の含意を伴いつつ、中国への戦線の拡大が定期的に語られた。しかしどの時点においても、朝鮮半島であれ他の場所においてであれ、核兵器の使用が明白に威嚇として用いられることはなかった。[139] そして、我々が現在知る限りこれがすべてであった。トルーマン政権は、その唯一の核の競争国に対する優位性がその後のいかなる時点よりも大きかったにもかかわらず、それ以上のことをしなかったのである。

Ⅷ　朝鮮戦争と核の現実（二）

核兵器の使用をめぐる曖昧さに関して、当初、ドワイト・D・アイゼンハワーと国務長官ジョン・フォスター・ダレスはトルーマンと同じ意見ではなかった。ダレスは一九五二年の選挙運動中から、アメリカの軍事力を「戦争突入後の戦争遂行の単なる手段としてではなく戦争の抑止力」とするような「大胆な政策」を声高に求めており、選挙の頃までには、懐疑的であったアイゼンハワーを説得して、核兵器に依存することによってのみ封じこめ政策の有効性を長期間、妥当なコストで保つことができるということを受け入れさせた。二人とも、朝鮮戦争がいつ果てるともなく膠着状態に陥っているのは、トルーマンが戦争を終結させるために必要なすべての手段を用いなかったためである、と信じていた。新政権はなしうる限り迅速に、事態を改善させるべく決意していた。[140]

アイゼンハワーとダレスは、朝鮮半島での戦争が長期化すれば核兵器の使用があり得ると脅したことを記憶しており、実際にこのような脅しが一九五三年の七月に北朝鮮と中国の共産主義勢力とを休戦協定に調印させることになったと確信していた。ダレスは「我々は、より激しい戦争に対して準備を整えていた」とその数ヵ月後に回想している。「我々は原子兵器を放つための手段をすでに戦域に投入していた。中国側はすぐれた諜報源によってこのことを知り、我々は実際、彼らがそれに気づくことを望まないではなかった」。後年アイゼンハワーは、中国がなぜ朝鮮半島での休戦を受諾したかということについて質問され、「原子戦争の危険」であったとぶっきらぼうに答えている。(141)

しかしながら、原因と結果がそのように密接に関係していたかどうか顧みて検討してもあまり明白ではない。国家安全保障会議は、アイゼンハワー政権の最初の数ヵ月間に、朝鮮半島における核兵器使用の可能性について実際に議論をしていた。大統領自身が核兵器を「我々の武器庫にある一つの兵器であるにすぎない」と語った記録がある。他方、ダレスは、「原子兵器を特別な範疇に入るものとして、他のすべての兵器から切り離」した「誤った区別」――モスクワによって喧伝されたと彼は陰気に指摘した――を撤廃する必要性を強調した。しかし、アイゼンハワー政権は、戦闘が依然として進行している間に本気で使うぞと脅すことについて、前政権と比べてより明確な態度を示したわけではなかった。その最も明確な警告は休戦後になされ、しかも、休戦協定違反に対していかに応ずるかという文脈においてであった。アイゼンハワーは、海外に配備するために組立の完了した原爆を軍に引き渡すことを実際に裁可した。しかしこれが行われたのは休戦成立のほんの直前であり、またそれは核兵器取扱手続きにおける全般的な変更の一部としてなされたものであって、ダレスが後に述べているのとは異なり、中国に圧力を加えるための計画の一部ではなかった。朝鮮戦争の最後の数ヵ月における核使用計画は、歴史家のロジャー・ディングマンが記したように「明確なというよりは散漫な」ものであった。(142)

さらにこうした核使用の可能性が、中国の共産主義勢力に影響を与えていたというような証拠もない。中国当局は、朝鮮半島におけるより攻撃的な戦略を主張した選挙中のアイゼンハワーの発言を実に注意深く見守っていたが、――依然として、ソ連の原子爆弾がアメリカを抑止するであろうと確信して――それが核攻撃ではなく水陸両用作戦を予告するものと解釈していた。(143) 後年、朝鮮半島においてアメリカが核を用いて威嚇していたことへの対応について訊ねられると、中国高官はそのようなことを聞いたことさえなかった、と語った。ダレスが原子兵器とその運搬手段の移動を北京への警告として実際に意図していたとしても、明らかに受け手側は見逃していたのであった。(144)

それではなぜ朝鮮戦争は終結したのか。スターリンが死去したからである。すくなくとも今ではそう思われる。振り返ってみると、あの戦争がソ連の利益をどのように損ねたかを容易に理解できる。(145) しかしクレムリンの老齢の独裁者は状況を同じようには見ていなかった。彼は一九五〇年の秋、戦争が拡大してソ連が巻き込まれるのではないかと懸念していた。おそらくこのような危険を減ずるためであろうが、彼は一九五一年の六月に、北朝鮮と中国、および国連軍の間で休戦交渉が開始される際に主要な役割を演じた。(146) おそらくはアメリカの交渉態度が、特に中国と北朝鮮の戦争捕虜の強制送還問題をめぐって次第に頑なものになり、それが休戦交渉を長引かせ、ひいては戦闘を長期化させたのであろう。(147) しかし、たとえそうであっても、こうしたことからスターリンが朝鮮戦争の終結を切望していたということをすべて説明できるものではない。新たな証拠は、実際、一旦戦線が膠着したならば、彼が戦争を長期化させることを望んでいたことを強く裏付けている。一九五一年六月、スターリンは毛沢東に「朝鮮半島での戦争遂行を急ぐべきではない」との電報を打ち、これは中国側にとって経験を積むのに有益ですらあるとしていた。

というのは、長期化した戦争は、第一に中国軍に対して戦場で現代戦を学ぶ機会を提供し、第二にトルーマン政権の国内基盤を揺るがし、また英米軍の軍事的威信を傷つけるからである。(148)

続く一一月、スターリンは毛沢東に対して、中国と北朝鮮が「交渉において一貫して柔軟な戦術を用いる」べきだが、同時に、「強硬路線を保ち、性急な態度を見せたり交渉の早期妥結に関心を示したりしない」ことを指示した。(149)

金日成は一九五二年七月までに、「敵はほとんど大した損失も被ることなく、絶えず我々に莫大な人的物的被害を与えている」(150)と不平をもらすようになっていた。しかしその時点ですら、スターリンは戦争を終結に導くつもりはなかった。翌月、彼は周恩来に「戦争で被った死傷者以外、北朝鮮は何も失ってはいない」と語っている。もちろんそうした死傷者の数は「多かった」が、――スターリンは中国側の死傷者については何も語らなかった――この戦争がアメリカの弱さを暴露したので、帳尻は合うというのである。スターリンは次のように語っている。

アメリカ人は商人であり、すべてのアメリカ軍兵士は売買に没頭する投機家である。ドイツ人はフランスを二〇日で征服したが、アメリカは二年もたつというのに小さな朝鮮半島を征服できないでいる。強いといってもこの程度だ。アメリカの第一の武器とは、……靴下やタバコ、その他の商品である。アメリカは世界を屈伏させようと望んでいるが、小さな朝鮮を征服できないでいる。

さらに、スターリンは「いや、アメリカ人は戦い方を知らない、原爆や空軍力に信頼を置いているが、それで戦争には勝てない」と主張した。(151)

おそらくスターリンの後継者たちはソ連の長期的な国益についてより分別のある見方をしていたので、前任者より楽観的でもなく、しかも残忍でもない見解をとった。彼らは西側諸国との緊張緩和の可能性を模索することを切望し、朝鮮をその出発点と見なしたのである。(152)一九五三年三月の老独裁者の死去から二週間を待たずして、ソ連邦閣僚会議は毛沢東と金日成の双方に次のようにその見解を知らせた。

この問題について、現下の政治状況に合致し、かつ我が人民の最も深遠なる利益が要求するような変更を加えることなく今まで続けられてきた路線を継続するとすれば、それは誤りであろう。ソ連、中国および北朝鮮の人民は、確固たる和平に関心を持ち、朝鮮における戦争を可能な限り早期に終結させる受け入れ可能な方策を常に模索してきたのである。(153)

約言すれば、スターリンの戦争目的が何であったにせよ、彼の後継者たちには和平を結ぶ用意があったのである。

疲弊した北朝鮮に否やはなかったし中国も同様であった。ソ連は初めから両国が求めるほどの軍事的な支援は提供してこなかったが、——代金の支払いは要求していた。北朝鮮や中国の経済は危険なほど無理をしすぎていた。[154] 国連軍側の頑強な抵抗によって、アメリカを朝鮮半島から排除するという毛沢東の誇大な計画は、かなり前から放棄されざるを得なくなっていた。一九五四年にアメリカ国防省は中国とアメリカの死傷者数の比は一〇対一と推計しており——誇張されていることは確かだが——中国側自身もそれが三対一であったことを認めている。[155] そしてアイゼンハワー政権の公式の場での声明から、北京政府はもし休戦を受け入れなければ、たとえ核戦争にはならないにしても直ちに戦局が拡大してしまうかもしれないという、少なくとも漠然とした感触を得ていたのかもしれない。[156]

毛沢東には、軍事的手詰まりを勝利として扱う選択肢があった。彼は権威主義的指導者として、西側の民主主義体制の指導者に比べて、その発言の内容により柔軟性を与えることができたのである。たとえ毛沢東が介入初期の勝利によって、——同じ状況下にあったマッカーサーのように——誇大妄想に陥っていたとしても、朝鮮半島における根本的な目標は、中国の人民が西側の帝国主義者に対して「決起した」ことを誇示することにあった。毛沢東は一九五三年九月に「今回はアメリカ軍を実際に試すことができた」とうそぶいていた。「もしこうした接触がなければ、ただ怖れることになってしまうが、我々は三三ヵ月にわたって戦い、彼らを完全に知ることができた。アメリカ帝国主義は、それほど畏怖すべきものでないし、ただそれだけのものである[157]」。

それでは、朝鮮戦争において核兵器は重要な役割を担ったのであろうか。ある面では、それに対する答えは、まったく役割を果たさなかったというものであるにちがいない。朝鮮半島において、南北朝鮮と中国、アメリカとその同盟諸国が、核兵器が存在していなかった場合の戦闘方法とわずかでも違うように地上戦を戦った、ということを示すことは困難である。兵器の力とその実戦への適用との間のギャップがその兵器を使用できなくなるほどに大きくなったために、毛沢東はまさにそのようなものとして核兵器を扱うことですんだのである。

しかしもう一つの見方をすれば、核兵器は大変に重要なものでもあった。というのも、核兵器がなければ、朝鮮戦争は実際のような限定戦争にはとどまらなかったかもしれないからである。周恩来を前にした時の態度とは裏腹に、スターリンは、アメリカの原子爆弾を張り子の虎と見た毛沢東の公式見解に対して実際には同意していなかったと考えることができる。[158] 後年フルシチョフはスターリンのことを回想して、「彼がいかに恐怖で震えていたことか」と述べている。「彼は戦争を怖れていたし、アメリカよりも我々の方が弱いことがわかっていた。アメリカには大規模な核戦力の蓄積があったが、我々は一握りの核兵器しか持っていなかった」[159]。アイゼンハワーはこのことを確実に知っていた。「彼らはものすごく恐れているに違いない」と、彼は朝鮮戦争の休戦直前に新しいソ連の指導者について述べたのである。[160]

しかしアメリカ側もまた用心深く振る舞った。アメリカは中ソの提携がソ連の核戦力――まだ初期の段階ではあったが――と結び付いていると認識していたために、核の優位性を確保していたにもかかわらず中国への戦争拡大を控えたのである。同様に、充分な証拠があったに違いないのだが、朝鮮半島へのソ連空軍の参戦を問題視しないようにした。[161] ワシントンもまた、核時代における戦争の拡大によってもたらされる事態を恐れていたのであった。後にアチソンは、「最終兵器の使用へと持ち込まないような形で武力行使をする用意をしなければならない」と説明している。「もし武器の使用を制限しないならば、世界は消滅するだろう」[162]。

この新兵器がその価値を証明したのは、まさにこの意味においてであった。核の存在は敵対する双方を脅えさせ、戦争を拡大させることの危険について再考を――実際には何回もの熟慮を――迫った。決して信頼しうる心理の働きではない常識というものを除けば、核兵器が出現する前の時代では、小規模な紛争が大国を巻き込み大戦争へと拡大することを阻止する方法はほとんどなかった。核兵器は潜在的な暴力のレヴェルを増大させたが、相互を信頼する他の基盤を持たない敵対者間においてさえ、理性ある行動を、あるいは思慮分別さえをも強く促したのである。[163]

IX　相互脆弱性の時代へ

一九五二年一一月一日、アメリカは、爆風に耐えるにはあまりに脆弱な太平洋上のとある環礁で世界初の熱核爆発装置――実戦に供しうる兵器ではなかったが――を爆発させ、わずかに地球の表面の形を作り変えた。しかし、トルーマン政権によるこの最後の技術的業績はほとんど祝福されることはなかったし、大統領自身もまるで恥ずべきことのように受け止め、この実験のことを二週間後まで公表することさえしなかった[164]。水素爆弾の製造に賛成していた者でも、今回はこの兵器がソ連に対する永続的に有利な立場をもたらすであろうと期待する向きはほとんどなかった。そして、その判断はわずか九ヵ月後の一九五三年八月一二日に、ソ連が自らの初歩的な熱核爆発装置――これもまた実戦に供しうる兵器ではなかったが――を爆発させたときに裏付けられた[165]。一九五五年の終わりまでに、両国とも完全な実戦用の熱核兵器とそれを投下できる長距離爆撃機を所有することになった。またほとんど即座に互いの領土にまでこの兵器を運搬しうるミサイルを開発中であった。アメリカはその後数年間、核兵器に関して量と質の双方において優位を確保することになったが、相互脆弱性――双方が相手に破滅的な損害を与えうる能力――の時代が明らかに到来していた。

アメリカによる核独占が継続していた間、それはあまり明解な結果を生み出さなかった。スターリンと毛沢東はすぐに核の脅威への対処方法はこれを軽視すること、すなわち核兵器を「張り子の虎」として扱うことだと感じ取った。つまり核兵器が人々を恐怖に陥れるのは、もっぱら人々の側がそれを進んで恐れるためであると考えたのである。スターリンが主張したように、決定的に重要なのは、たとえ――彼が死去する日まで実際にそうであったように――「柔な神経」で参っていたとしても、それを決して見せないようにすることであった。二人の独裁者は、かつてケナンが、アメリカと西欧同盟諸国に対してソ連の通常戦力の優位に対抗するために推奨した戦略を実行したのである。

我々はまるで、壁に囲まれた庭に入り込み、たった一人で非常に大きな牙を持った犬と向かい合ってしまった男のようなものである。まず間違いなく我々にできる最善のことは、我々の相互の関係について牙は何の意味もない、すなわちどちらも牙を持っていないのだ、という了解を相互の間に定着させるようにすることだ。もし犬の方で、それは違う、といった素振りをみせないのであれば、[166]我々の方がことさら問題を引き起こして、その不均衡さに関心を呼び覚ますようなことをする必要が果たしてあるだろうか。

では、アメリカの核という犬はなぜ噛まなかったのだろうか。なぜ吠えなかったのだろうか。あるいは、なぜ、大金を投じて手に入れた牙から少なくともなにがしかの利益を引き出そうとしなかったのだろうか。

間違いなくこれは、民主主義体制というものに関係があった。仮にスターリンと毛沢東の方が核を独占していたら何をしていたであろうかということを、明確に知ることは決してないであろう。しかし、彼らなら、競合する国内の優先事項、政軍関係に対する配慮、同盟国の要望、そして中でも特にトルーマン政権や後のアイゼンハワー政権も同様に悩まされた道義的な問題などは脇に押しやったであろう、と推測することは妥当であろうと思われる。権威主義者たちには有無を言わさずに力を行使する傾向がある。

核の独占を享受した唯一のアメリカ大統領として、他の誰よりもそのハリー・S・トルーマン自身に対してもっと断固たる態度をとるように期待した者もあったかもしれない。実際にトルーマンがそうではなかったことについては、これまで核戦略を充分に理解していなかったことの証左だと見なされてきた。この問題について近年二人の歴史家が下した結論は、「ワシントンにおいて、戦略的な思考はまだ成熟していなかった」というものである。トルーマン政権に対して、核兵器は単に、「困難な決定や苦渋の選択を避けるための都合の良い手段」にすぎないものを提供したのであった。[167]

おそらくそうであるかもしれない。しかし、トルーマンは事の発端から、核兵器は「戦略」という言葉それ自体の持つ意味を変えることになろうということを理解していたので、同時代の大多数の者に比べてより成熟した考えをもっていたのだと議論することもできるだろう。戦略という言葉は、手段と目的の関係を計算することを意味している。しかしトルーマンは、核時代においてはもはやそうした計算は不可能であると繰り返し述べていた。一九四五年一〇月、補佐官の一人が彼に一発の原爆が切り札として手元に用意されていることを想起させたとき、大統領はそのことを認識していてはいたが、「それを使用することができるのかどうかは分からない」[168]と述べた。また七年後、トルーマンは最後の一般教書演説で「戦争は科学技術の変化を経験することによって以前とは非常に違ったものとなった」と説明し、次のように述べた。

> 未来の戦争では、一発で何百万という人々の命が奪われ、世界の大都市が粉砕され、過去の文化的業績はぬぐい去られ、そして何百年という世代を通じてゆっくりとそして苦難に耐えて構築されてきた、まさに文明の仕組みそのものが破壊されるであろう。そのような戦争は理性的な人間にとって採りうる政策ではない。

トルーマンは、もしまたスターリン——人生の最後の異様な数ヵ月間を通じて、究極的な戦争の不可避性を信じ続けていたのだが——と差し向かいで会談する機会があったなら、相手に伝えたであろうことに言及し、演説を締めくくった[169]。

> 共産主義社会の発展の一つの段階としてあなた方の世界と我々の世界との戦争がある、というレーニンの予言に対する信奉をあなたは主張する。しかし、レーニンは原子力以前の時代の人間であり、社会と歴史とをそのような時代の人間として見ていた。彼がその論文を著してから、絶大な変化が起こってきた。戦争はその様相と規模を変化させている。それは、今となっては、あなたの体制と母国の破滅以外の、何らかの発展のための一つの「段階」などということにはなり得ない。[170]

当時ほとんど注目されず、それ以後も多くの人々の記憶に留まることにはならなかったが[171]、トルーマンの告別となった一九五三年一月のこの演説は、彼のすべての後継者——核兵器を持つことになったアメリカ以外の国の指導者も同じであるが——が抱えることになる、核兵器の物理的な力を国家の効果的な政治の道具にかえることの困難さを予知していたのである。したがって、トルーマン政権に一貫した戦略が見られなかったことは、戦略に熟達していなかったというよりも、むしろ充分に熟達していたことを示していたのかもしれない。トルーマンの核に関する見識は、他の誰よりも先をいくものだったのである。

第五章　ドイツ問題

「さて、モロトフ君」とベヴィンは尋ねた。「何がお望みだね」。
「統一されたドイツが欲しい」とモロトフが言った。
「なぜそれが欲しいのだ。統一されたドイツが共産主義へ向かうなどと本気で信じているのかね。彼らはそのようなふりをするかもしれん。口当たりのよいことばかりをしゃべり、お題目を繰り返すだろう。しかし心中では、スターリングラードでの敗北に対する報復の日を待ち望んでいるのだ。私だけでなくあなたにもそれはわかっているはずだ」。「ええ」とモロトフは言った。「わかっています。それでも統一されたドイツが欲しいのですよ」。

ハロルド・ニコルソン(1)

「我々は相手に恵まれた」

ディーン・アチソン(2)

一九五三年の初頭にトルーマンがホワイトハウスを去り、スターリンが死亡する頃には、冷戦の基礎的な枠組みがしっかりと出来上がっていた。米ソは互いに相手の戦後世界構想を受け入れることはなかったし、自らの戦後構想を実現するために、少なくとも意図して戦争の危険を冒すこともなかった。双方とも同盟国を得ようとしたが、常にそれらをコントロールできた訳ではない。双方とも核兵器を作り上げたが、その用途について知ることは難しかった。両国とも外交政策を国内の諸影響から切り離せないことは判明したが、そうした影響力の性格が著しく異なっていたことから、お互いの対外行動もまた際立った違いを見せた。冷戦の第一世代の政治家たちは歴史が自分たちの側に与しているとの確信を持って前進することになったが、そもそも歴史そのものや、そうした歴史が自分たちに約束している目的地については著しく異なった見方をしていたのである。

最初からわかっていたら驚いていただろうが、三五年にわたるさらなる対立というものが、二つの大国にとって一つの共通の目的地となった。第二次世界大戦の終わりに米ソ対立を生じさせた争点の大部分は、一九八〇年代半ばに至っても解決されていなかった。実際その時までにそれらが未解決であったことは、一部の観察者にとっては安心感を与えるほど普通のことのようにみえ、国際的な現実の中でおなじみの特徴となっていた。(3) 少なくともある部分で冷戦史とは、耐え難いと思われたことがいかにして耐えうるものになったのかという物語である。すなわち、激しい敵対関係が続くにしても、そこから、正義とまでは言わないが、秩序と安定が生まれるようになったという物語なのである。

核革命によってその理由を説明できることは間違いない。この新兵器は、現状を守る上での負担を減らすと同時に、それに挑戦する際のコストを引き上げた。双方が充分な量の核兵器を保有すると、容易には手をつけられないと思えるような手詰まり状態が生じた。(4) 米ソ双方の軍産複合体が、「管理された」抑止・対抑止の競争が自分たちに有利であることに気づいていたことも間違いない。彼らは戦争を行うという窮地に陥ることなく戦争準備ができた。民主主義体制下の西側と権威主義体制下の東側の双方の国内政治が、ある役割を果たし続けたことも確かである。国内政治を正当化するために外部の敵を利用する古典的な手法は、スターリンの専売特許ではなかった。(5) 同盟国の存在が継続性を助長したことも確実である。なぜなら、同盟関係を構築することの厄介さが、同盟の存続ということを、その本来の目的に負けず劣らず、きわめて重要なものにするからである。そして、時の流れにつれ、冷戦を戦う者たちがその偏在性というものにゆっくりと慣れていったことも間違いない。冷戦はある意味で、地政学上のスキナー箱〔米国の心理学者B・F・スキナーが考案したラットなどを使った動物実験で刺激と反応の学習を実験する装置〕となった。すなわち、刺激と、それに対する反応について別の組み合わせがありうるのだ、ということへの理解が困難になったのである。

実行されなかったそうした組み合わせのひとつに交渉による解決がある。それによって対立が常態化する前にこれを終結させることができたかもしれない。ソ連が消滅することによってのみ冷戦が終結し得たであろう、と今になって言うのは容易だが、検証なしにそうした主張を受け入れるべきではない。未解決の相違点を外交を通じて解決する機会はあったのであろうか。もしその機会があったとして、西側はそのためにできることをすべてしたのであろうか。冷戦の勝者たち自身が勝利以外の何物をも拒むことで、冷戦を持続させていたと結論づけるのはどの程度不公平なのであろうか。

交渉がまったく行われなかったというのではない。一九四六年に戦時同盟諸国はドイツの旧衛星国に対する平和条約に同意したし、一九四七年の終わりまで外相会議は意味はなくとも定期的に開かれていた。何ら合意をもたらさなかったとはいえ、原子力の国際管理について国連では徹底的に議論された。ソ連および西側の外交官たちは一九四八年夏から秋にかけてベルリン封鎖危機の解決を試み、一九四九年の春にはついに成功した。朝鮮戦争勃発後、すべての交戦国がかかわった舞台裏での接触は、最終的に——不毛の二年間とはなったものの——もなる公式の休戦交渉につながった。それ以後もこうした話し合いは、一九五四年には不安定であったがインドシナ問題の決着をもたらし、一九五五年の春にはオーストリアからの占領軍の相互同時撤退、そして冷戦期における最初の東西首脳会談を生み出すことになった。米英仏ソの政府首脳による会議がその年の七月、ジュネーヴで開かれたのである。

それにもかかわらず、これらすべての話し合いには不満が残った。冷戦を継続させた諸案件に正面から対処したものがなかったからである。それらの交渉は、ソ連とアメリカの勢力圏をヨーロッパから取り除くことや、激化する核軍備競争を緩和することにも、また「第三世界」と呼ばれることになる地域での競争を抑制することにも失敗した。とりわけ、ドイツの分割が放置されたことは他の何にもまして冷戦の解決を遅らせることになった。このようにしてドイツ問題は、冷戦をその歴史のもっと早い段階で終結させる機会があったにもかかわらず、それを逃してしまったという可能性を探求するうえでの有益な事例となる。

I　スターリンとマーシャルの「構想」

冷戦で最も際立った異常さは、ヨーロッパが分断され、その中に分割されたベルリンを抱えた分断ドイツが存在したことである。ワシントン、モスクワ、あるいは他のいかなる国の指導者も、こうした措置を始めから求めていた訳ではない。従来の地政学的な論理の基準すべてからあまりにもかけ離れていたからである。一九四九年より前にこうした状況の出現を目撃した者で、それが一九八九年になってもまだ存続しているなどと予期した人間はほとんどいなかったであろう。それでも時の流れは、最も異常な状況さえをもありふれたもののように思わせてしまう。このことは、一九六一年のベルリンの壁構築以降にもあてはまる。二八年後、ベルリンの壁とそれが象徴する制度の突然の崩壊は、壁が築かれたことよりも大きな驚きとなった。ドイツでは、事実上一夜にして元の木阿弥になるに過ぎない長年にわたる異様な状況を当然なこととしてしまうような、ある種の奇妙な仕組みが機能していたと思われる。

ドイツは、何が起ころうとも第二次世界大戦終結時に分割されることになっていた。別個の敵にいくつもの戦線から侵入されたために、日本とは異なる扱いを受けることになったのである。この意味で、粗悪な芸術作品と同じくらい貪欲に敵をも収集したヒトラー自身が、他の多くの物に加うるにドイツ解体というものの生みの親であった(6)。おそらく、占領した諸国がドイツのあるべき姿について合意していれば、ドイツ再統一は速やかに実現したであろう。それができなかった理由は二つある。

第一は過去の教訓と関係がある。第一次大戦後においてよりも厳しくドイツを罰することが、第三次大戦を防ぐ最もよい手段なのであろうか。あるいは、ヴェルサイユ条約はその厳しさ故に失敗したのであろうか。懲罰が選択されるなら、恒久的な分割が妥当であろう。和解が目的ならば再統一となる。ここではアメリカ、イギリス、ソ連が互いに意見が一致しなかったことよりも、むしろ彼ら自身、いかなる道を選ぶべきか確信がなかったことが問題である(7)。フランスだけが懲罰と分割の必要性について明確だった。しかしフランスは他の強力な同盟国の行為に影響を与える立場になかった(8)。たとえ冷戦がなかったとしても、戦勝国間のみならず、戦勝国内部の混乱がドイツ問題の決着を遅らせたであろう。

しかしもちろん冷戦は存在し、それが第二の、さらに重要なドイツ分割の理由となった。超大国が最も恐れたのは、戦時の敵が冷戦時の敵と同盟を結ぶことであった。そうした事態になれば、そこに集中する軍事力、工業力、そして経済力は、打ち勝つにはあまりにも強力なものとなったであろう。「ソ連はドイツを弱体化させる政策を放棄し、代わりに、手ごろな強さを持ったドイツのほうが自分たちにとって有利であるという信念に依拠し始めた」と、大統領顧問であるクラーク・M・クリフォードは一九四六年九月にトルーマン大統領に警告した(9)。同じ週、駐米ソ連大使ニコライ・ノヴィコフはモスクワに報告している。「アメリカは連合国によるドイツ領土の占領を、ドイツの非軍事化と民主化という占領の主目的が実現する前に終わらせる可能性を検討している。これはアメリカが将来の戦争で利用しようとしている、帝国主義的なドイツ復活の前提条件となろう」[10]。

一方でドイツ復活そのものの危険を回避し、他方で、相手方についた場合のドイツの脅威を避けたい。冷戦の実際の原因ではなかったにせよ、その後の展開においてドイツの将来というものをあれほど中心的争点としてしまったのは、そのような懸念の一致なのであった。しかしこうした懸念の一致はワシントンとモスクワで同時に起こった訳ではなかった。アメリカ人よりもスターリンの方が先に、ドイツを戦後の、そして冷戦の問題として捉えていたのは明らかである。

新たな証拠によると、早くも一九四五年六月四日に、モスクワの勢力圏の中に再統一されたドイツを取り込む計画を提示するため、スターリンはドイツ共産党［KPD］の指導者たちと会見している。二つの主要な道具立てによって計画が達成されることになっていた。すなわち、赤軍がソ連占領地域を支配する一方で、KPDはソ連軍当局の支配の及ばぬ地域での大衆の支援を取り付けるというのである。まずドイツを分割し、東部地域をソ連が、残りを西側同盟国が統治する。東部ではKPDが社会民主党［SPD］と合併し、社会主義統一党［SED］を結成する。こうして、ソ連の指導下にあった東中央欧の共産党の例に従い、左派の非共産勢力との間に「国民戦線」が組織される。そして、東部での地位を強固なものにしたSEDはKPDの統制下で、今度は西部における社会民主主義者と彼らに共鳴する他のドイツ人の忠誠を誘い出し、こうした方法で統一をもたらすというのであった[11]。「ドイツ全土が我々のものになるに違いない」と一九四六年の春にスターリンはユーゴスラヴィア人たちに請け合った。「すなわち、ソ連の、共産主義者のドイツだ[12]。」

この計画については指摘するに値するいくつかの点がある。第一に、この計画はスターリンが分割と再統一の両方を望んでいたことを示している。すなわち分割があってこそスターリンの望む条件での再統一が可能だったのである。

第二に、アメリカ、イギリス、フランスが、その占領地域を単一のものとして扱うだろうという憶測を、それが実際に行われる一年前にスターリンがしていたことがわかる。当時のこうした見解は、全ドイツに対する共通の経済、行政構造を支持していたモスクワの当時の公式の立場とは相容れないものであった。第三に、強要することなしにソ連の影響力が全ドイツに浸透することをスターリンが望んでいたことが、この計画で確認される。ＫＰＤとＳＰＤの合併については、西側占領地域でのドイツ共産党の支持者を増やすためだった、という理由以外でそれを説明することは難しい[13]。

しかしそれが真実だとすると、スターリンの計画にはさらに指摘すべき第四の点がある。スターリンの戦略は自らの戦術と一致してはいなかった。ソ連は、赤軍が強姦を行うことを放置したり、略奪や無差別に賠償を取り立てたり、あるいはポーランドにドイツの戦前の領土を一方的に割譲したりしたことによって、どこにおいてもドイツ人の親交を得ることができないでいた[14]。「西側占領地区にはベルリンよりも多くの共産主義者がいて、彼らは赤軍との接触もない」と、あるソ連の官僚は認めていた[15]。最後に、スターリンは、戦争中の同盟国がその占領地域において彼の遠大な構想を妨害するかもしれないことについて、ほとんど無頓着だったように見える。ユーゴスラヴィア人たちがスターリンの部下に、ソ連はどのようにしてこの計画を達成するつもりなのかと尋ねると、その答えは「自分でもわからない！」というものだった[16]。

しかしながら一九四五年の夏には、アメリカ側も混乱はしていた。陸軍省と財務省において、すでに放棄されたモーゲンソー計画を支持していた者たちは、ドイツに対する懲罰と分割を対ソ関係への影響を考慮することなく要求し続けた。すでに触れたように彼らの影響は、ドイツ占領のための公式指令である統合参謀長会議文書ＪＣＳ一〇六七にその残滓がある。現場にいるルシアス・クレイ将軍はまったく異なった見方をしていた。彼は復興と迅速な再統一の必要性を強調したが、モスクワの協力およびフランスの反対を予期し、自らの思考を冷戦論争から慎重に隔離していたのである。一方、国務省を中心に存在した第三のグループは、復興についてのクレイの立場を支持したものの、再統一に関してはおぼつかないと見ていた。それはドイツ内部におけるソ連側の動きのためというよりも、むしろ他の東ヨーロッパで起こっている情勢のためであった。ジョージ・ケナンはその主張を最もあからさまに表現している。「我々とイギリスが責任を持つドイツの占領地域を、東側が脅かすことができないほど繁栄し、安全かつ優越するような形で独立へもっていくこと以外に、選択の余地はない」[17]。

トルーマン政権にこれらの選択を迫るのはイギリスの役回りとなった。アメリカ人に比べて力の均衡について考えることに慣れており、ソ連の意図に関してより懐疑的で、分割占領に要するコストへの懸念がより大きかったことから、イギリス外務省はアメリカ政府より早くケナンの主張を理解した。一九四六年の夏、アーネスト・ベヴィン外相はジェームズ・F・バーンズ国務長官を巧みに操って、米英の占領地域を単一の経済地域とする提案を行うように仕向けた。これはスターリンが一年前に予測した地区統合の始まりだった[18]。一九四七年初頭、バーンズの後任となったジョージ・C・マーシャル将軍は、三月初めから四月末にかけてのモスクワでの四ヵ国外相会談で、妥協可能な再統一の条件を見つけることに依然望みを抱いていた。しかし、四三回にわたるモロトフとの不毛な会合は、それが困難であることを明確にしたのである。

ソ連外相にまつわる、くどく、長ったらしくて飽き飽きするような頑固さという定評は、歴史家たちに、モスクワではほとんど何も起こらなかったという誤解を生じさせてきた。とりわけ大統領がトルーマン・ドクトリンを宣言したこの時期に、ソ連の首都に釘付けにされ、モロトフの言に耳を傾ける以外になすすべがほとんどないということは、マーシャル、ベヴィン、そしてフランスの外相ジョルジュ・ビドーにとって、非常に長い審理の場で陪審員を務めるため隔離されたかのような気分だったに違いない。しかし彼らはこの機会を、ドイツの将来について非公式な話し合いをする場として活用した。そしてここから、分断され復興したドイツはソ連支配下の統一ドイツよりも危険ではないとするベヴィンの主張を支持することについて、フランスを含むすべての西側同盟国の間に初めて合意が形成されたのである。(19)

こうした議論はスターリンによって盗聴されていたに違いない。(20) だが、この件に関してはソ連の指導者は自分の鼻先で起きていることを見過ごし、迂闊にもそれを助長しさえした。スターリンは会議が終わりに近づくと、ドイツについて合意が得られなかったことはそれほど悲劇的ではないとマーシャルに述べ、以下のように続けた。

これまでの協議はいわば偵察部隊による最初の小競り合いであり、ほんの挨拶程度のものだった。ドイツの非軍事化、政治体制、また賠償や経済統合などすべての重要問題についての歩み寄りは可能だった。忍耐強く諦めないことが肝要だ。(21)

こうした穏当な意見に対してマーシャルは強い警戒感を抱いた。過去において相手を安心させるようなスターリンの保証にはほとんど根拠がなかったからである。クレムリンのボスがドイツ問題について楽天的であるということは、西側にとっては楽観的になれない充分な理由となった。すなわち、スターリンには何か計画があり、その計画がうまくいっていると考えているに違いない、ということである。その計画が何であるのかはまだ明らかではなかったが、チャールズ・E・ボーレンが回想するように現状だけでもすでに充分ひどかった。「ワシントンへの帰途の間ずっと、マーシャルは西ヨーロッパの完全な崩壊を防ぐための方策を見つけ出すことの重要性を語り続けた。(22)」

こうした熟慮の産物が、いうまでもなくマーシャル計画であり、その功績の大半は当然ながらマーシャル自身に帰せられる。しかしスターリンもまた、少なくとも意識せざる貢献者だったとして記憶されるべきである。なぜなら、そもそもアメリカの国務長官にその計画を推進させたのが、ドイツ問題ではわが方に利ありと認識するスターリンの自信の表れだったからである。アメリカは今やそうした認識を覆す作業に着手した。一人スターリンのみならず、より重要なことには、ヨーロッパ大陸の情勢を究極的には決定することになるヨーロッパの人々の抱く同様の認識についてである。ワシントンからの援助の申し出は、それが現実に実施されるはるか前からそうした心理的な効果を持った。その結果として、アメリカは少なくともソ連と同じくらい強固な勢力圏をヨーロッパにおいて持つことになった。[23] さらにマーシャル計画については、ソ連の支配下にドイツを統一するというスターリンの希望に対しても同じく決定的な効果を与えたことが判明している。

II　二つのドイツ国家の成立

このころまでには、ドイツなしでのヨーロッパ復興がありえないことは明らかだった。とくにルール地方を国際管理下におくといったやり方でドイツ自身に懲罰を与える一方で、ドイツの隣国を復興するという初期の構想は次第に現実的なものとは思えなくなってきていた。[24] しかし、スターリンによるマーシャル計画の拒絶は東ヨーロッパとともに東部ドイツをもこの計画から除外した。こうして一九四七年後半、西部ドイツを西ヨーロッパの復興に結びつける構想が支持を得たのである。再度の外相会議で再統一に向けての成果を挙げられなかった後、アメリカ、イギリス、フランスはそれぞれの占領地区の統合とドイツ暫定政府の樹立を公然と計画し始めた。[25] 一九四八年六月までには、西側同盟三国とベネルクス諸国は西ドイツに対し、「最小限の占領条件に見合う統治責任、また最終的には事実上完全な統治責任」を付与することに合意した。[26]「ロンドン会議計画」として知られるようになったこの決定は、まだドイツの分割を所与のものとする内容のものではなかった。当初、関係当事国は主として経済復興を標榜し、将来における再統一の可能性を残していたのである。[27] しかし、この決定には隠しようもない地政学的な意味が存在した。

その一つは、形だけの四ヵ国協力の放棄だった。ドイツに関するスターリンの意図は依然として西側には不明だったが、ヨーロッパの他の地域におけるスターリンの行動はそこに善意がほとんど存在しないことを示していた。当初、冷戦に関係した諸問題が政策を決定することに抵抗したクレイも、今や正反対の見解を持つようになっていた。「西部ドイツのための政府を直ちに樹立する勇気を持つべきだ。イギリス、アメリカの占領地域にいる四千二〇〇万のドイツ人は、今日あらゆるところに蔓延する共産主義者の勢力伸張に対する最も強力な前哨部隊である」[28]。端的に言えば、西側占領当局は、ドイツを敗れた敵国というよりも将来の同盟国であると考えるようになってきた[29]。一度ドイツ人を地方あるいは地域行政に関らせると、彼らをそうした地方の水準に留まらせることは困難だった。あまり驚くに当たらないが、ドイツ人の自信を回復させる努力はドイツ人に自信をもたらした[30]。一九四八年の夏までには、分離した西ドイツ国家を樹立するという意見は少なからぬ勢いを得ていたのである。

反対にスターリンの一九四五年の計画は勢いを失いつつあった。スターリンは西部ドイツでの経済的困窮が民族意識と階級意識を合体させ、その地域の住民たちがモスクワの指導下の左派政党を選出することで東側との再統一を求めていくだろうと期待していた。これは決してあり得ない見通しではなかった。過去において、ドイツは立憲的方法で権威主義的な政府を創り出せることを証明していたからである。しかし、一九三三年にヒトラーは経済と国家の再興を約束して権力の座につき、それを維持したけれども、スターリンにはとても無理だった。ドイツにおけるソ連の蛮行、SPDとKPDとの強制的合併、ポーランドへの領土の割譲、これらはすべてソ連に損失をもたらした。「マルクス主義からの逸脱はSEDにとって本質的な危険だ」と、事態を懸念したソ連占領軍の宣伝工作担当者であるS・I・ティウルパノフ大佐は一九四六年九月にモスクワに報告している。「我々は党が極端なナショナリズムへ戻ることを許してしまう危険を冒している」[31]。驚くべき事に、SEDがかなり不利な情勢であるという警告――結果はその通りだったのだが――にもかかわらず、スターリンは翌月、ソ連占領地区での市や町の自由選挙を許可した。この選挙の直前、ある党官僚は必死で、憤慨するドイツ人にロシア文化の優越性を見せつけるために、ミュージカル、オーケストラ、オペラの一団を派遣するようモスクワに提案しさえしたのである[32]。

ドイツでスターリンは準備不足のまま仕事に臨んだことになる。彼は完全には支配することのできない人々の支持を勝ち取らなければならなかった。ソ連占領地区であればスターリンの意思を押し付けることは至極簡単だったであろう。しかしそれは、ドイツの残りの地域をモスクワの勢力圏に組み込むという可能性を犠牲にしてのみ可能であった。この一層大きな目的の達成のためには、ドイツの東部を西部から見て魅力的にする政策を採らねばならなかったが、ピーク、グローテヴォーグ、ウルブリヒトのような芳しからざる評判を持つ卑屈な人物に任せるとなると、それは決して容易な課題ではなかった。(33) それでもスターリンは再統一を放棄することには気が進まなかった。スターリンは死の直前まで、遅かれ早かれイデオロギーがナショナリズムを凌駕し、ドイツ人すべてが自らの選択によって社会主義陣営に入るであろう、という幻想にとりつかれていたようだ。しかしこれもまた、権威主義に宿るロマンティシズムの一例であった。(34) ドイツ西部で当時起きていたことに照らせば、それは少しも現実的な戦略ではなかったのである。

マーシャル計画はソ連占領地区の外側にいるドイツ人たちに一つの選択を迫った。ソ連の経済復興の能力は最小限にとどまり、おそらくその状態が続くことを承知の上で、民族統一をめざすスターリン主義者について行くこともできた。あるいは、ドイツ再統一が何年も先になるかもしれないことを承知の上で、アメリカとその同盟諸国との提携によって、速やかな経済援助を求めることもできた。そのように考えると、ディレンマの解消はそれほど困難ではなかった。すなわち、とりわけ民主主義の政治的優位性と結びついた場合の繁栄のもたらす物質的利益は、ほとんどの西ドイツ人にとって再統一によるいかなる心理的満足感をも凌ぐものだったのである。「残念ながら、ある段階では、イデオロギーの問題は胃袋で決定される。すなわち、人々が日常必要とするものを誰が最も満たしてくれるのかということだ」とニキタ・フルシチョフは後に語った。(35)

ピークもそれを認め、一九四八年三月末、ドイツ西部においてSEDが地盤を失い「いわゆるロシアの公式政党」と見なされるようになる一方、マーシャル計画への支持が増加していることをソ連当局者に警告した。(36) ティウルパノフはさらに悲観的であり、東ドイツ人に対して以下のように認めていた。

ドイツにおけるソ連占領軍は途方もない間違いを犯した。不幸にもそれを修正するには非常な困難が伴う。唯一の弁解は、社会主義者にはこれまで占領の経験がなかったということだ。もし将来再び敵を打倒し、占領の遂行を余儀なくされたなら、その時にはドイツでの我々の経験が大いに役立つことはおそらく確約できる。(37)

東部ドイツにおいてさえ選挙での勝利に対する危機感が増すのにともない、ＳＥＤの指導者たちはモスクワの承認の下、独自の政権を樹立する計画を立て始めた。(38)「西側は西ドイツを自分たちのものにするだろう」とスターリンはユーゴスラヴィア人たちに説明した。「我々は東ドイツを我々自身の国家にするのだ。(39)」

この戦略の変化が、西側とベルリンとの往来に対する制限強化を始めるというスターリンの決定にどの程度の影響を与えたのかは未だ明らかではない。しかし、ベルリン封鎖がロンドン会議計画、とくにその通貨改革計画への対抗策でもあったことは長年指摘されてきており、現在ではそれを裏付けるソ連の文書も入手できる。ソ連外務官僚の記録によれば、「その意図するところは、ドイツにおけるアメリカ、イギリス、フランスの独自の行動を制限するだけでなく、ドイツを組み入れた西側ブロックを形成する計画を効果的に妨害することだった。(40)」

一九四九年初め、スターリンが渋々ながら封鎖の失敗を認めたことによって、戦後ドイツの形態があるべきところに収まることになった。西側同盟諸国はドイツ連邦共和国［以下ＦＲＧと略記］の樹立宣言を急ぎ、その「基本法」あるいは暫定憲法が一九四九年五月に発効した。ドイツ民主共和国［以下ＧＤＲと略記］は、その領土の奥深くで四ヵ国に占領されたベルリンを残したまま、同年一〇月にソ連の支援の下に樹立された。終戦時に急遽間に合わせて作成された一連の取り決めが、嘘のようだが漠然とした現状へと固まりだしていたのである。ドイツにおけるこの一応の戦後処理は、ヨーロッパの戦後処理を国家の分断、あるいは首都の分断という次元にまで引きおろして投影したものとなった。当時この状況がどれだけ続くかは明らかでなかった。だが、一つ確かなのは、ベルリン市民、東西のドイツ人、アメリカとその同盟国、ソ連といった当事者のいずれもが、これを恒久的な解決策であるとは考えなかったということである。

III 「計画A」の挫折と西ドイツ再軍備問題の浮上

これらすべてにおけるアメリカの役割は柄にもなく受動的なものであった。戦後初期、ソ連拡張主義の封じこめ、ヨーロッパ経済の復興、そしてベルリンにおいて断固たる決意を示すことに心を奪われ、現地のアメリカの当局者はドイツ問題全般に対しどちらかといえば低い関心しか持ち合わせなかった。イギリスの目的はもっと明確で、トルーマン政権を占領地区への統合へと誘い、それがマーシャル計画を補完することになった。ここまで来ると、単独の西ドイツ国家を形成することが順当のように思われた。政策は次々に打ち出されたが、無期限にドイツを分割するという一九四五年のケナンの見通しが、継続的な政策の基盤になるかどうかを真剣に検討するものはいなかった。また、イギリスが打ち出したもう一つの措置、すなわちアメリカと西ヨーロッパを結びつける軍事同盟というベヴィンの構想は、大西洋の両岸で支持を増やしつつあったが、西ドイツをそれに組み込む方法についての決定は下されなかったのである。地政学上の重要性が明らかであったはずの国であるのに、ドイツの将来は驚くほどその場凌ぎのやり方で決められていった。

こうした経過に対して最初に疑問を呈したのはケナンであった。「こうした重要事項の決定について、すべて他者の行動に任せるべきではない」[41]と一九四八年八月にケナンは主張した。トルーマン政権は一九四五年にケナンの勧告の大半を受け入れていたものの、当のケナンはそれをはっきりと正当化することには抵抗した。彼は一般的な通念というものに対し強い疑念を持っていたので、自分の主張がそうしたものと同列に扱われそうになると、自らの論議を否定することもできた。[42] いずれにせよ、国務省政策企画本部の長として、先のことを見越して考えるのがケナンの職責だった。彼はベルリン封鎖の最中にもそうした責務を果たし、終戦時に彼が唱えたドイツの無期限分割というのは大きな間違いであるという結論に達したのである。

潜在的にはヨーロッパ大陸で最も強力な一つの国家を分割するまでにアメリカとソ連の勢力圏が拡大してしまったとすれば、どのようにすればヨーロッパにおいて安定した秩序をもたらすことができるのだろうか。この体制はドイツを押さえつけたままにすることは確実だが、終戦時に米ソ両軍が占領した前進地点からの相互撤退の交渉を複雑なものにすることで、冷戦を固定化させてしまうだろう。その結果いくつかのことが起こり得るが、よいことなどは一つもない。アメリカ国民はヨーロッパの復興に資金援助する一方で、このような軍事的負担を支えることに嫌気を感じてしまうかもしれない。そうなれば、議会による予算削減が一方的な撤退を強いることになり、それはソ連を利することになるだろう。ソ連は隣国のポーランドから直ちに軍を再投入できることを承知の上で、そのような撤退を約束するかもしれないが、アメリカ側にはそれと似たような足場はない。こうした事態が起こらなかったとしても、ドイツ人はソ連とアメリカの軍隊が自らの土地に無期限に駐留することに耐えられないだろう。遅かれ早かれドイツ人は自ら事態の決着を図るだろうし、それは必ずしもアメリカにとって有利なものだとは限らない。「ヨーロッパにおける事態の発展は東西対立の沈静化を待ってはくれないだろう。何かがなされなければならない。そして、好むと好まざるとにかかわらず、何かがなされるであろう[43]」とケナンは結論付けた。

ケナンの主張した代替案は、ドイツ全土での自由選挙、中央政府の樹立、ドイツ国境線内側の駐屯地域への占領軍の撤退である。この計画は国務省内で「計画A」として知られるようになった。アメリカ、イギリス、ソ連の駐屯地域は海上から補給を受ける。これはケナンの提案の中では重要な点であり、それによってポーランドに赤軍を駐留させるためのモスクワの主な口実が排除されることになるのであった。また四ヵ国からなる高等弁務官府が当初ドイツ新政府の行動を監視するが、ドイツ人自身の問題についての基本的責務はドイツ人が負うものとされた。[44] ケナンはドイツがソ連ともアメリカとも同盟を組むのではなく、むしろヨーロッパでの「第三勢力」となることを望んだ。これは、アメリカが産業、軍事力の潜在的な中心地域を支配することなく、ソ連側にもそれを与えないという、ケナンのより大きな戦略に合致していた。[45] 冷戦を終わらせる方法がわかるようになるのはそうした基盤の上に立つことによってのみであると、ケナンは主張したのだった。

ケナンの回想録では、計画Aがワシントンで真剣に取り上げられなかったとの印象を受けるが、[46] これは正しくない。マーシャル国務長官の承認のもと、この計画は政策企画本部で徹底的に議論され、また外部の専門家によっても検討された。一九四九年一月に国務長官に就任したアチソンもすぐに計画Aを読み、概ね合意の意思を示した。「どうやって西ドイツ政府、あるいは国家、を樹立するなどという決定に至ったのか[47]」理解できなかった、と後にアチソンは述べている。ソ連によるベルリン封鎖解決の見返りとして西側同盟国が開催に同意していた一九四九年五月の外相会議に先立って、分割の継続と最終的な統一という、ドイツ問題に関する二つの解決策に対してはともに慎重な考慮が払われたのである。「ドイツ統一それ自体が最終目的ではないのと同じく、ドイツ分割もそれ自体が最終目的ではない」とアチソンは理解していた。[48]

しかし、計画Aは国境線内側の駐屯地域へ占領軍が撤退するという構想に疑念を持つ国防省の政策立案者、それ以上に、ロンドン会議計画に力を注いだアメリカ人担当者からの抵抗を生んだ。「戦う前からソ連と共産主義者に勝ちを譲ることになる。我々は戦闘に勝利したのに、まるで破れて休戦を考えているようだ[49]」とクレイ将軍は抗議した。さらに外交官のロバート・マーフィーは、必ずしも再統一と分割継続の間に選択肢を限定する必要はないと指摘した。すなわち、西ヨーロッパと結びついた豊かな西ドイツは、やがて東ドイツを魅きつけ、ソ連の支配から引き離す「磁石」の役割を果たすだろうというのである。[50] 一方、アチソンはイギリスやフランスに対して計画Aの長所を説くことも、また西ドイツがそれを受け入れるように努力することもしなかった。そして、外相会議の直前、過度に単純化された案がマスコミに漏れたのである。アメリカが軍を撤退するという憶測がヨーロッパを震撼させ、国務長官は直ちにケナンの計画を棚上げにした。(51)

計画Ａの消滅は目的の放棄というよりもむしろ段取りの放棄であった。ケナンはドイツ政策がマーシャル計画のように段階を踏んで進展しうることを期待していた。すなわち、長期的な利益を見定めながら、アメリカが主導権をとって当面は何ができるのかということを慎重に考慮しようとしたのである。一方、マーフィーのいう「磁石」の戦略は、その時々の辻褄あわせと思いつきの中から次第に形をとるようになった。アメリカ側がそれを意図した訳ではなく、イギリス、フランス、そして、そもそも「磁石」などという発想が生まれる原因であったかもしれない西ドイツ人がその主な推進力となったのである。(52)再統一は表向きの目標であり続けたが、アメリカおよび同盟諸国はそのために安全保障や繁栄を危険に曝そうとはしなかった。ポール・ニッツは、「再統一されたドイツの強さを恐れていた人々でさえも、見通しがないことを承知しており、それを目標として支持することに対して何の危険も感じていなかった」(53)と後に回想している。

しかしながら、分割されたドイツについてさえその強さを恐れる人々がいた。これは一九五〇年夏に、西ドイツ再軍備の問題が突然浮上した時期に明確になった。ロンドン会議計画に対するイギリスとフランスの支持は、ボンの新政府が独自の軍隊を保持しないという前提に基づいていた。(54)実際、この点に関しての反対はほとんどなかったので、それは北大西洋条約の調印とドイツ連邦共和国樹立の前にはほとんど問題にならなかったのである。しかし、西ドイツ国家とＮＡＴＯ同盟とが同時に存在するということになれば、両者の間には何らかの軍事的関係がなければならないであろう。ＮＡＴＯから見れば状況は決して勇気付けられるものではなかった。ソ連は将来の戦争において一七五個師団をも動員することができるのに、西側は一二個師団しか使えないと予測された。専門家はもっと詳しく知っていたが、それでもヨーロッパ大陸における当時のソ連の通常戦力の優位は疑いようがなく、そうした評価については今も変わらない(55)。

軍事的な不均衡がどのようなものであっても、西ドイツの再軍備に対する抵抗はアメリカ、西ヨーロッパ、そして西ドイツの中でさえ依然として強かった。トルーマン政権は一九四九年の夏に、まずは既存のNATO同盟諸国の軍備を強化する必要性について議会を必死になって説得しなくてはならなかった(56)。また、アメリカの軍事能力がこの新たな同盟諸国のそれと一体になっても「危険なまでに不充分(57)」であるとのNSC六八の結論にもかかわらず、新ドイツ軍の創設について、旧軍の敗北後これほど早い時期に検討しようなどという人間はワシントンにおいては稀であり、ロンドン、パリ、そしてボンではなおさらであった。しばしば、西ドイツ防衛体制の不備を公言していたコンラッド・アデナウアー首相自身、連邦警察部隊の構想を支持している程度だったのである(58)。

純粋に軍事的な視点からすれば、フランシスコ・フランコ将軍の要請を受け入れスペインに空軍基地を建設することや、中国国民党の台湾を西大西洋におけるアメリカの「不後退防衛線」の中に含めると宣言するのと同じように、ドイツの再軍備には意味があった。これらの選択肢は一九五〇年春に国防省で検討された(59)。しかしトルーマン政権にとっては、それぞれの事例において軍事的便宜を優先させた結果生じてしまう政治的代償のほうがその利点を上回っていたのである。国防省の六月の報告が軽率にも西ドイツの再軍備と対フランコ支援を一緒にして論じた際に、トルーマンは「軍事優先にもほどがある。両方とも話にならない(60)」と言い放っている。

だが、その同じ月の終わりに朝鮮半島で戦闘が始まったことで、アメリカ政府当局者の発想にあった軍事的考慮と政治的な実行可能性との間の溝が消滅し、西ドイツの再軍備は今やスペインの基地や台湾防衛と同じく現実に可能なものとなった。朝鮮開戦は、ソ連による本格的な攻勢の序曲に過ぎないように思われた。もしそうであるならば、同盟相手の選り好みをするのは愚かなことに思えた。東ドイツの社会主義統一党のウルブリヒト党首は軽率ながらドイツ再統一の実例として金日成を持ち出すことで、アメリカの立場を側面援護してしまった。「アメリカがその帝国主義的な尊大さで、ドイツ人の民族意識が朝鮮人よりも低いと考えているのなら、それはまったくの自己欺瞞である」[61]。西ドイツの人々がこの時当然のように感じた警戒心と抵抗意思の表明とに動かされて、アメリカの高等弁務官ジョン・J・マックロイは七月一八日にワシントンに打電した。「ドイツ人に対して緊急時に戦う術を提示しないならば、私見では、おそらくドイツを政治的にも軍事的にも回復の見込みのない形で失うことになるだろう。そうなれば、実際の戦争になった時に大きな価値を持つ人的な資源を我々は失い、ソ連はそれをこちらに対して確実に使用することになる[62]」。

しかしながら、イギリスとフランスが独立した西ドイツ国家の創設を推進し、朝鮮危機がこの両国をひどく震撼させたとはいえ、ドイツの再軍備を彼らが認めるのは簡単なことではなかった。潤沢な予算見通しという異例の事態に直面し、朝鮮戦争がNSC六八の議論を劇的なまでに正当化したのをうけて[63]、トルーマン政権は英仏両国を安心させる目的でドイツ占領軍増強のため四個師団を西ヨーロッパに派遣することを決定した。ここにきてフランスはもう一つの提案を行ったが、それはこの年の始めに提唱されたヨーロッパ石炭鉄鋼共同体案のように[64]、いわば対ドイツ協力に伴う痛みを和らげることを狙いとしていた。ルネ・プレヴァン首相によるこの提案を受け、FRGは独自の軍を保持せず、その軍事力がNATOとは別のヨーロッパ防衛共同体［以下EDCと略記］という多国籍機構に統合されることが合意されたのである。他方でアメリカは広く尊敬されているドワイト・D・アイゼンハワー将軍をNATOの初代最高司令官として現役復帰させることを公表し、プレヴァン計画の魅力を後押しした[65]。

こうした一連の入り組んだ公約や妥協によってNATO同盟は、ソ連の攻撃があった場合に備えてアメリカがヨーロッパ諸国の支援を誓約するという一九四九年時点のものから、侵攻が起こった時にアメリカ軍部隊がこれに真正面から立ち向かうという取り決めへと変貌した[66]。アメリカは必要とあらば、NATOの一員ではないにしてもその名誉会員である西ドイツと一緒になって戦うのである。ロシア人が最も恐れていたことが起きようとしていた。復興し再軍備された西ドイツがアメリカの勢力圏の中に完全に組み込まれるのである。ロシア人は、自らの行為がどの程度こうした事態の展開に寄与したかについてほとんど予期しえなかったであろう。

占領地区の統合、ロンドン会議計画、ヨーロッパ石炭鉄鋼共同体、プレヴァン計画など、西ドイツの将来を形成する重大な決定は、そのどれもが同盟国による即席の提案をアメリカが受け入れたものであった。ワシントンには「総括的な計画」などはなかった。だが、事態は偶然の推移でもなかった。それぞれの措置は四ヵ国外相会議でのドイツ問題に関する不同意、マーシャル計画の拒否、ベルリン封鎖の決定、金日成に対する韓国侵攻の許可など[67]、すべてスターリンの行動への対応であった。この限りにおいてソ連の指導者が迂闊にも西ドイツというものを創設し、再軍備させたことになる。他の場合もそうであったが、ここでもスターリン自身が自ら最も恐れていた事態を引き起こした張本人だったのである。

もっともスターリンがこれらすべてに気付かなかった訳ではない。スターリンの晩年四年間の対ドイツ政策を検討すればするほど、それが彼自身に起因する逆風を跳ね返し、ソ連支配下の再統一ドイツという自らの構想を蘇生させるための窮余の一策であったことが理解できる。この老い先短い独裁者によって一九五二年の始めに着手された最後の、そして最も劇的な措置はあのケナンの計画Aを焼きなおすことであった。

Ⅳ　スターリン版「計画A」

老人は普通奇抜なことを好まないが、スターリンはその晩年にいたって羽目をはずしたようである。もちろん朝鮮戦争はその最大のものだった。しかし他にも、スターリンはその戦争続行中に言語学に関する長期の論争に加わり

〔予想通り勝利した〕、一三年ぶりのソ連共産党大会を召集し、研究書『ソ連における社会主義の経済的諸問題』を――少なくともスターリンの名で――公刊し、アメリカの新駐ソ大使であるジョージ・ケナンに対して「好ましからざる人物（*persona non grata*）」として国外退去を宣告し、さらにはごく近しい人物を巻き込む新たな粛清を始め、それは彼の主治医にまで及んだのである。(68) ところが、スターリンはこうした愚かな行為が増えた時期、突如、最も理にかなった政治手腕であると評価されることになる行動にも着手した。ドイツ全土での自由選挙を実施するための四ヵ国会議開催について、一九五二年三月一〇日になされた提案がそれであり、そこでは独立し、統一および再軍備され、しかも中立のドイツ国家の樹立が提起されることになっていた。(69) それはあたかも三年前に拒否されたケナン提案を彼が偶然見つけ、それを自分のものにしたかのようであった。

この提案を深く検討しようとする西側の政権はほとんどなかった。その提案は、ヨーロッパの軍事的不均衡を是正しようとして、ＮＡＴＯ同盟諸国がリスボンにおいて通常戦力――ヨーロッパ防衛共同体を通して運用する西ドイツの軍事力を含む――の野心的増強に合意した直後に発せられた。それはまた、西ドイツの占領を終わらせ、ＥＤＣに参加させる条約の調印に先立つことわずか数週間前のことであった。情報機関はかねてからソ連が中立化と再統一とを交換するそうした提案を行うであろうことを報告しており、(70) その場合に、繁栄を取り戻し自信を回復しつつあるＦＲＧ内でその提案が支持を得ることにもほとんど疑いはなかった。アメリカおよび西ヨーロッパとの提携というアデナウアーの方針は、とくにそれが再統一の完全放棄ではないにしてもその無期限な先送りのように見えたことから、国内では決して広い支持を集めていた訳ではなかったのである。(71) 統一されたドイツが常に中立に止まるという確信もなかった。一九二二年のラッパロ協定や一九三九年のモロトフ＝リッベントロップ協定を記憶していた人々は、ドイツとソ連が再び破滅的協調に誘惑される可能性を排除することはできなかった。(72)

ドイツをめぐるこれまでの危機の場合と同様に、西側の対応を決めたのはアメリカではなくイギリスであった。アンソニー・イーデン外相は、ソ連が西ドイツの西ヨーロッパへの統合を阻止するために、「今やより大きな代償を支払う用意がある」ものと認めていた。しかしそれが何であるのかを見つけ出すことには危険が多すぎた。より安全な選択は「ＥＤＣの枠組みの中で西ドイツ再軍備への支援を強化する」ことであった。(73) 他方アチソン自身はソ連との交渉を積極的に考えていた。それはもっぱら、「我々が真剣であって対話を恐れてはいないことをドイツ人に納得させ、ソ連側の不誠実さを暴露し、そしてもしソ連に東側地区を解放する用意が本当にあるなら、それを強いる」ためであった。(74) しかし、アデナウアーだけでなくイギリス、フランスもこうした方針を拒否したのである。その結果、イーデンが言うところの「覚書の戦い」となった。注意深く書かれた公文書の交換によって、西ドイツの占領を終了させ、これをＥＤＣに組み込む条約の調印までソ連主導の行動を遅らせたのである。(75) スターリンはまもなくその提案を断念した。そして彼の後継者たちは東ドイツの存続を選択し、二度とそれを蒸し返さなかった。

だが未だに一つの疑問が去らない。スターリンは本気であったなどということがありうるのだろうか。もし彼が何よりも、かつての敵が現在および将来の敵国と提携することを恐れたならば――そうであったことのあらゆる理由が存在する――そうした事態を阻止するために、次第に人気が落ち無力になりつつある東ドイツの体制を犠牲にすることがはたしてありえないことだっただろうか。(76) アメリカと西ヨーロッパの同盟諸国は少なくともスターリンの誠実さを試すべきではなかったのだろうか。彼ら自身が力の増強に没頭したことで、ヨーロッパにおける冷戦を終わらせることはなくとも、それを和らげ、実際より四〇年早くドイツを再統一する機会を逸したのではないのだろうか。(77)

いまでは、スターリンが分割された東ドイツ国家を望んでいなかったことは明らかである。スターリンは幾度となく、ドイツの共産主義者がソ連占領地区において、それ以外の場所にいるドイツ人を疎遠にさせるような方策をとることを抑制し、(78) また西ドイツの独立が明白になった後、一九四九年秋、不承不承ながらドイツ民主共和国の樹立を認めたようにみえる。その建国後ですら、ＳＥＤはコミンフォルム内で準構成員の地位しか与えられなかった。ＧＤＲ

は他の東側衛星国と同等の立場で主要な外交活動には参加できなかったし、ソ連はスターリンが死ぬまで完全な外交関係を樹立しなかった。こうして、ソ連の指導者が実際に東ドイツを消耗品と見なしていた可能性は充分にある。問題はどのような状況でそれを使い切る用意が彼にあったのかということである。(79)

一九五二年三月の覚書はソ連外務省の発案だった。そうした行動は「平和を求め西ドイツの再軍事化に対抗する戦い」を強化し、「ドイツ再統一と平和の擁護者が、西側三ヵ国の侵略的な意思という正体を暴露することを助ける」であろうと外相代理のグロムイコは指摘した。こうした目的を達成するためのソ連と東ドイツによるこれまでの努力はうまく行かなかったことを、ポーランドとチェコは告げられている。新しい方策では、「西ドイツに関する西側三ヵ国の侵略的政策に対抗するキャンペーンをそれぞれ報道機関とドイツ人に向けて行うこと」が企図されていた。(80) 東ドイツの人々は、西ドイツのEDC加盟がNATOそのものへの加盟と同じであることや、覚書の目的がアデナウアー政権を崩壊させることによってこうした動きを阻止することであることなどを知らされた。(81) ソ連外交官のウラジーミル・セミョーノフは、アメリカが覚書を拒絶するという見通しは確かなのか、というスターリンの質問を回顧している。その確証を得て初めてソ連のこの指導者は了解したが、もしそうでなかったらセミョーノフにとって重大な結果を招くとの警告が一緒だった。(82)

三月二五日に伝達された西側の最初の対応は、単純な拒絶ではなかったのでセミョーノフを不安にさせた。それは国連がすでにドイツ内部に自由選挙を行う施設があるかどうかを調査する委員会を結成しており、彼らが東ドイツと東ベルリンに入ることをソ連が認めるかどうかの回答を要請していた。(83) しかしスターリンにはこれで充分だった。「ドイツ問題についての我々の提案がどのようなものであれ、西側諸国はそれに賛同せず、いずれにせよドイツから撤退しないつもりだ」と四月七日、スターリンは東ドイツの指導者であるウルブリヒトとピエックに語った。

彼らは我々に対する防衛のためにその軍隊が存在しているという。しかし、この軍隊の真の目的はヨーロッパの支配である。アメリカは西ドイツを大西洋同盟に引き込むだろう。彼らは西ドイツ軍を作るだろう。アデナウナーはアメリカ人のポケットの中にいる。元ファシストと将軍たちのすべてもそこにいる。現実には、ドイツ西部では独立国家が作られつつあるのだ。君たちは自分自身の国を作らなければならない。

これ以降、ドイツを二つに分ける境界線は「単なる国境ではなく、強固に守らねばならない危険な境界線」と見られるようになった。[84] クレムリンの指導者はGDRに向って社会主義を建設するのはまだ早すぎると警告した。しかし、七月にはSEDの党大会はそのための全面的な計画を発表し、スターリンはそれに反対しなかった。[85]

「覚書の戦い」はその夏の間も続いたが、それは明らかに形だけのものになっていた。モスクワに駐在していたケナンはソ連側の立場が、「お座なりで、謎めいた事なかれ主義の指示だけを与えられ、それでもって最善を尽くすよう下命された下っ端連中によって準備されている」という兆候を見てとった。[86] しかし後に彼自身が認めているように、アメリカ政府の態度も似たようなものであった。[87] アチソンのドイツ再統一に対する関心の表明は抽象的でその場限りのものだった。[88] この国務長官は、西ドイツの分離と強化をできるだけ早く実現するという、トルーマン政権と今や西ドイツ自身を含むヨーロッパの同盟諸国に存在する時流に逆らうことよりも、それに乗じることのほうが容易であるとみなした。それは皮肉にも当のケナンが一九四五年に提案していたことだったのである。

こうした経緯がスターリンを震撼させたことは明白である。彼は一九五二年七月に情報機関からの報告を受け取ったが、そこではEDCが西ドイツの統御能力を失い、西ドイツが再びフランスを攻撃すると同時に、第二次世界大戦の終わりにソ連、ポーランドおよびチェコスロヴァキアに奪われた領土の回復に乗り出すことが警告されていた。[89] また、スターリンは一〇月に刊行された『社会主義の経済的諸問題』の中で、「ドイツと日本が再び自立してアメリカの軛を脱し、独自の生き方に乗り出さないという保証などがあるのだろうか。そのようなものがあるとは思えない」と自問自答しているのである。[90] しかし、スターリンが果たしてアメリカ、イギリス、およびフランスと本気になって交渉したであろうかということになるとまったくわからない。モスクワの統制下にあるドイツのみが確実にソ連の安全を保障する、というのが一九四五年以降の彼の一貫した立場であった。一九五二年三月の覚書は、戦争ではなく大衆の同意によってこの目的を達成することができるという、彼の最後の儚い望みを示すものであったのかもしれない。もしその可能性があったとすれば、東ドイツの共産主義者などはたしかに消耗品であっただろう。しかしながらソ連の支配するドイツとなればそうはいかない。モロトフが後に述べたように、スターリンは「社会主義が征服した場所を決して放棄しなかったであろう」(91)。

しかし、そうしたドイツというものが望みえないとすれば――スターリンは自分の提案が、西側によって公式に拒絶される前に失敗したと確信していたように見える――、ソ連圏にしっかりと組み込まれた社会主義東ドイツが次善の策となろう。ソ連の指導者は死の数ヵ月前にこの選択肢にたどり着いた。スターリンの覚書に関する歴史家たちの論争はその後数十年にわたって続くことになるが、スターリンの心の中での葛藤は終わった。「逃した機会」などはまったくない。スターリンには計画Aを実行するつもりはなかったのである。

V　ベリヤとドイツ再統一

しかしながら、一九五三年三月五日のスターリンの死は、ドイツ再統一へのより有望な機会だったかもしれないものへの扉を開いた。もっともそれはほんの一時的な出来事であり、また、長年にわたりソ連秘密警察の長を務めたラヴレンティ・ベリヤという、歴史上際立って憎むべき人物の手になるものであった。老独裁者の死のその日から、彼の後継者たちは自分たちをその重苦しい遺産から解放し始めた。その一部が、外部世界に対するすこぶる懐柔的なアプローチである。四月一日に国務省の当局者は、過去数週間に「他の類似した時期にも見られなかったほど、ソ連の西側に対する思わせぶりな態度があった」ことや、交渉のための雰囲気が充分に良好なので、アメリカが取るべき立場を明確にし始めるべきであることを指摘していた[92]。この新しい雰囲気に対応して、四月一六日アイゼンハワー大統領は、核軍拡競争のコストと危険を懸念しつつ、クレムリンから生じた新しい動きを歓迎し、「歴史の流れを変えることを手伝う」ように呼びかける劇的な演説を行った。そして、ほとんどすべての人間が驚いたことに、四月二五日付けの『プラウダ』［ソ連共産党機関紙］はその全文の正確な翻訳を掲載したのである。この出来事について、アメリカの新駐ソ大使チャールズ・E・ボーレンは「スターリン主義者による独裁制が始まって以来の未曾有のこと」であると評した[93]。

ドイツは新たなアプローチが早急に必要とされている分野であった。一九五二年の夏にスターリンが自らの再統一の提案を断念した直後、ウルブリヒトが急速に進めた強制的な工業化と農業集団化計画は、破滅的であることがすぐさま判明していた。その年の終わりまでに、ソ連は東ドイツ政権を強力にてこ入れし、一方、東ドイツの人々自身は一刻も早く西ドイツへ逃れようとした。一九五三年の最初の四ヵ月で約一二万人が逃亡している[94]。スターリンの葬儀においてウルブリヒトは一層の経済支援を求めたが、ソ連の新しい指導者たちはそれを却下し、むしろ社会主義化の速度を落とすように忠告した。ウルブリヒトはそれを拒んだ。彼はモロトフが後に認めたように、「政治意識の強い同志であり、いささか無愛想で柔軟性に欠けていた[95]」。そして数週間のうちに、モスクワの新政権は衛星国東ドイツの重大な危機に直面したのである。五月二七日、その問題について協議するためソ連の最高会議幹部会が開かれたが、他でもないベリヤによってドイツに対する注目すべき新しい方針が提案されたのはその場においてであった。

我々が現在承知しているこの計画の大部分はベリヤの政敵によって公表されたものである。彼らはベリヤを逮捕し、処刑するための口実の一つとしてこの計画を用いたのであった。しかし、辛くも生き残った同調者が現在その基本的な概要を確認している[96]。その計画は東ドイツに社会主義を強制する努力が続くならば、ソ連は永久に不安定な衛星国の面倒を見る羽目になり、他方で西ドイツとEDC、NATOおよびアメリカのより緊密な提携が助長されるだろうと推測していたようにみえる。統一され中立化したドイツがたとえ資本主義国であったとしても、ヨーロッパにおけるソ連とアメリカの影響力の間で均衡を維持するのであれば、ソ連がそこからより大きな利益を得るということにはならないだろうか。単一のドイツ国家の中で東ドイツを何らかの従属的な地位に降格させるためであれば、西ドイツにもソ連にかなりの代償を払う用意はないであろうか。もしこれが本当にベリヤの計画の概要であったとすれば、それはソ連統制下の社会主義国としてのみ再統一を認めるというスターリンの一九五二年三月の覚書をはるかに超えていたことになる。モロトフは「欲しいのは平和なドイツだけである。社会主義であろうがなかろうが、何ら違いはない」とベリヤが論じるのを回想している(97)。

ベリヤは明らかにドイツ問題を――および彼の構想がもたらすであろう西側との関係改善の見通しを――クレムリンの指導者たちの中で自らの立場を強化し、最終的にはスターリンの後継者としての地位を確保するために利用していた。また、これは彼が当時考えていた劇的な措置の一つでしかない。他にも、国家機構に対する共産党の支配の制限、彼自身が一九三〇年代後半にその創設に尽力した公式のテロル機関の撤廃、そして非ロシア民族に対するより大きな文化的、政治的自治の付与などがあった(98)。ロシアの歴史において権威主義のまさに建設者自身が、その中で改革の衝動に駆られて鋭い自己診断を下すのはこれが最初でも最後でもなかった(99)。

しかしながら、ドイツに関するベリヤの計画だけでなく、彼の野望にも恐れをなした最高会議幹部会の同僚たちは強く反対し、ソ連統制下の最終的なドイツ全土統一への余地を残しながらも、一九五二年以前の抑制されたスターリンの政策に立ち戻ることを代わりに主張した。この考えは、モロトフが回顧するように「力ずくではなく慎重に社会主義への道を追求し、我々の立場がより強くなるまでうまく立ち回る」というものであった(100)。こうして、東ドイツが性急な社会主義化というウルブリヒトの計画を放棄し、より穏健な方策を採るよう求める指示が発令された。それは、

「敵対勢力を最大限に分裂させ、金目当てのアデナウアー一派の戦術に対抗するあらゆる潮流を生み出す」ことと同時に、「GDRの政局を安定させ、ドイツそのものに関する我々の立場を強化する」ことを狙いとしていた。(101)

東ドイツ政府は六月一〇日に新しい政策を発表したが、ウルブリヒトが労働者のノルマを一〇パーセント増加するという人気のない措置を撤回しなかったため、すぐにも台無しになってしまった。抑圧的措置を残したまま締め付けを緩めたことで事態は一触即発となり、六月一六日から一七日にかけて、東ベルリンおよび東ドイツの他の地域で労働者が蜂起した。このような規模での蜂起は戦後においてソ連の勢力圏では初めてのことだった。赤軍は直ちに蜂起を鎮圧したが、犠牲者は比較的少なかった。(102) しかしモスクワで一人の大物の犠牲者が出ていたことがまもなく明らかになるのである。六月二六日、フルシチョフによって準備されたこの緊迫した最高会議幹部会において、ベリヤの同僚たちは彼と対決して逮捕し、反逆罪で告発した。この場面は後の世代の「ゴッドファーザー」ものの映画の中で使えたかもしれない。その年の終わりまでにベリヤは裁判にかけられ処刑された。彼は皮肉にも、また当然ながら、そうした宿命を背負った最後のソ連の指導者となったのである。(103) 一方ベリヤの失脚はウルブリヒトの生き残りを保証した。彼は潜在的な敵対者に対して安んじて攻撃することができるようになった。東ドイツのこの指導者は、これらすべてを企図していたのかもしれないし、あるいはそうではなかったのかもしれない。しかし、わずかに残ったベリヤのドイツに関する構想を彼が潰したことは確かであった。結果としてもたらされた混乱は、クレムリンにいるベリヤのライヴァルたちにベリヤに対抗する口実を与えた。こうしたなかで、少なくとも後継者争いが進行中である限り、ウルブリヒトに反対するのは困難だったであろう。そうすることは反乱と反逆を意味したからである。(104) スターリンの残した不信の文化は、今やスターリンの後継者たちと、彼が決して信用しなかった東ドイツの指導者とを結びつけたのである。

事態が別の方向に進んでいたら、すなわちベリヤがスターリンの跡を継ぎ、ドイツの将来に関する最初の提案をよみがえらせていたら興味深い状況となっていたであろう。なぜなら、彼の構想に関する我々の理解が正しいとすれば、それは冷戦の終結に先立ってドイツの再統一についてソ連が提案した原則の中で、西側が容認したかもしれないものにこれまでになく近づいたものだったからである。ベリヤの構想が彼の失脚後も生き延びた可能性すらある。ソ連の歴史では、勝者が敗者の政策を踏襲する事例などはお馴染みのことだった。(105) とはいえ、そもそもアメリカ、イギリス、フランスそして特に西ドイツの側に再統一を考慮する用意がなかったとすれば、そうした構想も成就しえなかったであろう。こうして、西側が分断ドイツという現実にあまりにも慣れ親しんだ結果、もはや他の選択肢を検討する意思を失ってしまったのではないかという当然の疑問が浮上するのである。

Ⅵ　西ドイツ再軍備とNATO加盟問題

ケナンはそう考えた。「予見しうる将来においてわが国民は、ロシアとのいかなる合意のもとでもドイツからの占領軍撤退を考えることはない」と彼は、一九五二年九月モスクワから追放される直前に記している。「我々の立場は、事実上ロシアとはいかなる合意もせず、ドイツとヨーロッパの分裂を無期限に継続するというものである。(106)」今日から顧みて、西側の立場が実際にはここまで厳密なものであったかどうかについてはそれほど明確ではない。一九五〇年代初めにおいて、アメリカが再統一の望ましさやあるいはその最終的な実現可能性すらも拒絶した時点を特定するのはたしかに難しい。(107) とはいえ統一はまさに長期的な目標ではあった。ソ連を抑止しヨーロッパ人を安心させるという課題にアメリカが関与し続けるという、より差し迫った優先課題があり、それらを追求することは、その意図が何であれドイツの分割を継続するという効果を実質には持ったのである。

「今こそ、アメリカが傍を漂流する流木によってではなく、天測によって自ら方向を決めて航海を始める時である」。一九五三年八月、ドイツに関する討議の際に、国家安全保障問題担当補佐官のロバート・カトラーはいつになく性急にアイゼンハワー大統領に促した。「我々は何かが起こるのを待ち、それに政策を合わせていくべきであろうか。それとも、あらかじめ選択肢を用意すべきなのであろうか」(108)。ケナンは四年前に同じ点を指摘していたが、アイゼンハワーとその顧問たちは前任者同様、ドイツに関する長期的利益と、冷戦を戦う上での緊急の課題とをうまく分けることができなかった。同じ月にこの問題についての国家安全保障会議がまとめた最初の体系的な検討は、こうした難しさを反映している。ドイツ政策の目標は以下のようなものとされた。

ドイツを西側の防衛に参加させて自由世界の力に対してなしうる限りの寄与をさせ、同時にそれが自由世界への脅威となる危険性を最小限にするため、望むらくは統合されたヨーロッパ共同体を通じて、統一ドイツあるいは少なくとも連邦共和国と西側との緊密な提携を達成する。(109)

しかしもし、分断されたドイツそのものが冷戦を永続させることになるとすればどうであろうか。統一されても中立のドイツであれば、そもそも西側防衛もしくは自由世界の強化の必要性が減じることになるとすればどうであろうか。ケナンが一九四九年以来主張してきたように、治療というものがかえって病気を長引かせるだけということになるのではないだろうか。

不思議なことにこの点について懸念していた人物は、一九五三年初めにケナンを引退に追い込んだ新任の国務長官、ジョン・フォスター・ダレスだった。彼は九月六日にアイゼンハワーに対して、「ソ連の衛星国からの撤退、およびアメリカのヨーロッパ撤退とともにヨーロッパにおける広範な軍備制限地域」を創設することを基礎として、「世界の緊張を緩和するための劇的な措置を講ずる」時機が到来したことを指摘した。当時の情勢は本質的に不安定であるとみなされた。ソ連の増大する核戦力を前に、ヨーロッパ諸国がアメリカ軍基地を「傘というより避雷針」とみなすようになるのか、あるいは国内で苛立たしさを増すアメリカの軍事的存在を彼らが単に拒絶するようになるのか、のいずれかの理由から、遅かれ早かれアメリカ軍は撤退しなければならなくなるかもしれなかったのである。クレムリンに新しい、より友好的な政権が登場した場合には、この過程は加速するかもしれなかった。アメリカにとって可能な限り最も有利な環境のもとでヨーロッパが自立する方法を準備することを目的にし、東ヨーロッパにおける自由化、核兵器と誘導ミサイルの国際管理、ソ連共産党の世界革命という使命の阻止、東西貿易の拡大に向けた主要な施策を今積極的に推進してはどうだろうか。(110)

このあっといわせるような提案は単なる議論のための議論ではなかった。それはダレスの流儀ではない。その提案はむしろ当時広まっていたいくつかの関心事に対処するものであった。一つは国防予算の削減という新政権の決定にかかわるものである。アイゼンハワーは海外展開兵力をめぐる三月の議論において、「国家の破産と国家の破壊のどちらが最初にやってくるのか」(111)と不満を述べたが、その答えは決して明らかではなかった。またアメリカがいわば過保護な親になってしまう危険もあった。アメリカがヨーロッパにとどまって保護を与えている限り、西ヨーロッパ諸国は、いつかは全面的な防衛責任を負うことを考えるようになるだろうか。(112)一方で、ソ連の新しい指導者たちを交渉に引き込んで、彼らの誠実さを試すべきだという圧力が高まっていた。アイゼンハワー自身、四月一六日の演説でそれを奨励し、また五月にはイギリスの首相に復帰したウィンストン・チャーチルが、スターリンの後継者たちとの首脳会談を「遅延なく」開催することを公に呼びかけていた。(113)そして、ダレスがその覚書を起草した同じ日にキリスト教民主党を再選挙で勝利させたアデナウアーは、選挙運動中から新たな四ヵ国会談を自ら呼びかけ、ポーランドと東ドイツからソ連軍を退去させる非武装地帯の設置を基礎とする交渉案を練っていたのである。(114)

アイゼンハワーはダレスの覚書に対して、「地球的規模での世界の緊張緩和のため新たな努力がなされるべきであることに強く合意する」旨を表明し、「こうした緊張緩和への一歩として、赤軍とアメリカ軍の相互撤退を提案できるかもしれない」と答えた。しかし大統領は、こうした提案に少なくとも一つの直接の困難をみてとった。「いかなる撤退であれ、基本的な意図の変更を意味するとみなされ、国外で大変な混乱を引き起こすであろう」[115]。別の問題も直ちに表面化した。ソ連と核兵器管理の包括的な合意なしにアメリカは戦時における核兵器の出撃拠点であるヨーロッパの前進基地を放棄できるのだろうか。しかし基地の撤去なしに、そうした交渉をどこまで進められるのだろうか。アデナウアーは本気で兵力引き離しを考えていたのだろうか。あるいは、交渉に対する彼の賛意は、再統一論者を切り崩すための単なる戦術だったのだろうか。そしてこのような議論は、フランスが未だ批准せず、脆い構造を持ち、再軍備したドイツを加入させることになるヨーロッパ防衛共同体条約の行く末を安泰なものにするのか、あるいは危険に晒すのであろうか。

もしこの時ソ連が、スターリンの一九五三年三月の提案を改めて持ち出してきていたら、あるいはベリヤの一九五三年の計画に類似したものを推し進めたとしたら、西側がどのように対応したであろうかはまったくわからない。アメリカとその同盟国はドイツ再統一の可能性を捨ててはいなかったが、ドイツの中立化ということになると、たとえそれが資本主義の枠内であったとしても彼らにすればはるかに難しいことだったであろう[116]。だが、アイゼンハワーとダレスがEDCを強力に支持した一つの理由が、西ドイツのNATO加盟に対する強い反対にあった点は押さえておくべきだろう。彼らも西ドイツの再軍備が必要であることは信じていたが、ことにドイツがヨーロッパの統制下にない独自の軍隊を再び持った場合のドイツの野心はいまだに脅威だった。アメリカの新駐ドイツ高等弁務官ジェームズ・B・コナントは、「ドイツの政府構造は出来たばかりであって、将来の見知らぬドイツ人指導者の手に国軍の最高指揮権を委ねるまでには至っていない」と警告した[117]。アデナウアー自身もアメリカにとっては心休まることにこうした視点を共有していた。彼が中立化を受け入れることはなかったであろうが、独立した軍事力を熱望していた訳でもない。アイゼンハワーおよびダレスと同様、アデナウアーにとってもEDCはこのような立場を調整する方策となったのである。一九五四年の初頭に四ヵ国首脳会談が近づいた時、彼らは皆ドイツに関するソ連の新しい提案がそのような見通しに及ぼす影響について懸念した[118]。

しかし、心配する必要はなかった。ソ連は依然としてEDCを西ドイツのNATO加盟のための隠れ蓑としか見ていなかったし、そうした枠組みにおける再統一の可能性を深く検討することをしなかった。実際ダレスがアイゼンハワーに打電したように、「モロトフが（彼の）対ドイツ提案を、事実上のドイツ全土のソヴィエト化と米英仏軍の撤退要求という極端なものにしたので、西側の立場はモロトフの非妥協的態度の表明によって著しく強化されたのである[119]」。ソ連政府がこうした硬直した立場を取った主な理由は、一九五三年六月の東ドイツ暴動の結果、ソ連がウルブリヒト政権の生き残りの責務を引き受けたことにあったようである[120]。スターリンの再統一案は東ドイツにおける立場を強化し、そして西ドイツにソ連の影響力を浸透させるというものであった。しかし東ドイツがそうした状態に達するのに、予想以上に長い時間を要するのは今や痛いほど明らかだった。「ドイツ人民は共産主義の偉大な利点についての教育を受ける時間を持ったことがまだない」と、一九五五年のジュネーヴ会談の折、フルシチョフはアイゼンハワーに対して認めている[121]。一方、東ドイツが崩壊することになれば、ソ連にとって屈辱的な敗北であろう。「GDRは我々の同盟国だったのである」と、フルシチョフは後に強調した。

我々は、その独立に、イデオロギーの面だけでなく、戦略的、経済的、政治的な面で利害を持っていた。（西）ドイツに、西側と同盟する単一の資本主義ドイツ国家の創設を許すことは、我々にとってポーランド国境への撤退を意味することになった。それは大きな政治的、軍事的後退である。それは連鎖反応の始まりとなり、西側の侵略的勢力が我々に対してなお一層圧力を加えることを助長したであろう。一度撤退をはじめたら、それを止めることは難しい[122]。

こうして、ウルブリヒトはその弱さによって強い立場へとうまく自分を追い込んだ[123]。そしてドイツでその後に起きたことの多くは、まさにこの結果として生じたのである。

一方でアメリカの同盟国は、ドイツ再統一の展望をさらに狭めるような独自の行動をとっていた。アイゼンハワーとダレスに強い不快感を与えたのは、フランス人自身が一九五〇年に提案したにもかかわらず、フランス国民議会が一九五四年八月、EDC条約の批准を否決したことである。当然ながらアメリカにはいかなる選択肢もないと見て、イギリスは西ドイツが単純にNATOに加盟するという提案を行った。[124] フランス人は、彼ら自身を含めあらゆる人々が驚くほど平静にこの提案を受け入れ、一九五五年五月、FRGはNATOに加盟した。EDCに関する四年に渡る議論はEDCを生み出さなかったが、有用な時間を稼ぐことが出来た。少なくともウルブリヒトと同様の巧みさで、アデナウアーが西ヨーロッパ近隣諸国の信用を得るためにこの期間を効果的に使ったので、西ドイツのNATO加盟案は五年前に初めて浮上した時に比べ、はるかに危険が少ないように思われたのである。[125]

これはアメリカの指導によってもたらされたものではなかった。それよりも、アメリカは西ドイツの再軍備について同盟国であるフランス、イギリスそしてとりわけ西ドイツがその条件を決めるに任せたのである。再統一の延期およびNATOへの参加は、ドイツが再軍備しえたであろう唯一の道ではなかった。実際、歴史学者マーク・トラクテンバーグが指摘したように、「アデナウアーは西側の政治家、特にワイマール共和国を記憶していた者たちによって、ほとんど信じがたいほど善良で、ドイツの政治家からは論理的に期待しうるものをはるかに上回るほどに西側に傾倒しているとみなされた」。このため、この西ドイツの首相は、「西側の大国がドイツ問題で追求しうる政策に対して、ほとんど拒否権にも相当するような著しい影響力」を得たのである。[126] この結果、ウルブリヒトの行動がドイツ再統一を検討するモスクワの選択肢を排除したのと同様、ワシントンにもまだ残っていた再統一への関心が弱まることになった。

ソ連は西ドイツのNATO加盟に対して驚くほど穏やかに反応した。これはそもそもEDCという選択肢について、彼らがおそらくまともなものとは受け取っていなかったからであろう。たしかに、ソ連は直ちに重要な構成国としての東ドイツを含むワルシャワ条約機構を組織した。一方でソ連は、オーストリアからの占領軍の相互撤退をも内容とする、長く先延ばしにしていた条約を受け入れ、七月のジュネーヴ首脳会議の計画をも進めたのである。二ヵ月後、フルシチョフはアデナウアーのモスクワへの公式訪問を歓迎し、特に核戦争の危険に関するこの西ドイツ首相の警告を賞賛した。「我々が猫の手も借りたい時にアデナウアーはそれをやってくれた」[127]とフルシチョフは回顧している。この会議においても、同じ年の後になって開かれた外相会議においても、ソ連は再統一の問題を蒸し返そうとはしなかった。そしてソ連はGDRだけでなくFRGとも外交関係を樹立したのだった。「ドイツ人はまた出しゃばり始めるだろう」とフルシチョフは一九五六年初めにイギリスの当局者に告げ、「ドイツが分割されたのはおそらく誰にとってもよかったのだ」と述べている。[128]

「ドイツ問題」は、もう一人の歴史家フランク・ニンコヴィッチによれば「二人の発射担当官が同時に鍵を回すことに同意しない限り何も起こらないという、核兵器搭載ミサイルの発射制御についてアメリカが採用する二重鍵の運用体制に似ていた」[129]。この暗喩は、アメリカとソ連がドイツ問題に対処する際の、あたかも白刃を踏むかのような剣呑さ、ドイツの力に依存しつつそれを押さえ込もうとする自己矛盾、そして、合意形成の過程における間の悪さを捉えている。ケナンの計画A、スターリンの覚書、ベリヤの構想、そしてダレスのいう「世界の緊張緩和のための劇的な措置」は、ともかくもいずれは鍵を同時に回すことが可能であるという前提の上に立っていた。しかし、その二本の鍵にはそれぞれ（米ソ以外の）複数の手もかけられており、鍵を回すことを拒んだのは、当のドイツを含む両陣営内の同盟国のほうだったのである。

Ⅶ　東西ドイツの不均衡

このようにしてドイツ分断の継続は、アメリカ、ソ連および各々の同盟国にとっては手軽で、おそらく快適なものですらあった。一九四五年以降のこの国の地図がいかに不合理なものであったとしても、政治家は一九五五年の時点では他の選択肢よりもそれを大事にするようになっていた。しかしながら、これがドイツ問題に安定した長期的解決をもたらし、ひいてはヨーロッパにおける平和の基盤となるかどうかははっきりしないままだった。もし次のようなことが起こっていたとすれば、おのずと安定した状況が生まれていたかもしれない。まずドイツとその潜在力とを完璧に二等分し、いずれの陣営もこの国の半分を超える分け前を手に入れないようにする。次に、東西二つの同盟自体の中身が同じ性格であることを確実に保証する。そして各陣営の盟主である超大国のほうも共通の目標を持つ。しかしながら、一個の人体や一つの家族を対象とする場合と同じく、一つの国家を質・量の両面において真っ二つにすることなどは現実には不可能であろう。生命の維持に必要な器官、生活機能や負担などは不均等に分与されるものである。ソロモンがディレンマに直面したのはあくまでも古のことであった。しかし、それと似たような事態が、ドイツの旧敵国間や当のドイツ人自身の間に醸成されてきた、現状〔ドイツ分割〕を受け入れることについての暗黙の合意を台無しにしてしまうことなどはまさかありえないだろうと期待することにも、やはり無理があった。

まず、客観的な国力の構成要素の面で重大な不均衡があった。アイゼンハワー政権の国家安全保障会議が一九五三年に指摘したように、西ドイツは東ドイツの「ほぼ三倍の人口を抱え、約五倍の工業生産、そして二倍に近い領土」を持っていた[130]。この格差自体が、両ドイツ間あるいはヨーロッパ内での力の均衡を計測する際に、FRGのほうに余分な重みを与えることになったのである。西側から東側へと同盟相手を変更し、マーシャル計画による援助もなく、一九五三年まで続いたソ連による工業施設等の賠償としての没収、という困難を背負っていたことを考えると、東ドイツは自国の経済再建については目覚しい成果をあげた[131]。しかし西ドイツが達成した経済成長は目覚ましいどころではなかった。今や「奇跡」という言葉は、資本主義を信奉するキリスト教民主党がルートヴィッヒ・エアハルト経済相の指導下で推進した、経済拡張路線の成功を特徴づける決まり文句となっていたのである。フルシチョフは後にこう不満を漏らしている。「西ドイツはアメリカという、第一次、第二次世界大戦で焼け太り、世界の富を独り占めにした金持ち国家の支援を得ていた。だから、この競争ははなから不公平だったのだ」[132]。

次に政治面での非対称性があった。西ドイツの人々は自らの政府を選出し、その政府に概して満足したけれども、東ドイツではそうではなかった[133]。東ドイツの領域では一九四六年以来自由選挙はなく、またＦＲＧの「基本法」に酷似したＧＤＲの憲法が一九四九年に採択されたけれども、その政治の実態は、ＧＤＲが一九五〇年代初頭までに厳格なスターリン主義の権威主義国家へと変貌するにつれ、まったく違うものとなっていった[134]。経済の発展は「自力工業化」のために生活水準の向上を犠牲にしつつ、ほとんど強制労働に近い環境の中で行われた[135]。一九五三年六月の暴動はこうした政策の生んだ不満の大きさを暴露していた。ウルブリヒト政権はその後、モスクワからの圧力によって最も強圧的な政策のいくつかを実際には緩和したが、上意下達の政治構造における指令経済という全体的な現実は変わらなかった。ベリヤの先例は、改革がいかに簡単に革命につながるかということを示していた。それでも、フルシチョフは同じ類の手痛い教訓を学ぶことになった。第二〇回ソ連共産党大会で口火を切った非スターリン化が、一九五六年の後半にポーランドでは反乱を起こしかけ、ハンガリーではそれが現実のものとなったのである。こうした混乱の間に東ドイツが平穏を保ったことは、厳しい統制を維持するというウルブリヒトの賢明さを確認するだけであるようにみえた[136]。

そして軍事面における非対称性である。西ドイツの再軍備がＮＡＴＯ同盟内で進行中であるという事実にもかかわらず、ソ連とワルシャワ条約機構の同盟国は通常兵力における圧倒的な優位を維持した。これは現実の侵攻は言うに及ばず、心理的な威嚇の危険を伴うものであった。アイゼンハワー政権は前任者と同じく、攻撃があった際には核兵器を使用するという誓約を通じて西ヨーロッパに対するアメリカの安全保障の傘を提供し、それを埋め合わせることを望んでいた。しかしソ連の核およびミサイルの能力が増強するにつれ、そうした誓約の信憑性も低下していくように見えたのである。そうではあっても、アメリカが東からの侵攻経路の上にこうした兵器を直接配備すれば、アメリカは確実にそれらを用いるであろうし、そうした見通しはそもそも侵攻の可能性や、侵攻するとの威嚇行為を抑えるだろう、というのがＮＡＴＯの「核化」の背後にある理論であった。こうして早くも一九五三年には、すでに「戦術」レヴェルにまで広がったアメリカの核能力と西ヨーロッパ同盟諸国の通常兵力とを統合する努力が始まったのである。しかしこの解決策は同盟国、とりわけＮＡＴＯ加盟時に核兵器開発の権利を自発的に放棄した西ドイツが核兵器に対してどの程度の管理を行うのかという新たな問題を生み出した。(137) 抑止から生じるものと考えられた安心感は、この場合取り立てて充分なものではなかった。

一九五七年一〇月、ジョージ・ケナンはこうした東西ドイツをめぐるすべての不均衡を考慮に入れて、今回は一市民として公に計画Ａを再び提起した。かつてない物議を醸したＢＢＣ（イギリス放送協会）の連続番組であるリース講演で、ケナンはもしドイツにおける行き詰まりが解消されないならば「実際、平和の可能性はごくわずかである」と主張した。ドイツの分割は戦争終結後、もちろん起こるべくして起きたのだが、

それが恒久的に固定してしまうのを許すのは危険である。そうした固定化は、ヨーロッパの国でもないアメリカに対してあまりにも長期間にわたり多くを期待しすぎることになる。また、それはヨーロッパ人自身の力量や能力を不当に過小評価してしまう。今日ベルリンの情勢にほんの些細な混乱が生じてもたちまちのうちに世界的な危機に発展するが、そうした危うい不健全な状態も放置されたままになる。さらに、ソ連の衛星国をめぐる現下の不穏な状況も無視されよう。そして、一時的なものとみなされた事態が恒久化するのである。要するに、ヨーロッパの半分がソ連のものになる。(138)

兵力引き離しについてのケナンのこの新たな提言は、ドイツ問題に関しては主流中の主流というべき立場にあり、すでに政界を引退していたアチソンと、そのアチソンを声高に批判していたダレスやリチャード・ニクソン副大統領とを接近させるという思わぬ離れ業を演じさせることになった。ニクソンによれば、前の国務長官が、自身のかつて

の顧問が表明した権力政治に対する「神秘的ともいえる態度」を公然と非難したことは、「アメリカにおいておよそ責任を有する立場にあり、また影響力を持つ政治指導者は誰一人として」ケナンの考えを支持してはいないことを明らかにしていたのである。(139) 西ヨーロッパ諸国の反応も似たようなものであった。西ドイツ外相のハインリッヒ・フォン・ブレンターノは、「あのようなことを言う者は誰であれ、ドイツの友人ではない」と不満げに述べている。(140)

ソ連の反応は一見したところより好意的に見えた。一九五七年一二月、ソ連閣僚会議議長のニコライ・ブルガーニンはラパツキ案、すなわち、中央ヨーロッパにおける非核地帯の創設と同地域からの最終的な米ソの撤退を骨子とするポーランド外相アダム・ラパツキによる既存の提案を公に承認した。しかし、このラパツキ案は一九五六年以来モスクワとワルシャワで議論されてきたもので、ソ連側の文書が現在示唆するところによれば、それは兵力引き離しへ向けての真剣な動きというよりは、これまでのソ連の提案がそうであったのと同じく西ドイツ政府の立場を切り崩すことを主な狙いとしていたのである。(141)

要するに、分割に内在するいくつもの非対称性が明白だったにもかかわらず、どちらの陣営もドイツ再統一についてのいかなる包括的な新しい試みにもほとんど関心はなかった。冷戦という現実を前提とすれば、その結果だれが最も利益を得るかという保証なしにこうした非対称性を除去する試みは、単にそれを甘受することよりも危険が大きいと思われたのである。しかしこうした見方はそれ自体の安定性、すなわち、非対称性がこれ以上悪化しないということを想定していた。ケナンはそうした想定には与せず、リース講演において、そうした非対称性が手におえないものになるに違いないとの鋭い洞察を示した。「ベルリンの将来はドイツ全体の将来にとって決定的に重要である。ベルリンの人々が必要とするものやそこにおける西側の立場の極端な不安定さは、たとえ他に考慮すべき要因がなく単にこれだけであっても、西側の誰もが現在のドイツ分割を満足すべき恒久的な解決策とはみなしてはならないことの理由になる」。(142)

Ⅷ　一九五八年の最後通牒とその余波

スターリンによる一九四八年の封鎖が失敗して以降、ドイツの旧首都は今やドイツ民主共和国となったものの内側一一〇マイルにおいて、依然としてアメリカ、イギリス、フランス、ソ連の共同占領下にあった。東ドイツはすでに久しく西ドイツとの国境を封鎖していたが、西側同盟諸国はベルリンと往来する権利を保持し、またドイツ人がベルリンの中で各国の占領区域を越えて自由に移動することが依然として可能だった。東西ベルリンを対比してみると、そこにはFRGをGDRからはっきりと分けるようになった経済と政治における不均衡が目に見える形で映し出されていた。予想通り、ベルリンは東ドイツの人々が自分たちの国を逃げ出し、西側に定住するための主要な経路となったのである。西側同盟諸国は西ドイツとともに、こうした動きを積極的に奨励し、一九四五年から一九六一年の間に東ドイツ国民の六分の一が西側に赴き、そのほとんどがベルリン経由だった。[143]反対側への人の流れはまったくなかった。

一九五八年一一月二七日、フルシチョフは、西側がベルリンを非武装の「自由都市」とすることに六ヵ月以内に同意しないならば、ソ連が西ベルリンへのすべての接近経路の管理権を東ドイツに与えると声明した。[144]歴史家は何がこのクレムリンの指導者を駆り立てて最後通牒を出させ、冷戦において最長でかつ最も危険に満ちた危機の一つを引き起こさせたのかについて、長い間不審に思ってきた。現在、ソ連と東ドイツの文書によって、少なくとも暫定的な回答が可能になっている。両陣営ともドイツ分割の継続というものに慣れ始めてはいたが、ベルリンをめぐる一九五八年から六一年にかけての論争は、そうしたドイツにおける既述したような非対称性を反映していたのである。しかし、そのような基本的な事情がニキタ・フルシチョフとヴァルター・ウルブリヒトという際立った個性と出会わなければ、ベルリン危機は起こらなかったであろう。

フルシチョフは早くも一九五六年の二月に、東ドイツに対して、「開かれた国境を持つＧＤＲにおいて社会主義と資本主義の間のこの闘争が進行している……平和陣営〔社会主義陣営〕のすべての勢力は、特別の注意をこの闘争におけるＧＤＲの勝利に向けなければならない」と伝えている。信頼性が問われていたのである。毛沢東と張り合っているはずのまさにこの大立者までもが、そこでの失敗が「平和陣営全体の失敗になるだろう」という警告を口にしたのである。このソ連の指導者もそうした判断だけには同意していたのだろう[145]。しかし東ドイツは、西ベルリンが自国の真中に存在して常に彼らの主権に対する疑問を投げかけ、熟練労働者や知識人に逃亡の機会を提供する限り、自分たちの国は繁栄できないと主張し続けたのである[146]。東ドイツ駐在ソ連大使のミハイル・ペルヴヒンは一九五八年二月に、彼らの懸念を受けて、「ベルリン問題は、ドイツ問題全体の解決を見なくとも、徐々に政治的、経済的に西ベルリンを征服することによって解決可能である」とモスクワに提言した[147]。

次のような事実がこのような状況を複雑なものにしていた。すなわち、アメリカと同盟国は、ソ連による大陸間弾道ミサイルの能力を目の当たりにしてヨーロッパにおける軍事バランスに不安を覚え、一九五七年の終わりに、ヨーロッパに対するアメリカの中距離ミサイルの配備と西ドイツによる使用をも想定したＮＡＴＯへの核兵器の備蓄とを決定したのである[148]。ソ連は、アメリカが究極的に核兵器を他国と共有する道を選べば、それを阻止できないことを承知していた。しかしボン駐在のソ連大使Ａ・Ａ・スミルノフが指摘したように、「我々の全体的な目標は、西ドイツ連邦軍の核武装化を抑制するように影響力を行使することである。社会主義陣営のすべての国が結束してこの方向で努力すれば、西ドイツ連邦軍の核武装化は二年から三年は遅れ、それは我々の大義にとって重大な勝利となる」のであった[149]。

一方でＧＤＲ国内の状況は悪化していた。ソ連共産党中央委員会で社会主義諸国との関係を担当する部局の長だったユーリー・アンドロポフは、一九五八年八月、「GDRからの知識人の逃亡は致命的な段階に達した」と警告した。その数は一九五七年より五〇パーセント増え、亡命に関する報告書は、今や経済的理由と同じく政治的理由から人々が逃亡していることを示していた[150]。また東ベルリンとモスクワには、西ドイツとその同盟国であるアメリカが、進行する東ドイツの弱体化に乗ずることを計画しているのではないかとする漠然とした恐怖もあった。中東およびアジア情勢の展開が、数年間アメリカの注意をそらせていたが、それらの中で最後のものであった一九五八年八月から九月にかけての金門馬祖危機〔第二次台湾海峡危機〕も解決の目途がついた今、「次はドイツであろう」とウルブリヒトは記している。「西ドイツに向かって違った物言いをする時が来ていた。我々が交渉を提案し、アデナウアーがそれを拒絶するなどということをいつまでも続ける訳にはいかない[151]」。

フルシチョフの最初の反応は慎重であった。ドイツ問題全体とは切り離してベルリン問題を解決することは、おそらくは西側諸国との交渉を通じてさえ可能かもしれないことをフルシチョフは認めていた。しかし、そのためには東側陣営全体による一連の協調行動が必要であった。ウルブリヒトは西ベルリンに対して単独行動をとるべきではないのである[152]。実際、ソ連は東ドイツに対して四大国による解決の可能性を再度提起するよう奨励し、九月にそれが実行された[153]。だが、西側から満足すべき反応を得られなかったことからフルシチョフはしびれを切らせたようである。彼はドイツ問題の専門家の助言を聞き入れず、一一月一〇日、ドイツ平和条約を要求する強硬な演説を行い、一一月二七日に最後通牒を発した。フルシチョフが以前に勧めていた慎重な方法から豹変したので、その後さらに一ヵ月、ソ連外務省は東ドイツとの条約草稿の起草にさえ手が廻らなかった。ウルブリヒトと彼の同僚は、この新たな攻勢をたしかに歓迎はした。しかし彼らがフルシチョフをせき立てたのかどうかは定かではない[154]。

ではフルシチョフはなぜ動いたのだろうか。フルシチョフにはたしかに気紛れなところがあり、スターリンに比べて一時の興に駆られて行動する傾向があった[155]。だが、フルシチョフには時機を見定めていた形跡がある。彼はソ連の核およびミサイルの新たな能力が、アメリカの報復からの安全という、前任者が決して享受することのなかった特典をもたらしたと信じたのである。一九五八年の九月にフルシチョフは、「アメリカの指導者たちは、ベルリンをめぐって戦うような間抜けではない」と顧問の一人に語った。[156] モスクワの外国公館の通信傍受だけでなく、ボンとパリの工作員からの情報はこの判断を裏付けているようだった。[157] それゆえ一九四八年と異なり、ベルリンの地理的脆弱性を利用し、圧力を加えたり緩めたりする事によって、ソ連の利益の必要に応じて西側の譲歩を引き出すことが今や可能であった。[158]「ベルリンは西側の睾丸である」とフルシチョフは単刀直入に説明したという。「西側に悲鳴をあげさせたい時は、いつでもベルリンを締め上げてやる。」[159]

それに対して、アメリカとその同盟国は西ベルリンにおける地位を清算するか、またはより可能性があるのは、ベルリンへの接近経路についてGDRと直接交渉することによってこの国を独立国として認めるか、のいずれかであろうとフルシチョフは信じていたように思われる。どちらの譲歩にせよ、NATOの核武装化を遅延させ、あるいはさらにそれを後退させることができればソ連およびGDRの政策としては大勝利であった。間違いなくフルシチョフは西側を交渉の席に着かせようとしていたのである。「あなた方の対案は何なのか」とフルシチョフは一二月三日、上院議員のヒューバート・ハンフリーに尋ねた。「国務長官と大統領はどんな提案をするというのだ」。[160]

この問題がアメリカ人のみに任されていたならば、対案が提出されていたであろう。フルシチョフが最後通牒を発する前ですら、ダレスは西ベルリンのためにアメリカ自身が犠牲になるべきかどうかについて疑問を表明しており、最後通牒の後には、西側占領国が実際にソ連の「代理人」としての東ドイツと取引をする可能性を提起したのである。[161] アイゼンハワーは、「我々の政治的な姿勢というものがまったくばかげた軍事的立場をとらせているもう一つの事例である」として、不満をもらした。[162]「ソ連であれ東ドイツであれ、交渉相手としては所詮同じ穴の狢のようなものではないか」という素朴な疑問が発せられたとしても、返答に窮するのであった。しかし、西ドイツからの猛烈な反対論が他の選択肢の検討を許さなかった。一九五五年以来、アデナウアーはソ連を除き、いかなる国も西ドイツおよび東ドイツの双方と同時に外交関係を持つことはできないという原則の実行を主張してきた。自分自身の国が東ドイツとの貿易協定を結んだばかりであるにもかかわらず、この西ドイツの首相は、もしアメリカとその同盟国がわずかでも東ドイツと関係を持つようなことがあれば、西側との連携を優先して再統一を延期するという、こわれやすい妥協が致命的なまでに乱されるであろうと警告したのだった。(164)

しかし同時に、アイゼンハワー政権が西ベルリン防衛のために企図した方法についても西ドイツは到底満足できなかった。アメリカの強い要請によって、NATOの戦略は戦時において核兵器の先行使用《ファースト・ユース》に次第に大きく依存するようになっていた。しかし、一九五五年早々のNATOの評価では、その結果一七〇万人ものドイツ人が死亡し、加えて三五〇万人が不随状態になるということが示されていていたのである。(165) ソ連が東ドイツに対してベルリンへの通行路の管理権を実際に委譲した場合、国防省の計画では、一個小隊規模の護衛を伴った小規模の輸送部隊を派遣するということであった。もしこれが阻止または攻撃された場合、一個師団規模の部隊がこれに続く。要点は、すべての関係国にワシントンの意思を確信させることにあり、それは統合参謀本部の言葉で示すなら、「必要ならばいかなる規模の武力も使用すること」であった。(166) それでもソ連が後退しない場合には全面戦争になるが、「その場合、明らかなことだが、我々が核兵器の使用を差し控えることなどはない」とダレスは一九五九年二月にアデナウアーに語った。(167) ベルリンへの愛着が決して過剰とはいえなかったこの西ドイツ首相は、「後生だから、そこまでベルリンに肩入れしないで欲しい」と応じたといわれる。(168)

打開策の提案についてはまたもイギリスにそのお鉢が回ってきた。フルシチョフの最後通牒が期限を迎える五月に、お馴染みの解決策である四ヵ国外相会議を開催してみてはどうであろうか。ダレスが認めたように、これは「ソ連が望むなら、彼らにベルリンについての極端な立場から後退する機会を与えるものであった」。(169) ハロルド・マクミラン首相はアデナウアーやアイゼンハワー、そして今や死の床にあったダレスが強く反対する中、敢然とモスクワのフルシチョフを訪問した。一連の会談において成果はなかったが、翌月ワシントンでマクミランは懐疑的なアイゼンハワーに対して、一九一四年七月にもっと意欲的に交渉していれば二〇〇万人のイギリスの若者を犠牲にした破滅的な戦争を避けられたかもしれないことを指摘した。そして、将来の戦争では、おそらく二千万人から三千万人のイギリス人の生命が失われる結果となるのであった。大統領はこの議論の逆手をとるようにして、全面熱核戦争は最低でも六千七〇〇万人のアメリカ人犠牲者をもたらすであろうことに言及しつつ、「いわば分割払いのようなかたちで譲歩を重ねてまで戦争を避けようとは思わない」と述べている。[170]一方で、アイゼンハワーは顧問とともに、「マクミランがフルシチョフに会ったのだから、今度はフルシチョフにこちらに来るよう要請することを大統領が考慮しているとマクミランに告げて、彼を少し驚かせる」可能性を検討し始めてもいた。[171]この劇的な提案は、外相会議での進展を条件とするものと考えられた。しかしアイゼンハワーの部下がその条件を伝達しそこねたため、この怒れる大統領は、本人自身の言によれば「罰金を払い、軽蔑していた会議を開催しなくてはならないという役回りを押し付けられてしまった」のである。[172]

この間フルシチョフはベルリンに関する最後通牒の期限――奇しくもダレスの葬儀であった五月二七日――を過ぎるにまかせ、新たな「自由都市」となる西ベルリンのための詳細な計画を練っていた東ドイツ人を失望させた。[173]それでも、事態が進展する兆候はほとんどなかった。実際、六月末のＷ・アヴェレル・ハリマンとの会談において、ソ連の指導者は荒々しかった。

　西ベルリンにおけるそちらの権利は必ず一掃する。ベルリンの中に一万一千人もの軍隊を持っていて何がよいというのか。戦争になれば、そんなものは一呑みだ。……そちらが望むなら戦争は可能だが、始めるのはそちらであって我々ではないと覚えておくことだ……。西ドイツは我々によって一〇分で破壊されることを承知している。そちらが戦争を始めれば、

我々は死ぬかもしれないが、ロケットは自動的に発射される。(174)

九月にキャンプ・デービッドで行われたアイゼンハワー＝フルシチョフ会談では、これほど無愛想なやりとりはなかったが、合意できないことに合意する以上には進まなかった。「両者ともに、もし最後通牒が実行されたらどうなるか熟知していた」ので、「この状況で、最後通牒について話し合うほど愚かなことはない」と大統領は強調した。フルシチョフは、「平和条約がなぜアメリカ人によって平和に対する脅威とみなされるのか」理解できないと返答した。アイゼンハワーは二つのドイツの存在に反対であるというが、ではなぜ彼は二つの中国の存在を支持するのか。大統領は、「人間のやる事は時にはひどくちぐはぐな場合もある。我々はそれを元に戻すようにできるだけ努力するだけだ」(175)と述べている。

双方の指導者は、一九六〇年春のパリ首脳会談およびアイゼンハワーの訪ソ時にこの会話が継続されることを望んでいたが、五月に発生したU２型偵察機撃墜事件がこれらの実現を妨げた。この事件に対する激しい言葉遣いの非難にもかかわらず、フルシチョフはこの利用できたはずの機会をベルリンに関する最後通牒の復活に利用しなかった。頓挫した首脳会談からの帰途、「我々は現実主義者であり、一か八かのような政策は今後も求めない」と彼は東ドイツで語った。

現在のような状況下では、もう少し待ってから、二つのドイツとの平和条約という成熟した問題の解決策を探ってみる価値がある。我々の手から逃げてなくなってしまう訳ではない。待ってみる方がよいし、そうすれば事態はもっと成熟したものになろう。(176)

これが示唆するのは、東ドイツではなくフルシチョフ自身が、一九五八年の秋から一九六〇年の夏にかけてのベルリンをめぐる事件の方向づけや時機を決めていたということである。このソ連の指導者は西側の譲歩を獲得できると考えた時には「締め上げた」けれども、それを差し控えた方が目論見以上の結果を期待しうると思われる時にはそうした。時折ぞっとするような脅迫を行ったけれども、この期間フルシチョフは慎重に振る舞った。ベルリンは、元に戻すことができなくなる押しボタンではなく、必要に応じて調整することのできる梃子だったのである。[177]

IX　壁の構築

一九六〇年から六一年にかけてのベルリン危機は異なる経過をたどった。この時事態を先導したのはウルブリヒトであり、フルシチョフが慌てて追随した。同盟の結束が必要であるという理由から――アイゼンハワーとダレスが一九五八年に最後通牒への対応においてアデナウアーに拒否権に近いものを認めたこととまさに同じであったが――気乗りのしないソ連の指導者は一九六一年の夏にアメリカとその同盟国との対決に追い込まれてしまったのである。今や両超大国は、「ベルリンは核戦争に値するのか」という一九五八年から五九年にかけて潜在していた問題に公然と対峙しなければならなかった。東西ドイツ双方には重大な懸念を与えたが、幸いなことに米ソはその価値がないことに何とか合意し、それぞれのドイツ人の同盟相手が深刻な不安を抱いたにもかかわらず、過酷ではあるが相互に許容しうる解決策を編み出したのだった。

東ドイツの市民は、西ベルリンが西側を締め上げる装置だとするフルシチョフの見方を共有していなかった。彼らにとってそれは西側に逃亡する機会を与えるものであり、またGDRの情勢が悪くなるにしたがって、ますます多くの人々がその機会を利用した。ペルヴヒン大使は一九五九年一二月、モスクワへの報告の中でこの問題を明確に描写している。

ベルリンにおける社会主義と資本主義の両世界の間に開け放たれ、またここが大事だが、何らの規制も施されていない国境の存在によって、住民は期せずして市の二つの部分を比較することになる。あいにく、民主ベルリン〔東ベルリン〕が常にひいきの対象とされる訳ではない[178]。

西ベルリン経由の東ドイツ人の大量出国は――彼らの多くは高度に訓練された専門職業人であった――FRGと競う上でまさに必要とされた人材をGDRから奪っていた。その数は、一九五九年の一四万四千人から、一九六〇年にはほぼ二〇万人にまで増えていた。加えて五万人の東ベルリン市民は逃亡こそしなかったものの、GDRにも提供することができる仕事があるのに、西ベルリンでの召使のような種類の仕事を望んだのである。「給料でも上げてみますかね」とウルブリヒトは一九六〇年の末にフルシチョフとの会談でお座なりに聞いてみた。「でも無い袖は振れない。また給料を上げてみたところで、その購買力に見合った商品がこちらにはないし、どのみち連中は西ベルリンで買い物をするでしょう[179]」。

こうしたさまざまな困難の結果として、フルシチョフとウルブリヒトはベルリン問題に対してそれぞれ異なった見方をとり始めるようになった。ソ連の指導者は、現状を変えるという脅しを断続的に与えることで手軽にアメリカとその同盟国を動揺させることができるので、その現状を維持することに満足していた。「我々が提案を始めて以来の年月は失われた二年間ではない」とフルシチョフはウルブリヒトに述べ、「むしろ我々は向こうの立場を揺さぶったのだ……幸いにも彼らが正気を失うということにはならなかったし、まだまともに考えてもいて、神経もまいってはいない」。しかし、ウルブリヒトにとって現状の永続とは自らの体制が侵食されていくということであった。もしGDRが生き残るつもりならば、いずれにせよベルリン問題は解決されなければならなかったのである。「平和条約については口先ばかりであって何もしない、といった気分がすでにわが国民の間には醸成されつつある[180]」。また、ベリヤが不運にも一九五三年に身に染みて感じたように、この東ドイツの指導者は、モスクワの後援者に対しても自らの梃子を使うことを恥としなかった。今やフルシチョフもそれを思い知らされることになった。

一九六〇年一月、東ドイツがソ連に対して、ベルリンでの英米仏の行動に抗議するため西側占領国へ手交する文書の写しを何気なく手渡したことが単独行動の最初の兆候であった。驚いたソ連の外交官は、モスクワはこのことをまったく知らされていないと指摘した。この時には東ドイツが謝罪し、急いでいたので協議する時間がなかったが、それは「もちろんよいことではなく、重大な手抜かりだった」ことを表明している。[181] しかしこの年の秋、東ドイツは西側の政府関係者が東ドイツの国境警備隊の身元確認なしに東ベルリンに入ることができるという、注意深く設定されていた手続きを修正し始めた。この時ソ連は、そうした一方的措置がかえって西ベルリンに入る権利に影響を与えかねないと批判し、さらに強く反対した。東ドイツ側は引き下がったもののウルブリヒトはフルシチョフに対して、「ＧＤＲを承認しない国の代表が、身元確認なしにＧＤＲの首都に入るという状況を許せない」[182]と警告したのだった。一九六一年一月、東ドイツはさらに踏み込んだ行動をとった。厄介なことにソ連との不和が表面化していた中華人民共和国への公式の使節団を派遣したのである。東ドイツ使節団が経由地のモスクワ空港に立ち寄った際に、ソ連は初めてそのいきさつを知った。[183]

　中国への使節団派遣という工作の一つの目的は、先年一一月に始まっていたウルブリヒトとの一連の重要会談の最中に、フルシチョフに対して圧力を行使することにあったのかもしれない。二人の指導者は政策の優先順位について合意したと見られる。それは選好の順番に沿って、（一）東西両ドイツを承認し、西ベルリンを「自由都市」とすることを内容とする四ヵ国平和条約に対する西側の同意、（二）平和条約交渉継続とベルリンに関する四ヵ国の暫定協定、そして、（三）西ベルリンへの通行管理権をＧＤＲに付与し、ソ連およびその同盟国と東ドイツとの間に締結される単独の平和条約、となっていた。[184] しかし、最初の二つについてはほとんど見込みはなかったし、東ドイツの厳しい経済状況が三番目についてもその魅力をより乏しいものにしていた。西ドイツは間違いなく東ドイツとの経済的な接触を断ち切るであろうし、そうなればＧＤＲはさらに一層ソ連に依存しなくてはならない立場に追い込まれることになるからであった。

フルシチョフは不承不承、援助を約束したが、東ドイツが自給自足的な経済を建設するためにもっと努力をしてこなかったことを批判した。「(西ドイツとの)関係を自分で絶つということをしなかった。ドイツは一つであると考えることに慣れてしまったのだ」[185]。数週間後、ウルブリヒトも同じように遠慮なく言い返している。西ドイツが「独占資本主義体制とドイツ軍国主義を救うためにアメリカから多額の信用供与を受けている」時に、ソ連は東ドイツからの賠償を取り立てることを主張していたではないか。「東ドイツが労働生産性と生活水準の面で西ドイツにはるかに遅れをとっている主な理由がこれである……。西ドイツ経済の活況はGDRのあらゆる市民にとって自明だが、それこそが過去一〇年以上にわたっておよそ二〇〇万人もの人々が我が共和国を去った主な理由なのだ」[186]。

窮地を脱する一つの方法は、新しいケネディ政権に圧力を加えて、アイゼンハワーには実行する意思のなかった行動に追い込むことだった。すなわち、東ドイツの主権の承認と西ベルリンの自由都市化を内容とする、対ドイツ四ヵ国平和条約の調印である。しかし、ケネディ大統領と顧問たちはベルリンに関する交渉にはむしろより消極的だった。彼らはソ連との交渉では断固とした姿勢を見せる強い必要性を感じており[187]、またケネディの認識では、ベルリンは緊急の課題ではなかったのである。一九六一年三月、ケネディは西ベルリン市長ウィリー・ブラントに対して「(我々は)この状況を甘受しなくてはならない。おそらくカニ漁の制限解除以外の問題について、ソ連との間に合意の基盤を見つけることは非常に難しい……」と語った[188]。しかしながら、ルウェリン・トンプソン駐ソ大使はモスクワから次のように警告してきていた。「交渉がなければ、フルシチョフは今年、東ドイツとの間で単独条約に調印し、ベルリンを危機に陥らせるだろう」。そうなれば「世界戦争になる真の可能性があり、我々はほぼ間違いなく、冷戦が激しかった時の関係に引き戻されるであろう」[189]。ケネディ自身は交渉すべき問題などはなさそうだと疑いつつも、すでにフルシチョフに対して首脳会談を提案していたが、ベルリン問題を避けて通ることができないのは明白だった[190]。

フルシチョフは五月になるまでこの提案に対する返答をしなかったが、その間、ケネディ政権はCIAのピッグス湾上陸作戦によるキューバのフィデル・カストロ政権転覆の失敗、ソ連による初の有人宇宙船による地球周回飛行の成功という二重の屈辱に見舞われた。このような展開や、「西ベルリン問題は健康体に巣食う腫瘍のように増殖してきていた」という懸念の増大とによって、フルシチョフはケネディをベルリン問題で押しまくることができ、またそうすべきだと考えたようである。[191] こうして、六月三日、四日のウィーンでの会談の結果は惨憺たるものでしかなかった。双方の指導者はともに相手の譲歩を期待していたが、[192] それが得られないとわかるとフルシチョフは、六ヵ月以内に西ベルリンの地位の変更について合意に達しないならば、GDRとの単独平和条約に調印するという前約を復活させたのである。アメリカがこの問題をめぐって戦争を始めると言い張ったとしても、「ソ連にできることは何もなかった……我々の行動は歴史が裁くだろう」。[193] このソ連の指導者は後に、「私の言葉はケネディに脅迫のように聞こえたかもしれない」と認めている。[194]

ケネディの最初の――そしてむしろうろたえたような――反応は、現状の維持という既得権に立ち戻るということであった。「この状況は満足できるものではない。しかし今日、世界の多くの地域での状態が満足できるものではないからといって、直ちにベルリンの状況や東西間の均衡に手を加える時ではない。……我々がフルシチョフ氏の提案を受け入れれば、世界はアメリカへの信頼を失い、まともな国とはみなさなくなるであろう」。さらにケネディは言わずもがなのことを付け加えた。「世界がアメリカをまともな国であると信じることは重要な戦略上の問題なのだ」。〔ケネディから見て〕難しいのは、「フルシチョフ氏がアメリカが本気であることを信じていなかったか、または、ベルリンにおける状況がソ連にとってあまりにも不満足だったのでこうした過激な措置をとらざるを得なかったか、のいずれか」である点だった。ここは、フルシチョフにとってはその発言を引き取って、今度は東ドイツとの関係において自らが抱える難しさについて率直に語る番だったかもしれないが、彼はそれをせず、「平和条約の調印は断固たる変更不能な決定である」と言い放ったのである。「寒い冬」になるとケネディは応じた。[195]

この会談は現状に関するケネディの考えを変えるのに充分であった。大統領はジェームズ・レストンに対して「フルシチョフは私を散々打ちのめした」と語り、「難題を抱えてしまった。私のことを経験不足の根性なしとフルシチョフが考えるなら、この考えを改めさせない限り、彼とは何もできない。まずは行動あるのみだ」[196]と述べたのである。元国務長官のアチソンは断固としてそれに賛成し、六月二八日に提出した長文の報告書の中で次のようにケネディに助言した。

ベルリンをめぐる問題はこの一都市をめぐる問題よりもはるかに大きい。ドイツ問題全体さえをも凌ぐ、広く深い問題である。これは米ソの間における決意の強弱の問題となったが、その結果はアメリカに対するヨーロッパ、そして実際に世界の信頼度を決定するだろう。……フルシチョフの突きつけている今の要求、あるいは実質的にそれと同じようなものを受け入れることよりも、核戦争を覚悟することなくこの報告書に記されているような行動方針に着手することほど危険なものはない。[197]

ケネディはこの勧告すべてに賛成した訳ではなかったが[198]、アチソンの大きな困惑をよそに、七月二五日、劇的なテレビ演説の中で次のように声明した。「共産主義者が漸進的にせよ武力によるにせよ、我々をベルリンから閉め出すことを許すことはできないし、許さない」[199]。同時に大統領は、新たに陸軍六個師団と海兵隊二個師団の増強と空輸能力の改善、徴兵数の三倍増と予備役召集の権限、核攻撃によるアメリカ人犠牲者を五千万人にまで減らすための核シェルターの建設を支援する民間防衛計画の承認を議会に求めることを決定した[200]。

フルシチョフからすれば薬が効きすぎた。「今どき狂人でもない限り宣戦布告などできない」。翌日、彼はジョン・マックロイにこう語った。「ケネディは道理をわきまえた若者だが、熱意に溢れていて精力的なところを示したがっている。しかし、もし戦争が起きたなら彼は最後の大統領になるだろう。なぜなら戦争の後のことなどは誰にもわからないからだ」[201]。フルシチョフが心配したのは、この新たな最高責任者〔ケネディ大統領〕が状況を完全に統制できないかもしれないことだったのである。フルシチョフは八月初旬、ワルシャワ条約機構の会議で各国指導者たちに説明した。

我らが「友人」ダレスが生きている時には、彼らはもっと堅実だった……。ダレスであれば本人が言っていたように瀬戸際まではいくかもしれないが、決してそれを越えることはないし、（それにもかかわらず）威信を維持しただろう……。もしケネディが同じことを言ったなら、腰抜け呼ばわりされる……。ケネディは民主党のみならず共和党にとってもあまりに小粒なのだ。それでいて国が大き過ぎ、かつ強いというのでは実に危険だ。(202)

ところが、フルシチョフ自身も完全に事態を統制できていた訳ではない。ソ連の軍部がフルシチョフによる通常戦力の削減に憤っていたことは、長い間我々のよく知るところであったが、彼は今や軍事予算の大幅な増加と、一九五八年以来アメリカとの非公式な合意によって停止していた核実験の再開を宣言することによって、彼らをなだめる必要があると判断したのである。中国共産党およびその頑固な支持者であるアルバニアとの不和も、一九六一年の夏に彼の懸念を増大させるものであった。(203) けれども、このソ連の指導者に最大の不安をもたらしたのは、ウルブリヒトとその一派であったのかもしれない。

フルシチョフは東ドイツに対して、ベルリンに関する四ヵ国合意への見通しが完全に検討し尽くされるまで、一方的な行動を取らないことが必要であると強調してきた。(204) しかし五月にペルヴヒン大使はグロムイコ外相に警告した。

我々の友人は、現在のＧＤＲの状況にまったく満足していないという見解を一度ならず表明してきた。……（彼らは）時々せっかちになり、この問題についてやや一面的な対応をするが、その際に社会主義陣営全体の利益やその時点における国際情勢を必ずしも常に考慮するという訳ではない。(205)

大使のこの警告は予言的であった。というのはウィーンでの首脳会談の直後の六月一五日、ウルブリヒトが東ベルリンにおいていつになく目立つ記者会見を行い、提案されている単独の平和条約によって西ベルリンへのすべての通行路の管理権がGDRに与えられることを強調したからである。これはブランデンブルク門の閉鎖を意味していたのだろうか。彼はその場を静めるように「誰も壁を築く気などは持っていない」と応じた。(206)

しかしウルブリヒトによる保証などはスターリンのそれと同じく、保証にはなっていなかった。翌朝までに西ベルリンの亡命センターは、ウルブリヒトがやらないと言ったことを実行に移す前に脱出しようとする東ドイツ人でごった返したのである。そうした人々の数はすぐに一日一千人に達した。(207)このGDRの指導者が意図してこうした結果をもたらしたのかどうかについては、労働ノルマの引き上げ命令を撤回しないことによって彼が一九五三年六月の暴動を意図的に発生させたのかどうかということと同じく、まだ確たる証拠はない。とはいえ、この両方の事例においてウルブリヒトの行動の結果ははるかモスクワにまで影響を及ぼすことになった。一九五三年にベリヤはそのために信用を落とし、一九六一年にはフルシチョフがベルリン危機の最後の、そして屈辱的な解決策に追い込まれたのである。(208)

壁を築くという発想は目新しいものではなかった。GDRは、これに備えた緊急事態対処計画を遅くとも一九五二年から持っていた。(209)しかし、フルシチョフは西ベルリンを東ドイツから隔離するのではなく、自らの「自由都市」構想によって西ドイツから切り離すことを望んだことから、この計画に抵抗してきた。(210)ウルブリヒトの記者会見によって起こった難民の大量発生は、ケネディに対する自らの最後通牒が惹起した国際的な危機の激化とともに、フルシチョフに対してこの政策がもはや実現可能ではないことを確信させたようである。ペルヴヒン大使はすでに、「国境が開かれている現在の状況が続くなら崩壊は避けられない」というウルブリヒトの警告を伝えていた。「ウルブリヒトはその後起きることに対するすべての責任を拒否している。今回は状況を統制し続けることを彼は保証できない」。(211)八月三日、モスクワにおいて、東ドイツのこの指導者はワルシャワ条約機構の首脳たちに、「ベルリンの境界も含めたGDRの国境に沿って、西側諸国との国境に匹敵する統制」を加えるという婉曲な表現で解決策を提案した。もしアメリカとその同盟国がそれでも包括的ドイツ条約に合意しないなら、ソ連はGDRとの単独平和条約に調印するというのであった。〔会議で〕ウルブリヒトを紹介したフルシチョフは、おそらくその提案に承認を与えていたのであろう。(212)

意図したかどうかはともかくとして、ワシントンからの合図はアメリカが壁の構築に干渉しないということを示していた。上院外交委員会委員長のＪ・ウィリアム・フルブライトは、なぜ東ドイツが単に国境を閉鎖することをしないのか理解できないと公式に発言し、八月六日には、この点について『ニューヨーク・タイムズ』紙も同調していた。(213)ケネディ自身も七月一五日の演説の中で注意深く、ベルリン全体ではなく西ベルリンに対するアメリカの責任について――この点をソ連も東ドイツも見逃さなかった――言及していた。(214)数日後、大統領はウォルト・ロストウに以下のように語っている。

フルシチョフは東ドイツを失いつつある。彼はそれを放置できない。東ドイツを失えば、ポーランドやすべての東ヨーロッパ諸国もやがて同じことになる。亡命者の流れを止める必要があるが、多分、壁によってだろう。我々にそれを阻止することはできない。(215)西ベルリン防衛のためになら同盟をまとめておくことはできるが、東ベルリンを開放させておくのが目的ではそれは無理だ。

国務長官のディーン・ラスクは八月九日、ヨーロッパに駐在するアメリカ大使の一団に対して、「我々の本当に死活的な利益は、(一)西ベルリンにおいて西側のプレゼンスを維持し、(二)我々の軍隊だけでなく西ベルリン市民の生命と自由を維持するために、この都市への物理的な接近路を確保することである」と語った。(216)ラスクはまた八月一二日にボンのアメリカ大使館に対し、「脱出口が閉じられてしまうという危険、およびモスクワと自由世界との間の緊張激化」は、東ドイツにおいて「一九五三年を再現するような爆発」につながる可能性を生み出した、と警告した。もしそうした出来事が「西側が速やかに軍事的な救援にかけつけるという期待に基づくもの」であるならば、「とりわけ不幸だ」(217)。

翌日早朝から始められた建設作業は、西ベルリンの周囲にまず鉄条網が張られ、そして壁が作られるというものであった。当初、これがその後三〇年間にわたるドイツ問題への答えとなるとは思えなかった。人々が目の当たりにしたのは、文字通りソロモン王のように都市とその住民を真っ二つにした蛮行の持つむきだしの無慈悲さであり、また、両超大国の側は、今やベルリンに壁が構築されたからといってそれは自らの力と決意の喪失を意味するものではないという事実を示すために、いわば体裁を取り繕うはめになった。アメリカはクレイ将軍を現役復帰させ西ベルリンに再び派遣したが、彼は現地で自分の部隊に本物ではなく、模擬の壁を取り壊させる訓練に従事した。フルシチョフは大規模な熱核爆弾の連続実験を承認することで、より派手に応酬した。そして一〇月二七日には、ソ連とアメリカの戦車が、C検問所「チェックポイント・チャーリー」で数時間お互いの砲口と砲口を突きつける状態になったのである。最終的には撤収したが、冷戦においてこれほど危険なことが起きたのはこれが最初で最後だった。[218]

しかしまもなく明らかになったのは、これらの措置の大半が、相手を実際に襲いはしないが威嚇したい時にある種の動物がとるような、いわば擬態としての攻撃の類だったことである。彼らは泥を蹴り上げ、枝を揺さぶり、大きな音をたてるが、それ以上のことは滅多にしない。現にワシントンとモスクワの舞台裏では別の見解が生まれつつあった。ケネディは補佐官たちに対して、「非常によい解決法という訳ではないが、壁というのは戦争に比べればはるかにましだ」と最も明快に語っている。[219] 大統領は不幸な西ドイツ国民と西ベルリン市民を励まし、クレイ将軍に自制を促すとともに、フルシチョフによって準備された秘密の連絡経路――KGB工作員ゲオルグ・ボルシャコフ――を利用してC検問所での対峙を終わらせたのである。[220] ソ連の指導者は、壁の建設の後には平和条約が来る、というウルブリヒトに対する約束を都合よく忘れてこれに応じた。フルシチョフは、「特にベルリンについては状況を悪化させるような措置は避けるべきだ」[221]と東ドイツの指導者に告げ、再び失望させたのだった。

アメリカもソ連も今やドイツの友人のためにできる限りのことはしたと感じた。彼らは結局、彼ら自身がわずか一六年前には破壊しようとした一都市のために、自らの諸都市が破壊されるという見通しに直面していたのである。ケネディはウィーンでフルシチョフと対決した数時間後、状況の不条理さを捉えて不満を漏らしていた。

ドイツがおそらくは統一されることはないということを我々が皆わかっていながら、将来の統一されたドイツの首都としてのベルリンを維持する条約をめぐって原子戦争に直面することなどは愚かにみえる。たしかに私は孤立主義者ではない。しかし、アウトバーンの通行権の議論のために、……あるいはドイツ人がドイツの統一を望んでいるからといって、一〇〇万のアメリカ人を死の危険にさらすのはまったく愚かなことだ。もしロシアを核戦争で脅すつもりなら、それはベルリンよりも、さらに大きくもっと重要な理由のためでなければならない。[222]

フルシチョフが回顧するように、「我々は軍事的な対立を望まなかった。戦争の必要はまったくなかった。外科手術だけを望んだのである」。それ故、もし壁がなかったとすれば、ソ連は衰えつつある東ドイツ経済を支援するために未熟練労働者の派遣を余儀なくされたかもしれない。「わが国の労働者に東ドイツのトイレを掃除させる気などなかった」[223]。

X　ドイツ問題の「救命具」

友党間の社会主義的な連帯にも限界があったように思われる。ベルリンのために死ぬことは、またはベルリンのために大きな犠牲を払うことでさえも、ワシントンに負けず劣らずモスクワにおいても魅力的な選択肢ではなかった。この意味で、壁はドイツ人、ことにベルリン市民を閉じ込めることにはなったが、ロシア人とアメリカ人を解放したのである。しかし、そもそもベルリンのために死ぬという可能性などがなぜ持ち上がったのかは疑問に思わざるを得ない。世界で最も強力な二つの国がこの問題をめぐって一片の土地や、相手の軍服の色や徽章に対してさえ、相手だけでなく我が身の破滅の危険をも冒させるほどの象徴的な重要性を与え、まるで対立する街のヤクザのように振舞ったのはなぜなのだろうか。

一つの答えは、戦後のドイツがどの程度強くどの程度弱かったのかという事実の中にある。ドイツが一九四五年以前のヨーロッパで最強の国家であったことから、一九四五年以後の超大国のいずれも再統一したドイツが敵と同盟することを許さなかった。この意味でドイツの分断は外から強要されたものであり、冷戦中には不可避なものとなったのである。しかし、一度国家が分断されると、ドイツの弱さそのものが強さになった。東西ドイツは崩壊の縁に立つことで――そして、時間が経つとともに、単に崩壊すると脅すだけで――いつでも好きな時に、旧敵が将来の敵の支配下に入るという亡霊を呼び出すことができたのである。

ドイツ西側占領地区の統合、マーシャル計画による援助やロンドン会議計画をもたらしたのはドイツ西部地域の悲惨な経済状況であった。占領国側はそこまで来てしまうと、西ドイツ国家を樹立することが次の順当な段階であると考えた。だが一九四九年以降、西ドイツは、自らの再軍備と西ヨーロッパへの再統合の条件を決定する際に次第に重要な役割を果たすようになった。一九五五年までには、アデナウアーは他のNATO同盟国が提示するどのような交渉上の立場についても、実質的な拒否権を得ていたのである。もし自分が政権の座に就いていないなら、別の西ドイツ人がどのように愚かなことをしでかすかはわからない、という警告である。この議論は、フルシチョフによる一回目の最後通牒の後、アイゼンハワー政権に対してベルリン問題の解決策を探ることを断念させるほどの説得力があった。二回目の最後通牒についても、アデナウアーに対して自らの強靭さを確信させる必要性が当初のケネディの行動に影響していたことは間違いない。この新大統領と顧問たちがベルリンの壁の恩恵を甘受し始めるようになって初めて、アメリカの対ドイツ政策は西ドイツによる事実上の支配から抜け出たのである。

同じような事態はもう一つの陣営でも進行していた。ウルブリヒトはスターリンの行動を左右しなかった。しかし、クレムリンの指導者がソ連占領下の東側からドイツ全体を平和的に吸収しようと計画して失敗した時、彼には、東ドイツの共産主義者が自前のスターリン主義国家を持つことを許す以外にまともな選択肢はなかったのである。また、一九五三年六月の暴動は、少なくとも部分的には、統一・中立・非社会主義ドイツに対するベリヤの関心によって引き起こされたが、それがウルブリヒトの立場を強化しフルシチョフとの絆を生むという予期せぬ効果を持ったことから、ソ連にとって統一ドイツの可能性はもはや真剣な考慮に価しないものとなった。フルシチョフ自身が一九五八年のベルリン危機の時機を決めたのだが、それは西側に圧力を加えるのと同時に、東ドイツへの圧力を除去することが目的であった。さらに、ウルブリヒト自身がフルシチョフに一九六一年の最後通牒を発するよう迫り、壁の構築を要求したことも今ではわかっている。フルシチョフが壁の持つ利点を見出した後、西ベルリンへの連絡経路の管理権をGDRに付与することを内容とする、久しく待たれていた平和条約の締結と壁の構築とを抱き合わせる約束を反故にして初めて、ソ連はいわば東ドイツからの自立を宣言したことになったのである。

ドイツの持つ弱さを強みに変えたのが、信頼性というものに対する超大国のこだわりであったのは勿論である。それぞれお抱え国家を作り上げ、そこに自らの声望をも付与したことから、少なくとも核戦争の現実に直面するまでは彼らはそこから手を引くことに困難を覚えた。ワシントンとモスクワは、ドイツ問題に関する自らの利益、したがってその対ドイツ政策そのものをドイツ人自身に決めさせるという悪習に陥ったのである。おそらく同盟の目的とは、紛争を防ぎ、あるいは終結させるために充分な力を蓄えるということであろう。ケナンやそしてダレスまでもが承知していたように、交渉というものはこの過程のきわめて重要な一部である。しかし、この状況下では同盟がそれ自体で目的となってしまった。同盟の結束を維持するということが、そもそもそれを創る契機となった対立を解消することよりも優先されたのである。この変化は特にディーン・アチソンの考え方の進み具合をみれば明瞭であろう。彼は一九四九年には西ドイツ国家の独立というものにアメリカが関与することの根拠をなかなか見出せなかったが、一九六一年になってみると、東ドイツの国境警備官がアメリカ人の旅券にスタンプを押すことを認めるくらいなら、核戦争の危機をも辞さないと主張するまでに変わっていたのだった。幸いなことにアイゼンハワー、ケネディ、フルシチョフはそこまで頑なではなかった。そうではあっても、もう少しうまい方法があったのではなかろうかとの念は禁じえない。

信頼性とは結局のところ心の一つの有り様であって、客観的にそれだけを取り上げて計測できるような実体を持つものではない。要するに、他人がどうこうする前に、本人が勝手にそう思ってしまうということである。まず当人が自らの信頼性をそこに賭けるのだと決めるまでは、賭けが成立することはほとんどないということになる。冷戦について言えば、理由の如何にかかわらず、自らの評判をいかにしてどこで賭けに出すのかということになると、不思議なことに超大国は分別をなくしてしまったようである。ベルリンはその最も劇的な事例だったが、さりとて、唯一のものだった訳ではない。

ベルリン問題を象徴とした再統一に対するドイツ自身の傾倒ぶりに非対称性が見られたことを考えると、この問題にはいっそう困惑させられる。彼らの国と首都は分割された。しかし、西ドイツ人の大多数はソ連支配下の再統一が起こらないことを確実にするため、現実を甘受することを厭わなかった。経済的「奇跡」が定着すると、より好ましい条件での再統一に対する彼らの関心も減少したのである。アデナウアー自身がこの目標を放棄することは決してなかった。しかし、壁とアメリカによるその容認とについて彼がどれほどいきり立っていたとしても、多くを犠牲にしてまで再統一を達成しようとはしなかったであろう。東ドイツ人も分割、そして後にはベルリンの壁を受け入れなくてはならなかった。しかし、今となっては彼らが再統一に対する関心を西ドイツ人ほどには失わなかったことがわかっている。壁がある限り、生命の危険を賭してまでそれを乗り越え、かいくぐり、すり抜けようとした少数の人間が常に存在したのである。もっと多くの人々が西ドイツとの「再統一」を望んでいたことは、一九九〇年、ついに選択の機会が与えられると、ＧＤＲの市民が何の躊躇もなく自国を見捨てたことで明らかとなった。

ベルリンの壁そのものは、かつてそれを見た人誰もが忘れられないような、道徳的に忌々しいものだった。しかし、人の目に触れることがより稀な核兵器や他の大量破壊の手段も平和の維持に役立つものとして当時は正当化され、今ですらそのようにみなされているが、道徳的な見地からすれば似たようなものだった。同じ議論は、両陣営が冷戦期に頻繁に行ったある種の秘密工作や狡猾な策略にもあてはまる。おそらくベルリンの壁もその露骨な方法で同じような機能を果たしたのだろう。というのも、冷戦にまつわる少なからぬ皮肉の一つが、道徳的な原則に抵触し、時にはそれを貶めるような行為が、しばしばある種の救命具となったことだからである。その代償は大きかったし、もっと大きくなった可能性もあった。不正な手段も、時には公正な結果を実際には生むのである。

第六章　第三世界

あなた方ほど西と東の間で容易に橋を懸けることのできる人々はいない。なぜならあなた方にはペルシア、インド、アフガニスタンそして中国への道が開かれているからだ。

ムスリム共産主義者会議でのスターリン演説(1)
モスクワ、一九一八年一一月

あなた方は自らの置かれている立場の重要性と、あなた方が前例のないほど意義深い歴史的な使命を果たしつつあるという事実を理解しなくてはならない。……中国の抱える四億七千五百万の人口に、インド、ビルマ、インドネシア（そして）フィリピンの人口を加えてみよう。もしこれら諸国の人民があなた方の声に耳を傾けるならば、日本人もまたおそらくはそうすることであろう。……アジアの人民は希望をもってあなた方を見守っている。これほど遠大な展望を抱えた党は世界には他に存在しない。あなた方には夥しい数の門弟がいるのだ。

ソ連を訪問した中国代表団に対するスターリンの演説(2)
モスクワ、一九四九年七月

冷戦初期における西側の政治家にとって最大の悪夢というものを盗み見ることができたとすれば、その中のひとつは、スターリンが一九四九年の夏に中国人の新たな同志に対して実際に語っていたことを口にするかもしれないという懸念だった。西ヨーロッパと日本の安全が保障されたことがほぼ明白になると、ワシントン、ロンドンおよびパリの高官が次に恐れたのは、今や世界的な超大国となったソ連が、かつて弱小な革命国家だった頃の三〇年前にアジア、アフリカおよびラテンアメリカの属領地人民に対して行った訴えを復活させるのではないかという事態であった。数世紀にわたる帝国支配を通じてヨーロッパが行ってきた所業を記憶し、またそれを憤るに充分な理由をもった地域に対するモスクワの進出を、封じこめでは阻止できないかもしれなかった。やがては、いわば「裏口において」冷戦での敗北を喫する可能性があったのである。

アメリカ人にとってこうした展望はさらなる苦痛を伴うものであったが、それは民主的な諸価値というものが、この局面では西側の利益を補強するのではなく、逆にそれを損なうように思えたからである。ヨーロッパにおいては、自決権の尊重と市場資本主義というウィルソン主義の諸原則が勢力の均衡を補うものとして作用した。ソ連型モデルという選択肢が抑圧に代わる他の何物をもほとんど提示しえなかったことから、理想主義と現実主義は相伴って有効に機能したのである。しかし世界の残りの大半の地域においては、公式あるいは非公式のいずれの手段による搾取を通じてであれ、むしろ西側自身が抑圧者であった。こうして、抑圧からの解放と自立への道があたかもモスクワと、一九四九年以後はさらに北京を通じるものであるかのようにまことしやかに思われたのである。創設間もない中央情報局は、クレムリンが「インドネシアとフィリピンを含む東南アジアに浸透するための前進基地として」中国を利用し、「インド―パキスタン地域と戦略的に重要な中東および近東を包囲し、やがてはアジア大陸全域と西太平洋を支配(3)」することを計画していると警告した。ヨーロッパと日本では回避することができたとアメリカ人が考えた脅威――悲惨な生活を権力に変え得るクレムリンの能力――が、より広い地域に転移したにすぎないようにみえたのである。しかもここでは、ワシントンの同盟諸国が旧植民地保有国あるいは現役の宗主国であったことから、そうした転移の過程はむしろ促進されることになった。

「第二世界」の存在しない今日からすれば、「第三世界」に関して「第一世界」がかつて抱いていたこうした懸念を過大なものとして、あるいは極論すれば捏造されたにすぎないものとして却けることは容易である。(4) しかし当時それは充分に現実味のあるものであった。この問題についていえば、西側の指導者たちが公式に表明していたことと舞台裏で語っていたこととの間にはほとんど相違はなかったのである。(5) 今にして思えば、彼らの悲観主義に根拠が乏しかった点は確かであろう。マルクス＝レーニン主義のモデルが、他の地域でと同様に第三世界においても魅力に欠けるものであったことが最終的に証明されたからである。しかしながら、こうした結果はあらかじめ決定されていたものでもなかった。事態が現実とは異なった方向に進む可能性は存在したし、二〇世紀半ばの時点では、対立する冷戦の両当事者の中にもまさにそのとおりになると考えた人々は多くいたのである。このようにして、革命家の夢、あるいは彼らに抵抗した者の悪夢が現実のものとはならなかった理由を考察する意義が依然として存在するといえよう。

ここで直ちに取り組まねばならない解釈上の厄介な問題が存在する。「第三世界」という用語は冷戦の時代を通じてあらゆる人々が理解するようになったものだが、そこにはたとえばメキシコ、サウジアラビア、インドそしてフィリピンといった実に多様な国々が含まれていた。これほど異なった一連の諸国の間に共通するものが存在したとすればむしろ驚きである。これら諸国は第二次世界大戦の終結時にすべてが植民地であったという訳ではない。一九世紀から独立していた国もあれば、一度も植民地を経験しなかった国もあった。またすべてが「非同盟」であった訳でもない。大半の諸国はやがてワシントンかモスクワと実際には提携するようになったのである。さらに、それら諸国は「世界システム」論者が好んで説くような「中心―周辺」関係の中に安易に納まるものでもない。(6) 単一の「中心」を想定するそうした言い回しは、実際には競合する二極間の緊張関係によって形作られていた「第三世界」の動向分析にはそぐわないのである。「第三世界」に対する「第一」および「第二」世界の姿勢や、あるいは逆に「第三世界」の態度を決定づけるうえで避けられない重要性をもつ人種差別主義でさえ、冷戦の展開について説明力をほとんどもたないといってよいだろう。同盟関係はしばしば人種の境界を超えるものであったし、同一人種の間でも敵意は生じたのである。(7)

しかしながら、「第三世界」諸国は実際には一つの特徴を共有していた。圧倒的な産業化の遅れがそれである。大半のヨーロッパ植民地列強と同じく、アメリカとソ連もそれぞれ極端に異なった手段によるものであれ、産業化をとうの昔に達成しており、またそうでなければそもそも世界における主導権などに野心を抱くことはできなかったであろう。このようにして、「第一」および「第二」の両世界と「第三」世界との間には物質的な能力の点で明確な不均衡が存在したのである。この力の格差の存在が——超大国間の競合と相俟って——ヨーロッパと北東アジアでの冷戦がそれまでに生み出してきたものをはるかに凌駕するような、地球的規模での帝国による抗争の原因となった。(8)

ワシントンとモスクワは「第三世界」の住民に自らの意思を強要するために時には力を行使することになるが、その手段についてみれば、第二次世界大戦以前におけるイギリス、フランス、オランダ、ドイツ、イタリアそしてポルトガルといった諸国の振る舞いとの間に大差はなかった。結果としてある種の一方的な依存状態が生じたことも確かである。しかし、それら第二次大戦以前の諸帝国、あるいはオットマン、ロシア、スペイン、中国、ローマそしてギリシアなどのより古い帝国の歴史が示すように、そうした依存状態においてさえ影響力というものは双方向に作用するのである。「第三世界」での冷戦もその例外ではなかった。

そうした紛争における当事者は、相手方の犯す失敗や後退、蒙った屈辱などの基準によって勝敗を計算する傾向にあった。象徴的な勝利というものが、闘争の対象となっている分野のもつ重要性を凌ぐことなどはしばしばであった。また、これも諸帝国の歴史にはよくあることであったが、争っているゲームの目的が何であれ、それよりもゲームそのもののほうが大事な時もあった。名声を得るということが死活的な利益として認識されるようになり、信頼性がそれを測る物差しとなった。[9] そして、こうした状況は上下関係の最下層に位置すると思われる存在、すなわち「第三世界」の住人自身に対して逆に権力を付与することになったのである。彼らは甘言を費し、結束を誓い、あるいは無関心を装い、または変節の威嚇を用い、さらには自己の政権基盤の崩壊とそこから生じる破滅的な結果を暗黙裏に示唆することで、アメリカ人とロシア人を操るようになった。[10]

このようにして、ヨーロッパ人や中国人と同じく、「第三世界」も冷戦において選択をなしうる立場に置かれたことになる。しかし、彼らのきわめて多くが植民地の遺産を等しく拒絶したという事実がアメリカ人にとっては不利に作用した。ソ連と比較すれば、アメリカと植民地主義とのつながりの方がはるかに明瞭だったからである。またモスクワにとってもう一つ有利だった点は、ソ連における産業化が西側の資本主義社会に比べて一層急速に進展したことである。帝国主義との結びつきのためいずれにせよ資本主義に対しては懐疑的であった人々にとって、この加速化された開発という実績、すなわち経済的繁栄と社会的公正への近道という魅力は、マルクス＝レーニン主義をモデルとして仰ぐということへのもう一つの誘因となった。[11]

冷戦が「第三世界」に転移するにつれアメリカとその同盟国がそれらを等閑に付すことができなかったことについては、充分な理由が存在したといってよい。植民地主義の崩壊がソ連そして今や中国の拡張主義にとって新たな機会を提供していた。しかし、逆に植民地主義を支えることにもまたそうした機会を助長する危険があったのである。「中ソブロック」が結束しつつある時に、西側の権威は失墜の過程にあるようであった。[12]「第三世界」の内実がいかに多様なものであれ、それがもつもう一つの共通性とは、アメリカの外交政策につきつけたこうしたディレンマだったのである。

I　アメリカの反植民地主義

歴史を考慮すればアメリカ人が植民地主義を嫌う充分な理由をもっていたことがわかる。そうであったとしても、第二次大戦の終結時に彼らがその反植民地主義にいかに誇りを抱いていたかを忘却することもまた容易である。彼らは唯一の大きな植民地であるフィリピンを放棄しようとしていたが、それは米西戦争の最中にほとんど思い付きで獲得したものであった。アメリカ人はまた、いわゆる善隣友好政策を通じて、ラテンアメリカにおける自らの勢力圏が相手を搾取するようなものではまったくなく、相互の利益に資するものであることを確信していた。そして植民地主義についてとくに強く思うところのあったフランクリン・D・ローズヴェルト大統領は、大西洋憲章やそれに続く多くの声明において植民地主義への反対を強調したのである。彼は戦後においてナショナリズムがとくにアジアで急速に根を張り、その結果、ヨーロッパ人がそこや他の地域で帝国を維持することも困難になることを見通すだけの真の洞察力をもっていた。(13)

しかしながら、ローズヴェルトの反植民地主義は絶対的なものでもなかった。彼は日本を打倒するためには植民地勢力と提携した。また、彼は植民地住民による早期の自治能力取得にも疑問を抱き、その方向への性急な施策が重大な結果を招くことを懸念した。こうして、ローズヴェルトは旧敵国の植民地に対して国連の信託統治を適用することでアメリカの戦略的利益を増進しようとしたが、地域の実情についてはほとんど考慮が払われなかったといってよい。(14)しかし、こうしたいわば妥協が存在したからといって、彼がアメリカの政策に残した方向性までをも看過すべきではないであろう。その方向性とは、世界中において民族自決というウィルソン主義の理念を最終的には実現することをめざすというものであった。これ自体だけをとっても、ワシントンが広汎な称賛を——たとえそれが正鵠を射てはいなかったにせよ――獲得するに足る充分な内容のものだったのである。

こうしてみれば、ホー・チ・ミンがインドシナにおけるフランス支配の終焉を早まって宣告した時にアメリカ独立宣言を引用したのは、必ずしもすべてがシニカルな演出であるとはいえなかった(15)。またそうした期待を抱いたのはホー・チ・ミン一人ではない。大西洋憲章は権威主義支配に反撥する感情の波をラテンアメリカに惹起した。またアラブ人はアメリカが中東からイギリスやフランスの影響力を排除することを期待した。そして、南および東南アジアを通じて、アメリカがこの地域を日本による支配から解放するだけでなく、その日本がかつていとも簡単に打倒したヨーロッパの植民地主義勢力からも解放することへの希望が高まったのである(16)。

一九四五年から四八年にかけてこうした期待の多くが打ち砕かれた。トルーマン政権はラテンアメリカに対する「善隣友好」政策にほとんど関心をもたなかった。またアラブ人は、この新大統領が中東における民族自決への支援よりもパレスチナでのユダヤ人向け「郷土」の建設により関心があることに気付くことになった。一方、トルーマンがインドの独立を現実に承認し、東インドからオランダを退去させるのに経済的、政治的な梃子を用いたのも確かである(17)。しかしながら、彼はインドシナにおける戦前のフランスの地位を回復するのにそれと同じくらい熱心だった。これら諸政策のすべてではないにしても、その中のいくつかは勃興しつつある冷戦によって決定づけられていた。

元来ラテンアメリカを軽視することは平時におけるアメリカにとって普通のことであった。ましてやもしソ連の脅威が存在しなかったとすれば、この地域に対するワシントンの関心などは低下していたであろう。また、トルーマン政権の中東政策は冷戦を反映すると同時にそれを無視するものでもあった。アラブ側との提携を強く主張する議論の背景には、戦略上の要請（対ソ空爆が可能な航空基地）と経済的利益（石油）が存在した。しかし、大統領はそうした優先事項よりも人道的および国内政治的な考慮を上位におき、新生イスラエルを承認したのである(18)。さらに労働党が政権の座に就いたイギリスは、ワシントンの政策如何にかかわらずインド亜大陸からいずれは退去したであろう。そして、たとえアメリカ人がその場所について無知だったとしても、オランダは、後にインドネシアとして自立する地域への固執が容易ならざる結果をもたらすものであることを悟ることになったかもしれない。これらすべての事例において、アメリカの作為あるいは不作為の如何にかかわらず、共産主義政権が誕生するなどという差し迫った状況は存在しなかった。

しかしながら、そうした可能性が存在した場所では冷戦上の考慮が直ちにものをいうことになった。インドシナはその最たる事例であり、ここでは他のいかなる地域に比べても民族解放が社会革命をもたらすようにみえたのである。そのジェファーソン流の修辞にもかかわらず、ホー・チ・ミンは反植民地運動を支配する唯一の公然たるマルクス主義者であり、今にも成功するものと思われた。こうして彼の国は一種の実験室となり、トルーマン政権は共産主義の利益を増進することなくナショナリズムへの支援を維持するという戦略を策定することになった。「この地域における危険きわまりない、かつ時代錯誤の植民地的な装いと統治の存続……に対して我々は眼を閉じている訳にはいかない」と、ジョージ・C・マーシャル国務長官は一九四七年二月付のパリのアメリカ大使館宛公電で述べている。しかしながら、「植民地帝国やその政権が、クレムリンから指揮され、支配される哲学や政治組織によって取って代られることを傍観するのが我々の利益でないことも明白である」[19]。

ナショナリズムを利用して共産主義に対抗することは当初それほど困難なこととは思われなかった。帝国に対する修辞上の反対というローズヴェルトの遺産はまだ消滅してはいなかった。また、ソ連自身が東ヨーロッパにおいて帝国を建設中であり、他の地域でも同様の行動にでるようにも思われたのである[20]。ケナンの構想した封じこめの戦略では、ユーゴスラヴィアや中国のような民衆に支援されたマルクス主義運動と、モスクワによって強制されたものと間に区別がおかれていた[21]。国際共産主義はそれ自身のなかにナショナリズムによって分裂する種子を胚胎している、というのがその真意であった。こうして、マーシャル計画はヨーロッパの非共産主義左翼との公然・非公然の協力を当てにしたものであり、また国務省高官のなかには、「第三世界」においてナショナリスト的な抱負をもつ共産主義者に対する支援を口にする者までいたのである。そもそもホー・チ・ミン自身ですら大戦末期においては米戦略情報局との協力関係にあった。[22]「『アジア』における支配的な精神的力であるナショナリズム……に対して我々が共感をもって味方するならば」と、国務長官のディーン・アチソンは一九四九年一〇月の上院外交関係委員会の席で発言し、次のように述べている。「我々は他の何にもまして共産主義に対抗することが可能な勢力の側に立つことになろう。[23]」
しかしこれはアチソンのいわば総論であり、インドシナ問題という各論について彼は非常に異なった見解をもっていた。ハノイの米高官宛の公電で、彼は「共産主義者であると同時にナショナリストであるホーは適任とはいえないのではないか」と伝え、「植民地におけるすべてのスターリン主義者はナショナリストである。民族的目標（すなわち独立）を達成すれば、彼らの国は必ず共産主義者の意思に隷属することになろう」と付言したのである。[24] そこには理論と現実の矛盾が存在した。大半の地域ではナショナリズムが共産主義を圧倒することになったかもしれない。しかし、個々の事例においてそうなることに確信がもてたであろうか。またそれに要する時間やその副次的効果についても同様である。中国における毛沢東の勝利が目前であったことから、とくにアジア大陸本土から断絶された日本経済の復興にとっての原料供給先かつ潜在的市場であるインドシナの重要性が高まっていた。[25] また東南アジアの情勢はヨーロッパとも無関係ではなかった。インドシナにおけるフランスの崩壊は同国の士気を確実に挫き、NATOを弱体化することになったであろう。ヨーロッパの安全保障にはさらに「第三世界」での安定が必要とされたのである。[26]
アチソンの思考に一貫性を求めようとしてもほとんど無意味である。そこには、当時のトルーマン政権を悩ませた相矛盾する二つの価値観や感情が反映されていたにすぎないからである。フランスによるヴェトミン鎮圧を支援すれば共産主義を封じこめることには成功するかもしれないが、逆にナショナリズムを刺激して敵に回し、東南アジアでのアメリカに対する憤激を高めると同時にソ連や中国に好機を提供することになるかもしれない。翻って、フランスを支援しないならば、それはアジアの共産主義にとってのもう一つの勝利を確実なものとし、逆にヨーロッパの再建策における重要なパートナーに屈辱を与えることになるであろう。果たしてどちらの選択肢が望ましかったのであろうか。

アチソンと彼の同僚が最終的に選んだ解決策はある種規範的な性格のものであった。すなわち、ワシントンはフランスによるホー・チ・ミンの反乱鎮圧を支援するが、同時にフランスに対してもヴェトナム、ラオスそしてカンボジアの最終的な独立に向けての準備を求めたのである。この構想は現地の植民地体制を支持するとともにその改革を狙ったものといえた。[27] ナショナリストではあるが反共的な指導者――フランスは無能なヴェトナムのバオ・ダイ帝を推薦した――に漸進的に権力を委譲することで、アメリカは西ヨーロッパにおいて成功したような民族自決と封じこめの一体化を図ったのである。他によい選択肢もなく、トルーマン政権は一九五〇年二月にバオ・ダイ政権を承認し、五月にはインドシナを守るフランスに直接軍事援助を送りはじめた。[28] 支持と改革との間におけるこの危うい均衡が、やがて「第三世界」全体における共産主義とナショナリズムの問題に関するアメリカの標準的な対応策となっていった。

「二つの世界」という戦時中の構想が戦後における二つのそれへと転換することがなかったならば、[29] アメリカは原則と利害関係の調整をより楽に処理することができたであろう。彼らは、植民地の崩壊が――国家安全保障や国際的な勢力均衡にとって――もつ意味にわずらわされることなく、植民地主義についてそれを時代錯誤であると主張し続けることもできたであろう。結果としてほぼ確実に生じたであろう秩序の混乱も、敵の存在しない世界では危険なものとは思われなかったかもしれない。しかし冷戦が進展するにつれ、不安定さというものはその原因如何にかかわらず危険を意味した。アメリカはそのために西ヨーロッパと日本を再生させ、保護することになったのである。このどちらの地域に対してもあからさまな軍事的攻撃の見通しがあった訳ではない。しかし実際のそうした攻撃が韓国という予期せざる地域で発生した時、他の地域が不安定化することに対する恐れが同国の防衛を死活的な性格のものとした。このようにして、自らの反植民地感情というものがさらなる不安定化とソ連の拡張を招きかねないということになれば、アメリカ人にいつまでもそうした感情に浸り続ける余裕があったかどうかはまったく不明だった。彼らは非常に困惑しながら、植民地主義の直接の実践者ではないにしてもその共犯者となりつつあったのである。

II　中ソによる革命の輸出

「開発途上」世界が「先進」地域に対して抱いた憤激から、ソ連は実際にはどの程度の利益をえたのであろうか。また、「第三世界」について西側指導者の神経をあれほどいら立たせ続けた恐れは、果たして現実的なものだったのだろうか。ここでは二つの可能性を考慮してみるのが有益である。一つは「受動型」モデルであり、植民地や保護領において革命が発生し、その指導者がモスクワからの支援を求めるまでソ連が単純に待機していたとの想定である。もう一つは「能動型」モデルであり、クレムリン自身がむしろそうした革命を扇動し、実際にそうであったように革命運動を支配したという想定である。

レーニンは後者の手段を好んだ。原料と市場の確保のため資本主義が植民地の搾取を必要とすることを確信していた彼は、ボルシェヴィキ革命の直後、「東方の諸人民」に対してヨーロッパの主人を打倒するための訴えを行った。彼はまたそうした人民による会議を正式に許可することさえしたが、一九二〇年にバクーでおよそ二千人のアジア人代表者を召集して開催されたその会議では、ボルシェヴィキの同志グリゴリィ・ジノヴィエフが、剣、短刀あるいは拳銃が熱狂的に打ち振られるなかで帝国主義と資本主義に対する聖戦《ジハード》を呼び掛けたのである。(30) しかしながら、この会議の後に続く働き掛けはなかった。恐らく、ソ連の指導者がその後も繰り返し直面し、しかも決して解決しえなかったディレンマによるところが大きかったのであろう。すなわち、植民地あるいは保護領においてどのような種類の革命を助長すべきなのかという難問である。

また、一九二七年にスターリンの中国政策が失敗したことは、共産主義とナショナリズムの提携が裏目となって出る可能性を暗示するものであった。革命を逆手にとったナショナリストが共産主義者を排撃し、共産主義者自身はナショナリストであるかのように振る舞い出したのである。[31] このためソ連は革命の進展について前述の「受動型」モデルへと宗旨替えを行い、これが原因となって、第二次世界大戦とその後の情勢が提供した機会に対しても彼らは慎重な姿勢に終始することになった。スターリンが一九四五年に故意に蔣介石を支援し、中国共産党による早期の権力奪取の可能性を見誤ったことについてはすでに触れた。彼はまたインドのモーハンダース・ガンディーへの支持を控え、インド独立後も現地の共産党はジャワーハルラール・ネルー首相を執拗に攻撃したのである。[32] モスクワはホー・チ・ミンに対しても直ちにこれを支援するということはなかったが、それはスターリンがナショナリズムに不信を抱き、またインドシナ情勢をアメリカと同じくヨーロッパの視点から捉えていたからでもある。ホー・チ・ミンに対する支援はフランス共産党の政治基盤を崩す恐れがあった。歴史家ジョージ・ケイヒンは「ヴェトナムのナショナリストが抱く希望に対して、モスクワはワシントンと同じくらい鈍感であった」と述べている。[33]

ソ連は「第三世界」での革命を放棄したのでもなかった。スターリンは中国およびイランからソ連軍を撤退させたが、一九四六年五月に行われた彼の説明によれば、それはイギリス人とアメリカ人が帝国主義者であることを暴露し、「植民地における解放運動を解き放つ」ためであった。しかし、それは長期的な目標だったようであり、直ちに行動を起こすことを要求するような計画は存在しなかった。[34] 一九四七年九月のコミンフォルム結成会議において、アンドレイ・ジダーノフが「植民地体制における危機の先鋭化」に留意し、勃興しつつある「社会主義陣営」のなかにヴェトナム、インドネシア、インド、エジプトおよびシリアといった諸国を含めるよう強調したことは確かである。また、一九四八年二月のカルカッタにおける共産主義系青年組織の会議後、ビルマ、マラヤ、フィリピンおよびインドネシアで暴動が発生すると、アメリカの高官のなかにはこれを不吉な傾向とみなす人々もいた。しかし、コミンフォルムにはアジアの共産党は加盟を許されず、カルカッタ会議も大規模かつ一般民衆向けの大味な行事で、特定の問題について明確な指示を下すというような性格のものではなかった。また各国で頻発した暴動も、残存する植民地勢力ではなく、むしろ新たに独立した民族主義政権を対象にして自然発生的に起こったもののようであった。[35] これらすべては、「ソ連は植民地問題を効果的に利用し……扇動者、宣伝および現地の共産党を使って植民地世界全域において民族運動に対する積極的な支援を与えている」とする同年後半に提出されたＣＩＡの報告に対して、せいぜい覚束ない証拠を提供するにすぎないものだったといえよう。[36]

しかしながら、中国における共産主義の勝利がすべてを変えた。一九四九年七月にモスクワを極秘訪問した劉少奇とスターリンとの間で交わされた会話は、このクレムリンの指導者がアジアにおける革命の見通しについて考えを転換していたことを明確に示している。スターリンの新たな「分業」戦略によれば、「弟」が植民地や保護領における西側の弱点を利用し、「兄」はそれに指針と物質的な支援を与えるということになった。[37] この会話に同席した者によれば、中国側は「スターリンからの支持と、革命運動の中心が西から東へ移動したとする彼の発言に発奮した。……この結果、毛沢東と劉少奇はさっそくアジア諸国における革命運動のための独自の戦略および戦術の策定に着手したのである[38]」。

一九四九年一一月に北京で開催されたアジア労働組合会議において劉少奇はスターリンの事前承認を得た演説を行い、その新たな戦略を明らかにした。劉少奇によれば、革命の中国型モデルは、「類似の状況にある植民地あるいは半植民地諸国における他の人民の解放へ向けての大道」であった。[39] 毛沢東のモスクワ訪問中の一九五〇年一月初頭、『プラウダ』はこの劉少奇演説を掲載し、いわばスターリンのお墨付きを確認している。その二週間後、ソ連滞在中の毛は新中国政府によるホー・チ・ミンのヴェトナム民主共和国承認を決定した。ソ連も直ちにこれに続いた。そして二月にはそのホー自身が密かにモスクワを訪れ、スターリンおよび毛沢東と革命戦略について議論したのである。(40)

北京における中国側との協議で勢いを得たホー・チ・ミンは、スターリンが毛沢東との間で調印を予定していたものと類似の同盟条約締結を提案した。ソ連の指導者がホーのソ連滞在が極秘である点を指摘すると、彼は次のように述べたといわれる。「簡単なことだ。私を飛行機に乗せてしばらく飛ばし、空港で歓迎式典を行ったうえで私の訪問を公表すればよい」。スターリンはこうした無邪気な提案を拒絶し、「そのような想像力をもてるのはあなたのような東洋人だけだ」と付言した。彼は後に自らの「分業」戦略について説明し、ソ連はヴェトナム革命を強力に支持するが、「中国の同志がヴェトナム人民に対する支援と供給の主要な責任を負う」ことをむしろ望むと語ったのである。(41)

中国人自身に対する激励はほとんど無用であった。なぜなら、その独自の性格にもかかわらず、毛沢東の革命は世界の他の地域に対して一つの模範を提示するという決意の点で、一七八九年と一九一七年のフランスおよびロシアにおける前例を踏襲するものだったからである。恐らくいかなる革命にもそれが成功するには野心的な構想が必要であろう。古い秩序の転覆を狙う者には、その実現の過程で遭遇する障害に耐えて信念を掲げ続けるに足る確固たる土台が必要なのである。歴史家のジョン・ガーヴァーが述べたように、「そうした啓示のようなものがなければ、既存の権威に対する反乱につきものの危険や、犠牲を甘受しようという人間はあまりにも少ないであろう。逆にイデオロギーによる啓示がありさえすれば、地上に新たな天国を創造するために神をも畏れぬ振る舞いをする人間には事欠かないだろう」。(42)

さらにフランスやロシアの前例が示唆するように、一度革命が成就した後でそうした革命の情熱を消し去ることは容易ではない。革命運動の輸出は、革命の成果を国内で定着させ、それを正当化する手段となりうるのである。このようにして、ドイツや他のヨーロッパ諸国での革命がなければロシア革命も存続しえないとレーニンは確信していた。世界革命はまた国益にも奉仕する。スターリンにとって、マルクス＝レーニン主義の流布とソ連の勢力圏拡大とは同義であった。他方、一九五〇年に毛沢東がこれらいずれの動機によって影響されていたかを判断するのは困難である。この点で、ガーヴァーの結論は恐らく正鵠を射たものではないだろうか。「新生中国はナショナリズムとイデオロギーの両面をもった強力な使命感によってつき動かされていた」[43]。こうして、「分業」戦略というスターリンの甘言というべきものに示されたソ連からの激励は、革命の輸出という大義の推進をより切迫したものにするだけであった。

朝鮮戦争への中国の参戦にあたって、毛沢東が国益とイデオロギー上の考慮を結びつけていたことについてはすでに触れた。彼はアメリカという敵対する軍事勢力の国境への接近を恐れた。スターリンも同様の懸念を抱いた。しかし毛沢東はスターリンとは異なってこの挑戦を好機とも捉えたのである。「数十万」のアメリカ人を殺傷すれば、中国軍は中国人民が「決起した」ことを誇示したことになり、それは革命の国内基盤を堅固なものにすると同時に革命の輸出を促進し、さらに――とくに毛沢東の頭のなかでは――戦争の可能性におののいているように見えたソ連の指導者に強い印象を与えることになるのであった[44]。かくして朝鮮戦争への介入は地政学、イデオロギーおよび個人的信頼性の面から考えられた投資だったのである。

こうした情勢下では、毛沢東が隣接する仏領インドシナにおけるホー・チ・ミンの革命に対する支援を控えることもほとんど不可能だったであろう。彼はすでに韓国や台湾とならんでこの地域を、アメリカとその同盟国が中国の共産主義を押し潰すために利用する根拠地のリストに加えていた。蔣介石軍の一部が中国本土からインドシナへ敗走したという事実も、この地域の重要性についての毛沢東の認識を深化させるだけであった[45]。しかもこれら地政学上の考慮はイデオロギーに還元された。スターリン自身が中国からの支援を奨励していた。また、もし帝国主義者によるホー・チ・ミンの反乱鎮圧が成功すれば、中国革命自体も屈辱的な敗北を被ることになったであろう。

III　中国とインドシナ情勢

ヴェトミンの中国共産党との接触はソ連に比べて常により広汎なものだった。ホー自身は何年もの中国滞在経験をもち、中国語にも堪能だった。毛沢東の勝利後、彼らは直ちに使節を交換している。劉少奇は、他地域での革命運動に対する北京の支援を宣言する一九四九年一一月の演説において、ヴェトナムをそこに含めることを強調した。また一九五〇年一月、彼はホー・チ・ミンのもとに派遣した中国側使節に対して次のように述べたのである。「解放のための正義の闘争を続行している人民を支援することは、革命の勝利を達成した諸国の義務である。……ヴェトナム人民の反仏闘争を支援することは我々の国際的な責務である」(46)。

現在では、アメリカがフランス支援を決意しつつあった時に、中国がヴェトミンに対する軍事援助を決定したことが明らかになっている。この二つの決定はともに中国での共産党の勝利に端を発し、朝鮮戦争の勃発以前に下された。ホー・チ・ミンは一九五〇年四月に中国からの援助を正式に要請し、その同じ月に毛沢東がヴェトナムに対する軍事顧問の派遣を承認したのである。北朝鮮軍の韓国侵攻から二日後に毛沢東はその決定を再確認し、インドシナにおける中国の任務が世界的な意味をもつことを説明した。また、もしそれが失敗すれば中国革命自身にとっても障害となることを劉少奇が付言した(47)。毛沢東によるこのホー支援の決意は、朝鮮での戦闘が台湾侵攻という彼自身の計画の延期を強いたという事実を考慮するならば、一層衝撃的である(48)。

蔣介石との内戦の経験から、中国側の顧問はホー・チ・ミンと戦略担当のヴォ・グェン・ザップに秋季攻勢の計画を与え、中越国境からフランス軍を後退させると同時に軍事援助が支障なく搬入される状況を作り出すことに成功した。一九五一年初頭の反攻でフランス側は一時的に主導権を回復したが、中越陣営はこの時防御的な戦略を策定して持久戦にもちこみ、再度フランス軍と対決しうるだけの戦力増強に腐心した(49)。ホー・チ・ミンは同年二月に来訪した中国代表団に対して次のように伝えている。「中国革命の経験と毛沢東思想に依拠することで、我々はマルクス、エンゲルス、レーニンおよびスターリンの思想を一層よく理解し、過去一年の間に多大の勝利を勝ち取った。我々はこれを決して忘れない、、、、、、(50)」。

朝鮮休戦はインドシナ情勢にもさまざまな影響を与えた。ヴェトミンに対する中国からの軍事援助は増加したが、アメリカの対仏支援も同様であった。毛沢東はアメリカとの直接的な軍事衝突には慎重だったにもかかわらず、ホー・チ・ミンに対してラオス国境沿いのヴェトナム北西部における攻勢を奨励した。フランス軍司令官のアンリ・ナヴァール将軍はこうした動きを阻止するため、一九五三年一一月に戦略上の要衝にある村落ディエン・ビエン・フーを確保した。しかしながら、中国はこの新たな脅威をもう一つの好機に転ずべく素早く行動した。大規模なフランス軍を一掃することが「軍事的だけでなく多大の政治的重要性と……国際情勢に対する巨大な衝撃を」もつであろうことを確信した毛沢東は、ホー・チ・ミンに対してディエン・ビエン・フーの包囲を促し、必要なすべての軍事的支援を約束したのである(51)。

朝鮮とインドシナの両問題を協議する国際会議に向けての準備はすでに進行していた。中国側はインドシナ問題についてワシントン、ロンドンおよびパリの間に足並みの乱れが存在することをよく認識していたから、フランスが屈辱的な敗北を被ることで西側の交渉上の立場が著しく弱まることを計算したのである。周恩来は一九五四年三月にヴェトナムの中国人顧問に公電で次のように伝えている。「外交の場での勝利を達成するためには、朝鮮休戦前夜における我々の経験に従い、ヴェトナムでいくつかの戦闘をものにすることを考慮する必要がある」。また毛沢東自身もディエン・ビエン・フーでの戦闘の間にヴェトミンに対して戦術上の助言を与え、「予定を早めて最終攻撃を開始すべきこと」を強調した。来たるべきジュネーヴ会議が彼の脳裏にあったことは疑いない(52)。この毛沢東の提案に従い、また必要なすべての軍事援助の確約が得られたことから、ヴェトミンは五月五日に最終的な攻勢を開始したのである。フランス軍の降伏はその二日後であった。

このようにして、ヴェトミンは友邦である中国からの多大の支援によって勝利を得た。戦略の策定、部隊の訓練および補給の面において中国は主要な役割を演じたのである。この限りにおいて、それはスターリンの唱えた「分業」戦略の顕著な成功例であった。しかしながら、中国側とヴェトナム側があらゆる問題について見解の一致をみていた訳ではない。文化的な相違と中国の帝国主義的な行動の古い遺産とによって、すでにディエン・ビエン・フーでの勝利以前にかなりの緊張関係が生じていた(53)。そして一度戦場から会議のテーブルへと争いの場が移動すると、毛沢東と周恩来の思考のなかで地政学上の考慮が次第にイデオロギーに取って代るようになった。ジュネーヴにおいて、ホー・チ・ミンは彼とヴェトミンの同志とが自明のものと考えていたものよりも少ないもので満足する必要に迫られたのである(54)。

中国にはインドシナ問題での妥協を欲するだけのいくつかの理由が存在した。一九二〇年代のソ連と同じく、中国は革命国家であり続けながらも普通の国家として国際的な認知を得ることを希望した。ジュネーヴ会議は中国にとって国際的な外交におけるいわば初「舞台」であり、彼らは好印象を与えることに熱心であった(55)。ピエール・マンデス＝フランス率いるフランスの新政権もインドシナでの損失を食い止めることに同様の熱意をみせた。ヴェトミン側による新たな領土要求は彼の立場を弱める恐れがあり、中国とソ連もそれを望まなかった(56)。また毛沢東と彼の側近は、アメリカがインドシナに介入するかもしれないという、ディエン・ビエン・フー陥落前に発せられたアイゼンハワーとダレスの警告を真剣に受け取っていた。中国は、ヴェトミン側のあまりに頑な姿勢がアメリカの介入を招く危険について繰り返し強調したのである(57)。それは、朝鮮戦争を前にかつてスターリンが中国に対して行った警告の焼直しでもあった。

こうした考慮から周恩来とソ連人は気乗りのしないホー・チ・ミンを説得し、北緯一七度線におけるヴェトナムの「暫定的な」分割と、インドシナからのすべての外国軍部隊――ラオスおよびカンボジアのホー自身の軍隊を含む――の撤退に同意させた。「和平を通じてヴェトナム全土を獲得するのは可能である」と周恩来はホー・チ・ミンに説明し、以下のように述べた。

機が熟せば選挙を通じてのヴェトナム統一は可能である。そのためにはインドシナ諸国間だけでなく、東南アジア諸国との良好な関係も必要とされる。……その答えは平和的努力を通じての統一である。軍事的な手段は彼らをアメリカの側に追いやるだけだ。……平和によってフランスとアメリカ合衆国の間に存在する溝を拡大することが可能である。……平和はイギリスとアメリカ合衆国の間を引き裂くことができる。……大体において、平和にはあらゆる利点があるのだ。それはアメリカ合衆国を孤立化させよう。

アメリカがそうした平和を阻む場合を想定して周恩来はさらに付言した。「我々は戦わざるをえない。……我々は道徳的に正しいのだ。あらゆる人が我々に共感するだろう。戦闘の期間の後にはやがて平和が到来することになる。その時までにアメリカは一層孤立しているのだ[58]」。

東南アジアにおいて、当時西側は反植民地感情を利用するためモスクワと北京が調整された攻勢に乗り出すことを懸念したが、それにはかなりの信憑性が存在した。スターリンは中国によるホー・チ・ミン支援を明確に奨励し、そうした支援がフランスの敗北を決定的なものとしたのである。また一九五四年のジュネーヴ会議の前とその期間を通じて中ソ両国政府は緊密に協力し、この両者の圧力がホー・チ・ミンをしてインドシナにおける長い闘争の第一段階を終了させる危うい妥協を甘受させた。地政学とイデオロギーの二つの考慮がこうした共同作業の性格を決定した。いつ、また誰にとってこの二つのいずれが重要であったのかを識別するのは困難であるし、その必要もない。なぜなら、そうした状況では地政学とイデオロギーとの体現する利益は相互に補完するものであったからである。ジュネーヴにおいて中ソ両国の同志と仲違いしたのはヴェトミンであったから、屈伏すべきが誰であったかについてはほとんど疑問の余地がない。逆に、地政学とイデオロギーの両面についてモスクワと北京が見解を異にした場合、その結果についてはまた別の話となったであろう。

IV 中東における米ソのディレンマ

中東では様子が異なっていた。東南アジアと同様、実際に世界のこの部分でも植民地主義に対する抵抗は高まりつつあった。しかし、スターリン存命中にソ連がそうした状況を利用するための系統だった努力を払うことはなかった。モロッコからインドおよびパキスタンにまで広がるこの広大な地域にモスクワが影響力の拡大を開始するのは、フルシチョフ時代になってからであり、その時でさえ誰が誰を利用しているのかを識別するのは困難であった。この地域の指導者たちが、ロシア人が彼らを操るのと同じく、ロシア人をも逆に操作していたように思われるからである。ワシントン、ロンドンおよびパリからすれば状況は深刻なようにみえたが、その背景には、ヨーロッパが中東石油に依存していたこと、植民地主義が明らかな後退過程にあったこと、ソ連と中国がすでに東および東南アジアで反植民地感情を効果的に利用していたこと、などの理由が存在した。[59] このためアメリカと英仏の同盟諸国は、ソ連の影響力が中東に現われ始める前からそれに対する封じこめを開始することになった。しかしながら、そうしたいわば先走った振る舞いの結果、この地域がモスクワに対して門戸を閉ざすどころかむしろそれを開くことになってしまった事実が今や明らかになっている。

一九四六年のイランおよびトルコでの危機は冷戦を初めて中東に招じ入れるものであったが、それはソ連による反植民地感情の利用という点からすれば成功とは言い難かった。これら事件の効果が、逆にソ連版の植民地主義に対する恐れを惹起するものだったからである。イラン領内のアゼルバイジャン地方を分離させようとするスターリンの計画はむしろ藪蛇となり、親ソ的なトゥーデ党〔イラン共産党〕の政治基盤を侵食すると同時に、イラン人自身が英米を招き入れることでこの両国の影響力拡大に道を開くことになった。[60] 同時に行われたソ連のトルコに対する領土と海軍基地に関する要求も不首尾に終っている。モロトフでさえその回想のなかで、スターリンがダーダネルス海峡支配についてやりすぎたことを認めたほどであった。[61] これら二つの事例におけるソ連の行動には、東ヨーロッパや北東アジアで示されたものと同じく、防衛と攻勢の両面が一対になった衝動が反映されていた。スターリンは安全な国境を欲したが、同時にその向こう側での従属的な勢力圏を望んだのである。ナショナリズムに対する感受性などは彼にとって優先順位の高いものではなかった。[62]

結果が好ましいものであったにもかかわらず、イランとトルコの危機は中東に関する西側の懸念を高めるものであった。そうした懸念には東南アジアでアメリカを困惑させたものと同様のディレンマが含まれていた。アメリカはその軍事的能力に限界があったからこの地域において英仏と協力しなくてはならなかった。しかしこれら両国の体現する植民地主義が、そもそも中東を外部からの浸透に対して脆弱なものとしていたのである。一九四七年にアメリカの老練な外交官であるロイ・ヘンダーソンは、イギリスによるスエズ運河支配の継続によって「近東および中東全域の空気が急速かつ広汎に毒されているため、……アラブ世界と西側との関係は将来何年にもわたり深刻な損害を蒙るかもしれない」と苦言を呈した。[63] アメリカ政府のなかでこのヘンダーソン――古手で苦労性のソ連専門家――ほど、ソ連の拡張主義を封じこめることについて断固たる決意を抱いていた人物はいなかった。その彼が信用ならない同盟諸国に関して警告を発したことは、当時のワシントンにおいて、植民地主義勢力との提携がもつ危険について如何に深刻に認識されていたかを示すものといえよう。

アメリカの立場をさらに複雑なものとしたのは、人道的な共感、国内政治上の便宜主義および個人のもつ頑固さの奇妙な組合せであり、それはトルーマン大統領をして——外交、軍事顧問からの強い助言に逆らって——パレスチナにおけるユダヤ人の郷土建設を支持せしめることになった。国務省政策企画本部はこうした行動が、「アラブ側によってアラブ世界に対する事実上の宣戦布告であると解釈されるだろう」と主張した。(64)トルーマンがこれに躊躇することなく一九四八年五月に新生国家イスラエルを承認すると、多くのワシントンの高官はこの決定がロシア人に莫大な利益を与えることを恐れた。ケナンによれば、これによって「中東と地中海における我々の最も死活的な利益のいくつか」が脅かされるだけでなく、「西側世界の団結が崩壊し……ソ連に対する我々の政策全体が損なわれる」ことになるかもしれなかった。(65)アメリカは今や、植民地主義に加えてシオニズムとの提携という重荷を背負ったのである。

経済的、戦略的な要請を考慮するとこうした負債は一層危険にみえた。西ヨーロッパの再建には中東石油が必要とされた。統計によれば、一九五一年までにヨーロッパは必要とする石油の八〇パーセントをこの地域から輸入することになっていた。またアメリカも長期的な供給確保という観点から、国内石油資源に万全の自信をもってはいなかった。(66)イギリスの運営するスエズ運河は、西側の軍事輸送だけでなく世界貿易にとっても死活的な物流上の要であり、しかも近接する英航空基地は、戦時においてソ連精油施設のおよそ九四パーセントを米B29爆撃機の航続距離内におく位置にあった。(67)朝鮮戦争の勃発は中東に関する懸念を増幅させる効果をもたらした。トルーマン自身も、北朝鮮の攻撃をイランに対するソ連の軍事的野心から関心をそらせる行為と判断したほどである。そうした懸念が現実のものとはならないにしても、エジプトや他の場所でナショナリズムの圧力が高まることは、この地域における西側の地位をさらに損ねる可能性があった。(68)

このようにして、アメリカは自らの反植民地主義と同盟関係とを秤にかけねばならないという厄介な立場に置かれることになった。一方に傾きすぎること——中東における新旧友邦のいずれかと疎遠になること——はソ連の脅威に道を開き、それはこの両者をともに危険に曝すことになった。ワシントンはソ連が利用しうる力の真空を生み出すことなく、英仏両国をその既得権益からひっそりと抜け出させる手段を必要としたのである。アメリカはまた植民地や保護領の立場を脱した新興諸国間における友好関係の構築を欲したが、一方でイスラエルと近隣アラブ諸国の間、他方でインドとパキスタンの間に存在する敵意を考慮すれば、それは決して容易な任務ではなかった。さらにアメリカは、ナショナリズムが――それが中東でいかなる形態をとるにせよ――モスクワが目の前にぶらさげるあらゆる誘惑に対して抵抗力をもち続けることを希望していた。

一方、スターリン治下のソ連はいわば驚くほど不器用な太公望であったといえよう。仏領北アフリカからインドにかけての全域において共産党の活動は実際に活潑ではあったが、中国やヴェトナムの場合とは異なり、彼らは最低限の影響力しかもちえなかったのである。物を知らないというのが原因の一つであった。ソ連が植民地主義勢力ではなかったというまさにその理由から、彼らには中東情勢についての理解もほとんどなかった。慎重さについても指摘しなくてはならない。フルシチョフはスターリンがこの地域をイギリスの領分と認識していたことを回想している。「スターリンが近東への進出を好んではいなかったのだろうということではなく――彼はむしろそうすることを非常に望んでいただろう――、彼は勢力均衡が不利な情勢にあり、イギリスが我々の介入を座視しないであろうことを現実的な視点で認識していたのである[69]」。

すべての共産主義者はモスクワで決定された指針に従うべきであるとするスターリンの主張が、問題を複雑なものとした。特定の国家においてマルクス＝レーニン主義を適用し、それに対する民衆の支持基盤を確立することが困難であったからである。現地の共産党の利益とソ連の国益とは必ずしも一致するものではなかった[70]。トルコとイランに対するスターリンの要求は、これら諸国の共産主義者の展望を開くものではなかった。また、エジプト当局が国内の共産主義者を逮捕し投獄しても、モスクワはそれに抗議しなかったのである[71]。中東におけるソ連の失態は、以下の三つの事例――イスラエルの建国、一九五二年のエジプト革命、一九五三年のＣＩＡによるイランのモハメド・モサデクの政権に対する転覆活動――を考察すれば明白であろう。

ソ連がパレスチナにおけるユダヤ人国家の建設を支援したことを今ではよく忘れることがある。ソ連の決定にはいくつかの理由があったと思われる。イギリスが依然としてこの地域を国連信託統治の下においていたことから、ソ連は米英間の相違を利用することができた。また混乱を助長させることで、国際的な平和維持軍の一部としてソ連軍部隊がこの地域へ関与する可能性が高まった。さらに、ソ連がイスラエル共産党を通じて新生国家の内部における影響力の拡大を希望していたことも明白である[72]。そしてモスクワとホワイトハウスの政策とのこうした常ならぬ提携が、そもそも国務省がその政策に強硬に反対した理由の一つであった。国務次官のロバート・ロヴェットが警告したように、もしロシア人がイスラエル独立に賛成ならば、アメリカ人は恐らく「衝動買いをしてしまったことになる。どのようなユダヤ人国家ができあがるかについてなぜ知りえたのだろうか[73]」。しかし結局のところ、アラブ世界におけるイスラエルの敵との間で友好関係を確立する好機を逸したのは、他ならぬロシア人のほうだった。一九四八年五月末、失望したアンドレイ・グロムイコは国連で次のように述べた。「アラブ諸国が、パレスチナにおける民族解放運動〔イスラエル独立〕の抑圧を目的とした軍事作戦を遂行中……（である）ことに対して、ソ連代表団は驚きの念を表明せざるをえない[74]」。

ロシア人はまたエジプトとの間でも同様に近視眼的な対応をみせた。彼らは一九四八年にエジプト綿花とソ連穀物のバーター取引を行ったが、ソ連が世界市場においてエジプト側の言い値よりも低い価格でその綿花を売却したことから、エジプトは態度を硬化させたのである。ソ連はまた、国連安全保障理事会が一九五一年にイスラエルによるスエズ運河使用を拒否するエジプトを非難した際に、この決議に棄権した。さらには、一九五二年七月に軍事クーデタによって不人気なファルーク国王が退位し、ガマル・アブドル・ナセルに権力への道を開くことになる事態が発生しても、フルシチョフが後に認めたように、クレムリンの当初の反応は、それが「南アメリカでこれまで見慣れてきたような軍人による権力奪取の焼直しにすぎない」というものだった。[75] あるチェコスロヴァキアの外交官は、エジプトの共産主義者たちが最初は「その革命の機会を捉え、我々の目的に利用」しようとしたが、新政府がこれに気付くと方針を転換し、「その革命政府を西側のチェス駒と呼ぶことで革命そのものの失敗や、その権威失墜を図ろうとした」ことを不満げに回想している。[76] 革命がエジプトのナショナリズムに対抗するのではなく、むしろそれと提携するだけの中味を持っているものであるとの考えは浮かばなかったようであった。

しかし、中東におけるナショナリズムに関してソ連が判断を誤った最もひどい事例は、スターリンの死去直後、米英両国が共謀してイランのモハメド・モサデクの政府を転覆させた際のものである。モサデク政権はイギリス所有の石油施設を国有化し、西側寄りのイラン国王を国外に追放したが、ワシントンやロンドンの懸念とは逆に、モスクワとモサデクの関係は疎遠で不信に満ちたものだった。一九五三年五月にあるソ連情報機関の報告は、このイランの指導者が「アメリカ独占資本とのさらなる共謀のための条件を整える目的から、民族解放運動を押し潰し、国王周辺の反対勢力を鎮圧する」決意であると分析していた。またロシア人は八月に発生したＣＩＡによるクーデタ計画の情報も実際に入手していたが、彼らが「ブルジョワ民族主義者」とみなすモサデクにそれを漏らすことはなかった。同年一一月になってようやくソ連外務省は情勢を再検討し、ソ連とトゥーデ党が大敗を喫したと結論すると同時に、国王の復帰によってイランが将来とも西側陣営にしっかりと組み込まれるであろうことを認めたのである。[77]

Ⅴ　ダレス外交とナセル

顧みれば、少なくともスターリンの存命中において、ソ連の中東進出に関する西側の懸念がきわめて誇張されたものであったことは明らかである。反植民地主義が英仏両国の利益を危険に曝したことは確かであるが、それはまたソ連の得点を確実なものにすることもなかった。モスクワのいわば愚かさがそうした報酬を阻んだのである。他方、アメリカは植民地主義とは元来無縁であり、その植民地主義勢力との現実の結びつきやイスラエルに対する支援にもかかわらず、この地域で少なからぬ影響力を維持した。ファルーク国王を追放したエジプト軍の将校たちとアメリカは直ちに緊密な関係を確立した。また、イランにおいてアメリカがイギリスに代わる選択肢として歓迎されていなかったならば、モサデクに対するクーデタはとても成功することはなかったであろう。[78] このようにして、情勢がアメリカにとってこれほど有利には展開しなかった世界の他の地域を考慮すると、アメリカが「賢明な名人芸としての不活潑さ」ともいうべき政策を採用すれば、中東ではその後もうまくやれたのではないかと自問してみたくもなる。[79] しかしその答えを知ることは決してできない。極端な活潑さこそが次に来たるべきものだったからである。

そうなった主な原因は、地政学におけるいわゆる「水力工学」理論に求められる。すなわち、ある地点に築かれたダムや堤防が、ソ連拡張主義の推進力を他の地域に向けて方向転換させたという見解である。国務省政策企画本部が一九五二年に警告したように、中東をより脆弱なものとした原因は、それとは別の地域における情勢安定化のためにアメリカがすでに払ってきたまさにその努力――NATOの創設、朝鮮戦争への参戦、日本と台湾の防衛への関与、インドシナでのフランス支援――だったのである。「別の地域における共産主義のさらなる進出を阻止しようとすると、その度に主要な圧力を行使する場所の移動を勧誘するかのように新たな弱点が続出する、というのが全体像のようである」。[80]

西ヨーロッパ、地中海および北東アジアに対してその資源をあまりにも広汎に充当してしまったことから、アメリカには独力での中東防衛を構想する余裕すらなかった。統合参謀本部議長のオマー・ブラッドレイ陸軍大将は「材料をどこで手に入れればよいのか」を知りたがった。「そこで仕事をするには多くのモノがいるのだ」。[81] イギリスとフランスはこの地域では依然として支配的な軍事大国ではあったが、とくに植民地主義に対する抵抗が急速に高まりつつあるという理由から、彼らの能力も急激に衰えていた。こうして、同盟諸国の肩代わりをすることなく如何に彼らを支援するかということがアメリカ人にとっての課題となった(82)。

政策立案者は困難に直面すると過去にうまくいった手段に頼る傾向がある。ＮＡＴＯは国家間の不和を克服するのに著しい成功を収めていた。ソ連という新たな敵に対抗するため、ドイツ人とフランス人とが古くからの強い憎しみを覆い隠しただけでなく、一九五一年に新規加盟したギリシアとトルコも同様の関係を築いていたのである。他によい構想が浮かばなかったことから、ＮＡＴＯあるいはそれに類似したものを中東に拡大する可能性が一考に値すると思われた。こうしてトルーマン政権はイギリスが中東司令部（ＭＥＣ）の創設を提案すると、それに積極的な反応を示したのである。この構想は、スエズ運河に設置された基地を拠点にＮＡＴＯと英連邦諸国および域内諸国を連結し、あり得べきソ連からの攻撃を抑止するか、必要ならそれを撃退するというものであった(83)。

しかしながら、異なった状況で同じ手段を用いても常に成功するとは限らない。ヨーロッパにおいては、ソ連という明瞭かつ実在する危険がＮＡＴＯへの支持の獲得を容易なものとした。中東ではロシア人などははるかに迂遠な存在だった。アラブ人はむしろイギリス、フランスそして今やイスラエルを主要な抑圧者であるとみなしたのである。彼らからすればＭＥＣは――まったくそのとおりであったが――衰退しつつある帝国主義者にとっての命綱であり、あり得べきソ連による侵略の犠牲者にとってのそれなどではなかった(84)。この計画の遂行にとってその協力が死活的であるとみなされたエジプトは、係わり合いをもつことを一切拒否した。若いが一家言あるナセルは一九五三年五月、ジョン・フォスター・ダレスに対して次のように説明している。ソ連は「我々の領土を占領したことがない。……しかしイギリスは七〇年にわたりここに居座り続けてきた。国民に向って、千マイルかなたでナイフを握っている誰かを心配するあまり、六〇マイル向こうのスエズ運河で拳銃を構えている殺人者を無視することにした、などと話すことができるだろうか(85)」。

一方、植民地主義のもつ罪悪についてダレスに指図は不要であった。植民地主義に対する彼の敵愾心にはアメリカの例外主義、ウィルソン流国際主義、キリスト教に由来する道徳主義、地政学上の機会主義そして歴史的な決定論が内包されており、あるイギリスの外交官が後に畏敬の念をもって回想したように、それらすべてが「休火山に潜む溶岩のように、フォスターの内面で時折蠢動していた」(86)。この国務長官がエジプト人に向って、アメリカは「ある民族や人種が他の民族の運命を決定する権利をもつなどと信じてはいない」と保証した時、そこには嘘偽りのない真情が吐露されていたのである。しかしダレスはまた一人の冷戦水力工学者でもあり、ある地域で封じこめられた危険が他の地域へ容易にあふれ出る可能性を確信していた。「共産主義者はすでに世界の三分の一を支配している」と彼は警告し、インドシナ情勢が「共産主義者によるさらなる拡張の証拠」を提供したと付言した。また、エジプトにおけるあまりに激烈なナショナリズムの主張は——もしそれが性急なイギリスのスエズ撤退を強いるならば——、ロシア人が利用するような力の真空を生むかもしれなかった。「危険な瞬間を作ってはならない」とダレスは警告した(87)。

そうしたダレスからすれば失望したことに、エジプト人は世界的な視点ではなく地域的な考慮から反応した(88)。「イギリスの影響力は完全に消滅しなくてはならない」とナセルは力説した。これに対して、ダレスは自動車会社フォードによるエジプトの販売業者への部品、資材あるいは職業訓練などの供与を引合いに出しながら、イギリスが基地に対する「技術上の管理」を留保しうる可能性について質した。ナセルは、企業資本主義の世界とのこうした比喩に動じることなく断固たる姿勢を維持し、エジプト人は「すべてのイギリス人が退去する日」を知る必要があるのだと重ねて主張した。そして、「対話再開の条件」に関するダレスの問いに対して、ナセルは「イギリスがエジプトの見解に同意することである」と返答したのである(89)。

一九五三年に交わされたこの会話は、次に来るべき多くの事態の前兆となった。国務長官は反植民地主義と反共産主義という競合する優先事項の間で曲芸を演じようとしたが、スエズ運河問題を自動車のセールスのように扱うようエジプト側に求めた提案にみられるように、彼にはいわばナショナリズム音痴の側面があった。また、そこには世界観の対立も存在した。ダレスはエジプト人に冷戦水力工学を説こうとしたが、エジプト側は地域政治の観点によってダレスを困惑させたのである。ついにダレスは彼一流の大風呂敷な結論を下すことになり、帰国すると国家安全保障会議の席で次のように述べた。「我々は中東の軍事的防衛の土台を構築するに当たって、エジプトを基軸国家とするというこれまでの概念を放棄しなくてはならない」。「パキスタンからトルコに至るいわゆる北辺地域の諸国は、ソ連の熱い息吹をその首筋に感じており、それ故、純然たる国内問題や英仏両国の帝国主義などにさほど悩んではいなかった」[(90)]。

このようにして、ダレスはトルコ、イラン、イラクおよびパキスタンを西側に堅固に結びつける新たな青写真の作成に着手した。この「北辺地域」構想にはいわば建築上の妙があった。というのは、トルコがすでにＮＡＴＯ加盟国であり、パキスタンも東南アジア条約機構（ＳＥＡＴＯ）――一九五四年のジュネーヴ会議におけるインドシナ問題処理の後に、ダレスが構築したもう一つの建築物――の原加盟国となることが予定されていたことから、この新たな構想はソ連と中国を、結び合った同盟網によって包囲するという効果をもつことになったのである。みたところ国務長官の希望は、ソ連や中国の危険に対して充分には敏感でないナセルのような域内当事者の存在する地域において、これらの措置が、中ソ両国の影響力行使を阻止する一種の万里の長城としての機能をはたすことのようであった。

エジプトの実力者はスターリンや毛沢東のような意味でのイデオロギーの徒ではなかった。彼は世界を席巻する歴史的に宿命づけられた革命などという構想とは無縁であった。むしろ彼は、中東およびアフリカから植民地主義を根絶することを自らの使命であると認識していたのである。こうした観点からすれば、彼とダレスの利害は一致していたともいえよう。現に彼はその目的達成のためにアメリカとの提携も排除しなかった[(91)]。問題は手順である。ナセルは冷戦への影響を考慮することなく即座に行動しようとしたが、ダレスにすればそうした影響をまず見極めることこそが先決問題だった。アラブの統一も問題となった。ナセルはそれを植民地主義の根絶という任務にとって死活的なものとみた。したがって、ダレスによる「北辺地域」の企ては最善でも他のアラブ人をそうした任務から逸脱させる行為であり、最悪の場合、それは以前のそして今や頓挫したMEC構想と同じく、冷戦の呪縛のなかで植民地主義を隠蔽する試みとなりかねなかったのである。(92) エジプトの指導者との間に横たわるこうした相違の理解に手間取ったアメリカは、彼に経済、軍事援助を提供し、CIAなどは三百万ドルにのぼる賄賂さえ贈っていた。ナセルはその現金を受領したが、それをカイロの中心部で役にも立たず目立つばかりの塔の建設に充当し、CIA要員カーミット・ローズヴェルトを記念して「ローズヴェルトの局部」と現地で知られるに任せたのである。(93)

これは中東におけるアメリカの政策にとって吉兆ではなかった。一九五五年二月にトルコとイラクがバグダッド条約に調印する頃には、ダレスによる「北辺地域」での壁の構築がナセルをひどく疎外してしまったことから、国務長官はアメリカがその加盟国となることを断念した。この決定が「我が子に対する事実上の勘当」ではないかと懸念する駐アンカラ米大使館からの質問に対して、国務次官のハーバート・フーヴァー二世は上司に代わり、すべて「戦術と時機」の問題であると要領を得ない返答をしている。また、ダレス自身はナセルがバンドンで開催されるアジアとアフリカの指導者による会議に出席することに留意しながら、駐米エジプト大使に向かって、そのインドネシア旅行がナセルにとって、「知見を広げ、これまでに拘泥していた領域を超えた諸問題に考慮を払う大きな機会」を提供するであろうことを伝えた。(94) この国務長官にはよくあることであったが、彼のこの予言も意図せざる方向で的中することになった。

ワシントンは、非同盟に向けての動きが一九四八年にソ連ブロックからのユーゴスラヴィアの離脱という形で開始された時、これを歓迎していた。チトーが西側とおおっぴらに提携することを予期したものはいなかった。インドの中立というネルーの主張はアメリカにとってより大きな懸念であったが、それをこのインドの指導者がもつ何かと刺のある個性に帰することもできた。何しろその国は英連邦内に位置する民主主義国家だったのである。さらに、そのインドとの均衡維持に腐心するパキスタンが、アメリカの提案するいかなる同盟にも参画する熱意を示していた。[95]一方、非同盟に向けてのエジプトの動きはより不穏であったが、とりわけその理由は明らかにダレスの「北辺地域」構想にあった。かねてからチトーとネルーは非同盟陣営にナセルが参加することを奨励していたが、一九五五年四月にバンドンを訪れるまで彼はそれを実行しなかった。しかし、同地で彼はいつものように強い印象を与える周恩来と会見し、まさにその知見を広げることになった。またチトー、ネルーおよび周恩来もナセルに敬意を払い、ダレスとは逆にことさら彼をアラブ世界の指導的人物として遇したのである。[96]

エジプト関係筋は、ナセルが――二ヵ月前のイスラエルによる激烈なガザ襲撃への対応もあり――ソ連製兵器導入の可能性を提起したのがまさにこの時であったと主張してきた。「彼ら［ソ連］には肯定的な返事をよこす用意があるだろう」と周恩来も認め、実現に向けての条件整備に着手した。「社会主義陣営が中東での避けえない闘争において傍観者の立場をとることは不可能である」と彼は毛沢東に報告し、毛はモスクワに以下のように伝達している。

私見によれば、二つの理由から我々にはこの闘争においてナショナリストの勢力を支援する義務がある。彼らの勝利は社会主義陣営の利益にかなうものであるし、それは東側陣営の包囲を完成させようとする西側帝国主義者のすべての試みを阻止するであろう。歴史の論理がナショナリストの運動を中東における未来の力であると指し示しており、我々はそれに対してできるだけ友好的に接すべきであるというのが私の結論である。[97]

しかしながら、ロシア人がこれらの好機に着目するのに何も中国人を必要とすることはなかったことが今では明らかなようである。実はナセル自身がすでにその一年前から兵器売買の話を切り出しており、それ以来協議が散発的に継続していたのである。[98]バンドン会議が重要だったのは、エジプトの指導者が初めて「向こうの陣営」との絆を公然と確認し、それをアメリカおよびイギリスとの取引で梃子として使い始めたことによる。それはナセル版の冷戦水力工学だった。

VI　スエズ危機の発生

スターリン以後のソ連は、中東におけるナショナリズムの理解についてより洗練された方向へと向かっており、一九五五年初頭には明白となった後継者争いでのマレンコフに対するフルシチョフの勝利が、そうした傾向を加速した。(99)今やモスクワと和解していたチトーはソ連のこの新たな指導者に対して、「ナセルは政治経験の多くはない青年だが、そこを敢えて有利に解釈してやれば、後に我々は彼に対する効果的な影響力をもてるようになり、共産主義運動と……エジプト人民の利益となるだろう」と保証した。(100)周恩来からの似たような助言に対するフルシチョフの反応は記録されていないが、彼にはナショナリズムがモスクワの利益に反するブルジョワ的な現象であるとする、古いスターリン主義的概念を捨て去る用意が充分にあった。(101)気紛れだが社交的なフルシチョフと、名目的な首相ニコライ・ブルガーニンによる「第三世界」向けの精力的な勧誘活動が開始され、それはアフガニスタンやインドといった、スターリンなら訪れることを夢想だにすらしなかったであろう異郷の地にまでおよんでいた。このようにして、カイロへの招待もそれほど見込みのないことのようには思われなかった。(102)

一九五五年のジュネーヴ首脳会談でフルシチョフとブルガーニンに会見する直前、心配ぎみのアイゼンハワーは、「我々はナセルを『勧誘』するための一致した努力を払うべきである」と周囲に述べた。(103)しかしダレスは我関せずであった。ソ連との兵器交渉が進行中との充分な警告にもかかわらず、彼は対抗策を拒否した。そしてこれに刺激されたナセル――依然としてアメリカ製兵器のほうを望んだであろう――は、九月になってチェコスロヴァキアからの大量の兵器購入を公表したのである。ダレスはナセルのような戦略的要衝にある「中立者」が、超大国を互いに張り合わせる能力をもつことを充分すぎるほど理解した。しかし中東でモスクワと競うことが「費用のかかる展開」となる気配であったことから、彼はそのゲームに気乗り薄であった。とはいえ、彼は「この問題で満足そうな顔をしてみせることなどはできないし、そんなことをしたら大敗とみなされるだろう」ことも認めていたのである。(104)

しかしながら一枚の切札が残されていた。エジプトはナイル河沿いのアスワンにおけるダム建設に対して、大きな経済的かつ象徴的な重要性を付与していた。この巨大な計画が国土を洪水から守り、安定した灌漑用水の供給を保証するものとみなされたのである。アメリカ政府の高官は当初から、彼らとイギリスがその資金援助を拒んだ場合にはソ連が進出してくることに気付いていた。(105)しかし一九五六年の春頃になると、ナセルに対するアイゼンハワーとダレスの忍耐にも限度が訪れた。ナセルはバグダッド条約の基盤を崩しながらアラブ＝イスラエル間の和解を妨害し、中東にソ連の影響力を誘い込むと同時に、五月には中華人民共和国を承認すらしたのである。イギリスのアンソニー・イーデン首相と閣僚は、驚くべきことに公然とエジプトの指導者の失脚や、その暗殺についてさえも協議した。(106)そして、エジプト産綿花の生産増大による自国の綿製品価格の低下を懸念するアメリカ議会が、ダム建設への資金供与に異議を唱えたことが決定打となった。七月一九日、ダレスは駐米エジプト大使を呼び出すと、エジプト政府が金策のためなら他を回るよう伝達するとともに――いつもの機転をすべて動員して――、ダム建設に要する費用が「エジプト人の間に、憤激の念や、困窮と独立とは相容れない、といったような気持ち」を喚起しかねないことを理由に、計画の廃棄を提案したのである。(107)

七月二六日、ナセルはスエズ運河の国有化によって報復し、そうすることで冷戦初期における最も危険な中東危機に火を点じた。当然ながら次のような疑問が生じる。ダムに対する資金援助を拒否した時、アイゼンハワーとダレスは何を考えていたのだろうか。操られることへの抵抗があったことは確かである。彼らは一九五三年以来ナセルと折り合おうとしてきたが、彼は米ソを張り合わせることでこれに応えたのである。イギリスの姿勢が硬化したことも説明の一部である。ダレスの行動はイーデンとその同僚にとって何らの驚きでもなく、彼らはそれを歓迎した。[108] しかしながら、このアスワン決定に関して従来ほとんど注目されてこなかったもう一つの説明が存在し、それはダム建設計画に要する費用について国務長官がエジプト大使に発した先の警告に関係している。

それらの費用はエジプトだけでなく、ソ連とその衛星諸国にも多大の犠牲を強いることになったであろうし、このことが――アイゼンハワーとダレスの考えによれば――エジプト自身に対ソ関係に関する倦怠感を生じさせると同時に、フルシチョフの国内での権威をも切り崩す可能性があった。「もしエジプトがアラブ世界での孤立に気付き、しかもソ連以外に同盟国がいないとなれば、そうした展望にすぐ閉口し、我々との共同でかの地域における公正で確固とした平和の探求に従事するだろう」とアイゼンハワー大統領は三月に述べている。[109] またエジプト大使との会見直前に、国務長官も実弟のCIA長官アレン・ダレスに以下のように伝えていた。「もし彼ら（ロシア人―引用者註）が実際にこの提案をすれば、[110] 我々はソ連の衛星諸国内でそれを大いに宣伝材料として利用できる。パンが手に入らないのはダムを作っているからだ。」

このようにして、ここでは一種の中東版「くさび」戦略が適用されていたことになる。[111] ロシア人と張り合わせようとするナセルの企みを察知したアイゼンハワーとダレスは、実際にエジプト人のそうした動きを奨励して、ソ連陣営と提携させ、互いに惨めな生活を営ませることを期待したのである。この発想には、中ソ関係に緊張を強いるためダレスがかつて考案した手法を彷彿させるものがあったが、[112] 今回は熟慮よりも憤激が幅を利かせていた。しかしこの戦略は機能しなかった。ナセルはスエズ運河の強奪によって形勢を逆転させ、彼自身のくさびをNATO同盟の心臓部に直接打ち込んだのである。

Ⅶ　アイゼンハワー・ドクトリン

ナセルの不意打ちに対して、フランス、イスラエルそして最後にはイギリスが共謀してイスラエルのシナイ半島侵攻をお膳立てし、今やエジプトの管理下にあるスエズ運河を見せかけの危険に曝すに至った退屈な経緯について、ここで再現することは不要であろう。彼らの目論見どおり、こうした策謀は一九五四年に締結されたイギリス＝エジプト条約の諸条項を発動させることになった。この条約によってイギリス軍はスエズ運河地帯から撤退していたが、その取り決めには第三国が運河の安全を脅かす場合にイギリス軍部隊を再投入しうるという条項が存在したのである。この条約の起草者たちは、そのイギリス自身が――ある歴史家によれば「ほとんど理解に苦しむような愚かな方法」によって――攻撃を準備するなどという事態を想定してはいなかった。[113]こうした驚くべき振る舞いと比較すれば、ダレスのとった諸政策は明晰で実効性の備わったものであったといえよう。また、新型偵察機Ｕ２による監視活動にもかかわらず、アメリカがその計画を事前に察知していたという証拠は存在しない。[114]

英・仏・イスラエルの侵攻によって選択を迫られたアイゼンハワーとダレスは、即断でエジプト側に味方した。たとえそれが、米大統領選挙の前夜において親イスラエルの選挙民を遠ざけ、ＮＡＴＯ同盟にこれまでで最悪の亀裂を生むと同時に英米間の「特別な関係」の残滓を危険に曝し、ソ連がハンガリーに侵攻し――エジプトで生起した事態よりも冷酷な方法で――自由を求める蜂起を鎮圧しつつある時点で、そのソ連自身と国連安全保障理事会において同一歩調をとる結果になったとしても、彼らはアラブ民族主義との提携を選んだのである。[115]また、英仏軍のスエズ撤退を要求してアイゼンハワー政権自身も強烈な経済的圧力を行使し、同様にシナイ半島からのイスラエル軍の撤退を強いたが、これらすべてを考慮すれば、アメリカがナセル、エジプト人そしてアラブ世界からその後永続的な謝意を獲得したとしても不思議ではない。[116] ところが、スエズの結果アメリカは中東における影響力を喪失し、逆にソ連がそれを獲得することになったのである。

モスクワの狡猾さがその一つの理由だった。数日間の躊躇を経て、一一月五日、フルシチョフはイギリス、フランスおよびイスラエルによる停戦の即時受諾がない場合の、これら諸国に対する――おそらくは核弾頭付きの――ロケット攻撃による威嚇を公表して世界を驚愕させた。当時もそうした疑惑はあったのだが、今ではそれが空虚な芝居であったことが明らかになっている。アラブの歓心を買う一方で西側を混乱させる安易な手法であった。[117] ナセル自身も英・仏・イスラエルの侵略を挫いたのがロシア人ではなく、アメリカ人であったことを個人的には認めていた。[118] しかし、実際の停戦がフルシチョフによるその怒号の直後に成立したことから、当時――とくにヨーロッパや中東の――多くの人々はそこに密接な因果関係をみたのである。フルシチョフは誰憚ることなく自らの功績を主張し、次のように述べた。「我々が一九五六年にエジプトに対するイギリス、フランスおよびイスラエルの侵略を阻止するために国際的な影響力を行使したことは、歴史的な転換点となった。……それまで彼らはソ連が強力なロケットの保有を公表しても、それを単なる虚仮威しとしか受け取らなかった。しかし今度は真実を理解した。その効果はてきめんだった」。[119]

この時点においてもなおアイゼンハワー政権が余計なことをしないだけの良識をもっていさえすれば、スエズ危機をうまく利用することが可能であったかもしれない。再選を果たした大統領が信用の失墜した同盟諸国に対してもつ影響力はこれまでになく大きく、アラブ世界におけるアイゼンハワー、また大統領には及ばないとはいえ国務長官の評判もいつになく高かった。ロシア人はその虚勢にもかかわらず、こうした強みに対抗しえなかった。しかし、それも――決して「賢明な名人芸としての不活潑さ」の徒とはいえない――ダレスがそうした資産の浪費に乗り出すまでのことであった。

この国務長官は、中東に対するソ連の進出を阻止するのはアメリカの任務であるという信念をまだ放棄してはいなかった。スエズ危機においてワシントンがアラブ民族主義というものをいかに強力に支援したとしても、それに依存するだけでは充分ではなかったのである。またナセルを個人的に信頼することもできなかった。(120) これはすたれかけた植民地主義に関してダレスのように敏感な人物からすれば、奇妙なまでに帝国主義的な態度であったといえよう。しかしダイアン・クンツが指摘するように、彼は「状況が要求すれば、つい最近まで聖なるものとしてレッテルを貼ってきたその同じ原則を（破る）」ことをまったくためらわなかった。(121) 英仏の敗北が中東に巨大な力の真空を残したというのが一九五六年末の時点におけるダレスの情勢認識であり、アメリカはまさに域内において善意を獲得したのであるからこそ、そうした真空を埋めるべきだったのである。

癌の手術からの回復過程にあったにもかかわらず、ダレスはいつもの極端な活潑さ、巧妙さ、そして愚直さをもってその任にあたった。ある時彼は「北辺地域」構想が原則としてまだ有効であることを指摘し、イランのＳＥＡＴＯ加盟によるその側面援助を自問したこともあった。(122) そのバグダッド条約は、ダレスが加盟国の大使に説明したように元来は彼の独創によるものであったが、「不運にも地域政治に巻き込まれ、共産主義とソ連の侵略に対抗する唯一の目的をもつとの普遍的な理解」の確保に失敗し、したがってアメリカの加盟も不可能となった。(123) しかしながら別の手段がある筈であった。

ダレスは隣接する地域において十年前にトルーマン大統領が、――これもイギリスの弱体化の結果――予期せざる力の真空に対処するため一つのドクトリンを宣布したことを想起した。(124) いまやそれと似たように劇的な中東防衛への一方的関与によって、ロシア人を抑止し、アラブ人を安心させ、同時に英仏からの適当な距離を確保しうるかもしれなかった。この地域についてダレスの献策をめったに疑問視しなかったアイゼンハワーも同意した。(125) こうして一九五七年一月五日、アイゼンハワーは彼の前任者が十年ほど前に行ったことを意識しながら、合衆国連邦議会に対して、中東諸国への経済的、軍事的援助の供与と、「国際共産主義に支配されたいかなる国からの公然たる武力侵略に対しても、援助を要請する諸国の領土保全と政治的独立を確保し守る」ため、米軍部隊を使用する権限の付与を要請したのである。[126]

しかしながら、アイゼンハワーがその演説を終了するやいなや、もはや一九四七年ではないのだということが明白になった。通常は政府の施策を支持する議会の主要なメンバーが今回は公然と疑念を呈し、かなりの不安を抱きながらそれを承認した。[127] アレン・ダレスがその数日後に国家安全保障会議で慎重に報告したように、アラブ諸国とイスラエルでの反応は「これまでのところよそよそしい」ものであり、シリアとヨルダンは「冷淡」であった。[128] その後のCIAの情勢評価はもっと率直であり、同年一〇月の報告によれば、バグダッド条約とアイゼンハワー・ドクトリンはともに「ほぼすべてのアラブ人によって、アメリカが共産主義のことで頭がいっぱいでこの地域におけるもっと差し迫った問題に気が回らないでいることの証左であると信じられ」ていたのである。[129] この頃には国務省自身も同じ結論に達していた。アイゼンハワーの宣告は「国際共産主義に関する『踏み絵』を強いるような性格のため、アラブ版の『中立主義』や、関与をうけることに対するアラブの伝統的な気後れなどとは相容れない」ものだった。[130]「真空などこにあるのだ」とフルシチョフは自問したといわれる。いかにも彼らしいその答えは、「連中の頭の中」というものだった。[131]

一九五八年七月一五日、核能力をもつ海・空兵力に援護されたアメリカ海兵隊が、アイゼンハワー・ドクトリンを承認した二ヵ国のなかの一つであるレバノン政府支援のためベイルートに上陸したことは、その大統領宣言の論理的帰結であったが、彼らは驚愕する海水浴客や有頂天になったソーダ水売り、冷笑する報道陣に歓迎されるだけであった。[132] 同国のカミル・シャムーン大統領は国内の政敵を追い落とす手段として以前からアメリカの保護を求めており、注意をひくため外部共産主義の脅威を演出したにすぎなかった。感心にもアイゼンハワーとダレスはそうした要請に屈する危険を察知し、それをつっぱねた。しかし、七月一四日にイラクで西側寄りのヌリ・アル・サイドの政府が突如反乱勢力によって暴力的に転覆させられると、ワシントンとロンドンは狼狽した。こうしてイギリス軍部隊がヨルダンに投入され、翌日には海兵隊がベイルートに上陸したのである。しかし一杯くわされたことを即座に認識したアメリカはシャムーンに対する支持を撤回して彼の政敵との和解を斡旋し、一〇月に海兵隊を静かに撤退させた。[133]「我々が何かを達成したと信じることは困難だった」とこれらの事件に関与したあるＣＩＡ要員は後に回想している。レバノンおよびヨルダンの両政府は依然として健在だったが、「スエズ以東のアラブ諸国のなかで、かつての意味での西側寄りと呼びうるものはもはや存在しなかった」。[134]

ベイルート上陸の二週間後、ダレス国務長官は国家安全保障会議の席でアラブ民族主義が「氾濫する流れのよう」であると重々しく述べた。「それに正面から立ち向かい対抗することはできないが、ある枠内のなかに止めておく努力をしなくてはならない……ナセルはヒトラーほど危険ではないが似たような英雄神話に頼っており、我々はそうした神話を崩壊させるべきである」。しかし今回はアイゼンハワーのほうが――ロシア人からと同程度にナセル自身からの脅威に照準をあわせる――ダレス流の水力工学を拒否した。大統領は穏やかに次のように述べたのである。「アラブの人々が自らの政府の形態を決定する権利を容認すれば」、国務省は「この地域での行動の柔軟性」を確保できるだろう。「我々の利益に反しない時にはナセルを支援すればよい」。しかし彼はまたよりぶっきらぼうに以下のように付言した。「我々は何しろこの地域から放り出されようとしているのだから、アラブ民族主義の価値を評価したほうがよいのだろう」。[135]

これはダレス外交の大失敗について、アイゼンハワーが呈したこれまでで最も辛辣な論評だった。続いて、中東政策の再検討に関する総括的で白熱した議論が国家安全保障会議で行われた。大統領は最終的に以下の部分を承認している。

近東に対するソ連のさらなる浸透の阻止と近東問題の解決に向けての進展というものが、アメリカがアラブ民族主義とより密接に提携し、またアメリカの基本的利益に反しない範囲でアラブ民衆の目的や熱望にこれまで以上に同調できるかどうかにかかっていることが、次第に明白になってきている。大多数のアラブ人の眼には、今や過激な汎アラブ民族主義の主唱者となったガマル・アブドル・ナセルに対して、アメリカがいかなる態度で接するのかがきわめて重要なものと映ずるようになろう。[136]

結局狡猾なエジプト人が常に欲していた認知を手に入れたことになる。これらの年月を振り返って、カイロのジャーナリストでナセルの側近でもあったモハメド・ヘイカルは、ロシア人が「いわば状況によって中東に吸い込まれたのである。彼らが大攻勢を開始したのではなく、エジプトが彼らにそれを強いたのである」と指摘した。[137]ダレスが一九五三年の時点において、アイゼンハワーがようやく一九五八年になってから押しつけた政策を採用していたならば、ナセルはロシア人などを決して招き入れるようなことはしなかったであろう。今や明らかなように、彼の基本的な共感は常に西側にあったのである。[138]

しかし、国務長官が――それが中東では軽蔑された英仏両国により遺棄されたものにせよ――すべての力の真空を埋めることの正しさを信じていたため、通常は帝国主義諸国が高圧的に影響力の行使を狙うことで蒙る恨みを、他ならぬアメリカが相続してしまったのである。[139]共産主義の封じこめよりも植民地主義への抵抗に関心を有する地域に対して、冷戦の座標軸を強制しようと決意したことから、ダレスは植民地主義に対する自らの感受性をも喪失し、ソ連に好機を提供することになった。この結果、ソ連はエジプトにおいては次の一五年間、中東の他の地域ではその後さらに一五年間にわたり顕著な存在感を維持したのである。常にいらつき、席が温まる暇なく要らぬお節介をする、というダレスの性癖――物事が順調で細工が不要の時にさえも静観しえない性格――が、帝国主義が過去のものとなったと彼自身が自覚していた時代において、彼の祖国を中東での新たな帝国主義的な国家に変貌させたのだった。

Ⅷ　グアテマラとキューバ

一九五七年にヘイカルがモスクワを訪問しフルシチョフと会見した際、葉巻に火を点じたことがあった。「君は資本主義者なのかね」とソ連の指導者は詰問した。「なぜ葉巻なんか吸うのだ」。ヘイカルは「好物だからですよ」と返答した。しかしフルシチョフは彼を怒らせた代物を取り上げ、灰皿の上で消すとつぶやいた。「葉巻などは資本主義の産物だ」。ナセルの友人である君は資本主義者ではない」。その六年後、ヘイカルと再会したフルシチョフは何と葉巻一箱——しかも高級なそれ——を彼に進呈した。「閣下、驚きましたね」とヘイカルは言った。「私が葉巻を吸おうとした時にどうしたか覚えていますか。一体何があったんです」。フルシチョフは含み笑いをしながら「私は変わってはおらん」と応えた。「変わったのはこの葉巻のほうだ。キューバ革命以来、葉巻はマルクス＝レーニン主義者のものになったのだ」。[140]

まさに変化していた。この会話がフルシチョフのいわば親馬鹿ぶりを示しているとの印象を受けても、あながち誤りではない。彼はフィデル・カストロというものにボルシェヴィキ革命の伝統にふさわしい後継者と、他の「第三世界」にとっての模範とを見出したのである。毛沢東はフルシチョフに対してかつてスターリンにみせたような敬意を示すことが決してなく、今や迷惑な——あるいは危険とさえいえる——存在になりつつあった。[141] またホー・チ・ミンは一九五四年に中国とソ連が押しつけた解決策のため未決の内戦を抱えており、インドシナの外に革命を輸出する立場にはなかった。さらにナセルに至っては、マルクス＝レーニン主義者になろうなどとは考えたこともなかった。フルシチョフにとっては苛立たしいことであったが、ナセルはエジプトの共産主義者たちを厳重な拘束下に置いていたのである。[142] しかしカストロの勝利とその後のモスクワへの依存は、十年前に毛沢東がスターリンに与えたものに劣らない予期せざる好機を提供した。ラテンアメリカに対するフルシチョフの期待は、中国に対する彼の前任者のそれに匹敵するまでに膨らんでいたのである。

それ以前においては、こうした期待などとてももてるようなものではなかった。アメリカは久しくラテンアメリカを経済的、軍事的に支配してきており、世界的な覇権について思いをめぐらすはるか前から、西半球における覇権のもたらす長所を理解していた。またこの地域一体に共産党が存在したが、それらは主として不満をもつ知識階層の代弁者であった。そして産業に従事するプロレタリアートなどもほとんど存在せず、カトリック教会が農民からの圧倒的な忠誠を獲得していたのである。コミンテルンの活動は、他の地域でも失敗の原因となったこれら地域特性の無視の犠牲となった。距離の制約もソ連との通商や外交関係の設定をすら困難なものとした。この問題に関するある専門家が示唆したように、ソ連の指導者がラテンアメリカについて考える時に、彼らは一種の「地理的宿命論の諦観」に陥り、結果としてそこをワシントンの影響下に明け渡すことになったのである。[143]

南方の共産主義がワシントンを懸念させたことは確かであるが、それは傍からみるほどでもなかった。米連邦捜査局は第二次世界大戦中からラテンアメリカでの情報工作に従事してきており、そこでの共産主義活動に関する定期的な報告を続行した。しかしそうした報告のもつ影響力は、長官のJ・エドガー・フーヴァーがあらゆる場所でマルクス＝レーニン主義者を摘発したため、むしろ弱められることにもなった。トルーマン政権下のホワイトハウスは大抵は彼の警告を整理して保存し、忘れ去ったのである。[144] マーシャル国務長官は一九四八年四月の米州機構創設会議に出席した際、ボゴタで暴動――広く共産主義者の責任とされた――によって文字どおり包囲されたが、驚くべきことにそれはほとんど反響を呼ばなかった。ボゴタ暴動（*Bogotázo*）として知られるようになるこの事件の最も重要な結果は、恐らくそれが若き日のフィデル・カストロに与えた衝撃であり、彼はその暴動の参加者であった。[145] ジョージ・ケナンは一九五〇年初頭に国務省の代表としてラテンアメリカを歴訪し、帰国すると、「政府による苛酷な抑圧が唯一の解決策だろう」とする悲観的な結論を下している。[146] しかしアチソンはそのケナン報告を握り潰し、それがこの地域でのアメリカの政策に影響をもつことはなかった。権威主義者との協調が一つの有効な選択肢であることをワシントンが今さら想起させられる必要もなかったのである。[147]

それがはっきりと確認されたのは一九五四年六月であり、この時アイゼンハワー政権下の中央情報局がイランの再現を狙い、グアテマラのハコボ・アルベンス大統領の政府転覆を実行した。この何かと議論の多い事件について今やいくつかの点が明らかになっている。第一に、ワシントンはそれもかなりの要因だったにせよ、主としてユナイテッド・フルーツ社の利益のために行動したのではなかった。同社はアイゼンハワー政権よりもトルーマン政権のほうにより大きな影響力をもっていた。第二に、アルベンス自身は共産主義者ではなかったけれど、彼は実際にはグアテマラ共産党からの支持に大きく依存しその非常に強い影響力の下にあった。第三に、アルベンスとその支持者たちは、ラテンアメリカでそれまでに最も成功を収めた土地改革計画――やがてアメリカ人は十年後に進歩のための同盟がつまずき始めるとこれを羨むようになる――を実行した。第四に、西半球に対するロシアの野心がアレクサンドル一世にまで遡るものであり、またそれがモンロー・ドクトリンのそもそもの契機となったとするダレスからの暗い警告にもかかわらず、ソ連はアルベンスをほとんど支援しなかった。この点についてはさらに詳述する。[148]

モスクワにとってアルベンスのもつ魅力は、はるかかなたの星が一羽の蛾に抱くそれと似ていた。多くのラテンアメリカの知識人と同じく、アルベンスもマルクス主義理論に特有の広範囲におよぶ統一性のなかに、カウディーヨ主義（*caudillismo*）〔一種の英雄待望信仰〕やカトリシズムに代わりうるものを見出した。[149] 彼はソ連に関する広汎な書物を読み、次のような単純なこと――搾取された階級がそこでは権力を握った、ソ連は文盲を根絶し生活水準を向上させた、ソ連はナチス・ドイツを敗北させた、そして、彼がそれを口にするのを友人が回想したように、「ソ連はグアテマラに危害を加えなかった」――を学んだ。また彼の妻の回想によれば、「ハコボはこれらすべての読書を通じて、世界における共産主義の勝利が必然的で望ましいことを確信した。……資本主義は敗北を運命づけられた[150]」。要するにこのグアテマラの大統領はドン・キホーテだったのであり、モスクワがいわば魅惑的で清廉なドルシネアを演じたことになる。

そのドルシネアと同じく、クレムリンの対応はすべてが予期したものという訳ではなかった。あるグアテマラの共産主義者が後に認めたように、「我々はソ連の扉を叩いたが、返事がなかった」。『プラウダ』と『コムニスト』は現にラテンアメリカにおける革命の展望について二、三の楽観的な記事を掲載はした。また、チェコスロヴァキアはグアテマラに対して、第二次世界大戦時に捕獲した旧式で作動しないドイツ製の軍事物資を現金取引で売却した[151]。ソ連とグアテマラの直接の接触もあったけれど、それは農具とバナナの交換取引に関心のあるソ連外交官一人による一回の訪問に限られていたようである。その取引は両国がともに冷蔵船を所有しておらず、またバナナの輸出にはユナイテッド・フルーツ社の賛助が必要であることが判明したことで成立しなかった。さらには、歴史家のピエロ・グレイジェイジスがソ連からの財政的支援の証拠を求めてCIAの押収したグアテマラ政府の公文書を検討した際、彼が発見したのは、未払い分である一二ドル三五セントおよび一〇ドル六〇セントを現地の共産党に請求——直ちに支払われた——する、モスクワの諸民族出版物取扱書店からの横柄な督促状だけであった。「君たちはどうかしてる」とあるメキシコの共産主義者は論評した。「我々は少なくともここ十年一セントも払ったことなどない[152]」。

このCIAによる干渉は些細な刺激に対する大げさな過剰反応であった。それはグアテマラ国内における事態の推移にほとんど変化をもたらさなかったし、地主や軍部の間に多くの敵を抱えていたアルベンス政権は、いずれにせよ長続きしなかったであろう[153]。ラテンアメリカにおけるソ連の野心——当時存在したとはいえない——が封じこめられることもなかった。しかしながら、この事件は実際にいくつかの点で後のキューバをめぐる情勢に影響を与えることになった。ワシントンは秘密工作に対して自信過剰になった。また、アメリカが共犯者だったことが直ちに判明したことから、この半球全域に憤激が広がった。そして、幾人かの個人が誰も予期しえなかった影響をうけたのである。カストロ自身は首都グアテマラシティでの事件を目撃しなかったが、エルネスト・チェ・ゲバラと名乗る失職したアルゼンチンの医師はそれに立合い、その記憶は決して消えることがなかった。彼はそこからメキシコシティに向かい、初めてカストロと対面した。彼らは共謀し、一九五六年一二月に浸水ぎみのヨット「グランマ」でキューバ帰還を果たしたが、していたのである。カストロはキューバのサンチアゴにあるモンカダ陸軍兵舎の襲撃に失敗し、そこへ亡命CIAの画策した大衆の反乱が容易にアルベンスを転覆させたことに鼓舞されていたことは疑いない。シエラ・マエストラでの戦闘がその後二年間続き、一九五九年一月一日、フルゲンシオ・バチスタ大統領とその政府はハバナから逃走した。ボゴタ暴動での若き反乱者が――グアテマラシティで感化された目撃者とともに――今やキューバの支配者となった。[154]

このカストロの勝利に対してアイゼンハワー政権はきわめて穏やかに対応した。腐敗し、非効率的だが親米的なバチスタ政権は久しく厄介者の扱いをうけてきていた。[155] また、数ヵ月前には副大統領のリチャード・M・ニクソンの乗った車列が、怒った民衆に襲撃されるという事件がカラカスで発生していた。[156] それはボゴタ暴動の十周年にあたり、今回はワシントンはその意味することを真剣に受け取った。ニクソンは帰国後の閣議において、「下層階級の政治的舞台への登場という事実と、それに伴ってアメリカの各大使が……伝統的なエリートを超えて接触の範囲を拡大することの必要性」を認める時であると述べている。[157] このようにして、土地改革と社会的公正を約束するゲリラ活動が民衆からの支持を獲得し、ハバナで勝利したことはまったくもって歓迎すべからざる事態である、という訳でもなかった。またダレス国務長官は大統領に次のように伝えた。「暫定政府に共産主義の汚れはないようであるし、それが合衆国との友好関係を追求しようと意図している兆しがある」。[158]

またしてもダレスの予言は外れることになったが、今回はその早すぎる辞任と死が彼をそうした事態への関与から免除した。アイゼンハワー政権の他の担当者とカストロ本人が平等に責任を分け合ったのである。ニクソンの一九五八年の歴訪は、ラテンアメリカにおける政治的、経済的改革を支持する必要性についての認識をより強めることになった。しかしそうした認識の強まりも、ナショナリズムと非同盟主義、さらには反米主義でさえ容認するというようなアイゼンハワーが中東での厳しい試練の末に到達した教訓を受け入れさせるまでには至らなかった。アメリカにはカストロをナセルと同様に扱う用意はなく、それはこのキューバの指導者が全米新聞編集者協会の招待――ホワイトハウスはあからさまに後援を拒否――を受け、一九五九年四月に訪米した際に明らかとなった。

カストロはお定まりの日程をこなし、「ミート・ザ・プレス」にさえ出演してためらいがちに英語を使い、興醒めする花飾り付きの帽子を被った手強い女性記者メイ・クレイグが、自分の政府には共産主義者はいないという気弱な言質をカストロから引き出した。(159) アイゼンハワーは会見を避け、ニクソンとダレスの後任クリスチャン・A・ハーターとが代わりに応対した。新国務長官はスペイン語による会談において、カストロを興味深いが未熟で混乱しており、やや「放縦」であると見て取った。〔ハーターの観察について〕ネルーがアラブ人について語った時のようだと大統領は述べている。(160)「話を始めると一種の感情的な熱狂の蓄積が促進され、演説者が群衆を興奮させ、その群衆がまた演説者を興奮させる」。一方、ニクソンの観察にはより重みがあった。

一つの確かな事実は、カストロには人の上に立つ指導者に必要とされるあの定義し難い資質があるということだ。我々がどう考えようと、彼はこれからキューバと、これも非常に可能性が高いがラテンアメリカ情勢全般における重大な要因となるだろう。彼には偽善的なところがないようにみえる。彼は共産主義について驚くほど素朴であるか、またはその統制下に置かれているかのいずれかである――私は前者だと思う。……政府や経済の運営に関する彼の構想は、私が五〇ヵ国で出会った世界のいかなる人物のそれよりも遅れている。しかし彼には指導力があるから……我々には、少なくとも彼を正しい方向に適応させるよう試みること以外に選択の余地はない。(161)

顧みればこの見方は正鵠を射ていた。ナセルに関して、アイゼンハワーは彼を言う通りにさせたり、あるいは「適応」させようとする試みは逆効果でしかない事を最後は理解した。まずはこのエジプトの指導者を対等に取り扱い、そして何が可能かを見極めねばならなかった。アイゼンハワーはカストロについては決してそのようには取り扱わなかった。

地理によってその説明ができることは確かである。力を行使するのに地球を半周しなくてはならないとすれば、その限界を認めることはより簡単だろう。九〇マイルの沖合というのはまったく別物である。アメリカは過去において常にカリブ海地域を支配してきたのではなかったのか。アルベンスを追放することで、アメリカはそうした工作に必要とされる新たな専門的技術を誇示したのではなかったのか。利害関係もまた同じではない。ナセルはスエズ運河を国有化したがそれだけであり、アメリカの中東での権益は手付かずだった。ところがキューバは牧場や製糖工場からナイトクラブ、野球のフランチャイズに至るまでアメリカの所有物に満ちており、カストロもそれら資産の多くを接収する計画を隠してはいなかった。時機の問題もあった。ナセルへの対応を模索するのにアイゼンハワーには六年間の余裕があったが、今やカストロに関しては二年しか残されておらず、その内の一年は大統領選挙――たとえ彼自身が出馬するのではなかったにせよ――で確実に忙殺される筈だった。要するに、キューバ情勢にはエジプトの場合に比べて、策略や試行錯誤の余地が少なかったのである。

しかしキューバ＝アメリカ関係の破綻にはもう一つの同じく重要な原因があった。カストロ本人である。彼がその気質、優先順位の決定、および指導スタイルにおいて、チトー、ネルーおよびナセルよりも毛沢東やホー・チ・ミンにたいそう近かったことが今や明らかである。前者はバランスを考える人間だった。彼らの宣言するイデオロギーはほんの時折彼らの行動を拘束したにすぎない。非同盟は彼らに行動の余地を与え、冷戦の両陣営を張り合わせることになった。毛沢東とホー・チ・ミンはこれとは逆にいわば時流に乗るタイプであり、イデオロギーの説く歴史の流れに棹差し、スターリン後の毛沢東の場合には操縦席にさえ座ったのである。[162]

カストロは何らイデオロギーをもたない革命家として出発した。学生時代から政治活動に従事し、街頭での暴動などに参加し、ゲリラとなった。熱心な読書家で、果てしなく演説し、野球もきわめて上手だった。彼を突き動かしていた唯一の観念は権勢欲、それを得るために暴力的手段を厭わない決意、権力の座についたらそれを他人と共有することの拒絶、のようである。彼に模範があったとすればそれはナポレオンであって、マルクスではなかった。[163] ともにマルクス主義者であることを公言した実弟のラウルやゲバラの影響にもかかわらず、[164] カストロはバチスタを追放し——自らの選択で——最高指導者の称号を獲得してからかなり後になって、初めてマルクス主義の概念を用いて自分自身についても思考するようになった。ワシントンの異常なまでの過敏さも彼をそうした方向に追いやった。彼は常に反米的で、アンクル・サムをいじめる誘惑に抗し難かった。しかし、カストロにとってマルクス＝レーニン主義が魅力的であった一層大きな理由は、内政的あるいは個人的なもののようである。権威をもち歴史的に決定されたイデオロギーとして、それは政敵の出現を許しかねない選挙を実施しないことに対する、ありうべき最善の口実を提供したのである。そしてこうした路線の採用がソ連からの支援を引き付けるのであれば、ますますよかった。[165]

IX　カストロとソ連

ロシア人にとってこれらすべてはとほうもない驚きだった。彼らの一人はそれを「完全に予期せざる奇跡」として記憶した。[166] カストロの反乱に対して当初モスクワはほとんど関心を払わず、何の支援もしなかった。彼とキューバ共産党との関係は——アルベンスとグアテマラの共産主義者との関係とは異なり——よそよそしいものだった。フルシチョフが後に認めたように、「フィデル・カストロが革命を勝利に導いた時、我々は彼の政権がどのような政治路線を選択するかまったくわからなかった」[167]。しかしながら、一九五九年の夏から秋にかけてワシントンとの関係が悪化すると、カストロはキューバの共産主義者との関係を修復した。彼はまた貿易と兵器取引の可能性を打診するためモスクワに使者を派遣した。ロシア人はこれに用心深く対応したが、それは彼らが、同じイデオロギーを信奉しているようではあるが彼ら自身の経験とこれほどかけ離れた革命家の理解に苦しんだからである。しかしソ連は実際にはKGB要員をハバナに派遣――外交関係はまだ存在しなかった――し、さらに一九六〇年二月、カストロの招待を受けてソ連閣僚会議副議長のアナスタス・ミコヤンが自ら情勢を評価するため乗り込んだ[168]。

カストロの伝記作家の一人は、「スマートなアエロフロートの旅客機から降りてくるソ連代表団を、顕現日に何かを期待して待っている子供たちのように熱心に見つめ（てい）る」キューバ人を描写している[169]。たしかに彼らは、もう一つの超大国からの共感と支援の約束を得て喜んだのである。ロシア人はといえば、彼らもアメリカをその裏庭で出し抜く機会を楽しんでいた。ミコヤンはキューバ人に向かって、社会主義体制が資本主義に対して優越していることが証明されたと自信たっぷりに保証した。「資本所有者たちの行政能力が何であれ、制御しえない強い力が存在しているために彼らが経済を運営できないことは明白である」[170]。さらにこのソ連からの訪問者は、単にアメリカの落着きを失わせることにとどまらない大きな発見をした。キューバはいわばイデオロギー上の不老の泉にも似て、彼を爽快にさせる効果をもっていたのである。数ヵ月後アイゼンハワーは次のように述べている。「聞くところによれば、キューバからモスクワに帰国した際ミコヤンはみずみずしく若返っていたらしい。あの青臭く混乱したキューバ革命で進行中の出来事が、彼を若き日のロシア革命時代につれ戻したのだ」[171]。後にそのミコヤン本人もディーン・ラスクとの会見でこれを確認した。「あなた方アメリカ人は、キューバが我々古参のボルシェヴィキにとっていかなる意味をもつのか認識しなくてはならない。我々は全生涯を通じて赤軍なしに共産化する国家を待ち続けてきたのだ。キューバでそれが起こった。若かりし時に戻ったような気分だ」[172]。

このミコヤンの訪問は、「キューバ政府と米州諸国の間に残存する絆の断絶へむけての大きな一歩であり、同時にキューバとソ連の間に緊密な協調関係が確立される前兆でもある」とハーター国務長官は結論した。(173) 一九六〇年三月にCIAに対してカストロ排除の計画を命じたアイゼンハワーも、それに賛同していたにちがいない。(174) 大統領が後に旧友のイギリス首相ハロルド・マクミランに説明したように、このキューバの指導者は他の中立主義者とは異なっていた。

カストロは体制内に共産主義者を完全に組み込み、既存の社会秩序に対する無謀な革命を遂行し、また、周辺諸国に自らの革命を流布すると主張している点では、共産主義者たちが勧誘するいつものナショナリストに比べてはるかに国際主義的である。もし共産主義者たちが、「平和共存」というフルシチョフの基準と共産主義革命に関する毛沢東の基準とを満たすこれ以外の指導者をさらに見いだすならば、我々は実際に非常に深刻な困難に見舞われるだろう。(175)

「カストロはまさしく悪魔だ」とマクミランは共感を示し、的外れなことに次のように述べた。「彼はあなたにとってのナセルなのであり、もちろんキューバが貴国の戸口に居座っているのだから、経済よりも戦略的意味合いのほうが一層重要だろう。……カストロは排除されねばならないと確信するが、それはきわどい作戦になるだろうから、成功を祈るだけだ」(176)。マクミランが一九五五年から翌年にかけてナセルの抹殺を切望していたことからすれば、(177) アイゼンハワーはこれを警告と受け取ったかもしれない。しかし、そのマクミランはイーデン内閣の中で唯一評判を落とさずにスエズを乗り切った閣僚でもあった。アイゼンハワーはこの事実をも認識していたであろう。

その間にもキューバに関するフルシチョフの言明は止まるところを知らず、それは当初の慎重な言い回しから激励するような口調へと変わり、やがて好戦的なものから遂には喧嘩腰の闘争的な内容へとお定まりの経過を辿った。七月になる頃には彼はアメリカがキューバ侵攻を企てたらロケットで攻撃すると公に脅し、モンロー・ドクトリンが死を迎え、したがって「腐臭が空気を汚さないように」それを埋葬する必要があると述べた。(178) ソ連の国際問題の理論家はこの新たな路線にすばやく適応し、「第三世界」における革命が、カストロのように啓蒙化された「ブルジョワ民族主義者」の行為から実際に生まれる可能性を確認した。労働者階級や共産党も必要とされなかった[179]。そして一九六〇年九月、国連総会出席のためニューヨークに到着したキューバとソ連の指導者は、ハーレムにあるセレサ・ホテルというおよそありそうにもないみすぼらしい環境で会見することになった。カストロは国務省をうんざりさせ、抑圧されたアジア・アフリカのプロレタリアートとの連帯を確立するため代表団をそこに移動させていたが、こうした行為はフルシチョフだけでなく、ナセル、ネルーおよび世界の他の指導者やアメリカの左翼知識人に対して一二五番街への巡礼を強いたのである。ある住人が述べたように、それはＷ・Ｃ・ハンディ〔黒人ブルースの作曲家〕の死以来最大の出来事であった[180]。

それはたしかにこれまでで最も記憶に残る総会での風景だった。戦闘服に身を固めたキューバ人が、フルシチョフの長い演説の中で彼らの革命に言及がある度に取り乱したように騒々しく歓声をあげた。ソ連の指導者自身も景気付けに大声を張り上げてマクミランの演説を黙らせようとしたが、それに失敗すると片方の靴を脱ぎ、ドンドンと机を叩いて泰然としたイギリスの首相を妨害しようとしたのである。グロムイコは「残念だが、実際に起こったことだ」と後にため息をついている。そしてカストロ本人も演壇に立つと忘れがたい印象を残すことになった。「できるだけ短く終わらせるつもりだ」と聴衆に保証した後、彼はアメリカ帝国主義の罪悪に関して四時間半にもわたり長広舌をふるったのである。これは国連での最長記録である。議場を埋めた第一、第二および第三世界からの代表団の反応は今度ばかりは一致した。最初こそ注意深く演説に耳を傾けていたが、やがてそわそわし始め、居眠りが始まり、そして――できるだけ目立たないように――そっと議場から抜け出たのである[181]。しかしもはやキューバを無視することは誰にもできなかった。演壇でのお行儀がどうであれ、カストロの革命が世界の属領地や恵まれない地域で人気を博し、そこへ波及しないなどと自信をもって決めつけることは不可能だったのである。

X　ケネディ、フルシチョフとピッグス湾

「実際に、同志諸君、現実は最も大胆で最も楽観的な予言や期待さえをも上回ったのである」と、元気一杯で、勝ち誇ってさえいるようなフルシチョフは一九六一年一月六日、マルクス＝レーニン主義研究所高級党学校で演説した。

我らの時代は……社会主義革命と民族解放革命の時代、資本主義の崩壊と植民地体制の清算の時代、一層多くの諸国が社会主義の道へと転換する時代、そして世界的規模で社会主義と共産主義が勝利する時代（である）。

歴史において初めて、社会主義陣営の軍事的な力が帝国主義者に対して、「彼らの体制が没落しつつあるのだとの威嚇の下に、世界戦争を起こさせないよう」強いることが可能となった。しかし「民族解放戦争」は「帝国主義が存在し、植民地主義が存在する限り」継続するだろうし、「そうした戦争は許されるばかりか、必然的でもある」。そしてフルシチョフはキューバの事例に言及した。

そこでも一つの戦争が起こった。それは米帝国主義に支援された国内の専制君主的な支配体制に対する蜂起として開始された。……しかしながら、アメリカはその戦争に軍隊をもって直接介入はしなかった。キューバ人民がフィデル・カストロの指導の下に勝利したのである。こうした戦争がこれからも起こりうるだろうか。可能である。そうした蜂起についてはどうか。これも可能だろう。……共産主義者はそうした正義の戦争を完全に支援し、解放闘争に従事する諸人民とともに正面に立って進軍する。(182)

数日後にフルシチョフのこの宣言が公表された時、何年も彼の修辞に充分つきあわされてきたアイゼンハワーは、何ら目新しいものではないとしてそれを片付けた。しかし一月二〇日以降、もはや彼の意見は問題ではなかった。ジョン・F・ケネディの反応は正反対だった。「読み、注意を払い、覚え、そしてよく消化せよ」とこの次期大統領は就任前夜、側近に指示した。「これは我々がソ連を知る手がかりだ。[183]」

ホワイトハウスに選出されたこれまでで最も若い人物が、沈滞、衰退あるいは萎縮などといったものについてこれほど心配していたことは奇妙なことのようにみえるが、それが現実だった。慎重に工夫されたケネディの就任演説の韻律では、フルシチョフの「民族解放の戦争」演説をしっかりと念頭においたものだっただけに、冷戦において勢いを取り戻すことの緊急性が鳴り響いていた。そして一月三〇日に行われた最初の一般教書演説で、新大統領は「形勢は尽きかけており、時間は我々の味方ではない」とはっきりと警告したのである。[184]

ケネディの悲観主義には部分的に政治的な側面があった。アイゼンハワーの政策を危惧する選挙運動を展開してきたことから、今になって警告を不要とするのは得策ではなかった。しかしそこにはそれ以上のものがあった。[185] ケネディはフルシチョフがごく最近になって主張し始めたこと、すなわち基本的な歴史の力が「第三世界」においてマルクス＝レーニン主義に有利に展開しているということを信じていたのである。それが真実かもしれないという恐れはすでに一九四〇年代末からワシントンで流布し、ケネディも上下両院議員時代を通じて現にそれを共有してきた。しかしながら一九五〇年代に入ると、社会科学者たちがこうした懸念に関する理論的な正当化を始めた。開発の過程そのものが脆弱な一時期を作り出し、共産主義者がそこで権力を握るのであると彼らは主張したのだった。

一九六〇年にウォルト・ロストウが大きな影響力をもったその著書『経済成長の諸段階』の中で指摘したように、マルクス＝レーニン主義は「移行期にある社会が、近代化という事業に付随する諸要素の効率的な組織化に失敗した場合にかかる一種の麻疹」であった。[186] キューバ革命はまさにロストウのこの結論を確認するかのような時期に発生したか、あるいはそのようにみえた。共産主義者がそこで成功したなら、それができない場所などがあるのだろうか。ケネディと学界との関係はアイゼンハワーよりも常に緊密だったから、彼はロストウを国家安全保障会議のスタッフに加えることを主張した。こうして開発理論は今や、話が長いにしても疲れを知らない代弁者をアメリカ政府の中枢に抱えることになったが、この事実も、歴史自体がアメリカに背を向けているという新大統領の意識を弱めることにはならなかった。

アイゼンハワーによるカストロ転覆計画が魅力ある手っ取りばやい解決策を提供した。選挙運動中にそうした作戦を公然と要求し、その実現可能性についてはアレン・ダレスに信をおく以外にほとんど検討する手段がなかったことから、ケネディがそれをやらないですますという現実の見通しはまったく存在しなかった。アイゼンハワーならもっと違ったやり方でその計画を扱ったかもしれないとか、あるいは、ケネディ自身が最初から関与していたなら意図した成果をもたらしたかもしれない、などということを判断するのは困難である。一九六一年四月にピッグス湾で実際に発生したことは、アメリカとCIAの徴募した亡命キューバ人とにとっての大失敗であり、かろうじてこれに匹敵するのは五年前のスエズで英仏が蒙った屈辱ぐらいであっただろう。マクミランと同じくアイゼンハワーは無傷で切り抜けた。いかに不公平とはいえ、傷を受けたのはケネディの評判――とても高すぎたとはいえない――だった。[187] 一方、カストロの基盤はより磐石のようにみえたのである。

フルシチョフが六月にウィーンでケネディと会見した際、彼は執拗に難詰する誘惑に抗しえなかった。あの不様な侵攻は「革命勢力とカストロの立場を強化しただけである。なぜなら、キューバの人民はバチスタの再来と革命の成果の喪失とを恐れたからである。カストロが共産主義者であるというのではなく、アメリカの政策が彼をそうさせているのだ」。ケネディはすべてが誤りであったことを認めたが、もしカストロが西半球の他の諸国を崩壊させる基地としてキューバを使用するなら、それがアメリカを危険に曝す点を指摘した。「六百万の人民が強力なアメリカにとって本当に脅威なのだろうか」とフルシチョフは嘲弄した。そして彼はまたくどくどと続けるのであった。

アメリカは植民地こそもってはいないが、植民地勢力には支援を与えており、そこに人民が貴国に反対する理由がある。アメリカが自由を求める闘争の指導者だった時代がある。実際のところ、ロシアの皇帝はアメリカを非嫡出子のようなものとみなしたため、その承認を二六年間も拒否したのである。今やそのアメリカが新中国の承認を拒んでいる――世の中は変わったものではないか。

さらにフルシチョフは一月六日の演説――勝者のいない核戦争は起こせない、いかなる通常紛争でも共産主義者が勝つ、民族解放の戦争は「聖戦」であり誰も阻止することはできず、またソ連はこれを支援する――を繰り返した。アメリカは歴史の間違った側にいた[188]。ケネディがこの経験で打ちのめされたと感じたとしても驚きではない[189]。

しかしフルシチョフのほうも虚勢を張っていたことが今や明らかである。事実、ピッグス湾によって彼はカストロとキューバ革命に関する自信を失い始めたのである。彼の回想録はその理由を以下のように述べている。「我々はもちろんカストロの勝利を歓迎したが、同時に、この侵攻がほんの始まりにすぎず、またアメリカ人がキューバをこのままにしておく筈がないことを確信していた」。この国は攻撃に対して脆弱であり、アメリカの沿岸からわずか数マイル沖に横たわり、「ソーセージのような形をしているため、攻撃側に有利で、島の防衛担当者にとっては信じ難いほどの困難を提供した。無限の侵攻の機会が存在したが、侵入者が艦砲射撃と航空支援を得た場合にはとくにそうだった」。キューバ防衛の問題は「常に私の念頭にあった。……一つの考えが私の脳髄をどんどんと叩き続けた。もしキューバを失ったらどうなるのか」。

> 私はそれがマルクス＝レーニン主義にとって恐るべき一撃となったであろうことを知っていた。それは世界中、とくにラテンアメリカにおける我々の偉業を減じることになるかもしれなかった。もしキューバが崩壊すれば、他のラテンアメリカ諸国は我々を拒絶し、そのもてる力にもかかわらずソ連が国連で空虚な抗議を行う以外に、キューバに対して何をすることもできなかったと主張するだろう。我々は言葉以外でアメリカに立ち向かう何らかの方法を考えださねばならなかった。我々はアメリカのカリブ海地域への干渉に対して、確実で効果的な抑止力を確立せねばならなかったのである。しかし、それは何か[190]。

しばらくはフルシチョフにその問題を思案させておくのが恐らくは最良だろう。ここでは、ケネディが自らを最も困惑させる失敗であったとみなしたものが、逆にフルシチョフがその最大の成功の一つに対して抱いていた幸福感を——アメリカの朝鮮参戦が東アジアにおけるスターリンの野望を突如減退させたのと同じように——しぼませるという、予期せざる効果をもったという皮肉を指摘するに止めたい。もしワシントンがそうした問題を軍事行動を要するものとして充分真剣に受け取ったとすれば、もはや子供の喧嘩ではなかった。名声が賭けられ、屈辱が待ち受け、停滞、衰退あるいは萎縮といったものもありうるだろう。窮余の策が必要だった。

XI　四つの視点

これらの出来事から三三年後、クリントン政権は南アメリカの小さな共和国であるガイアナに対して、アメリカ自由労働問題研究所の運営責任者であるウィリアム・C・ドハティ二世を次期アメリカ大使として赴任させることを打診した。ガイアナの大統領チェディ・ヤーガンは、かつてドハティが自分を転覆させるCIAの陰謀に加担した事実を礼儀正しく想起させることでワシントンを驚愕させた。国務省は直ちに指名を撤回し、カリブ海地域の歴史を落ち着いて見直し始めた。そして、まだ英領ギアナだった頃にヤーガンが首相としてこの国を一度指導したことがあったこと、彼がカール・マルクスの崇拝者だったこと、ケネディ政権がこの地域の安定に対する主要な脅威として彼をカストロに次ぐ存在とみなしていたこと、などの事実が浮上したのである。

ケネディは一九六一年一〇月にワシントンでヤーガンと会見しており、また「ミート・ザ・プレス」も彼に共産主義勢力との関係について尋問した。彼にカストロ以上の好印象を受けなかったケネディはCIAにその除去を命じた。そのためCIAはドハティの研究所と協力し、地元の労働組合に賄賂を贈り、暴動を教唆したのである。これに失敗すると、イギリス当局はヤーガンが実際に権力の座から降り、世に埋もれるまで独立の付与を延期したが、一九九二年に同国初の自由選挙が実施されると彼は大統領として復帰したのだった。一九九四年の夏にこうした歴史を再発見した国務省とCIAは、ヤーガンが面白がって「ガイアナのあらゆる人々は何が起こったかを知っている」と述べたにもかかわらず、関係文書を三〇年間の猶予という通常の公文書公開規定の例外扱いとした[191]。

ビル・クリントンはケネディ政権時代には早熟な十代で、このエピソードを知っていると期待するのは無理だった。しかし彼の上級顧問の誰一人として英領ギアナにおけるこの危機を記憶していなかったことは、「第三世界」全域においてドミノの駒が整列し、いつ倒壊するかわからないとアメリカ人が認識していた日々から世の中がいかに変わったかを暗示している。それはすべて虚偽の警報だったのだろうか。モスクワが――レーニン、スターリンおよびフルシチョフが――希望したように、植民地や保護領において、革命的な反乱によってその影響力を拡大するという現実的な見通しなどかつて存在したのだろうか。「第三世界」全体を一般化してこの問いに答えることは、この人工的な――しかし他に代わりのない――用語の空虚さを証明するだけである。物事を区別して考えることが必要であろう。

第一に地域上の区別がある。東南アジアにおいては――しばらくの間――ワシントンの危惧した事態が実際に発生した。スターリンは中国の共産主義者に対して国境を越えたマルクス主義革命の支援を奨励し、それがインドシナでの印象的な成功をもたらした。今や、一九五四年のフランスに対するヴェトミンの勝利の主な原因、おそらくは決定的な原因が、中国からの軍事援助にあったことを信ずべきあらゆる理由が存在する。しかし逆説的に、ソ連と中国からの圧力が北緯一七度線以南に対してホー・チ・ミンの勝利がおよぶことを抑制したのでもあり、アジアの他の革命に対する中ソの共同支援も決して実現しなかった[192]。中東ではジョン・フォスター・ダレスの不手際がソ連の影響力拡大を招いた。ナセルはでしゃばりでお節介好きなアメリカ人と釣り合いをとるためにソ連を招き入れたのであり、この地域におけるナセルのそうした自主的な姿勢について、アメリカは遅れ馳せながら評価するようになった。ラテンアメリカでソ連は予期せざる報酬を獲得したが、それについてワシントンにはほんの部分的な責任しかない。スターリンや毛沢東と同様、そしてナセルとは異なり、カストロは真に革命的な権威主義者だった。アメリカがカストロとうまくやっていけたとしたら、それは疑いもなく彼の独裁的な支配を受け入れる用意があった場合だけであったという点は、今や充分に明白のようである。

次はアメリカの外交政策を考察する際の区別である。冷戦期において、アメリカがその「中心」の立場を利用して「周辺」を搾取したという議論はあまりに単純すぎる。一つには、アメリカ人は植民地主義に関して常に愛憎半ばする感情を抱いてきた。彼らの植民地主義への反対は決して一貫したものではなかったが、スエズ危機がはっきりと示したように、それを一貫して支持するのでもなかった。また経済的利益がアメリカの政策を決定したということもない。それらは常に存在し時には支配的であったが、その他の関心事——軍事的な信頼性、同盟の結束、人道主義、共産主義への恐れ、反米主義に対する苛立ち、議会および利益団体からの圧力、冷戦水力工学——から編まれた複雑な網の目に組み込まれていたのである。さらに、アメリカが常に情勢を支配していた訳でもない。ライヴァルである他の超大国という「中心」が存在したことは、「周辺」をたんに操作の客体ではなく、逆にワシントンを操る主体の座に据えることにもなった。

第三にソ連の外交政策に関する区別がある。利害関係とイデオロギーを精密に組み合わせるという点で、我々はそれを冷徹で、計算高く、クラウゼヴィッツ的であるとさえ考える傾向にあった。逆に我々が理解してこなかったのは、権威主義的というまさにその支配の性格が、現実的なものの見方を軽視し、感情的側面を誇張したという点である。スターリン、毛沢東あるいはフルシチョフが何かに強い共感を抱いた時、誰がそれに挑戦できただろうか。新たな政敵が出現しつつあると論理が教えるべき時に、なぜスターリンは毛沢東を優遇したのだろう。その毛沢東についても、包囲された北朝鮮やインドシナ北部の同志を支援するために、台湾奪取という虎の子の計画を放棄したのは何故だったのだろうか。ミコヤンやフルシチョフはキューバで起こったことに何故あれほど感動したのか。またその伝でいえば、毛沢東が後に文化大革命を発動した理由は何だったのだろうか。さらにレオニード・ブレジネフはその晩年において、アンゴラ、モザンビーク、ソマリア、エチオピアそしてアフガニスタンといった地域で何故冒険的な行動にでたのだろうか。これらの挿話に共通するのはいわば年寄の冷水――古参の革命家が合理的というよりはむしろ感傷的な理由に動かされ、自らの原点を再発見し、それの達成のため権力奪取の過程であれほど多くの犠牲を払った目的を、現実の権力行使において甘受せねばならなかった妥協によっても完全には失った訳ではないのだということを自らに納得させるための足掻き――というべきものだったのである。

そして第四に歴史の見方についての区別がある。今でこそ椅子に深く腰掛け、くつろぎながら、アメリカとその同盟諸国が「第三世界」についてさほどに心配する必要など決してなかった――マルクス＝レーニン主義がそこで人気を博す見込みは皆無だった――などと言うのはたやすい。しかし、恐れていたものが現実のものとならなかったからといって、本質的にもそうであったことの証明にはならない。過去において、革命的なイデオロギーは実際に広く伝播したこともあったのである。一七七六年のアメリカの事例はその最たるものであろう。そうした諸革命の記録者を別として、革命思想の定着が、長期的および短期的な諸力、指導原理と指導者の個性、状況と偶発性などのいかなる組合せによってもたらされたかをだれが説明しうるというのだろうか。歴史の作り手に対して、まだ書かれてもいない歴史を利用しなかったといって非難するのは、歴史家にとって傲慢の極みというものである。悪夢は――夜明けの光に照らせば枯れ尾花のようなものであったにせよ――その時代には常に現実のようにみ
ぇ
たのである。

第七章　イデオロギー、経済、同盟の結束

社会主義陣営と資本主義陣営の間の矛盾は資本主義諸国間の矛盾よりも激しいものであるとか、アメリカは相互の間での戦争勃発を防ぐほど充分に他の資本主義諸国をその支配下においている……などと主張する同志がいる……。これらの同志は間違っている。彼らは表面的に推移する外見上の現象を眺め、今のところはそれとわからないように動いているが、それにもかかわらず事態の進展の方向を決定する深遠な諸力に気づいていないのだ。……資本主義イギリスとその後に資本主義フランスとがついにはアメリカの抱擁から脱出し、独立と、それに何といっても高い利益を確保するためにアメリカと衝突することを余儀なくされるという主張のほうが正しいのではないか。主要な敗戦国であるドイツ（西）と日本をみてみよう……これら諸国がやがて再び自立し、アメリカ「体制」の破壊を試みないと考えるのは奇跡の存在を信じるのと同じである。

イオシフ・スターリン(1)

結局我々の友人はこう言うかもしれない。「親愛なる同志諸君、あなた方は我々に社会主義の

建設を教えようとしているが、じゃが芋の作り方も知らなければ、人民を食べさせることもできていない。首都でキャベツも手に入らないではないか」。

ニキタ・フルシチョフ[2]

キューバにおける共産主義の勝利――およびそれが「第三世界」の他の場所でも再現されるかもしれないという見通し――が呼び出した西側の脆弱性という亡霊があまりにも信憑性の高いものであったことから、アメリカは一九六〇年代初頭に、アジア、アフリカおよびラテンアメリカが近代化の過程でマルクス＝レーニン主義に感染しないようそれらに「免疫処置」を施すという、何やら意欲的だが誤った活動に乗り出すことになった。その最も顕著な結果が、南ヴェトナムを救出するという長期にわたる出費の嵩んだ軍事的努力――冷戦を戦う上でアメリカの犯した単一では最大の誤り――であった。第一に責任を負うべき一人であるロバート・S・マクナマラは、「我々は間違っていた。恐ろしく間違っていたのだ」と今や認めている[3]。

アメリカ人が間違っていたのは、ヴェトナムがだめになれば他の「第三世界」もそれに追随すると考えた点にある。一つの国家がそれほど広大な地域を支配することが可能であるとか、あるいはそこの多様な住民が単一のイデオロギーを奉ずるようになるなどといった認識は、今や冷戦思考の生んだ最も奇妙な人工物の一つのように思える[4]。冷戦終結後の今となっては、民族、文化、エスニシティ、宗教そして言語といった特性のもつ真の耐久力が明らかになったからである。しかしこのことは、冷戦期を通じてもそうした特性が存在したに違いなく、それに先立つ数十年、さらには数世紀の間も同様であったと認めることにすぎない。こうして、ワシントンやモスクワの冷戦の闘士が何をしようとも、「第三世界」が我が道を行くことは保証されていたことになる。

何年にもおよんだ破滅的な戦争の後、一九七五年に南ヴェトナムが遂に共産化した時、それはもはや隣接するラオスとカンボジアのみにとっての模範となるにすぎなかった。はるかに巨大な隣国である中国は、その頃にはソ連に対抗するためアメリカと提携していたのである。イデオロギーの相違が何であれ、リチャード・ニクソンと毛沢東は地政学の領域において多くの共通点を見出していた。その数年後、後継者の鄧小平はほんの象徴的な意味でマルクス＝レーニン主義を奉ずるにすぎなくなった国家において、資本主義を復活させることになる。一方、ソ連はマルクス＝レーニン主義の原理により忠実に固執してきたことから、ゆっくりと経済的停滞と政治的分裂へ陥ることになった。そして一九九〇年代なかばに至ると、中国だけでなく統一ヴェトナムや分裂した旧ソ連においてさえ市場経済が定着していたのである。共産主義に固執する国家はキューバと北朝鮮だけであった。

こうした結末があらかじめ決定されていた訳ではない。実際、一九四五年にはそれはほとんど起こりそうにもないようにみえた。何といっても資本主義は一九三〇年代に大きく崩壊し、すぐに大戦が勃発していたのである。レーニンはまさにこれを予言していたのではなかったのだろうか。(5)フランクリン・D・ローズヴェルトとその顧問たちでさえ、ヨーロッパにおけるファシズムの勃興や、日本での軍国主義擡頭の原因を大恐慌に伴う経済的な国際協調体制の崩壊に帰していた。(6)アメリカ人とロシア人は第二次世界大戦の終結時に、過去に運営された資本主義が不安定な体制であり、未来を構築するには不向きなものであるという点では合意しえたのである。冷戦とは少なくとも部分的には、こうした問題に対処する上での異なった解決策に関連した争いだったといえよう。(7)

アメリカ人は国内での経験を利用して、資本主義を破滅させずに改良することを望んだ。セオドア・ローズヴェルトとウッドロー・ウィルソンの下での革新主義、一九二〇年代の共和党政権による実業界との連携、そしてフランクリン・D・ローズヴェルトのニューディールなどの諸政策はすべて、その方法と結果は異なっていたが、私有財産、自由市場および政府規制という競合する三つの原理の間に調和を見出すための試みであった。その間に、イギリスではジョン・メイナード・ケインズが不況の再来を回避するための理論的な根拠を構築していた。彼のその構想もワシントンが戦時中に策定した戦後計画に組み込まれることになった。しかしながら勝利が目前に迫る頃になっても、上述の方策のいずれについても、それによって繁栄が取り戻され、維持されるとの確たる保証はなかったのである。かつてケインズの要求する規模の政府支出を、彼の論理を受容する用意のまだなかった政府に対して強いるには真珠湾が必要とされた。その成果——五年間で二倍近い国民総生産の増大(8)——は壮観だったが、きわめて異常な状況がそれをもたらしたのでもあった。平時ではそうした実績に近づくことでさえ身を竦ませるような仕事となるであろうし、ましてや戦禍を被った世界にそれを普及させることなどは論外のことというべきであった。

ソ連は、市場に対する国家の統制と生産手段の指令的管理とによる私有財産の廃止という、根本的に異なった国内体制を構築してきていた。一九四五年の時点においてその成果は実体の伴ったもののようにみえた。現在の我々は、失われた人命と許容された非効率性との両面において、強制された産業化が支払った犠牲に関して思いをめぐらす傾向にある。しかしあの恐慌と戦争を生きぬいた者は誰であれ、ヨーロッパの最強国家の打倒に乗り出す以前に完全雇用を達成していた政府に対して、強烈な印象を抱いていたに違いない。アメリカでさえそれができなかった。世界中の多くの人々にとって、スターリンの手法とそれを生み出したイデオロギーとが、アメリカの手法と同様に戦後の時代に適用可能なもののようにみえたとしても何ら驚きではない(9)。

それでは、形勢が変わったのはいつであろう。資本主義自体の将来が問題とされていた第二次世界大戦終結時の状況から、マルクス＝レーニン主義の信奉者が金日成やフィデル・カストロといったもはや衰弱した実例を頼るしかない冷戦後の情勢に至る転換は、どの時点で起こったのであろうか。その過程はむろん漸進的なものであったけれども、もし決定的な十年——決定的な瞬間などというものは決してなかった——が存在したとすれば、それは一九五〇年代だったであろう。資本主義の孫の世代が共産主義の下で暮らすことになるのだとするフルシチョフの騒々しい主張にもかかわらず、情勢がマルクス＝レーニン主義者よりも西側民主主義諸国に対して有利に動き始めたのはこの期間であった。これは資本主義の生き残りと共産主義の衰退を確実なものとしただけではない。アメリカが公式の同盟関係を維持し、さらに非公式な影響力を発揮する作業も容易なものとなったのである。この結果、いつの日にか「第三世界」で敗北するかもしれないとワシントンが懸念していたまさにその時に、モスクワは「第二世界」の喪失の途上にあった。

一九五〇年代に起こったことは、レーニンの言葉を借りれば、彼自身のイデオロギーに潜む「内部矛盾」が、その彼が転覆させようとした相手の中に潜む矛盾を凌駕したということであった。ソ連とその同盟諸国にとって、経済的退行を確実にするような手段によってのみ、その権威主義的な支配の維持が可能であることが初めて明らかとなったのである。逆に、競争力を回復しようとした改革は、国内的にもまた国際共産主義運動の内部においても、そうした権威を粉砕することになってしまった。これは矛盾などといったものではなく、致命的な欠陥であったのである。

Ⅰ　アメリカの戦後構想と国際組織

第二次世界大戦中に米ソ両国の指導者とも、彼らの経済体制が互いにいかに両立し難いものであるかを見通してはいなかったようにみえる。ロシア人は文字通り生存を賭けて戦っていたため、そうした問題に焦点を合わせる時間と資源を欠いていた。戦後の諸制度に関するソ連の全計画は、戦後の領土的要求を明確化する際のスターリンの正確さと比べると即興の感を免れない。アメリカ人はといえば、彼らは懸案の解決よりも組織の構築について構想することのほうを好んだ。さもないと、戦時同盟と国内における超党派体制との両者を維持できなくなると彼らは懸念したのである。[10] アメリカ人が構想した国際組織の中には一つの例外もなく、生き残った資本主義諸国と並んでソ連も組み込まれることになっていた。[11] その中の一つがブレトン・ウッズ体制であり、平時における国際経済の運営を目的として提案された機構であった。主要な立案者の一人であったハリー・デクスター・ホワイト財務次官補はまことに明快な説明をしている。「ロシア人を放っておいたら、甲板上で砲座からはずれてしまった大砲のように手がつけられず、何をしでかすかわからない」[12]。

ソ連代表団は、世界銀行と国際通貨基金を創設し、それだけでなく――より重要なことに――戦後復興のための諸原則を設定した一九四四年七月の会議に律儀に出席した。それら諸原則のなかには固定為替相場による価格安定、国際貿易における障壁の削減および政府計画による市場統合などが含まれた[13]。出席したロシア人にはこれらの指針の主旨――資本主義の救済――が理解できなかったかもしれないし、また彼ら自身の指令経済とそれらとの関係についても熟慮が払われてきた様子はなかった。むしろ彼らの主な関心は、会議出席の誘因としてアメリカ人がぶらさげた復興のための借款と、恐らくは大国としての地位に対するさらなる認知にあったようにみえる[14]。

モスクワの観点からすれば、そもそも資本主義の将来に対するアメリカ人の不安こそが借款の申し出につながったのだった。このため、数ヵ月後、モロトフは六〇億ドルの借款を受け入れ、それをアメリカ国内での資本財の購入に充当することでアメリカ人による戦時から平時への転換を容易ならしむる、という奇妙な提案まで行った。駐ソ大使のW・アヴェレル・ハリマンは後に、「銀行家として多くの融資依頼を受けてきたが、このモロトフの要請はこれまでで最もおかしなものだった」と論評した[15]。ハリマンは「(モロトフ提案の)型破りな性格には眼をつぶり、……それを通常の商慣行に関する無知と、最善の取引を得るためのロシア流の発想のせいにする」ことにした[16]。しかしこの事件は両者の期待の間にある大きな隔たりを露呈させるものだったのである。

多国間の文脈で思考することを常とするアメリカ人は、戦後世界経済の再構築のための計画にソ連を組み込むことを狙っていた。世界経済からたとえその一部なりとも孤立させてしまうようなことになれば、一九三〇年代の抗争への回帰につながる危険があるとアメリカ人は信じた。目的は統合であり、まだ封じこめではなかった。共通の経済的利益が地政学上、あるいはイデオロギー上の相違を何であれ克服するものと想定されたのである。他方、マルクス＝レーニン主義の概念で思考するロシア人は、アメリカ人の言動を自信ではなく自己不信の現われ、すなわち戦後の不況到来に関する懸念の徴候であると解釈した。そう考える以外に彼らが非資本主義国家に借款を提供する理由があるのだろうか。こうして両者とも経済が政治を形づくると期待したが、それがどう具体化するかについては非常に異なった考えをもっていたのである。

一九四五年に実際に起こったのはもちろんこの逆のことであった。政治が経済を決定したのである。東ヨーロッパをめぐる米ソ間の相違が拡大するにつれ、対ソ借款が米議会を通過する見込みは遠退き、戦争が終結すると、復活しつつある孤立主義——財政面における戦後の対外関与への消極性に現われた——によって、イギリスに対する借款供与さえ骨の折れる論戦の種になった。またトルーマン政権による不必要なまでに不躾な武器貸与の打切りに憤ったソ連政府は、ドイツとその旧衛星諸国からの賠償を取り立てることで復興の主要な財源に充当しようとしたのである。[17]しかしブレトン・ウッズ合意はまだ健在であり、参加の見込まれる国はこの年の末までにそれを批准する必要があった。

今や明らかなことだが、一九四五年一二月の最終週になっても、ソ連の貿易、外務の両省の高官たちは復興のための信用供与を見込んでその批准を勧告していた。「我々が不参加の場合……ソ連は孤立し……、戦後の国際市場における信用供与の条件に悪影響がおよぶだろう」。[18]最後の瞬間にスターリン自身が参加に拒否の決定を下した。急いで改訂された外務省の覚書には、「アメリカ政府がソ連に信用供与を実施しない時に我々がこれら組織に加盟すれば、それは我々の弱さ、アメリカの圧力下での強いられた措置として認識されたであろう。我々の否定的な態度は……当該問題における我々の自主的な立場の表明となるであろう」と記された。また、ソ連は後になって「最も都合のよい時期に」ブレトン・ウッズ体制に参加するとされた。しかし、ソ連はアメリカとその同盟諸国が、「これら組織への参加を促す特別な招請に向けての措置を講じる」まで待つことができるともされたのである。[19]

何気ないものだったとはいえ、スターリンのこの決定はワシントンで強烈な反応を引き起こした。戦後の問題に多国間の文脈で対処することに重きをおいてきた人々にとって、それはまったく説明不能のことであった。とくにその設計者があれほどソ連の利益に配慮してきたのに、なぜ彼らは国際通貨基金や世界銀行といった称賛すべき組織への参加をにべもなく拒否したのだろうか。[20] 当時モスクワ駐在の代理公使だったケナンは、国務省から「間の抜けた無邪気さを帯びて」送付されてきた問い合わせについて回想している。「財務省からホワイトハウスの頭越しに表明された苦悩に満ちた当惑の叫びがある。ソ連政府のこうした行為を如何に説明しうるだろう。背後には何があったのか」。[21]

この機をとらえ──「今さら自業自得というべきだが、教えねばなるまい」[22]──、ケナンは一九四六年二月二二日付の有名な八千語の「長文電報」を打ち返した。その中で、彼は、その公式見解が何であれ「ソ連の政策は、ソ連およびソ連支配の隣接地域すべてにとっての自給自足の追求によって左右されるだろう」と予測した。そしてロシア人は、「国家間の全般的な経済協力という原則に対して……公に冷たい背を向ける」ことになりそうであった。[23] この結論は当時のワシントンにとって、ソ連に理を説くことは不可能だから封じこめるのみであるとする、ケナンのより大きな議論に劣らず衝撃的であった。なぜなら、スターリンの予期せざる行動が、経済論理に従って戦後世界を構築するというアメリカ政府高官の構想の破棄を迫るものだったからである。こうして、彼らは冷戦のイデオロギー的、戦略的な現実と正面から向き合うことになった。[24]

結果として、ブレトン・ウッズについてはその普遍性のみが放棄された。マーシャル計画は、封じこめの枠組みのなかに制限のない貿易と開放市場の構想を組み入れたものとなり、当初はソ連の統合を企図した仕組みがその孤立化を図る装置へと変貌した。世界銀行と国際通貨基金への参加の招待は本物であったが、マーシャル計画についてはほんの象徴的なものにすぎなかった。しかしソ連の反応は同じであった。復興のための支援が見込まれた当初は関心を示したが、世界経済への関与がその代償であると判明するや拒絶したのである[25]。

ソ連がこれら組織のいずれかに加盟したとしても、結果は恐らく大きくは変わらなかったかもしれない。スターリン主義的な自給自足と西側の多国間主義との非両立性――その背後にある政治的価値観の衝突はいうまでもなく――が次第に浮上するにつれ、彼らは間違いなく脱退したであろう。「その二つの間に中間の立場などまったく存在しなかった」とマーティン・メイリアは指摘した。「一つの様式は多党制と市場を必要とし、他方はただ一つの党と指令経済を要求した[26]」。しかしながら、ソ連の参加はヨーロッパ再建に向けて進行中のアメリカの努力を遅らせる可能性もあったから、この意味でスターリンの決定には近視眼的なところがあった。それは彼が拒絶したもののもつ長期的な重要性への理解不足についても同様だった。

なぜなら、ブレトン・ウッズとマーシャル計画との統合が一九三〇年代の世界経済崩壊の再発を防止する以上のことを達成したからである。一九六〇年代までに世界経済は空前の繁栄を誇っていた。一つだけ例をあげるならば、世界の鋼鉄生産量は一九四七年の一億六百万メートルトンから一九五五年の二億六千五百万を経て一九六五年には五億五百万に達した。しかし同じ時期におけるアメリカの占有率は五四パーセントから三九パーセントを経て二六パーセントへと減少したのである[27]。これは世界経済の復興にとっては何よりの徴候であり、それをもたらしたのはスターリン流の自給自足ではなかった。むしろヘンリー・ノウが説明したように、

> より自由な貿易という前提が、とくに小国にとって、競争を保証した。価格の安定という前提が国内投資にとっての安定した環境と、貿易拡大にとっての安定した為替相場とを保証した。そして適応性のある国内経済が、変化する市場の実勢と比較優位への迅速な対応を保証したのである[28]。

要するに、アメリカ人が考案したのは地球規模の資本主義が円滑に運営されるための体制だったことになる[29]。

それはいつまでも続くものではなかった。一九六〇年代末になると、アメリカは主たる潤滑装置としての自らの責

務を次第に厄介なものとみなすようになり、一九七一年、ニクソン政権はブレトン・ウッズの中核的な特徴——ドルと金との交換性に基づく固定為替相場——の崩壊を容認したのである。(30) しかしながら、その頃までに資本主義はそれ自体で潤滑剤の機能をも果たすようになっており、一九七三年と一九七九年の「石油ショック」で示した回復力が皮肉にも充分にそれを実証した。このようにして、ブレトン・ウッズの主要な成果とは、時間を稼ぐと同時に摩擦を最小化し、そうすることによって冷戦の——両方ではなく——一方の超大国と緊密に結びつき繁栄する国際経済の出現をもたらしたことだったといえよう。(31)

II　スターリンの資本主義理解

スターリンと彼の顧問は資本主義世界の内部で何が起こると考えたのだろうか。ソ連体制が資本主義から孤立し、それでも優位を保ちうることに対して何故スターリンはあれほど自信がもてたのか。資本主義の「内部矛盾」とは何であり、ロシア人がそこから如何なる利益を引き出しうると期待したのだろうか。

スターリンの発想の起点には資本主義経済が相互に引き付け合うものではなく、反撥し合うものであるとの前提があった。これは古いレーニン流の見方であり、資本主義者たちがその本性から、何にもまして直接的な経済利益の充足を狙うものとの信念に基づいていた。したがって彼らは長くは協調を維持できず、彼らの運営する国家も遅かれ早かれ相互の間で戦争に突入するものとみなされた。帝国間の抗争関係がその最も蓋然性の高い原因であり、レーニンによればそれが第一次世界大戦をもたらしたのである。「こうして、この戦争によってもたらされた世界中の廃墟の中から世界的な革命の決定的段階が出現しつつあり、それは、その諸段階においていかに長引き困難なものであろうと、プロレタリア革命とその勝利以外の何物でも終わることはできないのだ」(32)。

こうした考えから始まって、将来における戦争の不可避性というスターリンの信念にまで辿りつくには、それほど大きな飛躍を必要としなかった。最初は資本主義諸国同士が戦うが、ソ連もやがてはそこに引き込まれ、資本主義諸国自身の貪欲な交戦によってすでに致命的に弱体化した古い秩序が打ち倒されるのであった。これが一九四六年二月のスターリンによる「選挙」演説の骨子であり、そこで彼は第二次世界大戦が「偶然の産物」ではなく、むしろ「現代独占資本主義に基づく世界の経済的、政治的諸力の発展の必然的な結果」であると主張したのである(33)。このスターリンの思考が、戦時中および終戦直後のロンドンやワシントンからのソ連外務省宛報告に影響をもったに違いなく、そこでは英米紛争の可能性が絶え間なく強調されていた(34)。

興味深いことに、これらの見解はモスクワで挑戦者を見出していた。著名な――そして振り返ってみれば勇敢な――ソ連の経済学者ユージン・ヴァルガは一九三〇年代以来、資本主義諸国がレーニンの描いた図式よりも協調する能力に優れている点を主張してきていた。したがって、ソ連が戦後世界でその影響力を増大するにつれ、アメリカとイギリスも自己保存のためだけとはいえ、その政策を相互に提携させるであろうとみなされた。またアメリカの覇権――イギリスの対米従属――が恐らく出現するだろうことも想定されたのである。このヴァルガの見解は公表されたが、スターリンはそれを決して是認せず、ついにはそれを強制的に排除した(35)。

当該主題に関するこのソ連の指導者による最後の主張は、一九五二年に出版された著作『ソ連における社会主義の経済的諸問題』で表明されているが、ヴァルガの著作や第二次世界大戦終結以来の現実の推移に照らしてみても、そこには彼が考えを変えた証拠はみられない。スターリンは、あの惨禍〔第二次世界大戦〕が起こったのは、「資本主義諸国による市場を求めての争いと競争相手を潰したいとする彼らの欲求が、資本主義陣営と社会主義陣営との矛盾より強力なことが実際に証明された」からであるとの持論を繰り返した。当然ながら、「資本主義諸国間の戦争の不可避性は依然として健在である」ということになった(36)。

権威主義的な支配体制の下でイデオロギーが現実を隠蔽する度合いを暗示している点で、これらの思想は注目すべきものである。こうした事実は、一九四六年にケナンがソ連政府の客観的な判断能力に対して抱いた疑念を確認している。[37]「この広大な土地において、外界に関する正確で偏りのない情報を実際に入手するのは一体誰なのであろうか」。しかしより興味深い問題は、戦後の情勢に関するスターリンの診断が結局ははずれることになった理由である。第二次世界大戦の原因についての彼の理解は、つまるところ当時のアメリカ政府高官たちのそれと大差はなかった。ソ連側の期待を狂わせた一九四〇年代末は何が異なっていたのだろうか。

第一に考えうることは、第二次世界大戦が実際に起こってしまい、米英の当事者がそうした事態の再発を防ぐ決意をしたというまさにその事実である。国際システムの再構築は彼らにとって「第二の機会」であり、国連とブレトン・ウッズはそうした機会を捉える決意の反映であった。[38]ヴァルガ自身は資本主義者が経験から学び、成長する可能性について指摘していた。[39]これとは逆に、スターリンは理論分析における最も危険な陥穽の一つに陥ってしまった。すなわち、時空を越えた見せ掛けの普遍主義である。マルクス、レーニンおよび幾人かのアメリカの社会科学者と同じく、彼も琥珀が蠅を閉じこめるように理論が歴史を凍結しうると信じていたようである。知性、恐怖あるいはその両者に促された適応の可能性をスターリンは無視した。[40]

次に、第二次世界大戦終結時の情勢は、もはや資本主義諸国が相互に均衡を取って牽制し合うというものではなかった。スターリンは少なくとも三極体制を予期していた。西側の多くの人々と同様、彼もイギリスの衰退あるいはアメリカの優越の度合いを理解しえなかったのである。[41]多極世界が復活したのであれば資本主義者間の矛盾も噴出していたかもしれないが、実際には二極化が進展していた。スターリンは依拠すべきモデルを間違えたのだった。ワシントンはほぼ同程度の国力をもつ資本主義諸国が併存していた場合に比べて、どこであれ他の資本主義諸国からはより少ない抵抗をうけるだけですますことができた。このようにして、戦後の世界は、衝突し合う中心的な諸国と周辺地域の反乱というレーニンが描いた帝国主義後期の状態よりも、一つの強力な中心がほとんど無抵抗の弱体な周辺を支配しうるという、帝国主義の初期段階の図式にきわめて類似していたのである。(42)

第三に、アメリカ人が他国と不釣り合いなほど卓越したその力を行使するにあたっての振る舞い方は、ソ連――そして恐らくアメリカ人自身――にとって驚くべき性格のものだった。彼らの政策はたしかに利己的なものだったが、大国の場合は常にそうしたものである。彼らより前のイギリス人がそうであったように、アメリカも指導的な経済国家が構想する経済秩序へと世界を誘導することから利益をうることを期待した。(43)予期しえなかったのは、ワシントンがそうした経済的目標を地政学上の目標に従属させようとした点である。レーニンが予言していたものとはきわめて異なった様式で、アメリカは地政学上の安定化という長期的な投資を行い、そのために直接的な経済的利得を犠牲にした。(44)マーシャル計画はこうした図式を反映している。それは武器貸与という戦時の新機軸を平時にまで延長したもので、ワシントンは伝統的な損得の評価基準を拡大し、西洋文明の命運をそこに含めていた――あるいは当時そのようにみえた――のである。たとえその代償――常に賢明にとまではいえないが快く支払われた――が将来の経済的な競争相手の創出になろうとも、ソ連に対抗する独立した力の中心を再構築するという構想にもアメリカの意思は明らかである。こうして、アメリカが他の諸国を搾取するためにその卓越性を一貫して利用したとみなすのは単純にすぎる。なぜなら、アメリカはまた、地政学的に死活的とみなした諸国からの製品に対して自国の市場を開放し、他国からの差別的待遇を容認してまで自らを搾取させるに任せたからである。(45)

第四番目として、戦後の国際経済秩序の再興にあたり、アメリカ人には著しい順応性があった。市場資本主義の最も一般的な諸原則を別として、彼らは均一の青写真を強制しなかった。経済統合の方式と時機に関しても彼らは柔軟だった。ブレトン・ウッズの規則はマルクス主義的な指令経済をも包含するものであり、ソ連が自らをその体制から遮断したにすぎない。ヨーロッパ同盟諸国の数ヵ国――とりわけイギリス――が社会民主主義系の政府であったという事実にもかかわらず、アメリカはヨーロッパ復興の計画において彼らが主導することを奨励した。トニー・スミスが指摘したように、「マーシャル計画に責任のあった多くのアメリカ人は、現実にはこの地域における社会主義者の政府のほうを好んだであろう。彼らが地域問題での新たな出発に対してとくに従順であり、また統合計画に容易に政府を関与させることができると考えられたからである[46]」。ダグラス・マッカーサー将軍も対日占領政策において同様に懐が深く、財閥解体、労働組合の育成、土地改革などを精力的に断行しながらも、慎重に――昭和天皇および彼自身の――帝王風の特典を維持したのである[47]。結果として西ヨーロッパと日本では、アメリカ人が自国内では許容する準備がなかったであろう範囲まで資本主義の限界を広げるための一連の実験が実施されたのだった[48]。

そして最後に、資本主義の矛盾が噴出しなかった原因を捜すにあたり、経済だけがすべてを決定したのではないという点を想起することが重要である。ヨーロッパの中央部と北東アジアにおけるソ連の存在という赤裸々な地政学上の現実――第一次世界大戦の終結時にはイデオロギーの領域においてのみ存在した、資本主義秩序に対する明瞭かつ実在する危険――が、それ自体で資本主義者による自助努力を円滑に運ばせたのである。このためアメリカ人は一九二〇年代に比べて世界経済の運営により大きな意欲をみせ、西ヨーロッパ人や日本人のそうしたアメリカの管理に対する受容度もより高いものとなった。この点でもヴァルガはソ連の力の増大がそうした反応を惹起することを予期していたが[49]、スターリンにはそれがわからなかった。彼は、彼自身が資本主義の最大の同盟者である可能性について並はずれて鈍感だったのである[50]。

第二次世界大戦後の資本主義の復興において、アメリカの役割がいかに決定的であったかを正確に指摘する方法はない。ヨーロッパ人と日本人は放っておいても独力で回復したかもしれない[51]。そうであったなら、彼らは世界経済のなかで自らの権威を再び確実に主張するようになったであろう。何といっても戦後のワシントンの覇権は、そうした優越を獲得するためにアメリカがとった行動と同じ程度に、西ヨーロッパと日本による戦前の自己破滅的な行為から生じたのである。したがって、その覇権が無期限に続くことを期待することも不可能だったであろう。[52] しかしながら、ヨーロッパ人と日本人が現実に懸念したのは、彼らが実際問題として放っておかれるなどということにはならないのではないか、という見通しであった。アメリカという選択肢がない時、経済恐慌と戦争との惨禍を克服する他の方法が見つからなかったとすれば、ソ連、あるいは——よりありそうなことに——自らの自暴自棄によってマルクス＝レーニン主義の経済発展モデルが強制されたかもしれなかったからである。こうして、戦後の資本主義の基礎を固めるに際して、アメリカが何ら必要な役割を演じなかったという見解はせいぜいのところ証明されない命題にすぎないといえよう。[53] 当時アメリカの支援を受けた多くの人々が、そうした見方をとらなかったことは間違いない。

もう一つの選択肢を想像することも可能である。資本主義が復活し、レーニンの予言どおり帝国主義戦争が勃発するというものである。スターリンは、ドイツと日本が再び自立し「アメリカの束縛」を逃れるとの警告を発した時、このような見通しを抱いていた。[54] しかし、そうした紛争を伴わずに資本主義が回復したことはマルクス＝レーニン主義に対する真の反証であり、ここでも資本主義自体を救済したこと以上に、アメリカの役割が決定的であったかもしれないのである。その説明のためには、アメリカが戦後の国際システム用に考案したもう一つの潤滑剤について考察する必要があるだろう。民主主義文化の普及である。

III　アメリカの外交政策と民主主義

政治学者は、今や単に理論としてだけではなくほとんど法にも等しいものとして、民主主義諸国が互いに戦争をしないものであると事あるごとに主張する。[55] もしこれが正しいとすれば、民主主義諸国の数が増えれば戦争の可能性も減少することになる。歴史家は習性としてもっと懐疑的であるが、その彼らにしても冷戦の期間に民主主義諸国の数が倍以上になったことは認めざるをえない。ある計算によれば、冷戦開始の時点で人口が百万を越える民主主義国は二〇を数えたが、終了時――ソ連崩壊でその数がさらに増加する前――には四八になっていた。これらすべては私有財産と市場経済を認めるという意味で資本主義国だった。また、民主主義的制度が機能している間にこれらのいずれもが互いに戦争をしなかった。(56) それでは民主主義自体が資本主義の安定化を助けたのだろうか。

民族自決に関する戦時中の修辞が何であれ、アメリカ人は集団安全保障と経済復興のための青写真に比較して、民主化という目標を促進すべき計画を何らもちあわせていなかった。全米民主主義財団はレーガン政権の創造物であって、トルーマン政権のものではなかった。(57) またアメリカが民主主義的な諸原則について妥協し、それを落としめることさえ何度もあった。東ヨーロッパと北東アジアに関するヤルタでの取引、他国の内政に対する秘密工作、アジア・アフリカ・ラテンアメリカおよび一部のヨーロッパにおける権威主義的体制との提携、長い後遺症を伴った国内でのマッカーシズムの許容などである。さらに、民主主義に対する究極的な侵害は、抑止の手段として核兵器に過度に依存したことであったかもしれない。なぜなら、その戦略は世界のあらゆる人々を、その指――および正気――を引き金にかけた少数者の手中に収めるに近いものだったからである。(58)

しかもなお後世の歴史家にとって、いずれは独力で出現したかもしれない資本主義の復活よりも、戦後における民主主義の普及とアメリカとを分離して考えることの方が、恐らくより困難となるであろう。こうした逆説を解くためには、アメリカ人の政策ではなくその常習的な行動様式に焦点をおくことが必要である。すなわち、国境の外で権限を付与された時のアメリカ人の振る舞い方であるとか、そうした権限に服した人々がその経験から引き出した教訓などである。その最も明快な事例はドイツと日本の占領、NATOの運営、そしてヨーロッパ統合への動きにみられる。

ケナンや他の考案者が理解していた封じこめの戦略は、敗北したが依然として潜在的に危険な敵に対するソ連の支配を阻止するという狙いをもっていた。(59) しかしその具体的な方法についてはそれほど明らかではなかった。ドイツと日本の力をすべて破壊することには、スターリンが確実に埋めるであろう真空を残す危険が伴った。他方、権威主義的な傾向を除去することなくそれらを復興させることで、そうした結果を回避することはできるかもしれないが、その場合にはアメリカのそもそもの参戦理由に対する疑念が生じる。結局アメリカ人は第三の選択を行い、ドイツと日本を復活させ、その過程でこれらを民主主義国に改造することになったのである。

民主化というものが安定化のためのこれほど効果的な手段であることが証明されたという意味で、それは冷戦期におけるすべてのアメリカの事業のなかで最も成功したものだったかもしれない(60)。しかしワシントンの誰もがそのように計画したのではない。たとえば、クレイに対してドイツの報道陣に彼の政策批判を許可するよう誰も命令などしなかったし、またアメリカ市民的自由同盟による政策批判についても同様である。「私はそれが民主主義の意味についてドイツ人を教育する際の重要な一部だと考えた(61)」。また、普通選挙制度、議会制民主主義、女性の権利などについて、マッカーサーが実際に日本で行ったように精力的に推進することを誰も命令しなかった(62)。二人の将軍はともに手本を示す意味であれやこれやの民主主義的な慣例を推進したが、彼らには民主主義というものがもし徹底的に紹介されるならば、不毛の地にさえも定着しうるという使命感があったのである。マッカーサーが好んで論じたように、近代におけるそれ以前のすべての軍事的占領は、憤激というものについて、それを軽減するのと同じくらい惹起をもさせていた(63)。こうして、その当の本人——今世紀における最も権威主義的なアメリカ人であることは間違いない——が、代議制度の創出のなかにそうした先例を打ち破る手段を見出していたことは意義深いことであろう。

ドイツや日本の歴史をみる限りそれは容易なことではなかった(64)。しかしクレイとマッカーサーは、ドイツ人によってシュトゥンデ・ヌル（「ゼロ時」）の精神状態と呼ばれたものがこの二つの社会を堅くつかんでいることを理解することができた。敗北が精神的な虚脱感を残し、そこから社会的な未開拓地が生まれていたのである。そして、そうした未開拓地のもつ一つの特徴は、注入された新たな文化が、遠隔の地にある異邦の雛型さえをも——驚くべき忠実さで――模倣するという方法によって定着しうるということである。[65] 一九四五年の夏にドイツと日本から眺めた光景は、コルテスの船団が一五一九年に水平線上に出現した時にアズテック人がみたものと大差はなかった。古い制度が突如無用となり、征服者は神の属性を帯びていた。[66]

しかしアズテック人は結局抵抗した。また同様に成功しなかったとはいえ、ソ連占領下のドイツ人もそうした。では西ドイツ人と日本人――彼らにとって民主化は広範な文化改造であった――はなぜそうしなかったのか。当然まず考えられるのはソ連という選択肢の存在だった。もっと悪い状況におかれることに対する恐れである。アメリカの豊かさとそれが生む消費文明の魅力も間違いなく一つの要因だった。[67] さらに、アメリカ人は一旦降伏した敵を冷酷に扱うということができなかった。ソ連側ではまったく異なっており、それは戦時の経験だけでなく、国内文化の相違をも反映したものであったかもしれない。[68] しかし何よりも、民主主義がなぜこれほど他国の文化を覆す効果をもったイデオロギーなのか、という問いに取り組む必要があろう。資本主義と同じく、それは利己的な成功についての利害関係を他者と共有することで機能するのである。

ドイツと日本の状況が、一九四五年以降、民主主義が他の地域に広範に拡大した理由を完全に説明するものでないことは明らかである。脱植民地化――まったく別の事態――も新たな地域で民主主義を定着させる効果をもち、それはとくにイギリス人があらかじめ準備をしていたインドのような地域では顕著であった。しかし旧植民地や保護領での事態が、世界の勢力バランスを特定の方向に傾けることはありそうにもなかった。ドイツと日本の場合には、その産業が軍事的な潜在力からみて中枢というべき重要性をもっていた。ケナンが両国を戦略の要においた時にもこうした認識があったのである。クレイとマッカーサーが発見したのは、この両国の民主化がソ連の力を封じこめるだけでなく、その主張をも切り崩すことになるということであった。彼ら二人はドイツ人と日本人に対して、権威主義的な政治を必要としない急速な経済発展の道を開いた。実際まことに多くのものがこの点にかかっていたのである。

ワシントンによる北大西洋条約機構の運営――およびNATOによるワシントンの扱い――は、資本主義諸国が真に協力しうるというもう一つの命題を証明するものであった。レーニンの理論は逆の主張を行い、ケナンでさえ、平時における恒常的な軍事同盟がアメリカの指導者に帝国経営者のような振る舞いをとらせ、それに対してヨーロッパ人やアメリカ国民が結局は反旗を翻すことになると懸念した。[69]もしアメリカが加盟諸国に対する買収や威嚇によってNATOを創設しようとしていたなら、そうした事態が起きていたかもしれない。しかしマーク・トラクテンバーグが認めたように、「同盟の政治は実際のところ、決して相互に恨みを抱くような政治とはならなかった」。[70]ドイツ人と日本人がアメリカの占領者によって課された諸制度を廃止することがなかったように、NATO同盟諸国もアメリカとの軍事的な関係に執着し、それは同盟発足の原因となった敵が消滅した後においてさえ同様だったのである。

これらすべてをアメリカ人の企図したものであったとする形跡は見出し難い。ワシントンだけに任されていたとすれば、そうした同盟などは決して存在しなかったであろうからである。しかしながら、NATO創設がヨーロッパ主導で実施されるようになると、その過程でアメリカ人の習慣に基づく行動様式が目立つことになった。トルーマンとアイゼンハワーの両政権は、クレイとマッカーサーが占領下のドイツや日本を扱ったのとまったく同様にその同盟を運営したのである。それは民主主義文化の反映であった。

NATOは決して対等者間の関係ではなく、それはアメリカを構成する各州がその面積、人口あるいは資源などの点で対等でないのと同様であった。しかしこの二つの仕組みにおいては、力のみが関係を規定したのではない。アメリカ政府の高官たちは個々の独立した存在に注意深く配慮しながら、その行政上の指導力を行使することを何ら不思議なこととは思わなかった。連邦制に馴染んでいたことで、力によって交渉や妥協の必要性を無視しうるという考えをとらなかったのである。他の方法もあったのではないかと再考するために立ち止まることなく、トルーマンとアイゼンハワーは連邦議会に対処するのと同様にNATOを扱った。強制に代わる取引によってである。[71]

アメリカ人が同盟諸国をその意に従わせる能力に欠けていたというのではない。彼らにはそれがあり、時にはそれを行使した。最も顕著な例は一九五六年におけるスエズ出兵時のイギリスに対するものである。(72) しかし驚くべきことにそうしたことは稀であった。ＮＡＴＯ加盟諸国の説得――さらにしばしば彼らに従うこと――に、アメリカはいかに多大の労力を払ったことであろう。強要というものはアメリカ人が理解する同盟と相容れないものであった。彼らはそれを提携の自発的な形態としてとらえ、連合規約や一七八七年の連邦憲法と同様に考えたのである。(73)

民主主義はまた多様な選挙民に多様な次元で相互に影響し合うことを許容する。そうした体制は、指導者たちがお互いに交わす主張だけでなく、国民、報道機関、利益団体、あるいは脱国家的組織からさえも発せられる、より広範で調和を欠くような意見に対しても開かれた存在である。これらはたしかに政策立案者の日常を複雑なものにするであろう。しかしまたそうした民主主義の諸特徴は、伝統的な外交を補完する新たな制度――および新たな協議方法――を奨励することができる。また、それらはたんに力を均衡させることだけではなく、原則を共有する可能性をも高めるであろう。さらには赤裸々な力の格差を是正し、それがもたらす傲慢さへの対抗手段を提供することで、それらは威嚇に対する緩衝物ともなる。そしてある意味で、民主主義のもつ特性は資本主義における市場の機能に類似さえしているのではないだろうか。商品の自由な交換が経済の安定をもたらすように、思想の自由な交換は、民主主義諸国と彼らが構成する同盟とを安定させるのである。(74)

このようにして、民主主義諸国間の同盟では影響力というものが多様な方向に作用することになる。それは力のある者とそうでない者とを単純に反映するものではない。これを理解するためには、ＮＡＴＯ同盟諸国の側がどこまで立入ってこの同盟組織を構築したかという点に注目するだけで充分であろう。同盟の発足を主導しただけでなく、彼らはアメリカの保護を受けるべき国と、その方式の決定にも手を染めた。地理の論理ではイタリアが「大西洋」国家の指定をうけ、スペインがそこから除外された点を説明しえない。同様に、戦略上の論理からすれば、大量の米軍部隊を、中部ヨーロッパにおいて極端な危険に曝すような位置に配備することなどはとても正当化することはできなかったであろう。[75] ワシントンは現実に西ドイツの再軍備を主張していたのである。しかし、フランスがまずヨーロッパ防衛共同体構想を提案し、後にそれを拒絶することでこの再軍備問題を棚上げすることに成功した。結局はイギリス案が採用されている。[76] さらには、ＮＡＴＯの「核武装」についてもワシントンがその意思を全面的に強要したのではなかった。ヨーロッパ人自身が通常戦力による、しかしより高価な防衛手段を拒絶することでそうした道を選んだのである。[77] これらすべての諸決定に共通する論理は政治のそれであった。加盟国すべてがその維持に利害を有する組織の中で、競合する利益を均衡させたのである。

アメリカ人はＮＡＴＯの管轄外にある問題についての自国の政策に対して、ＮＡＴＯの意向が影響をもつことを許容しさえした。朝鮮戦争においては、同盟諸国からの反対が他の要因と同程度に中国参戦後のアメリカによる戦争拡大を抑制した。[78] また、ＮＡＴＯ内部への跳ね返りを恐れたワシントンは、インドシナとアルジェリアにおいてフランスを衰弱させていた植民地戦争の終結を彼らに強いることを控えたのである。さらに、アイゼンハワーが他のＮＡＴＯ同盟諸国からの圧力に屈して、一九五五年のジュネーヴ首脳会談でソ連新指導部と会見することになった際、彼はドイツ再統一に関する対ソ交渉への拒否権をアデナウアーに認めることになった。[79] そして、ＮＡＴＯの利害関係に対する極度の感受性を考慮しない限り、一九五〇年代末から一九六〇年代初頭に叫ばれた戦略的なミサイル・「ギャップ」なるものに対するアイゼンハワーとケネディの対応は、ほとんど理解できないであろう。[80]

このようにして、ＮＡＴＯの歴史はアメリカの支配的な地位にもかかわらず主として妥協の歴史であったといえよう。しかし何が超大国をしてより弱小な諸国にこれほど多くの権限を許したのであろうか。すべての国家が常に力の増大を欲すると想定する点で、リアリストの理論はレーニンのそれと同様にこの問題への有効な解答を提示しえない。しかしながら民主主義の論理は、共有された目的の強化のため力を拡散することへの理論的根拠を与えてくれる。Ｎ

ATO条約は一九四九年当時、ヨーロッパ問題への不介入という古いアメリカの原則からの離脱であると広くみなされ、その際しばしば引き合いに出された原典は一七九六年のワシントン大統領による告別演説であった。[81]しかし、NATOが実際に機能したのはアメリカがさらに古い原則を利用したからではないだろうか。この場合の適切な原典とは、一七八八年の「フェデラリスト・ペーパーズ」だったのかもしれない。

いかなる組織にとってもその究極の試金石は自立する能力である。外部からの支援なしにいずれは周囲の環境に適応せねばならないのである。[82]アメリカは率先してドイツと日本の民主化を実施し、NATOにおいては西ヨーロッパ人がアメリカ人とともに民主的な同盟を作り上げた。これに対して、ヨーロッパ統合はそうした先例を基礎にして、主にヨーロッパ人自身の行動から生まれることになった。大戦終結以来「ヨーロッパ合衆国」――目新しさよりも向こう意気を暗示するチャーチル好みの言い回し――の呼び声がすでにあり、アメリカ人も（ヨーロッパ人による）共同の計画立案をマーシャル計画の必要条件として提示し、またNATOによる安全保障を提供することなどによってそうした統合を奨励したのである。しかしそこから先の問題――ヨーロッパの連邦化かそれとも何らかの形でのアメリカとヨーロッパの連合か――について、ワシントンに合意は存在しなかった。[83]

ヨーロッパ人が主導権を握り、決してそれを離さなかったのはこの時点であった。一九五〇年にフランスと西ドイツがヨーロッパ石炭鉄鋼共同体の設置を決定したのを皮切りに、自立の過程が始動し、直接にはヨーロッパ経済共同体が創設され、やがてそれがヨーロッパ共同体となり、今のヨーロッパ連合――その幾多の欠点にもかかわらず認知された冷戦後の大国――に至ったのである。[84]これと同時に、やはりアメリカの保護の下で、日本人も経済的な超大国としての効率的な擡頭を静かに進めていた。ひとまとめにすれば、これらの展開は二〇世紀最後の三〇年間においてアメリカに対して困難をつきつけることにもなるが、それはマルクス＝レーニン主義が世界を苦しめた事態と比較すれば決して深刻なものではなかったのである。ここでまたも疑問が生じる。アメリカは冷戦が始まった時点でこうした展開を意図していたのであろうか。

彼らはたしかに、戦後世界においていくつかの独立した力の中心が出現することを実際に模索していた。封じこめはそのように機能するものと想定されたのである。同時にまた、アメリカがそれらの中心同士を経済的、政治的および文化的に統合するよう模索したことも間違いない。そうすることによってのみ戦前の無秩序への回帰を阻止しうるからである。ジョン・フォスター・ダレスは一九五五年末にハロルド・マクミランに以下のように書き送った。

> この六ヵ国から成る（ヨーロッパの）共同体は保護主義的な傾向を促進するかもしれない。またより独立した動きを示すようになるかもしれない。しかし長期的にみれば、結果として生じる一体化の強まりが、西ヨーロッパの安寧に対するより大きな責任と貢献とをもたらすと感じざるをえないのである。[85]

アメリカ人はこうした独立と統合の同時追求にほとんど矛盾を覚えなかったが、それは長きにわたり彼ら自身の国内体制が、それらの二つの間に史上最も持続的な均衡を維持してきたからである。アメリカ人が帝国主義者だったとしても、それはこうした均衡を世界の他の地域に輸出するという構想をもっていたという限りにおいてである。彼らに洞察力が欠けていたとすれば、それはそうした試みが成功する見通しについてであった。誰が誰を搾取するかということに常に関心のあったレーニンにとって、そうした行為も「帝国主義的」という用語の適用を正当化したことであろう。しかし他のあらゆる人々がそうした見方をしたという訳でもなかったことから、レーニンが期待した結果は生じなかった。その間にも、彼自身が構築した体制がはるかに深刻な内部矛盾と格闘していたのである。

IV　スターリンとフルシチョフ

スターリンが、最も発達した工業諸国での自然発生的なプロレタリアートの蜂起というレーニンの構想に代えて、世界革命の推進をソ連の領土的、地政学的な影響力の拡張と結びつける発想を採用したことについてはすでに触れた[86]。これは、そうした過程に疑問を呈することについて、ソ連自身の国民と比べてもとりたてて恵まれた立場にあるとはいえない人々の存在する諸国家に対して、権威主義的な政治と指令経済とを強要するものであった。しかしながらそれは突然に起こったことではない。なぜならこれもすでにみたように、一九四七年までは東ヨーロッパにもかなりの柔軟性が存在していたからである。ソ連もしばらくは地域の特性に適応したといいうるのである。

スターリンの行為をアメリカ人のそれと区別していたのは次の点である。自らの勢力圏内で抵抗が生じ始めた時、彼はそれと妥協するのではなくそれを窒息死させようとした。ソ連―ユーゴスラヴィア関係にまつわるチトーの不満は、ロンドン、パリおよびワシントンの間で日常的に発生していたものに比べてその深刻さの点で大差はなかった。英仏両国はドイツ問題、経済援助の条件あるいは軍事的保護の必要性などについて頻繁にワシントンに異議を唱えていたのである。トルーマン政権はある場合には持論に固執し、他の場合にはヨーロッパの同盟諸国に従ってその政策を変更した。

スターリンは融通がきかないという意味でもっと一貫していた。チトーと交渉する代わりに彼を異端者であると宣告し、その打倒のため――戦争を除く――すべての処置を講じたのである。同時に彼は東ヨーロッパに残存する自立的な思考のことごとくを弾圧した。この地域における政府や党の指導者は、ソ連自体の内部ではもはや自明の理となっていたものを迅速に学ぶことになった。すなわち、忠誠を誓うと否とにかかわらず、「意見の異なる相手」との対話はスターリンにとっては粛清裁判を意味し、判決は即座に執行されるのだった。彼が最も欲しなかったものはヨーロッパや他の地域での独立した力の中心であり、むしろ彼はそれらを服従させようとした。彼は齢を重ねるにつれ、動かしえない歴史の諸力が世界の労働者を彼ら自身の選択の結果としてソ連陣営に運び入れるまで待とうという根気を、ますます失っていったのである。

こうした服従の強要はスターリンのドイツ統一に関する姿勢に明らかである。彼はモスクワがドイツを支配しうる場合にのみその統一に賛成したのであった。中立による統一という彼の一九五二年三月の提案などを額面どおりに受け取る訳にはいかなかったようである。スターリンのそうした構想への関与は、ケナンや幾人かの国務省の同僚が計画Aに固執したほどには強いものではなかった[87]。より重要なことに、ソ連側には、近隣諸国との経済的、軍事的な紐帯の網の中に取り込むことで平和的なドイツを保証するというような、アメリカ人や西ヨーロッパ人が最後に選択したような計画などは何ら存在しなかったのである。多分スターリンはあまりにもドイツ人を恐れすぎたのだろう。また逆に東ヨーロッパ人については弱体すぎると考えていた。いずれにせよ、ドイツ制御の必要性は東ヨーロッパを継続的に支配することについての格好の口実を提供することにもなった。他方、アメリカ人にとってはドイツを制御する必要性が、むしろ——統合はしていても——独立した西ヨーロッパ育成のための素晴らしい根拠となったのである。

スターリンも統合の良さを信じてはいたが、それは異なった観点からであった。彼は東ヨーロッパの経済が相互にではなくソ連と密接に結びつくことを欲したのである。この地域の共産党が彼ら同士ではなくモスクワを通じてのみ連絡し合うことを徹底させたように[88]、彼は勢力圏内にある諸国の経済統合を促進することなくそこから一方的な利益を引き出そうとした。結果は近代化の妨害あるいは恐らく後退ですらあったと思われる。ある推定によれば、ソ連はマーシャル計画でアメリカ人が西ヨーロッパに投入したものとほぼ同量のものを——賠償金および再建に必要な施設等の撤去という形で——東ヨーロッパから手に入れていた[89]。スターリンはまた中国の共産政権に対しても同様の姿勢で臨み、毛沢東の革命家としての資質を称賛しながらも経済的譲歩を要求したのである[90]。さらに新たな証拠によれば、彼は韓国攻撃の承認に対する見返りとして北朝鮮に鉛の供出を迫ろうとさえしたのだった。「金日成はこれを断わらないと思う」[91]。

これらすべてのことから、ソ連の影響力を国境外に拡張しようとするスターリンの計画には大きな矛盾が含まれていたことがわかる。一方で彼は――資本主義の不安定性に対する信念から――、他国のプロレタリアートがいずれ社会主義モデルを選択するであろうとの見解に固執していた。終戦時のドイツや東ヨーロッパに関して彼が抱いた幻想や、あるいは中国がその方向に向った時に味わった幸福感などはここに由来する。他方でスターリンのとった経済政策はこれら地域でのソ連の存在を搾取の主体のようにみせ、彼がまさにその忠誠を獲得しようとした人々の間に憤激の念を引き起こしてしまった。この老独裁者は、資本主義者が直接の利己的な報酬のために長期的な経済的利点を顧みないことを予期していた。ところが共産主義者については、彼らが社会主義秩序の建設からもたらされるであろう長期的利益にのみ焦点を合わせ、それに伴う直接的な犠牲を大目にみることを期待したのである。実際には逆であったことが今や明らかである。

ソ連にはこうした理由から、社会のすべての次元において相互利益の感覚を基礎とする対外関係を構築することができなかった。各国の共産党や政府官僚はモスクワとの提携に利益を見出したかもしれないが、彼らの支配下にある人々にはそれは稀だったのである。これは西ヨーロッパや日本の場合とはひどく対照的であり、この二つの地域では民主主義の過程〔自由選挙〕がワシントンとの提携を支持した政府に定期的に報酬を与えていた。こうして、スターリンは社会主義秩序建設のための組織を遺産として残したが、そこには民衆からの支持という土台が欠けていたのであった。

彼の後継者として最後に残ったニキタ・フルシチョフはこうしたことを大いに懸念した。彼は社会主義がより多くの利益を提供し始めない限り、それが得ていた支持が何であったとしても消滅し、社会主義がまだ定着していない場所ではその魅力が急速に薄れるであろうことを明確に理解していたのである。その生涯においてソ連が達成したものに誇りを抱いていたにもかかわらず、この新指導者には、歴史の法則のみが未来を保証することに関してスターリンがもっていたような自信に欠けるところがあった。したがってフルシチョフにとって最大の優先事項は、マルクス＝

レーニン主義に人間味を付与し、人々がその傘下に加わることを望むようにさせることであった。彼は失脚前夜の一九六四年になっても次のような警告を発していたのである。「物質的、精神的な豊かさの増進に関心を示さないでいると、人民は今日や明日のうちは従順でいるかもしれないが、最後にこう言うだろう。『なんで未来の、いや死んだ後のことばかり約束したりしゃべったりするんだ。そんなことぐらいなら坊さんからとっくに聞いてる』」。[92]

スターリンが死去した時点で、指令経済では広汎な支持を獲得するために充分な利益を提供しえないのではないかとの懸念が存在したのには理由があった。西ヨーロッパ、そしてとくに西ドイツにおいて、ブレトン・ウッズ＝マーシャル計画モデルが市場経済の繁栄と民主主義的手法によるその持続とを誇示していたのである。こうした事態は東ヨーロッパでは起こらなかった。それどころか現実には、二つの体制の差異が最も明瞭に現われる東ベルリンで一九五三年六月に暴動が発生し、他の東ヨーロッパ地域、あるいはソ連自身にさえ不穏な動きが容易に波及しかねないことを暗示したのである。[93]フルシチョフはこうした危険の回避を決意し、いっそうの不満を呼ぶであろう抑圧と過剰な期待を生みかねない改革との間のいわば中間策を模索した。しかしながら、彼が選択した方途もスターリンのそれに劣らず矛盾に満ちたものとなった。

まず、それなしではフルシチョフが何もなしえなかった権威の問題がある。スターリン以後の体制では、政策を決定する際に政府、党の高官たちの間から合意を引き出すことが容易ではなくなっていた。改革が後継者問題と絡み合っており、政敵を先に――フルシチョフがベリヤやマレンコフに対して行ったように――葬ってから、彼らの政策の実現可能性を検討するなどということがしばしば必要とされたのである。[94]スターリンはレーニン死去後に権力基盤を固めるためすでにこの手法をとっていたが、当時でさえその過程は長く曲折に満ちたものであった。敗者の殺害を控えた――ベリヤとハンガリーで反乱を起こしたイムレ・ナジとは当然別である――ことから、フルシチョフにはスターリンのような恐怖を呼び起こす素地もなかった。[95]こうして、ソ連の最高指導者になっても彼は配下の者からの自動的な服従を享受する立場にはなかったのである。またその野心を鼓舞することなく彼らに忠告を求めることも不可能だった。

次に改革を推進するという任務があった。フルシチョフはトップ・ダウン方式のみを考慮したようであり、すべての改革——文学や芸術の領域でさえ——を中央の計画に従って進めるよう主張した。実際問題としてこれはしばしば彼自身が何に熱中するか（あるいはしないか）を意味することになった。住宅や消費財といったように若干の改善がみられた分野もある。しばらくは知識人の「雪解け」もあった。しかしきわめて重要な農業部門においてフルシチョフの施策は惨めなほどの失敗に終わったのである。その原因は彼が地方での実験に抵抗したことにあった。彼は作物、肥料および農業機械に関して統一された条件を課することで全国規模の実験を強要したのである。[96] ソ連のように広大で多様な国家でこうした方式が機能するのは稀であったが、彼の伝記作家の一人が書き留めたように、「公約した奇跡の達成に次々と失敗しても、フルシチョフは大慌てで新たな万能薬の発見にいっそう精を出すだけであった」。[97] 引退して初めて、彼は中央計画のもつ効力に対する信念を——当時でさえあまり大きくはなかったが——失ったようである。[98]

フルシチョフがスターリンの犯した最悪の弊害を除去し、ソ連社会を実際に教化しようと試みたことは彼の名誉とすべきものであろう。彼の改革は政府高官——何年間も夜更かしのボスに時間をあわせねばならなかった——への正常な勤務時間の回復といった些細なものから、無差別の逮捕の廃止とスターリンによって収容所送りにされていた生存者の釈放にまでおよんだ。[99] フルシチョフはまたスターリンの犯罪に対する初めての捜査を開始しさえした。彼はこう論じる。「起きてしまったことを人民がいずれ発見するのは避けられない。我々が口を噤んでいる間に彼らが疑問を発するなら、彼らに裁かれることになる。……率先してこの問題を取り上げたほうがよい」。[100] しかしながらすぐわかるように、彼自身とその同僚——すべてスターリン体制の産物である——を信用の失墜した暴君その人から切り離して考えることには、多大の困難が伴うことになった。換言すれば、党、経済および国家に関する中央からの指揮を、そうした指揮をこれまで可能ならしめてきた手法を廃棄処分にしても維持しうるのか、という難問であった。自己批判は中国人と同じくロシア人にとっても容易なことではないと、フルシチョフは周恩来に認めている。ソ連人がやりすぎると「現指導部は問題を起こすだろう」と、周恩来は毛沢東に報告した。[101]

国際共産主義運動の結束強化もさらにもう一つの優先課題であった。フルシチョフはスターリンが不必要にユーゴスラヴィア人を疎遠にしたことを認め、彼らとの関係修復を、依然として自分の前任者を――もはや崇拝ではないにしても――尊敬していた中国人の怒りを買うことなく推進するという、薄氷を踏むような仕事に着手した。この新たなクレムリンの指導者は一九五四年一〇月に北京を初訪問し、続いて一九五五年五月にはベオグラードを訪れた。どちらも気楽な旅行ではなかった。中国人は不可解であり、チトーはひとりよがりだった。「毛沢東の発言には警戒させるところがあり、ユーゴスラヴィアの同志は軽蔑したような笑みを浮かべ、いやみな言葉を発した」とフルシチョフは回想している。[102]ここには二つのより大きな問題があった。フルシチョフにとって、ソ連共産党が久しく主張してきたその無謬性を放棄することなくスターリンの遺産を否認することは、ほとんど不可能に近かった。しかしそうすることで、今度は彼が他の共産党に対してもち続けてきた権威を正当化する余地もほとんどなくなったのである。この点について毛沢東とチトーは――彼ら同士の間にある相違にもかかわらず――間違いなく合意しえたであろう。このようにして、フルシチョフには改革と革命家同士の団結とを同時に追求することができなかった。ここにもかなりの矛盾が存在したことになる。

そして最後に、フルシチョフは対米関係の改善を望んだ。国内改革には軍事支出の削減が必須であったから、対外関係における緊張の緩和が必要とされたのである。こうして彼は前政権から引き継いだ外相モロトフの反対を押し切り、四ヵ国によるオーストリア占領を終了させるため行き詰まっていた条約の締結に必要な譲歩を行った。[103]そうした姿勢が次には一九五五年七月のジュネーヴにおける戦後初の首脳会談――および世界的な政治家としてのフルシチョフの初舞台――へとつながったのである。[104] しかしこの戦略にさえ矛盾は存在した。アメリカ人は油断を戒め、フルシチョフのまさにその柔軟性の中に、西側を自己満足に誘い込み、ドイツの再軍備とNATOの結束を遅らせる戦術をみてとったのである。[105] さらにいっそう重要なことに、軍事費の削減を決意した彼はアイゼンハワーを模倣し、次第に核兵器に依存するようになった。しかしそこには違いもあった。アメリカの「ニュールック」は現状維持を目的とする抑止戦略であった。他方フルシチョフにすれば、現状変更のため核能力の利用を試みることはあまりにも魅力的でありすぎたのである。[106] 結果は緊張の緩和どころではなく、その一層の高まりということになった。

このようにして、スターリンの死はマルクス＝レーニン主義の世界を苦しめた矛盾を除去するどころかむしろそれを増大させた。あの老独裁者にはそうした重い負担と共存する用意があった。マルクス、レーニンや毛沢東と同じく、スターリンは一つの構造物のなかの矛盾が互いに衝突し合い、外部の――あるいはその頂点にいる――人間に苛酷な統制手段を付与することになる点を理解していたのである。[107] フルシチョフは気質的により人道的だったことから、そうした矛盾を解消しようとした。それゆえ恒常的な危機の状況下で生き続けるという考え方などは気に食わなかったのである。[108] ジェームズ・リクターが指摘したように、「ソ連社会主義体制の道徳的魅力と平和を追求するその努力とが、やがてイデオロギー闘争における形勢を一変させるという自信で彼ははちきれんばかりだった」。[109] しかしながら、矛盾を除去するというフルシチョフの努力に潜む危険は――多分それが最大の矛盾であっただろうが――制御を失うということであった。

V　スターリン批判とその衝撃

モスクワで一九五六年二月に開催された第二〇回ソ連共産党大会はスターリンの死後初めての大会であり、それ故フルシチョフにとっては決定的に重要な機会であった。「我々が党と国家を統治する全責任を担いうるということを証明せねばならなかった」。錯綜する問題に直面した時、単一の劇的な措置によって可能な限り多くのものを一挙に解決しようとするのが彼の手法だった。[110] 今回の場合、彼は自ら悪魔払いに乗り出すことになった。「特別な非公開の会議がもたれ、そこで私が演説した。代議員はまったくの無言で聴き入った。その大講堂の静粛さは蠅がぶんぶんいう音さえ聞こえるほどだった」。[111] またゲオルギィ・アルバトフは何年も後にこう回想している。「古い考え方が非常に厚い層を形成していたので」、フルシチョフがスターリンを攻撃した時、それは「青天の霹靂のように響き、党と我々の社会全体を根底から揺るがせた」。[112]

フルシチョフはその「秘密」報告と大会での他の声明において三つの点を表明したが、そのいずれもが爆弾のような効果をもった。まず、彼は無謬性を主張してきた体制の誤りだけでなくその非人間性をも認めた。彼のスターリン批判は、現存する体制が過去において大量の罪を犯していたことを白状するという前代未聞の事態であった。次に彼は紛争が不可避であるとの教義を否認した。スターリンが説いた（そしてレーニンが信じた）ものとは反対に、資本主義の矛盾は必ずしも戦争をもたらすものではなく、したがって共産主義は「平和共存」を通じて優越することが可能であるとされたのである。そして、そうした勝利を達成する道は一つではなかった。ソ連はもはや他の共産党に対して手順を指示することはせず、地域の特性に順応するよう奨励することになった。[113] これらすべてにおけるフルシチョフの目標は、マルクス＝レーニン主義をその乗取り犯であるスターリンから解放することであった。そうすることによってのみそれが繁栄しうると彼は考えたのである。

しかしその二つが分離しえないとすればどうなるのか。スターリン主義はマルクス＝レーニン主義の最高の形態か、もしれない。後者が機能するのに少なくとも前者の諸要因が必要とされるとすればどうであろう。あるいはヘンリー・キッシンジャーが指摘したように、「スターリンへの徒弟奉公が奇形な精神状態の存在を保証」したので、彼の後継者たちは、「彼らの一生涯が賭けられている体制に熱烈な信念を抱くことによって（のみ）……悪夢のような存在を許容することができた」とすればどうなるであろうか。[114]三〇年後のミハイル・ゴルバチョフと同じく、フルシチョフは何年もの停滞が容易ならぬ困難を残したことを知っており、それらを強力かつ人道的な方法で除去することに着手した。[115]しかしこの両者ともまた度し難い楽観主義者であったから、彼らにとって前任者たちが当然視してきたことを受け入れるのも容易ではなかった。すなわち、諸矛盾のつり合いをとることによってのみその体制の生存が可能であり、それらの解消はかえって体制を破壊するだろうということである。ゴルバチョフはソ連そのものに関してこれを痛感することになった。フルシチョフの場合にはまだ余裕があったが、マルクス＝レーニン主義世界の団結に関しては別問題であった。

非スターリン化はしばらくの間フルシチョフの国内的地位を保障したが、他の共産主義世界に対する彼の権威をひどく弱めることになった。チトーという際立った例外はあったが、スターリンはその威信あるいは威嚇、さらにはその両者によってソ連以外の共産主義者の忠誠を常に引き出してきた。[116]世界における傑出したマルクス＝レーニン主義者としての彼に対して、確実な挑戦をなしうる者は誰もいなかった。彼は誰であれ、そうした大望を抱いていると疑われた人間がどうなるかを再三にわたって見せ付けてきたからである。反抗的な同志を隊列に入れなおすため彼はテロに依存し、決して大規模な武力――とりわけ赤軍――の行使を行わなかった。指を一本動かし、眉をあげ、あるいは死刑執行令状に署名するだけで普通は充分だった。

対照的にフルシチョフにはそうした敬意が集まらなかった。常によくしゃべり、しばしば媚びへつらい、ときに酒を好むという彼にとって、余計な身振りや演説を省きめったなことでは人前に出ないという、スターリンをしてあれほどの恐るべき存在とせしめた所作を会得することなどはできない相談であった。[117]こうして、前任者に恐ろしい評判を付与したテロという手段を廃棄した後、フルシチョフは第二〇回党大会でスターリンを彼自身からきっぱりと切り離そうとしたのである。しかしながらスターリン主義からのそうした離脱が、共産主義世界の分裂阻止のため、スターリンなら決して必要とはされなかった規模の武力行使を余儀なくされる立場に彼を即座に追い込む羽目になったのは、残酷な皮肉というべきであった。

改革を試みる権威主義的な国家は革命の危険を冒すことになる。その両者の間に足場を確保することは立憲政体に比べて困難であろう。[118] ベリヤは一九五三年六月の東ドイツにおいて、それを我が身の破滅という代償を払って発見したのであった。他方、フルシチョフは当時ウルブリヒトと反動勢力を支援した。[119] しかしその三年後、改革とそれを達成する多くの方途の推進者となっていたこのクレムリンの新指導者は、ポーランドで同様の事態に直面したのである。

久しくポーランド共産党の指導者であったボレスラウ・ビエルトが先の第二〇回党大会直後に死去すると、ポーランド人はこれら二つの事件を奇貨として捉え、政治犯の釈放と政府からのスターリン主義者の追放に着手した。これらの動きを正当化するようにみせるため、彼らはまたフルシチョフの「秘密」報告をそのままに終わらせないよう取り計らった。イスラエルとアメリカの情報機関からのさらなる支援によって、その演説が六月四日付の『ニューヨーク・タイムズ』紙に掲載されたのである。[120] 同じ月の後半にポズナンで労働者のストライキが組織され、暴動がそれに続いた。そして一〇月になると、古参で、チトー主義者に対するスターリンの粛清の犠牲となったという点でモスクワにとっては信頼しえないウワディスワフ・ゴムルカを政権に復帰させようとする圧力が、ポーランド共産党内部で高まっていた。

フルシチョフは今や厄介なディレンマに陥った。マルクス＝レーニン主義者の間の多様性を彼自身が是認していたことから、ポーランド人が先へ進むのを阻止することは困難だった。しかしポーランド人がもしそうすれば、ロシア人に対するゴムルカの憤り――多くの彼の国民によっても確実に共有されていた――は、ソ連と、やはり同じような警戒心を抱く東ドイツとの中間地帯に敵対的な国家を出現させることになるかもしれなかった。フルシチョフはまず直観的にポーランド人を威嚇しようとした。スターリンなら考えもしなかったことだが、彼はポーランドの党総会がゴムルカを選出することになっていた一〇月一九日に招かれもしないでワルシャワに押し掛け、会議への出席を要求したのである。「裏切り行為……が明らかとなった。この男はここでは通用しないのだ」と彼は空港で怒鳴った。ポーランド側の記録によると、その声があまりにも大きかったので運転手でさえ聞くことができたという。しかしここで驚くべきことが起こった。ゴムルカがこう反論したのである。

机の上で拳銃を見せつけながらしゃべるとすればそれは公正な議論ではない。そんな状況では議論を続けることもできない。それに体調が悪いので失礼したいのだ。ソ連の同志の不満もわかるが、物理的な脅しによって決定せねばならないとすれば、そんなことは御免蒙りたい。長いこと遠ざかっていた後の最初の党務が邪魔されるに違いないからだ。[121]

ポーランド人は総会へのフルシチョフの出席を拒否して予定どおりゴムルカを選出し、またロシア人が介入すれば——不吉な部隊の移動が起きていた——労働者を武装させて抵抗することを明確にした。同時に、ゴムルカはポーランドをワルシャワ条約機構から脱退させる意思のないことを保証したのである。フルシチョフはすぐに平静さを取り戻した。彼は後にこう回想している。

ここにかつて反ソ連の波に乗って権力の座に就いた男がいた。しかし、今や彼はポーランドとソヴィエト・ロシアおよびソ連共産党との友好関係の維持の必要性について力強く話すことができた。恐らく私はあの時この事実をよく認識しなかったのだろう。しかし後になってそうするようになったのである。[122]

ポーランドは「不愉快な事態を排除する道を採用」したかのようにみえた、とフルシチョフは一〇月二四日にソ連最高会議幹部会に報告した。[123]「いま武力紛争を起こす理由をみつけようと思えば非常に簡単だろう。しかしそうした紛争を終わらせようとすれば、非常に大変である」。その経緯がいかに優美さを欠くものであったにせよ、クレムリンの支配者は他の共産国家との間でその指導者の選択に関して初めて妥協したのである。

もしこれが進歩だったとしても――たしかにそうだった――長くは続かなかった。フルシチョフが説明しているまさにその時にも不穏な報告がブダペストから舞い込んできていた。「ハンガリーの情勢は極度に深刻である」と彼は幹部会に警告している。[124] ロシア人はすでに七月に不人気なその国の党指導者であるマティアス・ラーコシを更迭していたが、政情不安は続き、ポーランドとの妥協の知らせが入ると公然たる反乱が発生したのである。「党の指導部と政府の構成員は事態の緊急性が要求する措置を講じなかった」と、後にソ連側は分析した。「彼らの多くは単に現実的な情勢評価ができなかった」。[125]

いくらかの混乱の後、フルシチョフは秩序の回復のため赤軍のブダペスト侵攻をしぶしぶ命じたが、あらゆる人々にとって驚きだったようにその任務は成功しなかった。「ソ連軍部隊の到着は住民の気分に対して否定的な効果をもっていた」とあるハンガリーの党役員はモスクワに控えめな報告を送った。[126] しかし実際には、住民たちの反応は石、手榴弾、火炎瓶によるものだったのであり、現地の軍や治安部隊もそれに加勢しそうな様子であった。そして国の大半の地域における政府と党の組織が崩壊寸前だったのである。新たなハンガリーの党指導者であるイムレ・ナジは反乱側に乗り換え、一〇月二八日、交渉によってソ連軍のブダペスト撤退を取り決めた。またそのすぐ後に、彼はハンガリーのワルシャワ条約脱退と中立化を宣言したのである。[127] フルシチョフによるポーランド問題の処理がハンガリーでの失敗を招いたようであった。

しかし今度ばかりは彼も実際に断固たる行動をとった。東ヨーロッパの他の地域でも情勢が手におえなくなる可能性を懸念――しかしまた、同時に生起したスエズ危機がアメリカとその同盟諸国の手を縛っていることを認識――したフルシチョフは、一〇月三一日、ハンガリーへの全面的軍事介入に対する幹部会の承認を取り付けた。彼は続く数日間を中国人、ユーゴスラヴィア人、ポーランド人およびその他の東ヨーロッパ人からの支持の確保に費やしたが、いずれもが――その熱意に差はあれ――同調した。そして、一一月四日に赤軍が侵攻し、およそ二万人のハンガリー人と三千人のソ連軍将兵が死亡した三日間の戦闘の後、ハンガリーはそっくりソ連陣営へと復帰したのである。ユーゴスラヴィア人はナジを大使館にかくまったが、彼の後継者であるヤノス・カダールから安全を保証されるとその身柄を引き渡すことになった――ロシア人はその不運な反乱者を捕らえ、裁判のうえ処刑した。[128] フルシチョフは必要とあらば無慈悲になりうることを証明したのだった。

　これは痛恨の事態であった。フルシチョフは同盟の結束維持のためには無慈悲にならねばならなかった。本来彼はそうした結束を確保するために、スターリン主義的な手法を必要としないですませるようマルクス＝レーニン主義を充分に魅力的なものにすることを望んでいたはずである。しかし非スターリン化の最短期間の実験でさえ、東ヨーロッパにおいて血の海で終わるような遠心分離的な傾向を惹起したのである。「彼は通常の人間関係では親切な男だった」と彼の顧問の一人であるフョードル・ブルラツキーは後に回想した。

> しかし政治において彼は親切さを認めず、「階級利益」が侵害されたと思われた時にはとくにそうであった。彼自身が払い落としたはずのスターリンの燃え殻がまだ彼の胸中で燻っていたのである。彼は社会主義諸国のすべての他の指導者に対する教訓としてナジを処刑した。ゴムルカやカダール、そして多分チトーや毛沢東も念頭にあっただろう。彼の眼では道徳性などよりも政治的便宜が優先した。人間性は安全保障に席を譲ったのである。[129]

「君たちの国民に正しい方向づけを与える必要がある」と、フルシチョフはすべてが片付いた後に意気消沈したハンガリーの共産主義者に説いた。[130]「これ（ナジの運動）が反革命であったと伝える必要がある。そうでなかったならなぜ武器などを使えただろうか」。実際に発言したのはフルシチョフだったが、内容はスターリンの論理であった。「彼らが人民の敵でなかったとすれば、彼らを撃つことができただろうか」。

　ワルシャワ条約機構はかろうじてではあるがフルシチョフ同様生き延びた。[131] しかし一九五六年以降、それが東ヨーロッパ版のNATO——自発的参加と民主主義的な運営を基礎とする同盟——であるとの幻想を誰も抱くことはできなかった。フルシチョフの改革にもかかわらず、強制と招待という非対称性はそのままだったのである。この結果、ソ連はヨーロッパ「同盟諸国」の忠誠を二度とあてにすることができなかった。ソ連は彼らのことを、アメリカの同盟諸国に対するのと同様に監視せねばならなかった。このようにして、スターリンの時代から何もほとんど変わらなかったことになる。悪魔払いはやはり容易なことではなかった。

VI　中ソ同盟の内実

スターリンの亡霊はフルシチョフと中国の「同盟者」との関係にも出没し、ここでも悪魔払いは予期せざる結果をもたらした。それはポーランドでのような妥協でもなければ、ハンガリーのような反乱でもなかった。むしろそれは分派活動というべきものであり、共有された教義のなかで何を真理として信仰の対象とするかをめぐり信者同士の間で起こった果てしない消耗戦のようなものだった。チトーの異端の場合には、彼が世界におけるマルクス＝レーニン主義者への指導権を主張しなかったことから、決してそうした次元にまで達することはなかった。しかし毛沢東と国際共産主義との関係は、プロテスタント勢力による宗教改革とローマ・カトリック教会との関係に等しかった。改革者たちが今度は既存制度の側にいたにすぎない。その分派論者は旧来のままであり続けることを欲したのである。

フルシチョフは——恐らく最後の瞬間になって決意したからであろう——第二〇回党大会で前任者を告発する前に、中国人の同志から同意を取り付けることをしなかった。[132]中国側はそのため他のすべての代表団と同じく虚をつかれたが、彼らと違ったのは抗議したことであった。スターリンは「ソ連共産党だけでなく他国の共産党のものでも」あったのだと、毛沢東の代理として出席した朱徳将軍は主催者に想起させた。「あなたは他の党に相談もせずに彼を非難した……」。この苦情を知らされた時、フルシチョフは必要以上にぶっきらぼうな調子でそれを退けた。「スターリンはわが党の指導者だったのであり、我々ソ連の共産主義者には彼を思い通りに扱う権利があるのだ」[133]。しかし、一方で世界の共産主義運動に対する指導権を主張し続けながら、他方でその中心的な偶像を一方的に破壊してしまうことなどは多くを望みすぎというものであった。毛沢東はすぐにそこを衝く手段を見出した。

中国共産党主席のスターリンに対する敬意は時間の経過とともにずいぶんと薄れていた。その老独裁者は朝鮮戦争で中国の軍事的努力を適切に支援しなかった。毛沢東がうんざりしたように、アメリカの核報復を恐れたスターリンは本物ではなく張り子の虎のように振る舞わねばならなかったのである。またフルシチョフも後に認めたように、「経済関係の多くの領域において、我々は植民地開拓者のように中国に押し入った。……スターリンによる中国に対する譲歩の要求は耐えられないものであった」[134]。毛はこれらすべてを忍耐強く我慢し、スターリンの死に際しても依然として彼を称賛し、「今の時代における最大の天才」と呼ぶことができた[135]。彼は後になってこう認めている。その賛辞は「スターリンにではなく」むしろ「ソ連共産党に対して捧げられた。……そんなことを書くなというのは感情ではわかるが、理性ではそうせざるをえないのだ」[136]。一九五〇年代なかばになると、毛はスターリンが中国革命をどの時点においても適切に支援しなかったと不平を洩らすようになった。クレムリンの支配者は彼を「中国のチトー」とみなすようにさえなっていたのである[137]。毛の主治医である李志綏は、「彼とスターリンが実は決してうまくはいっていなかった」ことを聞き、衝撃を受けたことを記憶している[138]。

しかしながら象徴としてのスターリンは毛沢東にとってすこぶる有用だった。その理由は中国革命がロシア革命の辿った諸段階を再現せねばならない点に関係していた。社会主義者の反乱については他に成功例がなかったから、中国人がソ連を模倣しようと考えたのは自然なことであった。こうして彼らは頻繁にソ連を「兄」と呼び、「弟」がそれに学ぶ必要があるとしたのである[139]。毛はこれについて驚くほど愚直だったといえよう。アメリカと列強が一九一八年にシベリアと北部ロシアに出兵していたことの類推から、彼が一九四九年にアメリカの中国介入を予期したことについてはすでに触れた[140]。彼の見るところ、朝鮮とインドシナでの紛争もそうした外国勢力による干渉と同系列に属するものであった。彼はまた国家主導の資本主義という短期間の実験を行ったが、その内容もレーニンの新経済政策に類似したものだった。さらに彼は農業の集団化と急速な工業化をめざす五ヵ年計画とを開始しているが、この両者もソ連モデルの慎重な模倣だったのである[141]。加えて、彼はアメリカからの外交的承認を得るために「一八年かそれ以上」の期間待ち続ける意向さえもっていた。アメリカがソ連を承認するのに一七年の歳月を要したからである[142]。そしてフルシチョフが書き留めたように、彼は確実に「個人崇拝」の様相をも呈するようになりつつあった。「スターリンが生涯もち続けたような誇大妄想に毛沢東も取りつかれていたと信じる」[143]。毛の主治医であった李志綏も毛が「中国のスターリンであり、あらゆる人々がそれを知っていた」ことを後になって確認している[144]。

毛沢東がソ連の経験を中国に固有の状況に適用し、しばしば独自の結果をもたらしたことは確かである。彼はまた革命が進展する諸段階を圧縮し、共産主義への移行がソ連よりも早期に達成されることを希望した。しかし、彼がレーニンとスターリンの開拓した道筋そのものからの離脱を考慮したことは決してなかったようである。彼はスターリン死去の際に次のように主張していた。「ソ連における社会主義建設の勝利は最も現実的な意味でマルクス＝レーニン主義の無限の正しさを証明し、世界中の勤労人民に対して良い生活への道筋を具体的に教育したのである」[145]。これが単なる弔意の表明ではなかった証拠に、その五年後、率直な個人的会話のなかで毛はソ連大使に向い、「あなた方と我々の一〇本の指のうち九本まではまったく同じであり、違うのは残りの一本だけである。……我々はあなた方人民を信頼する。なぜならあなた方は社会主義の国の人民であり、レーニンの息子や娘であるからだ」と依然として請け合うことができたのである[146]。

フルシチョフがレーニンやスターリンでないことは毛沢東も充分に承知していた。毛のモスクワ訪問を待つ代わりに彼が一九五四年に北京を訪れたのは些細な問題ではなかった。帝国への大望を有する中国の統治者がこの点を見逃すことはほとんどなかったであろう。[147] クレムリンのその新たな支配者が脅威となることはなかったが、それも、毛がスターリン主義の段階に移行しつつあるまさにその時に、彼が思い切ったマルクス＝レーニン主義の非スターリン化という作業に乗り出すまでのことだった。フルシチョフは「剣を他人に渡し、虎どもが我々に危害を加えるのに手を貸し」ていたと毛は密かに息巻いた。「彼らが剣などいらないといっても、我々はそうではない。我々ならそれを最高にうまく使える。ソ連はスターリンを攻撃するかもしれないが、我々はそんなことはしない。それどころか、彼を支持し続けるのだ[148]」。

抵抗に直面した時の癖であるかのように、毛沢東は直ちに攻勢に出ることはしなかった。彼は、スターリンが「偉大なマルクス主義者」であり「立派で正直な革命家」ではあったが、「……その主なものがフルシチョフの演説で指摘されたように、長い年月の間には多数の巨大で深刻な誤りをも犯した」ことを認めた。[149] また彼はポーランドとハンガリーの危機に関するモスクワの処置を是認した。それらは結局非スターリン化の必要性を示唆するものとも、あるいはその危険性の自覚を示唆するものとも受け取れたのである。[150] 周恩来は一九五七年初頭にモスクワとワルシャワを訪問した際、ポーランド人に対して、「我々両国の関係は兄弟同士のそれのようであるべきであり、過去の……ソ連とポーランドのような父と息子の関係であってはならない」と説明した。この中国人はロシア人に対しては、「兄弟党との関係に関する彼らの立場は常に正しいという訳ではない。しかしそれについて公然と話すべきだとも思わない。ソ連を弱めることになるからだ」と述べていたのである。[151]

毛沢東自身はボルシェヴィキ革命四〇周年にあたる一一月にモスクワを再び訪問した。フルシチョフが世界革命を推進するうえでのロシア人と中国人の「分業」というスターリンの古い提案を再度持ち出すと、彼は「ソ連共産党は国際共産主義運動の唯一無二の中心であり、残りの我々はその中心の周囲で団結すべきである」との理由でそれをうやうやしく辞退した。しかし決して毛を信頼しなかったフルシチョフは不安だった。「彼の考えが彼の言葉とは非常に違っているのではないかと疑わざるをえなかった」[152]。今や明らかなようにこれは見事に当たっていた。毛が後に不満を洩らしたように、この二つの党の関係は「兄弟のような」ものではまったくなく、むしろ「父と子、あるいは猫と鼠」のようなものだったのである。[153]さらにソ連とヨーロッパの同盟諸国は革命を推進する自信を喪失していた。[154]毛は空港から都心に向う車中の両国指導者に対するモスクワ市民のおざなりな歓迎振りを指摘し、顧問に対して、「フルシチョフはスターリンを攻撃する運動を始めた時に人民の支持を失った」と説明している。「彼らが熱狂を失ったとしても何ら驚きではない[155]」。

毛沢東にとって熱狂とは革命の真髄であった。彼は――党、政府あるいは他の――官僚制がそれを窒息させるのではないかとの恐れを決して克服することができなかった。そうだとすれば、ソ連人の革命的な活力の喪失を不運なフルシチョフの責任に帰してみたり、スターリン主義への回帰がそれを復活させるとほのめかすことなどは異様というべきであった。もちろん、ここで毛が「熱狂」という言葉で意味するものが、自発性を伴わない熱意の大規模な強要という、スターリンならよく理解したであろう状況でなかったのであれば、という話ではあるのだが。実際には、これこそがモスクワ訪問時に毛沢東がすでに決定していた方針だったのである。

フルシチョフの非スターリン化は、独裁的な指導力に対する党内からの警告を惹起したという点で当初毛沢東の権威を弱めた。それは一九五六年九月に北京で開催された第八回党大会で表面化している。翌年二月に有名な「百花斉放・百家争鳴」を打ち出したことで、毛自身もそうした警告を受け入れたようであった。[156]続いてあらゆる場所から驚くべき量の批判が噴出し、その大半は党全体に向けられたが、毛沢東個人に対するものもあった。そこで七月に毛沢東は突如方針を転換し、革命の破壊を企図していると彼が名指しした「右派」に対する反撃を扇動したのである。「蛇をおだてて穴から誘い出す」と毛は説明した。「そしてそれに一撃を加えるのだ。まず毒草を育て、次に一本ずつ刈り取るのが私の戦略である。全部肥料にしてしまえ」[157]。

「そのスローガンは意図的な挑発だった」とフルシチョフは回想している。「それは人民がもっと自由に発言することを奨励するために宣告されたが、果実の色や匂いが気にそわない場合、その花は切り取られ、泥のなかで踏みにじられることになった」[158]。これは毛沢東の洞察力を誇張したものかもしれない。しかし一旦発動された後の展開からすれば、彼の「反右派」闘争をスターリンの粛清をまねたものとみなすことも無理なことではないであろう。そのソ連の指導者も現実のあるいは想像上の敵を白日の下におびき出し、その首を切り落とすことを楽しんだのだった。中国ではそれほど血なまぐさいことにはならなかった。「誰も殺さない」と毛沢東は約束した。充分に現実的な理由があった。「誰かを殺そうとすれば、全員を殺さねばならなくなるからだ」[159]。しかしその弾圧は極端に徹底したものだった。以後、熱狂というものは何であれ最も容赦ない統制の下でのみ生れることになったのである。

毛沢東はさらにもう一つの意味においてスターリン路線の踏襲に着手――今回は、彼がクレムリンの独裁者でさえ夢想しなかったほどの人命を損失させた点が違っていた――した。大躍進政策には複雑な原因と多くの目的があったが[160]、基本的には計画というものを拒絶し、大衆に気力と熱狂を強要するという性格のものであった。初期におけるソ連型の集団化および工業化の模倣は機能しなかったが、毛はスターリンの先例を完全に拒絶したのでもなかった。あの偉大な「天才」にしても時には計画立案に業を煮やし、生な意思の力というものを称賛することがあったのである。その最も有名な例は一九三五年に推進されたスタハノフ運動である。それは、一晩でノルマのおよそ一四倍に相当する一〇二トンの石炭を採掘したとされる炭坑夫アレクセイ・スタハノフの偉業に因んだものであった[161]。他方、一九五八年に毛が実施したのは全国規模で計画をすべて廃棄し、意思の力をもってそれに代えるという施策である。全中国が人民公社で組織され、一年で――裏庭の溶鉱炉を使って――国家の鋼鉄生産高を倍増するものとされた。毛は一〇億の単位でスタハノフを創造しようとしたのだった。

フルシチョフは「毛沢東が何を企んでいるかは明白だった」と回想している。「もし五年でイギリスに追い付きアメリカの尻尾をつかむことができたなら、レーニンの党に大きく水をあけ、一〇月革命以来ソ連人民が達成してきた進歩をしのぐことができると彼は考えた」[162]。一九五八年一〇月、モスクワ駐在の中国大使は、ソ連指導部が「我々の（経済）発展から生じた新たな思想と新たな経験に対する……賢明な理解を欠いている」と報告した。「代金を払わずに食料を手にいれる」という考えは、とくに彼らにとって「理解しえない」ものであった[163]。フルシチョフは以下のように付言した。

毛沢東が経済の崩壊と、その結果として彼の政策の失敗につながる誤った道に乗り出したことは我々にとってまったく明白だった。我々は手遅れにならないうちに中国人に働き掛け、それをやめさせるためにできるだけのことをした。しかし毛は自らを神と考えた。カール・マルクスとレーニンの亡き後、毛は彼に匹敵する者が地上にいないと考えたのである[164]。

毛自身の主治医も彼のことを「井のなかの蛙、大海を知らず」であると評した。「彼には共産主義の世界が資本主義のそれを追い越すと断言するに足る根拠はなかった。……資本主義世界がどのようなものであるかについて何らの知識もなかったのである」[165]。

しばらくはすべてうまくいくようにみえた。人民公社が組織され、作物が実際に収穫され、鋼鉄も生産された[166]。しかし、溶解する物なら何であれ品質管理もなく自家製の溶鉱炉に投入されることで鍛えられた鋼鉄が、まったく使いものにならないことがやがて明らかとなった。さらに悪いことには、多くの農民が作物を放棄し、火を絶やさないために森林の伐採――またしばしば家具の解体――に精を出すようになったのである。一方、毛沢東の指令に忠実であろうとするあまり、党の役人たちは生産が減少している時にも水増しの報告を行った[167]。主席は誇らしげに国内を視察し、部下が差し出す統計数字を賞味し、乗車した夜行の特別列車の両脇で見渡す限り遠くまで風景を照らす火を眺めて安心したのである。しかし同行した李志綏は「溶鉱炉が突如出現し、生産高が異常に大きい」ことを訝った。

車窓からの眺めが、とくに毛沢東のために全国規模で上演された巨大かつ何幕物かの京劇であったことが判明した。党書記たちは線路沿いのあらゆる場所で溶鉱炉の設置を命令し、それは両側で一〇里にも渡って続いた。……湖北では党書記が……豊作を印象づけるため、農民に対して遠方の水田から毛沢東の視察路沿いに稲を植え替えるよう指示していた。……中国全土が舞台であり、人民すべては毛沢東向けの奇抜な出し物の役者だったのである。

どうやら主席はまたもう一つのロシア製品——ポチョムキン村——を輸入し、それに大幅な改良を加えていたようである。しかしこうした誤魔化しが判明した後でさえ、毛沢東は「裏庭溶鉱炉の中止を命じなかった。……(彼は)依然として大衆の熱狂をくじくようなことは何もしたくなかったのである」。[168]

経済における毛沢東の実験は彼が予期したかたちではなかったにせよ、実際には世界の他のあらゆるものの記録を凌駕した。大躍進が近代史における最も破壊的な飢饉をもたらしたことは今や明らかである。死者の数は不明だが、推定によれば一六〇〇万人から二七〇〇万人におよんでいる。正確には恐らくそれ以上であろう。以前の中国における飢饉ではこうしたすさまじい数の犠牲者が記録されることはなく、ソ連での農業集団化がもたらしたそれも同様であった。[169] 実際、ソ連における飢饉と粛清、およびヒトラーのホロコーストによる死者の数を合計しても、一九五八年から一九六一年にかけて毛が発動した一つの施策のそれにもおよばない可能性があるのである。[170] 主席の肖像はかつて西側の追従者のTシャツや大学寮の壁を飾ったこともあったが、彼は恐らく史上最大の大量虐殺者としての記録を保持していることになる。

しかしこの大躍進はマルクス＝レーニン主義経済の実験だったのであろうか。フルシチョフは明らかな理由から躍起になってそれを否定した。中国人が数百万——数字そのものについては数年後まで不明だった——の規模で餓死しつつある状況を知り、また少なくとも毛沢東が核戦争でさらに数百万人を犠牲にすることを明らかに厭わないでいることにも困惑したフルシチョフは、一九六〇年六月にイデオロギーをあまりにも額面どおり受け取ることに警告を発した。[171]「我々はマルクスやエンゲルスやレーニンのいない時代に生きている。アルファベットを学ぶ子供が文字から単語を作るように振る舞ったりすればうまくはいかない」。今や守勢にまわった中国人は、フルシチョフが「身勝手で専制的」であると反論した。彼は「偉大なソ連共産党とわが党との関係を兄弟間のそれではなく、家長のような父親と息子とのように」扱ったのである。[172]

フルシチョフにとってはもはやこれで充分であり、彼は七月一六日、中国に対するすべての経済、技術援助の引き揚げを突如宣告した。それはまさに北京政府が直面する災害の大きさに焦点を合わせ、復興について考え始めた時のことであった。[173]効果は破壊的だった。鄧小平は二ヵ月後、ソ連代表団に向って「専門家の引き揚げは我々に損害を与え、大変な規模の困難の原因となった」ことを認めている。しかし「中国人民は……自らの手で損失を埋め合わせ祖国を建設する決意である」。[174]

モスクワからすれば、中国人はマルクス＝レーニン主義モデルの中核にある計画立案過程というものを曲解した――へたにもじった――のである。しかし今や明らかなように、そのフルシチョフ自身の手法にしても、それは――人的損失ははるかに少なかったにせよ――彼が考えていたよりはずっと毛沢東のそれに近かった。一九六一年秋に開催された第二二回党大会において、このクレムリンの指導者は慎重に練られたと自ら主張した計画に基づき、一人当りの生産高においてソ連が一九七〇年までにアメリカを追い越すと予言したのである。共産主義社会は一九八〇年までに実現するとみなされた。マルクス＝レーニン主義は軍事力ではなく、議論の余地のない経済的繁栄の誇示によって勝利を収めるとされた。[175]しかしながら、フルシチョフの演説起草者だったフョードル・ブルラツキーが回想するように、その演説の基礎とされた統計は「完全な作り事――まったくの希望的観測――だった」。ソ連経済はその頃まででに深刻な困難に見舞われており、フルシチョフは計画立案者からの助言に反して自らの構想を発表していたのである。[176] たんに高遠な目標を掲げさえすればすべての困難を克服しうると彼と毛沢東は考えたようであった。人民の意思が問題であって専門的技術は必要とされなかった。この意味で二人の指導者はともに井の中の蛙であり、天に達しようとしながらその方法には無知だったことになる。

では、これも明確な構想をもつことなく一九七〇年までに人類を月へ送り込むことにアメリカを関与させたジョン・F・ケネディについてはどうなのだろう。[177] その違いは明らかで、ケネディはイデオロギーからみて正しい方法で自らのいわば大躍進を達成すると主張したのではなく、実効ある手段なら何であれ利用する意図をもっていたのである。フルシチョフも毛沢東も経済計画の策定に当たりそうした種類の実用主義を容認しなかった。彼らは厳格なイデオロギー上の制約を課し、個人的な責任をもってそれらの適用方法を決定したのだった。それはあたかもケネディが、民主党員やローマ・カトリック教徒、あるいはマサチューセッツの住民のみが宇宙計画を推進しうるとか、適用される科学技術はウッドロー・ウィルソンやフランクリン・D・ローズヴェルトの著作によって正当化される必要があるとか、また彼が個人的にそうだと認めた時にのみ失敗となるのだと主張したようなものであった。フルシチョフは彼自身の宇宙計画についてはそうした方法で運営しないだけの良識を持ち合わせていた。さもなければ馬鹿げたことになっていたであろう。しかし長期的にみて経済はスプートニクに比べて彼とその祖国にとってはるかに重要であり、そうした馬鹿げたことが――毛の中国の場合と同じく――あらゆる段階で経済を苦しめたのである。

二人とも権力の分担に耐えることができなかったという点に原因があった。フルシチョフはボスとならなくてはならず、毛沢東も皇帝にならねばならなかった。この両者は自発性というものに不信を抱く文化の産物であり、革命家としての出自にもかかわらずそれをひどく恐れた。これが意味したのは、独創性、革新性、洞察力あるいは賢明さ――および道徳的な同情心――を備えた人物が政権の頂点にたどりつくには多大の困難が伴うということであった。マルクス＝レーニン主義の体制でそうした資質を生かすためには既存の指導者のなかにたまたまそれが備わっている必要があり、その場合、その彼は本当に――毛がスターリンについて述べたように――「今の時代における最高の天才」となったに違いない。これは実際のところ高い基準の設定というべきであった。西側の――他人からの助言を求める際に自分の権威に対する脅威を感じない――もっと民主主義的な政治家が、総じて、当初から狙っていた目標のより近くに着地しえたのには多分こうした原因があったのであろう。

Ⅶ　同盟の帰結――東と西――

一九六四年一〇月にフルシチョフが失脚する頃には、レーニンやスターリンが予期したような資本主義者間の戦争などはどこにも見当たらなかった。共産主義者と資本主義者との戦争も――キューバ・ミサイル危機の衝撃の後は[178]――、ヴェトナムで激化しているような「第三世界」での紛争に限定されそうであった。しかし共産主義者間の戦争だけについては、その可能性はあまりにも真に迫ったものというべきであった。フルシチョフの時代におけるソ連と中華人民共和国のイデオロギー上の分裂がきわめて激しいものだったので、その時代の終了間際、彼の代理人たちはゴビ砂漠にある中国の核施設に対する共同の予防的な軍事行動計画について、アメリカ人に極秘の協議を持ちかけていたほどである[179]。これらの接触の顛末を知るのは困難だが、いずれにせよほどなく中国による最初の原爆実験が実施され、ほぼ同時にフルシチョフが権力の座から追放された。これはマルクス＝レーニン主義の理論家の誰もがほとんど見通さなかった状況である[180]。最大のマルクス＝レーニン主義国家同士の間に大国間戦争の最大の危険が存在したのである。

こうした予期せざる展開は、フルシチョフと毛が一九五四年の北京における最初の会見時からそれぞれの環境を含め、お互いをひどく嫌っていたようにみえるという事実によって説明されるかもしれない[181]。クレムリンの新たな指導者は、中国の首都の雰囲気を「典型的な東洋風」——他に彼が何を期待したのかは不明——で、「胸の悪くなるように甘ったる」く「吐き気を催すような」ものと感じた。彼には緑茶も口に合わなかった。彼は帰国するや同僚に向って中国との紛争が不可避であると告げたと回想している。[182]「中国人が現実に我々を苦しめ始めるまでは彼らを挑発しないよう細心の注意を払った」。しかし「彼らが実際にそれを開始した時、何といってもイエス・キリストではないのだから、さらに片方の頬を差し出す必要などはなかった」。[183]毛沢東もまた一九五七年にモスクワやソ連側の主人役についてそれ以上の好印象を受けなかった。「我々の好みには合わない」と彼は食事について不満を洩らした。また『白鳥の湖』の観賞後、彼は「爪先立ちではね回って、なぜあんな風に踊るのだ」とフルシチョフに説明を求めた。そしてフルシチョフが一九五八年に答礼で北京を訪問した際、毛は故意に礼を失する態度をとり、海水着姿でその賓客を接待したほどであった。それは「奴の尻に針を刺す」一つの方法だったと毛沢東は楽しげに認めている。[184]

西側の指導者たちも常にうまくやっていた訳ではない。ジョン・フォスター・ダレスとアンソニー・イーデンはお互いを困らせることに特別な楽しみを見出していたようである。シャルル・ド・ゴールはあらゆる人々を困惑させようとし——そのために「全方位防衛」というフランスの戦略ドクトリンを「全方位攻勢」に切り替えた。そうした憎悪心はたしかにNATO内の関係を難しくしたが、それらはフルシチョフ—毛沢東間の抗争が中ソ同盟に悪影響をおよぼしたほどのものには決してならなかった。その理由はごく単純である。ド・ゴールを別として、自らを国家の擬人化した存在と考えた西側の指導者はいなかった。[185]国家間には常に複数の連絡経路が存在し、たとえ指導者同士が嫌悪し合っていても部下がそれを取り繕うことができたのである。しかしながらモスクワと北京で支配者となった革命家にはそれができなかった。その権威主義的な統治手段は歴史、文化およびイデオロギーが一体となって押しつけたものであり、そこでは支配者個人の感情が国策となりうることを意味したのである。こうして、逆説的ではあるが外交というものがかつて絶対君主の統治していたような時代のものへと舞い戻り、和戦の問題は彼らの間での個人的な礼儀如何ということになってしまった。

こうした個性の衝突がマルクス＝レーニン主義者の結束を崩す「矛盾」の一つだったとしたら、同盟の構造にみられる対称性も同様であった。西側同盟は東側のそれに比べてはるかに柔軟だったことが証明されたのである。これについては、一九五六年のハンガリーによるワルシャワ条約機構からの脱退未遂と、その一〇年後に起こったフランスによるNATO軍事部門からの現実の脱退とを比較するだけで充分であろう。フランスの方が議論の余地なくもっと重要な同盟国であった。この国はハンガリーに比べて大きく、豊かで強力であり、NATO司令部もそこに設置されていたのである。たしかにアメリカ人と他の同盟諸国はこのド・ゴールの脱退という先例を懸念し、頑固な大西洋主義者のなかにはそれに苦々しく対応した者もいた。しかし全体的な反応は驚くほど穏やかなものであり、突然の脱退劇だったにもかかわらず、それは遺憾の念の表明と迅速な撤兵および施設の撤去に限定されたのである。[186]フルシチョフがイムレ・ナジを処理したようにド・ゴールを取り扱うという考えがワシントンや他の関係者にたとえ浮かんだとしても、そうしたものは彼らの胸中に深くしまい込まれた。誰もフランスの大統領を異端者として非難しなかったし、公然あるいは秘密工作による彼の失脚を提案するものもいなかった。そして当のフランスも、原則的には超然たる姿勢を維持したが、ほどなくNATOと実質的な協力関係に入ることになったのである。[187]

歴史において起こらなかったこと――実際、誰もが起こる可能性がなかったであろうとみなしていること――が時には啓発的であったりする。NATOがパリの挑戦を容易に吸収し、適応しえたのに対して、ワルシャワ条約がブダペストのそれに抵抗し、ついには押し潰さざるをえなかったという事実、振り返ってみてそれと逆の事態を想像するのが非常に困難であるという事実、当時それとは違った行動にでることを誰も真剣に考慮しなかったという事実――これらすべてが冷戦の二大同盟における重要な相違を暗示している。一方には弾力性があり、他方は堅いがもろく、壊れやすかった。今や明らかなように、NATOはいわば有機的な同盟であり、置かれた環境に深く根ざし、必要なら重傷を負うことなく枝葉等を落とすことができた。ところがワルシャワ条約と中ソ同盟はともにその特性として無機的、あるいは水晶のようでさえあり、見た目は印象的で、触れると堅かったが、無理すれば容易に砕け散ったのである。[188]

ではそうした違いをもたらしたものは何であったのだろうか。ここでマルクス＝レーニン主義者の提携に潜む三つめの「矛盾」を指摘することになる。指導者のもつ民主主義の概念である。彼らはしばしば自らの体制を「人民民主主義」と説明したが、この用語の意味には常に相対立する要素が含まれていた。それはフルシチョフに最も端的に表れている。ある体制がいかに進歩的であろうとも、政権の座から追われないためには遅かれ早かれ被治者の取り分を増やさねばならなくなる、というフルシチョフの科白はまことに正確だった。こうした荒削りな点において彼は代議政体の原理を理解しており、さらに回想録で以下のように説明した。

> 民主主義国において指導者は従う人々の意見を必ず聞かない限り政権の座に居座ることはできない。民主主義的な指導者は良い考えをもち人の忠告を入れるだけの度量を備えていなくてはならない。彼は指導者たるその地位が人民を率いる自らの意思ではなく、彼を指導者として担ぐ人民の意思に依存することを認識せねばならないのである。

しかし彼の理解力の限界もすぐに明らかとなった。

> そして人民は指導者が党と一心同体であることを見せる時にのみ彼を容認する。……彼は党の意思によって指導者の地位についている。言い換えれば、彼は党の上に立つのではなくその僕であり、党を満足させその支援を得る限りにおいてその地位を保ちうるのである。[189]

この循環論法には著しいものがある。指導者は人民に応えねばならないが、その人民が反応するのは党に対してのみである——そして当然ながら、その党はマルクス＝レーニン主義社会では人民に選ばれたのではない指導者に対してのみ応えるのであった。

西側民主主義諸国の指導者もまた第二次世界大戦後公約を果たすことに気をもみ、それに失敗した場合の正統性の喪失を懸念した。しかし彼らにはその解決策として、単一の、あらゆることを頂点から統制する階層的に組織された党は存在しなかった。代わりに彼らは、指導者の全知全能などを装わず水平的に組織され、主に自動調整で機能する二つの仕組み――市場経済と民主主義政治――に依存したのである。これらの体制はマルクス＝レーニン主義者のそれに比べてより「大衆」に信頼を寄せ、また統治者に従順である度合いがより低かった。その非効率性や時折の不正行為にもかかわらず、民主主義的資本主義は決定的な十年間である一九五〇年代において、調整された軍事行動をとりうる同盟だけでなく、一貫した民衆の支援に基礎をおく社会を形成する能力を証明したのである。マルクス＝レーニン主義はこれとは際立って対照的に、一つの同盟を粉微塵に破壊しもう一つのそれを力によってのみ統御した。またそれが一九六〇年までに経済的に達成したものは、次の十年で西側を追い越すというフルシチョフの空虚な口約束――および毛沢東の大躍進のもたらした大量の死――にすぎなかったのである。[190]

第八章　核兵器と冷戦の激化

たとえアメリカの原子爆弾が非常に強力で、中国に投下された場合に地球を貫通するような穴をあけてみたり、あるいは地球自体を破裂すらさせてしまうとしても、太陽系にとってそれは大きな事件かもしれないが、宇宙全体にとってはほとんど何の意味ももたない。

毛沢東、一九五五年一月(1)

アメリカは完璧には安全を保障してはくれないことを百も承知の上で、そうした軍備を蓄え込んでいるのだ。

ドワイト・D・アイゼンハワー、一九五六年一月(2)

マルクス＝レーニン主義のモデルが経済的繁栄と社会的公正という誓約の達成に失敗したこと、また中ソ同盟が崩壊し、武力行使のみがワルシャワ条約を統御したという事実、そして西側民主主義諸国が経済と同盟との運営に成功したという事実——さらにこれらすべてが一九六〇年代の始めには明白となっていたこと——を考えてみると、冷戦はなぜその時点で終了しなかったのであろうか。力というもののもつ多面性だけからすれば、その頃までにソ連の依って立つ基盤は失われたという結論がすでに出ていた筈である。つまり、ソ連のもつ国力の幅が一九四五年における政治、経済、イデオロギーおよび軍事の諸領域を総合したものから、一九六一年にはほとんど軍事的領域だけに狭まってしまった結果、この国は、アメリカとそれが糾合した同盟および西側民主主義諸国が育成しつつある強健な国際経済を凌駕するという希望をもてなくなってしまった、という判断である。こうした観点からすれば、フルシチョフの誇張された宣言などは負け犬の遠吠えのように響いたことであろう。

しかしながら当時はとてもそのようにはみえなかった。軍事技術の分野におけるソ連の成果が政治、経済およびイデオロギーでの失敗を覆い隠していたからである。非スターリン化、農業と工業の近代化、そして国際共産主義の結束に関するフルシチョフのディレンマは西側でも周知のことであったが(3)、それがもつ重大性についてはまだそうではなかった。軍備が影響力を決定するという既成の概念が依然として幅を利かせていたのである。クレムリンはその種類と量の両面において、第二次世界大戦の終結以来アメリカが核兵器分野における優越によって享受してきた利点を脅かすような兵器を蓄積しつつあった。力を構成する他の諸要素は重要性が低いようにみえたのだった。

アメリカもソ連も核兵器を手に入れた後、その使用目的についての答えを容易に発見するに至らないまま時を過してきた。そのため両国の指導者は、一九五三年までにはその破壊力と使用の可能性との関係について改めて考え直す作業を開始することになった(4)。しかし絶対兵器が絶対に役に立たないという可能性は、理解するにはまだあまりに革命的な概念であった。当時——あるいはその後の十年間も——ワシントンやモスクワの誰もが、いかなる軍事力の行使もなく、冷戦が第二次世界大戦と同様に決定的な終結を迎えるとは夢想だにしなかったであろう。[5] 核兵器を所有することには何らかの利点があるという確信は、たとえ政治家と戦略家だけがそれを理解しえたとしても依然として持続したのである。これがアイゼンハワーとフルシチョフによって着手された作業であり、事実、彼らはほとんどそれに没頭することになった。

こうした核能力の重視というものが大いにソ連の役に立ったことが今や明らかである。ソ連の力が増大している唯一の領域における競争に焦点が絞られた結果、他の領域でのモスクワの弱点を相殺する一種の「本拠地試合の利点」というべきものが保証されたのである。核の偏重は強烈な印象を与える甲羅のようなものであり、蓄積されつつあるマルクス＝レーニン主義の内部矛盾を西側やおそらくクレムリンの指導者自身の眼からも隠蔽した。ケナンは早くも一九四七年にこれを予期し、ソ連をトーマス・マンの名作に描かれたブッデンブローク家に譬えていた。それは「実際にはとうの昔に消滅しているのに、この世ではその光が最も明るく輝いている星々の一つ」のようなものであった。[6] ジョン・フォスター・ダレスにしても常にケナンと同意見という訳ではなかったが、彼はこの点については似たような考えをもっていた。「独裁体制というものは一見すると手強そうな外観をしている」と彼は一九五〇年に書き残した。しかし内面は「腐りきっている」[7]。

そこからダレスは、ソ連の権威に対してアメリカが攻撃的に挑戦すべきであるという原則を引き出した。一九五二年の大統領選挙戦で共和党側の突出した公約となった「解放」戦略である。[8] しかし彼の実際の行動は――彼の仕えた大統領のそれと同じく――はるかに用心深いものだった。アイゼンハワー政権は、二、三発のソ連の核爆弾でさえアメリカの核優位を無意味なものにするほどの破壊をもたらすと考えるようになっていたのである。こうして、アメリカは大半の場合ソ連の弱点の利用は控えるということになった。現状を変更するという選挙期間中の主張とは裏腹に、アイゼンハワーは核兵器によって現状を支え、安定化しようとしたのだった。軍事的伝統からすれば興味深い転換であったが、彼は優越した能力が防衛的な対応のみを許容するものとみなしたのである。

フルシチョフは奇妙なことにさらに倒錯した論理を編み出した。核の劣位が攻勢に出ることを命じるというものである。熱核兵器と長距離ロケットの開発におけるソ連の成果に勇気づけられながらも、アメリカの戦略爆撃能力には太刀打ちしえないことを認識していた彼は、一九五六年の終わりには、その小規模な核戦力を使用するとの威嚇を長く声高に行えばアメリカ人が蓄積したはるかに大規模な軍備に対抗しうると自らを納得させるようになっていた。ある意味で彼は、トルーマン政権による核独占に対してそれを些細なことのようにみせることで無効化しようとした一九四九年以前のスターリンの戦略を、最新の仕様に造りかえただけであったといえよう。またもう一つの意味では、フルシチョフはアイゼンハワーとダレスの先例を踏襲していたことにもなる。彼らの「ニュールック」は、大規模な通常兵力の軍備拡張競争に比べて低いコストで冷戦を継続するため核兵器に依存するというものであった(9)。そして、いかなる意味においてもフルシチョフは核戦争を望まなかったし、ソ連がそれを生き延びるとも考えてはいなかった。

しかしながら、彼にはトルーマンやアイゼンハワー――あるいはスターリン――に比べて戦争の危険を冒すことについてより大きな覚悟があった。西側が現状維持よりもその変更を選ぶとの信念から、核戦争への紛争拡大という威嚇を用いたのである。ポーカーで大博打を打つような派手さではあったが、フルシチョフはそうした脅しによって相手が折れて出ることに自信をもって賭け金を釣り上げた。しかしこの戦略は三つの問題を抱えていた。まず、敵に脅しと気づかれないためには核およびミサイルに関するモスクワの実際の戦力を秘匿せねばならなかった。またフルシチョフの修辞をソ連の現実と混同しないよう、ウルブヒリトや毛沢東のような同盟相手を統制する必要もあった。さらにその戦略は、アメリカとその同盟諸国が対抗策を講じないという想定の上に築かれていたのである。こうした命題は成立しなかった。かくして、一九六〇年代初頭に冷戦はかつてなく核戦争に接近していくのである。

I　根源的な畏怖

時には些細な出来事が大きな印象を人々に与えることがある。一九五二年一一月一日に太平洋上のエニウェトク環礁で実施されたアメリカによる最初の熱核兵器実験の後、調査にあたった人々は、爆発によって数マイル周囲を飛んでいた鳥が焼却されてしまったことに衝撃をうけた。生存しえた鳥も「病気のようであり、地上で飛び立つ気力もないもの、羽の焼け焦げたものがいた。とくにクロアジサシやセグロアジサシの羽は黒ずんでいた……」[10]。カザフ共和国のセミパラチンスクにおける実験場でも同様であり、そこでは一九五三年八月一二日にソ連が初の水爆実験を行った。アンドレイ・サハロフは自動車で調査に回った時の回想を残している。

爆発で破壊された建物の脇を通り過ぎ、羽がひどく焼け焦げた鷲の側で停車した。それは翔ぼうとしたが地面から離れることができなかった。将校の一人が狙いをすました蹴りでそれをひと思いに殺し、苦痛から救った。一回の実験で数千羽の鳥が死ぬと聞かされてきた。爆発の閃光とともに飛び立つが、焼かれ、視力を失って墜落するのである。[11]

水爆実験の目撃者の心に鳥の運命がこれほど強烈に突き刺さったのは奇妙なことのようにみえるかもしれない。しかし、四〇〇キロトンというソ連の実験での数字――広島を破壊した原爆の二〇倍――や、そのさらに二五倍に相当する一〇メガトンというアメリカのそれについて、人間が実感に近いものとして把握するには他にほとんど方法はなかった。[12] 今回は人的犠牲がなかったのであり、鳥がその代わりとなったのである。

世界が初めて原子爆弾の存在を知らされて以来――そして原子物理学者にとってはそのさらに前から――、これらの新たな、前例のないほどの激変をもたらしうる破壊手段によって戦後の世界が戦前へと逆戻りすることを阻止しうるのではないかとの希望が存在し続けてきた。しかしアメリカもソ連もこれらの爆弾を使用する機会を見出さなかったという否定し難い重要な事実以外には、両者による協力の兆しはまだほとんど表面化していなかった。アイゼンハワーが一九五三年末に国連において警告したように、この「二大核巨人は震えおののく世界を挟んで、いつまでも悪意をもって睨み合うこと」を運命づけられているようだったのである。[13] エニウェトクとセミパラチンスクの焼け焦げた鳥に対する反応は、核のもたらす共通の危険を自覚する可能性についての最初の暗示であった。

目撃者の大半が感銘を受けたが必ずしもすべてがそうではなかった原子爆弾の実験とは対照的に、[14] 熱核兵器の爆発を実際に目撃した者で恐怖を伴う根源的な畏怖の感情を抱かなかった人間はいなかったようである。「唖然とした」とアメリカの科学者ジョージ・コワンはエニウェトクについて回想している。「つまり大きかった。……すぐにサングラスをかなぐり捨て、その巨大なもの、想像していたよりはるかに大きなものを見た。水平線などはまったく見えないかのようだった」。[15] 一方、ソ連の最初の実験を目撃したN・A・ヴラソフは、「恐ろしく巨大な破壊力という全体的な印象」をうけた。「……実際に原子爆弾の爆発よりはるかに強力だった。その衝撃は見たところ何らかの精神の壁を突破するようなものだった」。[16] サハロフはとくにこれを実感していた。

これらすべてを実際に見れば自分のなかで何かが変わる。焦土と化した草原でもだえ苦しむ焼け焦げた鳥、衝撃波でトランプの家のように倒壊した建物、砕けた煉瓦の臭い、溶けたガラスなどを見れば直ちに戦場を想像するだろう。……爆発のまさにその瞬間、原野を横切って草を薙ぎ倒し地面を揺さ振る衝撃波……これらすべてが不合理だが非常に強い感情的な衝撃を惹起する。自らの責任を考えずにいられようか。[17]

I・V・クルチャトフはスパイ活動の成果を効果的に利用してスターリンの原子爆弾を製造したが、一九五五年一一月に最初の水素爆弾の空中投下実験を目撃した後、核兵器開発に関するそれ以上の関与を放棄するまでになった。「恐ろしいぞっとするような光景だった。この兵器は金輪際使用を許されてはならない」。[18]

しかしその使用を決定する指導者は、サングラスをかけたり、塹壕でしゃがみこんだりして実験を見ることなどは普通しなかった。[19] 冷戦の両陣営における科学者たちがともに彼らの創造した兵器の物理的効果を理解し始めた時、もう一つの並行現象が起きていた。科学者たちは、彼らの上司のそうした無知や無責任さにぎょっとさせられることになったのである。J・ロバート・オッペンハイマーは、一九四六年にハリー・S・トルーマンに対して彼と同僚の原子物理学者が「手を血に染めてしまった」とうっかり述べた際に、それを実感した。「気にしないことだ」と大統領が冗談めかして発言したことについて衝撃をうけたこの物理学者は、大統領の次の言葉を回想している。「終わりよければそれでよしだ」。[20] サハロフもまた似たようにぞっとする経験をしている。一九五五年の実験後の宴会で彼は乾杯し、「われらのすべての装置が今日のように成功し爆発することを祈る。しかし常に実験場においてであって都市の上ではなく」と発声した。彼が回想するには、「宴席に沈黙が降りた。不作法なことをしゃべったかのようであった」。すると国防次官のミトロファン・ネデーリン元帥が立ち上がり、次のようなたとえ話をした。

下着だけのある老人が聖画像の前で祈っていた。「導きたまえ、鍛えたまえ。導きたまえ、鍛えたまえ」。すると暖炉のそばで横になっていた妻がこう言った。「鍛えることだけ祈ればいいのよ。導く方はこっちでやるから」。さあ、鍛えるために飲もうではないか。

サハロフにとって意味するところは充分に明らかだった。「発明家、科学者、技術者そして職人など我々が恐るべき兵器を造った。しかしその使用はまったく我々の手を離れたところにある。……もちろんそんなことはすでにわかっていた――そこまで世間知らずではなかった。しかし現実の生き死にの問題と同じく、抽象的に理解するのと全身でそれを実感するのとは違うのだ」。[21]

その頃までにオッペンハイマーも最もつらい方法で自分の影響力の限界を悟りつつあった。計画の主唱者であるエドワード・テラーを含む同僚科学者の幾人かが、水素爆弾開発に対する彼の反対に腹を立てその後の核兵器関連の仕事から彼を排除しようとしたのである。オッペンハイマーには一九三〇年代の左翼的な言動や、一九四〇年代初頭のソ連情報部員との接触などといった弱みがあった。加えてマンハッタン計画に本物のスパイが関与していたことが暴露されたことも手伝って、当時のマッカーシズムの雰囲気にあっては彼の弁護は一層困難だった。原子力委員会のルイス・ストラウス委員長に動かされたアイゼンハワーはこの件での介入を拒み、長い審議の末、同委員会はオッペンハイマーに対する機密関与資格を取り消したのである。これによって彼は政府によるいかなる核関連計画からも排除されることになった。「チャールズ、数字を教えてくれないか」。一九五四年三月一日にビキニ環礁で実施されたアメリカによる最大規模の熱核兵器実験の数日後、新たな情報の入らなくなったこの物理学者は友人に哀れっぽくこう尋ねた。「一五だと話した。もちろん彼には言っていることがわかった。法律に違反していることは承知だったが、ロバートは友人だったし、『話せないよ』などとはとても言う気にはなれなかった」[22]。

ブラボー（BRAVO）と名付けられたその実験は実際には一五メガトン級——事前にはわずか五メガトンと予想された——のものだった。爆心地のクレーターは深さが二五〇フィートで一マイルを越す直径があった。火球は実験場から二マイルにわたって広がり、すべての方角で二百マイル先でもその爆風を感じ取ることができた。そして最も重要なことに、危険な放射性降下物が数百マイルにわたって降り注ぎ、水爆時代の最初の人的犠牲者を生んだのである。二八名のアメリカ人や二三六人のマーシャル諸島の住民とともに日本の漁船「第五福竜丸」の乗員も被爆した。三月一四日に日本へ帰国する頃までに彼らの大半が罹病し、後に一人が死亡したのであった。その間にも世界中で高い水準の放射能が観測され、一発の爆弾の実験でさえあらゆるものに対して環境上の問題が生じることが認識されると、衝撃や少なからぬパニックが広がっていた[23]。

「我々がこれまで決して経験しなかったことが起こり、科学者たちの不意を突き、彼らを驚かせたに違いない」と、不安げなアイゼンハワーは三月二四日にこれも不安げな報道陣に対して認めた[24]。一週間後、国民を安心させるために開かれたもう一つの記者会見で、原子力委員会の委員長ストラウスは一発の水素爆弾の威力について質問をうけた。

「お望み次第」、と彼はあまりにも不用意な返答をした。「充分に一つの都市を破壊できる」。「何だって」、との声が報道陣から一斉に挙がり、そのなかの一人が「どんな都市、ニューヨークでもですか」と食い下がった。そして「そう、大都市圏でさえも」とストラウスは認めたのだった[25]。彼らが去った後大統領はこう批評した。「ルイス、私ならあんな風には言わなかった」。しかしその時点までに政府は一九五二年一一月の実験の記録映像をすでに公開してしまっており、大統領報道官のジェームズ・ハガティがその翌日に記したように、「大混乱に陥った」のである[26]。想像力に富むある編集者はブラボー級水爆がニューヨークに投下された後の地図や写真を即座に考案し、ストラウス発言を生々しく描写した[27]。

この結果、熱核兵器による惨禍の問題は抽象の領域からサハロフの言う「現実の生き死にの問題」へと移っていった。そうした兵器——およびそれらの運搬手段として開発中の長距離ミサイル——による戦争が第二次世界大戦、あるいは人類のこれまでの経験と似たようなものになるなどとの幻想はもはや誰も抱くことができなかった。「今までの戦争は勝敗の争いだった」とアイゼンハワーは後に認めている。「しかし核ミサイルの登場によって、もはやそうした争いではなくなり、完全な破壊となった[28]」。国防長官のチャールズ・E・ウィルソンはそれをサハロフ流に表現した。「両陣営における開発……がめざましいものなので早晩両者とも世界を破壊することができるようになるだろう。鳥を含めて[29]」。

II　破滅についての共通認識

「人間の心はそうした事実の認識にひるむものである」と、一九五四年三月九日にウィンストン・チャーチルはアイゼンハワーに書き送った。ブラボー実験の結果が完全に知られる前のことである。当時首相として最後の年にあったこの老政治家は、核兵器に関する考え方を変えていた。彼は一九四五年にロシア人への対抗手段として原子爆弾を歓迎し、一九四八年にはスターリンが東ヨーロッパでの譲歩を拒否した場合にそれを脅しに使うようトルーマン政権に助言しさえしていた。しかし今やソ連も爆弾を保有し、その威力が――ブラボー実験が誇示したように小さな島々を放射能の立ちこめる瓦礫の山へと一変させるほどまでに――増大しつつあったのである。「ロンドンについて私が何を考えているかおわかりであろう」とチャーチルはアイゼンハワーに打ち明けた。ロシア人封じこめ用の装置が今やそのロシア人よりも大きな危険を引き起こしていた。

人々は、事情に通じた者も含め、呆然と口を開け、死がすべての者にいずれは訪れるのだと考えて自らを慰めるしかない。少数の最高責任者はこうした気休めを享受することもできない。彼らは自らの心を励まして、これらのいまわしく耐え難い思考領域に立ち入らねばならないのである。今起こっていることを一まとめにし、これまで生起した重大事をそこに加えても、人類にとってこれ以上に重要なことはほとんどないのだ。[30]

「本当にぞっとさせるような見通しである」と、この雄弁な著述家なら期待はずれの簡潔さとみなしたに違いないような調子でアイゼンハワーは返答した。「その危険を減らし、可能なら除去する方策を見出さねばならない」。[31]大統領のこうした反応の裏には、この問題に対する関心の薄さではなく提案された解決策への疑念が存在していた。チャーチルは自らの長い公職人生の仕上げとしてもう一度モスクワを訪問し、かつて第二次世界大戦中に二回にわたりスターリンとやり合ったようにソ連指導部と個人的に交渉することを切望していたのである。しかしアイゼンハワーはそうした接触が時期尚早であると考え、またそれを衰えが目立ち情緒的になりつつあった八十歳近い老人にまかせる気もなかった。[32]さらに、その首相は核戦争に関することでまさか大統領が知ってもいないことを話した訳でもなかったのである。

アイゼンハワーは一九五三年一月の大統領就任時に、オッペンハイマーを含む専門家集団の手になる報告書に眼を通していた。そこには、「注意深い計画と準備」があればアメリカはその領土内に二五〇〇発にのぼる原子爆弾の爆発を受けても「生き残る」であろうことが記されていた。もっとも、生き残りとはここでは「むしろ専門的な意味合い」をもっていた。当時のソ連の計画を基にすれば、既述した数の爆弾は総計で、「高性能爆薬一億トン分――あるいは第二次世界大戦中に連合国の爆撃機が投下した爆弾量の四百倍――に等しい爆発力」を産むとされたのである。[33]この数字に唖然としたアイゼンハワーは、一九五三年一二月の国連演説で核戦争が次のことを意味すると警告した。

文明が破壊される公算――何世代にもわたり我々に受け継がれてきた掛け替えのない人類の遺産の全滅[34]――そして、未開状態から礼節、公正、正義〔の今日まで〕に至る大昔からの闘争を一からやり直せという人類に対する宣告。

彼はブラボー実験の数ヵ月後、韓国の李承晩大統領が共産主義に対する世界的な十字軍を迫ると、この点をさらに鋭く指摘した。チャーチルなら好んだような言い回しであった。

我々が故意に戦争に突入すべきであると言われるが、こちらも言わせていただければ、戦争になればそれは身の毛もよだつ恐ろしいものになる。……数百万の死者がでるだろう。我々の手にある兵器を使った戦争は今や考えられない。もしクレムリンとワシントンがいつか戦争に巻き込まれるとすれば、その結果は考えるだに恐ろしい。想像することさえできない。[35]

「近代戦の態様が自らに限界を課す」かのような事態が始まっていた、とアイゼンハワーは後に周囲に語った。「そうした破滅的な核戦争で勝利した後の世界で何をするというのだ[36]」。ミサイルが事態をより悪化させることになった。「ロシア人が一日当り千発を我々に向けて発射し、我々も一日当り千発を向こうに発射しうる」状況がいつか訪れるなら、彼は個人的には「アルゼンチンにでも行ってしまいたい」のであった。[37]

ダレスもそれに同行したかもしれない。一九五二年の大統領選挙運動で「大量報復」が道理にかなっているとアイゼンハワーを説得し、一九五四年一月には、アメリカが今後「我々の選んだ手段と場所によって即座に報復する偉大な能力に」依存すると公に宣告したにもかかわらず、[38] この国務長官はブラボー実験が予想だにしなかった規模のものであることを自覚していた。彼はストラウスに対して、「これらのとてつもない影響」を忘れないように注意を促した。「病的ともいえる狂乱の波」が、

同盟諸国を我々から離反させようとしている。我々がこの種の戦争を準備していると考えているのだ。我々は生き残りうるかもしれないが、彼らの中には数分で消滅してしまうものもあるだろう。中立や宥和の政策が採用される可能性もある。[39]

数週間後、ダレスは国家安全保障会議に対して、「世界の世論に対する影響を考慮することなしには、我々は政権にとどまることも、より大きな爆弾を製造することもできない」と警告した。[40] また、一一月までに彼は、「核兵器の破壊力の増大と事実上の原子兵器の〔米ソ〕均等化《パリティ》の到来によって、たとえ軍事的勝利が得られるにしても、全面戦争によって西洋文明とソ連体制の破壊がもたらされる状況、そうした全面戦争では国家目標を達成しえない状況が生み出されつつある」と結論していたのである。[41]

モスクワにおいても同様に黙示録的な未来像が形成されつつあった。一九五三年八月、閣僚会議議長〔首相〕のゲオルギィ・マレンコフは最初の水爆実験についてそれが実施される四日前に自信たっぷりに語っていた。しかし彼は「アメリカとソ連が衝突する客観的な根拠はない」とも強調したのである。チャーチルが先の書簡をアイゼンハワーに送った三日後で、ブラボー実験の放射性降下物がまだ地球を周回していた一九五四年三月一二日、マレンコフはよりはっきりとした主張を展開した。彼によれば人類の直面する選択はもはや「冷戦」か「熱戦」かではなかった。冷戦自体が「新たな世界戦争を準備するものであって、それは近代兵器による世界文明の終焉を意味」したのである。[42] アイゼンハワーとダレスがすでに認めていたことをソ連の高官が初めて認知したのだった。核兵器は戦争自体を時代遅れなものとしていた。これは紛争が不可避であるとするスターリンの教義にとって衝撃的なものであった。戦争が実際に世界文明を終焉させうるならば、マルクス＝レーニン主義の大義はいかにして推進されるのだろうか。

マレンコフのこの洞察は当時ほとんど影響力をもたなかった。フルシチョフとモロトフがそれを拒絶し、将来のいかなる紛争も――たとえ核兵器によって戦われるものであれ――資本主義の崩壊のみを招くとする伝統的な立場に復帰したからである。「共産主義者は『世界文明の破壊』や『人類の破壊』などについて語るべきではない」とモロトフは不平を洩らした。「ブルジョワジーの破壊のためにすべての諸力を準備し、動員する必要性についてそうすべきである」。もし人民が「戦争になったらすべてが消滅すると」信じるようになったら、「……なぜ社会主義を建設し、明日のことを思い煩うのか。あらゆる者に今棺桶を配った方がよいではないか」。[43]

しかしマレンコフのその演説には見た目以上のものがあった。彼はクルチャトフと他の三名の物理学者による研究の予備成果を知った上で発言したのである。それはブラボー実験の後急遽改訂されたものであったが、その時点で備蓄されている原子兵器による戦争が勃発した場合、「人類と植物に対して生物学的に有害な放射線の発生と放射性物質の濃縮とが地球表面の重要な部分で起こる」と結論していた。また、やがては、「全地球上の生物が生存しえなくなるような状況をもたらす」のに充分な量の原子爆弾が蓄積されるであろうと予想された。そして、そうした効果をもたらすにはおよそ一〇〇発の水素爆弾――多分ブラボー実験程度のもの――でこと足りたのである。「こうして、地球上のすべての生物の絶滅というとてつもない脅威に人類が直面していることを認めざるをえないのである」。[44]

科学者に感銘をうけることなどは決してなかったモロトフはこれらの研究成果を無視したが、フルシチョフは真剣に受け止めた。彼は早くも一九五三年九月に核兵器のもたらす物理的効果について説明を受け、その後数日間眠ることができなかったと公言している。「そして、こうした兵器を使用することなどは決してできないと確信し……また眠ることができるようになった」。[45] 彼は実際にはマレンコフを攻撃し一九五五年二月に彼を辞任に追い込んだ。そしてスターリンの後継者としての地位を確立すると、フルシチョフは今度は追放した政敵の主張を取り入れるという古いスターリン流の常套手段に頼ることになった。[46] マレンコフの異説がフルシチョフの正統的見解となったのである。

くなった。

このようにして、熱核兵器革命という経験をアメリカとソ連が共有した結果、彼らは共通の基盤を模索せざるをえなくなった。

一九五五年七月のジュネーヴ首脳会談はその格好の機会を提供した。それは米ソの指導者による第二次世界大戦終結以来の初めての直接会見であった。フルシチョフは彼らしくもない低姿勢で臨み、同僚で名目上の代表であるニコライ・ブルガーニン――マレンコフの後継首相――に専らアイゼンハワーとの応対を任せた。大統領は、近代兵器の発達というものが、核兵器の大量使用と卓越風の影響で「北半球を破壊」しうる次元にまで到達してしまったことに警告を発した。彼はさらに古い戦友のゲオルギィ・ジューコフ元帥に対しても、「科学者たちにさえ短期間に二〇〇発の水爆が爆発した場合の結果はわからない。しかし大気の状態が許せば降下物質によって全部の国家が破壊されるだろう……」と説明した。ジューコフもこれに同意し、「戦争の初日にアメリカが三〇〇か四〇〇発の爆弾をソ連に投下しこちらも同じようなことをすれば、そうした状況で大気に何が起こるかを判断するのは不可能であろう」ことを認めた[47]。フルシチョフはたやすく要点を理解し、アイゼンハワーに向って、「こちらがそちらの塵を被り、そちらはこちらの塵を被る。風が吹くから安全な者などいない」と述べている[48]。この首脳会談は何ら具体的な成果をあげなかったが、新たなクレムリンの支配者はこれらの意見交換によって元気づけられることになった。「こちらが向こうを恐れるのと同じくらい、敵も多分こちらを恐れていた」ことが判明したのである[49]。

それはまったくの真実で、少し前からすでにそうだった。一九五三年一二月の国連演説でほとんど注目を浴びなかった一節において、アイゼンハワーは「兵器の量的優越やそれがもたらす破壊的な報復能力でさえ、それ自体では奇襲攻撃によって蒙る恐るべき物質的被害や人的犠牲を阻止しえない」と警告していたのである[50]。二、三発のソ連の核兵器がアメリカに到達しただけでも結果は破滅的になると彼はその一年後にも周囲に語った。「原子爆弾が投下されたら、ニューヨーク、デトロイト、ワシントン、ピッツバーグ、あるいは他の大都市でもよいが、それらがどうなるか想像できるかね」[51]。一九五五年二月には彼が諮問した専門家の委員会が以下のように報告した。

認知能力を越え、人間がこれまで経験してきた衝撃と恐怖に対する感受性では対処しえない規模の死と破壊の可能性がある。……打撃力が著しいものとなったため、緒戦が決勝戦となり、最初のパンチでノックアウトされるという事態が史上初めて出現した[52]。

そして一九五六年一月、ペンタゴンでの図上作戦演習の結果に衝撃を受けた大統領は日記に次のように記した。全連邦政府が死滅し、「人口の約六五パーセントが何らかの医療上の手当てを必要とする状況になるが大半の場合それが得られない」ことになり、また「そうした事態の進展中にも我々がソ連人に与えた損害は、ざっとその三倍になるということだった」[53]。

この最後の言葉が示唆するように、アイゼンハワーはロシア人も不安であるに違いないと理解していた。彼らが似たような研究を実施し、「戦略的規模での熱核兵器使用の結果、体制および国家の破壊がもたらされることの意味合いを重大に受け取った」[54]と推測するのはもっともなことであった。彼らが「まったく発狂」もしないということはなかったであろう。これは鋭い洞察というべきだった。フルシチョフはそのわずか一ヵ月後に第二〇回党大会で戦争不可避性の教義をきっぱりと投げ捨てたからである。それは社会主義体制というものがまだ存在しない時代にレーニンによって掲げられた教義だと彼は指摘した。しかしその誕生以来平和勢力は大いに強化され、世界に残存する資本主義諸国との対決を必要とすることなく共産主義へと前進する可能性が生まれていた。一九五四年のマレンコフを彷彿させる調子でフルシチョフはこう力説したのである。「平和共存か史上最も破壊的な戦争かのいずれかである。第三の道はない」[55]。

こうして、一九五六年初頭までには核戦争のもたらす生態学上の結果について印象深い国際的な合意が形成されていた。全北半球が生存に適さなくなるかもしれなかったのである。科学者たちが時にそう信じたのとは裏腹に、彼らの上司たちもその研究成果に気づかないではなかった。実際、こうした科学はめざましい速さで政権の頂点に到達していたのだった。次は、最優先事項としてそうした危険を除去するために両者が協力するということになった、と誰もが考えるであろう。しかしそうはならなかった。兵器の蓄積が進み、危機の頻度が低くなるどころか高くなり、冷戦は今や最も威嚇的な段階に突入することになったのである。生態系に関する共通の認識は存在したが、それはまだ政策立案者の思考のほんの一部を占めるにすぎなかった。

III　核時代の絶対戦争

それら兵器のもつこうした信じ難い性格にもかかわらず、安全のためにはその使用について最も信憑性の高い決意を表明しなければならないという奇妙な信念——と今や感じられる——もまた両陣営に存在した。戦争になった場合に熱核爆弾のもたらしたであろう効果と、何であれそうした戦争を招くことになった目的との間に存在する完璧なまでの不均衡を仮定すると、そうした議論を真面目に受け取った者がいたなどということは驚きである。冷戦に関する映像文化のいわば象徴である映画作品『ドクター・ストレンジラヴ〔邦題——博士の異常な愛情〕』の精神を借りて、手段と目的の間にあるそうした著しい懸隔を本能的に嘲笑することがむしろ今日の趨勢なのである。しかし技術革新そのものと比較してそれがもつ重大性を理解するのはしばしば容易ではない。いかなる新技術の使用方法——とその限界——の習得にも長い期間を要する。その結果、次の世代はそうした習得過程にある人々が時代遅れで、異様とさえ思われる考えをもっていたとみなしがちである。一九五〇年代にワシントンとモスクワが固執したような、その破壊力にもかかわらず水爆が何かの役に立つにちがいないとする信念はその最たる事例であった。

アメリカ側について言えば、そうした信念——「ストレンジラヴ的な」と呼ぶのはおそらく過剰な形容ではない

——の発端を新兵器の製造をめぐり一九四九年から五〇年にかけて行われた論争に求めることができる。当時でさえ、個々の「超特大」爆弾が広島と長崎を破壊した原子爆弾の一千倍に匹敵する威力をもちうることは明らかだった。ハーバード大学の学長でマンハッタン計画の参加者でもあり、さらには原子力委員会の総合諮問委員であったジェームズ・B・コナントにとっては、そのことだけでこの爆弾を製造しない理由として充分であった。考えられる唯一の目的が大規模な民間人の殺戮であり、それは大量虐殺も同然だったからである。アメリカは、将来の戦争で存在するであろうソ連の軍事目標なら何であれ破壊しうるに足る量を上回る原子爆弾をやがて保有することになっていた。たとえロシア人自身がそうしたとしても、道徳的および軍事的な論理は、より強力な爆弾の製造を無用のこととしたのである。[56] コナントのこうした主張はケナンだけでなく当初は態度の曖昧だったオッペンハイマーをも納得させるものだった。そのケナンはこの新兵器の存在に非常に古くさい思考を見て取っていた。それらは「西方文明の境界を逸脱し、かつてのアジア遊牧民にとっては馴染み深かった考えに」触れるものだったのである。「自己催眠によって、それらが結局は何らかの明確な国家目標に奉仕するだろうという信念に陥ること」を避けるのが重要なのであった。[57]

この意見には有無をいわさないところがあったけれども、それはテラーやストラウスの影響を受け、統合参謀本部議長のオマー・ブラッドレイ陸軍大将によって最も効果的に説かれたもう一つの立場にはおよばなかった。陸軍将校としては異例なことだったが、ブラッドレイはたとえ何らの軍事目的をもたないにしても、例の「超特大」を製造すべきであるとの見解をもっていたのである。製造可能でありロシア人がそうするかもしれないという理由で充分だった。合理性をもった手段ではなく非合理性に対する保険として水素爆弾が必要とされた。すなわち、ソ連がそれを開発しアメリカがそうしなかった際にアメリカ人と同盟諸国が混乱に陥る危険、あるいはそうした非対称性がソ連に軽率な振る舞いを許す危険に備えるための保険であった。こうして、この新兵器の使用方法は主として心理的な性格を帯びることになったのである。信憑性を確保するためには実際に兵器とその運搬手段が必要だった。ここにおける発想の転換は重要である。兵器類の目的は過去においては戦争を戦うことであった。その新たな役割は、誰も開戦を欲しないほど戦争というものを空恐ろしいものにすることだったのである。[58]

これら二つの主張はともに熱核兵器が実際に革命的な存在であるとの仮説に由来するものだったが、それを製造すべきか否かに関する結論は正反対であった。後の用語で表現すれば、コナントは通常兵器と、もし必要なら原子爆弾に依存する「戦争を戦う」戦略を主張していたことになる。道徳性というものは戦争を可能な限り選択的なものとする点に存在したのである。ブラッドレイは、いかに無差別的とはいえその兵器の存在を排除しないという、「戦争を回避する」戦略の提唱者だった。ブラッドレイは、戦争を可能な限り恐ろしいものにすることでそれ自体を抑止することが、道徳によって要請された。すでにみたように、トルーマンはこの選択に関してはっきりとした態度をとらなかった。水素爆弾の開発決定はブラッドレイの考えの反映だったが、原子爆弾の生産推進と続くＮＳＣ六八の承認にはコナントの論法が表れていたのである。[59]アイゼンハワーにはもっと決断力があった。

一九五四年のブラボー実験の直後、ブラッドレイの後を襲った統合参謀本部議長アーサー・Ｗ・ラドフォード海軍大将が、大統領の意向にかなう筈であると判断して具申した際のアイゼンハワーの反応を見てみよう。その報告には、「我々の核能力の完全な行使が三〇年戦争の終結以来、ヨーロッパでは体験されてこなかった規模の混沌と損害をソ連にもたらす」ことに対するペンタゴンの懸念が表明されていた。アイゼンハワーがしばしば強調してきていた主題の鸚鵡返しのように、アメリカがそうした勝利をいかに処理し、「実行しうる占領体制をどう確立するか」についてラドフォードは確信をもてなかったのである。記録によれば合衆国軍最高司令官〔大統領〕は、「かなり激しく、信念をもって」、しかし予期せざる論法で応答した。

恐るべき重要性をもったその新たな大量破壊兵器の開発を考慮すれば、将来起こりうるソ連とのいかなる戦争においても、あらゆることがその戦争に勝利することに従属せねばならないであろう。これは常に心しておくべき事柄であり、戦争目的について他に悩まねばならないようなことはほとんどない。

一〇年前であったならラドフォードに賛同していたかもしれないとアイゼンハワーは付言した。しかし今や「そうした提案を検討することさえ不可能かつ非現実的」だった。これは「冷酷に思えるかもしれない」が、「ソ連からの猛烈な核攻撃に対する報復以外に戦争に突入することは決してないのである」から、「最も損害を与えうる場所と手段でロシア人を叩く」ことの他に方法はないのだった[60]。

わずか六日前に、アイゼンハワーはチャーチルに対して熱核兵器の惨禍が「ぞっとさせる」見通しのものであると伝えていたばかりであった。またほんの前日にも、記者会見においてブラボー実験がほとんど手に負えないものであったと認めていたのである。いったい何が起こっていたのか。この大統領が既述のように核戦争の結果については懸念すると同時に、その遂行に関しては――たとえ最も親密な側近との極秘協議の場であったにしても――決然たる姿勢をとったように見えるのはなぜなのだろうか。

従来はこれを経済によって説明してきた。アイゼンハワーがこの国には別の手段を選択するほどの余裕はないと考えたとするものである。トルーマンによる通常戦力の増強が国家を破産させるものであると確信した彼は、封じこめの費用を甘受しうるようにするため「大量報復」に移行したのである[61]。たしかにアイゼンハワーの顧問の幾人か――とりわけしまり屋の財務長官ジョージ・ハンフリー――はそうした観点で考えていた。大統領自身も国家の債務超過の危険には鋭敏であった。しかし、この「経済」論は決して誤りではないが視野の狭い捉え方であるといってよい。核戦争が環境におよぼす影響についてもアイゼンハワーは同様に敏感だったからである。こうして逆説が生じる。たんに予算を均衡させるために北半球を危険に曝すことには本当に道理があったのだろうか。

大統領は第二〇三および二〇四回の国家安全保障会議の席ではさらに逆説的な態度をみせた。その会議は一九五四年の六月二三日と二四日に連続して開かれている。最初の会合において、アイゼンハワーは確実な検証手段があれば核兵器を全廃することに賛意を表明した。「そうした体制が整っても大統領は何もしないと想像するような……誤りは誰にもさせない」[62]。しかしまさにその翌日、これもまったく同じ面々に向って、彼はアメリカの核優位が失われる前に戦争を始めることについて論じていたのである。「アメリカには今ソ連と戦う用意はあるのか」。彼は「この質問を一度ならず持ち出し」、しかも「決してふざけていたのではなかった」[63]。それでは、核の優位を維持するための開戦と、その際に中心的役割を担う兵器の廃棄とを同時に主張しえたのはなぜであろうか。

さらにいくつかの矛盾があった。アイゼンハワーは核兵器なしでは北大西洋条約機構（NATO）諸国の自己防衛がほとんど不可能であることを承知していたが、ヨーロッパの戦場でそれを使用すれば多分ソ連の侵略で蒙るよりも多くのヨーロッパ人が死亡することもわかっていた[64]。また、彼は核能力が「第三世界」での紛争の抑止や解決にとってほとんど価値をもたない点も理解していたが[65]、代わりとしての通常戦力の増強にも断固として反対したのである。さらに、彼はアメリカの核兵器がロシア人のそれを凌駕して蓄積されていくことについて再三にわたり愚痴をこぼしたが[66]、それを停止させるようなこともほとんどしなかった。戦争より悪いものはないと彼は警告した。しかし、たとえば中国沿岸沖に位置する国民政府側のごく小さな島である金門、馬祖の防衛のため、一九五五年初頭に公然と北京を威嚇した事例からもわかるように、彼はたとえ些細な立場であれそれを譲るよりも戦争に訴えることを強調したのである[67]。要するに、核兵器に関するアイゼンハワーの記録は見たところ矛盾に満ちており、その結果として歴史家が彼の本当の戦略が何であったかを確定する際に多大の困難が伴うことになる。彼自身もその残された膨大な記録にもかかわらず、この問題をほとんど明確にはしなかった[68]。

しかしおそらく一貫性はそうした矛盾のなかに存在するのだろう。その古典的著作『戦争論』において、あの最も緻密な戦略家であるカール・フォン・クラウゼヴィッツは完全な、そしてそれゆえ非合理的な暴力の行使を試みることがいかに困難——あるいは愚か——であるかを説いた。クラウゼヴィッツは当然ながら核兵器については何も知らなかった。彼の言う「絶対戦争」とは、軍事力が現実に達成しうることとの対比の意味で設定された抽象概念なのであった[69]。一方、一九二〇年代にパナマで下級将校として勤務した際に『戦争論』を研究していたアイゼンハワーは、核兵器とクラウゼヴィッツの双方を熟知していた[70]。そして一九五〇年代の「絶対戦争」は完全に実行可能なのであった。こうした状況は、クラウゼヴィッツを論駁するどころか彼の論法を大統領にとって一層喫緊なものとしたのである。この場合の要点とは、現在地から目的地までの道筋を決定するという意味での戦略の策定ではなく、むしろ目的地に辿り着かないように恐怖を提示することであった。このため、アイゼンハワーはブラッドレイが一九四九年にとった立場に共感を示した。戦争回避の最善策は、戦争の結果を空恐ろしいものとする一方で、そうした戦争のための準備を信憑性の高いものにすることだったのである。一九五七年初頭には核戦争でアメリカに五千万人の犠牲者が出ることを承知していたけれども、アイゼンハワーの立場は明快だった。「我々にとって唯一の分別ある措置は、すべての資源を戦略空軍の戦闘能力と水素爆弾とに投入することである[71]」。

大統領の顧問の中で従来のような意味での戦略の観点から思考していた人々は、こうした理由づけに反撥を感じた。ダレスが熱心に粘り強く反対したことは今や周知のことだが、それはアイゼンハワー流の考えにみられる硬直性が同盟諸国を驚かせ、危機に際しては降伏か全面戦争以外にほとんど選択の余地を残さないという根拠からであった[72]。陸海空三軍は予算の配分や昇進の機会が減少することを察知して反対の立場を明確にした。また政権外の一連の批評家も同様であり、その中にはディーン・アチソン、アドレイ・スティーヴンソン、ジョージ・ケナン、ポール・ニッツ、ジョン・F・ケネディ、およびヘンリー・キッシンジャーが含まれていた[73]。さらにアイゼンハワー自身の国家安全保障会議のスタッフの中にさえ、彼の立場に挑戦する報告を何度も提出した者がいたほどであった[74]。しかし大統領は動じなかった。彼はいかなる戦争も核兵器の使用にまで拡大することになるという確信を決して修正しなかったのである。それ以外のことに備えるのは無意味であるだけでなく、危険であった。

今日、アイゼンハワーの頭のなかにあったことが当時より一層明確になってきている。たんに核戦争を抑止するのではなくすべての戦争を回避することが彼の目的だったのである。[75] 軍事的優位が国家や国際の安全を保障するものではないことを、彼は他の誰よりもよく理解していた。爆弾の威力がブラボー級あるいはそれ以上になれば、ソ連の能力が劣位にあるなどということはもはやほとんど意味をなさないのだった。たとえ二、三発でさえそうした兵器が目標に到達すれば、その効果はあたかも数千発のそれに相当するようなものになったであろう。[76] 唯一の防御策は、ソ連の指導者にたった一発の使用命令にさえ利点はないのだという認識を強いることであった。その方法は「絶対戦争」というクラウゼヴィッツの抽象概念をできるだけ現実性の高いものにすることであった。ブラッドレイが提案したように、そのためには実際に使用しうる兵器を準備し、その使用に関してアイゼンハワーの側近でさえ疑念をもちえないほど信憑性の高い決意を見せることが必要とされたのである。

コナントが提唱した――ダレスを含むあれほど多数の大統領批判者が支持するようになった――「柔軟対応」という選択肢は、戦争から遠退くのではなくそれに導く公算が大きかったことから、アイゼンハワーにとっては何ら考慮に値するようなものではなかった。〔柔軟対応において〕想定しうるその最悪の事態は単により少ない水素爆弾に代えて多くの原子爆弾を使用するということであり、これは生態学的あるいは人道的な観点からみてほとんど状況を改善するようなものではなかった。それは通常戦力の増強を招き、それに要する費用と――その費用を正当化するためだけだとしても――そうした戦力の価値を誇示したいという誘惑とを高めることになったであろう。またソ連人や中国人が朝鮮戦争型の紛争でアメリカの同盟に苦痛を与え、アメリカの資源を浪費させるような事態になっても、それはほとんど防衛手段を提供しなかったであろう。「今や、全面戦争を戦うのと同じ原理で周辺での戦争を戦うよう計画せねばならない」と、一九五六年初頭にアイゼンハワーは主張した。[77]「大量報復」の論理とは、要するに、すべての敵に対していかなるそうした紛争も誰もが勝利を望みえない次元のものにまで拡大するかもしれないと確信させることだったのである。大統領も認めたようにこの言葉は「嘲笑」された。しかしそれは「生き残りへの鍵となりそう」なのであった。[78]

IV　フルシチョフの核外交

フルシチョフもまた核兵器には使い途があると確信しており、その中のいくつかについてはアイゼンハワーに賛同さえしたかもしれない。彼はたしかに核戦争を望まなかったが、それを阻止する最善の秘訣がそれを戦う手段の増強――あるいは少なくともそう見せること――にあると信じていた。彼は信憑性というもの、あるいは相手方に彼の決意を疑わせる理由を与えないことの重要性を信じていた。また彼は核軍備が費用を節約しうることを理解し、アイゼンハワーがアメリカで実施したものよりも大幅な通常戦力の削減を課した。[79] さらに、力の均衡の正確さよりも心理というものが世界政治を動かすと意識する点でも彼は大統領と同じ見解であった。兵器の数や性能は重要だったが、それは人々の心のなかに存在する恐怖や希望には到底およばなかったのである。しかし似ていたのはここまでだった。最大の相違は、アイゼンハワーが戦争と平和の問題を処理するのに生涯を通じて得た経験を利用したのに対して、フルシチョフは劇的な二日間の教訓に依存したようにみえた点にあった。

一九五六年一一月四日の早朝、ソ連軍部隊はハンガリーに侵攻してそこでの反乱を冷酷に弾圧し、東ヨーロッパがいつかはモスクワの支配から解放されるというアイゼンハワー政権が築いてきた希望をも打ち砕いた。それは「飲み込まねばならない苦い薬だった」と大統領は認めた。「しかし実際に建設的なことなどができるのだろうか」。すべては「信じ難いくらい衝撃的」であった。[80] そうした印象をさらに強めたのは、アメリカの核優位がこの危機では何ら役に立たなかったという事実である。実際、圧倒的に劣位にあるソ連側の核能力に対する恐れが、アイゼンハワーをしてロシア人を抑止するのではなくむしろ安心させる必要性を確信させたのであった。

「衛星諸国における彼らの立場の深刻な悪化という点からみて、彼らが非常に極端な手段に訴え、世界戦争を惹起する誘惑にさえ駆られるのではないか」と一〇月二六日に大統領は国家安全保障会議の席で質問していた。何といっても、ヒトラーは「やっつけられた」ことを承知していたにもかかわらず「最後までやりぬき、ヨーロッパを敗北の道連れに」していたのである。[81] この気の滅入るような前例を念頭におき、アイゼンハワーは、アメリカには「衛星諸国の独立を望むような下心」がないこと、および「これら諸国を潜在的な軍事同盟の相手とみなす」ことがないことをその翌日に公表するようダレスと打合せた。彼は続けて、クレムリンの指導者の注意を彼自身の演説に向けさせるよう国務長官に指示した。一〇月三〇日、駐ソ大使のチャールズ・E・ボーレンはモスクワでジューコフとモロトフにそれを伝達している。そして、真意が伝わることを確実にするため、アイゼンハワー自身が一〇月三一日に全米向けのテレビ演説でその主張を繰り返したが、これはソ連最高会議幹部会がハンガリーへの軍事介入を承認した日でもあった。[82] フルシチョフは、さらにそうした行動の必要性について東ヨーロッパ人や中国人を説得せねばならなかった──困難な仕事ではなかったことが判明した──が、アメリカあるいはNATOが介入するという懸念はもたずにすんだのである。[83]

この時のアイゼンハワーの慎重さ──批評家は臆病さと呼んだ──は、核の優位というものがもつ限界を非常に明白に例証するものであった。彼とダレスは就任後まもなく、ソ連の勢力圏を縮小させたりその行動を変更させたりするためアメリカになしうることはほとんどないと結論していた。ある政府の研究は早くも一九五三年六月に、「多数の原子爆弾を使用する戦争がすさまじいものになる可能性が出来したので、それを回避することの重要性が、他の目的を増進するためにアメリカが採用する諸政策に対して根本的な制約を課している」と結論した。[84] 大統領はそのすぐ後にさらに簡潔な表現をしている。問題は、「檻の鉄格子の隙間からどれくらい中の動物をこずき回すべきか」ということだった(85)。

しかしその同じ一九五六年一一月四日――赤軍がブダペストに入ったその日――、フルシチョフが核の劣位を利用して西側世界に向って檻をガタガタと鳴らしたのである。その日の夕方遅く、彼はブルガーニンに指示してイギリス人、フランス人およびイスラエル人向けの書簡を送付させ、次のような状況におかれる可能性を想定させた。

すべての種類の近代的で破壊的な兵器を所有するもっと強力な国家に攻撃されたらどうなるか。……ロケット兵器がイギリスとフランスに対して使用されたら、あなた方はまずもって多分、それを野蛮な行為と呼ぶだろう。しかし、イギリスおよびフランスの軍隊によってほとんど無防備なエジプトに対して行われた冷酷な攻撃はそれとどう違うのだろう。……我々は武力の行使によって侵略者を押し潰し、中東に平和を回復させる充分な決意をしている(86)。

もちろんこれは同時に発生したスエズ危機のことであり、アイゼンハワーはイギリスとフランスに停戦の受諾を命令することでその解決を図ろうとしていた。一一月五日に受理されたソ連側の警告は、現実には英仏による停戦受諾の決定に対して、それに匹敵するような影響はなかった(87)。しかしアイゼンハワーの最後通牒が極秘のものであり、ブルガーニンのそれが公開されたものであったことから、そこに因果関係が存在するかのように見えたのである。フルシチョフもそれを承知していた。「イギリスとフランスの両政府は、彼らの侵略を強く非難するアイゼンハワーの演説が外向けのジェスチャーであることをよく知っていた。しかし我々がその三つの侵略国に厳格な警告を発すると、彼らは我々が世論とわたり合っているのではないということに気づいた。彼らは非常に真剣に受け取ったのである(88)」。

たしかにこれらすべてに奇妙なところがあった。アメリカはこの時点でソ連に対する疑う余地のない軍事的優位を保っていたのである。フルシチョフが後に認めたように、アメリカは熱核兵器の開発においても先行していた(89)。この国は今や非常に多くの原子爆弾を保有し、ＮＡＴＯにおける「戦術」レヴェルでの使用を想定した配備が開始されていた。またその海軍は他のいかなる潜在敵国に比べてもはるかに群をぬいたものであった。戦略空軍に至っては保有するその莫大な破壊能力およびソ連の防空体制に対するすぐれた妨害手段——のため、同軍司令官が戦時を想定して次のように自慢したほどだったのである。

今日の日没から明朝の日の出までの間に、ソ連は軍事大国、あるいは大国ですらなくなっているであろう。……中国よりはるかに貧しい——アメリカより人口が少なく、多分何世代にもわたり農業国としての存在を宣告された——国が夜明けを迎えることになる。(90)

このカーティス・ルメイ空軍大将の推定によれば、そうした全面核攻撃でアメリカ戦略空軍が被る損害は通常の事故発生率を大きく上回るものとはされなかった。(91) それにもかかわらず、一九五六年一一月四日から五日にかけて——攻勢に出たのはアメリカではなく軍事的劣勢にあるソ連だったのである。フルシチョフはまた次の六年間そうした姿勢を放棄することがなかった。

アイゼンハワーがフルシチョフのような最後通牒を発し、ソ連がハンガリーに侵攻しないよう警告していたらどうなっていたかは誰にもわからない。そうした考えは政府内で検討されたが、(92) 大統領がこれを真剣に考慮した形跡はない。ロシア人が第三次世界大戦を望んではいないとするボーレンや情報機関からの保証にもかかわらず、アイゼンハワーは「衛星諸国での政策がひどく失敗すれば」、クレムリンの指導者たちが「いかなる乱暴な冒険をも試みる」ことになるかもしれないことを懸念し続けたのである。「……ソ連人はおびえ、かつ怒り狂い、そして、そうした心理状態にある独裁体制ほど危険なものはない(93)」。

こうした慎重さにはまた別の理由もあった。ダレスによる「大量報復」演説や一九五四年のブラボー実験に対する世論の反応から学んだ結果、アイゼンハワーは——民主主義国内あるいは民主主義諸国の同盟内では——核戦争の脅しと見られかねない言動についてさえ慎重にならねばならないと自戒するようになっていたのである。「我々がそうした兵器を使用するということになれば、同盟諸国はまず確実に死ぬほどおびえるだろう(94)」。また、どこで立ち止まるのかという問題もあった。たとえば、核による警告の後にもヴェトミンが進軍し南ヴェトナムを攻撃したらどうするのかとダレスは問いかけた。「北京にでも原子爆弾を投下するのか」。今度ばかりはアイゼンハワーにも確固たる答えはなかった。[95] アメリカの能力が優越していることを承知しながら、最終的にアイゼンハワーはそれを行使するという明示的な脅しに依存する必要はないと感じるようになっていた。小さな危機において――大きな危機においてさえ――信憑性をそこに賭けるというような行為はかえってそれを損ねるかもしれない。「アメリカ自身の防衛のためには当然ながら核兵器を使用するが、他の状況での使用は非常に困難であろう。[96]」

ところがフルシチョフにとっては少数の核兵器さえ実際には非常に有用なものとなりえた。威嚇することに対する世論の制約などはなかった。またイギリスとフランスに爆弾を投下する計画も現実には存在しなかったから、実行方法について心配する必要もなかったのである。そしてソ連の能力がアメリカに比べて劣っていたというまさにその理由から、アメリカによって脅迫されたと見られないことが死活的なのであった。遅れをとっているからこそ好戦的になる必要があったのである。[97] フルシチョフはここではスターリンの先例を拒むのではなく、それを踏襲することになったといえよう。しかしそれだけの充分な理由もあった。そのすべての失策にもかかわらず、あの老暴君は長距離ミサイルの将来的な重要性を――アメリカ人よりもはるかに明確に――見越していたのである。

「スターリンは技術的な問題についての鋭い嗅覚をもっていた」とモロトフは回想している。彼は「飲み込みが速く、新奇なものを即座に理解した[98]」。彼の構想が常にうまくいった訳ではない。たとえば、一九四七年に彼は「対蹠地点攻撃用爆撃機」と呼ばれたものの開発を要求したが、それは有人の超音速機でソ連の基地から大気圏を越えてアメリカに到達するものとされていた。また一九四九年には、核弾頭を装備し、潜水艦から発射されるとアメリカの港を貫通して一帯すべてを破壊する巨大な「超魚雷」なるものも提案された。[99] これに対して、ミサイル開発の方はヒトラーの下でロケット製造に従事した幾人かの科学者の助力によって実際に成功し、スターリンがその技術的突破を直ちに利用したのである。アメリカ人はより多くのドイツ人から支援を受けたが、この問題での成果はまだそれほどでもなかった。彼らは主に有人爆撃機への依存を続け、潜在的に致死的な種類の兵器分野において初めてソ連に首位の座を譲ったのである。[100]

スターリンの後継者たちはこうした開発についての情報を彼から知らされることがなかったため、いわば思いがけない遺産を相続することになった。フルシチョフは、政治局がセルゲイ・コロレフから初めてこの件について要旨説明を受けた時のことを生き生きと描写している。コロレフはソ連のミサイル開発において、イゴール・クルチャトフが原子爆弾で担った役割を演じた。

あたかも新しい出口を初めて見つけた羊の群れのように、我々は彼が見せたものをぽかんと見つめた。彼が一基のロケットを見せた時、我々にはそれが葉巻型の巨大な管にしかみえず、とても空を飛ぶなどとは信じられなかった。……――我々は市場での農夫のようであった。ロケットの周囲を何回も歩いて回り、それに触り、充分に頑丈かどうかコツコツと叩いた――どんな味がするか舐めてみること以外は何でもやった。[101]

しかしその重要性はすぐに理解されるところとなり、一九五六年四月に行われた最初にして唯一のロンドン訪問の頃には、フルシチョフは自らの興奮を抑えることが困難になっていた。晩餐会の席でアンソニー・イーデン夫人からミサイルの性能について質問された彼はうっかり口をすべらせた。「非常に長い距離を飛行します。貴国の島やそれより先まで簡単に届くでしょう」。「彼女にそうした答え方をしたのは不作法」だったと、フルシチョフは後に認めている。「誰も脅すつもりなどはなかった。我々が強力であって敬意を受けるに値し、最後通牒のような話され方を許さないという点を、単に他の諸国に想起させようとしていたにすぎない」。[102]

一九五七年八月二一日にソ連が世界初の大陸間弾道ミサイル［ＩＣＢＭ］の実験に成功すると、彼のこうした言葉のもつ信憑性はさらに高くなった。カザフ共和国から発射されたその模擬弾頭は約四千マイル離れた太平洋上に着水していた。フルシチョフは九月七日に二回目の試射を自ら視察して充分に感銘を受け、三基目のＩＣＢＭで単純な人工衛星を地球周回軌道に乗せるための一〇月四日の発射実験を正式に許可したのである。[103]そのスプートニクは、ブラボー実験などに比べて冷戦というものを文字通りはるかに身近なものとした。核の危険に関するこの新たな徴候を知るのにガイガー計数管などは不要であった。晴れた晩に自宅の上の空を見上げ、遺棄されたロケットの破片が軌道上でころがりながら太陽光線を反射する光景を眺めるだけで充分だったのである。[104]

人々は「最初に大陸間弾道ミサイルを開発した国家が世界を支配する」と考えるものであると、アイゼンハワーは国家安全保障会議の席で警告している。彼はこれについて「いくぶん懐疑的」だったが、「アメリカがそうした兵器を保有することの深遠で、他のすべてに優先する政治的、心理的な重要性」に関しては疑念を抱かなかった。[105]また、大統領はロシア人に先を越された際に大半のアメリカ人よりも平静ではあったが、「使用可能な弾道ミサイルをできるだけ早い時期に開発することを最優先」していた点を、科学者の一団に対して想起させずにはいられなかった。その中の一人が、「大統領にそうした政策決定を忘れさせないでおくために」科学顧問を置くことが有用ではないかと反論しかけた時、さすがのアイゼンハワーも色をなした。「忘れたのは私ではなくその計画に携わっている連中のほうではないのかね、と大統領は鋭く口を挟んだ」。[106]

ロンドン訪問時にイーデン夫人を、またスエズでは英仏両国を、そして今やスプートニクによってアイゼンハワー、アメリカ人および世界の大半を驚愕させたフルシチョフには一つの戦略の概要が見えてきた。

当然ながら、我々は最初にロケットを宇宙空間に打ち上げたという事実から最大限の政治的利点を引き出そうとした。我々はアメリカの軍国主義者に圧力を加え――またもっと道理をわきまえた政治家の心に影響を与え――、アメリカが我々に対する待遇を改善することを欲した。

軍事的均衡が依然として西側に有利だったのはたしかである。「我々のミサイルは性能の点でまだ不完全であり、量的には取るに足らなかった。それだけをとれば、アメリカにとって大した脅威ではなかった」[107]。しかし核時代において、軍事力の行使については心理的な要素が現実と同じくらいの効果をもつ――そして宇宙空間でのソ連の成果がもつ心理的効果はそれを見過ごすにはあまりに魅力的でありすぎた。「私はわが人民の士気を鼓舞するために演説した。敵を立ち止まらせたかった……――少しばかり誇張もした。我々のミサイルで宇宙から蠅を打ち落とすことができると述べたのである」[108]。「我々のミサイルでどんな距離からでも蠅を打ち落とすことができると公の演説で話すのは常に愉快だった」[109]。

フルシチョフもよく承知していたように、ロシアにはいわゆる「ポチョムキン主義」の長い歴史があった。裏側にはそれ以上のものが隠されているのではないか、との幻想を作り出すのに足る充分な能力の開発、というものである。[110]この策略は時には成功しさえした。彼自身が、つい最近の一九五五年七月に開催されたモスクワ航空ショーでその実例を目撃していた。ソ連空軍が、保有するその数少ない「バイソン」爆撃機の識別番号をペンキで塗り潰し、観覧席の上空を数回にわたって飛行させることで西側軍事筋を警戒させ、短期間ではあったが激しい「爆撃機ギャップ」論争をアメリカ国内で引き起こしたのである。[111]フルシチョフは「それは本当に印象的だった」と後に回想した。[112]本人も認めるように、彼は一九五六年一一月五日に実際に「戦争をすることを考え」たのではなかった。しかし「ソ連が最後に行った戦争の脅しは当を得て必要なものだった」[113]。こうして、彼はさらに大きく野心的な規模で似たような欺騙行為に出ても、うまくやり通すことができると確信したかもしれなかったのである。[114]

何といっても、二日間の仕事で彼はハンガリーでソ連の権威を再び確立し、英・仏・イスラエル軍のエジプト侵攻を停止させ、そしてアメリカ人の面目を失わせたのではなかったのか。そのアメリカ人にしても、圧倒的な軍事的優位にもかかわらず何ら彼を阻止するような行動をとらなかったのである。また、彼は東ヨーロッパで武力行使を余儀なくされたことのきまり悪さを、中東における帝国主義の阻止から得た威信によって相殺したのではなかったのか。

さらに彼は、さもなければ彼の指導力を不適切で破滅的ですらあるとみなしたかもしれない国内の反対派を、まごつかせたのではなかったのか。そして、彼はこれらすべてのことを、自らの声高な論議で補おうとした軍事的劣位の立場から成し遂げたのではなかったのか。これはまさにフルシチョフが好んだ類の見事な即興であった。そこに今後のお手本を見出さなかったとすれば彼はまず人間とはいえなかったであろう。そして、フルシチョフはあまりにも人間的であったのである。

V　核についての欺騙戦略

ジョン・フォスター・ダレスはすでにハンガリーとスエズでの危機以前において、その改革政策にもかかわらずフルシチョフが「一〇月革命以来ソ連を率いる最も危険な人物」であると警告していた。彼より前のソ連の指導者たちはチェスの競技者のように振る舞っていた。スターリンは「常に提案された処置の結果を計算した。悪人ではあったが、彼とわたり合う際に何に直面することになるかは少なくともわかっていた」。しかしフルシチョフは「冷徹に計算するのではなく、むしろ情緒的に反応するような人間」であった。「彼は大半の時間あきらかに酔っており、非合理的な行為に出ることも予想しえた」[115]。ダレスはフルシチョフの飲酒の習慣については間違っていたであろう。いくつかのはなやかな挿話にもかかわらず、それが彼の大きな障害とはならなかったようにみえるからである[116]。しかし同じ陶酔をもたらす問題であっても、酒からミサイルに話を移すならば、その診断はまったく正確であった。

恐らくは一九五六年一一月四日から五日にかけて達成したことの結果——間違いなくいえばソ連のロケット工学者が翌年にかけて達成したことの結果——として、フルシチョフは五〇年代の末までいわばどんちゃん騒ぎを演じることになった。同時代の近しい観察者が指摘したように、それは「あたかもスプートニクがそれだけでソ連のすべての弱点を埋め合わせるかのよう」であり、また「それがいくつもの領域でソ連を批判してきたあらゆる者に対する回答を提供しうるかのようであった」[117]。ミサイルへの依存が強まるにつれ、フルシチョフはアルコール中毒患者と同じように行動し始めた。時に包容力のある温厚さを見せるかとおもえば、粗野な好戦性を剥き出しにするなど気分が激しく揺れ動き、しばしば衝動的に行動し、時の経過に伴って次第に自暴自棄になっていった。彼はチェスの競技者の試験には確実に落第しただろう。後先というものを考えなかったのである。

フルシチョフのこうした中毒の徴候はソ連による最初のICBM実験成功の後に現われ始めた。一九五七年九月八日、『プラウダ』は空軍元帥コンスタンチン・ヴァシーニンとの会見記事を掲載し、ソ連が今や遠い目標を正確かつほとんど警告なしに叩くことができると伝えた。最高司令官（フルシチョフ）が彼にそう言わせたことを認めたのは後になってからのことである[118]。また、スプートニクが成功するとフルシチョフはもはや自ら乗り出す誘惑に抵抗しえなくなり、『ニューヨーク・タイムズ』のジェームズ・レストン記者に対して、「我々は今や必要とするすべてのロケットを保有している。長距離ロケット、中距離ロケットおよび短距離ロケットだ」と請け合った。さらに一一月のスプートニク二号打上げの後、彼は編集者のウィリアム・ランドルフ・ハースト二世に対して、「必要なら明日にでも一〇や二〇の人工衛星を打ち上げることができる。大陸間弾道ロケット一基の弾頭を必要な器械と取り替えるだけでよいのだ。何ならあなた用に打ち上げてもよい」と自慢したのである。そしてフルシチョフはハーストが要点をはずすことがないように、それら同じロケットで「地球上のいかなる目標をも叩くことが今や可能である」と付言したのだった[119]。

これらははなはだしい誇張であった。ソ連はヨーロッパのかなりの部分に到達しうる中距離ミサイルを配備していたけれども、複数弾頭のICBMや複数の衛星打上げの能力などは備えておらず、高い命中精度の獲得は何年も先のことであった。また、ロシア人の最初のICBMであるセミョールカの大きさと性能の悪さとが実戦用の兵器として適さなかったので、フルシチョフはその生産を停止し、より精巧なモデルの開発に専念することを決定していた。この結果、アイゼンハワー政権期を通じてソ連の保有していた実戦用ＩＣＢＭの総数は、無防備ですぐに探知しうるセミョールカ四基のみであり、それらはアルハンゲリスク南郊の沼地の一ヵ所に配備されていたのである。(120) 残りはすべて想像の産物であった。

しかしながら、アメリカ人がこうした事実に気づくのにはしばらくの期間を要したことから、その間にフルシチョフの修辞上のロケットはアメリカで強烈な衝撃を生んだ。ソ連人が「精巧かつ危険な宇宙科学の領域における、非常に不吉な最有力候補として突如出現した」と主張することで、『ライフ』誌の編集者がその論調を決定していた。(121) また、国防問題の再検討に関する大統領の諮問委員会がスプートニク後に提出した報告書があまりに悲観的な内容であったことから、アイゼンハワーは直ちにそれを機密扱いとした。(122) しかしほとんど無駄であった。ほどなく、内情に通じた評論家のジョセフ・オルソップが、三年以内にロシア人が一〇〇〇基のＩＣＢＭを保有するのに対してアメリカのそれはわずか七〇基に止まると予測したからである。そしてこの危険な「ミサイル・ギャップ」は、モスクワに対して「かつては我々の専売特許だった核打撃能力における無敵の優越性」を付与することになるのであった。(123)

フルシチョフが、スプートニク後のいわば大法螺に対する西側指導者の反応をいかに予想していたかは明らかでない。しかし彼がスエズにおける勝利の再現を期待していたとしたならば、あてが外れたということになる。かわりにアイゼンハワーは自国の兵器をいくつか誇示する行動をとり、全米向けテレビにおいて、有人爆撃機、海外基地および外洋の海軍艦艇がアメリカに付与する圧倒的な報復能力をこと細かに特定しながら指摘したのである。「今現在、自由世界の総合的な軍事力は共産主義諸国のそれよりも明白に大きい」。(124) 彼はまた、すでに進行中だったＮＡＴＯの核武装を加速させ、同時に新たな措置を講じた。熱核弾頭を装備したソアーおよびジュピターという中距離弾道ミサイル［ＩＲＢＭ］をヨーロッパの基地に配備する提案であった。

アイゼンハワーはこれらのＩＲＢＭ――依然として開発段階にあった――が、アメリカのすでに保有する多数の戦争遂行手段と比べた場合に、ほとんど軍事的な意味をもたないことを認識していた。しかし要点は戦争を起こさないということであり、そうした観点からすれば、いかなる兵器類での非対称性もそれが放置されるなら一方における士気の崩壊、あるいは他方での自信過剰のいずれかによって戦争勃発の原因となりうるのだった。ソアーとジュピターの配備は一時しのぎの措置であり、ソ連側のＩＲＢＭと均衡させ、アメリカのＩＣＢＭが配備されるまでのＮＡＴＯの楯となり、そうした後にもヨーロッパ人が自らの領域内で自衛する手段を確保しうることを保証するためのいわば「瞬間接着剤」であった[125]。このようにして、フルシチョフによるミサイルを利用した威嚇は、アメリカがソ連に到達しうる本物のミサイルをヨーロッパに配備するという最初の実質的な成果をもたらしたのである。これは明らかに彼が予期しなかったことであった[126]。

アイゼンハワーとダレスにしても、彼らのこの決定がアメリカによる西ドイツの核武装化というソ連側の長年にわたる疑念を再度刺激することになる点を予期しなかった。そうした計画は存在しなかったが、アメリカ人はそれを明確にすることを拒んだ。彼らはヨーロッパに配備された核兵器に対する管理権を引き続き掌握する決意をしていたが、ＮＡＴＯの同盟諸国側にもそうした兵器を管理しているとの感覚をもたせることが重要であるとみなしたのである[127]。こうして、同盟諸国を安心させるための曖昧さは敵側を不安にさせ、ソアー―ジュピター提案がその不安を増幅させたのだった。

フルシチョフが主導権をとる際の他のいくつかの施策と同じく、彼のベルリンに関する一九五八年一一月の最後通牒もいわば一石二鳥以上のものを狙った行動であった[128]。東ドイツのウルブヒリト体制の安定性に対する懸念、帝国主義者への強硬姿勢を要求する中国からの圧力、および「西側の急所」として露出した同市の立場を利用する可能性、などがこの場合の「鳥」であったといえよう。しかし、どこから見ても一時のはずみで下された彼のこの決定の核心にあったのは、核に関する恐れと傲慢さの奇妙な組合せであった。恐れというのは、もし彼がその過程を停止させなければ、ドイツ人がやがてロシアに向けられたミサイルだけでなく核兵器の入手にも近づくのではないかというものだった。[129] 他方傲慢さというものは、「ミサイル・ギャップ」の主張がアメリカを脅迫することに失敗したにもかかわらず、そうした主張の音量と頻度を増大させることによってドイツの危険を除去しうるとフルシチョフが感じたことから生じていたのである。[130]

フルシチョフ一流の空威張りが続いた。それらの中で彼の地理戦略的な思考だけでなくイデオロギー上のそれをも窺わせるという点で最も興味深いのは、一九五九年六月二三日に行われた九時間におよぶ彼と元駐ソ大使W・アヴェレル・ハリマンとの会見である。フルシチョフはその賓客に対して、共産主義は「資本主義に取って代る新たなより高次元の社会組織」だが、それは「資本主義世界を物理的に葬る」ことを意味するものではないと説いた。また、革命を起こすことは各国のプロレタリアートの義務であるとされたけれども、ハリマンへのせめてもの慰めとして、「アメリカは豊かで生活水準も高いので、労働者を買収したりこれに贈賄することでしばらくの間は革命を遅延しうる」とのご託宣があった。そして歴史はソ連の側にあり、軍事同盟も同様であるとされた。「我々はアメリカより前に水素爆弾を開発した。あなた方のもたない大陸間弾道ミサイルも保有している。多分これが我々の立場の決定的な象徴であろう」。

ヨーロッパの破壊にはわずか二、三基のソ連ミサイルでこと足りた。「ボンには爆弾一発で充分だし、三発から五発でフランス、イギリス、スペインおよびイタリアをノックアウトできる」。アメリカは報復しうる立場にはない。なぜなら「ロシアのミサイルが一三〇〇キロの弾頭を運搬しうるのに対して」、アメリカのミサイルは「わずか一〇キロの弾頭しか運搬しえない」からであった。しかしフルシチョフはこう付言した。「我々は侵略者ではない。……西ベルリンも必要ない。……西ベルリンを手に入れたら養わねばならない。むしろあなた方にそうしてもらいたい」。

それにもかかわらず、「ベルリンでの立場を守るため貴国の将軍たちは戦車や大砲の話ばかりする。燃えてしまうのに」。しかもなお、「ベルリンで戦争は望まない」のであった。

これらの言い回しでハリマンを揺さ振るのに失敗すると、フルシチョフはもう一つの角度から攻勢に出た。「あなたには金があるかもしれないが、私には孫がいる」。世界中の土地や家をもたない者たちが必ず勝利するだろう。何といっても彼は炭坑夫だった。それが合図のようにミコヤンは配管工だったと述べ、グロムイコは物乞いの息子、第一副首相のフロール・コズロフは「宿無しの浮浪児」だと告げた。これに動じることなく、ハリマンは彼にも「労働者階級の中に多くの知人がいる」と答えた。ここでフルシチョフは再び脅しに戻り、今度は、「偉大な資本主義者」にも理解しうると彼がみなした言葉を使った。

次の五、六年で三〇〇億ルーブルを弾道ミサイルの生産に投資すれば、我々はアメリカとヨーロッパのあらゆる巨大な産業の中心地を破壊できる。三〇〇億ルーブルは我々にとって何ら大した金額ではない。七ヵ年計画で発電、ガスその他に一二五〇億ルーブルも費やしたのだ。繰り返すがヨーロッパすべてとアメリカの破壊にはわずか三〇〇億ルーブルしかからない。これは可能だ。……あなたが率直な資本家として気に入ったからこちらも率直にいく。貴国には蛇が兎を魅了するようなところがある。

そして彼はまた言葉を変えた。「もちろん我々はミサイルを生産するが使用はしない。そちらが使えば愚かなことになるのはわかっている。損害はどちらが多いだろう。ロケットを装塡しておき攻撃されたら発射するつもりである」(131)。

大半の人間なら、これほど強力な指導者によるかくも精神分裂的な会話を耳にすれば極端な不安に駆られたことだろう。これこそがフルシチョフの意図したところであった。しかしハリマンは違った。彼は先方との会見でその劣等感に気づいていた。要するに、「君の国を破壊する。さあうまい昼食をとろう」と言っているにすぎない類の人物に脅されるような彼ではなかった。彼の対応――非常に効果的となった――はただ笑うことだった。

「何を笑っているのかね」と（フルシチョフが）尋ねた。私は、「あなたの話では戦争になるかもしれないが、そんなことをしないだけの分別があることも知っていますよ」と返答した。彼はしばらく黙り、こちらを見て言った。「その通りだ(132)」。

ハリマンが簡潔に報告したようにこの「演技」は「脅し」だった。それは「(一) 現在のフルシチョフのミサイルに関する自信の欠如、(二) 東ドイツの体制支援への願望、および (三) 軍備縮小の進展の可能性」、を暗示していた。〔彼の報告では〕アイゼンハワーが「ソ連人との対話を継続」すべきであるとされたが、フルシチョフは「最後通牒に対する反応を予測しえないような衝動的な男だから」、彼らへの圧力行使は避けるべきだともみなされた(133)。

大統領の反応もハリマンとまったく同じだった。あれほど奇妙に振る舞う人物は誰であれ内心の不安感を暴露しているにすぎなかった。彼は七月一日に、「なすべきことはロシア人の防衛本能の『雪解け』だ」と指摘している。数週間後、彼はソ連を訪問するリチャード・ニクソン副大統領に対して、「こちらが困った様子をみせるとソ連の連中は強硬に出てくるから、暖かい、軽いリラックスした雰囲気で臨む」よう助言した(134)。アイゼンハワー自身にも悩みはあった。「我々は戦争を戦うための準備と、それを阻止するための準備のいずれかを決定せねばならない時点にさしかかっている(135)」。しかし彼にはそれを側近以外には洩らさないだけの慎重さがあったのである。そうした人々に対して、彼は「ベルリンについて」次のように述べた。

> そこでの我々の権利は譲れないというのがこちらの立場である。ロシア人はこれが非論理的な立場だと主張する。非論理的だとは認めるが、――そうする方法が我々にない限り――我々の権利と責任は放棄しない(136)。

この論評にアイゼンハワーの精髄があった。当面の非合理性――東ドイツ中央部での西側の前哨――を維持する手段として、――別のことを「する方法が我々にない限り」――究極の非合理性――全面戦争――の可能性を提示するということである。しかしその「方法」とは何か。ソ連による軍事力の圧倒的な行使なのか。交渉による解決なのか。

アイゼンハワーがそれに答えることは決してなかったが、多分彼にもわからなかったのであろう。

しかしそれを明確にすることは不必要となった。「雪解け」を狙ったアイゼンハワーに対してフルシチョフが即座に反応したのである。アメリカ訪問の招待で充分だった。[137] クレムリンの指導者は、焼却するとの威嚇を再三にわたり繰り返してきたまさにその場所へ招待されるというスリルを味わうことになった。訪米する九月までにフルシチョフは彼からみてできるだけ行儀をよくしていた。ベルリンに関する最後通牒を取り消し、「平和共存」の必要性を強調し、アイゼンハワーを翌年にソ連へ招待したのである。彼がミサイルによる威嚇を行ったのはロサンゼルス市長に対するもの一回のみであり、市長は気に障るような言動で政治的得点を稼ごうとしたのだった。[138] また彼はアメリカのミサイル発射視察の申し出を断ったが、それがお返しをせねばならないことに対する懸念からであったのは疑いない。[139] 自信を誇示するための姑息なジェスチャーだったかもしれないが、アメリカ政府はフルシチョフのためにカリフォルニア沿岸を北上しヴァンデンバーグ空軍基地の真ん中を通過する特別列車を準備した。同空軍基地では超極秘の偵察衛星の試射がすでに実施されていたのである。[140]

この「雪解け」がソ連のミサイル能力に関するフルシチョフの主張を和らげることはなかった。一九五九年一一月に彼は、「我々は今や非常に多くのロケットや原子爆弾および水爆弾頭を保有しているので、攻撃を受けても地球の表面からすべての予想される敵を一掃することができる」と宣告した。[141] しかしこの時点で明らかにアメリカは追い付いていた。第一世代のICBMであるアトラスは一九五八年に実戦配備されており、堅牢化された地下サイロとともに第二、第三世代のタイタンおよびミニットマンの両ICBMも開発中だった。そして、海軍はきわめて効率的な潜水艦発射弾道ミサイルのポラリスをまもなく配備することになっていたのである。この兵器システムは実験中のソ連のものをはるかに凌駕していた。[142] これらの現実は先方にも浸透し始めていたに違いない。なぜなら、訪米中のフルシチョフに付き添った国連大使のヘンリー・キャボット・ロッジが一九六〇年二月にモスクワを答礼訪問し、ロシア人が戦略ミサイルでまだ先行していると論評した際、フルシチョフが一度だけうっかりして正直に返答したからである。「いやそうではない。本当に違うんだ」[143]。

VI　U２と偵察衛星

アイゼンハワーはすでにそれを承知していた。フルシチョフが「ポチョムキン」戦略を採用するかなり以前から、アメリカと同盟諸国はその戦略が依拠する秘密に対して浸透を開始していたのである。伝統的なスパイ活動はほとんど成果を生んでこなかった。ロシア人がマンハッタン計画やイギリスの情報組織から徴募したような人材に匹敵するスパイは西側にはいなかった。CIAに至っては、スターリン死去の直前までソ連政府内に下級の「もぐら（潜入工作員）」さえも配置しえなかったのである。「スパイ活動に対する多額の金銭的投資にもかかわらず、誰もモスクワの内情についてあまり知らなかった」と職員の一人は後に回想している[144]。しかし科学技術が別の手段を可能なものとし、ここではアメリカ人がやがて抜きん出ることになった。

アイゼンハワーではなく、トルーマンの政権がソ連に対する空中からの偵察を始めたことは今や周知の事実である。それには二つの形態があった。カメラと電子感知器を装備した航空機でソ連領空を超高速で横切る方法と、同様に装備された数百個の気球をソ連領空に飛ばし、後に回収する方法である。そうした「挑発」に関してロシア人が洩らした不平の大半にもしたがって多少の根拠はあった。もっとも、探知する範囲にはむらがあったしその頻度も散発的であったから、そこから有益な情報を入手しえたとは言い難かった[145]。アイゼンハワーは新たな、そして究極的にははるかに効率的な手段を考案することになった。

そのなかの一つは、偵察行為をスパイ活動の領域から完全に切り離すという先見の明ある措置であった。大統領が一九五五年七月のジュネーヴ首脳会談の席で英仏両国の代表団に述べたように、熱核兵器に関しては、「一つの国家を敗北させるに足る充分な爆発性の物質を比較的小さな空間に隠蔽すること」が可能であるから、その軍備管理を地上での査察のみに頼って実施することはできなかった。しかし、と彼は秘密めかして次のように付言した。

他には監視しうるものもあり、これら兵器の運搬手段もその一つであった。我々は査察すべき品目を選定し、相互に容認しうる査察手段を考案することから始めることになろう。……四基エンジン仕様の爆撃機のような大きな品目であれば、その生産には巨大な敷地や工場を要するからこれを照合することができた。原子砲や軍艦についても同様であり、この他に付け加える品目もあったかもしれない。これらが実行に移されれば潜在的な侵略者には何が残されるだろうか。その奇襲能力は厳しく制限されるだろう。[146]

これらの論評は、その数日後アイゼンハワーから表向きは「自然発生的」にロシア人に対して行われた提案の前兆となるものであった。それは互いに相手方による自国の空中撮影を容認するという提案であった。[147] 彼はこの「オープン・スカイ」構想を注意深く計画してきたのであり、それは単なる宣伝行為ではなかった。アイゼンハワーはすでに偵察衛星を視野に入れていたから、この構想はその使用を正当化する重要な手段だったのである。[148]

フルシチョフはそれを冗談でなければ情報収集のための策略であるとしてしりぞけた。彼はアイゼンハワーにこう言った。「時々、相手が受け入れないことを予想して非常に遠大な提案をする者がいる。しかしもしその相手が受け入れてしまうと、提案した本人は何をしてよいかわからなくなるのだ」。大統領は驚きもせず冷静に返答した。「試してみるかね」。[149] フルシチョフはそうしなかったし、する確率はわずかだった。軍備管理の専門家は皆無に近く、新たな軍備管理の提案を評価する手段もより乏しかったことから、ソ連の指導者たちがそうした革新的な発想に慣れるまでには数年――時には一〇年かそれ以上――の歳月を必要としたのである。[150] アイゼンハワーは代替策をすでに用意しており、それまで待つつもりはなかった。「一回は提案してみる。むこうが受け入れなければU２を飛ばすだけだ」。[151]

彼は一九五四年一一月にこの革命的な航空機の開発を命令しており、その八ヵ月後のジュネーヴ会談の頃にはロッキード社が試験飛行の準備をほとんど終えていた。[152] Ｕ２型偵察機による最初の作戦活動は一九五六年七月四日と五日にレニングラードとモスクワの上空で行われている。レーダーは直ちにこれを探知したが、機がソ連側の戦闘機とミサイルの届かない高度を飛行していたため、ロシア人になしうることは抗議だけであった。[153] こうして一つの行動様式が作られることになった。Ｕ２がソ連領空の慎重に選定された航路を飛行し、フルシチョフが直ちに侵入の事実を知って時に抗議するが、ワシントンはこれを無視するというものである。[154] 厄介なことになるのを恐れて双方とも起こっていることの存在を認めなかった。ロシア人にとって領空支配の喪失は屈辱であり、アメリカ人は領空侵犯を認めたくはなかった。このようにして、Ｕ２はワシントンとモスクワが共有した数多い冷戦の秘密の中で最初のものとなったが、それは残りの世界に対しては秘匿された――あるいはそうしようとした――のである。[155]

その領空侵犯で「爆撃機ギャップ」など存在しないことが直ちに明らかとなった。なぜなら、アイゼンハワーが予期したように航空施設は非常に監視しやすく、数が合わなかったのである。[156] ミサイルの特定についてはもっと時間を要した。それはソ連のＩＲＢＭが遠隔地に配備され探知しにくかったことにもよるが、そもそもフルシチョフが主張したようなＩＣＢＭなどが実在しなかったというもっともな理由からであった。Ｕ２は幻影を捜し求めていたことになる。このため、一九五九年になって初めて戦略的「ポチョムキン主義」を暗示する証拠が蓄積されるようになった。二月一二日、ネイル・マックロイ国防長官がＵ２ではＩＣＢＭ発射台を探知しえなかったことをアイゼンハワーに報告すると、彼は存在しているに違いないものの発見のため一層の領空侵犯飛行を命じた。しかし大統領も疑念をもち始めていた。爆撃機での経験が示したように、「我々を出し抜くソ連の能力は一般に過大評価されて」いたのである。Ｕ２によるこれ以上の広範な作戦飛行は「不適切な挑発」となり、「非常に浅はか」であろう。何といっても、彼が「宣戦布告の権限を要請するのに……ソ連航空機による我々の領空侵犯ほど」緊急の事由はないからであった。[157]

その際アイゼンハワーは、「人工衛星なら領空を侵犯することがないので……偵察の分野における将来が保証される」と指摘した。[158] しかしそれはU２に比べて開発がはるかに困難だった。軌道上にあるカメラが放出した写真カプセルを、その大気圏再突入後に特殊装備のC119「空中有蓋貨車」によって空中で回収するだけの技術が必要とされたからである。最初の実験はアイゼンハワーとマックロイの先の会話から二週間以内に実施されたが、その後一年間の失敗続きで実用化には依然として目処がたっていなかった。[159] もっとめぐりあわせがよかったなら、一九六〇年のパリ首脳会談に先立ってアイゼンハワーが気乗りのしない二回のU２の飛行を命じる必要もなかったであろう。その時点でさえミサイル・ギャップの不在を疑わせるような根拠はほとんど残っていなかったから、彼はいわば情報収集上の過剰殺戮を許容していたことになる。しかしソ連側の防空能力も確実に向上してきており、ついにメーデーの日にフランシス・ゲーリー・パワーズが、巻き添えとなったソ連側の迎撃戦闘機一機とともにスヴェドロフスク上空で撃墜されたのである。[160] 両陣営が暗黙裏に秘匿していた飛行が突如公のものになった。

このU２危機は、すでに舞台裏では進行していたフルシチョフの言動にみられる衝動性と即興性とを暴露するものとなった。一年前のハリマンとの会話と同じく、彼が達成しようとしていたことを特定するのは困難である。彼は最初アメリカ側が一連の疑わしい公式発表をするまで詳細についての公表を嬉しそうに差し控え、アイゼンハワーを貶めようとした。こうして屈辱を与えた後、彼は大統領が部下の行動について恐らく承知していなかったのであろうと主張する――これでかっとなったアイゼンハワーは個人的に領空侵犯を承認していたと認めた――ことで、今度はその評判の回復を狙った。しかもそうした大統領の反応にもかかわらず、彼はパリ首脳会談の開催を望み、詳細な資料の準備を周囲に命じるとともに、それにふさわしい印象を与える搭乗機の選定まで行ったのである。しかし文字通りの中途で彼は考えを変え始めた。「もし何事もなかったかのように会見を先に進めれば、我々の誇りと威厳が損なわれることになると次第に確信するようになった」。[161] こうして、彼は冒頭の声明をアイゼンハワーに公式の謝罪を要求する内容のものに書き改め、パリ到着後、側近の一人が回想したように「芝居を始めた」のだった。アナトリィ・ドブルイニンも、「それは首脳会談の中止をちらつかせることでアイゼンハワーからの謝罪を脅し取る感情的な試みだった」と回想している。[162]

何年も後に回想録の口述筆記を行っている時、フルシチョフは「一つの方針を定めた文書を携えてモスクワを後にし、それとは逆の方針を定めた文書を持ってパリに降り立った」事実に自慢げだった。[163]一機の航空機の撃墜で危険に曝された首脳会談が、もう一つの航空機の中における出来事でまったく台無しになってしまったのも皮肉なめぐり合わせといえた。またソ連の指導者はこのＵ２に関して、顧みれば最も重要と思える点にほとんど気づいていなかった。Ｕ２は軍事支出の抑制に要する確証をアイゼンハワーに与え、したがって——間接的に——ソ連自身の軍事的負担の軽減にもつながる筈だったのである。[164]さらにこれは非常に奇妙な政策形成の方法というべきであった。国際問題に関するモスクワの立場がまたもや一人の最も有力な人物の気分、出来心および衝動に依存するようになったのである。[165]しかしながら、今回の人物はスターリンに比べてはるかに移り気であり、より多くの兵器を所有していたのだった。

「我々がその問題を正しく扱ったと依然として確信している」とフルシチョフは力説した。「アメリカ人に立ち向かわなかったならば、彼らはこちらの領域にスパイを送り込み続けたであろう」[166]。これもまた奇妙な意見だった。なぜなら、Ｕ２型偵察機撃墜からわずか三ヵ月半後の一九六〇年八月一八日、最初の衛星であるディスカヴァラーが、一ヵ月前に彼も視野に入れながらその側を通過したカリフォルニアの発射台から打ち上げられたからである。翌日、この新たな「招かれざる客」はソ連上空を一七回にわたって通過した後写真カプセルを放出し、待機中のＣ119が三回目の試みでそれを回収した。最初のぼやけた画像は遠方にあるソ連航空基地のものだった。解像度はＵ２の写真ほど高くはなかったが、それは強い印象を与えた。差し渡し二〇から三〇フィートの小さな物体まで映っていたのである。さらに印象的だったのは、一日で撮影した一本のフィルムから、過去四年間のＵ２の飛行で入手しえたものを上回るソ連に関する情報が得られたことであった。[167]

こうした情報の洪水を評価するには多くの月日と衛星打上げが必要となったが、一九六一年九月二一日には、CIAが「現下のソ連のICBMに関する評価の劇的な下方修正」を報告する国家情報予測評価を提出するまでになっていた。当時ロシア人の保有する実戦配備のIRBMは二五〇から三〇〇基であったが、アメリカに到達しうるICBMの数は一〇基と二〇基の間であり、「この戦力水準がここ数ヵ月で目立って向上することはない」とみなされたのである。[168] いつものように事情通だったジョー・オルソップは四日を経ずしてそれを公表した。三年前に自ら予測したような一〇〇〇基のICBMどころではなく、その正確な数字は今や「五〇基をはるかに下回り……したがって、我が国に対するソ連の奇襲攻撃を許すに足るようなものではない」かのようであった。[169]

U2と、後には人工衛星によって上空からのスパイ活動を完成することで、アイゼンハワーは地政学上の大きな非対称性を逆転させた。自らの実情を大部分敵の眼から隠蔽しうるソ連の能力を覆したのである。真珠湾とそれが惹起した記憶が依然として脳裏を去ることのなかったアメリカ人は、冷戦最初の一五年間を通じて最悪事態を想定し、それに従って行動する以外に選択肢はないと感じてきた。ところが、新たな偵察技術によって彼らは外見の裏に潜むものを最初はちらりと眺め、次にそこから印象を感じ取り、さらにそれに対する曇りのない判断をもつことができるようになった。その結果、多くの――少なくとも情報を知りうる立場にあった者にとっての――心配事が解消し始めたのである。

VII　毛沢東の核兵器認識とソ連

それでは、フルシチョフはなぜあれほど長い期間外見を取り繕っていたのだろうか。U2が初めてソ連上空を飛行した日から、彼はほとんど実態のない戦略上の主張を維持することが困難になることを認識していたに違いない。第一世代ＩＣＢＭのセミョールカが空中偵察で監視されやすく、したがって攻撃に対して脆弱なことも彼は理解していたようである。生産が抑えられた理由の一つがそれであった。[170] 彼はまたパワーズの機体から押収したフィルムによってＵ２の撮影写真が鮮明であることを発見していた。[171] さらに偵察衛星についても承知していた。パリ首脳会談でシャルル・ド・ゴールからそれが間もなく頭上を通過することを告げられると、彼は「好きなだけ写真を撮らせればよい」と言い返している。[172] しかもなおフルシチョフは一九六〇年九月の国連総会において、ソ連が「自動機械から出てくるソーセージのように次から次へと」ミサイルを生産していると依然として話すことができたのである。[173]

「一つか二つしかもっていないのになぜあのように話せるのですか」と、自分自身ロケット工学者だったセルゲイ・フルシチョフは父親に説明を求めたことを回想している。フルシチョフは問題をはぐらかしながら返答した。「大切なのはアメリカ人にそう信じさせることだ。そうすれば攻撃を阻止できる」。[174] アメリカが偵察能力を完成させた後でさえも彼がうまくやっていけると考えた理由は例の中毒症状によって説明できるかもしれない。アルコール中毒患者や喫煙者はその慣習が健康を損ない、致命的にさえなりうることをきわめてよく承知している。しかもなおそれをやめることが極度にむずかしいのである。フルシチョフはイデオロギー上の野心、国家の威信および個人的な名声をミサイルに賭けていた。たとえ大きな圧力がかかったとしてもそれらを放棄することは容易ではなかったであろう。ましてやアイゼンハワーが開き直るということはなかったから、そうした圧力も存在しなかった。アイゼンハワーがそうしなかった理由も謎である。恐らくは情報「源と手段」を明かすことに神経質だったのであり、あるいは偵察衛星からの確証を得ずに行動することが不本意だったのかもしれず、さらには、理由を特定せずにアメリカ人に安全を請け合うことだけで充分だという強烈な自信や確信を抱いていたからかもしれない。[175] 他方、戦略上の「ポチョムキン主義」を放棄するうえでフルシチョフが直面した最大の問題は、同盟諸国との関係にあった可能性がある。科学技術というものが彼の主張に対する疑念を敵側に生じさせていた時に、イデオロギーは、同志であるマルクス＝レーニン主義者に対して彼の主張を額面どおりに受け取らせるよう作用していたのである。

毛沢東が一九五七年一一月にボルシェヴィキ革命四〇周年祝賀のためモスクワを訪問した際、フルシチョフの幸福感は絶頂に達していた。最初のＩＣＢＭとスプートニクが打ち上げられたばかりであり、そうした成果を鈍らせるような障害はまだ先のことであった。クレムリンの新たな支配者に対する嫌悪や非スターリン化への反対にもかかわらず、毛沢東はそれらの印象的な技術上の偉業がマルクス＝レーニン主義の大義を「客観的」に前進させたという結論に飛び付いた。「東風が西風を圧する」という彼の有名な宣言はこの時のものである。中国の無尽蔵の人的資源と「第三世界」での革命的な潮流の擡頭が、ソ連軍事力のこれら新たな進展と結合すれば、「社会主義勢力は……帝国主義勢力に対して圧倒的な優位を獲得」することになろう。[176]「戦争を恐れるべきではない」と、毛沢東が集まった同志に向って述べた光景をフルシチョフは回想している。

原子爆弾やミサイルを恐れるべきではない。どんな種類の戦争——通常兵器であれ熱核兵器であれ——が起きようとも、我々が勝利する。中国に関しては、帝国主義者が戦争をしかけたら三億人以上の人民が失われるだろう。それがどうしたというのだ。戦争は戦争だ。年月が経ち、前よりも多くの赤ん坊が生まれるだろう。

「我々の方はどうなるのか」と、チェコスロヴァキアの指導者アントニン・ノボトニーは知りたがった。「わが国には二千万の人口しかない。戦争ではすべてが失われてしまう」。フルシチョフもこうした感情を共有し、毛沢東の態度に非常に人騒がせなものを見て取った。「彼の顔からはそれが冗談か否かを判断することはできなかった」。[177]

その判断は時に困難だった。毛沢東は久しく「張り子の虎」だとして核兵器を非難してきた。朝鮮戦争中に彼はアイゼンハワーによる核使用の威嚇を無視し、翌年のインドシナ危機ではほんのわずかの関心を払ったにすぎなかった。しかしこれらの挿話だけでは判断を誤る。依然として当時、中ソ同盟がアメリカの報復に対する「拡大抑止」を提供することを毛沢東が期待していたと思われるからである。[178] 一九五四年九月に彼が金門、馬祖への砲撃を開始した後、ロシア人が事実上彼を保護しないことを明らかにすると、毛沢東は直ちに自らの原子爆弾開発のための突貫計画を命じた。[179] その日付は一九五五年一月一五日であり、アイゼンハワーとダレスが、国民政府の領有する沖合の島々を防衛するため新たにより明示的な核による威嚇を行う二ヵ月前のことであった。[180]

毛沢東は科学者たちに対しては唯物論的弁証法が核物理学を容易にすることを請け合ったが、[181] 実際には援助が必要であり、それがモスクワから提供されることを始めから当然視していた。事を穏便にすますことを切望していたロシア人は、とくに一九五六年の秋にフルシチョフによるハンガリー蜂起の弾圧を中国が支持した後は、寛大に（不安を感じつつも）それを提供した。[182] とはいえ、彼らは核戦争の意味するものを毛沢東がまだ把握していないのではないかと懸念していた。ミコヤンは北京訪問時にこれを説明しようとしたがほとんど成功してはいない。「ソ連は……我々がアメリカを挑発することを恐れている」と毛沢東は結論した。「しかし我々は他国と問題を起こすことを恐れない。私は確実に原子爆弾を開発する」。[183]

こうして、一九五七年一一月のモスクワにおける毛沢東の言動にはいくつかの解釈の余地があるだろう。最も単純なのは彼が本当に信じていたとするものである。中国の人口は他のいかなる国よりも大きいから核戦争を実際に乗り切れるというのである。しかし、自らの実力をまだ認識していないようにみえたロシア人や東ヨーロッパ人の間に、イデオロギー上の決意を固めさせることを狙ったのかもしれない。[184] あるいはフルシチョフの意図を超え、ミサイルについて敢えて真に受けてみせることで彼を困惑させようとする試みだったという可能性もある。そしていかにも毛沢東らしく――これらの目的を同時に追求していたということも考えられるのである。彼を迎えたホストが指摘したように、その答えは難しかった。

一九五八年八月の始めにフルシチョフ自身が北京を訪問した際に、毛沢東は――水泳プールでの会話の一つにおいて――「我々は敵に対して明らかに有利である」ことを説得しようとした。ソ連は「アメリカを挑発して軍事行動をとらせる」だけでよい。そうすれば「私は彼らを押し潰すのに必要なだけの師団――一〇〇個、二〇〇個あるいは一〇〇〇個でも――をそちらに提供する」。沈まないように必死で藻掻きながら、フルシチョフは毛沢東に対して「一、二基のミサイルで中国にあるすべての師団が灰になる」ことを想起させようとした。「しかし彼はこちらの議論に耳を傾けようとさえせず、明らかに私を臆病者だとみなした」(185)。そのとおりだった。「彼はアメリカとの関係改善を望んでいるのか」と毛沢東は後に怒りを爆発させている。

よろしい、我々の大砲で彼を祝福してやろう。砲弾が長いこと装塡しっ放しになっているからもう役に立たない筈だ。お祝いに使って悪いことはなかろう。ついでにアメリカもだ。彼らは福建に原子爆弾を投下するかもしれない。一千万か二千万の人民が死ぬことだろう。蔣介石は、アメリカが我々に対してその爆弾を使用することを望んでいる。そうさせようではないか。後のフルシチョフの言い草が見物だ(186)。

そうした「祝福」の準備はすでに進行していた。七月一五日の米軍によるベイルート上陸の二日後――フルシチョフの北京到着の二週間前――、毛沢東は台湾海峡での新たな対決の用意を命じたのである。それは「アメリカ帝国主義者を釘づけにし、(そして) 中国が言葉だけでなく行動によって中東での民族解放運動を支援していることを証明する」ものであった(187)。金門島への砲撃は――モスクワへの事前通告などなしに――八月二三日に開始された(188)。北京のソ連大使館はモスクワに対して、「我が中国の友人は台湾問題の解決が単に内政問題であるとの立場から、ソ連政府に対してその計画を事前に伝えなかった」と報告した(189)。

事態が統制のおよばないものになることを懸念したフルシチョフは、九月六日、グロムイコを北京に派遣した。この何事にも動じないソ連の外相でさえそこでの会話に衝撃を受けた。周恩来が彼に対して、攻撃の目的が台湾やましてや沿岸島嶼〔金門、馬祖〕などの奪取ではなく、「アメリカ人に対して中華人民共和国が充分に強力かつ大胆であり、アメリカを恐れてはいないこと」を証明することにあったと伝えたのである。中国人は彼らの行動がアメリカとの「局地戦争」を引き起こすかもしれないことを承知しており、「原子爆弾や（彼らの）都市の破壊を含む強烈な打撃を受けて立つ用意」があった。またソ連が巻き込まれる必要はないとされたが、アメリカが戦術核兵器の使用を超えた行動に出れば当然話は別であり、その場合にはモスクワが核による総反撃を加えることが自明であるとみなされたのだった[190]。グロムイコは毛沢東自身が戦略を開陳した場面を回想しているが、それによれば、彼らがアメリカ軍部隊を中国の奥深く誘い込み、その後ロシア人が「全力でこれにあたる」ことになっていた。グロムイコは完全に「面食らった」が、即座に立ち直り、「そうした提案は我々からの肯定的な反応を得ないであろう。これは明確に断言できる」と警告したのだった[191]。

中国側の記録はこれらの大半が毛沢東流の虚勢であったことを暗示している。その新たな台湾海峡危機の創出を決定した後も、主席は実際には非常に神経質となってまず不眠状態に陥り、次に砲撃の開始を一ヵ月遅らせ、そして軍の司令官たちに対して、それが始まってもアメリカ人を誤って殺傷してしまうことのないよう確約を求めていた[192]。彼はフルシチョフがベルリンをみるようにそれらの沿岸島嶼を認識していたようである。アメリカに対して意のままに圧力を加えたり緩めたりすることのできる拠点ということであった。「首を絞める縄をアメリカ自身が作り、（しかも）その一方の端を……大陸中国に放ってよこし、我々に摑ませたのだ」と彼は説明した[193]。彼にとってアメリカの鋭い反応は驚きであった。「いいかね、撃ったのは二、三発だ」と彼はグロムイコが到着する前日の九月五日に最高国務会議で述べている。だが正確な数字は毛沢東が他で認めたように最初の二日間で三万から五万発だった。「全世界がこれほど衝撃を受けるとは予想しなかった[194]」。そして彼は核兵器に関する自らの考えを明らかにしたのである。

> 第一に、我々は……いかなる戦争にも反対する。ソ連もこれは同じである。……第二に、しかし我々は戦争することを恐れない。……我々には今、手榴弾とじゃが芋しかない。原子爆弾や水素爆弾による戦争は多くの人民が死ぬから恐ろしい。

……あいにくその決定は我々が下すものではない。帝国主義者が戦争を決定したら、我々はあらゆることに備えねばならない。

毛沢東は他の機会にもそうしたように、「我々の人口の半分が消えてもそれほど恐ろしいものではない。……全宇宙の歴史を考えれば、将来について悲観的になる理由はない」と力説した。しかし彼は、「これがたしかに極端な話であること」を認めていた。目的は心理的なものだったのである。「そんな風にでも考えてみなければ眠れないではないか」。

帝国主義者のほうから……原子爆弾を使って最初に我々を攻撃するなら、戦争を恐れるか否かなどは問題ではない。……それやこれやを毎日こわがっているのは非常に危険である。党幹部や人民が意気消沈するからである。したがって戦争をすることについて無神経になるべきであろう。やらねばならぬ時には戦うのだ。[195]

こうした発言が通訳を介して伝えられたのだから、グロムイコを警戒させたことも容易に理解しうる。それは映画『ドクター・ストレンジラヴ』の台詞のようだったからである。しかし手榴弾やじゃが芋や帝国主義者などといった言葉を取り除いてその文脈だけを吟味すれば、それらが——この場合にグロムイコはもっと驚いたであろうが——ドワイト・D・アイゼンハワーの口からあっさり語られたとしても何ら違和感はなかったであろう。

フルシチョフはまさに彼らしいやり方で反応した。彼は周恩来が毛沢東の指示によってアメリカとの対話を要求し、「縛り首の縄」を離すまで待った。そしてアメリカ人に対して、「我々の偉大な友人、同盟国であり隣国である中国の人民共和国に対する攻撃は我々に対する攻撃でもある」とのぶっきらぼうな警告を発したのである。[196] これはスエズでの策略の焼直しであり、すでに決まっていた結果——グロムイコの神経質さがそれに物をいったとすれば、今回はロシア人自身の強硬さの欠如によってもたらされたことになるが——の手柄を主張することによって強硬姿勢を装ったのである。[197] フルシチョフは三週間後、中央委員会が中国側に対して、「我々の共通の敵を阻止するだけでなく破壊することのできる恐るべき兵器を保有する」ソ連が、もし「貴国を支援していなかったとすれば」、それは「世界の労働者階級への犯罪……共産主義者にとって神聖なものの中のさらに神聖なもの――マルクス＝レーニン主義の教えからの逃避」にほかならなかったであろうことを納得させるよう指示した。当の人民共和国はソ連なしに核攻撃を甘受する意思をみせることで「崇高さ」を誇示していたが、「すべての共産党の兄弟的団結が揺るぎないこと」を示すことが今や必要だったのである。(198)

しかしながらフルシチョフが後に認めたように、「中国について、ひたむきで無邪気な子供の眼で眺めることはますます困難になった。……中国は中国であり、中国人は次第に風変わりな方法で行動するようになっていた」。今や彼の主な懸念の対象は毛沢東に原子爆弾の見本を提供するという一年前の誓約であった。すでにその輸送準備は整っていたけれども、台湾海峡危機をみると主席がそれを使って何をするかについては予断を許さないものとなっていた。「結局彼らに見本を渡すことの延期を決定した」。(199)一一月には手に入ると言われていたことから、中国側は何ヵ月にもわたって列車――そのどれもが引渡し期限のすぎた兵器を積んではいなかった――の到着を出迎えたと主張している。ようやく一九五九年六月になってロシア人はもはや明々白々に違いなかった事実を確認した。爆弾は輸送されず、中国の核計画に対するソ連からの追加支援も行われないことになったのである。(200)

フルシチョフは訪米直後の九月に北京への最後となる訪問をした。「表面上はあらゆる人が丁寧だった。しかし彼らがソ連および私自身に対し怒りで煮え繰り返っていることは感じ取ることができた」。(201)中国人を説き伏せることに失敗すると、彼は代わりに講義をしようとした。社会主義諸国が強力だからといって、「資本主義体制の安定性を実力によって試さねばならない」ことにはならないのだった。そして、彼はとくにソ連の共産主義者にとってはという点を強調し、「冷戦を解消するためにすべての可能性を利用することが神聖で根本的な任務であると認識している」と付言したのである。他の共産主義者が必ずしも賛同はしないことを黙認する表現であった。(202)

その点を毛沢東はまもなく明確にした。レーニン生誕九〇周年に関連して一九六〇年四月に公表された一連の論争において、中国人はフルシチョフが平和共存、戦争不可避性の否定および非暴力的手段による共産主義者の権力獲得といった原則を是認することで、あの創始者の遺産を「修正し、骨抜きにし、裏切った」として非難したのである。[203] これはスターリンの後継者が依って立つあらゆるものに対する、想像しうる限り最も徹底的な拒絶であった。フルシチョフは「もはや我々社会主義陣営の結束を喜ぶ訳にはいかなくなった」と嘆いた。[204]

中ソ間の分裂にはいくつかの原因があり、その少なからぬものは国内経済の開発方法に関する相違であった。[205] しかし単一の最も先鋭な争点は、危険を冒すことをめぐる対立だった。フルシチョフに対する己れの感情が何であれ、毛沢東はソ連の軍事的優位を事実だと思っていたから、金門、馬祖についてアメリカに挑戦することによって、一般的には「第三世界」での革命を推進することが可能であると考えたのである。そうでなければなぜ「東風」が「西風」を圧することなどを望みえただろうか。[206] 彼にはそうした優位が存在しないことを知る手段はなかったし、フルシチョフにとってもその悪い報せを伝える方法は容易なものではなかった。彼の伝記作家の一人が述べたように、クレムリンの支配者は「自ら捏造したミサイル欺騙の犠牲者」となっていたのである。「中国の指導者たちは残りの世界に劣らずソ連の戦略的優位の存在を信じており、フルシチョフが……西側に対してあれほど臆病であることが理解できなかった」。[207] 北京で了解しうる唯一の説明は、彼がマルクス＝レーニン主義を完全に放棄してしまったということ――これは毛沢東に対してモスクワへの忠誠を完全に放棄する素晴らしい理由を与えた――だったのである。

VIII 欺騙戦略の露見と破綻

ヴァルター・ウルブヒリトもフルシチョフの臆病さを訝った。ソ連の指導者は、ドイツ民主共和国［東ドイツ］と単独講和を結ぶことで西ベルリンと米英仏との連絡経路に対する支配権をこの国に与えてしまう、という一九五八年一一月の脅しを実行しなかった。その間にも東ドイツの経済状況はますます悪化していた。その二年後、ウルブヒリトはフルシチョフに対して「我々は、パリ首脳会談の前のような平和条約締結の運動を再現することはできない」と忠告した。「本物の成果が得られる場合にのみそれは可能だ」[208]。こうして東ドイツ人は一九六一年の春に自らベルリン危機を作り出し、気乗り薄のロシア人をそこへ引きずりこんだのである[209]。毛沢東の場合に比べて確証は少ないけれども、ウルブヒリトの論法もほとんど同じだったであろう。ソ連がフルシチョフの主張するようにアメリカに先行しているのなら、ベルリン問題の解決のためにその軍事力行使をなぜためらうのだろうか[210]。

しばらくはフルシチョフ自身もこうした議論をもてあそんだようである。東ドイツにおける経済状況の悪化――および単独行動の傾向を強めるウルブヒリト――を懸念するフルシチョフは、一九六一年六月のウィーンでのジョン・F・ケネディとの首脳会談を利用して新たな最後通牒を発した。恐らくは、ピッグス湾事件で尻尾を巻いたのだからその新政権はベルリンでも強くは出ないだろうとの確信があったのであろう。ケネディは「力の比率は今や等しい」と認めることで、意図せずにそうした見方を煽ることになった。これはアルコール中毒患者に向って「もう一杯どうだ」と言うようなものである。フルシチョフはそれに飛び付き、自分の思いどおりにならなければ戦争になると威嚇し、「先の大戦でアメリカが三五万人を失ったのに対してソ連は二〇〇〇万人を喪失した」と軽蔑したような物言いでケネディに想起させたのだった[211]。毛沢東は一九五七年に似たような議論でフルシチョフをぞっとさせ、ソ連がそうした戦争を選択することはないとの返答を引き出していた[212]。今度はそのフルシチョフがケネディを震撼させたのである。毛沢東の方法がうまくいくならますますよかった。

大統領が自らをあのようにひどく脅されるにまかせた理由については、今日なおも明確な説明は存在しない。明らかに何が予期されるかについてのアメリカ側の事前の打ち合わせは不充分だった。また、慢性的な脊椎の障害に対する大量の薬物投与が彼の対応を鈍くしていたこともあろう。しかし彼は「力の比率」が等しいと本当に信じていたかもしれないのである。大統領選挙期間中に、彼はアメリカが軍事力と経済成長の両面でソ連に遅れをとっていると繰り返し主張してきた。候補者が自分の修辞を真に受けたのはこれが最初ではなかったであろう。国防長官のロバート・マクナマラが二月に報道陣に対してミサイル・ギャップなどは存在しないと何気なく語った際に、大統領は直ちにそれを否定した。アイゼンハワーは、彼の後継者が四月に、両陣営が「原子兵器とその保有量において相殺し合っている」と論評したことを書き留めている。[213] しかも、ソ連のＩＣＢＭに関する偵察衛星に基づいたＣＩＡの信頼すべき評価は、ウィーン首脳会談の三ヵ月後にようやく提出されたのである。[214]

米ソの均等に関するケネディの認識の理由が何であれ、それを利用しようとするフルシチョフの試みは裏目となった。新大統領はベルリンについてアイゼンハワーよりも強硬な姿勢をとることになったのである。軟弱すぎると見られたと考えたことからケネディは妥協を拒否した。その結果、幾人かの主要な顧問はその西側の前哨を核兵器で防衛する方法について模索するため、一夏を棒に振ったのである。[215] その結論は確定的なものではなかったけれども、そうした計画が立案されたという事実は、アイゼンハワーの方法、すなわち戦争を戦う戦略に代えて戦争への恐怖を利用し、戦争準備を不要なものにするという発想からの離脱を意味していた。また、核兵器を使用可能なものとすることを望んだため、ケネディはその結果をも統御しうることを提示しようとした。こうして、七月二五日のテレビ演説において、彼は適切な民間防衛によってソ連の第一撃に対しても生き残りうることを主張したのである。[216]

フルシチョフの最初の反応は、手近な資本主義者を酷い目にあわせるという彼にはごく自然なものだった。今回の犠牲者は黒海の別荘を訪れたジョン・Ｊ・マックロイである。マックロイの報告によれば、彼を招いた人物は「本当に血迷っており」、「自らのロケット部隊と……その分野における大きな優位を」強調し続けた。アメリカは現実に核の交換を生き延びるかもしれないが、ヨーロッパはそういう訳にはいかないし、「戦争を始めた体制を人民は許さないだろうから、ウォール街などはもはや存在しえないであろう」ということをマックロイは理解すべきだ、とされた。そうした戦争が勃発しても、歩兵ではなく「ロケットと核爆弾」がその始末をつける。[217]そして、特別に巨大なものを製造中であるとフルシチョフは付言した。一〇〇メガトンという怪物の実験を彼の科学者たちは実施しようとしていたのである。彼は、「ここでズボンに漏らすんじゃないぞ」と述べたと述懐している。「もうじきそうなるんだから」。[218]

大気への影響に対する懸念からアメリカ人、ロシア人およびイギリス人は一九五八年一一月に非公式な核実験の一時停止〔モラトリアム〕に合意し、それ以来フランス人だけが実験を一回行っていた。[219]しかし正式な実験禁止に関する交渉は停滞し、その間に技術的な理由と国際的緊張の反映からワシントンとモスクワでは実験再開の気運が醸成されていた。ベルリンの壁の構築時にケネディはモラトリアムを解除する間際にあったが、フルシチョフがダメを押す格好になった。一九六一年八月三一日、モスクワは実際に一〇〇メガトン爆弾を含む一連の実験再開について発表したのである。[220]

そうした実験装置の製造はしばらく前から進行中であり、皮肉なことにその中心的な人物がアンドレイ・サハロフであった。元の同僚たちによれば、彼は「大量絶滅兵器の破壊性と非人道性」を証明し、「悲劇的な対決が生じた場合に勝者がいないことを人類や政治家に対して印象づける」一つの手段として、その「巨大な爆弾」を認識していた。[221]サハロフ本人は、一方で、「我々の仕事が相互抑止に必要な均等の維持にとってきわめて重要であるとの確信」と、他方で、生物や環境におよぼす実験の影響に対する「苦痛、羞恥、屈辱」との板挟みになっていたと回想するのみであった。[222]彼は大胆にも、フルシチョフに対して実験の再開が実験禁止条約の見込みを危うくするのではないかと質問したが、後に回顧したように、厳しい譴責および説明が返ってきただけであった。

政治は我々に任せることだ――その専門家なのだから。……力の立場から政策を実施せねばならない。……相手はそれ以外の言葉を理解しない。サハロフのような者の言うことをきいていたら閣僚会議議長ではなく、くらげにでもなってしまうだろう。

「私の考えは変わっていませんが、仕事はきちんとやり命令を実行します」と、この科学者は後にフルシチョフに伝えた。(223) 彼の同僚が指摘したように、サハロフはその「巨大な爆弾」について「懸命、真剣かつ無条件」に働いた。もっとも、彼は爆発の規模を縮小するようフルシチョフを説得し、一〇月三〇日にノヴァヤ・ゼムリャ実験場で投下された爆弾は当初計画の一〇〇ではなく五〇メガトンを少し上回るものとなった。さもなければフルシチョフが認めたように、「すべての窓ガラスが割れたであろう」(224)。

それでも充分に巨大であり、人類がこの惑星上でそれまでに——あるいはそれ以降——実施したものの中では最大の爆発であった。その閃光は六〇〇マイル先からでも見ることができた。火球は「ゼウスの神のように力強く傲慢だった……地球全体を吸い込むようだった」。きのこ雲が四〇マイル上空の成層圏にまで達した。爆心地である雪と岩の島は文字どおり平らになり、ある観測者はそれを広大なスケート場のようだと表現した。これら全体の光景は「空想的でこの世のものとは思われず、超自然的」なものであった。この実験を基にしたある試算によれば、フルシチョフの主張した一〇〇メガトンの爆弾を代わりに使用した場合、メリーランド州と同じ範囲で火事嵐が発生したであろうとされている。(225)

フルシチョフは科学者たちにウィーン会談やベルリンの壁については何も話さなかったが、サハロフにとって「実験再開の決定が政治的な動機によるものである」ことは「完全に明らか」であった。(226) それらの理由を見つけるのは困難ではなかった。モスクワで第二二回党大会が開催され、冒頭、フルシチョフは東ドイツとの単独講和という誓約の実施をまたも延期していた。しかし彼はその発表を五〇メガトン爆弾の実験予告と抱き合わせにしたのである。(227) 彼はサハロフに対して、「その実験装置をダモクレスの剣のように資本主義者どもの頭上に吊す」ことは役に立つと説明したのだった。(228)

しかしながらそうではなかった。その「巨大な爆弾」はフルシチョフを荘厳にではなく滑稽な人物にみせることになったのである。一つの理由は明らかな軍事的実用性の欠如であった。原子爆弾や水素爆弾は使用可能だと長年主張してきた者でさえ、あのような規模の爆弾についてはもはや用途を見出しえなかった。またこれを含めソ連側の実験は西側で懸念の対象となったが、それは戦争で使用される可能性よりもむしろ環境汚染への関心から生じたものであった。さらに、アメリカ人が一九五四年に一五メガトン級のブラボー実験で意図せずに惹起したパニックに匹敵するような事態も起こらなかったのである。しかし、何といっても「巨大な爆弾」が線香花火に終わった最も重要な理由は、フルシチョフのおかげでついにケネディの堪忍袋の緒が切れてしまったことであろう。実験の九日前、アメリカ政府はソ連の戦略的「ポチョムキン主義」の実態を暴露したのである。

その役割は国防副長官のロズウェル・ギルパトリックに振られ、一〇月二一日、ヴァージニア州ホット・スプリングスにおける経済人の会合の席で、彼は鉄のカーテンが、「クレムリンの自慢話を額面どおりに受け取らざるをえないほど厚いものではない」と述べたのである。今や以下のことが明らかであった。

我々の軍事力に対するソ連の奇襲攻撃の後でさえも、アメリカが維持しうる破壊力は敵が最初の攻撃でアメリカに投入する無傷の全戦力と同等――あるいは多分それを上回る――であろう。要するに、我々には少なくともソ連の第一撃に匹敵する第二撃能力があるのである。これゆえにソ連が大きな核紛争を起こさないことについては自信がある。[229]

この演説は慎重に計画されたものというよりも状況の産物であった。すでに政府関係者は、ミサイル・ギャップに関する一年前のマクナマラの失言に対するソ連の反応を興味をもって観察していた。ソ連側は自国が優位な立場にあるとの主張を直ちに引っ込め、数週間はそこに復帰しなかったのである。[230]また、同じ頃、ダニエル・エルズバーグという名の若い国防省の顧問が偵察衛星からの写真を監視し続けていた。アメリカ空軍が自分の主張を受け入れたがらないことに不満を抱いたエルズバーグは、ミサイル・ギャップなどが存在しないことをアメリカが承知している点についてフルシチョフに静かな警告を発すること、あるいは同じことを大統領演説の中で主張することを進言したのである。この時ケネディは両提案とも却下している。

しかしフルシチョフが核実験の再開を発表し、威嚇するように一〇〇メガトン爆弾を振り回し始めると、大統領はNATO同盟諸国を安心させるため何かをせねばならないと決意するようになった。アメリカもすぐに核実験を再開すると宣言すること、あるいはソ連のミサイルに関する九月二一日付の最終的なCIAの評価を洩らすことだけでは充分とはいえなかったであろう。エルズバーグの構想が再浮上したのはこうした文脈においてであった。ギルパトリックは、極端な挑発とはならないようにフルシチョフの虚勢を暴露しうる政府高官としてその任務を割り当てられた。彼の上司たちは後で彼の言明を静かに確認するものとされた。演説が作成されたのはこのようにしてであり、主な目的はフルシチョフの「巨大な爆弾」の衝撃を鈍らせることだったのである。[231] その効果――ワシントンでは明確には予期されなかった――はしかしより大きなものとなった。ギルパトリックが結局やったことは、敵方の超大国の指導者から外見をすべて取り払い、いわば現代版オズの魔法使いのようにしてしまったことであろう。尊大な身振りや好戦的な咆哮にもかかわらず、彼が「頭が禿げ、皺の寄った顔をした小さな老人」であること、要するに「ぺてん師」であることが判明したのである。[232]

モスクワでの反応はあたかもひどく痛む爪先を踏みつけられたようなものであった。「アメリカの腕力を振り回すことで（ギルパトリックは）我々を力で脅した」と、衝撃を受けた国防相のロジオン・マリノフスキーは一〇月二三日に不平を洩らした。また彼は――虚偽ではあったが語るに落ちたというかたちで――ソ連がすでに実用化されたミサイル迎撃システムを配備していると主張した。そして本物のソ連ミサイルの射程距離内に居住する不運な西ヨーロッパ人に八つ当たりしたのである。「小さくて人口稠密な諸君の国々を一掃し、隠れている者たちを即死させるには数メガトン級の核爆弾わずか数発で本当に充分なのだ。諸君ら狂人はわかってるんだろうな」[233]。モスクワ放送はまもなく、「ソ連を脅し、国際情勢をさらに悪化させる……ことを目的とする明らかに組織だった運動」を発見することになった。[234] 力による脅しと組織だった運動について自認するであろう以上に知悉していたフルシチョフは、珍しく数週間は言動を抑え、一二月の演説でようやくいつもらしさを取り戻した。彼はそこで、アメリカ人には「五〇および一〇〇メガトンの爆弾はない。……我々はすでにそれをもっているし、もっともつだろう」と自慢したが、[235] そのかっとした様子が示すように、それは荒れてはいるが見え透いた感情の爆発であった。ほとんど誰も何の印象も受けなかった。

その同じ月、北京駐在の二名の東ドイツ外交官からの報告が東ベルリンに送付された。それらは個々にポーランドの外交官との会話を基にしたもので、中国人のフルシチョフ観を要約していた。ソ連時代の多くの文書と同じくそれもイソップ物語風の論調を帯びており、他人の言葉を借りて作者の見解を表明するものとなっていた。戦略的「ポチョムキン主義」の五年間におよぶ現実の成果に対する痛烈な評価は、以下のようである。

> 中国人は……期限を設定するならそれを絶対に守らねばならないと信じている。そのようにして定められた期限を撤廃すると、味方の中に疑念と信頼性の欠如を生むだけでなく、相手方には脅しにすぎないとの印象を与えるに違いない。……こうして相手はより強硬な政策を実施し、要求を拡大し、挑発を強めるだけである。……スエズ侵略の場合にはソ連の最後通牒が真剣なものとみなされ、[236] 帝国主義者たちを怯えさせ侵略を中止させた。しかしながら、対独講和条約の締結期限の撤廃は敵を勇気づけただけである。

別の表現をすれば、オズの魔法使いたらんとすることに伴う問題点は、自分自身の芝居を演じ続けることが次第に困難なものとなるということだったのである。

IX　核兵器をめぐる競演

核兵器が冷戦の最盛期に劇場を提供するような効果をもったことは今や明らかである。それらは一九五〇年代末から一九六〇年代初頭にかけて、世界を立ちすくませるような暗い予感を作り出した。政治家は俳優となる必要があり、その成否は現実の行為ではなく外見上の演技によって左右され、あるいはそうであるかのように思われた。冷戦の終焉をすでに決定しつつあった長期的な傾向は隠蔽され、結末はサスペンスに包まれていた。『ドクター・ストレンジラヴ』が一九六四年に上映されたのも偶然ではない。スタンリー・キューブリックがその映画の題材としたような芝居はすでにかなりの期間演じられていたのである。

毛沢東は最も忘れ難い台詞を操った。世界は破裂するかもしれないが宇宙はそれにほとんど気づかない。太陽系は多分生き延びるだろう。こうした考えは彼の安眠を容易なものにした。たしかにこれは「ストレンジラヴ的」ではあったけれども、その実体は、アイゼンハワーとフルシチョフ――両者とも熱核兵器の大量使用による生態学上の結果を理解していた――が抱いていたような、不屈であることの名声を危うくすることよりもむしろ世界を危険に曝すことの方を選ぶ意思と、それほど大きくかけ離れていたのだろうか。

この両者のいずれがより大きな危険を冒したのかについてもその印象ほどには明白でない。フルシチョフの戦略的「ポチョムキン主義」は脅し、威張りちらすという彼の能力、要するに国際的な現状を不安定化させる――たとえ彼の目的が現状の再編のみだったとしても――能力に大きく依存していた。アイゼンハワーは自国の優越した能力をもっと冷静に行使した。フルシチョフのミサイルによる恫喝に直面しても彼は称賛すべき自制心を発揮し、未完に終った軍備管理に関する合意をいずれはもたらすであろう上空からの偵察革命に備えることで、正真正銘の洞察力を示したのである。

しかもなお——アイゼンハワーは、アメリカの武器庫に蓄積される兵器の数を制御したり、部下が「単一統合作戦計画」、いわゆるSIOPを考案することを控えさせるための何らの措置をも講じなかった。SIOPとは、ソ連からの攻撃が差し迫ったと見えた時に、すべてのマルクス＝レーニン主義者に対して三二六七発にのぼる全核兵器を同時に使用する準備を整える計画であった。攻撃の対象とされた国にはソ連だけでなく、中華人民共和国、東ヨーロッパ、北朝鮮、北ヴェトナム、そして多分アルバニアも含まれていたであろう。[237]恐らくSIOPはたんに見過ごされたのかもしれないが、アイゼンハワーが普通なら戦争計画を無視する筈もなかった。もっと不穏なことを言えば、多分、それは戦争を戦うことの展望を可能な限り空恐ろしいものにすることで戦争を回避するという、彼のクラウゼヴィッツ的な考えを反映したものだったのであろう。こうしたことはうまくいった——しかしそれ自体がフルシチョフの戦略的「ポチョムキン主義」と比較して、より危険の少ないものであったと誰が言えるのだろうか。

ケネディはクレムリンからの見返りなしにそうした危険を少なくしようとしたといわねばならない。彼の解決策はアイゼンハワーに比べて核兵器への依存を減らし、しかもなお前任者よりもその使用の意思を信憑性の高いものに見せるというものであった。これ自体が劇場での演技——フルシチョフのものと同様の荒事——であり、それなりの危険が伴った。その少なからぬものは、戦争の回避を強調したアイゼンハワーに対して、その遂行に比重を移した点である。しかもこの新大統領は、結果を慎重に考慮することなく、アイゼンハワーが決して行わなかったことを実行した。敵がぺてん師であることを宣告したのである。

「いや、それは非常に危険だ」とケネディはキューバ・ミサイル危機の最中に一度口をすべらせた。アメリカがトルコにミサイルを配備したと仮定してフルシチョフの反応を想像した時——すでにトルコにミサイルを配備済であったことを側近によって知らされる前——のことである。[238]舞台の上で脚光を浴びるモスクワの最高指導者のことをオズの魔法使いだと喝破することは、それに比べて危険ではないと考えられていたのであろうか。

第九章　キューバ・ミサイル危機

人間は科学技術によって愚行に走ってきた。それは政策を立案し実行する能力よりはるかに速く進歩する。

フィデル・カストロ、一九九二年一月一一日

核兵器を使用する用意があったのかって？――その通り、核兵器の使用に同意していただろう。いずれにせよ核戦争になることは当然だと考えていたし、そうなれば消えてなくなってしまうことも目に見えていたからである。占領される――完全に占領される――前にわが国の防衛のために死ぬ準備はできていた。

フィデル・カストロ、一九九二年一月一一日(1)

キューバ・ミサイル危機に関して新たに付け加えることなどがあるのだろうか。国際関係の歴史において、これほど多くの歴史家によってここまで顕微鏡的に精密な調査が行われてきた事件は他に存在しない。理論家はこの単一の特殊な出来事から一般的な法則を豊富に引き出してきた。当事者で存命中の者は、あの決定的な一三日間に行ったことの再現に生涯の多くの時間を費やしてきている。(2) そして当時まだ生まれていなかった人間を含め、一九六二年一〇月の後半について知悉するほとんどあらゆる人々は、それを世界がその歴史を通じて核の劫火に最も接近した瞬間であったとみなしているのである。

何が起こったのかについてはたしかにわかっている。ニキタ・フルシチョフがキューバに中距離および準中距離弾道ミサイルを配備したのは――ピッグス湾、ウィーン首脳会談およびベルリンの壁で露呈した――ジョン・F・ケネディの軟弱さに対する軽蔑があったからではなかったのか。また、ワシントンがミサイル・ギャップの不在を遅れ馳せながら暴露し戦略バランスを覆したことから、彼は大胆な方策によってその是正を狙ったのではなかったのか。さらに、ケネディの勇敢な強硬さと冷静さによって編み出された対応がその策動を阻止し、アメリカ人の勝利とロシア人にとっての惨めな屈辱をもたらしたのではなかったのか。そして両者ともこの経験から二度とそうした危険を冒すまいと結論を下したのではなかったのか。

歴史家が依然として「肯定」するのは最後の設問に対してのみである。米ソおよびキューバ関係の新たな資料の公開によって、この危機に関する他の従来の知識はその大半が疑わしいものであると判明しつつあるからである。それらの材料は、フルシチョフがケネディの姿勢を受動的ではなく、攻撃的だと認識したためにミサイルをキューバに配備したことを暗示している。彼は少なくとも戦略的不均衡の是正という計算された決意と同じ程度に、フィデル・カストロの革命を救援するという感情的な衝動に駆られて行動したのである。一方ケネディは政権内で最も穏健な立場の人間だったかもしれない――決して強硬派などではなかった――が、そうした姿勢を堅持することについては一層勇敢だったとの印象を与えている。また、当時の政策形成過程に関する教訓は以前には危機管理の教科書にまで採用されたが、今や概ねこの事件の結末とは無関係なものであったことが判明した。その決着の仕方はそれ自体いずれかにとっての明快な勝利などではなく妥協の産物であり、第三者であるキューバ人も従来考えられていた以上にそこに関与していたのである。そしてこの事件の長期的な効果は、ソ連に対して屈辱どころではなく、その後三〇年間にわたりアメリカと対等であるとの印象を与えたことにあった。(3)

　これらすべての見直しや再考の過程においても変わっていないことは、冷戦史に占めるこのキューバ・ミサイル危機の中心的な位置付けである。むしろそれはこれまで信じられていた以上に重要な転換点であったように思われるのである。それは米ソ間の競合において核軍備競争は言うにおよばず、イデオロギー対立、「第三世界」での抗争、同盟諸国との関係、外交政策のもつ内政上の意味、そしてそれぞれの指導者の個性などといった個々の主要な争点領域が交錯する戦後唯一の出来事であった。あらゆるものが突如そこに転落し、同時に交ざり合う一種の漏斗のような——そう言いたければ歴史上類例のない——ものだったといってよい。幸いにも向こうの端にブラック・ホールが待ちうけていた訳ではないが、新たな資料は容易にそうなったかもしれないことを示唆している。代わって出現したのは「永い平和」へと発展することになるそれまでとは異なった種類の冷戦であった。それは緊張や小規模な危機すらからも決して免れることはなかったが、超大国がゆっくりと馴れ親しむようになった国際システムの枠組みのなかで行われる抗争となった。米ソの指導者は何年も経つうちにそうしたシステムを作り変えようとする動機を徐々に喪失するようになったが、——一九八九年に至るとまたもや状況が一点に収斂し、きわめて唐突に、またあらゆる者が驚くなかでシステムの変革に乗り出すのであった。

今にして思えば、キューバ・ミサイル危機が発生したのは西側が冷戦で勝利を収めつつあることをフルシチョフがケネディに比べてより明確に理解していたからのようにみえる。ケナンは西ヨーロッパと日本――第二次世界大戦終結時には漂流状態にあった産業・軍事力の中心地域――が、米ソいずれの勢力圏に属するかでその勝敗が決定すると予測していた。[(4)] 一九六一年までにこの問題には決着がついていた。民主政治と市場経済がそれら重きをなす諸国で優位を占めたのである。マルクス＝レーニン主義という選択肢が多くの「第三世界」で魅力を維持したのは確かだが、それは調整された行動をとる能力に欠けていた。カストロの革命のようにモスクワはそこで生起する事態から時には恩恵を蒙ることもあったかもしれないが、そうした機会を作り出し、あるいは統制することなどはほとんど不可能だったのである。

他方、マルクス＝レーニン主義はそれが定着していた場所では約束された成果を達成するには至っていなかった。一般市民の生活水準の向上によって資本主義を追い越すというフルシチョフの要件はまだ満たされてはいなかった。一九六二年にはソ連の内部情勢が悪化したことから、彼は食料価格の上昇に抗議するノヴォチェルカスクのストライキ参加者に対する発砲を赤軍に命じねばならなかったほどである。[(5)] また、マルクス＝レーニン主義は国際的な結束よりもしばしば国家間対立を生み出していた。ワシントンの同盟関係は堅固で無理がなかったが、モスクワのそれは東ヨーロッパでは強制によってのみ機能し、中国の場合には完全に崩壊してしまったのである。さらに軍事バランスの面でもソ連は優位にあるとはいえなかった。このミサイル危機の時点で戦略兵器におけるアメリカの優位は一七対一であり、これはその一〇年前とほぼ同じだったのである。[(6)]

歴史が自らの側にあるとの主張にもかかわらず、フルシチョフは久しくそれを味方につけねばならぬ必要性を認識してきた。国際舞台における彼の主要な言動――戦略的「ポチョムキン主義」〔欺騙〕、チトーおよび毛沢東との関係修復の試み、ベルリンでの圧力行使とその緩和、アメリカとその同盟諸国への懐柔的な身振り、巨大メガトン級の核実験――は、憂慮すべき傾向を逆転させることを企図したものであった。それに失敗したことでソ連の指導者は漠然とした自暴自棄の気持ちに追いやられることになった。しかしこれはキューバで彼が大博打に出た直接の理由ではない。そこでは彼はアメリカ側の挑発――一つは策略とみなしうるほどに計算されたもので、他は計算づくというよりも意図せざるもの――に反応したのである。それらはともにアイゼンハワーの遺産であり、またアメリカが依然として冷戦に敗北するのではないかとするケネディの恐れをも反映していた。

　策略とはカストロを排除する企てのことであり、それはピッグス湾での大失策で終わるものではなかった。その代わりにケネディは、キューバとその最高指導者を対象とするCIAによって練られた一連の破壊工作および暗殺計画を許可――あるいは少なくとも黙認――したのである。その動機はあの不様な侵攻の場合と同じであり、手段のみが異なっていた[7]。またホワイトハウスは他の軍事的強襲についてもこれを除外しなかった。ケネディが明示的な許可を与えた訳ではないが、一九六二年の春から夏にかけてカリブ海地域で実施された大演習は通常のそれをはるかに超えており、恐らくはカストロの除去あるいは暗殺が本決まりとなった場合に備えた動きであった[8]。大統領が統合参謀本部に対して「ここ三ヵ月以内は軍事行動」を望まないと告げたのは一〇月一五日であり、彼がキューバにおけるミサイルの存在を知る前日のことである。しかし記録にあるように、「彼は事態が統御されないことについて確信がもてな」かった[9]。ケネディの国防長官ロバート・S・マクナマラは軍事行動の意図を断固として否定したものの、「もしキューバの指導者だったらアメリカの侵攻を予期したであろう」ことを告白していた[10]。

　カストロはそれを確かに予期していたし、フルシチョフも同様であったことが今や明らかである。フルシチョフはピッグス湾をケネディの弱さではなく、むしろ西半球で成功した唯一の社会主義革命を押し潰す大統領の決意の現れであるとみていた。アメリカ人が侵攻を試みたことは「愚か」であったと、ミコヤンはカストロに説明した。「しかし、その事実は彼らが再びキューバへの侵略を企てるかもしれないことを示した」[11]。フルシチョフは、「すぐ隣にカストロのキューバが存在することにアメリカ人が耐えられないであろうという考えに付きまとわ」れたことを回想している。「彼らは何かをやるだろう」[12]。当のカストロは自分の同盟相手の抱いた懸念が個人的かつイデオロギー的なものであった点を記憶している。

ニキタはキューバをこよなく愛していた。……彼はキューバについては――感情的、その他の点で――いわば目がないという感じだった。なぜなら彼には政治的信念があり、政治的方針、政治的理論があり、そしてそうした方針に忠実だったからである。彼は資本主義対社会主義という観点から思考した。彼には非常に堅固な信念があった[13]。

危機の直後、キューバ革命がマルクス＝レーニン主義にとって「偉大な成功」であったことをミコヤンはカストロに請け合った。それに対する弾圧は、

社会主義陣営全体の二倍か三倍の敗北を意味したであろう。そうした敗北は多くの国における革命運動を振り出しに戻すだろう。そうした敗北は全世界における帝国主義勢力の支配権の証拠となるだろう。それは二つの体制の間における諸力の相関関係を変化させるほどの信じ難い打撃となろう。……我々はキューバ革命を防衛し、帝国主義者の計画を挫折させるために必要なあらゆることを行うことが我々の義務、共産主義者の義務であると考えてきたし、今もそうである[14]。

フルシチョフの諸決定は「感情と理性の双方からわき出た」ものであったと、部下の将軍の一人は結論づけている。「それはカストロとキューバ革命に対する古参ボルシェヴィキのロマンティックな反応であると同時に、危殆に瀕する前哨の同盟国の防衛のためにソ連軍を配備するという老兵の軍略でもあった」[15]。「キューバ革命を守るために他の方法がなかったから」それは必要であったと、フルシチョフ自身がハバナのソ連大使に述べている[16]。

一〇月一八日――大統領がキューバでのミサイル配備を知らされた二日後で、その事実をロシア人と残りの世界に暴露する四日前――のケネディとの会見後、外相のアンドレイ・グロムイコはフルシチョフに対して、モスクワの関与がまさに予期しえなかったことである――不合理でさえある――からこそ、それは成功するであろうと早まった保証をした。「(アメリカ) 政府とアメリカのすべての支配勢力はキューバを支援するソ連の勇気に驚嘆する」。その論拠はグロムイコの理解によれば以下のようであった。

ソ連政府はキューバとその情勢にアメリカ人が大きな重要性を付与していること、そしてこの問題がアメリカにとっていかに苦痛を与えるものであるかを認識している。しかし、ソ連がそれを承知の上で依然としてキューバにそうした支援を与えているという事実は、キューバに対するいかなる干渉をも撃退することに対する我々の完全な関与を意味する。その撃退の方法や場所に関する論議は一つも起きてはいないが、それは実施されるだろう――彼らがそれを疑うことはない。

非常に危うい橋を渡りながら、グロムイコは「こうした状況では、アメリカのキューバに対する軍事的な冒険を想像するのはほとんど不可能である」との結論を下したのである。[17]

しかしながら、フルシチョフはミサイルを利用してキューバ革命を守るなどという着想をどこで得たのだろうか。ここで迂闊さという要素が入りこむ。というのはアメリカ人がそれを与えたように思われるからである。何といっても、最初にアイゼンハワーとダレスが中距離および準中距離ミサイルを露出したかたちで配備したのである。スプートニク後のフルシチョフの恫喝に対抗するため、彼らはNATOにアメリカ製のソアーとジュピターを提供していた。液体燃料を使用し地上に配備され、命中精度の疑わしいこれら第一世代のMRBMとIRBMにはほとんど軍事的価値がなかった――しかしそれが彼らの狙いではなかった。むしろ目的は配備先の諸国を安心させながら、その標的となった国を不安に陥れることにあった。この「瞬間接着剤」は、アメリカのICBM配備までの脆弱な短期間において、いわばつなぎの役割を担うものとされたのである。『タイム』誌はこの政策のありのままの本質を簡単な形にまとめあげた。「ＩＲＢＭ＋ＮＡＴＯ＝ＩＣＢＭ[18]」

しかしアメリカのこのミサイル導入に同意したのは結局イギリス人、イタリア人およびトルコ人のみであり、その彼らもほとんど切迫感などを抱いてはいなかった。交渉には時間を要し、イギリスとイタリアに配備される頃にはその兵器はもはや旧式なものとなっていたのである。またケネディは一九六一年の夏にはトルコへの配備――一五基のジュピター――を撤回する寸前までになっていた。彼が配備推進を許可したのは、トルコ人が強硬に抗議し、フルシチョフが再度ベルリンに関する最後通牒を発することでいかなる妥協をも拒否してからのことである。ジュピターはその年遅くにトルコに移送され、一九六二年初頭にアメリカの指揮下で実戦配備された。

一〇月二二日――ケネディがキューバのソ連ミサイルを暴露した当日――になって、ようやく最初のトルコ側要員が、これら今や旧式化したロケットをアメリカ人と共同管理するという「二重鍵」方式に従って、発射場に配属された。[19] しかし、その頃にはケネディはそれら一切を忘却してしまっていたようだった。フルシチョフによるキューバへのミサイル配備は、「まさに我々が突如トルコに多数のＭＲＢＭを配備し始めたようなもの」であると、ケネディは危機の初日にもの思いに沈みながら論じたのである。「もうやっています、大統領」と誰かが想起させねばならなかった。[20]

フルシチョフはケネディとは違って決してトルコのジュピターの跡を見失うことがなかった。それらが移送されるかなり前に、彼はソ連に国境を接する国へのアメリカのミサイル配備を脅威と――個人的な侮辱とさえ――みなすことを明らかにしていた。またニクソンが一九五九年にモスクワを訪問した際に、彼はその副大統領に向ってそうしたことに関する長広舌をふるっている。[21] そしてピッグス湾の後、彼はそのミサイルをキューバ情勢と暗黙裡に結びつけるようになり、ウィーン会談ではそれが一層明示的なものとなった。彼はケネディに対して、少なくともトルコとイランが、アメリカに対するキューバと同じ程度にソ連にとっての脅威となっている点を警告したのである。「彼らはアメリカの後について行進し、しかもアメリカの基地とロケットをもっているのだ」。ワシントンは「他の諸国の内政に介入する前例を作った。……これは誤算の原因となるかもしれない」[22]。

クレムリンの指導者は単にポーズをとっていたのではない。彼の周辺は彼が仲間内でも同様に辛辣な意見を開陳していたことを記憶している。それは彼がしばしば黒海で保養した際にとくに表面化する傾向にあった。「何が見えるかね」、と彼は訪問客に双眼鏡を渡した後に尋ねるのだった。「いや何も」と困惑した彼らが返答する。するとそのホストは双眼鏡を取り上げ、地平線を眺めてから念を押すのであった。「私にはトルコにあるアメリカのミサイルが見える。私の別荘を狙っているのだ」[23]。フルシチョフが、ソ連のMRBMおよびIRBM——彼には豊富にあった——をキューバに配備することで報いるという方策を思いついたのは、彼が次の機会に黒海——今度はブルガリアであったが——を訪れた時のことであった。

アメリカ人は軍事基地で我々を包囲し核兵器で威嚇してきたが、今や敵のミサイルに狙われることがどのようなものであるかを学ぶことになる。少しは薬になるだろう。

この決定を下した時、フルシチョフはソ連が戦略的に劣勢にあること——また疑いもなく、ギルパトリック演説を使ってのケネディの暴露——を念頭においていたと認めている。「我がミサイルは西側が好んで『勢力均衡』と呼ぶものを均等なものにしたことであろう」。しかしそれは彼の主張によれば第二義的な考慮であった。「肝心な点は、キューバへのミサイル設置でカストロの政府に対するアメリカの早まった軍事行動を抑制すると考えたことであった」[24]。このようにして、トルコ配備のジュピターはキューバ革命を守る手段を暗示しただけでなく、少なくともフルシチョフの頭のなかではそうすることを感情的、道徳的、そして法律的にさえ正当化するものだったのである[25]。

カストロは最初懐疑的だったが、それは「ミサイルをここに配備することに伴う危険を恐れた」からではない。むしろ、「ミサイルの存在で我々が事実上はソ連の軍事基地となってしまい」、ラテンアメリカの他の地域における彼の革命の印象を傷つけることになるかもしれないからであった。

だから我々自身の防衛のためだけであったなら、まったく正直なところ、……ミサイルの配備を受け入れてはいなかったと思う。しかし実際には、ミサイルの配備を社会主義陣営を強化するもの――ある程度はいわゆる勢力均衡を改善するものとみなしたのである。

カストロの念頭にあったのは戦略的均衡であった。彼は、「核の領域における二大国それぞれの戦闘能力がまったく同じであった」ことを当然だと思っていた。毛沢東やウルブリヒトと同様に、彼はロケットに関するフルシチョフの修辞を額面どおりに受け取っていたのである。

当時に戻って考えてみなくてはならない。……巨大なロケットで最初に人間を宇宙に送り込んだあのソ連の偉大な力を思い出さないのか。ソ連が空中の蝿をミサイルで打ち落とすとニキタが言った時のことを思い出さないのか。私はそれを決して忘れない。

ソ連のMRBMおよびIRBMの配備が戦略的な行き詰まりをまさに打開するとカストロは考えていたようである。最低限それは「社会主義諸国――共通のイデオロギーをもつ同盟相手、友邦、兄弟とみなすもの――」を元気づけることになるであろう[26]。カストロと最初の協議を行ったセルゲイ・ビリューゾフ元帥は、「キューバの指導者たちが、自らを我々の従者であるよりもソ連とその社会主義の大義にとっての恩人であるとみていたという印象をもって」帰国した[27]。

カストロの論拠はしたがってフルシチョフのそれを逆にしたものであった。ソ連の指導者はキューバ防衛を最優先し、戦略的均衡の問題は重要ではあったが第二義的なものとみなした。カリブ海のミサイルがそれを変化させるならそれでよかったけれども、逆転させることが不可能なことを彼は理解していた。カストロにとっては発想が逆であり、戦略的均衡が主であってソ連による軍事的な保護などは役に立つおまけにすぎなかった。「ソ連人が数百基の大陸間ミサイルを保有していると思っていた」ことを彼は認めている。「千基かさらにそれ以上であるとも想像した。そうした印象が出来上がっていたからである」。もし真相を知っていたなら、「私は慎重にせよと勧めたであろう。侵攻され押し潰されるかもしれないという考えは、我々にとって何ら懸念や恐怖の対象ではなかったからである。……戦うことを恐れなかった」(28)。

一九六二年の夏にその真相を得ることは困難ではなかったかもしれない。しかし、カストロはギルパトリックの演説を読まなかった——あるいは少なくとも信じなかった——ようである(29)。フルシチョフもその内容の確認に熱心ではなかった。東ドイツ人や中国人に対するのと同じく、彼にとってキューバ人に実際の戦略的均衡について告げることは困難だったのである。カストロは、ソーセージのように生産するというフルシチョフの言明と同じくらい容易にソ連のロケットを受け入れた。ロシア人が新たな小売店舗を必要とするならばそれに応じようということである。そしてそれらの兵器が戦略的均衡を本当に社会主義陣営に有利な方向へ傾けるなら、たとえ合衆国海兵隊を防ぐには適さないとしてもそれを導入する危険は冒すに値するのであった。

こうして、ソ連のミサイルがキューバに移送されたのは、フルシチョフとカストロが個々に相手方の利益だと信じるものについて気を回しすぎていた——そしてそれを深く詮索して確かめるには礼儀正しすぎた——からであった。両者とも共通の目的を見出すことを望んだ。しかし、ここでも他の場合と同様にマルクス＝レーニン主義はリアリズムよりもロマンティックな傾向を醸し出すことになる。そのため、フルシチョフはハバナの腕白な若き革命家の一団を救うために、到る所でソヴィエト国家の安全を危険に曝してもよいとの確信を抱いたのである。レーニンやスターリンならこうした感傷を何とみたであろうか(30)。またカストロはといえば、フルシチョフ流の「ポチョムキン村」とソ連のもつ現実の戦略的能力との違いを——ほとんど他のあらゆる人々が気づいた後にも——認識することがなかった。「多分、あなた方はソ連人の保有するミサイルの数について我々に告げるべきだったのだ」と、キューバの指導者は何年も経ってから古手のＣＩＡ関係者に告白している。「我々の方がよく知っていたという訳ではない」[31]。そして、フルシチョフとカストロはともに、彼らの極秘の共同事業に対するアメリカの反応について注意深く考えてはいなかった。

II キューバへのミサイル配備

ソ連のミサイルを受け入れることでキューバが恥じ入ることは何もないとの根拠から、カストロはそれを秘匿することに反対した。ケネディ政権の当事者だった面々は、ミサイル配備が公然と実施されていたらそれに反対するのは一層困難となったであろうことを認めている[32]。アメリカ人がイギリス、イタリアおよびトルコにＩＲＢＭやＭＲＢＭを配備するという先例を作っていたからである。フルシチョフはミサイルの配備を完了し、それを公表した後でそうした先例を表向きの正当化の手段として利用することを計画していたが[33]、配備の過程についてはこれを公表する可能性をまったく考慮しなかったようである。ミコヤンは後にその理由をカストロに説明した。

戦略的な軍備が極秘の状況下で配備され、アメリカ人がキューバにおけるその存在に気づかなければそれは強力な抑止の手段となったであろう。我々はそうした仮定から事を進めた。我々の軍事専門家は、戦略ミサイルがキューバの棕櫚の森で確実に秘匿されると知らせてきた[34]。

棕櫚の樹に関するロシア人の知識を問題にせずともこの議論は意味をなさない。アメリカ人がその存在に気づいてもいない抑止力によっていかに抑止されたというのであろうか[35]。スターリンと毛沢東は、抑止力が眼に見えるものでなくてはならないことを理解していたから一九五〇年に中ソ条約を公表したのである[36]。フルシチョフとカストロも一九六二年八月に似たようなソ連・キューバ協定について交渉していたが、ロシア人が公表を拒み、その秋に発生した危

機を取り巻く一連の事態のなかでそれが正式に調印されることはなかった。(37)

秘匿したことは狭い意味で成功した。その配備は目覚ましい兵站上の偉業となり、ＭＲＢＭやＩＲＢＭだけでなくイリューシン28中距離爆撃機、ミグ21戦闘迎撃機、対空ミサイル砲兵中隊、短距離戦場ロケット、そして必要な支援施設を含む約四万二千名のソ連軍部隊が揚陸された。これはソ連がそれまで実施したなかでは最大規模の水陸両用作戦であり、(38)アメリカ人はその海岸線のわずか沖合で展開されていたにもかかわらず、ほとんど気づかなかったようである。彼らは軍備の増強が進行中であることは承知していたが、一〇月一五日に最初のＵ２型偵察機の写真がミサイルの据え付けを確認するまで、ケネディとその側近は配備の規模――あるいは戦略兵器が含まれているという事実――についてはまったく知らなかったのである。(39)その時点でさえ、キューバにおけるソ連軍の兵力に関する彼らの推定値は実際より四倍から一〇倍も下回っていた。(40)

しかし秘密にしたことには問題もあった。その少なからぬものは、ロシア人が情報を収集し、それをお互いに、あるいはキューバの同盟相手との間で共有することに伴った困難さである。何ヵ月にもわたりモスクワの軍事計画の立案者はタイピストの使用が許可されなかった。すべての文書が手書きとされたのである。欺騙効果を上げるため、カリブ海に派遣された部隊はスキー、毛皮のジャケット、そして冬期用の厚手の制服などの着用で動作が妨げられた。目的地に到着したミサイルは棕櫚の樹とは似ても似つかないものであった。(41)ミコヤンによれば、フルシチョフ自身が「ミサイルを夜間だけ垂直にしておき、昼間は横に寝かせておくことを命じた」(42)――もしそうだとすればアメリカ側の写真分析担当者は確実に助かったことになる。見たところモスクワの誰もがＵ２型偵察機による上空の飛行を予期していなかった。その頻度は水平にされた状態で覆いのかかった大きな円筒が探知されてからは劇的に増加していたのである。(43)キューバ人自身も搬入される兵器の種類や用途についてほとんど知らなかった。(44)そして当然ながら、カストロはソ連とアメリカがほぼ同数のＩＣＢＭを保有しているという――フルシチョフが訂正しなかった――誤った印象をもってそれらすべての配備に同意していたのである。「勢力均衡について今知りえたことを当時承知していたならば、それら四二基のミサイルのもつ実用的な重要性——軍事的な重要性——に気づいていたであろう。キューバに配備されることでそれらは中距離ミサイルから戦略ミサイルへと一変したのである。」[45]

しかしながら秘密保持に伴う最大の不利益は政権の頂点において嘘をつくことが必要とされた点にあった。フルシチョフはキューバにおける攻撃的兵器の存在についてケネディを欺いたが、それは公式ルートとKGB要員ゲオルギィ・ボルシャコフとを通じて伝えられ、とくに後者の場合には、その二人の指導者が高度に機密を要する連絡経路として依存を強めてきたものが利用されたのであった。[46] グロムイコに至っては一〇月一八日にケネディに対して面と向って嘘をつきさえしたが、その時までにケネディは事態を把握していたのである。「最初からこの仕事は失敗の種を胚胎していたのである」と、兵站を組織したアナトリィ・グリブコフ陸軍大将はそれ以来ずっと認めている。「個人的に裏切られたという怒りの感情がケネディに生まれ、相互信頼に基づく超大国同士の関係構築への道が塞がれた」からである。[47] しかもなお信頼とはフルシチョフの望んだものであった。この危機に関する後年のある研究が結論するように、「彼はケネディがミサイルについて知らされた後に米ソ関係が改善されると信じていたのである」。[48]

しかしフルシチョフにとって欺騙ということは何ら目新しいものではなかった。ICBMの能力について彼は何年にもわたって法外な嘘をつき続けてきたのである。では、なぜケネディはそうした詐欺についてはその暴露まで何ヵ月も待機するなどして悠長に対応し、キューバにおけるMRBMやIRBMに関してはあれほど素早く反応したのであろうか。一つの明白な理由はキューバのミサイルが修辞上のものではなく本物だったということである。それはある意味で戦略的均衡を実際に変化させる問題であった。まさにフルシチョフの保有する大陸間ミサイルがわずかであったからこそ、「IRBM＋キューバ＝ICBM」という公式は、それがアメリカによってNATOに当てはめられた際よりもはるかに大きな成果を生んだのである。アメリカの強大な戦略爆撃能力からすれば、ヨーロッパへのミサイル配備などは同国がソ連内の目標に投下しうる核弾頭の数をほんのわずか増加させるものにすぎなかった。しかしながら、キューバにあるフルシチョフのミサイルはアメリカに到達しうるソ連の弾頭数を二倍、あるいは多分三倍にしたかもしれなかったのである。[49]

数は問題ではないとするマクナマラの当時の主張にも何らかの論理性があったことは確かである。わずか数回の核爆発によってでも生じうる被害を考慮すれば、ロシア人が抑止のために対等の地位を狙う必要はなかった。キューバにおけるソ連のミサイルが戦略的均衡を変化させることは「まったくない」と、彼は危機の初日にケネディに対して述べている。そしてその後三〇年を経過してもマクナマラは依然として、運搬される核弾頭数における一七対一という不均衡にもかかわらず、一九六二年には核の均等状態が存在したと主張していた。[50] しかしながら、重要なことはそのマクナマラやケネディ政権の他のいずれもが当時そうした見解に固執することがなかったことである。彼らはソ連の戦略能力の急激な倍増あるいは三倍増のもつ軍事的効果が何であれ、その政治的効果が破滅的なものであることを即座に認識したのだった。その理由は権威主義的な政府と民主主義的なそれとの相違に関係していた。

トルコにおけるアメリカのミサイルに対する個人的な憤激が何であれ、フルシチョフにはその内政へのかかわり合いを懸念する必要はなかった。彼はソ連国民が手に入れる情報とそれに対する反応とを大抵は統御することができた。また彼がクレムリン内の潜在的な政敵を撃退してからすでに久しく、トルコのジュピターを口実にして彼の地位に挑戦しうる立場の者はいなかったのである。ケネディはそうした利点を享受しえなかった。カストロの革命以来キューバ問題はアメリカにおける政治的議論を支配してきており、一九六〇年の大統領選挙で記憶に残るケネディとニクソンとのテレビ討論もその御多分にもれなかった。キューバにおけるソ連の軍事活動が増大しているとの噂が一九六二年の夏から初秋にかけて広まると、議会、報道関係、亡命キューバ人社会などからの圧力が高まった。共和党上院議員のケネス・キーティングは明確に――そして後からすれば驚くべき正確さで――、ロシア人がキューバにＩＲＢＭ

とMRBMを配備しており、大統領がそれについて何もしていないと攻撃した[51]。ケネディ自身は九月四日に、もしキーティングの主張が正しいことが判明すれば「最も重大な問題が生じる」ことを認めた[52]。

自らの指導力が問題とされることに慣れていなかったことから、フルシチョフは彼の欺騙が成功すればケネディの指導力が深刻な損害を被ることに気づかなかった。新任の駐米ソ連大使だったアナトリィ・ドブルイニンの回想によれば、もしモスクワの誰かがわざわざ質問を寄越してきたなら、「(フルシチョフの) 冒険が露見した場合の激烈なアメリカ人の反応を予言できたであろう」。カストロでさえそれを理解していた。公然と配備することを彼が望んだ理由の一つがそれであった。しかし、ドブルイニンがキューバにおけるミサイルについて知らされたのはフルシチョフやグロムイコではなく国務長官のディーン・ラスクからであり、しかもそれはケネディが世界に対して発表するわずか一時間前のことであった。「フルシチョフは突然にワシントンを驚かすつもりだった。極秘計画が暴露され結局驚いたのは彼のほうだった[53]」。

このようにしてキューバのミサイルとトルコのそれとの間には政治的な非対称性が存在した。極秘と公開という配備方法の違い――トルコへの配備が秘密ではなかったが広く公表もされなかった点には留意すべきである――が何であれ[54]、民主主義国を欺くということは常に危険なのである。独裁者は困惑させられたことをある点までは統制しうる。もし国家理性というものが何事もなかったかのように振る舞うことを要求すれば、彼らは通常それを処理しうるのである。民主主義国の指導者の場合にはそうではない。騙されても何も変わらないといかに納得してみても、政治的な反対勢力の存在がそれとは逆のことを確信させるのである。この問題は単にアメリカだけのものではない。それは程度の違いはあれいかなる民主主義国、そして民主主義諸国間の提携においても確実にあてはまる[55]。こうして、民主主義に関するロシア人の無知がまたしても裏目に出ることになった。しかし今回、その結果は民主的なものであったといえよう。核戦争の危険が民主主義者、権威主義的支配者、そしてその中間にいるあらゆる者に対して遍くおよんだからである。

III　核戦争の深淵

冷戦期における多くの「吠えなかった犬」の中で、キューバ・ミサイル危機からは生じることのなかった核戦争というものは間違いなく最も重要である。新たな証拠の出現にもかかわらず、歴史家はこの事件がそのぞっとするような見通しに世界が最も接近した瞬間であったという見解をまだ変更していない。しかしその接近の程度については議論の余地がある。ケネディ自身は戦争――必ずしも核戦争ではない――の危険をおよそ三つに一つと見積もったが、その後の議論ではそれはより低くなる傾向にあった。強硬論者は、フルシチョフがアメリカの圧倒的な優位に直面して、キューバ防衛のために核兵器の使用に訴えたかもしれないという考えをありそうにもないこととした。穏健派の人々は数的バランスが何であれ、ケネディが決してキューバ侵攻を命じなかったであろうと主張した[56]。一九八八年には、ケネディの国家安全保障担当補佐官だったマクジョージ・バンディが、「核の次元にまで拡大する客観的な危険は百に一つぐらいだったかもしれない」ことを認めている。そうであっても彼は注意深く次のように付言したのである。「この黙示録的な問題では、その危険が実際には非常に小さいものとなりえても安心するには依然として大きすぎる[57]」。

過去を振り返って危険を計算するのはそれを予期することとほぼ同じ程度に難しい。複雑な組織であれば多くの要素が誤作動する可能性があるので、先のこと――あるいは過去のこと――について仮定の議論をするのが困難なのである[58]。とはいえ、指揮の任にあった人物から検討を始めるのが穏当であろう。ケネディとフルシチョフは核兵器の使用を命じるまでどの程度の譲歩を許すつもりだったのだろうか。どちらが折れて出ると予期したのだろうか。

フルシチョフはＭＲＢＭとＩＲＢＭをキューバに配備した時に大きな危険を冒したが、ケネディがその存在を容認しないことを明確にすると大きな譲歩を行った。自分の縄張りの外へ危険を冒して乗り出した猫が、見つかった途端にびくびくして――少しはやましい気分をもちながら――安全な場所に逃げ込むように、ソ連の指導者はミサイルだけでなくイリューシン爆撃機や部隊および装備の大半の撤去に同意したのである。無視されたと同時に裏切られたと感じたキューバ人からの猛烈な抗議にもかかわらず、そうしたのだった。ミサイルが配備されている間、カストロはミコヤンに対して「逮捕されたものすらいない。人民の団結は呆然とさせるくらいだ」と述べていた。しかし今やキューバ人の「心は失望、混乱および苦痛の念に燃えて」いたのである。一層怒りに燃えていたチェ・ゲバラはカストロの代弁をしているのだと主張して、「アメリカは我々を物理的に破壊しようとしたが」フルシチョフの譲歩は「我々を法的に破壊した」と憤慨した。「立派に死ぬという覚悟ぐらいならわかっている」とミコヤンは鋭く言い返した。「だが立派に死んでも詮ないことだ[59]」。

アメリカ側にはフルシチョフがさらに譲歩していたかもしれないと考えた者もいた。アメリカがあの機会を捉えてカストロを攻撃し排除しても、ロシア人はそれをも忍んでいただろうとする見方である。「今日侵攻すべきです！」とカーティス・ルメイ空軍大将はケネディに迫ったと言われる[60]。この見解が正しいか否かは別として、フルシチョフは明らかに核戦争の危険を冒すよりも後退する――そして驚くべき大きさの屈辱を甘受する――意思を見せたのだった。

ケネディも同じであったのかという点についてはそれほど明確ではない。彼が内政上の配慮をせねばならない民主主義的な指導者であった――とくに、宥和的であると批判する共和党の主張に対して弱味のある民主党の大統領であった――ことから、その彼にとって折れて出ることはきわめて困難であっただろうとするのが長年の一致した見解だった。初期の批判では、彼が役に立たないトルコのミサイルとの取引よりは核戦争の危険を冒したであろうとまで主張する者もいたのである。[61] またケネディ自身の側近の幾人かは、圧力の下でトルコのジュピターを撤去した事実が公表された場合のＮＡＴＯへの影響を懸念して、ケネディがもっと前にその撤去を命じておきながら国務省がそれを実行に移さなかったのであると主張することで、歴史の書替えにまでも手を染めていた。[62] そうした人々は彼の危機への対処が断固かつ非妥協的である点で一貫していたと主張している。彼らの描く勇気とは柔軟性の欠如のことだった。しかしそうした話を聞かされた多くの者からすれば、それは勇気などではまったくない、危険な「ストレンジラヴ的」頑固さだったのである。今やケネディもそうした見方をしていたのではないかと考えるだけの理由が存在している。

その証拠は当のケネディ本人が部下に対して行った二つの誤魔化しから生まれた。一つは、危機の間における彼の主要な顧問団となった国家安全保障会議執行委員会（エクスコム）での討議をテープに録音するという彼の下した——みたところ実弟であるロバートにだけは明かされていた——決定である。[63] これらの録音内容はエクスコムの参加者たちが回想の中で描いた人物とは違ったケネディというものを明らかにしている。彼は再三にわたり妥協を求めたのである。「キューバへの侵攻などできない」とある時点で彼は力説した。「トルコにある似たようなミサイルとの取引で（ソ連のミサイルを）取り除くことができたかもしれないというのに」。そうした選択肢が検討もされなかったということになったら、なおさら「ちゃんとした戦争はできない」のだった。[64] ケネディの歴史的遺産を善意によって守ろうとする人々の言明にもかかわらず、彼はかろうじて議論を乗り切ったのである。

大統領のもう一つの欺瞞は、危機の解決にあたり最も重要だった試みを側近を除くすべての人間から隠蔽したことだった。その一つは実弟のロバート・ケネディを通じてドブルイニン大使に伝えられた明示的な保証で、それは、たとえキューバからのソ連ミサイル撤去との交換という形はとれなかったにしても、ともかくもアメリカがトルコのジュピターを引き揚げるという内容であった。ドブルイニンはロバート・ケネディのこの言明をモスクワに伝達した。

大統領にとって最大の難事はトルコ問題に関する公の討議だった。公式にはトルコへのミサイル基地配備はNATO評議会による特別決定であった。トルコからのミサイル基地撤去に関する……一方的な声明は――NATOの全組織とNATOの盟主としてのアメリカの立場を損なうだろう。……もしそうした決定が今公表されたらそれはNATOを大きく引き裂くことになる。

ドブルイニンによれば、それにもかかわらずロバート・ケネディは付言した。「ケネディ大統領もこの問題についてN・S・フルシチョフと合意に達することを望んでいる。トルコからこれらの基地を撤去するのに四、五ヵ月はかかると思う(65)」。長い間疑惑の対象とされてきたことではあるが、これは大統領とその弟が当時知られたくなかったことに関する当事者による初の証言である。キューバに侵攻しないというケネディ大統領の公的な誓約には、ジュピター撤去に関する私的な約束が付随していたのである。これがフルシチョフの受け入れた取引だった(66)。

しかしフルシチョフがそうしなかったらどうなっていただろうか。ケネディが他に少なくとも一つの非軍事的な選択肢を残していたことも今や明らかになっている。それはラスクにより元国連職員のアンドルー・コージャーを通じて事前に準備されたもので、キューバ―トルコ間のミサイル取引を訴える国連事務総長ウ・タントによる公的な声明という形をとることになっていた。ケネディはこれを公に受諾するのであった。大統領とその弟およびラスクだけがこの実行されなかった計画について知っており、この元国務長官が一九八七年にそれを暴露するとケネディの他の顧問たちは驚愕したものである(67)。ケネディがそれを利用したかもしれないことを確かめる方法はないけれども、その準備があったということは――大統領がそうした取引を求めたことに関してエクスコムの録音記録から得られた証拠とともに――彼がそうしたであろうことを強く示唆している(68)。

さらにもしこのコージャー構想も失敗していたら、アメリカ軍がキューバに上陸し、ケネディが予想したとおりフルシチョフもトルコのジュピターを攻撃したのだろうか。これについて確定的な証拠はないが、大統領は、「我々が他の場所でとった行動に対応してソ連がジュピターの部隊へ選択的に核あるいは非核戦力による攻撃を加えた場合でさえ」、自らの許可なくそれを発射してはならぬという明示的な命令を実際に下していた。[69] エクスコムの録音記録はそうした攻撃――すなわちNATO同盟国に対するソ連による直接の核攻撃――を報復せずに甘受する計画があったことをこれも強く示唆しているのである。歴史家のフィリップ・ナッシュが書いているように、この考えは「(キューバへの)空爆という選択肢のもつ最大の欠陥の一つ――第三次世界大戦を招来するかもしれない段階的な紛争拡大を惹起する可能性――を除去するため、最も価値の低い軍事資産を整理する」というものであった。[70]

こうして以上のすべてが暗示することは、ジョン・F・ケネディとキューバ・ミサイル危機について数十年にわたり公表されてきたあらゆる言説にもかかわらず、彼がそこで演じた役割を我々は今になってようやく理解しつつあるということなのである。核戦争の危険を無視するどころか、彼はそれに対する鋭い感覚をもっていた。また妥協に反対するのではなく、彼は政権内の他の誰よりもそれを強く要求した。さらに彼はエクスコムに依存するどころか最も決定的な瞬間にそれを迂回したのである。意思決定ではなく、むしろ合意形成のためにそれが有用であると彼は認識していたのかもしれない。[71] そして、強硬派であるという自己の名声を守るために祖国と世界を危険に曝すどころか、内政上の損失が何であれ彼は恐らく必要なら公の場においても折れて出たことであろう。[72] 要するにこれは勇気――冷戦の大半を通じて多くの人々がこの言葉から連想したものとは違った種類ではあるが――ある人についての新たな横顔〔ケネディのピュリッツアー賞(一九五七年)受賞作の題名は『勇気ある人々(*Profiles in Courage*)』〕ということなのであった。

Ⅳ　高度警戒態勢の危険――アメリカ

ここまでのすべての議論は、傍から見ればそうであったように、ケネディ自身がアメリカによる核兵器の使用を決定する立場にあったことを想定して展開されてきた。しかし新たな、そして平静さを失わせるような証拠によって、これについても疑問が差し挟まれるようになってきている。問題は、『ストレンジラヴ博士』のように、ある悪玉の軍司令官が核戦争を始めようとしたということではない。むしろそれは、高度の警戒態勢の下におかれたいかなる巨大な軍事機構においても生起しうる、平凡だが危険な一連の状況のなかに存在したのである。

真珠湾に対する攻撃は、米軍の側の情報機関が多くの何でもない情報のなかから不吉な兆候を識別しえなかったことから成功した(73)。しかし一九五〇年代末にソ連は核兵器によってアメリカ国内の目標を叩くことが可能となっており、同じような過ちの結果はまことに重大なものとなる筈であった。これを念頭に置いてペンタゴンは、一九五九年に防衛準備態勢（デフコン）という警戒システムを確立した。通常においてもそれは戦略空軍を他の部隊より高い次元の準備態勢においていたが、キューバでソ連のミサイル――進行中の真珠湾、あるいはそのようにみえた――が発見されるとともに統合参謀本部は警戒態勢をデフコン5から同3へと格上げし、戦略空軍については戦争そのものには至らない最も高い次元であるデフコン2としたのである(74)。

しかしこうした警戒態勢というものは標準的な手続きからの離脱を要求する。そうした際には二つのことが発生しやすい。まず、複数の組織が相互により堅く結びつくか、あるいは「連結」される。その結果相互に共同して緊密に機能することに慣れていない諸単位が今やそうせねばならなくなるのである。次に、予期せぬ出来事が警戒すべき事態であるかのように認識されるようになる。真珠湾の記憶がより鮮明になるのである。キューバ・ミサイル危機の間にアメリカ軍部隊が警戒態勢におかれるとこの二つの傾向がともに現われ――それ自体が危険な突発事件を生むという結果となった。(75)

戦略空軍は直ちに長距離爆撃機と戦闘迎撃機を彼らの通常の基地から四方に発進させたが、それらの飛行計画を防空部隊――同様に高度の警戒態勢にあった――に通報しなかった。空中待機のB52の数は通常の五倍となったが、そのためには安全確認未了の信管回路をもつ核兵器を搭載した機まで飛行させねばならなかった。また、ミニットマン・ミサイルの要員はサイロに配備されたこれら新型ICBMをできるだけ迅速に発射態勢におくことの重圧から、通常の安全手続きを迂回し、それらの兵器を事実上「不正使用」の状態においてしまうことによって、それらが許可なく発射される危険を冒していた。ケープ・カナベラルは危機の間にもミサイルの試射を継続した。それらの一つをニュージャージーのレーダー部隊が捕捉し、キューバから発射されたソ連のミサイルと誤認――幸運にもほんの短時間であったが――したこともあった。さらに、ドゥルス近郊の空軍施設への侵入を企てる破壊工作を告げる報告でミネソタのもう一つの基地の発進警報が作動し、核兵器搭載のF106が緊急発進の態勢に入ったが、最後の瞬間に侵入者が一頭の詮索好きな熊であることが判明して、それはかろうじて離陸を免れたのである。

これらの状況が危険なものとなったのは、アメリカ領内や他の場所で偶発的な核爆発が発生した場合にそれがソ連による意図的な攻撃のように受け取られるからであった。戦略空軍の各地域司令官は戦争勃発について「疑う余地のない」証拠が得られた場合に――ワシントンからの命令がなくとも――核兵器で対応する権限を与えられていた。高度の警戒態勢の状況下ではいかなる核兵器の爆発もその理由が何であれ「疑う余地のない」ものとなる可能性があった。そして、その結果として生じる混乱のなかで他の爆発を確認することも容易ではなかったであろう。当時、その唯一の探知システムは国内の戦略的な位置に立てられた電信柱の上に設置されていたのである。こうして、実際にはそうでなくてもアメリカが核攻撃を受けていると確信する可能性があったことを理解するのはそれほど困難なことではない。

一方、ソ連側の警戒態勢については知るところがより少ないことから、攻撃されているとモスクワが自覚したかもしれないことに関して論じるのは一層困難である。しかしながら、アメリカのU2偵察機がこの危機における最も決定的な日であった一〇月二七日にシベリア上空に侵入したことで、その一端が露見した。最近まで知られていなかったことは、ソ連側のミグ戦闘機が迎撃のため緊急発進した際にF102A迎撃機もさらにそれを迎え撃つためアラスカから飛び立ったことである。それらは警戒態勢にあったため、操縦士が必要とみなした場合に使用しうる核弾頭付の空対空ミサイルを装備していた。またこれも今になってわかったことだが、ヴァンデンバーグ空軍基地のICBMが核弾頭を装着すれば対ソ攻撃に適したものであったにもかかわらず、誰もそのミサイル発射実験を中止させることはなかったのである。その結果一〇月二六日にアトラス級のICBMが発射されたけれども、恐らくは近隣に常駐するソ連側艦船が通常どおりそれを監視していたことであろう。さらに言えば、ペンタゴンは大統領からの明示的な許可がない限りトルコからジュピターを発射しないことを命じたが、それはインジルリク空軍基地で警報発令後一五分で発進する態勢にあった、核装備でソ連を狙う一六機の米F100には適用されなかったのである。こうして、黒海にあるフルシチョフの別荘は依然として危険なのであった。

いかなる大きな組織でも硬直することがありうる。大半はそれを乗り切るために充分な弾性をもって――つまり充分な余裕をもって「連結」されて――いる。しかしキューバ・ミサイル危機における軍事警戒態勢は強固な「連結」を必要とした。個々の手続きを相互に調整することが従来あったとしても稀であった諸単位が、今やそれを強いられることになったのである。彼らは概ね即興でそれを処理した。しかしあの極度に緊張した雰囲気においては、予期せぬ成り行きがソ連による攻撃が進行中であるとの印象を生んだような、または生んだかもしれないような多数の「危機一髪」の場面が存在したのである。シベリアでのU2事件を別にして、ケネディ本人、国防省、あるいは統合参謀本部がそれらを逐一承知していたとは考えられない。大半が指揮系統の上層部まで報告されることなどは決してなかったからである。このようにして、その指揮を担う立場の人間は核兵器に対して実際以上の管理権を行使しているように思っていたことになる。ケネディがどんなに多くの後退を重ねようと、事態はさらに彼の意図したものとは違った結果となる可能性があったのである。

V　危険な力の遠隔投入――ソ連

相手方の「危機一髪」についてはどうなのであろうか。そこでは標準的な手続きからの離脱というものが、軍事警戒態勢ではなく、ソ連の効果的な軍事的支配のおよばない数千マイル先の露出した場所にミサイル――および今や周知のように大量の核兵器――を移送するというフルシチョフの決断によって開始された(76)。冷戦期においてアメリカ人はしばしば核弾頭を海外に展開したが、常に非核手段によってそれを保護してきた。空軍の優勢と海上における優越とが地球を取り巻く海外基地網と一体になってそれを可能にしたのである。そうした手段を欠くソ連は常に核兵器の配備を自国領土内、あるいはソ連海軍の艦艇や潜水艦だけにとどめてきていた(77)。フルシチョフはキューバにおいてそうした制約を粉砕する好機を見出したが、それは通常戦力の能力をはるかに越えた場所へ戦略的資産を送り出すことによってのみ可能だったのである。

一九六二年一〇月四日、ソ連の貨物船「インジギルカ」が致死性の積荷とともにマリエル港の埠頭についた。積荷は五乃至一二キロトンの巡航ミサイル用弾頭八〇発、二キロトンの短距離ロケット「ルナー」用装薬一二包、および中距離爆撃機イリューシン28搭載用の原子爆弾六発であった。MRBM用の二〇〇乃至七〇〇キロトン弾頭三六発は別便ですでに到着していた。二〇〇乃至八〇〇キロトンのIRBM弾頭二四発はもう一つの貨物船「アレクサンドロフスク」によってラ・イサベラ港に到着したが、当のミサイルが到着することはついになかったので荷降しされずに終わっている[78]。これらの数字が正確だと想定すれば、危機発生時には少なくとも一五八発の戦略および戦術核兵器がキューバに集結し、そのなかの四二発（MRBM弾頭とイリューシン29搭載用爆弾）がアメリカのかなりの部分に到達しえたことになる[79]。

皮肉なことに、フルシチョフの防衛的な意図――カストロの革命を再度のアメリカの侵攻から救う決意――によってこの前例のない配備を最もうまく説明できる。一九六二年八月のモスクワ訪問時に、チェ・ゲバラはキューバのミサイルをアメリカ人が発見したらどうなるかとホストに尋ねていた。フルシチョフは「心配する必要はない」と答えたといわれる。「支障があればバルト艦隊を送る[80]」。これは冗談などではなかった。彼はすでに潜水艦一一隻、巡洋艦二隻、駆逐艦四隻、魚雷艇一六隻および支援船の派遣を正式に許可していたのである。しかしそうした小艦隊部隊の編成は明らかに時間を要するものであったから、その間、戦術核兵器によって、ソ連軍部隊と、彼らが建設中の戦略ミサイル基地とを守ることになった。グリブコフによれば、それは「通常戦力で増援するには遠すぎるカリブ海に駐留するソ連軍部隊を代わりに防衛する」ことを意図したものだったのである。「キューバでの局地戦において、低出力の短距離核兵器の使用はソ連に対する大量の核報復を引き起こすことはない」、ということがその前提であった[81]。

しかしいくつかの理由からこれは心許ない命題であった。キューバでミサイルを発見した後でさえ、アメリカ人は核兵器がそこに存在することについては確証をもてなかった。彼らはMRBMとIRBMの弾頭に関してはそうした推測をしたものの、決してそれを現実に確認した訳ではない。偵察飛行によって短距離ロケットのルナーが探知されたが、それらは通常または核弾頭のいずれをも装備可能であり、後者が搬入される可能性は低く見積もられたのである。それゆえ、侵攻予定の部隊は普通なら携行する戦術核兵器を装備していなかった。彼ら「が成功するのにそうした武器は必要なかった」と陸軍大将ウィリアム・Y・スミスは回想している。「そして、アメリカ側はキューバにお

ける ソ連軍部隊の規模を小さく見積もっていたので、島の防衛者が戦場で原子爆弾を使用することで紛争拡大の危険を冒すことには意味がないとみなした」のである。[82] このためアメリカ軍が上陸していたなら、情報機関の推定より少なくとも四倍の規模で、加えて核火力という予期せぬ装備をしたソ連軍部隊と遭遇していたことになる。ロシア人は死に物狂いで戦ったことであろう。グリブコフが指摘したように、彼らの士気は高く、「キューバを去る方法、撤退の手段はなかった」からである。[83]

もし侵攻が実施されていたら核兵器が使用されただろうということではない。ことによると、ソ連軍部隊はカストロ流のゲリラ戦を戦うためミサイルと弾頭を遺棄して山中に溶け込んだかもしれない。あるいはアメリカ人も深追いをせず、ロシア側に潔い退却を許したかもしれない。もしかするとフルシチョフはカストロの滅亡と赤軍の屈辱を黙認したかもしれない。多分ケネディはそれでも取引を行ったかもしれない。しかし振り返ってみて、こうしたいわば反実仮想が現実のものとなることをあてにせねばならぬ事態に陥ることがなかったのは、すべての者にとって幸運であった。[84] それぞれが感情に走ることを避けつつ情勢を統御する必要があったからである。しかもなお、高度の警戒態勢の下で核兵器を管理することについてのアメリカ人の経験は、そうした管理が容易に失われる可能性を暗示しているのである。他方ロシア人はまったく不案内な土地で、差し迫った攻撃の可能性の下で、かつてなく感情の昂ぶった盟友のために核兵器を配備していた。カストロが後にミコヤンに説明したように、「わが人民は非常に直情的」だったのである。[85]

フルシチョフはかなりの程度こうした危険を予期していた。最初のうち、彼はキューバのソ連軍部隊の指揮官であるイサ・プリーエフ将軍に対して、攻撃をうけ、許可を得るためモスクワに連絡することが不可能となった場合にのみ戦術核兵器を使用しうる権限を与えていた。しかし、フルシチョフはアメリカ人がミサイルを発見したことを知ると一〇月二二日にその口頭命令を書面で取り消している。彼はこうして警戒態勢が強まるにつれ上からの管理を強化したが、これはケネディが直ちには実施しなかった措置である。以後どの時点においてもフルシチョフはMRBMおよびIRBMの発射権限を他に委譲することはなかった。また戦略あるいは戦術弾頭もそれを運搬するロケットに装着されることはなかったようである。プリーエフは現に弾頭を運搬手段のより近くに移動させる許可を一〇月二六日の夜に求めたが、それは得られず、モスクワからの明示的な承認なくいかなる核兵器も使用しないようさらに厳重な警告を受け取ったのである。許可を伝達するための一連の行動手続きや、越権行為を防止する他の似たような安全装置がなかったことから、フルシチョフは不測の事態が発生しないようプリーエフとその部下を完全にあてにせねばならなかった。(86)

アメリカの偵察機がミサイルの配備について詳細な情報を収集していたにもかかわらず、ソ連防空部隊もそれに対する発砲を禁じる同じように明示的な命令の下にあった。(87)しかもなお、気紛れなU2偵察機がシベリア上空を侵犯していたほとんど同じ時点の一〇月二七日、ルドルフ・アンダーソン少佐の操縦するもう一機のU2がキューバ上空で実際に撃墜されたのである。カストロは公式に責任を認めたが、フルシチョフがその危険な行為について彼に苦情を伝えると、キューバの指導者は「ソ連軍司令部が事件に関する追加報告を提出できるだろう」とあてつけがましく示唆した。(88)キューバ人がその日実際に低空飛行のアメリカ機に発砲していたことは確かであったが、高高度を飛行するアンダーソンのU2が、キューバのソ連防空部隊指揮官ステファン・グレチコ中将の命令でソ連の対空部隊によって撃墜されたことがやがて判明したのである。

プリーエフは以前、アメリカ機がソ連の施設を攻撃したらそれに発砲する権限を求めていた。しかしモスクワはそれに応じず、非武装のU2を撃墜する許可を与えていなかったことは間違いない。麾下の部隊が高度の警戒態勢にあるなかでプリーエフと接触しえなかったグレチコは、キューバ人が発砲したのだから戦争が勃発し、すべての制約が解除されたという結論にとびついたようであった。「これら将校たちは命令に背いたのではなく、状況がそれを必要としたとの理解から吟味された軍事的手続きに従って対応したのである」とグリブコフは後に回想した。(89) カストロ自身は違った説明をしている。「これら兵士は皆一緒だった。彼らには共通の敵がいた。発砲が始まり、基本的な結束の精神からソ連人も撃つことを決意したのである」。(90)

いずれにせよプリーエフは統制を失い、フルシチョフも同様ということになった。ではプリーエフとは何者であったのか。防空に対するモスクワの権限を再度確立し――はるかに重要なことに――核兵器についてもそれを維持するうえで、フルシチョフは本当に彼をあてにしえたのだろうか。図らずも彼は、第二次世界大戦末期に日本人を相手に満洲へなだれ込んだ世界史上最後の大機甲部隊を指揮したこと――そしてほんの数ヵ月前にはノヴォチェルカスクの街頭で暴徒を射殺した部隊を指揮したこと――によって最も知られた男であった。確かにフルシチョフが命令を下し、プリーエフはそれに従ったまでである。しかしこのクレムリンの最高司令官は危機の真っ最中において、キューバでの任務をもってプリーエフに報いることが最も賢明なやり方であったかについて危ぶんだかもしれない。(91)

アンダーソン機が撃墜される直前にカストロから送付された電文のおかげで、フルシチョフはキューバ側の情緒性過多についてなお一層の懸念を抱くことになった。それはアメリカによる侵攻が差し迫っていると力説しながら、そうした攻撃が人類におよぼす危険が「非常に大きいものであるので、帝国主義者に第一撃を許すような状況をソ連は決して造ってはならない」と警告していたのである。もし帝国主義者が、

国際法と道徳に違反してキューバに侵攻するという冷酷な行為を現実に実行すれば、それは、決着がいかに苛酷で恐ろしいものであろうとも明確で正当な防衛によってそうした危険を永久に除去する瞬間となるであろう。他に方法がないからだ。(92)

フルシチョフは、これが「敵の領土に対して我々が最初に核攻撃を行うこと」を要請するようなものであり、それはまた「世界熱核戦争の開始となったであろう」と返答した。「親愛なる同志カストロ、貴下の動機は理解しうるがそ

の提案は誤りだと考える」。もしそうした紛争が勃発すれば、

アメリカは大損害に見舞われたであろうが、ソ連とすべての社会主義陣営もひどい痛手を蒙ったかもしれない。キューバに関する限り、これが彼らにとって何を意味するかを漠然とさえ述べるのは困難であろう。……キューバ人民が勇敢に戦ったであろうことや彼らが壮烈な死を遂げたであろうことは疑いない。しかし我々は死ぬことを目的として帝国主義者と闘争している訳ではない[93]……。

U2機撃墜の直後、断固たることが実際に望ましいのであると、動揺したクレムリンの指導者はこれも平静さを失いつつある最高指導者「カストロ」に想起させた。しかし「感情によって我を忘れないこと」が重要なのであった[94]。

カストロは「非常に短気な男だった」とフルシチョフは後に認めた。「彼がこの惑星を絶滅の瀬戸際におくような提案のもつ明白な結果について考え抜いたとは思えなかった[95]」。ではなぜカストロはこのように考えることができたのだろうか。ちょうど四年前に、気がつくとフルシチョフがもう一人の革命夢想家――やはりアメリカ人が自分の領土を攻撃したらモスクワが核兵器で対応することを要求していたように思える――に対して、生き残ることには大いに取り柄があると説得していたのは偶然だったのだろうか[96]。

ことによると、核戦争の見通しについて毛沢東やフィデル・カストロが見せた無頓着さは革命の創始者がもつ闘争性の反映だったのかもしれない。むきだしの意思というものの賛美、実用性に対する軽蔑である。しかし彼らはまたヴァルター・ウルブリヒトと同じくある当惑をも共有していた。フルシチョフは戦略次元での振る舞いをなぜ自らの主張にもっと適合させるようにしなかったのだろうか。彼らが戦略的均衡についてさらによく知っていたなら、カストロが自身について暗示したように彼らもそのロマンティックな傾向をリアリズムによって和らげたかもしれない。しかしフルシチョフが同盟諸国に知らせることは決してなかったし、彼らも自制はしなかった――そして彼らのほうがフルシチョフをぎょっとさせるという興味深い結果となったのである。

VI　勝敗の逆説

それでは誰がキューバ・ミサイル危機で勝利したのだろうか。ケネディは間違いなくアメリカであると考えた。それゆえ、公然と自慢しすぎることでフルシチョフに恥をかかせてはならないという、部下――ならびに当時はまだそうした指示を受け入れていた報道陣――に対する有名な警告ということになったのである。しかし大統領は、議会の指導者たちに対してはそれが本当に「偉大な勝利」であったと告げずにはいられなかった。「我々は人類の最も大きな危機の一つを解決したのである」[97]。大半の歴史家も結末を彼と同じように認識してきている。そのなかの一人は一九九〇年になっても、「真の勝者と敗者が誰であるかについてはほとんど疑い」がないと確信をもって記述することができた。その歴史家がとくに引用したように、何といってもフルシチョフ本人が「平和のためにかなり大きな譲歩を強いられた」ことを認めていたのである[98]。

しかし引用されなかった論評でフルシチョフは次のようにも付言していた。「とはいえ、アメリカやその同盟諸国がキューバに侵攻しないという約束をケネディから取り付けたことは我々にとって大きな勝利だった」[99]。彼は元の版では削除されていた一節でさらに詳しく述べている。

アメリカの侵略者の目的はキューバの破壊だった。我々の目的はキューバの保護であった。今キューバは存在している。誰が勝ったのか。ロケットをキューバに運びまた持ち帰る往復旅行の費用がかかっただけにすぎない[100]。

合理的にみせようとしているだけかもしれないが、これは単なる後知恵ではなかった。危機の直後、フルシチョフはカストロに対して「侵略者が敗者となったと感じている」と打電したのである。「彼はキューバ攻撃の準備をしたが我々が彼を阻止した。……我々はこれを大きな勝利だとみなしている」[101]。ミコヤンもこれにならって、ミサイルを持ち込みそして持ち帰ることで、「主要な目的——キューバの救援——が達成された」と主張した。[102]

このあたりで懐疑論を展開しておいてよいだろう。フルシチョフはソ連軍部隊、ミサイルおよび核兵器に関して、駆け足でカリブ海往復の周遊をさせる意図をもっていたのではなかったと想定してみるのである。その作戦に参画した老兵のなかには、今もってアメリカの監督下で兵器を引き揚げねばならなかった屈辱に憤慨する者もいる。また、フルシチョフによるこの危機の処理がその二年後に同僚によって彼が失脚させられる主な原因ではなかったけれども、それはある役割を演じたのである。[103] その後二〇年間にわたりソ連が本物のＩＣＢＭの生産に重点的に専念した事実からすれば、フルシチョフの修辞上のＩＣＢＭ、あるいはキューバでのＭＲＢＭというその代替物が信任を受けたとはとてもいえなかった。[104]

しかし——今やその可能性があるが——フルシチョフの主な意図が戦略的均衡の変更ではなくむしろキューバ革命の保全にあったとすればどうであろうか。ミサイル配備がなかったならアメリカはより大規模でうまく計画されたもう一つのピッグス湾を企てていたのだろうか。ケネディ政権が侵攻に至らないあらゆる手段によってカストロを排除しようとした点については、これまでに豊富な証拠が存在している。危機の数ヵ月前、とりわけ数週間前におけるカリブ海でのアメリカによる前例のない水準の軍事活動からすれば、次の措置がとられることなどは決してなかったであろう——とくにＣＩＡによる多くのカストロ暗殺計画の一つが現実に成功していたなら——と主張するのは愚かなようにみえるのである。[105]

こうした観点からすればフルシチョフは勝利を主張することができる。ミサイル危機前のアメリカによるキューバ攻撃の見通しがどのようなものであったにせよ、それ以後一度も重大な事態は起こらなかった。[106] 一九六三年の大半を通じて破壊工作と暗殺の試みが抑制された次元で続けられたが、ケネディは自らが暗殺される頃にはキューバとの暫定協定の可能性を秘かに模索するまでになっていたのである。[107] その翌年にフルシチョフが失脚した時にもかの最高指導者の方は依然として健在であったが、それはソ連の元指導者が回顧録を口述した時やソ連自体が崩壊した時も同様であり、今日なおもそうである。ミサイル危機の解決に関する他の解釈が何であれ、それは平均余命がそう長くはないと当初見積られた体制にとって並はずれて効果的な生命保険を提供したことになる。

ソ連もまたキューバでの「屈辱」から予期されたほどの損害を蒙った訳ではない。何といってもさらに三〇年間にわたり冷戦の超大国として生き長らえたのである。国力の基礎が次第に狭められていったことは確かである。モスクワのもつ経済的、イデオロギー的、文化的、および道義的な業績は一九六二年までにその手本としての魅力を大部分喪失し、影響力を行使する効果的な手段としては軍事力のみが残されていたのである。しかしミサイル危機はアメリカとその同盟諸国にも衝撃を与え、多様性の上に立脚した自らの安全保障の危うさを自覚させることにもなった。ほんの二、三発の命中精度の低いソ連の核弾頭がこれまでの全戦争を上回る損害をもたらすとすれば、経済、イデオロギー、文化、さらには道義の面でさえ優位に立つことが実際にそれほど大きな意味をもつのであろうか。こうして、影響力を行使するソ連の能力が狭まりつつあるまさにその時に、西側は力の測定基準を狭め始めることになったのである。

この結果両陣営とも軍事的な信頼性というものを非軍事領域におけるそれよりも重要なものであると認識するようになった。両者は、ソ連が依然としてまともな戦いのできる唯一の土俵で競争することを暗黙裡に了解したのである。開拓時代のアメリカ——あるいは少なくともそれを描いた映画の中——で六連発拳銃が肉体の力を補ったように、国民に衣食住を与え、同盟関係を運営し、軍事的支配のおよばないものに影響力を行使する上でのソ連の能力不足すべてを、核による破壊能力が埋め合わせたことになる。結果は外見上の手詰まり、あるいは、キューバ・ミサイル危機をアメリカにとっての勝利とみなしたあの歴史家を引用すれば、「永い平和」となったのである。[108]

冷戦を「永い平和」と認識するのは誤っていたのではなく近視眼的であった。米ソ間の競合は一九六二年以降一定の安定性、あるいは予測可能性さえをも実際にもつようになった。いずれの側も相手の勢力圏に対する直接の挑戦を二度と始めることはなかった。またドイツや朝鮮の分断のような変則的事態——共産主義の東ドイツの中央で壁に囲まれた資本主義の西ベルリン、あるいは、フロリダ沿岸の沖合に位置するソ連の同盟国領土内に存在するアメリカ海軍基地といった不条理さえ——もきわめて正常なもののように思われるようになった。さらに、戦略兵器の軍備拡大競争はミサイル危機の後に激化したが、それは次第に精密さを増す一連の規則の枠内で行われるようになり、そうした規則は一九六三年の部分的核実験停止条約、一九六八年の核拡散防止条約および一九七二年の戦略兵器制限条約のような正式の合意や、双方が衛星による偵察を許容するといった同じく重要な非公式の了解事項によって体系化された。冷戦は一九七〇年代末までに、強固で持続可能であり、少なくとも超大国の次元では平和的な国際システムへと徐々に進化していたのである。[109]

しかしこの「永い平和」は永続する平和ではなかったことが今や明らかである。ソ連の軍事力は結局自らを救うことに失敗した。その非軍事面での弱点がついにはあの国を破壊したのである。しかしそれには非常に長い時間を要した。外からの挑戦を思い止まらせ、最初の魔法使いが退場を強いられた後も長期間にわたってオズのような印象を流布し続けたことで、核兵器とそれが引き起こした恐怖とが、ソ連内部の腐食過程を逆転させることはないにしても——要するに時間の流れを遅くすることで——それを長引かせたのである。冷戦のもつ少なからぬ風変わりな点は、まだ三分の二の闘争期間を残していた時点においてその結末がすでに決定されていたことであった。

第一〇章　新しい冷戦史——第一印象——

そして数多くのアメリカの失敗にもかかわらず、イオシフ・スターリンの未来像に対するアメリカの抵抗がなかった場合に比べて、世界が苦難を抱えながらも一層よい場所であったことには疑いがなかった。

ウォーレン・コーエン(1)

読者は書かれたもの（私自身の言説を含め）の自信に満ちた口調に惑わされて、意見を既定の真実と混同してはならない。

エリック・ホブズボーム(2)

歴史が終焉することはないが、歴史家は遅かれ早かれ執筆を終えねばならない。読者の忍耐力、出版社からの圧迫、自らの気力や洞察力の限界――これらすべてが作品を締め括る頃合を見出すよう要求するのである。戦争について記述する際に普通それは困難なことではない。大半の戦争が特定の時点で開始され終結するからである。歴史家はその原因、当事者の行動、そして結果について議論するかもしれないが、それらの日付に関して意見が食い違うことはめったにない。その理由はともかくとして、勝者が誰であったのかについても大きな疑いが生じることはないであろう。そうした確定事項が生じるのは歴史家が概ね戦争の終結を待ってからそれに関する記述を開始するためである。始まりと終わり、そして結果の重大さなどはその頃にはほぼ自明なものとなっている。

いかなる大きな戦争の歴史も戦闘終了前にその記述が現われるとすればどのようなものにみえるかを考えてみよう。戦争を開始した者の特定にあたって、歴史家が交戦国の公文書を平等かつ冷静に利用することなどはほとんどできないであろう。入手しうる資料には偏りがあり、またそれは不完全なものだからである。勝利や敗北の成り行きと同様に、勝者と敗者も不確定のままである。一九一八年の冬になって編まれた第一次世界大戦の歴史、あるいは一九四二年に書き終えられた第二次世界大戦の歴史というものは、我々にとって馴染み深いものとはきわめて異なったものとなるであろう。それらが大きな出来事の後ではなくその最中に記述されたものだからである。そもそもある物語を――大半の場合――我々が「歴史的」なものとみなすのは、事後になって記述されたというまさにその特性によるのである。

第一次世界大戦の戦闘には四年かかり、第二次世界大戦の場合には六年であった。しかしながら冷戦は四五年間も長引き、それは一九一四年から一八年にかけての戦争の一〇倍以上、一九三九年から四五年にかけてのそれの七倍に相当した。こうなると、歴史家が冷戦の終結を待つことなくそれに関する記述を始めるという道を選んだのは充分にもっともなことだった。しかしながら近時に至るまで、これは彼らの著した現実の歴史記述が、二つの世界大戦に関して先に述べたような架空の歴史と類似したものになることを意味したのである。それらは両陣営の公文書を平等に利用したものではなく、またすべての結末を知ることなく記述されることになった(3)。その解釈が多様でしばしば一致しなかったにもかかわらず、すべての冷戦史家——正統派、修正主義、ポスト修正主義、コーポラティスト、国際主義、文化論、ポストモダンの別なく——は事後ではなく自らが選択した期間の枠内で著述を行うという、珍しい習慣を身につけたのである(4)。

こうした「旧」冷戦史について今や最も顕著なことは、それを記述した人々の間に存在する意見の相違ではなく、むしろ共通の特徴のほうである。そこにおいては、歴史上の画期的な一時代をそのまま映し出すのではなく、それを跡付けることから生じるあの超然さというものがほとんどみられなかった(5)。また片方の陣営に不釣り合いなほどの関心が向けられた。批判的なものであれ同調的なものであれ、大半の研究はアメリカ、その同盟諸国、あるいはそれに依存した諸国に焦点が当てられたのである。さらに、二つの超大国が一九四五年以後の世界を支配した事実、それぞれがしばしば相手方の行動に反応して動いた事実、第三国が超大国のいずれかに反応し、しかし時にはそれを操作した事実などは無視された。そして、主として物質的に表現された利益——人々が所持したもの、あるいは所持したいと望んだもの——が強調され、理念——人々が信じたもの、あるいは信じたいと望んだもの——というものが見落とされる傾向にあったのである。

これらの欠陥にはさまざまな理由があった。冷戦が非常に長く続いたので、それが終結する頃には他の国際体系を経験した専門家はほとんど存在しなくなっていた。結果として時空を越えた比較というものが姿を消すようになったのである。また自国の歴史の大半を注意深く隠蔽したことから、マルクス＝レーニン主義諸国は軽視されることになった。一九八〇年代末までは、西側で定期的に利用されている類の公文書を公開し始めた国は皆無だったのである。さらに、国際関係の理論家は「リアリスト」であれ「ネオリアリスト」であれ、人々の頭のなかのことは測定が難しいと考えたために安易にそれらを捨象することになった(6)。

「新」冷戦史はいくつかの点でこれらの様式からはずれる傾向にある。それは対象となる主題を始めと終わりの知られた一つの独立した出来事として扱うことになる。冷戦は時の流れの枠内に位置づけられ、それと混同されることはない。第二次世界大戦後に実践されたものとは異なった方法で国際関係が運営されることについて、将来はもちろん過去に関してもその可能性を容認することになる。こうして、「旧」冷戦史に比べてより広い枠組みの中に主題が位置づけられるのである。

また「新」冷戦史は、その主要な紛争当事者すべての公文書を少なくとも利用しようと試みる点で多数国の資料に依拠するものとなる。西側指導者の公私にわたる言動に関して臨床的ともいえる詳細な分析を加える一方で、マルクス＝レーニン主義世界の楽屋裏についてはほとんど推測の域を越えないという非対称性が放棄される。このためそれは真に国際的な歴史となり、「第一」および「第三」世界だけでなく「第二」世界に関してもいわばアファーマティヴ・アクション〔差別撤廃のための積極措置〕の適用となるのである(7)。

「新」冷戦史はさらに理念を重視する。そこでは冷戦終結のあり方がその開始および展開に関する見解の修正を迫っている。一九八九年から九一年にかけての出来事が、理念というものを考慮することによってのみ意味をもつからである。軍事的敗北や経済的破滅があった訳ではなく、正統性の崩壊が起きたのだった。片方の冷戦帝国の住人は、彼らの皇帝たちが服を身に纏っていないことに突如気がついた。そしてあの昔話と同じく、そうした洞察は人々の観察対象が変化したのではなく彼らの考え方が変わったことから生まれたのである。

これらすべての作業——結末を知り、複数の資料に拠り、理念にも注意を払う——は明らかに旧来のものである。歴史というものは大抵こうした方法で記述される。つまり「旧」冷戦史は時代遅れであるばかりでなく、歴史そのものについての異常な叙述方法だったことになる。それは異常な時代の産物であり、冷戦自体が異常であった。こうして、「新」冷戦史はそれが存在する冷戦後の世界と同様に、我々を平常へと復帰させているにすぎない。

しかしこれまで述べてきたようなことにはどのような意義があるのだろうか。冷戦を外から――そして「向こう側」から――眺めることはそれに関する我々の理解をどのように変えるのだろうか。以下においては本書の執筆に当たって得られた第一印象を、一連の仮説として述べることにする。それらは新たな証拠が追加されることによって必ずや洗練され、改訂され、遂には却下されることすらあるだろう。またそれらは冷戦の最中には少なくとも明確には知られていなかったが、今になって判明したと思われることについての素描でもある。しかしながら、時が経過し、冷戦が、同時代の最も威嚇的な心配事から単なる遠い昔の埃を被った記憶へと風化するまでに至る長い道程を終了する頃には、さらに多くのことが確実に知られるようになるであろう。

I　力の多元性

それらの仮説のなかで最初のものは、力の多様化というものが力を均衡させることよりも冷戦の成り行きに大きな影響をもった、ということである。「旧」冷戦史の一つの基本的な前提は、ドイツと日本の敗退によって国際システムが多極的なものから二極的なものへと移行したという点であった[8]。ヨーロッパ列強が一種の集団自殺を図り、アメリカとソ連をより強大な超大国として残したと思われたのである。それ以前の歴史ではいくつかの大国が地球を舞台に競い合っていたのに対して、今や未来がたった二つの国の手中に収められたか、あるいはそのように考えられた。アレクシス・ド・トクヴィルは一八三五年にロシア人とアメリカ人がやがて地球の半分ずつの運命を支配すると予言していたが、一九四五年には確かにその時が到来したかのようにみえたのである。

多極から二極へのこの転換は理論家にも強い印象を与えた。「リアリスト」はそれについて力の均衡のみが平和を保証することになると解釈した。[9] 一九七〇年代に入る頃には、「ネオリアリスト」は堅固に定着した二極化の結果として安定性というものが確実にもたらされるとみなすようになっていた。その最も有力な提唱者であるケネス・ウォルツは、冷戦がいつの日にか終了する可能性を二極化のなかにのみ見出していた。彼は一九七九年に、予見しうる将来においてソ連とアメリカが冷戦後の世界を支配するようになると予言したのである。[10]

明らかに歴史家も理論家も間違っていた。その誤りは冷戦期における力の測定方法から生じたと考えられる。とりわけ軍事的な指標に焦点を絞ることで我々はほとんど完全に一面的な視点からそれを行っていたのである。多面的な視点というものをもてばより多くの知見が得られたことであろう。冷戦の終結は軍事力が常に大事件の方向を決定する訳ではないことを目も眩むばかりに明らかなものとした。何といってもソ連はその武器と軍隊とを手付かずのままにして崩壊したのである。他の種類の力――経済、イデオロギー、文化、道徳――に生じた欠陥がソ連に超大国としての地位を失わせたのであり、そうした非軍事的な能力における緩慢だが着実な腐食が相当長い間進行していたことも今では明らかになっている。

何が起こったかを視覚化するため病気で苦しむ一匹の恐竜トリケラトプスを想像してみよう。[11] その巨大さ、堅い皮膚、逆立つ鎧のような武装、攻撃的な身構えを熟視する限り、この生物は充分に手強そうな容姿をしており誰も敢えてそれとの紛糾などを望まなかった。ところがそうした外見は他を幻惑させるものであり、その体内では消化器系統、循環系および呼吸器系がゆっくりと機能不全に陥り、遂には停止してしまった。この生物は四足すべてを空中に向け、依然として荘厳だがむくみを帯びて硬直した形ですっかり死んでいるところを発見されたが、その日までは外部にそうした兆候が表れることなどはほとんどなかったのである。武装というものは印象的な外骨格を提供するけれども、堅い甲羅だけでは生物や国家の生存は保証されるものではないというのがここでの寓意である。

我々が力というものが多元的に存在することを理解していたならば、また二極に別れて存在する類の力もあればより広く配分される力もあることに気づいていたならば、あるいは国家内部であれ国家間であれ力が多様化に向かうこともあればそれに逆行することもあるという可能性を考慮していたならば、要するにこれらの微妙な点を把握していたならば、二極化というものが第二次世界大戦の終結方法から生じた人為的な結果であり、それゆえその戦争原因となった一連の稀な事態の生んだ人工物でもあったことに一層早く気づいていたことであろう。それは国際システムの本質を根本的に変化させるものではなかった。冷戦期を通じてそのシステムは多元的であり続け、一元性へ向けてのソ連の緩慢な転落が結局は命取りとなったのである。多極化というもののより正確な理解は多元性ということであるのかもしれない。

II　冷戦における帝国

「新」冷戦史から生まれるもう一つの仮説は、アメリカとソ連が第二次世界大戦後同じ種類ではないにせよ帝国を築いた、ということである。大半の「旧」冷戦史家は、アメリカがその反帝国的な伝統にもかかわらず一九四五年以後帝国を構築したことを認めていた。議論の対象とされたのはそれが意図的なものであったのか、あるいは偶発的にそうなったのかという点である。アメリカ帝国は海外に市場と投資機会を求めるという国内的な衝動の結果であったのだろうか。あるいは、それはヨーロッパでの力の真空を性急に埋めようとしたことから生まれた偶然の副産物、世界の他のどこであれソ連の脅威が存在するかもしれないと考えられた場所に干渉するという、反射的な行動であったのだろうか。いずれにせよ、信頼性というものが過去における大半の帝国と同じくアメリカがその資産を評価する際の通貨となった。

ソ連についてもほぼ同じようなものだったようである。ある程度はイデオロギーや地理戦略上の野心に駆り立てられ、また眼前にある好機を捉えるという形で、スターリンも戦後のヨーロッパ帝国を築いた。毛沢東の勝利によって彼は――自らの幸運をそれほど信頼したのではなかったが――それが中国にまで拡大することを望んだのである。また、フルシチョフは「第三世界」において似たような目的を追求した。しかし朝鮮であれ後の中国であれ問題が生じると、モスクワにおいてもドミノ倒壊に対する恐れがワシントンにおけるのとほぼ同じくらいの頻度で表面化することになった。こうして、スターリンは金日成を救うため中国人に尋常ならぬ圧力を加え、フルシチョフもフィデル・カストロの保護にあたって驚くべき危険を冒したのである。

帝国の観点からすればそこには目新しいことなどほとんどなかった。すべての帝国は信頼性の喪失を恐れるものである。それゆえソ連とアメリカの帝国も互いにそれほど違ったものではなかったとの結論が下されるかもしれない。しかし「新」冷戦史から得られた他の発見は、ヨーロッパと日本に関する限りそうした「同等」論がまったくの誤りであることを暗示している。その理由を知るためにはすべての帝国が直面せねばならなかったもう一つの問題を考えてみるとよい。臣民は協力するのか抵抗するのか。帝国経営の困難さはそれに従って変わるはずである。しかしこの選択を行うのは占領下の人々の側であって占領者ではない。見たところ無力な者にもそれだけの大きな力が備わっているのである。

十年以上前に歴史家のゲイル・ルンデスタッドは、こうした協力と抵抗とを区別する独自の様式を明らかにした。西ヨーロッパ人が、ロシア人が東ヨーロッパに対して押しつけた帝国を封じこめるため、アメリカの側にも帝国を構築させ、その中に自分たちを含めるよう「勧誘」した点を彼は指摘したのである(12)。この議論は依然として道理にかなったものだが、一定の修正が必要である。

その一つはスターリンもまた「勧誘」を望んでいたらしいということである。それはとりわけドイツに関してそうであったが、ことによると東ヨーロッパの他の地域やあるいは日本においてさえ同様であった可能性もある。今では明白となったこれら地域に対する彼の政策における混乱は、そうした勧誘が一度も舞い込まなかったことの反映なのかもしれない。そうであるとすれば、ヨーロッパ人や日本人の演じた役割は決定的である。彼らにはソ連やアメリカによる支配を阻止する力はほとんどなかったが、その過程を歓迎するか恐れるかの自由は存在したからである。彼らの対応は常に公然たる形をとったという訳ではなく、とりわけ赤軍の占領下におかれた諸国ではそうであった。しかしながら、陰にこもって微妙な形態をとる抵抗も同じく重要である。モスクワの高官たちは、東ヨーロッパやドイツの「同盟相手」をあてにするという点について抱いたかもしれないいかなる幻想をもやがて失うことになった。アメリカ人はむしろNATO同盟諸国や日本人の忠誠心を過小評価していた。こうして、ヨーロッパと北東アジアではどうみても同等の二つの帝国という具合にはいかなかったのである。[13] アメリカの存在は民衆からの支持という強力な基盤をもち、それはこの国を勧誘した現地の政府が自由選挙の度に政権の座に留まることによって、繰り返し確認された。ソ連の存在は一度もそうした認知を獲得しなかった。疑いもなくこれがモスクワの勢力圏内で自由選挙が実施されなくなった理由である。

他の地域に目を向けるならば確かにこうした区別は曖昧になる。中国人が最初のうちはロシア人を勧誘し、アメリカ人のもたらす脅威とみなしたものに抵抗したことは今では明らかである。中東、アフリカ、ラテンアメリカはいうまでもなく、東南アジアにおいても両方の超大国に対する勧誘が定期的に提示されては撤回された。ロシア人とアメリカ人のいずれがより冷酷に——あるいはより人道的に——反応したのかを判断するのは困難である。常にそうであるように、「第三世界」は安易な一般化を受け付けない。協力か抵抗かの決定は時、場所および状況によるのであった。

しかし結局のところ「第三世界」が冷戦の結末を決めたのではない。ヨーロッパと日本での事態が主としてそうしたのであり、そこでの結果は明白だった。住人たちは可能な場所ではソ連に抵抗しアメリカと協力したが、そうでない場所でも熱烈にそうありたいことを望んだのである。こうして、ワシントンの帝国が、枢要な諸地域において、モスクワのそれに比べてこれほど少ない摩擦しか生まなかった理由についての問いが提出されることになる。

III　道義性をめぐって

一つの解答は、歴史家の場合には稀であったとしても、多くの人々が当時冷戦を善と悪の争いであると認識していたということかもしれない。

　ここでは一つの重要な事例に焦点を絞ることにしよう。戦争直後に住民がそれぞれの占領者と対峙した際にドイツで発生した事態である。今では明白なようにみえるが、自国の戦争被害とアメリカ人による原子爆弾の独占という厳しい状況の下でスターリンが模索したのは、武力行使を必要とすることなく、西側のドイツ人を引き付けるような共産主義体制を東側に構築することであった(14)。

　明らかに彼がそれを手にいれることはなかった。ドイツ人は最初は行動で意思を示し――赤軍を避けるため大量に西側へ逃亡――、次に投票箱ではスターリンのすべての希望を挫くことになったのである。しかしこの結果はあらかじめ運命づけられていたものではなかった。戦争終結時にドイツ全土には多数の共産党員が存在し、彼らの威信は――ナチスに対する抵抗から――これまでになく高かった。ドイツ人はなぜあれほど圧倒的にアメリカ人を歓迎し、ロシア人を恐れたのであろうか。

　赤軍が占領下のドイツ市民に対して冷酷に振る舞い、それが米英仏それぞれの占領地区でのドイツ人に対する処遇と著しい対照をみせたことについては長く知られてきた。最近まで知られることがなかったのは蔓延した強姦の問題である。赤軍兵士は一九四五年から四六年にかけて二百万人ものドイツ人女性を襲っていたかもしれないのである。

そうした振る舞いを阻止するための措置、あるいは実行者に対する懲戒処分などは何ヵ月もの間ほとんど講じられなかった。今日に至るまで、その経験を当時スターリンが認識したのと同様の感覚で回想するソ連軍将校もいる。生命を危険に曝し生き残った部隊は少しばかり楽しむべきだ。[15]

ところで、とくに強姦、そして一般的には残忍な行為は、明らかに軍隊というものが敗北した敵の領土を占領する際、常につきまとう問題である。ソ連国内でドイツ人がかつて行ったことからすれば、ロシアの部隊に彼らを嫌う充分な理由があったことは確かである。しかしこれら半ば公認された集団的な強姦は、スターリンが東側の部分だけでなく、全土を通じてドイツ国民の支持を獲得しようとしているまさにその時に発生したのである。彼は一九四六年秋にはソ連占領地区で選挙の実施さえ許可したが、ドイツ人——とくに女性——がソ連に支援された候補者に圧倒的な反対票を投じるという結果に終わっただけであった。[16]

強姦や他の形をとった残忍な行為は西側よりもソ連側において非常に多く発生したので、それは来るべき冷戦でドイツ人がいずれの陣営に傾くかを決定する際に主要な役割を演じた。これによってその争いのまさに始めから親西側志向となることが保証され、また、西ドイツの体制が正統性を有する政府として確立しえたのに対して東側のそれが決してそうはならなかったことの理由も、そうしたことによって確実に説明しうるのである。

ここで発生したことは政府の上層部で決定された政策の反映ではなかった。むしろそれは明確な命令が不在の中で、容認しうる行為について彼ら自身の国内基準に依存せざるをえない占領軍の問題であった。民主政治に暗に示される市民社会の習慣から、西側同盟諸国は敗北した敵を人道的に扱うことを自然なものとみなした。彼らの部隊がそれを命じられる必要はなかった——ただそうしただけであり、他のことなどは思い浮かばなかったのである。占領下の日本においてもまったく同様なことが起こり、同じく重要な結果をもたらした。しかしスターリンとヒトラーのおかげでロシア人の部隊は近代史にほとんど類例のない残忍な文化から抜け出してきた。彼ら自身が残忍に扱われてきたことから、他人にもそうすることが誤りであるなどという考えは浮かばなかった。そしてその指導者たちにとっても、ドイツを失うまではそうした過程を停止させることなどは思いもよらなかったのである。

このようにして、一方における礼儀正しさと他方におけるその不在とが事態の進展において巨大な役割を演じた。強姦の問題はソ連の権威主義とアメリカの民主主義の違いをこれ以上ないほど直接的な形で劇的に表現するものであった。社会史、あるいは性差に関する歴史であっても、残酷さを扱うことによって外交史の一部となるのである。したがって、冷戦を対象とする歴史家は、善と悪の違いを理解する人々がそれらについて考え、行動したことをきわめて注意深く考察する必要がある。人々が行動で意思を示す場合、普通それは彼らが理念をもっていることを意味するからである。しかしそれらを理解するためには、彼らがあの時に信じていたことを真剣に受け取らねばならない。

古代末の宗教上の慣習や中世の小作人を研究する歴史家、あるいはアメリカ、フランスおよびロシアでの革命を考察の対象とする歴史家でさえ、日常の生活のなかで生まれる意見やものの見方を探求することの重要性に疑念を抱くことはないであろう。そして、冷戦の起源、展開および終結について——もっと特定するなら、今日、一般の人々と研究者の間に存在する過去についての認識の違いについて——考察する際に、歴史家は当時の民衆が抱いていた記憶の実態については語る意欲に満ちているようである。(17) 遠い過去と最近の過去とを我々がまったく同じ方法で扱っているかを確認するために、このあたりで少し自己点検をしておいてもよいのではないだろうか。

IV　民主主義のリアリズム

アメリカ帝国がソ連のそれに比べて摩擦を生じることがより少なかったとすれば、そのもう一つの理由は、民主主義が提携を維持することについて独裁政治よりも優れていることが判明したことであるかもしれない。

民主主義の諸原則は冷戦が開始されるに当たって外交政策には不向きなものであるように思われた。「リアリズム」の創始者たち――モーゲンソー、ケナン、リップマン、E・H・カー――は、国際連盟、ワシントン海軍条約、ケロッグ―ブリアン規約〔不戦条約〕、そして善意から生まれ、第二次世界大戦の阻止には見事に失敗した他のすべての行為の原因となったとして、ウィルソン流の「法律万能主義―道徳主義」を非難する傾向にあった(18)。これらの措置は国際関係の方向を決定した現実の力関係を考慮していなかったと彼らは主張したのである。西側民主主義諸国が戦後の世界――戦前と同様に冷酷で無慈悲なものとなるはずであった――で生き残るためには、国内問題の処理と同じ方法で外交を運営しうるという幻想を放棄せねばならないのであった。勢力均衡、秘密工作および平時における軍事力の恒常的な行使を学ぶ必要があった――要するに、理想主義者は現実政治の冷笑的な技法を身につけねばならなかったのである。

ケナンの場合には常にそうであったが、ここでも相反する価値観の併存があった。一方で彼は、外交政策の形成にあたって自らが民主主義的な手続きを踏む機会がいかに少ないものであったかを力説した。彼には、民主主義を「この部屋くらいの体長で、ピンの頭ほどの頭脳をもった有史以前の怪物のなかの一匹」になぞらえた記憶すべき比喩がある(19)。他方、封じこめが機能するために、アメリカが恐らくは民主主義政治を含めた自らの諸原理に忠実であることをも彼は期待した。「ソ連共産主義というこの問題を扱う際に我々に降りかかる最大の危険は、我々が相手にしているものに我々自身が似通ってくることを許してしまうことである(20)」。

この危険が一度も現実のものとはならなかったことは今では明らかである。頻繁な逸脱はあったものの、アメリカは概してその伝統的な諸価値を保持したのである。また、そうした諸価値が時には冷戦政策を形成することもあった。意図からではなく本能的にそれが行われたことは確かである。さもなければ何をしてよいかわからない時にアメリカ人は民主主義的な習慣へと逆戻りし、他者に対してもその採用を奨励する傾向にあった(21)。しかし「リアリスト」が恐れたような実践にうとい理想主義となるどころか、そうした行為は抜きんでて現実的なものとなったのである。アメリカ国内での慣習を外交政策の領域へと拡張した三つの事例を考慮すればよいであろう。（軍事占領を通じての）ドイツと日本の民主化、NATOの運営、ヨーロッパ統合の推進である。

それぞれに共通する点は事業が成功することについて利害関係を共有したことであり、それはアメリカ人が設計、施工、運営の各段階で同盟諸国をそこに関与させることによって生じた。ドイツおよび日本の占領が提供したそうした機会は最少限のものであったが、そこにおいてさえ、クレイおよびマッカーサーの両将軍が大半は改革に固執しながらも、それを現地の情勢に適合させた度合いには目をみはるものがある。NATOはほとんど共同事業であった。ヨーロッパ人が提案し、アメリカ人はその組織と戦略の面で彼らに驚くべき大きさの影響力を許したのである。ヨーロッパ統合はアメリカ人とは関係なく数年にわたり育ってきていたが、ワシントンが一九四〇年代末に経済、軍事援助の見返りとしてヨーロッパ内の協力を主張しなかったならば、それはほとんど芽をふくことはなかったであろう。独自の性格をもつ成長過程が自動的なものとなったのはそれからのことであった。

似たような行動をとるソ連などは想像し難い。そのドイツ占領政策は裏目となって民衆からの支持獲得に失敗した。またワルシャワ条約も決してNATOのようには機能しなかった。とくに一九五六年の事件後は相互利益の意識などはほとんど存在しなくなっていたのである。他方、朝鮮休戦後においては中ソ同盟もそれに比べてよりうまく運営されるというようなことはなかった。そしてソ連勢力圏内で自発的な経済あるいは政治統合が実施されることもなかったのである。その代わりに、旧式の帝国による古典的な手法に則ってあらゆることがモスクワを通じて管理されねばならなかった。

アメリカ人は新たな種類の帝国――ある種の民主主義的帝国――を築いたが、それは彼らが習慣と歴史とにより、政治において民主主義的であったという単純な理由からである。そうした体制の下で日常的に実践される交渉と取引、威圧と懐柔などに彼らは馴れ親しんでいた。彼らは抵抗を自動的に裏切りであるとみなすこともなかった。この結果彼らの雛型は容易に普及することになったのである。それはまた既存の民主主義諸国とも安んじて共存した。

ロシア人は権威主義的な伝統から抜け出してきたため、独立した思考というものについてはこれを窒息死させること以外に方法を知らなかった。自主性のほんのわずかの兆候もスターリンにとっては異端であり、スペインの宗教裁判さながらの徹底さで根絶されねばならなかったのである。その結果は確実に卑屈な献身となり、自発性というものなどには決してならなかった。こうした事業にも共通する利害関係があったとすれば、それは失敗というものを成功することと同じように歓迎することぐらいだったかもしれない。

このような意味において、民主主義的な理想の維持は結局のところ、西側が行ってきた非常に現実的な作業であったことが判明した。X論文におけるケナンは、民主主義的な恐竜の幻影に取りつかれていた彼よりもはるかに先見の明があったのである。

V　権威主義的支配とロマンティシズム

これに関連した一つの仮説は、民主主義のもったリアリズムとは対照的に、冷戦期においてマルクス＝レーニン主義が権威主義的なロマンティシズムを育成したということである。

その著作『外交』の中でヘンリー・キッシンジャーは、合理的な計算というよりは強い感情に基づく構想の犠牲者となったとしてヒトラーを批判している。彼の主張によればスターリンは冷酷なまでに現実主義的で、目標達成のため必要なだけ時間を費やし、その正当化のために必要ならイデオロギーをも改変する意思をもっていた。ヒトラーにとってはイデオロギーが目標を決定するのであり、実際上の困難がその障害となることは許されなかったとキッシンジャーは語っているようにみえる。スターリンについてはこの逆であった。目標がイデオロギーを決定したのであり、イデオロギーは状況の変化につれて必要なら調整されたのである。[22] 確かにこれはマルクス＝レーニン主義諸国の行動様式に関する従来の標準的な見方であり、その結果として「旧」冷戦史はイデオロギーをあまり真剣には考慮しなかったのである。

新たな資料は再考の必要性を示唆している。イデオロギーがしばしばマルクス＝レーニン主義政権の行動を決定したからであり、それはすでに決定された行為を単に正当化するものなどではなかった。ある意味でこれは少しも驚くべきことではない。ソ連、中華人民共和国、および他のそうした諸国は、正統の重視と異端への深い不信とを具備し、日常生活のすべての諸側面に浸透していたイデオロギーの上に、まさに自らの支配の正統性を立脚させていたのである。イデオロギーがなければ、クレムリンの指導者たちはなぜ機能しないことが何度も証明されてきた集団農業体制などを維持することになるのか。さらに言えば、失敗の証拠がほとんど有無をいわさぬものであるにもかかわらず、そもそもなぜ指令経済の強要ということになるのであろうか。外交政策もまたイデオロギーを反映したのであり、それに代わる説明を加えることには抵抗するのであった。

たとえば、既述のように、一九四五年以後スターリンが資本主義世界で次の戦争が起こると頑なに信じていた事例を取り上げてみよう。当然それはレーニンの字義どおりの解釈であった。この偉大な人物の主張によれば、資本主義者たちは非常に貪欲で互いに騙し合い搾取する方法の発見に夢中になっているので、何の問題についてであれ決してあまり長くは協力できないはずだった。しかしこうしたレーニンの予想のため、スターリンは戦後初期に実際に起こっていたことを理解することができなかったのである。東ヨーロッパとドイツにおけるソ連の行動が西ヨーロッパ人とアメリカ人を団結させ、彼に対抗する提携に至らせていた。スターリンは一つのヨーロッパを想像したが、現実には自分の行為によってそれとはまったく違ったものが出現することを保証してしまったのである。

次は毛沢東の場合であり、従来考えられてきたことをはるかに超えて彼がマルクス＝レーニン主義に強く傾倒していたことが今では明らかになっている。中ソの資料によれば彼は一貫して国益をイデオロギー上の利益に従属させてきた。まったく先見の明がなかった訳だが、ここからアメリカに対する不信とソ連への信頼が生まれたのである。さもなければ、クレムリンの「兄」に対する毛沢東の並はずれた服従、モスクワとの「不平等条約」の容認、朝鮮戦争における中国側の大きな犠牲などの説明がつかない。スターリンの死後になって初めて自主的な中国外交が登場したけれども、その時でさえイデオロギー上の根拠があった。毛沢東は今や自らを最高のイデオローグであるとみなしたのである。

朝鮮戦争に先立つ数ヵ月間におけるスターリンらしからぬ攻撃性も、イデオロギーによって説明しうる。彼は毛沢東の勝利を、ヨーロッパでは封じこめられた革命の潮流がアジアに向きを変えた証拠であると解釈した。この結果彼は老人性のロマンティシズムに陥り、中国人が他の場所での反乱を支援するよう奨励してみたり、金日成の韓国攻撃を許可したのである。それは、あたかもスターリンが革命の青春を取り戻すことで自らの七十歳の誕生日を祝福しようとしたかのようであった。イデオロギー上の夢が彼をして残忍だが、純真で感傷的な老人たらしめたのである。

これが例外的な事例ではなかったことを示すため、フルシチョフについて今や明らかになっていることも考えてみよう。彼はキューバでのカストロの革命にまったく同じような対応をしたのである。少なくともアメリカ人とその同盟諸国が西ベルリンで引き継いだものと同様に、防衛が難しい前哨拠点をカリブ海に構築することに関してはほとんど戦略上の整合性はなかった。しかしイデオロギー上の観点からすればキューバは重要そのものだった。それはラテンアメリカの至る所でマルクス主義者による反乱を誘発する火花となるかもしれなかったのである。そうした見込みを支持する動かし難い証拠などはほとんどなかったが、その可能性――いかにかすかなものであろうと――だけであってもモスクワでは強い感情的な影響力をもつことになった。人はここでビスマルク、あるいはレーニンでさえなく、あの、イデオロギーからみた不老長寿の泉を追い求める年老いたポンセ・デ・レオン〔フロリダ半島を発見したスペインの探検家〕の姿を思い浮べるであろう。

　こうして、新たな資料はキッシンジャーがヒトラーについては正しかったこと、また感情に基づいたイデオロギー上のロマンティシズムという同じ雛型を適用していれば、毛沢東だけでなくスターリンとその後継者たちに関しても彼が間違うようなことはなかったであろうことを暗示している。権威主義者たちが現実にうとくなることを促すような何物かが存在したように思えるからである。共産主義者であるからといって、それがファシストのように風車に向かって突進することに対する予防手段とはならなかった。その理由を説明することは困難ではない。独裁体制というものは兜の頑丈さを確かめるような作業に水をさす一方で、その頂点に存在するドン・キホーテ流の幻想を何であれ強化するのである。

VI　核兵器の役割

　さて、もしアメリカ人が多元性、他国との協力、道義性およびリアリズムのすべてにおいて優位に立っていたとすれば、なぜ冷戦は実際にそうであったように長く続いたのであろうか。ここで「新」冷戦史はさらにもう一つの仮説を提示する。それは、核兵器というものがその破壊性と引換えに持続性をもたらしたとするものである。

　核兵器のために冷戦が熱くならずにすんだという命題は、まだ万人には受け入れられてはいないが、古くて聞き慣れたものである(23)。この新たな戦争技術は紛争の段階的拡大に対して制約を加えたものとみなされ、その結果他の時代であったなら大きな戦争をもたらしたかもしれない危機が、冷戦期においてはそうはならなかったのである。核革命が実際にこうした抑制効果をもったことについては今やほとんど疑問の余地はない。しかしそこには——たしかに支払う価値はあったとはいえ――代償も存在した。

すでに述べたように、多元的な力の基礎を保持したことで西側が冷戦に勝利したとするならば――他のものがゆっくりと病魔に蝕まれる中で一匹のトリケラトプスが健康を維持したとするならば――、ソ連が多元性から一元性への移行を終了した時点を特定することには価値があるだろう。それはこの闘争が終了するすぐ前のことであると思われていたかもしれない。しかし新たな証拠によれば――この点については従来の証拠をより注意深く分析すれば――その過程は一九六〇年代の初期に事実上は完了していたのである。冷戦はさらに三〇年間持続した。なぜであろうか。

ここで核兵器の登場となる。それが力の一元的な測定を奨励したからである。わずか二、三回の核爆発であってもアメリカの国土で発生する見込みがあれば、ワシントンはそれを引き起こすような行為を何であれ思い止まるであろうという理由から、マクナマラは一九六二年に、アメリカにとって一七対一という比率での優位も事実上は核における均等を意味するという点を力説した。ソ連の指導者たちはこれに納得することなくその後の年月をアメリカとの実際の対等を追求することに費やし、一九七〇年までには概ねそれに成功したのである。しかしそこで起こっていたことをよく確かめてみよう。両陣営は、ソ連が依然としてアメリカに対抗しうる特定の――「第三世界」はほとんど無視しうるということであれば、唯一の――範疇に属する力を用いて互いの強さを算定することに暗黙の合意をみていたのである。それは、あたかも病気のトリケラトプスがどういうわけか外見にだけ関心を払うように敵に確信させ、その生理的な反射作用、血圧、レントゲン検査、あるいは検便記録などを無視させたようなものであった。

この結果米ソ関係の焦点として核軍備競争への固執が現われることになった。後の世代がこれを不思議に思うことは確実であろう。使用しえない兵器の範疇における難解な数的均衡について心配することなどに、なぜあれほど多くの時間を費やしたのであろうか。また武器の削減を伴わない軍備管理条約の交渉に関しても同様である。さらには、安全保障が相互の脆弱性を故意に奨励することで満たされうるなどという考えが、かつてはなぜ定着したのであろうか。防御することは間違っているというのである。

レーガン政権になって初めてこれら正統派の見解に対する疑問が提出されることになった——それが無知によるものか、あるいは術策によるものであったのかについては依然として不明である。明らかなのは、一九八〇年代の前半において、アメリカが冷戦初期以来前例のない方法でソ連への挑戦を開始したということである。その国はすぐに消耗し、息を引き取った——それが不慣れな発奮のしすぎによるものであったのか、あるいはゴルバチョフの大胆な蘇生の試みによるものであったのかについてもまだ完全には明らかでない。

核兵器のおかげで、ソ連が末期的な衰弱過程に陥ってからも長い間あの国は手強いという印象が維持されることになった。より早い段階におけるソ連との対決に勝利——しかも安全に——しえたであろうかという点について、我々が知ることはこれからもないであろう。なぜならキューバ・ミサイル危機が西側の指導者たちに、彼ら自身の国の生存が敵方のそれに依存していることを恐らくは正確に確信させたからである。相手を動揺させることはあまりに危険すぎるように思われた。こうして取引が生じた。破壊は回避されたが、持続という代償を支払ったのである。冷戦は核兵器が発明されなかった場合に比べてはるかに長く継続した。核兵器が実際には存在したという事実を考えると、冷戦がいつ何時にでも暴力的な終幕を迎える可能性があったことも確かである。軟着陸させるのに何十年もかかったことになる。

VII　冷戦責任論

冷戦の責任という古い設問について新たに述べることがあるのだろうか。誰が実際にそれを開始したのであろうか。回避することは可能だったのであろうか。この点で、「新」冷戦史は我々を昔ながらの答えにつれ戻しつつあると思われる。スターリンがソ連を支配している限り冷戦は不可避であった。

歴史は常に必然と偶然の産物であり、この二つの間に適切な均衡を見出すのが歴史家の務めである。アメリカとソ連というものが存在しなかったならば、またこの両国が第二次世界大戦で勝利を収めなかったならば、あるいは彼らが戦後世界の構築について相反する未来像を抱いていなかったならば、冷戦はほとんど起こりえなかったであろう。しかし、これらの長期的な傾向はそれ自体でそうした争いの発生を保証するものではなかった。予期せざる事態によって必然的と思われたようなことが台無しにされてしまう余地があるからである。前もって完璧に予定されているようなことなどは決してない。六千五百万年前に小惑星か彗星、あるいはそうした物体が地球に最後の衝突をし、本物のトリケラトプスや他の恐竜を絶滅させた時に彼らはそれを思い知ったことであろう。

小惑星ではなく個々の人間のほうが歴史においてはさらに偶然の存在である。それぞれの人間を独自の存在に作り上げる遺伝子、環境、および文化の特定の組合せを、前もって細かく明示――あるいは事後において解明――しうる者がいるであろうか。大事件を引き起こすことで歴史家の関心を喚起するようなごく少数の個人が、意図と状況のどのような霊的な結合によって生まれることになるのかを、誰が予知しうるであろうか。そうした人々は頂点を極めることに照準を合わせるかもしれないが、暗殺者、細菌、あるいは不注意なタクシー運転手でさえもが常に途中で待ち伏せをしている。国全体がヒトラーやスターリンのような他人の不幸を喜ぶ天才の手中に収まる理由は、「旧」冷戦史だけでなく「新」冷戦史にとっても不可解なままなのである。

しかしながらそうした指導者が権力の座に就くと、ある一定のことがほぼ確実に起こるようになる。権威主義的な国家では、権力を他人と共有せねばならぬ民主政治の指導者に比べて、最高位にある権威主義者の個性がはるかに重きをなすことが当然のこととして予期される。社会的疎外、技術革新、あるいは経済的な絶望などその原因が何であれ、二〇世紀の前半は大権威主義者と彼らの権勢とに由来するすべてのものによって多大の影響をうけることになった。ヒトラー抜きのナチス・ドイツや世界大戦を想像することはほとんど不可能である。そして今では明白になったことからすれば、スターリンの存在しないソ連あるいは冷戦を想像することも次第に困難なものとなりつつあるのである。

なぜなら、知れば知るほどスターリンの外交政策を内政面での彼の行動や、個人的な振る舞いからさえ区別することの意味がより小さくなるからである。科学者たちは、自然界が「尺度を越えた自動的相似性」と呼ばれるものの実例で満たされていることを示してきた。顕微鏡や肉眼、あるいはその中間のいずれの段階でも同一の様式を観察しうる現象である。[24] スターリンがまさにそれであった。国際関係、同盟関係、国内、党内、側近との個人的関係、そして家族関係においてさえ彼はほとんど同じような振る舞いをしたのである。このソ連の指導者はこれらすべての前線でいくつもの冷たい戦いを遂行した。我々が知るようになった冷戦とは、彼の観点からすればそうした多くの中のほんの一つにすぎなかったことになる。

スターリンの影響は、大半の独裁者の死後にそうなったようには急速に弱まるということもなかった。彼は充分に持続力のある体制を構築したので、それは本人の死だけでなく、後継者たちによる断続的で気乗りのしない「非スターリン化」の試みをも切り抜けて生き残ったのである。後継者たち自身がその体制の創造物であり、彼らは他に統治の方法を知らないという理由からその枠内で行動し続けた。ゴルバチョフになって初めて、ソ連の指導者にはスターリンが残した構造上の遺産を取り壊す完全な用意ができたのである。それがなくなると冷戦も消滅し、ついにはソ連自体が消え去ったことは多くの示唆を与えている。

こうした議論は、冷戦が戦われた経緯に対する少なからぬ責任からアメリカとその同盟諸国を免除するものでは決してない――実際に彼らがそれに勝利したのだからこれは何ら驚くべき結論ではない。また、それはアメリカ人がヴェトナムのような周辺地域における紛争に介入した際の軽率な愚かさや、使用しえない兵器類に費やした法外な出費を否定するものでもない。こうしたことは、そうでなかった場合に比べて金銭と人命の両面における冷戦のコストを確実に高くするものであった。さらに西側の政治家が道徳的に勝っていたと主張している訳でもない。[25] スターリン——あるいは毛沢東——と同じ程度までに悪辣な人間はいなかったが、冷戦で堕落しない指導者もいなかった。巨大な権力の行使とは最良の時においてさえそういうものなのである。

しかしながら、事実とは逆の歴史をあてはめるという常に有用な検査を行ってみる——主要な変数を代入しどのような違いがもたらされるかを推測する——ならば、冷戦の起源におけるスターリンの中心的な位置づけが完全に明白なものとなるというのが実状なのである。その重要性にもかかわらず、ローズヴェルト、チャーチル、トルーマン、ベヴィン、マーシャル、あるいはアチソンが取り除かれたとしても世界大戦の後には冷たい戦争というものが続いたことであろう。スターリンが除去されたならば多分まったく代わった展開となっていたはずである。なぜなら、恐らくは毛沢東を例外として、スターリンほど徹底的かつ永続的な効果をもって祖国に自分自身を刻印した二〇世紀の指導者はいなかったからである。そして多くの局面で冷たい戦いを志向するスターリンの性癖——彼がハリー・トルーマンについて聞き及ぶはるか以前からの性向——からすれば、ひとたび彼がモスクワで頂点の座に就き彼の国が大戦を生き延びることが明白なものとなると、西側が何をしようと冷戦というものが勃発したのは同じく明らかなように思える。さて、誰に責任があったのだろうか。一般的には権威主義であり、とりわけスターリンであったというのがその答えとなろう。

Ⅷ　歴史変動の中の冷戦

最後に、今から百年経つと冷戦はどのようなものとして見えることであろうか。今日のようにではないと述べても恐らくは差し支えないだろう。それは今になって知りえた冷戦が、かつてその渦中において我々が知っていたか、あるいは知っていると思い込んでいたものと違って見えるのとちょうど同じである。歴史家は、過去——いかに遠いものであっても——に対する見方が自分の生活する特定の現在というものをいかに多く反映したものであるかを認識することで、謙虚になるに違いない。この意味で、我々すべてはいわば時間で区分けされた教区を担当しているにすぎないのである。こうして最後の仮説が提示される。「新」冷戦史家は驚かされることに耐えうる度量をもたねばならない、ということである。

冷戦の終了で自由に利用できるようになった新鮮だが非常に不完全な資料を基に、本書や他の書物を断定的な結論で締め括るのは愚かなことであろう。新たな文書や新たな視点からであれ、あるいはそれらの相互作用の中からであれ、驚きが必ず待ち構えている。修正主義というものは歴史を叙述するうえで健全な一つの工程だが、その修正主義者を含めだれもそれを免除されることはないであろう。

かといって、新たな証拠が旧来の解釈に適合する——あるいは適合しない——という理由だけでそれを却けてしまうのもまた近視眼的である。こうした誘惑は既存の冷戦史家の間に確かに存在する。[26] しかしながら、先入観を支持する資料だけを選択することよりも、入手した資料に合わせて物の見方を変えることのほうが一層良質な歴史が確実にえられるであろう。ダーウィン以前の古生物学者は、化石という証拠が眼前にあるにもかかわらず、種の不変性というものを長年にわたり主張した。新たな資料を真剣に扱わない歴史家も、古くなった学説の不変性に固執するという似たような危険を冒すことになる。

ある特定の思想が永遠不滅であるとする「勝利主義」もまた人を誤らせる。[27] 冷戦期において西側がどのような正しい——あるいは間違った——振る舞いをしたかを再検討する限りにおいて、それは有効な歴史解釈の手法である。さもなければ、冷戦が実際にそうであったように決定的な形で終了した理由の説明にひどく苦労するであろう。しかしその「勝利主義」が自己満足に陥るならそれは行きすぎである。勝利というものが大抵は自らの内にそれを台無しにしてしまうような種子を胚胎しているという事実が、隠蔽されてしまうからである。敵は消滅するかもしれないが、歴史の流れに関してそれは稀である。自画自賛はそうした流れの性格や方向、さらにはそれが何の兆しであるのかを理解するうえでの障害となる。

市場資本主義と民主主義政治が冷戦で勝利したからといって、それだけでは今後もそうあり続けることの保証にはならない。マルクスがそうなると述べたように、資本主義の下では依然として富と地位は不平等に分配されている。民主政治は依然としてそこから生まれる疎外感のはけ口となっている。人々は必ずしも経済学者が考えるようには投票しない。一九世紀末から二〇世紀初頭にかけて共産主義とファシズム――アメリカおよび西ヨーロッパでの大改革運動は言うまでもなく――は、規制されない市場と参政権の拡大との衝突からではないとすれば、一体どこから出現したというのであろうか。しかもなお、冷戦後の世界では、経済統合と政治的自決とが相互の関係についてほとんど考慮されることなく前例のない規模で推進されているのである。(28)

こうして、権威主義の死亡記事を書くにはまだ早すぎることになる。冷戦における敗北にもかかわらず、その政体は民主主義よりはるかに長い歴史をもっている。その盛りはすぎたなどと結論を下すのは偏狭の極みというものであろう。マルクス＝レーニン主義が非常に多くの内的矛盾を抱えたためについには崩壊したのだとしても、なぜ民主的な資本主義は同じような傾向を免れているとみなされることになるのであろうか。また、再び権威主義者たち――マルクス＝レーニン主義の類ではまずないにしても――の世界へと我々を押し戻すかもしれない長い歴史的な周期のなかに我々が位置しているのではないということなどを、どのようにすれば知ることができるのであろうか。

しかもなお意外なことは起こるものである。歴史的な生態環境が変化し、知りうる限りの昔から盛大に続いてきた行為が突如としてそうではなくなるような事例が存在するのである。悪習というものは不適応な生命体のように時には実際に絶滅してしまう。一八世紀から一九世紀にかけて奴隷制度や決闘の習慣にそれが起こったし、二〇世紀が閉幕に近付く頃から大国間の戦争についてもそれが起こりつつあったのかもしれない。[29] スティーブン・ジェイ・グールドは非常に長い視野をもったダーウィン以後の世代の古生物学者だったが、何百万年にもわたり繁栄した特定の種に属する魚類の話を好んだ。それは全期間を通じて環境に実に見事に適応したが――それはその池が干上がるまでのことだったのである。[30]

西側が冷戦において勝利を収めたのはその制度と指導者の賢明さのためではなく――確かにそれらも多少は存在したが――、数千年にわたり権威主義に有利に作用していた条件が突如としてそうではなくなった歴史の瞬間に、たまたまその紛争が起こったからであるということなのかもしれない。恐らくは（そう希望しよう）池が単に干上がっただけなのであろう。

訳者あとがき

本書はJohn Lewis Gaddis, *We Now Know: Rethinking Cold War History*. New York: Oxford University Press, 1997. の邦訳である。著者のジョン・ルイス・ギャディスは現在イェール大学歴史学部において、トルーマン政権の国防長官であったロバート・A・ロヴェットの名を冠する軍事史・海軍史教授の職にあり、アメリカにおける冷戦史研究の大家である。二〇世紀後半の国際政治の基調を形作った冷戦の発端から始まり、米ソ両国の競争的な共存の契機となったキューバ・ミサイル危機までの国際政治史が、本書の主題となっている。ギャディスによる本書以外の冷戦関係の主要著作は次の通り。

The United States and the Origins of the Cold War, 1941-1947. New York: Columbia University Press, 1972.

Strategies of Containment: A Critical Appraisal of Postwar American National Security Policy. New York: Oxford University Press, 1982.

The Long Peace: Inquiries into the History of the Cold War. New York: Oxford University Press, 1989.［『ロング・ピース――冷戦史の証言「核・緊張・平和」――』五味俊樹他訳、芦書房、二〇〇二年］

The United States and the End of the Cold War: Implications, Reconsiderations, Provocations. New York: Oxford University Press, 1994.

本書では註記における解説部分も含めて全部を訳出したが、原書にある参考文献一覧は割愛した。原書には周到な索引が付されているが、それについては訳者がほぼ半分に圧縮した。各章の中見出しの標題は訳者が付したものである。訳出の過程では、すでに邦訳のある書籍からの引用については、先行する訳を参考にした場合もあるが、基本的に本書の文脈の中で改めて訳出する方針をとった。また原文においてイタリックで強調されている部分は、訳では傍点を付している。

邦訳書名を『歴史としての冷戦――力と平和の追求――』とした事情を記しておきたい。本書のまえがきにあるとおり、ギャディスは、アメリカ国務省の元職員でその後はジュネーヴにおいて教鞭を執っていたルイス・J・ハレー(Louis J. Halle)の古典的名著『歴史としての冷戦(*The Cold War as History*)』(一九六七年)[邦語版は太田博訳、サイマル出版会、一九七〇年]の叙述構成を強く意識しつつ本書を執筆している。よく知られているように、ハレーは米ソの冷戦を「瓶に閉じこめられたサソリと毒蜘蛛」が直面した悲劇的事態として、権力闘争の側面に焦点を定めて冷戦を叙述している。本訳書では、近年のギャディスの主張である、冷戦のイデオロギー闘争としての側面の重視を邦訳の書名に織り込むために、「力と平和の追求」という副題を付した。顧みれば米ソ両国はともに、二〇世紀において、力の追求を平和の名の下に、すなわちイデオロギーにおいて行ったからである。しかもその平和は、複数の正義がせめぎ合うという国際政治の本質からすれば、米ソ各々においてその意味をまったく異にしていたことは、ここに改めて指摘するまでもないであろう。

冷戦が権力闘争とイデオロギー闘争が結合したものであったという理解は、必ずしも新しいものではないが、冷戦史研究の変遷の中で、分析の力点や視角はこれまで大きな振幅を繰り返してきた。アメリカにおいては歴史解釈、ことに戦争をめぐる歴史解釈の振幅の激しさは著しいものがあり、冷戦史研究は近年におけるそうした傾向の代表例であった。

冷戦史研究は、一九四〇年代後半から一九五〇年代にかけて、アメリカ政府の公式政策であった「封じこめ」政策を擁護し、冷戦開始時におけるソ連拡張主義の脅威を強調する、いわゆる正統派解釈（orthodoxy）が圧倒的であった。その後、一九六〇年代のアメリカのヴェトナム介入の悲劇的展開を導いた冷戦政策への不信を動機として、公式的な解釈に異議を唱え、冷戦開始の責任をアメリカの経済的な利害関係から解釈していく修正主義（revisionism）が様々な方向に発展した。

こうした解釈の揺れの中で、政府関係公文書に対する秘密指定解除の制度化とも相俟って、一九七〇年代にはいわゆるポスト修正主義（post-revisionism）の立場による研究が進展する。当時のギャディスもその代表格であったが、論議の特徴は、冷戦の起源に関する地理戦略的な要素の強調と、ソ連の拡張主義よりもその安全保障上の利益に着目し、さらに相互の誤認識の役割にも目が配られていたところにある。もとより結論は、正統派解釈に近いものであったわけであるが、そこにおいては、すでに触れた平和の意味をめぐるイデオロギー闘争の側面や外交政策の道義性に関する争点が必ずしも重視されているとは言えなかった。

本書では、冷戦が終結した後、発掘されてきた旧共産圏の史料とそれを用いた様々な研究を踏まえて、これまでのギャディスの冷戦解釈が新たに総合されている。さらに、キューバ・ミサイル危機までの冷戦史を扱いながらも、ソ連・共産圏の崩壊によって最終的に決着した冷戦全体の意味を考察する叙述が随所に展開されている。冷戦の終結によって、冷戦がそれ自体は特異な一時代ではあっても、有史以来の人類の権力と理念とをめぐる、その意味ではまっとうな政治闘争の一齣であり、ようやく普通の歴史叙述の対象となったということであろうか。

本書の訳出にあたっては、まことに数多くの人々の助力を頂戴した。ここに衷心より御礼を申し上げたい。もとより翻訳について、最終的な責任は訳者両名にある。慶應義塾大学出版会の田谷良一氏には、出版事情の厳しい中、本書の出版実現に際して大きな力添えをいただいた。さらに編集部の堀井健司氏には、本書の制作にあたって、地道で丁寧な仕事をしていただいた。あわせて厚く御礼申し上げたい。

一九七〇年代以降に外交史・国際政治を学んだ者にとって、先に触れたハレーの書物はよく読まれた、なじみ深いテキストであった。本書がそのハレーの著作と同様に、冷戦史を顧みる際、将来にわたって長く読み継がれる書物となることを切望している。

平成一六年三月

赤木完爾
齊藤祐介

歴史としての冷戦
――力と平和の追求

2004年6月30日　初版第1刷発行
2015年7月10日　初版第3刷発行

著　者――ジョン・ルイス・ギャディス
訳　者――赤木完爾・齊藤祐介
発行者――坂上弘
発行所――慶應義塾大学出版会株式会社
〒108-8346 東京都港区三田2-19-30
TEL〔編集部〕03-3451-0931
〔営業部〕03-3451-3584〈ご注文〉
〃　03-3451-6926
FAX〔営業部〕03-3451-3122
振替　00190-8-155497
URL　http://www.keio-up.co.jp/
装幀――渡辺澪子
印刷・製本――三松堂印刷株式会社
カバー印刷――株式会社太平印刷社

Printed in Japan　ISBN4-7664-1081-5

【著者紹介】
John Lewis Gaddis
イェール大学歴史学部教授
主要著作に、*The United States and the Origins of the Cold War, 1941–1947*. New York: Columbia University Press, 1972; *The United States and the End of the Cold War*. New York: Oxford University Press, 1994; *Surprise, Security, and American Experience*. Cambridge, MA: Harvard University Press, 2004; *The Cold War: A New History*. New York: The Penguin Press, 2005; *George F. Kennan: An American Life*, New York: The Penguin Press, 2011.〔2012年ピューリッツァー賞受賞〕ほか。

【訳者紹介】
赤木完爾（あかぎ・かんじ）
慶應義塾大学法学部教授
1953年生まれ。慶應義塾大学大学院法学研究科政治学専攻修士課程修了（法学博士）。
主要著作に、『ヴェトナム戦争の起源』（慶應通信、1991年）、『第二次世界大戦の政治と戦略』（慶應義塾大学出版会、1997年）、『朝鮮戦争―休戦50周年の検証・半島の内と外から―』（編著、慶應義塾大学出版会、2003年）、『戦略史としてのアジア冷戦』（編著、慶應義塾大学出版会、2013年）など。

齊藤祐介（さいとう・ゆうすけ）
元 静岡文化芸術大学文化政策学部教授
1956年―2005年。慶應義塾大学大学院法学研究科政治学専攻博士課程修了。
主要著作に、『冷戦期の国際政治』（共著、慶應通信、1987年）、『現代の国際政治』（共著、ミネルヴァ書房、2002年）など。

索　引

ナ行

原　　註

第1章

1) Alexis de Tocqueville, *Democracy in America*, ed. J. P. Mayer, trans. George Lawrence (Garden City, NY: 1969), pp. 412-13.

2) François Genoud, ed., *The Testament of Adolf Hitler: The Hitler-Bormann Documents, February-April 1945*, trans. R. H. Stevens (London: Icon Books, 1961), p. 107.

3) Tocqueville, *Democracy in America*, p. 413.

4) Norman E. Saul, *Distant Friends: The United States and Russia, 1763-1867* (Lawrence: University Press of Kansas, 1991) は初期の米露関係についての最も包括的な歴史書であるが、さらに以下も参照。Nikolai N. Bolkhovitinov, *The Beginnings of Russian-American Relations, 1775-1815*, trans. Elena Levin (Cambridge, Mass.: Harvard University Press, 1975).

5) John Lewis Gaddis, *Russia, the Soviet Union, and the United States: An Interpretive History*, 2nd edn. (New York: McGraw Hill, 1990), pp. 11-16.

6) Ibid. 31-41. See also Geoffrey Barraclough, *An Introduction to Contemporary History* (London: C. A. Watts, 1964), pp. 102-5.

7) US Bureau of the Census and the Social Science Research Council, *The Statistical History of the United States from Colonial Times to the Present* (Stanford, Conn.: Fairfield, 1965), pp. 57-8.

8) Frederick F. Travis, *George Kennan and the American-Russian Relationship, 1865-1924* (Athens: Ohio University Press, 1990). このジョージ・ケナンは、冷戦期における「封じこめ」の中心的立案者であった、より知られているジョージ・F・ケナンの祖父の従兄弟であった。

9) この統計に関しては Michael W. Doyle, "Kant, Liberal Legacies, and Foreign Affairs, Part I," *Philosophy and Public Affairs* 12 (Summer 1983), 209-10. を参照。Norman E. Saul, *Conflict and Concord: The United States and Russia, 1867-1914* (Lawrence: University Press of Kansas, 1996). 本書は第一次世界大戦前における米露関係の悪化についての最も充実した叙述。

10) 「2月革命」および「10月革命」という用語はもちろん革命以前のロシア暦によるものである。ボルシェヴィキが間もなく採用した西洋暦によると、ロシア皇帝は1917年3月15日に廃され、臨時政府は1917年11月7日に打倒された。

11) Gaddis, *Russia, the Soviet Union, and the United States*, pp. 51-5; Christopher Lasch, *The American Liberals and the Russian Revolution* (New York: Columbia University Press, 1962), pp. 1-30.

12) Richard Pipes, *The Russian Revolution* (New York: Knopf, 1990). 本書がこれら事態の推移について現時点で最良の説明を加えている。See esp. pp. 121-52.

13) Richard Pipes, *Russia Under the Bolshevik Regime* (New York: Knopf, 1994), p. 166.

14) Thomas Knock, *To End All Wars: Woodrow Wilson and the Quest for a New World Order* (New York: Oxford University Press, 1992). 本書は最近のもっともよい概観だが以下も参照。Tony Smith, *America's Mission: The United States and the Worldwide Struggle for Democracy in the Twentieth Century* (Princeton: Princeton University Press, 1994), esp. pp. 84-109; Frank Ninkovich, *Modernity and Power: A History of the Domino Theory in the Twentieth Century* (Chicago: University of Chicago Press, 1994), esp. pp. 37-68; and Henry Kissinger, *Diplomacy* (New York: Simon & Schuster, 1994), pp. 43-55. 民族自決原則をめぐるウィルソンの政策の実践については、さらに以下をみよ。Betty Miller Unterberger, *The United States, Revolutionary Russia, and the Rise of Czechoslovakia* (Chapel Hill: University of

North Carolina Press, 1989).

15) この点はかなり以前に Arno Mayer, *Political Origins of the New Diplomacy, 1917-1918* (New Haven: Yale University Press, 1959) が指摘している。See also Barraclough, *An Introduction to Contemporary History*, pp. 113-14; and N. Gordon Levin, Jr., *Woodrow Wilson and World Politics: America's Response to War and Revolution* (New York: Oxford University Press, 1968).

16) Pipes, *The Russian Revolution*, p. 525. アメリカのリベラル資本主義者の伝統については次を参照。Robert W. Tucker and David C. Hendrickson, *Empire of Liberty: The Statecraft of Thomas Jefferson* (New York: Oxford University Press, 1990).

17) See Barbara Tuchman, *The Zimmermann Telegram* (New York: Viking, 1958).

18) レーニンの影響を軽視する勇敢な試みは完全には成功しなかったとラヴィノビッチも認めている。See Alexander Rabinowitch, *The Bolsheviks Come to Power: The Revolution of 1917 in Petrograd* (New York: Norton, 1978), esp. p. xxi.

19) See James Gleick, *Chaos: Making a New Science* (New York: Viking, 1987), pp. 11-31.

20) George F. Kennan, *The Decision to Intervene* (Princeton: Princeton University Press, 1958) が最良の説明。これ以降の研究についての概観は以下を参照。Eugene P. Trani, "Woodrow Wilson and the Decision to Intervene in Russia: A Reconsideration," *Journal of Modern History* 48 (Sept. 1976), 440-61.

21) ここでは私はケナンの結論にしたがっている。George F. Kennan, *Russia and the West under Lenin and Stalin* (Boston: Little, Brown, 1961), esp. p. 119; but see also Pipes, *Russia Under the Bolshevik Regime*, pp. 6-8.

22) これについては、最近ではきわめて多くの著述がある。Charles S. Maier, *Recasting Bourgeois Europe: Stabilization in France, Germany, and Italy in the Decade after World War I* (Princeton: Princeton University Press, 1975); Michael J. Hogan, *Informal Entente: The Private Structure of Cooperation in Anglo-American Economic Diplomacy, 1918-1928* (Columbia: University of Missouri Press, 1977); Melvyn P. Leffler, *The Elusive Quest: The American Pursuit of European Stability and French Security, 1919-1933* (Chapel Hill: University of North Carolina Press, 1979); and Frank Costigliola, *Awkward Dominion: American Political, Economic, and Cultural Relations with Europe, 1919-1933* (Ithaca: Cornell University Press, 1984).

23) この点は以下に巧みに指摘されている。Paul Kennedy, *The Rise and Fall of the Great Powers: Economic Change and Military Conflict from 1500 to 2000* (New York: Random House, 1987), pp. 327-9.

24) 次が最近でもっともよい分析。Lloyd E. Ambrosius, *Woodrow Wilson and the American Democratic Tradition: The Treaty Fight in Perspective* (New York: Cambridge University Press, 1987).

25) Russell F. Weigley, *The American Way of War: A History of United States Military Strategy and Policy* (New York: Macmillan, 1973), pp. 245-8. See also Thomas H. Buckley, *The United States and the Washington Conference, 1921-22* (Knoxville: University of Tennessee Press, 1970); and Roger Dingman, *Power in the Pacific: The Origins of Naval Arms Limitation, 1914-1922* (Chicago: University of Chicago Press, 1976).

26) Charles P. Kindleberger, *The World in Depression: 1929-1939* (Berkeley: University of California Press, 1973), esp. p. 28.

27) この議論は以下に見ることができる。Arnold A. Offner, *American Appeasement: United States Foreign Policy and Germany, 1933-1939* (Cambridge, Mass.: Harvard University Press, 1969); Robert A. Divine, *The Reluctant Belligerent: American Entry into World War II*, 2nd edn. (New York: Knopf, 1979).

28) See Pipes, *Russia Under the Bolshevik Regime*, pp. 215-17; also Joan Hoff Wilson, *Ideology and Economics: U.S. Relations with the Soviet Union, 1918-1933* (Columbia: University of Missouri Press, 1974). 国内の反共主義については次をみよ。Robert K. Murray, *Red Scare: A Study in National Hysteria, 1919-1920* (Minneapolis: University of Minnesota Press, 1955); also Peter G. Filene,

Americans and the Soviet Experiment, 1917–1933 (Cambridge, Mass.: Harvard University Press, 1967).

29) Pipes, *Russia Under the Bolshevik Regime*, pp. 236–9.

30) See Robert C. Tucker, *Stalin in Power: The Revolution from Above, 1928–1941* (New York: Norton, 1990) pp. 70–1, 128; also Eric Hobsbawm, *The Age of Extremes: A History of the World, 1914–1991* (New York: Pantheon, 1994), p. 380.

31) Tucker, *Stalin in Power*, 455. 偏執症者の機能的能力については以下をみよ。Alan Bullock, *Hitler and Stalin: Parallel Lives* (New York: Knopf, 1992), pp. 360–1; and Raymond Birt, "Personality and Foreign Policy: The Case of Stalin," *Political Psychology* 14 (1993), 607–25.

32) Robert Conquest, *The Harvest of Sorrow: Soviet Collectivization and the Terror-Famine* (New York: Oxford University Press, 1986), p. 306, and *The Great Terror: A Reassessment* (New York: Oxford University Press, 1990), pp. 484–7; Dimitri Volkogonov, *Stalin: Triumph and Tragedy*, ed. and trans. Harold Shukman (New York: Grove Weidenfeld, 1991), p. 524; T. R. Ravindranathan, "The Legacy of Stalin and Stalinism: A Historiographical Survey of the Literature, 1930–1960," *Canadian Journal of History* 29 (Apr. 1994), 131–2. ホロコーストとの比較については以下をみよ。Charles Maier, *The Unmasterable Past: History, Holocaust, and German National Identity* (Cambridge, Mass.: Harvard University Press, 1988), pp. 73–5; also Paul Hollander, "Soviet Terror, American Amnesia," *National Review* 46 (2 May 1994), 28–39. スターリンによる粛清の犠牲者の数についての新しい情報は次に示されている。V. P. Popov, "State Terror in Soviet Russia, 1923–1953: Sources and Their Interpretation," *Russian Social Science Review* 35 (Sept., 1994), 48–70.

33) Tucker, *Stalin in Power*, pp. 276–82. レーニンの恐怖政治については以下をみよ。Pipes, *The Russian Revolution*, pp. 789–840; also Dimitri Volkogonov, *Lenin: A New Biography*, trans. and ed. Harold Shukman (New York: Free Press, 1994), esp. pp. 233–45.

34) *Khrushchev Remembers: The Glasnost Tapes*, trans. and ed. Jerrold L. Schecter with Vyacheslav V. Luchkov (Boston: Little, Brown, 1990), p. 37.

35) Tucker, *Stalin in Power* がこの議論を支持するもっとも強力な全体像を提示している。さらに以下も参照。Richard Crockatt, *The Fifty Years War: The United States and the Soviet Union in World Politics, 1941–1991* (New York: Routledge, 1995), p. 31; Vladislav Zubok and Constantine Pleshakov, *Inside the Kremlin's Cold War: From Stalin to Khrushchev* (Cambridge, Mass.: Harvard University Press, 1996), pp. 10, 20. また、スターリン主義者のメンタリティがどのようにソ連体制内で働く人々に作用したかに関する冷酷な事例として以下を参照。Pavel Sudoplatov and Anatoli Sudoplatov, with Jerrold L. Schecter and Leona P. Schecter, *Special Tasks: The Memoirs of an Unwanted Witness–A Soviet Spymaster* (Boston: Little, Brown, 1994), esp. pp. 50–86, 278–84.

36) Tucker, *Stalin in Power*, pp. 228–32. この事態のすぐれた小説的描写は以下にある。Nicholas Mosley, *Hopeful Monsters* (New York: Vintage, 1993), pp. 197–243.

37) Bullock, *Hitler and Stalin*, p. 537. See also Donald Cameron Watt, *How War Came: The Immediate Origins of the Second World War, 1938–1939* (New York: Pantheon, 1989), pp. 610–12; and Hugh D. Phillips, *Between the Revolution and the West: A Political Biography of Maxim M. Litvinov* (Boulder: Westview Press, 1992), pp. 161–2. この時期に関する概略的であるが対照的な解釈は以下をみよ。Jonathan Haslam, *The Soviet Union and the Struggle for Collective Security in Europe, 1933–39* (New York: St. Martin's Press, 1984); and Jiri Hochman, *The Soviet Union and the Failure of Collective Security, 1934–1938* (Ithaca, Cornell University Press, 1984).

38) Tucker, *Stalin in Power*, pp. 233–7.

39) これらの比較は、主に次の3冊に依拠している。Bullock, *Hitler and Stalin, passim*; but see also Tucker, *Stalin in Power*, pp. 591–2; and Norman Rich, *Hitler's War Aims: Ideology, the Nazi State, and the Course of Expansion* (New York: Norton, 1973). ヒトラーの第二次世界大戦に関する個人的責任に関しては次をみよ。John Mueller, *Retreat from Doomsday: The Obsolescence of Major War* (New York: Basic Books, 1989), pp. 64–8. しかしながらスターリンはこの戦争を、ナチス・ドイツと西側民主主義諸国との間のものであり、ソ連の利益を伸張する戦争であると見ていたとの重要な指摘

がある。R. C. Raack, *Stalin's Drive to the West, 1938-1945: The Origins of the Cold War* (Stanford: Stanford University Press, 1995).

40) Gaddis, *Russia, the Soviet Union, and the United States*, pp. 132-43.

41) See e.g. Martin Gilbert, *Winston S. Churchill: Finest Hour, 1939-1941* (Boston: Houghton Mifflin, 1983), pp. 101-2.

42) スターリンが東京にいたスパイ、リヒャルト・ゾルゲから日本が真珠湾攻撃を計画しているという情報を受け取った1941年末に、ローズヴェルトとチャーチルに〔独ソ開戦前の英米の情報提供に対して〕返礼しないことにしたことについては以下をみよ。Valentin M. Berezhkov, *At Stalin's Side: His Interpreter's Memoirs from the October Revolution to the Fall of the Dictator's Empire*, trans. Sergei V. Mikheyev (New York: Birch Lane Press, 1994), p. 261.

43) Volkogonov, *Stalin*, pp. 394-6.

44) Quoted in Amy Knight, *Beria: Stalin's First Lieutenant* (Princeton: Princeton University Press, 1993), p. 109.

45) See Bullock, *Hitler and Stalin*, pp. 766-7; also Hobsbawm, *The Age of Extremes*, p. 392, and Rich, *Hitler's War Aims*, pp. 224-46.

46) ジョージ・オーウェルが1946年に指摘した点については以下に記されている。Michael Shelden, *Orwell: The Authorized Biography* (New York: HarperCollins, 1991), pp. 435-6. リチャード・パイプスは近年、共産主義とファシズムに共通する権威主義的な基礎を再び強調している。Richard Pipes, *Russia Under the Bolshevik Regime*, pp. 240-81. この問題に関する古典的業績も参照。Hannah Arendt, *The Origins of Totalitarianism* (New York: Harcourt, 1951); Carl J. Friedrich and Zbigniew Brzezinski, *Totalitarian Dictatorship and Autocracy* (Cambridge, Mass.: Harvard University Press, 1956); Abbott Gleason, *Totalitarianism: The Inner History of the Cold War* (New York: Oxford University Press, 1995).

47) 武器貸与の重要性については以下をみよ。*Khrushchev Remembers: The Glasnost Tapes*, p. 84; also Robert Conquest, *Stalin: Breaker of Nations* (New York: Viking Penguin, 1991), p. 247.

48) Randall Bennett Woods, *A Changing of the Guard: Anglo-American Relations, 1941-1946* (Chapel Hill: University of North Carolina Press, 1990). 本書は戦後世界の性格をめぐる米英間の不一致について最も新しい説明を提供している。

49) John Lewis Gaddis, *The Long Peace: Inquires into the History of the Cold War* (New York: Oxford University Press, 1987), pp. 21-9.

50) Melvyn P. Leffler, *A Preponderance of Power: National Security, the Truman Administration, and the Cold War* (Stanford: Stanford University Press, 1992), pp. 19-24. See also Robert A. Divine, *Second Chance: The Triumph of Internationalism in America During World War II* (New York: Atheneum, 1967); and John Lewis Gaddis, *The United States and the Origins of the Cold War, 1941-1947* (New York: Columbia University Press, 1972), pp. 1-31.

51) Divine, *Second Chane*, pp. 168-74. See also Akira Iriye, *The Globalizing of America, 1913-1945* (New York: Cambridge University Press, 1993), pp. 199-200.

52) Theodore A. Wilson, *The First Summit: Roosevelt and Churchill at Placentia Bay 1941* (Boston: Houghton Mifflin, 1969).

53) See e.g. Mikhail Gorbachev, *Perestroika: New Thinking for Our Country and the World* (New York: Harper & Row, 1987), p. 142.

54) Warren F. Kimball, *The Juggler: Franklin Roosevelt as Wartime Statesman* (Princeton: Princeton University Press, 1991), pp. 95-9.

55) See Lloyd C. Gardner, *Spheres of Influence: The Great Powers Partition Europe, from Munich to Yalta* (Chicago: Ivan R. Dee, 1993), pp. 149-50.

56) Divine, *Second Chance*. 本書はこの問題の包括的考察である。

57) Volkogonov, *Stalin: Triumph and Tragedy*, p. 505. See also Viacheslav Chubarov, "The War After the War," *Soviet Studies in History* 30 (Summer 1991), 44-6.

58) この時期、ソ連の政策のすべての側面でスターリンに権力が集中していたことについては以下を参照。Vladislav Zubok and Constantine Pleshakov, "The Soviet Union," in David, Reynolds, ed., *The Origins of the Cold War in Europe: Intenational Perspectives* (New Haven: Yale University Press, 1994), esp. pp. 57, 63, 68; David Holloway, *Stalin and the Bomb: The Soviet Union and Atomic Energy, 1939-1954* (New Haven: Yale University Press, 1994), p. 370; and Lydia V. Pozdeeva, "The Soviet Union: Territorial Diplomacy," in David Reynolds, Warren F. Kimball, and A. O. Chubarian, eds., *Allies at War: the Soviet, American, and British Experience, 1939-1945* (New York: St. Martin's Press, 1994), pp. 378-9.

59) 私のここでの分析はタッカーに依拠している。Tucker, *Stalin in Power*, pp. 45-50. あわせて以下も参照のこと。Raack, *Stalin's Drive to the West*, pp. 12-15, 20, 103; Zubok and Pleshakov, *Inside the Kremlin's Cold War*, p. 13; William Taubman, *Stalin's American Policy: From Entente to Detente to Cold War* (New York: Norton, 1982), pp. 10-30; Bernard S. Morris, *Communism, Revolution, and American Policy* (Durham: Duke University Press, 1987), pp. 7-10, 30-1; Gabriel Gorodetsky, "The Formulation of Soviet Foreign Policy: Ideology and *Realpolitik*," in Gorodetsky, ed., *Soviet Foreign Policy 1917-1991: A Retrospective* (London: Frank Cass, 1994), pp. 30-44; and Lars H. Lih "Introduction" in Lih, Oleg V. Naumov, and Oleg V. Khlevniuk, eds., *Stalin's Letters to Molotov, 1925-1936* (New Haven: Yale University Press, 1995), pp. 5-6.

60) Sudoplatov, *Special Tasks*, p. 102.

61) Milovan Djilas, *Conversations with Stalin*, trans. Michael B. Petrovich (New York: Harcourt, Brace & World, 1962), p. 114.

62) Hugh Thomas, *The Spanish Civil War* (New York: Harper, 1961), pp. 214-17, 425-5. さらに古典的見解として以下を参照。George Orwell, *Homage to Catalonia* (New York: Harcourt, 1952). スターリンのコミンテルン内部の粛清についての新しい情報は以下を参照。Kevin McDermott, "Stalinist Terror in the Comintern: New Perspectives," *Journal of Contemporary History* 30 (1995), 111-30.

63) Christopher Andrew and Oleg Gordievsky, *KGB: The Inside Story of its Foreign Operations from Lenin to Gorbachev* (New York: HarperCollins, 1990), pp. 184-232; Genrikh Borovik, *The Philby Files: The Secret Life of Master Spy Kim Philby*, ed. Philip Knightley (Boston: Little, Brown, 1994), pp. 23-168; Allen Weinstein, *Prejury: The Hiss-Chambers Case* (New York: Knopf, 1978), pp. 112-57. アメリカ共産党の活動については以下をみよ。Harvey Klehr, John Earl Haynes, and Fridrikh Igorevich Firsov, *The Secret World of American Communism* (New Haven: Yale University Press, 1995).

64) Raack, *Stalin's Drive to the West*, pp. 11-36; also Zubok and Pleshakov, *Inside the Kremlin's Cold War*, p. 37. スターリンの戦争と革命に対する見解についてのもっと一般的な議論に関しては以下を参照。William Curti Wohlforth, *The Elusive Balance: Power and Perceptions during the Cold War* (Ithaca: Cornell University Press, 1993), pp. 40-6.

65) *Molotov Remembers: Inside Kremlin Politics: Conversations with Felix Chuev*, ed. Albert Resis (Chicago: Ivan R. Dee, 1993), p. 63. See also Wohlforth, *The Elusive Balance*, pp. 43-4, 76; and Holloway, *Stalin and the Bomb*, pp, 151-2.

66) Tucker, *Stalin in Power*, pp. 551-77; Volkogonov, *Stalin*, pp. 501, 550-1.

67) Wohlforth, *The Elusive Balance*, p. 61. スターリン体制と比べた場合のナチス・ドイツにおける統治の相対的な緩やかさについては以下を参照。Bullock, *Hitler and Stalin*, pp. 424-8, 434-5.

68) 科学上の説明については以下をみよ。Gleick, *Chaos*, pp. 83-118.

69) Tucker, *Stalin in Power*, p. 469.

70) Bullock, *Hitler and Stalin*, pp. 464-5.

71) Taubman, *Stalin's American Policy*, p. 16.

72) Zubok and Pleshakov, *Inside the Kremlin's Cold War*, p. 25; Berezhkov, *At Stalin's Side*, pp. 236-8.

73) Litvinov to Molotov, 2 June 1943, and Gromyko dispatch, 14 July 1944, both printed in Amos Perlmutter, *FDR & Stalin: A Not So Grand Alliance, 1943-1945* (Columbia: University of Missouri Press, 1993), pp. 243, 268. See also Zubok and Pleshakov, *Inside the Kremlin's Cold War*, pp. 28-31; and

Vladimir O. Pechatnov, "The Big Three After World War II: New Documents on Soviet Thinking about Post War Relations with the United States and Great Britain," Cold War International History Project [hereafter CWIHP] Working Paper 13 (July 1995).

74) Steven Merritt Miner, *Between Churchill and Stalin: The Soviet Union, Great Britain, and the Origins of the Grand Alliance* (Chapel Hill: University of North Carolina Press, 1988), pp. 252-7.

75) *Molotov Remembers*, p. 45.

76) David Reynolds, et al., "Legacies: Allies, Enemies, and Posterity," in Reynolds et al., *Allies at War*, pp. 422-3.

77) Quoted in Gardner, *Spheres of Influence*, p. 103.

78) Ibid. 215-25; Gaddis, *The United States and the Origins of the Cold War*, pp. 133-73. See also Warren I. Cohen, *America in the Age of Soviet Power, 1945-91* (New York: Cambridge University Press, 1993), pp. 9, 249; and Williarn Larsh, "W. Averell Harriman and the Polish Question, December, 1943-August 1944," *East European Politics and Societies* 7 (Fall 1993), 513-54.

79) Bohlen notes, Roosevelt-Stalin conversation, 1 Dec. 1943, *Foreign Relations of the United States* [hereafter *FRUS*]: *The Conferences at Cairo and Tehran, 1943* (Washington: Government Printing Office, 1961), pp. 594-5.

80) Berezhkov, *At Stalin's Side*, p. 240.

81) Bohlen notes, 6th plenary meeting, 9 Feb. 1945, *FRUS: The Conferences at Malta and Yalta, 1945* (Washington: Government Printing Office, 1955), p. 854.

82) *Molotov Remembers*, p. 51. See also Pozdeeva, "The Soviet Union: Territorial Diplomacy," p. 362.

83) Larsh, "W. Averell Harriman and the Polish Question," pp. 514-16. See also Vojtech Mastny, *Russia's Road to the Cold War: Diplomacy, Warfare, and the Politics of Communism, 1941-1945* (New York: Columbia University Press, 1979), pp. 58-9, 133-44; and Karel Kaplan, *The Short March: The Communist Takeover in Czechoslovakia: 1945-1948* (New York: St. Martin's Press, 1987), pp. 3-5.

84) Zubok and Pleshakov, *Inside the Kremlin's Cold War*, pp. 117-19. See also Tuomo Polvinen, *Between East and West: Finland in International Politics, 1944-1947*, ed. and trans. D. G. Kirby and Peter Herring (Minneapolis: University of Minnesota Press, 1986), esp. pp. 280-1; and Jussi Hanhimäki, "'Containment' in a Borderland: The United States and Finland, 1948-49," *Diplomatic History* 18 (Summer 1994), 353-74.

85) W. Averell Harriman and Elie Abel, *Special Envoy to Churchill and Stalin, 1941-1946* (New York: Random House, 1975), p. 405. See also Zubok and Pleshakov, "The Soviet Union," pp. 64-9; and Wohlforth, *The Elusive Balance*, pp. 51-3. Teresa Toranska, *"Them:" Stalin's Polish Puppets*, trans. Agnieska Kolakowska (New York: Harper & Row, 1987), p. 257. 本書のヤコブ・ベルマンに対するインタビューによると、ポーランドにおいてポーランド共産党が歓迎されるであろう、との見方があったことがうかがえる。

86) *Khrushchev Remembers: The Glasnost Tapes*, p. 100. See also Kaplan, *The Short March*, pp. 1-2; and Djilas, *Conversations with Stalin*, p. 154.

87) この詳細は第2章を参照。

88) 以前チェコスロバキアの一部分であったカルパソ・ウクライナは、1939年ヒトラーの承認によってハンガリーに併合された。1943年スターリンはチェコ亡命政権に同地域の戦後におけるソ連への併合を要求し、チェコ政府の合意を得た。

89) Zubok and Pleshakov, "The Soviet Union," p. 60.

90) この重大な点については以下をみよ。Raack, *Stalin's Drive to the West*, pp. 67-71.

91) George Orwell, *Animal Farm* (New York: Harcourt, 1946), *1984* (New York: Harcourt, 1949). オーウェルのこれらの古典を読むとこの問題はよく理解できる。他に以下もみよ。Shelden, *Orwell: The Authorized Biography*, pp. 369-70.

92) 私はこの事例を以下から引用した。Conquest, *Stalin*, pp. 229-30, 256-8. 新しい情報については以下をみよ。Raack, *Stalin's Drive to the West*, pp. 73-101; and Knight, *Beria*, pp. 103-4.

93) Ibid., pp. 126-7.ナイトはスターリンがすべての階級にわたる処罰を無頓着に承認したという恐るべき事例を紹介している。

94) ワシントンにおける反応は以下を参照。George F. Kennan, *Memoirs: 1925-1950* (Boston: Atlantic Little, Brown, 1967), pp. 199-215. ワルシャワ蜂起事件によって、ポーランドに関するソ連の立場に対するハリマンの初期の同情がいかに損なわれたかは以下をみよ。Larsh, "Harriman and the Polish Question," pp. 550-1.

95) Krystyna Kersten, *The Establishment of Communist Rule in Poland, 1943-1948*, trans. John Micgiel and Michael H. Bernhard (Berkeley: University of California Press, 1991). 本書はポーランド側の資料に基づいて、ポーランド人の多数派の反対を押し切ってソ連の意思が強制された経緯を見事に説明している。

96) See Timothy Garton Ash, *The Polish Revolution: Solidarity* (London: Penguin Books, 1983).

97) David Remnick, *Lenin's Tomb: The Last Days of the Soviet Empire* (New York: Random House, 1993), pp. 3-9. カチンの森虐殺事件の隠蔽についての興味深い説明は以下をみよ。Sudoplatov, *Special Tasks*, pp. 276-8.

98) Deborah Welch Larson, *Origins of Containment: A Psychological Explanation* (Princeton: Princeton University Press, 1985), p. 37. See also Alexander L. George, "Ideology and International Relations: A Conceptual Analysis," *Jerusalem Journal of International Relations* 9 (1987), 6.

99) そうしたことが起こりうることを示唆する代表例は以下である。Michael J. Hogan, "The Vice Men of Foreign Affairs," *Reviews in American History* 21 (1993), esp. p. 327; and Bruce Cumings, "'Revising Postrevisionism,' or, The Poverty of Theory in Diplomatic History," *Diplomatic History* 17 (Fall 1993), esp. 549-56.

100) ケナンとロバーツの報告は以下に再録されている。Kenneth M. Jensen, ed., *Origins of the Cold War: The Novikov, Kennan, and Roberts "Long Telegram" of 1946* (Washington: United States Institute of Peace, 1991). See also Kennan, *Memoirs: 1925-1950*, pp. 290-7; and Frank Roberts, *Dealing with Dictators: The Destruction and Revival of Europe, 1930-70* (London: Weidenfeld & Nicholson, 1991), pp. 107-10. チャーチルの演説とその背景については以下を参照。Fraser Harbutt, *The Iron Curtain: Churchill, America, and the Origins of the Cold War* (New York: Oxford Universtiy Press, 1986).

101) Kennan to James F. Byrnes, 20 Mar. 1946, *FRUS: 1946*, vi. 723.

102) 第2章、第3章をみよ。

103) Stalin to Molotov, 9 Sept. 1929, in Lih et al., *Stalin's Letters to Molotov*, p. 178.

104) Volkogonov, *Stalin*, p. 391.

105) Knight, *Beria*, p. 133. See also Robert Chadwell Williams, *Klaus Fuchs: Atom Spy* (Cambridge, Mass.: Harvard University Press, 1987). 第4章も参照。

106) Gaddis, *The United States and the Origins of the Cold War*, pp. 80-92.

107) Knight, *Beria*, pp. 130-1.

108) Djilas, *Conversations with Stalin*, pp. 66, 73.

109) Andrei Gromyko, *Memoirs*, trans. Harold Shukman (New York: Doubleday, 1989), p. 98.

110) Peter Grose, *Gentleman Spy: The Life of Allen Dulles* (Boston: Houghton Mifflin, 1994), pp. 224-45. は、かつて論争のあったエピソードに関するもっとも最近の評価。

111) *Molotov Remembers*, p. 51.

112) See Steven Merritt Miner, "His Master's Voice: Viacheslav Mikhailovich Molotov as Stalin's Foreign Commissar," in Gordon A. Craig and Francis L. Loewenheim, eds., *The Diplomats: 1939-1979* (Princeton: Princeton University Press, 1994), pp. 65-100.

113) *Molotov Remembers*, pp. 45-6, 51.

114) David Reynolds, "Great Britain," in Reynolds, ed., *The Origins of the Cold War in Europe*, p. 80.

115) See e.g. Gaddis, *Strategies of Containment*, pp. 3-13.

116) Kennan, *Memoirs: 1925-1950*, pp. 224-34.

117) その背景については以下に細部にわたって示されている。Tucker, *Stalin in Power*, Bullock, *Hitler*

and Stalin, Volkogonov, *Stalin*, Conquest, *The Great Terror*. さらに有名なソルジェニーツィンの3部作をみよ。Alexander Solzhenitsyn, *The Gulag Archipelago* (New York: Harper & Row, 1974-8). スターリンが行った自分の妻の逮捕の決定について、以下に辛辣でぞっとさせる説明がなされている。*Molotov Remembers*, pp. 322-5. James M. Goldgeier, *Leadership Style and Soviet Foreign Policy: Stalin, Khrushchev, Brezhnev, Gorbachev* (Baltimore: Johns Hopkins University Press, 1994), pp. 17-21, 34-51. ゴールドガイアーのこの著作では、スターリンによる外交上の駆け引きの方法が、国内で権力基盤を固めるための手段を援用したものであるとの議論が展開されている――人を安堵させるような結論とは言えない。

118) Djilas, *Conversations with Stalin*, pp. 132-3.

119) *Khrushchev Remembers: The Glasnost Tapes*, p. 132.

120) See Holloway, *Stalin and the Bomb*, p. 247; also Zubok and Pleshakov, *Inside the Kremlin's Cold War*, pp. 39-40. スターリンと新たに大統領となったトルーマンとの初会合についての卓抜な描写は以下をみよ。David McCullough, *Truman* (New York: Simon & Schuster, 1992), pp. 416-20.

121) *Khrushchev Remembers: The Glasnost Tapes*, p. 67. アナイリン・ベヴァン (Aneurin Bevan) に言及している部分は明らかに誤りである。

122) この言葉はウィリアム・O・ダグラス連邦最高裁判事の発言であり、フォレスタル海軍長官の日記に注意深く記録されている。See Walter Millis, ed., *The Forrestal Diaries* (New York: Viking, 1951), p. 134.

123) スターリンの1946年2月9日の演説は以下をみよ。傍点は引用者。Robert V. Daniels, ed., *A Documentary History of Communism*, rev. edn. (Hanover, NH: University Press of New England, 1984), p. 138. このスピーチの背景と含意についてはさらに以下をみよ。Hugh Thomas, *Armed Truce: The Beginnings of the Cold War, 1945-46* (London: Hamish Hamilton, 1986), pp. 3-17; and Albert Resis, "Stalin, the Politburo, and the Onset of the Cold War, 1945-1946," *The Carl Beck Papers in Russian and East European Studies* #701 (Apr. 1988), pp. 13-17.

124) Robert C. Tucker, *The Soviet Political Mind: Stalinism and Post-Stalinist Change*, rev. edn. (New York: Norton, 1971), p. 91 (emphasis in original). See also Wohlforth, *The Elusive Balance*, pp. 62-5.

125) この会話についての、ホテレットの説明の要旨が、*FRUS: 1946*, vi, 763-5 に記載されており、リトヴィノフの死の直後、*Washington Post*, 21-5 Jan. 1952 で初めて公にされた。See also Phillips, *Between the Revolution and the West*, pp. 172-3; and Jonathan Haslam, "Litvinov, Stalin, and the Road Not Taken," in Gorodetsky, ed., *Soviet Foreign Policy 1917-1991*, pp. 59-60.

126) Remnick, *Lenin's Tomb*, p. 15; also Zinovy Sheinis, *Maxim Litvinov* (Moscow: Progress Publishers, 1990), p. 350; and Haslam, "Litvinov, Stalin, and the Road Not Taken," p. 61. しかしながら、アナスタス・ミコヤンとの対話に依拠して、Valentin Berezhkov, *At Stalin's Side*, pp. 316-19 は、スターリンがリトヴィノフを自動車事故を装って殺害したと示唆する。

127) *Molotov Remembers*, p. 69. See also Berezhkov, *At Stalin's Side*, p. 319.

128) Volkogonov, *Stalin*, pp. 567-76.

129) "The Eighteenth Brumaire of Louis Bonaparte," originally published in 1852, quoted in Robert C. Tucker, ed., *The Marx-Engels Reader*, 2nd edn. (New York: Norton, 1978), p. 595.

130) この技法についての他の事例としては以下をみよ。Stephen Jay Gould, *Wonderful Life: The Burgess Shale and the Nature of History* (New York: Norton, 1989).

131) Wilfried Loth, *The Division of the World: 1941-1945* (New York: St. Martin's Press, 1988), pp. 304-11. ロスの著作では、冷戦が予定されていたものではないとたくみに説明している。しかし筆者は、彼の議論は米ソ関係が冷戦に発展するに際してのスターリンの役割を過小評価していると考える。

132) Taubman, *Stalin's American Policy*, p. 9; see also p. 74.

第2章

1) US Department of State, *FRUS: The Conferences at Cairo and Tehran, 1943* (Washington: Govern-

ment Printing Office, 1961), p. 568.

2) *Molotov Remembers: Inside Kremlin Politics: Conversations with Felix Chuev*, ed. Albert Resis (Chicago: Ivan R. Dee, 1993), p. 8.

3) Kenneth N. Waltz, *Theory of International Politics* (New York: Random House, 1979). ウォルツの本書は、「ネオリアリスト」の見解の最も影響力のある著作。「ネオリアリズム」の長所と弱点についての分析はさらに以下をみよ。Robert O. Keohane, ed., *Neorealism and Its Critics* (New York: Columbia University Press, 1986).

4) 私はこの定義を以下に依拠した。Michael W. Doyle, *Empires* (Ithaca: Cornell University Press, 1986), p. 45. 帝国の歴史と冷戦史の関係についての私の考え方は、以下の著作に大きく影響されている。Geir Lundestad, "Empire by Invitation? The United States and Western Europe, 1945-1952," *Journal of Peace Research* 23 (Sept. 1986), 263-77; and *The American "Empire" and Other Studies of US Foreign Policy in a Comparative Perspective* (New York: Oxford University Press, 1990). さらに冷戦史の分析における「帝国」の枠組みが適切であることの説明は以下をみよ。John Lewis Gaddis, "The Emerging Post-Revisionist Synthesis on the Origins of the Cold War," *Diplomatic History* 7 (Summer 1983), 181-3; and Donald J. Puchala, "The History of the Future of International Relations," *Ethics and International Affairs* 8 (1994), 183.

5) 「公式」帝国と「非公式」帝国の区別は以下をみよ。Doyle, *Empires*, pp. 37-8; Tony Smith, *The Pattern of Imperialism: The United States, Great Britain, and the Late-Industrializing World since 1815* (Cambridge: Cambridge University Press, 1981), pp. 51-68.

6) Doyle, *Empires*, pp. 25-6; also Edward Said, *Culture and Imperialism* (New York: Knopf, 1993), pp. 191-281.

7) Robert C. Tucker, *Stalin as Revolutionary, 1879-1929: A Study in History and Personality* (New York: Norton, 1973), pp. 168-70. レーニンは1913年に似たような議論を展開している。See Richard Pipes, *Russia under the Bolshevik Regime* (New York: Knopf, 1994), p. 150.

8) 伝統的な解釈は以下をみよ。Richard Pipes, *The Formation of the Soviet Union: Communism and Nationalism, 1917-23* (Cambridge, Mass.: Harvard University Press, 1954). またパイプスの近著も参照。*Russia Under the Bolshevik Regime*, pp. 471-5.

9) See Lenin, "On the Question of the Nationalities or of 'Autonomization'," 30-1 Dec. 1922, in Robert V. Daniels, ed., *A Documentary History of Communism* (Hanover, NH: University Press of New England, 1984), i. 151-2. レーニンによるテロについては以下をみよ。Richard Pipes, *The Russian Revolution* (New York: Knopf, 1990), pp. 789-840.

10) コルシカ人ナポレオンやオーストリア人ヒトラーをみてもわかる。

11) Quoted in Robert C. Tucker, *Stalin in Power: The Revolution from Above, 1928-1941* (New York: Norton, 1990), p. 43.

12) Ibid. 358-9. スターリンのロシア・ナショナリズムについては次も参照。Pipes, *Russia under the Bolshevik Regime*, p. 280; and Milovan Djilas, *Conversations with Stalin*, trans. Michael B. Petrovich (New York: Harcourt, Brace, 1962), p. 62.

13) この議論はタッカーに依拠している。Tucker, *Stalin in Power.* なおスターリンの「革命的かつ帝国的なパラダイム」について以下もみよ。Vladislav Zubok and Constantine Pleshakov, *Inside the Kremlin's Cold War: From Stalin to Khrushchev* (Cambridge, Mass.: Harvard University Press, 1996), p. 4.

14) 第1章をみよ。

15) 第3章をみよ。

16) *Molotov Remembers*, p. 8.

17) 第1章をみよ。

18) Ivo Banac, *With Stalin Against Tito: Cominformist Splits in Yugoslav Communism* (Ithaca: Cornell University Press, 1988), p. 17.

19) Sergei N. Goncharov, John W. Lewis, and Xue Litai, *Uncertain Partners: Stalin, Mao, and the Korean*

War (Stanford: Stanford University Press, 1993), p. 189. See also *Khrushchev Remembers: The Glasnost Tapes*, trans. and ed. Jerrold L. Schecter with Vyacheslav V. Luchkov (Boston: Little, Brown, 1990), pp. 100-1.

20) *Molotov Remembers*, p. 59.

21) R. C. Raack, "Stalin Plans his Post-War Germany," *Journal of Contemporary History* 28 (1993), 58-62; also Dietrich Staritz, "The SED, Stalin, and the German Question: Interests and Decision-Making in the Light of New Sources," *German History* 10 (Oct. 1992), 277. さらに詳細は第5章を参照。

22) Pavel Sudoplatov and Anatoli Sudoplatov, with Jerrold L. Schecter and Leona P. Schecter, *Special Tasks: The Memoirs of an Unwanted Witness —A Soviet Spymaster* (Boston: Little, Brown, 1994), p. 102.

23) Winston S. Churchill, *The Second World War: Triumph and Tragedy* (New York: Bantam, 1962), p. 252; Djilas, *Conversations with Stalin*, p. 182. また、ギリシアについては以下もみよ。Zubok and Pleshakov, *Inside the Kremlin's Cold War*, p. 127; and John O. Iatrides and Linda Wrigley, eds., *Greece at the Crossroads: The Civil War and Its Legacy* (University Park, PA: Pennsylvania State University Press, 1995).

24) イラン危機については以下を参照。Louise Fawcett, *Iran and the Cold War: The Azerbaijan Crisis of 1946* (New York: Cambridge University Press, 1992); also N. I. Yegorova, "'The Iran Crisis' of 1944-46: A View from the Russian Archives," CWIHP Working Paper, #15 (May 1996). この論文はソ連文書に基づいて、この危機が戦後のイラン問題におけるイギリスの影響力の増大に対するソ連の過剰反応から発生したと論じている。Amy Knight, *Beria: Stalin's First Lieutenant* (Princeton: Princeton University Press, 1993), pp. 141-2. 本書はベリヤがこの二つの決定の背後にいたことを示唆している。

25) *Molotov Remembers*, p. 29.

26) Vojtech Mastny, *Russia's Road to the Cold War.: Diplomacy, Warfare, and the Politics of Communism, 1941-1945* (New York: Columbia University Press, 1979), esp. pp. 306-13.

27) この政治的、経済的、社会的「融合 (fusion)」の概念については以下をみよ。Valerie Bunce, "The Empire Strikes Back: The Evolution of the Eastern Bloc from a Soviet Asset to a Soviet Liability," *International Organization* 39 (Winter 1985), 5; also George Schöpfin, "The Stalinist Experience in Eastern Europe," *Survey: A Journal of East and West Studies* 30 (Oct. 1988), 124-47. Norman N. Naimark, *The Russians in Germany: A History of the Soviet Zone of Occupation, 1945-1949* (Cambridge, Mass.: Harvard University Press, 1995). 本書はこれがソ連占領下のドイツでどのように発生したかについて卓越した議論を展開している。

28) *Khrushchev Remembers: The Glasnost Tapes*, p. 102.

29) Karel Kaplan, *The Short March: The Communist Takeover in Czechoslovakia, 1945-1948* (New York: St. Martin's Press, 1987), p. 2.

30) See William Larsh, "W. Averell Harriman and the Polish Question, December 1943-August 1944," *East European Politics and Societies* 7 (Fall 1993), 513-54; also John Lewis Gaddis, *The United States and the Origins of the Cold War, 1941-1947* (New York: Columbia University Press, 1972), pp. 32-3.

31) Deborah Larson, *Origins of Containment: A Psychological Explanation* (Princeton: Princeton University Press, 1985), pp. 325-6.

32) Jean Edward Smith, *Lucius D. Clay: An American Life* (New York: Henry Holt, 1990) pp. 410-6.

33) Djilas, *Conversations with Stalin*, p. 59. イデオロギーの重要性については以下をみよ。David Reynolds, "Introduction," in Reynolds, ed., *The Origins of the Cold War in Europe: International Perspectives* (New Haven: Yale University Press, 1994), pp. 14-15.

34) Bunce, "The Empire Strikes Back," pp. 7-8; Jörg Roesler, "The Rise and Fall of the Planned Economy in the German Democratic Republic," *German History* 9 (Feb. 1991), 46-7; Igor Lukes, "A Road to Communism, 1938-1948," Norwegian Nobel Institute conference paper, Moscow, Mar. 1993, p. 15.

35) Geir Lundestad, *The American Non-Policy towards Eastern Europe, 1943-1947* (New York: Columbia

University Press, 1978), p. 30. 東欧各国の状況については以下を参照。Thomas T. Hammond, ed., *Witnesses to the Origins of the Cold War* (Seattle: University of Washington Press, 1982).

36) Vladislav Zubok, "Eastern Europe's Place in the Priorities of Soviet Foreign Policy, 1945-1947," Norwegian Nobel Institute working paper, Jan. 1994, p. 13. See also Raack, "Stalin Plans His Post-War Germany," p. 56; and Naimark, *The Russians in Germany*, pp. 9-68.

37) その過程は Hammond, ed., *Witnesses to the Origins of the Cold War*; Adam B. Ulam, *The Communists: The Story of Power and Lost Illusions, 1948-1991* (New York: Scribner's, 1992), pp. 1-35. に解説されているが次も参照。Pipes, *Russia Under the Bolshevik Regime*, p. 153.

38) Paul Kennedy, *The Rise and Fall of the Great Powers: Economic Change and Military Conflict from 1500 to 2000* (New York: Random House, 1987), pp. 327-33.

39) US Bureau of the Census, *The Statistical History of the United States from Colonial Times to the Present* (Stamford, Conn.: Fairfield, 1965), p. 542. See also Lundestad, *The American "Empire"*, p. 53.

40) *Statistical History of the United States*, pp. 139, 565.

41) Thomas J. McCormick, *America's Half-Century: United States Foreign Policy in the Cold War* (Baltimore: Johns Hopkins University Press, 1989), pp. 23-4.

42) Melvyn P. Leffler, *The Specter of Communism: The United States and the Origins of the Cold War, 1917-1953* (New York: Hill & Wang, 1994), pp. 26-7; also David G. Haglund, *Latin America and the Transformation of U.S. Strategic Thought, 1936-1940* (Albuquerque: University of New Mexico Press, 1984).

43) Waldo Heinrichs, *Threshold of War: Franklin D. Roosevelt and American Entry into World War II* (New York: Oxford University Press, 1988). 近年最良の叙述。

44) See e.g. Charles A. Beard, *President Roosevelt and the Coming of the War, 1941* (New Haven: Yale University Press, 1948); and Charles C. Tansill, *Back Door to War: The Roosevelt Foreign Policy, 1933-1941* (Chicago: Regnery, 1952).

45) 朝鮮戦争の開戦に対するこうした論法の近時における適用については以下をみよ。Bruce Cumings, *The Origins of the Korean War*, ii: *The Roaring of the Cataract, 1947-1950* (Princeton: Princeton University Press, 1990), esp. p. 433. またこの方法論の擁護について以下も参照。Cumings, "'Revising Postrevisionism,' or, The Poverty of Theory in Diplomatic History," *Diplomatic History* 17 (Fall 1993), esp. pp. 539-46.

46) Marc Block, *The Historian's Craft*, trans. Peter Putnam (New York: Vintage, 1953), pp. 190-1. 同様の例は以下をみよ。E. H. Carr, *What is History?* (New York: Vintage, 1961), pp. 136-41.

47) See John Lewis Gaddis, *Russia, the Soviet Union, and the United States: An Interpretive History*, 2nd edn. (New York: McGraw Hill, 1990), pp. 27-31.

48) マイケル・ハワードは、帝国的な行動が、資本主義にとってそれが必要であるという認識よりも、不安感によってしばしばもたらされてきたことを指摘している。Michael Howard, *The Lessons of History* (New Haven: Yale University Press, 1991), pp. 22-5.

49) これらの問題については以下をみよ。John Lewis Gaddis, *The Long Peace: Inquiries into the History of the Cold War* (New York: Oxford University Press, 1987), pp. 20-9.

50) Robert A. Pollard, *Economic Security and the Origins of the Cold War, 1945-1950* (New York: Columbia University Press, 1985), pp. 1-32. 第 7 章もみよ。

51) See Georgi Arbatov, *The System: An Insider's Life in Soviet Politics* (New York: Times Books, 1992), pp. 72-3.

52) NSC-20/1, "U.S. Objectives with Respect to Russia," 18 Aug. 1948, in Thomas H. Etzold and John Lewis Gaddis, eds., *Containment: Documents on American Policy and Strategy, 1945-1950* (New York: Columbia University Press, 1978), p. 187. 私はケナンの封じこめへの理解について以下でかなり詳細に論議した。*Strategies of Containment: A Critical Appraisal of Postwar American National Security Policy* (New York: Oxford University Press, 1982), pp. 25-88. しかしこの論議はさらに洗練された分析で補う必要がある。Anders Stephanson, *Kennan and the Art of Foreign Policy* (Cambridge, Mass.:

Harvard University Press, 1989); Wilson D. Miscamble, *George F. Kennan and the Making of American Foreign Policy, 1947-1950* (Princeton: Princeton University Press, 1992).

53) George F. Kennan, *Memoirs: 1925-1950* (Boston: Atlantic-Little, Brown, 1967), pp. 129-30. ギボンの影響については以下も参照。Stephanson, *Kennan and the Art of Foreign Policy*, pp. 93, 102; Walter Hixson, *George F. Kennan: Cold War Iconoclast* (New York: Columbia University Press, 1989), p. 5. ケナンは私に、戦争中の長時間にわたる大西洋横断飛行中にギボンを読んだが、そうした読書ができたことはジェット旅客機以前の飛行機旅行の数少ない長所の一つだったと語った。

54) *Foreign Affairs* 25 (July 1947), 566-82.

55) See Kennan, *Memoirs: 1925-1950*, pp. 407-8.

56) See e.g. Alan S. Milward, *The Reconstruction of Western Europe, 1945-51* (Berkeley: University of California Press, 1984); also Milward, "Was the Marshall Plan Necessary?" *Diplomatic History* 13 (Spring 1989), 231-53.

57) McCormick, *America's Half Century*, pp. 73-5.

58) Michael J. Hogan, *The Marshall Plan: America, Britain, and the Reconstruction of Western Europe, 1947-1952* (New York: Cambridge University Press, 1987). See also Charles S. Maier, *In Search of Stability: Explorations in Historical Political Economy* (Cambridge: Cambridge University Press, 1987), pp. 121-52.

59) Pollard, *Economic Security and the Origins of the Cold War*, pp. 246-7; also Melvyn P. Leffler, *A Preponderance of Power: National Security, the Truman Administration, and the Cold War* (Stanford: Stanford University Press, 1992), pp. 10-24.

60) 関連する議論について以下をみよ。Hadley Arkes, *Bureaucracy, the Marshall Plan, and the National Interest* (Princeton: Princeton University Press, 1972), p. 51.

61) See Gaddis, *Strategies of Containment*, pp. 55-65. 私はここでは以下の論文にも多くを負っている。Geir Lundestad, "The United States and European Integration, 1945-1995," presented at the European Association of American Studies meeting, Warsaw, Mar. 1996.

62) Hickerson memorandum, conversation with Lord Inverchapel, 21 Jan. 1948, *FRUS: 1948*, iii. 11. 「第三勢力」の概念についてさらに以下をみよ。Gaddis, *The Long Peace*, pp. 57-61; Hogan, *The Marshall Plan*, pp. 187-8; Thomas Alan Schwartz, *America's Germany: John J. McCloy and the Federal Republic of Germany* (Cambridge, Mass.: Harvard University Press, 1991), pp. 18-19, 44-5. この概念のヨーロッパ側の起源については以下をみよ。John W. Young, *Cold War Europe, 1945-1989: A Political History* (London: Edward Arnold, 1991), pp. 29-30.

63) ことにケナンはアメリカ自身の帝国経営能力について疑念を抱いていたが、彼と同様に多くの人々もそれを疑っていた。これについては、たとえば以下をみよ。Thomas G. Paterson, ed., *Cold War Critics: Alternatives to American Foreign Policy in the Truman Years* (Chicago: Quadrangle Books, 1971). また、以下にみられる分析も興味深い。Paul H. Nitze, *From Hiroshima to Glasnost: At the Center of Decision -A Memoir* (New York: Grove Weidenfeld, 1989), pp. 119-20.

64) See Ulam, *The Communists*, p. 21.

65) これについては以下にスターリンの発言とともに触れられている。Djilas, *Conversations with Stalin*, pp. 87-97, 110-11. スターリンの発言は以下をみよ。Ibid. p. 95. See also Naimark, *The Russians in Germany*, pp. 70-1; and Raack, "Stalin Plans His Post-War Germany," p. 61.

66) Banac, *With Stalin Against Tito*, pp. 28-34. See also Djilas, *Conversations with Stalin*, pp. 179-82; Zubok and Pleshakov, *Inside the Kremlin's Cold War*, pp. 125-8; and Leonid Gibiansky, "The 1948 Soviet-Yugoslav Conflict and the Formation of the 'Socialist Camp' Model," in Odd Arne Westad, Sven Holtsmark, and Iver B. Neumann, eds., *The Soviet Union in Eastern Europe, 1945-89* (New York: St. Martin's Press, 1994), pp. 26-46.

67) John W. Young, *France, the Cold War, and the Western Alliance, 1944-49: French Foreign Policy and Post-War Europe* (Leicester: Leicester University Press, 1990), pp. 146-7; James Edward Miller, *The United States and Italy, 1940-1950: The Politics of Diplomacy and Stabilization* (Chapel Hill: University of North Carolina Press, 1986), pp. 228-9.

68) Natalya I. Yegorova, "From the Comintern to the Cominform: Ideological Dimensions of Cold War Origins (1945–1948)," CWIHP conference paper, Moscow, Jan. 1993, pp. 22–3. See also Zubok and Pleshakov, *Inside the Kremlin's Cold War*, p. 129; and Leonid Gibiansky, "Problems of East European International-Political Structuring in the Formation of the Soviet Bloc in the 1940s," CWIHP conference paper, Moscow, Jan. 1993, p. 51.

69) Gaddis, *The Long Peace*, pp. 155–6.

70) Gaddis, *Russia, the Soviet Union, and the United States*, pp. 87–93.

71) Harriman, *Special Envoy to Churchill and Stalin*, pp. 384–5. さらに詳細は第7章を参照。

72) ここでの私の分析は、1993年1月にモスクワで開催された冷戦国際史プロジェクトの会議に提出された以下の論文に拠る。Mikhail M. Narinsky, "The Soviet Union and the Marshall Plan," and Scott D. Parish, "The Turn Towards Confrontation: The Soviet Reaction to the Marshall Plan, June 1947."; also Geoffrey Roberts, "Moscow and the Marshall Plan: Politics, Ideology, and the Onset of the Cold War, 1947," *Europe-Asia Studies* 46 (1994), 1371–86; and Mikhail Narinsky, "Soviet Foreign Policy and the Origins of the Marshall Plan," in Gabriel Gorodetsky, ed., *Soviet Foreign Policy 1917–1991: A Retrospective* (London: Frank Cass, 1994), pp. 105–10. 次はソ連外務省文書からいくつかの重要文書を復刻している。Galina Takhnenko, "Anatomy of a Political Decision: Notes on the Marshall Plan," *International Affairs* (Moscow) (July 1992), 111–27.

73) Novikov to Molotov, 24 June 1947, ibid., pp. 118–20. See also Novikov's dispatch of 9 June, ibid., p. 116, 彼の分析については以下をみよ。"U.S. Foreign Policy in the Postwar Period," 27 Sept. 1946, in Kenneth M. Jensen, ed., *Origins of the Cold War: The Novikov, Kennan, and Roberts "Long Telegrams" of 1946* (Washington: United States Institute of Peace, 1991), p. 14.

74) Vyshinsky to Molotov, 30 June 1947, cited in Narinsly, "The Soviet Union and the Marshall Plan," pp. 6–7. Sudoplatov, *Special Tasks*, pp 230–2. 左はこの情報源がソ連のスパイ、ドナルド・マクリーンであったと主張している。

75) Molotov to Soviet embassies in Eastern Europe, 5 July 1947, 6.40 a.m., Takhnenko, "Anatomy of a Political Decision," p. 122. See also Karel Krátky, "Czechoslovakia, the Soviet Union, and the Marshall Plan," in Westad et al., *The Soviet Union in Eastern Europe*, p. 15. Roberts, "Moscow and the Marshall Plan," pp. 1378–9. この分析は、ユーゴスラヴィアの反対が、ソ連が関与すべきでないとのスターリンの決定に影響を及ぼした可能性があるとする。

76) Molotov to Soviet embassies in Eastern Europe, 5 July 1947, 8.15 a.m., Takhnenko, "Anatomy of a Political Decision," p. 123.

77) Molotov to Soviet embassies in Eastern Europe, 8 July 1947, ibid. 124. 次はこの政策転換の理由を考察している。Narinsky, "The Soviet Union and the Marshall Plan," p. 12.

78) Kaplan, *The Short March*, pp. 73–4.

79) Quoted in Krátky, "Czechoslovakia, the Soviet Union, and the Marshall Plan," p. 18.

80) Ibid. 22. マーシャル計画の参加に対するフィンランドの希望をソ連がどのように扱ったかは以下をみよ。Zubok and Pleshakov, *Inside the Kremlin's Cold War*, pp. 131–2.

81) Novikov to Molotov, 27 Sept. 1946, in Jensen, ed., *Origins of the Cold War*, pp. 11, 13. See also Albert Resis, "Stalin, the Politburo, and the Onset of the Cold War, 1945–1946," *The Carl Beck Papers in Russian and East European Studies* #701 (Apr. 1988), 6–8, 13–16; and William Curti Wohlforth, *The Elusive Balance: Power and Perceptions during the Cold War* (Ithaca: Cornell University Press, 1993), pp. 66–8.

82) Ibid. 70–1.

83) Larson, *Origins of Containment*, pp. 178, 194.

84) 最良の議論は依然として以下の業績である。Kent Roberts Greenfield, *American Strategy in World War II: A Reconsideration* (Baltimore: Johns Hopkins University Press, 1963).

85) こうした論議の概観は以下を参照。David Reynolds, "Great Britain," in Reynolds, ed., *The Origins of the Cold War in Europe*, pp. 80–3.

86) Alan Bullock, *Ernest Bevin: Foreign Secretary, 1945-1951* (New York: Norton, 1983); Fraser J. Harbutt, *The Iron Curtain: Churchill, America, and the Origins of the Cold War* (New York: Oxford University Press, 1986); and Anne Deighton, *The Impossible Peace: Britain, the Division of Germany, and the Origins of the Cold War* (New York: Oxford University Press, 1990). これらはすべて、イギリスによるアメリカ人の「操縦」について、説得力のある議論を提供している。

87) "Situation with Respect to European Recovery Program," 4 Sept. 1947, *FRUS: 1947*, iii. 402.

88) Essays on France and Italy by Georges-Henri Soutou and Ilaria Poggiolini, in Reynolds, ed., *The Origins of the Cold War in Europe.* 左の二論文がこの点を明確にしている。

89) See Miller, *The United States and Italy*, pp. 243-9.

90) Quoted in Peter Coleman, *The Liberal Conspiracy: The Congress for Cultural Freedom and the Struggle for the Mind of Postwar Europe* (New York: Free Press, 1989), pp. 49-50.

91) Gaddis, *The United States and the Origins of the Cold War*, pp. 114-31.

92) Smith, *Lucius D. Clay*, pp. 331-52. See also Frank Ninkovich, *Germany and the United States: The Transformation of the German Question since 1945*, updated edn. (Boston: Twayne, 1995), pp. 26-47; Tony Smith, *America's Mission: The United States and the Worldwide Struggle for Democracy in the Twentieth Century* (Princeton: Princeton University Press, 1994), pp. 146-76. スミスはクレイの政策とマッカーサーの日本占領政策との間に興味深い類似性をみている。この点についてはさらに第７章を参照のこと。

93) Naimark, *The Russians in Germany*, pp. 24-5; also Zubok, "Eastern Europe's Place in the Priorities of Soviet Foreign Policy," pp. 18-19.

94) Naimark, *The Russians in Germany*, p. 107. また強姦の問題や、賠償目的の施設の解体・運び出しの規模の推計については以下をみよ。Ibid. 132-3, 169; Atina Grossmann, "A Question of Silence: The Rape of German Women by Occupation Soldiers," *October* 72 (Spring 1995), 43-63.

95) Naimark, *The Russians in Germany*, pp. 92-7.

96) ここでの論議は、ロシアの歴史家の見解に拠る。Alexei M. Filitov, "The Soviet Administrators and Their German 'Friends'," Norwegian Nobel Institute conference paper, Moscow, Mar. 1993, pp. 15-17.

97) Naimark, *The Russians in Germany*, pp. 467, 469.

98) Smith, *Lucius D. Clay*, p. 244.

99) ギリシアとトルコにおける権威主義の存在は、1947年の初めトルーマン・ドクトリンに対して少なからぬ反対を引き起こし、両国の北大西洋条約機構加盟は1952年まで遅らされた。また、スペインはマーシャル計画の援助を得られず、NATO への加盟は1982年まで許されなかった。

100) Zubok and Pleshakov, *Inside the Kremlin's Cold War*, pp. 119-21.

101) Daniels, ed., *A Documentary History of Communism*, ii. p. 148. 「二つの陣営」という公式は、スターリン自身によって挿入されたのかもしれない。これについては以下をみよ。Zubok and Pleshakov, *Inside the Kremlin's Cold War*, p. 133; also Gavriel Ra'anan, *International Policy Formation in the USSR: Factional "Debates" during the Zhdanovschina* (Hamden, Conn.: Archon Books, 1983), pp. 101-10; and Werner G. Hahn, *Postwar Soviet Politics: The Fall of Zhdanov and the Defeat of Moderation. 1946-53* (Ithaca: Cornell University Press, 1982), pp. 24-5. ここでは、ジュダーノフが個人的には西側に対してより柔軟な政策をとることを望んでいたことが示唆されている。

102) この説明は以下の詳細な論議に基づいている。Gibiansky, "Problems of Eastern European International-Political Structuring," pp. 36-65. コミンフォルムがベオグラードに本拠を置いたことを、チトーは、自らのより戦闘的な政策をスターリン側が遅ればせながら確認したものだと誤解した形跡がある。これについては以下に詳しい。Banac, *With Stalin Against Tito*, pp. 25-6; also Geoffrey Swain, "The Cominform: Tito's International?" *Historical Journal* 35 (1992), 641-63.

103) Quoted in Yegorova, "From the Comintern to the Cominform," p. 24. もちろん、かつてのコミンテルが同様のやり方で活動していたのであるから、これは何ら目新しいことではなかった。それについては以下をみよ。Pipes, *Russia Under the Bolshevik Regime*, pp. 177, 184-7, 420-1.

104) Igor Lukes, "A Road to Communism: Czechoslovakia, 1938-1948," Norwegian Nobel Institute conference paper, Moscow, Mar. 1993, pp. 1-11. See also Kaplan, *The Short March*, pp. 3-5.

105) Ibid. 55-188. その分析については以下をみよ。Ibid. 189-94.

106) PPS-13, "Resumé of World Situation," 6 Nov. 1947, *The State Department Policy Planning Staff Papers, 1947* (New York: Garland, 1983). i. 132. Lukes, "A Road to Communism," pp. 24-7. ルーカスは英米がもっと積極的な姿勢をとっていたら、クーデタを阻止できたかもしれないと示唆している。

107) John A. Armitage, "The View from Czechoslovakia," in Hammond, ed., *Witnesses to the Origins of the Cold War*, pp. 223-6. See also Leffler, *A Preponderance of Power*, pp. 203-6.

108) さらに詳細については以下をみよ。Smith, *Lucius D. Clay*, pp. 466-8; also Frank Kofsky, *Harry S. Truman and the War Scare of 1948: A Successful Campaign to Deceive the Nation* (New York: St. Martin's Press, 1993).

109) Lawrence S. Kaplan, *The United States and NATO: The Formative Years* (Lexington: University Press of Kentucky, 1984), pp. 49-51. ベヴィンの態度とチェコスロヴァキア・クーデターの衝撃については以下をみよ。Bullock, *Ernest Bevin: Foreign Secretary*, pp. 529-30. この見解は、決してベヴィンだけのものではなかった。Soutou, "France," in Reynolds, ed., *The Origins of the Cold War in Europe*, p. 105.

110) Mikhail Narinsky, "The USSR and the Berlin Crisis, 1948-1949," unpublished paper quoted in Zubok and Pleshakov, *Inside the Kremlin's Cold War*, p. 52. See also Charles F. Pennacchio, "The East German Communists and the Origins of the Berlin Blockade Crisis," *East European Quarterly* 24 (Sept. 1995), 294-314.

111) M. Dratvin and V. Semyonov to Molotov and Bulganin, 17 Apr. 1948, both quoted in Mikhail Narinsky, "Soviet Policy and the Berlin Blockade, 1948," CWIHP conference paper, Essen, June 1994, pp. 6-7, 9.

112) Soviet memorandum of Stalin's conversation with American, British, and French ambassadors, Moscow, 2 Aug. 1948, quoted ibid. 16.

113) Robert A. Divine, *Foreign Policy and U.S. Presidential Elections, 1940-1948* (New York: New Viewpoints, 1974), pp. 225-6; Warren I. Cohen, *America in the Age of Soviet Power*, 1945-1991 (New York: Cambridge University Press, 1993), p. 48.

114) Dratvin and Semyonov to Molotov and Bulganin, 17 Apr. 1948, quoted in Narinsky, "Soviet Policy and the Berlin Blockade," p. 9.

115) Smith, *Lucius D. Clay*, pp. 197-530. 全般的な説明で最もよいのは以下である。Avi Shlaim, *The United States and the Berlin Blockade, 1948-1949: A Study in Crisis Decision-Making* (Berkeley: University of California Press, 1983). さらに次も参照。Hannes Adomeit, *Soviet Risk-Taking and Crisis Behavior: A Theoretical and Empirical Analysis* (London: Allen & Unwin 1982), pp. 67-182. スターリンによる取引の手口の反映としてのベルリンの壁構築については以下をみよ。James M. Goldgeier, *Leadership Style and Soviet Foreign Policy: Stalin, Khrushchev, Brezhnev, Gorbachev* (Baltimore: Johns Hopkins University Press, 1994), pp. 34-51.

116) Victor M. Gobarev, "Soviet Military Plans and Activities During the Berlin Crisis, 1948-1949," CWIHP conference paper, Essen, June 1994, pp. 5-6. See also Samuel R. Williamson, Jr., and Steven L. Rearden, *The Origins of U.S. Nuclear Strategy, 1945-1953* (New York: St. Martin's Press, 1993), p. 88. 配備された爆撃機には実際には核兵器が積まれていなかった事が現在我々にはわかっている。この詳細は第6章をみよ。

117) Djilas, *Conversations with Stalin*, pp. 142-7, 179-80; Banac, *With Stalin Against Tito*, pp. 38-44.

118) Ibid. 132-4. ながらく、スターリンが西側全体に対する予防戦争とあわせて、ユーゴスラヴィアに対する実際の軍事攻撃を計画していたと推測されていた。 Beatrice Heuser, *Western "Containment" Policies in the Cold War* (New York: Routledge 1989), pp. 127-30. Heuserの研究では、この証拠を検証して、仮にそうした計画があったとしても、それはあくまで万一に備えるものであったと

結論づけている。David Holloway, *Stalin and the Bomb: The Soviet Union and Atomic Energy, 1939-1956* (New Haven: Yale University Press, 1994), pp. 285-7. ホロウェイは、スターリンが西ヨーロッパの軍事的な脆弱さについて注意を促すことで、朝鮮戦争を拡大しようとするアメリカを抑制しようと努力したと解釈している。

119) Gaddis, *The Long Peace*, pp. 67-71.

120) この論議全般についてはルンデシュタットが1986年に発表した定評のある論文をみよ。Lundestad, "Empire by Invitation," in Lundestad, *The American "Empire"*, pp. 31-115.

121) 第5章をみよ。

122) See e.g. George F. Kennan, *American Diplomacy: 1900-1950* (Chicago: University of Chicago Press, 1951).

123) Ninkovich, *Germany and the United States*, pp. 82-3.

124) Schwartz, *America's Germany*, pp. 110-12.

125) Gaddis, *The Long Peace*, pp. 149-50.

126) ここでの私の議論は以下のフランス、イタリアに関する記述に拠っている。See Reynolds, ed., *The Origins of the Cold War in Europe*, pp. 96-143.

127) See Abbott Gleason, *Totalitarianism: The Inner History of the Cold War* (New York: Oxford University Press, 1995), p. 7; also John Lewis Gaddis, "On Moral Equivalency and Cold War History," *Ethics and International Affairs* 10 (1996), 131-48.

128) See Lundestad, *The American "Empire"*, pp. 55-6.

第3章

1) Shi Zhe, "With Mao and Stalin: The Reminiscences of a Chinese Interpreter," trans. Chen Jian, *Chinese Historians* 5 (Spring 1992), 40.

2) Shi Zhe, "With Mao and Stalin: The Reminiscences of Mao's Interpreter; Part II: Liu Shaoqi in Moscow," trans. Chen Jian, ibid. 6 (Spring 1993), 84.

3) Donald Cameron Watt, *How War Came: The Immediate Origins of the Second World War, 1938-1939* (New York: Pantheon, 1989), pp. 339-44.

4) Eric Larrabee, *Commander-in-Chief: Franklin Delano Roosevelt, His Lieutenants, and Their War* (New York: Harper & Row, 1987), pp. 543, 552-4.

5) 最も新しい解釈は以下にみることができる。Russell D. Buhite, *Decisions at Yalta: An Appraisal of Summit Diplomacy* (Wilmington, Del.: Scholarly Resources, 1986), pp. 85-104.

6) Odd Arne Westad, *Cold War and Revolution: Soviet-American Rivalry and the Origins of the Chinese Civil War, 1944-1946* (New York: Columbia University Press, 1993), pp. 32-6, 173.

7) W. Averell Harriman and Elie Abel, *Special Envoy to Churchill and Stalin, 1941-1946* (New York: Random House, 1975), pp. 500-1; Russell D. Buhite, *Soviet-American Relations in Asia, 1945-1954* (Norman: University of Oklahoma Press, 1981), pp. 107-8. トルーマンが拒否したにもかかわらず、スターリンがソ連軍に北海道を占領するよう命令したのは明らかである。しかしその後彼は考えを変えた。See David Holloway, *Stalin and the Bomb: The Soviet Union and Atomic Energy, 1939-1956* (New Haven: Yale University Press, 1994), p. 131.

8) 後年になってニキタ・フルシチョフはこの点ついて認めている。See *Khrushchev Remembers: The Glasnost Tapes*, trans. and ed. Jerrold L. Schecter and Vyacheslav V. Luchkov (Boston: Little, Brown, 1990), p. 84.

9) Tony Smith, *America's Mission: The United States and the Worldwide Struggle for Democracy in the Twentieth Century* (Princeton: Princeton University Press, 1994), pp. 170-1. マッカーサーの日本での役割について批判的な評価については以下を参照。Michael Schaller, *Douglas MacArthur: The Far Eastern General* (New York: Oxford University Press, 1989), pp. 120-57.

10) Milovan Dijlas, *Conversations with Stalin*, trans. Michael B. Petrovich (New York: Harcourt, Brace

& World, 1962), p. 114.

11) ここでの議論に関しては以下にしたがった。Smith, *America's Mission*, ch. 6. 日本の経済成長実績がミハイル・ゴルバチョフに与えた衝撃については以下を参照。Don Oberdorfer, *The Turn: From the Cold War to a New Era: The United States and the Soviet Union, 1983-1990* (New York: Poseidon Press, 1991), pp. 223-4.

12) Michael Schaller, *The American Occupation of Japan: The Origins of the Cold War in Asia* (New York: Oxford University Press, 1985) はこの転換を史料的に裏付けている。しかし以下も参照のこと。George F. Kennan, *Memoirs: 1925-1950* (Boston: Atlantic, Little Brown, 1967), pp. 368-96.

13) William Stueck, *The Korean War: An International History* (Princeton: Princeton University Press, 1995), p. 19; Kathryn Weathersby, "Soviet Aims in Korea and the Origins of the Korean War, 1945-1950: New Evidence from the Russian Archives," CWIHP Working Paper 8, Nov., 1993, p. 8.

14) Charles M. Dobbs, *The Unwanted Symbol: American Foreign Policy, the Cold War, and Korea, 1945-1950* (Kent, OH: Kent State University Press, 1981), がこの時期をよく調査している。

15) Scott L. Bills, *Empire and Cold War: The Roots of US-Third World Antagonism, 1945-47* (New York: St. Martin's Press, 1990), p. 204.

16) H. W. Brands, *The Specter of Neutralism: The United States and the Emergence of the Third World, 1947-1950* (New York: Columbia University Press, 1989), pp. 17-20; also Robert J. McMahon, *The Cold War on the Periphery: The United States, India, and Pakistan* (New York: Columbia University Press, 1993), pp. 14-17.

17) Robert J. McMahon, *Colonialism and the Cold War: The United States and the Stuggle for Independence, 1945-49* (Ithaca: Cornell University Press, 1981).

18) Lloyd C. Gardner, *Approaching Vietnam: From World War II through Dienbienphu* (New York: Norton, 1988), pp. 62-6.

19) John Lewis Gaddis, *The Long Peace: Inquiries into the History of the Cold War* (New York: Oxford University Press, 1987), p. 90.

20) Buhite, *Soviet-American Relations in Asia*, pp. 5-36. この政策の起源に関しては以下を参照。Michael Schaller, *The U.S. Crusade in China, 1938-1945* (New York: Columbia University Press, 1979), pp. 166-7.

21) Richard Pipes, *Russia Under the Bolshevik Regime* (New York: Harper & Row, 1994), p. 199. See also Nicola Miller, *Soviet Relations with Latin America, 1959-1987* (Cambridge: Cambridge University Press, 1990), pp. 36-8.

22) Adam Ulam, *Stalin: The Man and His Era* (New York: Viking, 1973), pp. 274-80. スターリンからの引用は p. 276. これらの出来事に対する中国側の見解については以下を参照。Michael H. Hunt, *The Genesis of Chinese Communist Foreign Policy* (New York: Columbia University Press, 1996), pp. 86-7, 111-12.

23) *Khrushchev Remembers*, trans. and ed. Strobe Talbott (Boston: Little, Brown, 1971), p. 462.

24) Dijlas, *Conversations with Stalin*, p. 132.

25) これらの結論はマイケル・シェンの未公刊の草稿に基づいている。Michael M. Sheng, "Ideology and Chinese Communist Foreign Policy: Mao Deals with Superpowers, 1935-50." また下記論文も参照。Hunt, *The Genesis of Chinese Communist Foreign Policy*. 本書は、中ソ共産党の緊張した関係についてより伝統的な見解を示している。

26) Buhite, *Soviet-American Relations in Asia*, pp. 46-7; Westad, *Cold War and Revolution*, pp. 9-10.

27) Quoted ibid. 141.

28) Ibid. 80-1.

29) Brian Joseph Murray, "Western Versus Chinese Realism: Soviet-American Diplomacy and the Chinese Civil War, 1945-1950" (Ph.D. Dissertation, Columbia University, 1995). この論文はこの相互非協力の事情に焦点をあてている。

30) マーシャル使節団に関するすぐれた要約として以下を参照。Westad, *Cold War and Revolution*,

pp. 79-139.

31) Gaddis, *The Long Peace*, pp. 149-64; also Gordon H. Chang, *Friends and Enemies: The United States, China, and the Soviet Union, 1948-1972* (Stanford: Stanford University Press, 1990), p. 3.

32) Beatrice Heuser, *Western "Containment" Policies in the Cold War: The Yugoslav Case, 1948-53* (New York: Routledge, 1989). 本書はチトーに対する西側の反応についてほぼすべての議論を網羅している。

33) William Whitney Stueck, Jr., *The Road to Confrontation: American Policy toward China and Korea, 1947-1950* (Chapel Hill: University of North Carolina Press, 1981), pp. 56-7; Warren I. Cohen, *America in the Age of Soviet Power, 1945-1991* (New York: Cambridge University Press, 1993), pp. 51, 62.

34) 1948年2月20日の上院外交委員会、下院外交委員会におけるマーシャルの秘密聴聞会での発言。US Department of State, *United States Relations with China, with Special Reference to the Period 1944-1949* (Washington: Government Printing Office, 1949), p. 381.

35) 1950年3月29日の秘密聴聞会における証言。US Congress, Senate Committee on Foreign Relations, *Historical Series: Reviews of the World Situation, 1949-1950* (Washington: Government Printing Office, 1974), p. 273. See also Ronald McGlothen, *Controlling the Waves: Dean Acheson and U.S. Foreign Policy in Asia* (New York: Norton, 1993). 「くさび」戦略については以下を参照。Chang, *Friends and Enemies, passim;* also Gaddis, *The Long Peace*, pp. 164-94; Heuser, *Western "Containment" Policies in the Cold War*, pp. 70-5; and David Allan Mayers, *Cracking the Monolith: U.S. Policy Against the Sino-Soviet Alliance, 1949-1955* (Baton Rouge: Louisiana State University Press, 1986).

36) Gaddis, *The Long Peace*, p. 173.

37) NSC-48/5, "United States Objectives, Policies and Courses of Action in Asia," *FRUS: 1951*, vi. 35, 37.

38) Mayers, *Cracking the Monolith*, pp. 103-4; Gaddis, *The Long Peace*, p. 172. 1951年5月18日のラスクのスピーチは以下をみよ。*Department of State Bulletin* 24 (28 May 1951), 843-8.

39) 近年最もすぐれた概説は次のものである。Richard M. Fried, *Nightmare in Red: The McCarthy Era in Perspective* (New York: Oxford University Press, 1990). 個々人への影響については以下も参照。Ellen W. Schrecker, *No Ivory Tower: McCarthyism and the Universities* (New York: Oxford University Press, 1986); and two books by Robert P. Newman, *The Cold War Romance of Lillian Hellman and John Melby* (Chapel Hill: University of North Carolina Press, 1989) and *Owen Lattimore and the "Loss" of China* (Berkeley: University of California Press, 1992).

40) Qiang Zhai, "The Making of Chinese Communist Foreign Relations, 1935-1949: A New Study from China," *Journal of American-East Asian Relations* 1 (Winter 1992), 471-7; He Di, "The Most Respected Enemy: Mao Zedong's Perception of the United States," *China Quarterly* #137 (Mar. 1994), 146-8; Odd Arne Westad, "Losses, Chances, and Myths: The United States and the Creation of the Sino-Soviet Alliance, 1945-1950," *Diplomatic History* 21 (Winter 1997), 105-15. Hunt, *The Genesis of Chinese Communist Foreign Policy*, p. 171. ハントは毛沢東がアメリカ人に幻滅するようになったのはもう少し後であるとしている。しかし以下は毛沢東とワシントンの間に友好的な関係が芽生えるチャンスはまったくなかったと主張している。Michael M. Sheng, "America's Lost Chance in China? A Reappraisal of Chinese Communist Policy toward the United States before 1945," *Australian Journal of Chinese Affairs* 29 (Jan. 1993), 135-57.

41) Chen Jian, *China's Road to the Korean War: The Making of the Sino-American Confrontation* (New York: Columbia University Press, 1994), pp. 17-20, 40-2. 夷狄に対するに夷狄をもってするという伝統的な中国の戦略に対する毛沢東の考えについては以下をみよ。Sergei N. Goncharov, John W. Lewis, and Xue Litai, *Uncertain Partners: Stalin, Mao, and the Korean War* (Stanford, Calif.: Stanford University Press, 1993), p. 204.

42) Harrison Salisbury, *The New Emperors: China in the Era of Mao and Deng* (Boston: Little, Brown, 1992), pp. 8-9, 51-3; Li Zhisui, *The Private Life of Chairman Mao*, trans. Tai Hung-chao (New York: Random House, 1994), p. 122.

43) Albert Resis, ed., *Molotov Remembers: Inside Kremlin Politics: Conversations with Felix Chuev* (Chicago: Ivan R. Dee, 1993), p. 81.

44) Chen, *China's Road to the Korean War*, p. 67. このエピソードの異なる解釈については以下を参照。Goncharov et al., *Uncertain Partners*, pp. 42-3.

45) Ibid. 20, 44-5; Chen, *China's Road to the Korean War*, p. 68; Hunt, *The Genesis of Chinese Communist Foreign Policy*, pp. 102, 218. ただしソ連モデルを過度に重視することに対する示唆に富む警告についてはpp. 247-8も参照。

46) Salisbury, *The New Emperors*, pp. 143-5.

47) Yang Kuisong, "The Soviet Factor and the CCP's Policy toward the United States in the 1940s," *Chinese Historians* 5 (1992), 18. See also Chen, *China's Road to the Korean War*, pp. 67, 90-1; and Steven M. Goldstein, "Nationalism and lnternationalism: Sino-Soviet Relations," in Thomas W. Robinson and David Shambaugh, eds., *Chinese Foreign Policy: Theory and Practice* (New York: Oxford University Press, 1994), pp. 228-30.

48) Hunt, *The Genesis of Chinese Communist Foreign Policy*, pp. 148-51, が有用な例証を挙げている。

49) Quoted in He Di, "The Evolution of the Chinese Communist Party's Policy toward the United States, 1944-1949," in Harry Harding and Yuan Ming, eds., *Sino-American Relations, 1945-1955: A Joint Reassessment of a Critical Decade* (Wilmington, Del.: Scholarly Resources, 1989), p. 40. また、毛沢東の対米態度を形成するうえでマーシャル使節団が果たした重要性については以下を参照。Westad, *Cold War and Revolution*, pp. 169-70; Yang, "The Soviet Factor and the CCP's Policy toward the United States," p. 27; and Shu Guang Zhang, *Deterrence and Strategic Culture: Chinese-American Confrontations, 1949-1958* (Ithaca: Cornell University Press, 1992), p. 18.

50) I. V. Kovalev interview with S. N. Goncharov, "Stalin's Dialogue with Mao Zedong," *Journal of Northeast Asian Studies* 10 (Winter 1991), 51-2. See also Zhang, *Deterrence and Strategic Culture*, pp. 14-15; Chen, *China's Road to the Korean War*, p. 15; Salisbury, *The New Emperors*, p. 13; Hunt, *The Genesis of Chinese Communist Foreign Policy*, pp. 172-3; He Di, "The Last Campaign to Unify China': The CCP's Unmaterialized Plan to Liberate Taiwan, 1949-1950," *Chinese Historians* 5 (Spring 1992), 2-3.

51) Chen, *China's Road to the Korean War*, p. 22; Goncharov et al., *Uncertain Partners*, p. 204.

52) Zhang, *Deterrence and Strategic Culture*, pp. 16-18. 太平天国の乱と義和団の乱についてはジョナサン・D・スペンスの以下二冊の文献を参照。Jonathan D. Spence, *The Search for Modern China* (New York: Norton, 1990), esp. pp. 170-8, 231-5, and *God's Chinese Son: The Taiping Heavenly Kingdom of Hong Xuiquan* (New York: Norton, 1996).

53) Quoted in Zhang, *Deterrence and Strategic Culture*, p. 21.

54) Ibid. 44; also He, "The Evolution of the Chinese Communist Party's Policy toward the United States," pp. 46-7; and Michael H. Hunt, "Mao and the Issue of Accommodation with the United States, 1948-1950," in Dorothy Borg and Waldo Heinrichs, eds., *Uncertain Years: Chinese-American Relations, 1947-1950* (New York: Columbia University Press, 1980), pp. 228-30. ウェスタッド (Odd Arne Westad) は中国系アメリカ人の役割について私に指摘してくれた。Nancy Bernkopf Tucker, *Patterns in the Dust: Chinese-American Relations and the Recognition Controversy, 1949-1950* (New York: Columbia University Press, 1983). 本書はこの時点でアメリカ人の中国観に明らかに多様性が存在していたことを示唆している。

55) See e.g. Dijlas, *Conversations with Stalin*, pp. 74, 153; Chen, *China's Road to the Korean War*, pp. 155-6; Goncharov et al., *Uncertain Partners*, p. 69; *Khrushchev Remembers: The Last Testament*, trans. and ed. Strobe Talbott (Boston: Little, Brown, 1974), p. 375.

56) Ibid. 238-9; Chen, *China's Road to the Korean War*, pp. 69-70; Zhang, *Deterrence and Strategic Culture*, pp. 19-20; Salisbury, *The New Emperors*, pp. 15-16. ミコヤン訪中についての詳細な記述は以下にある。Shi, "With Mao and Stalin: The Reminiscences of a Chinese Interpreter," pp. 35-46.

57) Zhang, *Deterrence and Strategic Culture*, pp. 22-3; Goncharov et al., *Uncertain Partners*, p. 50.

58) Zhang, *Deterrence and Strategic Culture*, pp. 24-5.

59) See e.g. Hunt, "Mao and the Issue Accommodation with the United States," p. 232; also Warren I. Cohen, "Acheson, His Advisers, and China, 1949-1950," in Borg and Heinrichs, eds., *Uncertain Years*, pp. 36-7. この問題に関する論争について以下を参照。Steven M. Goldstein, "Sino-American Relations, 1948-1950: Lost Chance or No Chance?" in Harding and Ming, eds., *Sino-American Relations, 1945-1955*, pp. 119-42.

60) Chen, *China's Road to the Korean War*, pp. 50-5; Zhang, *Deterrence and Strategic Culture*, p. 26. He, "The Evolution of the Chinese Communist Party's Policy toward the United States," *passim;* Yang, "The Soviet Factor and the CCP's Policy Toward the United States in the 1940s," *passim.*

61) Ibid. 30-1; Goncharov et al., *Uncertain Partners*, pp. 33-4; Chen Jian, "The Ward Case and the Emergence of Sino-American Confrontation, 1948-1950," *Australian Journal of Chinese Affairs* 30 (July 1993), 149-70. See also P. F. Yudin's report of a conversation with Mao on 31 Mar. 1956, published as "Mao Zedong on the Comintern's and Stalin's China Policy," *Far Eastern Affairs* #4-5 (1994), 138.

62) Goncharov et al., *Uncertain Partners*, pp. 27-8; Chen, *China's Road to the Korean War*, p. 72; Yang, "The Soviet Factor and the CCP's Policy toward the United States," pp. 33-4.

63) Bo Yibo, "The Making of the 'Leaning to One Side' Decision," trans. Zhai Qiang, *Chinese Historians* 5 (Spring 1992), 60.

64) See Goldstein, "Nationalism and Internationalism," p. 233.

65) Kovalev, "Stalin's Dialogue with Mao Zedong," p. 58. また「第三世界」の至る所で革命的蜂起を促すスターリンの演説と称される、台湾の史料から発掘された1948年3月の興味深い文書に関しては以下を参照。Brian Murray, "Stalin, the Cold War, and the Division of China: A Multi-Archival Mystery," CWIHP Working Paper 12, June 1995.

66) Shi, "With Mao and Stalin: Liu Shaoqi in Moscow," pp. 82-6. この会合についてのコヴァリョフ (Kovalev) のメモ——それは概ね中国側の説明を確認するものであるが——に関しては以下を参照。"Stalin's Dialogue with Mao Zedong," pp. 58-9.

67) See Goncharov et al., *Uncertain Partners*, p. 107.

68) Kovalev, "Stalin's Dialogue with Mao Zedong," pp. 59-60.

69) CCP Central Committee to Shandong Branch re Gifts for Stalin's Birthday, 1 Dec. 1949, in Goncharov et al., *Uncertain Partners*, p. 237. See also Salisbury, *The New Emperors*, pp. 94-5. 周恩来は、中国人が他国からの贈り物の見事さに困惑してきたことを後にスターリンに対して認めた。Soviet transcript, Stalin-Zhou Enlai conversation, 19 Sept. 1952, CWIHP *Bulletin* 6 and 7 (Winter 1995/6), 19.

70) Goncharov et al., *Uncertain Partners*, p. 84.

71) Gaddis, *The Long Peace*, pp. 165-6.

72) Chen, *China's Road to the Korean War*, pp. 79-80. この暗喩を説明する優れた試みが以下でなされている。Goncharov et al., *Uncertain Partners*, p. 86. さらに翻訳の難しさに関しては以下を参照。Nikolai T. Fedorenko, "Stalin and Mao Zedong (Part 1)," *Russian Politics and Law* 32 (July-Aug. 1994), 74-5, 79-83.

73) Goncharov et al., *Uncertain Partners*, pp. 94, 97; also *Khrushchev Remembers: The Last Testament*, pp. 243-4.

74) Chinese memorandum, Mao conversation with Soviet ambassador P. F. Yudin, 22 July 1958, CWIHP *Bulletin* 6 and 7 (Winter 1996), 156. See also Salisbury, *The New Emperors*, pp. 96-8; Goncharov et al., *Uncertain Partners*, p. 92; and Nikolai T. Federenko, "Stalin and Mao Zedong (Conclusion)," *Russian Politics and Law* 33 (Jan.-Feb. 1995), 82-4.

75) Zhang, *Deterrence and Strategic Culture*, pp. 30-1; *Khrushchev Remembers: The Last Testament*, p. 240. See also Shu Guang Zhang, "In the Shadow of Mao: Zhou Enlai and New China's Diplomacy," in Gordon A. Craig and Francis L. Loewenheim, eds., *The Diplomats: 1939-1979* (Princeton, NJ: Princeton University Press, 1994), pp. 348-9; Chen, *China's Road to the Korean War*, pp. 81-3; また最も詳細な説明は以下を参照。Goncharov et al., *Uncertain Partners*, pp. 92-129.

76) Ibid. 221. See also Salisbury, *The New Emperors*, pp. 100-2.

77) Federenko, "Stalin and Mao Zedong," p. 82.

78) Chen, *China's Road to the Korean War*, pp. 85, 90-1; Zhang, *Deterrence and Strategic Culture*, pp. 32-3; Goldstein, "Nationalism and Internationalism," pp. 231-2. See also Rosemary Foot, "New Light on the Sino-Soviet Alliance: Chinese and American Perspectives," *Journal of Northeast Asian Studies* 10 (Fall 1991), 17.

79) 古典的な説明として以下を参照。Ronald Robinson and John Gallagher, with Alice Denny, *Africa and the Victorians: The Climax of Imperialism* (New York: St. Martin's Press, 1961). 最近の解釈については以下を参照。Jack Snyder, *Myths of Empire: Domestic Politics and International Ambition* (Ithaca: Cornell University Press, 1991).

80) Stueck, *The Korean War*, pp. 19-23. 本書はこれらの出来事の簡潔なあらましを提供している。

81) See e.g. Peter Hopkirk, *The Great Game: The Struggle for Empire in Central Asia* (New York: Kodansha International, 1992). これは19世紀の中央アジアをめぐる英露対立に類似した傾向があったことを実証している。

82) 金日成の背景に関する中国およびロシアからの新たな情報に関しては以下を参照。Gavan McCormack, "Kim Country: Hard Times in North Korea," *New Left Review* #198 (Mar.-Apr. 1993), 22-4; and Georgy Tumanov, "How the Great Leader was Made," *New Times* 17 (Apr. 1993), 24-6.

83) 1950年以前の朝鮮半島の事態に関する最も詳細な歴史書は以下の著作である。Bruce Cumings, *The Origins of the Korean War: Liberation and the Emergence of Separate Regimes, 1945-1947* (Princeton: Princeton University Press, 1981), and *The Origins of the Korean War: The Roaring of the Cataract, 1947-1950* (Princeton: Princeton University Press, 1990). より簡潔な著作は以下である。Dobbs, *The Unwanted Symbol*; and James Irving Matray, *The Reluctant Crusade: American Foreign Policy in Korea, 1941-1950* (Honolulu: University of Hawaii Press, 1985).

84) Cumings, *The Roaring of the Cataract*, p. 621.

85) Alexandre Y. Mansourov, "Did Conventional Deterrence Work? Why the Korean War Did Not Erupt in the Summer of 1949." paper prepared for the CWIHP-University of Hong Kong conference, "The Cold War in Asia," Jan. 1996, pp. 22-3.

86) 今日、最も充実した議論には以下のようなものがある。Goncharov et al., *Uncertain Partners*, pp. 130-54; and Chen, *China's Road to the Korean War*, pp. 85-90. See also *Khrushchev Remembers: The Glasnost Tapes*, pp. 144-6; and several important articles by Kathryn Weathersby, "Soviet Aims in Korea and the Origins of the Korean War," *passim*; "New Findings on the Korean War," CWIHP *Bulletin* 3 (Fall 1993), 1, 14-18; "The Soviet Role in the Early Phase of the Korean War: New Documentary Evidence," *Joumal of American-East Asian Relations* 2 (Winter 1993), 425-58; "To Attack or Not to Attack? Stalin, Kim Il-sung and the Prelude to War," CWIHP *Bulletin* 5 (Spring 1995), 1-9; and "New Russian Documents on the Korean War," ibid. 6 and 7 (Winter 1995/6), 30-5. See also the exchange between Weathersby and Bruce Cumings, ibid. 120-2. 私の記述は概して、この問題に関するこれらの新しい論議に拠っている。

87) 以下の分析をみよ。Goncharov et al., *Uncertain Partners*, pp. 60-1.

88) See ibid. 71-2. 第6章も参照。

89) Soviet transcript, Stalin-Mao meeting, 22 Jan. 1950, CWIHP *Bulletin* 6 and 7 (Winter 1995/6), p. 7.

90) Goncharov et a1., *Uncertain Partners*, pp. 111-13, 119-27.

91) この有名な演説は1950年1月12日ナショナルプレスクラブで行われた。以下に収録されている。*Department of State Bulletin* 22 (23 Jan. 1950), 111-18. この背景に関しては以下を参照。Gaddis, *The Long Peace*, pp. 72-103.

92) アチソン演説がスターリン、毛沢東、金日成に与えた影響に関しては以下を参照。Goncharov et al., *Uncertain Partners*, pp. 101-2, 142; also Chen, *China's Road to the Korean War*, p. 102. Vladislav Zubok, "'To Hell with Yalta!' Stalin Opts for a New Status Quo," CWIHP *Bulletin* 6 and 7 (Winter

1995/6) 25. はスパイ行為の可能性について推測している。長らく知られてきたように、とりわけバージェスはワシントンの東アジア政策を注意深く監視していた。Gaddis, *The Long Peace*, p. 166 n.

93) Soviet transcripts, Mao-Stalin meetings of 16 Dec. 1949, and 22 Jan. 1950, CWIHP *Bulletin* 6 and 7 (Winter 1995/6), 5-8. See also Odd Arne Westad, "Unwrapping the Stalin-Mao Talks: Setting the Record Straight," ibid. 23; and Zubok, "'To Hell with Yalta!'," ibid. 24-7.

94) "Background Report on the Korean War," 9 Aug. 1966, printed in Weathersby, "The Soviet Role in the Early Phase of the Korean War," p. 441. See also Weathersby, "Korea, 1949-50: To Attack, or Not to Attack?", pp. 1-9.

95) Shtykov to Vyshinsky, 19 Jan. 1950, ibid. 8.

96) Shtykov to Vyshinsky, 28 Jan. 1950, quoted in Vladislav Zubok and Constantine Pleshakov, *Inside the Kremlin's Cold War: From Stalin to Khrushchev* (Cambridge, Mass.: Harvard University Press, 1996), p. 63.

97) Chen Jian interview with Mao's interpreter, Shi Zhe, quoted in Chen, *China's Road to the Korean War*, pp. 87-8. ニキタ・フルシチョフの録音された回顧録はこの説明を裏付けているが、毛沢東がモスクワを発った後に電信によってこの意見交換が行われたことを示唆している。See Goncharev et al., *Uncertain Partners*, p. 143.

98) Stalin to Shtykov, 30 Jan. 1950, CWIHP *Bulletin* 5 (Spring 1995), 9. ロシアの歴史家ヴォルコゴーノフは北朝鮮を支援するためにスターリンが軍事的な準備を承認したのは1950年2月9日であったと主張している。Volkogonov, "Should We Be Frightened by This? Behind the Scenes of the Korean War," in Petrov, "Soviet Role in the Korean War Confirmed," p. 52.

99) Quoted in Goncharov et a1., *Uncertain Partners*, pp. 141-2. See also Weathersby, "The Soviet Role in the Early Phase of the Korean War," p. 433.

100) Quoted in Goncharov et a1., *Uncertain Partners*, pp. 144-5. See also Volkogonov, "Should We Be Frightened by This?" in Petrov, "Soviet Role in the Korean War Confirmed," p. 52.

101) "Filippov" (Stalin's pseudonym) to Mao, May 1950, quoted in Weathersby, "The Soviet Role in the Early Phase of the Korean War," p. 430.

102) 台湾侵攻に関する毛沢東の計画については以下を参照。He, "'The Last Campaign to Unify China'," pp. 1-12; also Chen, *China's Road to the Korean War*, pp. 96-102.

103) Goncharov et al., *Uncertain Partners*, pp. 98-9.

104) Ibid. 145-7; Chen, *China's Road to the Korean War*, 112-13; Weathersby, "New Russian Documents on the Korean War," p. 30.

105) General Yoo Sung Chul, quoted in Goncharov et al., *Uncertain Partners*, p. 150. See also "Yu Song-Chol Reminiscences," in Petrov, "Soviet Role in the Korean War Confirmed," pp. 62-4. 1950年6月20日、グロムイコはスターリンに対して、北朝鮮への即時攻撃の開始を命じる韓国軍の通信を北朝鮮が傍受していたとして、次のように知らせた。「シトゥイコフ（Shtykov）同志は、この命令があまりに開けっぴろげに通信されていたので、彼の意見ではこのこと全体が疑わしいと報告してきました。」Printed in Weathersby, "The Soviet Role in the Early Phase of the Korean War," p. 447.

106) Volkogonov, "Should We Be Frightened by This?" in Petrov, "Soviet Role in the Korean War Confirmed," p. 53.

107) Goncharov et al., *Uncertain Partners*, pp. 152-4; Chen, *China's Road to the Korean War*, p. 134.

108) Douglas Jehl, "C.I.A. Opens Files on Cold War Era," *New York Times*, 1 Oct. 1993. See also Michael Warner, ed., *The CIA under Harry Truman* (Washington: CIA, 1994), pp. xxiii-xxiv.

109) See Ernest R. May, "*Lessons*" *of the Past: The Use and Misuse of History in American Foreign Policy* (New York: Oxford University Press, 1973), pp. 32-86. また歴史の類推がいかに政策決定に影響を及ぼすかについてのより一般的な議論に関しては以下を参照。Yuen Foong Khong, *Analogies at War: Korea, Munich, Dien Bien Phu, and the Vietnam Decisions of 1965* (Princeton: Princeton University Press, 1992).

110) Alonzo L. Hamby, *Man of the People: A Life of Harry S. Truman* (New York: Oxford University Press, 1995), pp. 265, 392, 537.

111) Andrei Gromyko, *Memories*, trans. Harold Shukman (New York: Doubleday, 1989), p. 102.

112) Goncharov et al., *Uncertain Partners*, pp. 161-2.

113) See Stueck, *The Korean War*, pp. 130-42.

114) こうした傾向の議論は I. F. Stone, *The Hidden History of the Korean War* (New York: Monthly Review Press, 1952) をもって嚆矢とし、それ以来時々流行している。たとえば以下を参照。Joyce and Gabriel Kolko, *The Limits of Power: The World and United States Foreign Policy, 1945-1954* (New York: Harper & Row, 1972), pp. 565-99; また最も近時の著作で、議論を拡大したためにわかりにくくなったものとしては以下を参照。Cumings, *The Roaring of the Cataract*, pp. 379-567. この議論は pp. 410-13 に最も明確に示されている。

115) NSC-68 は以下に全文が収録されている。*FRUS: 1950*, i. 235-92. この文書の重要性の評価に関しては以下を参照。Ernest R. May, ed., *American Cold War Strategy: Interpreting NSC 68* (Boston: St. Martin's Press, 1993).

116) Dean Acheson, *Present at the Creation: My Years in the State Department* (New York: Norton, 1969), p. 420. See also Stueck, *The Korean War*, pp. 40-1.

117) そのような方法をめぐる興味深い論争に関しては以下を参照。The exchange between Bruce Cumings and Gideon Rose in *The National Interest* 39 (Spring 1995), 108-9.

118) Zhang, *Deterrence and Strategic Culture*, pp. 64-73; Goncharov et al., *Uncertain Partners*, pp. 148-9; Chen, *China's Road to the Korean War*, pp. 100-2.

119) See Douglas J. Macdonald, *Adventures in Chaos: American Intervention for Reform in the Third World* (Cambridge, Mass.: Harvard University Press, 1992), pp. 18, 50-1, 83.

120) この部隊の展開は以下に論じられている。Zhang, *Deterrence and Strategic Culture*, pp. 72-3; He, "The Last Campaign to Unify China," pp. 8-9.

121) See Gaddis, *The Long Peace*, pp. 80-6; Chang, *Friends and Enemies*, pp. 72-5; Hamby, *Man of the People*, pp. 535-6.

122) Quoted in Goncharov et al., *Uncertain Partners*, p. 157. See also ibid. 181; also Zhang, *Deterrence and Strategic Culture*, pp. 73-4, 89-90; Chen, *China's Road to the Korean War*, pp. 126-30, 149-50; and Michael H. Hunt, "Beijing and the Korean Crisis, June, 1950-June, 1951," *Political Science Quarterly* 107 (1992), 458-9.

123) Quoted in Zhang, *Deterrence and Strategic Culture*, p. 91. 中国の指導者たちは重要な問題を討論する際にこうした格言をしばしば用いた。朝鮮における毛沢東の軍事指揮官である彭徳懐は次のような理由で戦争介入を正当化した。「虎（おそらくアメリカのこと）は人間を喰おうとしていた。いつそうするかはその食欲次第だった。譲歩によってそれを防ぐことはできそうもなかった。」政治局員の朱徳は、「唇亡びて歯寒し」なのだから、北朝鮮支援に賛成すると主張した。Goncharov et al., *Uncertain Partners*, pp. 180, 182.

124) He, "The Last Campaign to Unify China," p. 15; Chen, *China's Road to the Koream War*, pp. 130-2.

125) Quoted in Shu Guang Zhang, *Mao's Military Romanticism: China and the Korean War, 1950-1953* (Lawrence: University Press of Kansas, 1995), p. 63.

126) Zhang, *Deterrence and Strategic Culture*, pp. 91-3; Chen, *China's Road to the Korean War*, pp. 137-48.

127) See e.g. Alexander L. George and Richard Smoke, *Deterrence in American Foreign Policy: Theory and Practice* (New York: Columbia University Press, 1974), pp. 184-234; Robert R. Simmons, *The Strained Alliance: Peking, P'yongyang, Moscow, and the Politics of the Korean Civil War* (New York: Macmillan, 1975), pp. 149-51; Rosemary Foot, *The Wrong War: American Policy and the Dimensions of the Korean Conflict, 1950-1953* (Ithaca: Cornell University Press, 1985), pp. 67-74.

128) See Chen, *China's Road to the Korean War*, pp. 179-81; Zhang, "In the Shadow of Mao," pp. 354-5; Zhang, *Mao's Military Romanticism*, p. 85.

129) Kim Il-sung to Stalin, 29 Sept. 1950, CWIHP *Bulletin* 6 and 7 (Winter 1995/6), 112.

130) Stalin to Mao, 1 Oct. 1950, ibid. 114.

131) Mao to Stalin, 2 Oct. 1950, ibid. 114-15. 中国で出版された毛沢東からスターリンに宛てた10月2日付のもう一通の電報は、その逆、すなわち中国が介入を決定したとしている。この二つの文書にはいくつかの共通する要素があり、とりわけ中国側の史料にある、「アメリカは中国に公式に宣戦を布告し、すでに開始されている我々の中国経済再建計画を傷つけ、(中国) 国内のブルジョワジーやその他の階層の人民 (彼らは戦争を非常に恐れている) がもつ不満を刺激する」という最悪のシナリオを示す一節などはそれに相当する。英語のテキストは以下にある。Goncharov et al., *Uncertain Partners*, pp. 275-6. 毛沢東は実際にそのような電報の草稿を書いたけれども、明らかに打電はされなかったことを中国側の史料は示している。Information provided by Shen Zhihua, of the Center for Oriental History, Beijing, at the CWIHP-University of Hong Kong conference on "The Cold War in Asia," 9 Jan. 1996.

132) Quoted in Zhang, *Mao's Military Romanticism*, p. 81.

133) Stalin to Mao, 5 Oct. 1950, copy enclosed in Stalin to Kim Il-sung, 7 Oct. 1950, CWIHP *Bulletin* 6 and 7 (Winter 1995/6), 116-17.

134) Mao to Stalin, 7 Oct.1950, cited ibid. 116.

135) ここでの記述を私は以下に拠ったが、これはソヴィエト側の関係者だったニコライ・フェデレンコに対するインタヴューに基づいたものである。Alexandre Y. Mansourov, "Stalin, Mao, Kim, and China's Decision to Enter the Korean War, September 16-October 15, 1950: New Evidence from the Russian Archives," ibid. 102-3.

136) *Khrushchev Remembers: The Glasnost Tapes*, p. 147. 亡命北朝鮮政府の樹立という提案に関しては以下を参照。Goncharov et al., *Uncertain Partners*, p. 189.

137) Mansourov, "Stalin, Mao, Kim, and China's Decision to Enter the Korean War," ibid. 103.

138) Roschin [Soviet ambassador in Beijing] to Stalin, 13 Oct. 1950, ibid. pp. 118-9.

139) Stalin to Kim Il-sung, 14 Oct. 1950, ibid. p. 119.

140) Mao's directive of 8 Oct. 1950, in Goncharov et al., *Uncertain Partners*, p. 278. この命令はおそらく、10月7日に毛が期日を特定することなしにスターリンに介入を約束したことへの対応だろう。

141) 中国側の記述ではこの話をまったく異なるものとして伝えている。おそらくは打電されなかったであろう毛沢東の10月2日付電報を引用して、中国人は戦争介入を熱望していたが、最後の瞬間になってスターリンが航空援護の約束を撤回したので、躊躇が生まれたのだと彼らは主張している。これらの記述によると、それにもかかわらず中国は介入を決定し、スターリンに彼らの勇気を印象づけ、その結果恥じ入ったスターリンが、約束した航空支援を結局は提供したのだった。See Goncharov et al., *Uncertain Partners*, pp. 188-91; Chen, *China's Road to the Korean War*, pp. 196-200; and Zhang, *Mao's Romanticism*, pp. 82-4, これらはすべて中国の公刊史料に依拠している。しかしソ連側史料の原文書はこれらの記述と合致せず、毛が躊躇したという証拠を隠すためにいくつかの点で中国側の文書が改竄された可能性が浮上している。彼らが介入に乗り気でないことの理由として、スターリンが航空支援を差し控えているという話を周恩来あるいはその側近の誰かがでっち上げたということもありうる。Alexandre Mansourov, "Stalin, Mao, Kim, and China's Decision to Enter the Korean War," p. 103. このエピソード全体はさらなる調査が必要であるが、これは、冷戦史の重要争点についてソ連と中国の一次史料を比較することが可能になるにしたがって、ますます起こりうる問題の興味深い実例である。

142) Mao to Zhou Enlai, 13 Oct. 1950, in Goncharov et al., *Uncertain Partners*, pp. 281-2. See also Chen, "China's Changing Aims during the Korean War," pp. 21-2. また毛沢東に「ドミノ」的な思考をする傾向があったことに関しては以下をみよ。Hunt, "Beijing and the Korean Crisis," p. 464; Thomas J. Christensen, "Threats, Assurances, and the Last Chance for Peace: The Lessons of Mao's Korean War Telegrams," *International Security* 17 (Summer 1992), 135. 以下は、朝鮮戦争が勃発したのは、毛沢東が彼の農村改革計画をまさに推進しようとしていたときであり、それゆえ、「国内の反動勢力」が反撃するかもしれないという恐れには根拠がなかったとは言えないことを指摘している。Maur-

ice Meisner, *Mao's China and After: A History of the People's Republic* (New York: Free Press, 1986), pp. 107-8.

143) Chen, *China's Road to the Korean War*, pp. 152, 218.

144) Christensen, "Threats, Assurances, and the Last Chance for Peace," pp. 130-1; Chen, *China's Road to the Korean War*, pp. 168-9.

145) Mansourov, "Stalin, Mao, Kim, and China's Decision to Enter the Korean War," p. 105, は特にこの点を強調している。

146) Christensen, "Threats, Assurances, and the Last Chance for Peace," p. 139. Henry Kissinger, *Diplomacy* (New York: Simon & Schuster, 1994), pp. 480-2, は「細いくびれ」戦略 ("narrow neck" strategy) について解説している。

147) Quoted in Zhang, *Mao's Military Romanticism*, p. 110.

148) この点に関しては次章で論じられる。

149) Chen, *China's Road to the Korean War*, p. 219.

150) Quoted in Jian Chen, "China's Changing Aims during the Korean War," *Journal of American-East Asian Relations* 1 (Spring 1992), 35. See also Hunt, "Beijing and the Korean Crisis," p. 467; Christensen, "Threats, Assurances, and the Last Chance for Peace," pp. 142-4.

151) Quoted in Zhang, *Mao's Military Romanticism*, pp. 221.

152) 朝鮮戦争が「第三次世界大戦の代替物」であるとするステュークの解釈については以下を参照。Stueck, *The Korean War*, pp. 348-53.

153) 以下は、この状況におけるすべての主要なアクターに、実際以上の大きな合理性が存在していたと見なす傾向に対して注意を促している。Hunt, "Beijing and the Korean Crisis," pp. 477-8.

154) See Chen, *China's Road to the Korean War*, 77-8, 104, 112-13, 213-16; also Chen, "China's Changing Aims during the Korean War," pp. 40-1; Chen, "China and the First Indo-China War, 1950-54," pp. 89-94; and Philip West, "Confronting the West: China as David and Goliath in the Korean War," *Journal of American-East Asian Relations* 1 (Spring 1993), 5-28.

155) Zhang, *Deterrence and Strategic Culture*, pp. 116, 282.

156) He, "The Most Respected Enemy," pp. 144-8.

157) Chen, *China's Road to the Korean War*, p. 204.

158) See Kissinger, *Diplomacy*, pp. 491-2.

第4章

1) Harry S. Truman Diary, 16 July 1945, in Robert H. Ferrell, ed., *Off the Record: The Private Papers of Harry S. Truman* (New York: Harper & Row, 1980), pp. 52-3.

2) Quoted in David Holloway, *Stalin and the Bomb: The Soviet Union and Atomic Energy, 1939-1956* (New Haven: Yale University Press, 1994), p. 171.

3) William H. McNeill, *The Pursuit of Power: Technology, Armed Force and Society since A.D. 1000* (Chicago: University of Chicago Press, 1982); Martin Van Creveld, *Technology and War: From 2000 B.C. to the Present* (New York: Free Press, 1989); Donald Kagan, *On the Origins of War* (New York: Doubleday, 1995), esp. pp. 3-4. こうした状況の例外として徳川幕府による銃器所持の取締りがある。John Keegan, *A History of Warfare* (New York: Knopf, 1993), pp. 43-6.

4) ここでの議論は以下に明快に示されている。Robert K. Massie, *Dreadnought: Britain, Germany, and the Coming of the Great War* (New York: Random House, 1991). 異なる見解として以下のものがある。Michael Howard, *The Lessons of History* (New Haven: Yale University Press, 1991), p. 96; and Patrick Glynn, *Closing Pandora's Box: Arms Races, Arms Control, and the History of the Cold War* (New York: Basic Books, 1992), esp. pp. 1-44.

5) Michael S. Sherry, *The Rise of American Air Power: The Creation of Armageddon* (New Haven: Yale University Press, 1987), pp. 320-5. ここでは1945年における核兵器と通常兵器における適切な区別

がなされている。1939年にフランクリン・D・ローズヴェルトは危険が増大することを示唆する類似の隠喩を用いている。これについては次をみよ。Frank Ninkovich, *Modernity and Power: A History of the Domino Theory in the Twentieth Century* (Chicago: University of Chicago Press, 1994), p. 115.

6) Michael S. Sherry, *Preparing for the Next War: American Plans for Postwar Defense, 1941-1947* (New Haven: Yale University Press, 1977), p. 211. 本書では、この逆説が核時代の最も初期の段階においてアメリカの計画担当者に影響を与えたことが示されている。John Mueller, *Retreat from Doomsday: The Obsolescence of Major War* (New York: Basic Books, 1989). この本では、第二次世界大戦後において核兵器が存在しなくてもこうした認識は確立されたであろうとの議論が展開されているが、結局のところ説得力のあるものではない。

7) Thomas H. Buckley and Edwin B. Strong, Jr., *American Foreign and National Security Policies, 1914-1945* (Knoxville: University of Tennessee Press, 1987), pp. 111, 120-1.

8) Russell F. Weigley, *Eisenhower's Lieutenants: The Campaigns of France and Germany, 1944-1945* (Bloomington: Indiana University Press, 1981), pp. 1-2; McGeorge Bundy, *Danger and Survival: Choices About the Bomb in the First Fifty Years* (New York: Random House, 1988), pp. 44-53.

9) Ninkovich, *Modernity and Power*, pp. 112-22; also Robert Dallek, *Franklin D. Roosevelt and American Foreign Policy, 1932-1945* (New York: Oxford University Press, 1979), pp. 199-232.

10) アメリカの産業能力の不十分な活用については以下に詳しい。Paul Kennedy, *The Rise and Fall of the Great Powers: Economic Change and Military Conflict from 1500 to 2000* (New York: Random House, 1987), pp. 331-3.

11) Bundy, *Danger and Survival*, pp. 30-1.

12) この問題については以下に議論されている。Thomas Powers, *Heisenberg's War: The Secret History of the German Bomb* (New York: Knopf, 1993). See also David C. Cassidy, *Uncertainty: The Life and Science of Werner Heisenberg* (New York: W. H. Freeman, 1992).

13) Bundy, *Danger and Survival*, pp. 58, 64-5. See also Gregg Herken, The *Winning Weapon: The Atomic Bomb in the Cold War, 1945-1960* (New York: Knopf, 1980), p. 13 n.; James Hershberg, *James B. Conant: Harvard to Hiroshima and the Making of the Nuclear Age* (New York: Knopf, 1993), p. 211. 第二次世界大戦における通常兵器による戦略爆撃作戦については以下を参照。Sherry, *The Rise of American Air Power, passim.*

14) Ibid. 338-41. 長崎については以下を参照。Bundy, *Danger and Survival*, p. 94. Barton J. Bernstein, "A Postwar Myth: 500,000 U.S. Lives Saved," *Bulletin of the Atomic Scientists* 42 (June-July 1986), 38-40. ここでは、実際のアメリカ人の死傷者数の見積もりは、その決定に関わった人々の回想においてしばしば引用されている50万人よりはずっと少なかったことが指摘されている。しかし1945年の状況では、これだけは必要だとされる死傷者数よりもさらに多くの損害を出すことの正当化は難しかったと思われる。原爆投下の決定経緯に関する最良かつ総体的な議論は以下を参照。Bundy, *Danger and Survival*, pp. 54-97. 近年の論議については以下をみよ。J. Samuel Walker, "The Decision to Use the Bomb: A Historiographical Update," *Diplomatic History* 14 (Winter 1990), 97-114, and "History, Collective Memory, and the Decision to Use the Bomb," ibid. 19 (Spring 1995), 319-28. 加えて、バーンスタインのバランスの取れた論議も参考になる。Bernstein, "The Atomic Bombings Reconsidered," *Foreign Affairs* 176 (Jan./Feb. 1995), 135-52. 私にとっては、日本側の史料に基づいて麻田貞雄が執筆した以下の未公刊論文は大変有益であった。Asada Sadao, "The Shock of the Atomic Bomb and Japan's Decision to Surrender," presented at the Society for Historians of American Foreign Relations annual convention, June 1995.

15) Harry S. Truman, *Memoirs: Year of Decisions* (Garden City, NY: Doubleday, 1955), p. 419. アメリカ航空宇宙博物館は、日本への原爆投下50年を記念した展示を中止したが、これは1995年初頭に歴史家や退役軍人、政治家をまきこんで大きな議論を巻き起こした。しかし最終的には実際の原爆投下決定をめぐって新しい発見はなかった。原爆投下をめぐる論争の様々な側面については以下をみよ。Michael J. Hogan, ed., *Hiroshima in History and Memory* (New York: Cambridge

University Press, 1996).

16) ロシア人を威嚇することについての昔からある議論については、1965年に初版が出版され、最近さらに改訂された以下を参照。Gar Alperovitz, *Atomic Diplomacy: Hiroshima and Potsdam*, expanded and rev. edn. (New York: Penguin,1985); *The Decision to Use the Atomic Bomb and the Architecture of an American Myth* (New York: Knopf, 1995).

17) Martin J. Sherwin, *A World Destroyed: Hiroshima and the Origins of the Nuclear Arms Race* (New York: Vintage Books, 1987), pp. 200, 213; Richard Rhodes, *The Making of the Atomic Bomb* (New York: Simon & Schuster, 1986), pp. 508-9; Richard Rhodes, *Dark Sun: The Making of the Hydrogen Bomb* (New York: Simon & Schuster, 1995), pp. 203-4.

18) 毒ガスが使用されなかったことは、もちろんこうした一般論に対する例外である。しかし毒ガスの使用を抑制した理由は、その殺傷力よりも不確実性にあり、それは、第一次世界大戦における苦い教訓となった。See ibid. 90-5, 100-1.

19) Bernard Brodie, ed., *The Absolute Weapon: Atomic Power and World Order* (New York: Harcourt, Brace, & World, 1946). 本書は核戦略に関する重要な論文を収録した最初のものである。私がここで利用した反実仮想〔歴史的事実に反する仮定を用いた推論〕はバンディの著作が用いている洞察に富んだ方法に大きな影響を受けている。Bundy, *Danger and Survival.* さらに以下も参照。Philip Nash, "The Use of Counterfactuals in History: A Look at the Literature," Society for Historians of American Foreign Relations, *Newsletter* 22 (Mar. 1991), 2-12.

20) Sherry, *Preparing for the Next War*, pp. 198-205. See also Rhodes, *Dark Sun*, pp. 225-6; Russell D. Buhite and Wm. Christopher Hamel, "War for Peace: The Question of an American Preventive War against the Soviet Union," *Diplomatic History* 14 (Summer 1990), 382; and Scott D. Sagan, "The Perils of Proliferation: Organization Theory, Deterrence Theory, and the Spread of Nuclear Weapons," *International Security* 18 (Spring 1994), 77-8.

21) Herken, *The Winning Weapon*, pp. 112, 223, 270-1; also Marc Trachtenberg, *History and Strategy* (Princeton: Princeton University Press, 1991), p. 22, 140; and Samuel R. Williamson, Jr., and Steven L. Rearden, *The Origins of U.S. Nuclear Strategy, 1945-1953* (New York: St. Martin's Press, 1993), p. 140.

22) Ibid. 85.

23) Alonzo L. Hamby, *Man of the People: A Life of Harry S. Truman* (New York: Oxford University Press, 1995), p. 400. Bundy, *Danger and Survival*, p. 202. ここでは、1947年4月時点ではまだアメリカには使用可能な爆弾がなかったことが指摘されている。

24) Michael D. Yaffe, "'A Higher Priority than the Korean War!': The Crash Programmes to Modify the Bombers for the Bomb," *Diplomacy and Statecraft* 5 (July 1994), 362-3.

25) David Alan Rosenberg, "The Origins of Overkill: Nuclear Weapons and American Strategy," in Norman Graebner, ed., *The National Security: Theory and Practice, 1945-1960* (New York: Oxford University Press, 1986), p. 131.

26) "Evaluation of Effect on Soviet War Effort Resulting from the Strategic Air Offensive," 11 May 1949, in Thomas H. Etzold and John Lewis Gaddis, eds., *Containment: Documents on American Policy and Strategy, 1945-1950* (New York: Columbia University Press, 1978), p. 362. See also David Alan Rosenberg, "American Atomic Strategy and the Hydrogen Bomb Decision," *Journal of American History* 66 (June 1979), 64-7, 72-3; also Williamson and Rearden, *The Origins of U.S. Nuclear Strategy*, pp. 140-1; and Paul H. Nitze, with Ann M. Smith and Steven L. Rearden, *From Hiroshima to Glasnost: At the Center of Decision-Making—A Memoir* (New York: Grove Weidenfeld, 1989), pp. 109-10.

27) Quoted in Williamson and Rearden, *The Origins of U.S. Nuclear Strategy*, p. 70. この点についてのケナンの考えについては以下をみよ。PPS/38, "U.S. Objectives With Respect to Russia," 18 Aug. 1948, *The State Department Policy Planning Staff Papers: 1948* (New York: Garland, 1983), esp. pp. 396-411.

28) Godfrey Hodgson, *The Colonel: The Life and Wars of Henry Stimson, 1867-1950* (New York: Knopf,

1990), pp. 347-50; Robert L. Messer, *The End of an Alliance: James F. Byrnes, Roosevelt, Truman, and the Origins of the Cold War* (Chapel Hill: University of North Carolina Press, 1982), pp. 87-8, 113-4.

29) 1945年8月9日のラジオ演説は以下にある。*Public Papers of the Presidents of the United States: Harry S. Truman, 1945* (Washington: Government Printing Office, 1961), pp.212-13.

30) Messer, *The End of an Alliance*, pp. 115-39. See also John Lewis Gaddis, *The United States and the Origins of the Cold War, 1941-1947* (New York: Columbia University Press, 1972), pp. 263-7.

31) Acheson to Truman, 25 Sept. 1945, *FRUS: 1945*, ii. 49-50.

32) Bundy, *Danger and Survival*, pp. 134-6. アメリカの公式報告をソ連が利用したことは以下をみよ。Henry D. Smyth's *Atomic Energy for Military Purposes*, released on 12 Aug. 1945, see Holloway, *Stalin and the Bomb*, p. 173; Rhodes, *Dark Sun*, pp. 182, 215－17.

33) See Messer, The End of an Alliance, p. 116; Walker, "The Decision to Use the Bomb," p. 106.

34) Bundy, *Danger and Survival*, pp. 166-76. See also Harry G. Gerber, "The Baruch Plan and the Origins of the Cold War," *Diplomatic History* 6 (Winter 1982), 69-95.

35) Quoted in Walter Millis, ed., *The Forrestal Diaries* (New York: Viking, 1951), p. 458.

36) Rosenberg, "American Atomic Strategy and the Hydrogen Bomb Decision," pp. 63-9.

37) See Hamby, *Man of the People*, pp. 335, 400, 444-5, 552; Williamson and Rearden, *The Origins of U.S. Nuclear Strategy*, p. 191; Rhodes, *Dark Sun*, p. 205; and John Lewis Gaddis, *The Long Peace: Inquiries into the History of the Cold War* (New York: Oxford University Press, 1987), pp. 106-7.

38) Douglas to Lovett, 17 Apr. 1948, *FRUS: 1948*, iii. 90. ラッセルの提案は以下を参照。"The Atomic Bomb and the Prevention of War," *Bulletin of the Atomic Scientists* 2 (1 Oct. 1946), 21. チャーチルの「鉄のカーテン」演説の反響については以下をみよ。Fraser J. Harbutt, *The Iron Curtain: Churchill, America, and the Origins of the Cold War* (New York: Oxford University Press, 1986), pp. 183-285.

39) Alexander George and Richard Smoke, *Deterrence in American Foreign Policy: Theory and Practice* (New York: Columbia University Press, 1974), pp. 107-39.

40) Harry R. Borowski, *A Hollow Threat: Strategic Air Power and Containment before Korea* (Westport, Conn.: Greenwood Press, 1982), pp. 125-8; Christopher Andrew and Oleg Gordievsky, *KGB: The Inside Story of Its Foreign Operations from Lenin to Gorbachev* (New York: HarperCollins, 1990), p. 377.

41) 通説は以下を参照。Warner R. Schilling, "The Politics of National Defense: Fiscal 1950," in Warner R. Schilling, Paul Y. Hammond, and Glenn H. Snyder, *Strategy, Politics, and Defense Budgets* (New York: Columbia University Press, 1962), pp. 1-266. Townsend Hoopes and Douglas Brinkley, *Driven Patriot: The Life and Times of James Forrestal* (New York: Knopf, 1992), pp. 405-21. 核抑止に依存することを促進した予算節約の考慮の影響については以下をみよ。Williamson and Rearden, *The Origins of U.S. Nuclear Strategy*, pp. 60, 86-7, 191.

42) ここでの議論については以下を参照。Melvyn P. Leffler, *A Preponderance of Power: National Security, the Truman Administration, and the Cold War* (Stanford: Stanford University Press, 1992), p. 308. また意外な取り合わせではあるが、以下を参照。James Schlesinger, "The Impact of Nuclear Weapons on History," *Washington Quarterly* 16 (Autumn 1993), 5-12; Gar Alperovitz and Kai Bird, "The Centrality of the Bomb," *Foreign Policy* #94 (Spring 1994), 3-20.

43) Holloway, *Stalin and the Bomb*, pp. 59-63.

44) Ibid. 74-6.

45) Ibid. 82-3; Rhodes, *Dark Sun*, pp. 51-4; Andrew and Gordievsky, *KGB*, pp. 311-12; Pavel Sudoplatov and Anatoli Sudoplatov, with Jerrold L. Schecter and Leona P. Schecter, *Special Tasks: The Memoirs of an Unwanted Witness－A Soviet Spymaster* (Boston: Little, Brown, 1994), pp. 173-4. 当時ケアンクロスは、イギリスの原爆開発計画（それは程なくアメリカに移ったが）の情報に接することができたイギリス科学諮問委員会の委員長であったハンキー卿の私設秘書であった。

46) Quoted from an account by Vladimir Chikov in Stephen J. Zaloga, *Target America: The Soviet Union and the Strategic Arms Race, 1945-1964* (Novato, Calif.: Presidio Press, 1993), p. 11.

47) Ibid. p. 18; Sudoplatov, *Special Tasks*, pp. 174-5. See also Rhodes, *The Making of the Atomic Bomb*, pp. 446-8; and Rhodes, *Dark Sun*, pp. 121-6.

48) Robert Chadwell Williams, *Klaus Fuchs: Atom Spy* (Cambridge, Mass.: Harvard University Press, 1987), pp. 60-1.

49) Holloway, *Stalin and the Bomb*, pp. 76-9, 86; Rhodes, *Dark Sun*, pp. 59-61.

50) Pavel Fitin to NKVD offices in New York, London, and Berlin, 14 June 1942, quoted in Vladimir Chikov, "How the Soviet Intelligence Service 'Split' the American Atom," *New Times* #16 (1991), 39.

51) See Holloway, *Stalin and the Bomb*, pp. 90, 364. もちろん英米側の方がドイツ側よりも原爆に関する計画は相当に先行していた。

52) Sudoplatov, *Special Tasks*, p. 181. See also Zaloga, *Target America*, p. 19. 本書はソ連が西側諸国といかなる種類のものであれ技術を共有することを望まなかったことを強調している。

53) Bundy, *Danger and Survival*, p. 124. この指摘は以下でも職業的な共感をもって論議されている。Sudoplatov, *Special Tasks*, pp. 219-20. 一つの例外はマンハッタン計画の指揮官であったレスリー・R・グローヴス将軍で、彼は一貫してソ連を究極の脅威とみていた。See Rhodes, *Dark Sun*, pp. 100, 155-6, 225.

54) Rhodes, *The Making of the Atomic Bomb*, pp. 525-8; Hershberg, *James B. Conant*, pp. 196-207.

55) Quoted in Rhodes, *Dark Sun*, p. 124.

56) 1943年のケベックにおける協定、それに続くボーアの提案、それが拒絶された理由についての最良の論議は以下をみよ。Bundy, *Danger and Survival*, pp. 98-129. See also Gaddis, *The United States and the Origins of the Cold War*, pp. 86-8.

57) Ibid. 102-3; also Holloway, *Stalin and the Bomb*, p. 103.

58) ホプキンスに関するこうした主張については以下に詳しい。Andrew and Gordievsky, *KGB*, pp. 287-9, 350. オッペンハイマー、ボーア、エンリコ・フェルミ、レオ・シラードについては以下を参照。Sudoplatov, *Special Tasks*, pp. 181-202. こうした論争は、これらの人々がソ連に共感を抱いていた事実が持つ意味や、練達の KGB 工作員がそこから紡ぎ出したかもしれない伝説をめぐって繰り返されている。第二次世界大戦の最中にソ連に同情の念を抱いていた者がスパイであるとするのなら、たいていのアメリカ人をスパイとみなすと同じことになる。こうした主張は真剣に取り上げられる前に、より明確な証明を必要とするであろう。

59) Rhodes, *Dark Sun*. は何をスパイが報告して、その情報をいかにしてソ連の原子科学者たちが利用したのかを知る上で格好の書籍である。スパイ活動の重要性については過去何年間かしばしば議論がなされてきたが、現在生き残っている何人かのソ連科学者は、そうした論議を修正する必要を感じて、核物理学についてすべてをスパイ活動から得られた情報に頼っていたわけではないと主張している。See David Holloway, "Soviet Scientists Speak Out," *Bulletin of the Atomic Scientists* 49 (May 1993), 18-19, along with an accompanying article by Yuli Khariton and Yuri Smirnov.

60) Kurchatov to M. G. Pervukhin, 7 Mar. 1943, quoted in Holloway, *Stalin and the Bomb*, p. 91.この文書は以下にも引用されている。Sudoplatov, *Special Tasks*, pp. 446-51.

61) Albert Resis, ed., *Molotov Remembers: Inside Kremlin Politics: Conversations with Felix Chuev* (Chicago: Ivan R. Dee, 1993), p. 56.

62) Holloway, *Stalin and the Bomb*, p. 101. このエピソードについては、Herken, *The Winning Weapon*, pp. 106-7, に簡単に触れられているが、そこではアメリカがソ連の計画に探りを入れたり、ソ連の原爆開発計画をわざと遅らせるような行動に出たことが描写されている。

63) Zaloga, *Target America*, pp. 20-5; Rhodes, *Dark Sun*, pp. 213-14; Sudoplatov, *Special Tasks*, pp. 198-9.

64) Holloway, *Stalin and the Bomb*, p. 115. ベリヤの役割については次をみよ。Zaloga, *Target America*, pp. 21-6; Knight, *Beria*, pp. 132-5; and Yuli Khariton and Yuri Smirnov, "The Khariton Version," *Bulletin of the Atomic Scientists* 49 (May 1993), 26-7. 広島の与えた衝撃については以下を参照。Ibid. 129-33.

65) See Roald Sagdeev, "Russian Scientists Save American Secrets," ibid. 34.

66) Quoted from an account by Chikov in Zaloga, *Target America*, p. 27. See also Holloway, *Stalin and the Bomb*, pp. 116-18.
67) Zaloga, *Target America*, p. 27; also Holloway, *Stalin and the Bomb*, p. 132; Rhodes, *Dark Sun*, pp. 222-3.
68) 1946年1月25日の会談でのクルチャトフの記録は以下を参照。CWIHP *Bulletin* 4 (Fall 1994), 5. スターリンは1934年に、粛清を開始する前に秘密警察の高官に同様の物質的報償を約束していた記録がある。See Robert C. Tucker, *Stalin in Power: The Revolution from Above, 1928-1941* (New York: Norton, 1990), p. 273.
69) この部分は以下に依拠している。Holloway, *Stalin and the Bomb*, pp. 147, 206-13, 303, 317.
70) Ibid. 211.
71) Quoted in Zaloga, *Target America*, p. 29.
72) Holloway, *Stalin and the Bomb*, pp. 127-30, 153; see also *Molotov Remembers*, p. 56, and Sudoplatov, *Special Tasks*, pp. 209-10.
73) *Molotov Remembers*, p. 58. See also Holloway, *Stalin and the Bomb*, pp. 154-5, 253.
74) Andrei Gromyko, *Memoirs*, trans. Harold Shukman (New York: Doubleday, 1989), p. 110. 以下はアメリカ側が原子爆弾を使用する戦争計画を立てているとの情報をスパイから得たため、スターリンが1946年8月のトルコ海峡危機から手を引いたのだと示唆している。Vladislav Zubok and Constantine Pleshakov, *Inside the Kremlin's Cold War: From Stalin to Khrushchev* (Cambridge, Mass.: Harvard University Press, 1996), p. 93.
75) Sherwin, *A World Destroyed*, p. 238. ではこれを「逆原爆外交 (reverse atomic diplomacy)」と適切に表現している。
76) Holloway, *Stalin and the Bomb*, p. 156.
77) *Molotov Remembers*, p. 58. See also Holloway, *Stalin and the Bomb*, pp. 156-7.
78) Quoted in Zubok and Pleshakov, *Inside the Kremlin's Cold War*, p. 97.
79) Holloway, *Stalin and the Bomb*, p. 158.
80) Ibid. 159.
81) Ibid. 161-3.
82) Quoted in ibid. 164.
83) *Molotov Remembers*, p. 58. See also Holloway, *Stalin and the Bomb*, p. 258.
84) Ibid. 129, 163.
85) Zaloga, *Target America*, pp. 50, 52, 68. See also Rhodes, *Dark Sun*, p. 287.
86) Dijlas, *Conversations with Stalin*, p. 153.
87) Quoted in Sergei N. Goncharov, John W. Lewis, and Xue Litai, *Uncertain Partners: Stalin. Mao, and the Korean War* (Stanford: Stanford University Press, 1993), p. 69. Holloway, *Stalin and the Bomb*, p. 265. ホロウェイはこのステートメントについて、よく知られたスターリンの1945年5月のロシア国民に対する乾杯の挨拶と結びつけた興味深い分析を提供している。「他の国民であったならば、政府にこう言えたかもしれない。あなた方は我々国民の期待に応えなかった。去ってしまえ。そうすれば我々は、ドイツと講和し、我々に静かな生活を保証してくれる別の政府を樹立しよう。」奇妙なことに、スターリンはまたソ連の原爆実験を記録したと称するフィルム (実際にはソ連初の原爆実験はその1ヵ月半後に実施された) を中国側に見せることを重視した。Ibid. 264.
88) Quoted in Zaloga, *Target America*, p. 59. 困惑させられるがここでは何ら根拠が示されていない。See also Khariton and Smirnov, "The Khariton Version," p. 28, and Holloway, *Stalin and the Bomb*, pp. 200-1. これらはスターリンが弁証法を使って論議したことに疑問を呈している。しかし以下の文献は、新しい種類の戦車の装甲について彼が弁証法的に理解しようと試みた1937年の出来事を史料から丹念にたどっている。See Tucker, *Stalin in Power*, p. 560. John Wilson Lewis and Xue Litai, *China Builds the Bomb* (Stanford: Stanford University Press, 1988), pp. 38-9. 本書は毛沢東が配下の物理学者に弁証法を講義している証拠を示している。
89) Rhodes, *Dark Sun*, pp. 368-74. ここでは、アメリカのもつ長距離探知計画とその発展が詳しく

論議されている。Sudoplatov, *Special Tasks*, p.211. 本書では、モスクワにおいてアメリカの声明が呼び起こした驚きが、ソ連の原爆計画の秘密が漏洩していたことについての束の間の恐怖とともに回顧されている。

90） Zaloga, *Target America*, p. 62. See also Rhodes, *Dark Sun*, pp. 364-8.

91） See Holloway, *Stalin and the Bomb*, p. 153.

92） Ibid. 171.

93） Bohlen to Paul Nitze, 5 Apr. 1950, *FRUS: 1950*, i. 223.

94） Holloway, *Stalin and the Bomb*, p. 272.

95） Ibid. 240. この情報は、アチソンの不後退防衛線演説が送ったシグナルを補強するものであった。この演説によってスターリンは1950年はじめの東アジアにおいて攻撃的な姿勢を取ることになった。この経緯については第3章を参照。

96） Rhodes, *Dark Sun*, pp. 39, 94-102, 120, 132. カナダ駐在のソ連大使館員で、暗号係書記のグーゼンコ（Igor Gouzenko）が1945年9月にカナダに亡命した際の苦労に関するローズの説明をみよ。Ibid. 183-7. 当然のことながらアメリカ政府は1940年代末期から1950年代初頭にかけて逆に極端な対ソ不信感に陥った。

97） Williamson and Rearden, *The Origins of U.S. Nuclear Strategy*, p. 85.

98） Bundy, *Danger and Survival*, p. 199. See also CIA Intelligence Memorandum 225, "Estimate of Status of Atomic Warfare," in Michael Warner, ed., *CIA Cold War Records: The CIA Under Harry Truman* (Washington: CIA, 1994), p. 319. 同文書は1949年9月20日にもなって、すなわちソ連の最初の原爆実験から3週間後に、次のように結論している。「ソ連の原爆開発の予測される時期は、最も早い可能性を考えれば1950年半ばであるが、おそらく最も確実には1953年の半ばであろう」。

99） *Truman Public Papers, 1949*, p. 485. See also David E. Lilienthal's notes on Truman's initial reaction, in *The Journals of David E. Lilienthal: The Atomic Energy Years, 1945-1950* (New York: Harper & Low, 1964), pp. 570-1.

100） Williamson and Rearden, *The Origins of U.S. Nuclear Strategy*, pp. 107-11; Bundy, *Danger and Survival*, p. 203.

101） Ibid. 202, 205.

102） 第8章で論じる。

103） *Lilienthal Journals: The Atomic Energy Years*, p. 633. See also Gaddis, *The Long Peace*, p. 113.

104） NSC-68, United States Objectives and Programs for National Security," 14 Apr. 1950, in Etzold and Gaddis, eds., *Containment: Documents on American Policy and Strategy, 1945-1950* (New York: Columbia University Press, 1978), pp. 414, 417. For more on NSC-68, see Ernest R. May, ed., *American Clod War Strategy: Interpreting NSC-68* (Boston: St. Martin's Press, 1993).

105） See e.g. George F. Kennan, *Memoirs: 1925-1950* (Boston: Little, Brown, 1967), pp. 471-6; also Bundy, *Danger and Survival*, pp. 222-9.

106） Holloway, *Stalin and the Bomb*, pp. 295-9 参照。Bundy, *Danger and Survival*, pp. 197-8. 本書で、再び国際管理を模索することによってソ連の水爆開発が阻止されたかもしれないとバンディは示唆してはいるが、彼はその難しさを理解していた。

107） Sakharov, *Memoirs*, p. 99.

108） Holloway, *Stalin and the Bomb*, p. 299.

109） この古典的業績はもちろん次のものである。Thomas S. Kuhn, *The Structure of Scientific Revolutions*, 2nd edn., enlarged (Chicago: University of Chicago Press, 1970).

110） Holloway, *Stalin and the Bomb*, esp. pp. 239-40.

111） Ibid. 225-7; Rhodes, *Dark Sun*, pp. 261-3. 文民で構成された統合参謀本部の評価委員会は、ビキニ環礁における一連の核実験に関する最高機密扱いとされた1947年の報告書において、戦争における核兵器の大規模使用によって引き起こされる社会的経済的さらには環境に対する損害を強調しているものの、それが戦争そのものの可能性を決して排除するものではないと指摘している。代わりにその報告書は、核能力においてアメリカがソ連に対する優位を保持し続けることを勧告し、核

兵器による奇襲攻撃を受けた際には、議会が有する憲法上の宣戦布告の権限を迂回するような法案を議会が立法化することを提言することで満足している。言うまでもなく、そうした立法の提言を行っているその報告書は公にはされなかった。Hershberg, *James B. Conant*, pp. 375-6.

112) Nitze, *From Hiroshima to Glasnost*, pp. 42-3.

113) Holloway, *Stalin and the Bomb*, p. 240.

114) Robert S. Norris and William M. Arkin, "Nuclear Notebook: Estimated U.S. and Soviet/Russian Nuclear Stockpiles, 1945-94," *Bulletin of the Atomic Scientists* 40 (Nov./Dec. 1994), 58-9.

115) Zaloga, *Target America*, pp. 63-79.

116) Goncharov et al., *Uncertain Partners*, pp. 145, 189, 191. これについては第3章においてより詳細に論じている。

117) Weathersby, "New Russian Documents on the Korean War," p. 32; Zhang, *Mao's Military Romanticism*, pp. 83-4, 176-81; Zubok and Pleshakov, *Inside the Kremlin's Cold War*, p. 66.

118) Lewis and Xue, *China Builds the Bomb*, p. 6.

119) Shu Guang Zhang, *Deterrence and Strategic Culture: Sino-American Confrontations, 1949-1958* (Ithaca: Cornell University Press, 1992), pp. 22-3. See also ibid., pp. 56-7; and I. V. Kovalev's interview with S. N. Goncharov, "Stalin's Dialogue with Mao Zedong," *Journal of Northeast Asian Studies* 10 (Winter 1991), 51-2.

120) Quoted in Jian Chen, "China's Changing Aims during the Korean War, 1950-1951," *Journal of American-East Asian Relations* 1 (Spring 1992), 20.

121) Quoted in Shu Guang Zhang, *Mao's Military Romanticism: China and the Korean War, 1950-1953* (Lawrence: University Press of Kansas, 1995), p. 63.

122) Zhang, *Deterrence and Strategic Culture*, p. 108.

123) Rosemary Foot, *A Substitute for Victory: The Politics of Peacemaking at the Korean Armistice Talks* (Ithaca: Cornell University Press, 1990), p. 179. See also Chen Jian, *China's Road to the Korean War: The Making of the Sino-American Confrontation* (New York: Columbia University Press, 1994), pp. 178, 192-3.

124) Foot, *A Substitute for Victory*, p. 179. See also Goncharov et a1., *Uncertain Partners*, pp. 165-6, 182; also Lewis and Xue, *China Builds the Bomb*, p. 12.

125) Zhang, *Mao's Military Romanticism*, pp. 233-4.

126) Ibid. 26; Zhang, *Deterrence and Strategic Culture*, pp. 221-2. 第8章参照。

127) Roger Dingman, "Atomic Diplomacy During the Korean War," *International Security* 13 (Winter 1988/9), 52.

128) この点は以下に論じられている。Jonathan D. Pollack, "The Korean War and Sino-American Relations," in Harry Harding and Yuan Ming, eds., *Sino-American Relations, 1945-1955: A Joint Reassessment of a Critical Decade* (Wilmington, Del.: Scholarly Resources, 1989), p. 224.

129) Peter J. Roman, "Curtis LeMay and the Origins of NATO Atomic Targeting," *Journal of Strategic Studies* 16 (Mar., 1993), 55-6. では、朝鮮半島で直ちに核兵器が使われなかったことに対するルメイ将軍の驚きが示されている。

130) Dingman, "Atomic Diplomacy During the Korean War," pp. 55, 90; Gaddis, *The Long Peace*, pp. 116, 125; Rhodes, *Dark Sun*, pp. 446.

131) Quoted in Zubok and Pleshkov, *Inside the Kremlin's Cold War*, p. 76.

132) Ibid. 117-18. スターリンが朝鮮半島でのアメリカの戦争拡大を抑止する手段として、当時故意にヨーロッパでの緊張を激化させようとしたことの証拠については以下を参照。Holloway, *Stalin and the Bomb*, pp. 285-6.

133) See Henry Kissinger, *Diplomacy* (New York: Simon & Schuster, 1994), p. 487; also Steven M. Goldstein, "Nationalism and Internationalism: Sino-Soviet Relations," in Thomas W. Robinson and David Shambaugh, *Chinese Foreign Policy: Theory and Practice* (New York: Oxford University Press, 1994), pp. 232-5.

134) *Lilienthal Journals: The Atomic Energy Years*, p. 474. ここでの私の議論は以下に影響を受けている。S. David Broscious, "Longing for an International Police Force, Banking on American Superiority: Harry S. Truman's Approach to Nuclear Energy," a paper prepared for a Nuclear History Program-Contemporary History Institute conference at Ohio University, Sept., 1991.

135) この点については以下に示されている。Keegan, *A History of Warfare*, pp. 38, 48; and in Walter A. McDougall, *The Heavens and the Earth: A Political History of the Space Age* (New York: Basic Books, 1985), p. 266. See also Sherry, *The Rise of American Air Power*, pp. 328-9. アイゼンハワーが1945年においてこうした見解を共有していたことについては以下を参照。Stephen E. Ambrose, *Eisenhower: Soldier, General of the Army, President-Elect, 1890-1952* (New York: Simon & Schuster, 1983), pp. 425-6, 430.

136) 第3章を参照。

137) Burton I. Kaufman, *The Korean War: Challenges in Crisis, Credibility, and Command* (New York: Knopf, 1986), pp. 111-14; Qiang Zhai, *The Dragon, the Lion, and the Eagle: Chinese-British-American Relations, 1949-1958* (Kent: Kent State University Press, 1994), pp. 84-5.

138) Holloway, *Stalin and the Bomb*, p. 285.

139) Dingman, "Atomic Diplomacy During the Korean War," pp. 55-79. See also Leffler, *A Preponderance of Power*, pp. 406, 452-3.

140) Gaddis, *The LongPeace*, pp. 123-4. またこの問題に対するアイゼンハワーとダレスの考え方の進展については以下を参照。Gaddis, *Strategies of Containment*, pp. 127-63; and John Foster Dulles, "A Policy of Boldness," *Life* 32 (19 May 1952), 146-60.

141) Sherman Adams, *Firsthand Report: The Story of the Eisenhower Administration* (New York: Harper, 1961), pp. 48-9. ダレスの見解は以下をみよ。*FRUS: 1952-4*, v. 1811.

142) Dingman, "Atomic Diplomacy during the Korean War," pp. 81-7. See also Gaddis, *The Long Peace*, pp. 125-8; and Lewis and Xue, *China Builds the Bomb*, p. 14.

143) Zhang, *Deterrence and Strategic Culture*, pp. 132-7; Zhai, *The Dragon, the Lion, and the Eagle*, pp. 126-8; Zhang, *Mao's Military Romanticism*, pp. 233-4.

144) Zhang, *Deterrence and Strategic Culture*, pp. 133, 150; Foot, *A Substitute for Victory*, pp. 178-80; Holloway, *Stalin and the Bomb*, p. 335.

145) これらの主要な論議については第3章の結論部分で触れた。

146) Stueck, *The Korean War*, pp. 204-10.

147) Ibid. 264-72; also Foot, *A Substitute for Victory*, pp. 210-12.

148) Stalin to Mao, 5 June 1951, CWIHP *Bulletin* 6 and 7 (Winter 1995/6), 59. See also Kathryn Weathersby, "New Russian Documents on the Korean War," CWIHP *Bulletin* 6 and 7 (Winter 1995/6), 34.

149) Stalin to Mao, 19 Nov. 1951, ibid. 72.

150) Kim Il-sung to Stalin, 16 July 1952, ibid. 77.

151) Soviet transcript, Stalin-Zhou Enlai conversation, 20 Aug. 1952, ibid. 12-13. See also Zubok and Pleshakov, *Inside the Kremlin's Cold War*, p. 75.

152) Holloway, *Stalin and the Bomb*, pp. 334-5; Foot, *A Substitute for Victory*, pp. 182-3; Knight, *Beria*, p. 186. See also *Khrushchev Remembers: The Glasnost Tapes*, trans. and ed. Jerrold L. Schecter and Vyacheslav V. Luchkov (Boston: Little, Brown, 1990), p. 147.

153) Malenkov to Mao and Kim, 19 Mar. 1953, CWIHP *Bulletin* 6 and 7 (Winter 1995/6) 80.

154) Zhang, *Deterrence and Strategic Culture*, pp. 130-1; Zhai, *The Dragon, the Lion, and the Eagle*, p. 131; Weathersby, "New Russian Documents on the Korean War," pp. 31-2.

155) Doris M. Condit, *History of the Office of the Secretary of Defense*, ii: *The Test of War, 1950-1953* (Washington: Government Printing Office, 1988), pp. 171-2. この研究によれば、中国の損害——戦死者と戦傷者を区別しない場合——は100万人から150万人の間である。アメリカの損害は、戦死者数33,629人、戦傷者数92,134人であった。現在の中国側史料の分析によれば、損害の規模がかなり

小さくなり、一つの推計では戦死152,000人、戦傷230,000人、捕虜21,300人である。Xu Yan, "The Chinese Forces and Their Casualties in the Korean War: Facts and Statistics," *Chinese Historians* 6 (Fall 1993), pp. 56-7. また以下もやや異なる数字を挙げている。Zhang, *Mao's Military Romanticism*, p. 247.

156) See ibid. 233; also Bundy, *Dragon and Survival*, pp. 241-2.

157) Quoted in Zhang, *Deterrence and Strategic Culture*, p. 146. See also Philip West, "Confronting the West: China as David and Goliath in the Korean War," *Journal of American-East Asian Relations* 1 (Spring 1993), 18-19.

158) 毛沢東も実際にはアメリカを張り子の虎とは見ていなかった。彼は北朝鮮指導者に仁川上陸作戦の直前に次のように警告している。「アメリカは本物の虎であり、人肉を喰うことができる」。Zhang, *Mao's Military Romanticism*, p. 73.

159) *Khrushchev Remembers: The Glasnost Tapes*, pp. 100-1.

160) Minutes, NSC meeting, 4 June 1953, *FRUS: 1952-4*, ii. 369.

161) See Martin Walker, *The Cold War: A History* (New York: Henry Holt, 1993), pp. 76-7.

162) Quoted in Ninkovich, *Modernity and Power*, p. 195.

163) さらに詳細は以下を参照。Gaddis, *The Long Peace*, pp. 237-43.

164) Rhodes, *Dark Sun*, pp. 482-512; Williamson and Rearden, *The Origins of U.S. Nuclear Strategy*, pp. 180-1.

165) Zaloga, *Target America*, pp. 100-1. Sakharov, *Memoirs*, pp. 170-5. 本書にはこの水爆実験の鮮明な描写がある。

166) Kennan, *Memoirs: 1925-1950*, p. 408.

167) Williamson and Rearden, *The Origins of U.S. Nuclear Strategy*, p. 193. See also Rosenberg, "The Origins of Overkill," pp. 140-1.

168) Quoted in Hamby, *Man of the People*, p. 339.

169) Holloway, *Stalin and the Bomb*, pp. 291-2, 333.

170) *Truman Public Papers, 1952-3*, pp. 1124-6.

171) ひとつの例外はマクジョージ・バンディである。Bundy, *Danger and Survival*, pp. 233-5.

第5章

1) ハロルド・ニコルソンによる1947年12月2日のモロトフとベヴィンの会話の記録。Nigel Nicolson, ed., *Harold Nicolson: Diaries and Letters, The Later Years: 1945-62* (New York: Atheneum, 1968), p. 116. この引用部分についてアン・デイトンの教示を得た。

2) Dean Acheson, *Present at the Creation: My Years in the State Department* (New York: Norton, 1969), p. 646.

3) See e. g. A. W. DePorte, *Europe Between the Super-Powers: The Enduring Balance* (New Haven: Yale University Press, 1979). また、冷戦でなくとも二極体制は続いたとする仮説については以下を参照。Kenneth Waltz, *Theory of International Politics* (New York: Random House, 1979). 私もこうした考え方を免れていない。John Lewis Gaddis, "The Long Peace: Elements of Stability in the Postwar International System," *International Security* 10 (Spring 1986), 99-142.

4) 第4章と第8章および以下を参照。John Lewis Gaddis, *The United States and the End of the Cold War: Implications, Reconsiderations, Provocations* (New York: Oxford University Press, 1992), pp. 105-18; and Godfried van Bentham van den Bergh, *The Nuclear Revolution and the End of the Cold War: Forced Restraint* (London: Macmillan, 1992). またこうした議論とは別のものとして以下を参照。John Mueller, *Retreat From Doomsday: The Obsolescence of Major War* (New York: Basic Books, 1989).

5) レーニンによるこの考えの利用は以下に詳細に跡づけられている。Richard Pipes, *The Russian Revolution* (New York: Knopf, 1990), and *Russia Under the Bolshevik Regime* (New York: Knopf, 1994). 外部の敵を毛沢東がどのように利用したかについての議論は以下を参照。Chen Jian,

China's Road to the Korean War: The Making of the Sino-American Confrontation (New York: Columbia University Press, 1994), esp. pp. 215-20. 同様の経過が民主的制度の中でどのように起こるかについての包括的な議論で最良のものは以下である。H. W. Brands, *The Devil We Knew: Americans and the Cold War* (New York: Oxford University Press, 1993).

6) Henry Ashby Turner, Jr., *The Two Germanies since 1945* (New Haven: Yale University Press, 1987), pp. 31-2.

7) アメリカとイギリスの動揺する態度については以下を参照。Warren F. Kimball, *Swords or Ploughshares? The Morgenthau Plan for Defeated Germany* (Philadelphia: J. B. Lippincott, 1976). スターリンの考え方の矛盾については以下に議論されている。R. C. Raack, "Stalin Plans His Post-War Germany," *Journal of Contemporaly History* 28 (1993), 58-9.

8) Heike Bungert, "A New Perspective on French-American Relations during the Occupation of Germany, 1945-1948: Behind-the-Scenes Diplomatic Bargaining and the Zonal Merger," *Diplomatic History* 18 (Summer 1994), 333-52. この論文はフランスの立場さえも公式のそれより柔軟であったことを示唆している。

9) "American Relations with the Soviet Union," Sept. 1946, in Arthur Krock, *Memoirs: Sixty Years on the Firing Line* (New York: Funk & Wagnalls, 1968), p. 467.

10) Novikov to Molotov, 27 Sept. 1946, in Kenneth M. Jensen, ed., *Origins of the Cold War: The Novikov, Kennan, and Roberts "Long Telegrams" of 1946* (Washington: United States Institute of Peace, 1991), p. 15.

11) この会議についての主な情報源は、最近発見されたヴィルヘルム・ピエックによって記録されたスターリンとドイツ共産党指導部との会議についての一連の備忘録であり、現在では以下のように公刊されている。Rolf Badstübner and Wilfried Loth, eds., *Wilhelm Pieck: Aufzeichungen zur Deutschlandpolitik 1945-1953* (Berlin: Akademie, 1993). また評価については以下を参照。Raack, "Stalin Plans His Post-War Germany," pp. 62-8; David Pike, *The Politics of Culture in Soviet-Occupied Germany, 1945-1949* (Stanford: Stanford University Press, 1992), pp. 3-10. さらに、私とはやや異なる解釈として以下をみよ。Norman M. Naimark, *The Russians in Germany: A History of the Soviet Zone of Occupation, 1945-1949* (Cambridge, Mass.: Harvard University Press, 1995), pp. 258-9.

12) Milovan Djilas, *Conversations with Stalin*, trans. Michael B. Petrovich (New York: Harcourt, Brace & World, 1962), p. 153.

13) See Gavriel D. Ra'anan, *International Policy Formation in the USSR: Factional "Debates" during the Zhdanovschina* (Hamden, Conn.: Archon Books, 1983), pp. 89-90.

14) Naimark, *The Russians in Germany*, pp. 69-140; Raack, "Stalin Plans His Post-War Germany," pp. 61, 64; Turner, *The Two Germanies*, pp. 10, 18-20; Atina Grossmann, "A Question of Silence: The Rape of German Women by Occupation Soldiers," *October* 72 (Spring 1995), 43-63; and Charles F. Pennacchio, "The East German Communists and the Origins of the Berlin Blockade Crisis," *East European Quarterly* 24 (Sept. 1995), 295-314.

15) Ivan Smirnov to Arthur Werner, 30 Oct. 1945, quoted in ibid. 304. See also Raack, "Stalin Plans His Post-War Germany," pp. 61-3.

16) Djilas, *Conversations with Stalin*, pp. 153-4.

17) George F. Kennan, *Memoirs: 1925-1950* (Boston: Atlantic, Little Brown, 1967), p. 258. See also Charles E. Bohlen, *Witness to History: 1929-1969* (New York: Norton, 1973), pp. 174-7; and Jean Edward Smith, *Lucius D. Clay: An American Life* (New York: Henry Holt, 1990), pp. 277-95, 328-55.

18) Anne Deighton, *The Impossible Peace: Britain, the Division of Germany, and the Origins of the Cold War* (New York: Oxford University Press, 1993), esp. pp. 93-102, 224-6; also John Farquharson, "'The Essential Division': Britain and the Partition of Germany, 1945-9," *German History* 9 (Feb. 1991), 22-8; Josef Foschepoth, "British Interest in the Division of Germany after the Second World War," *Journal of Contemporary History* 21 (1986), 391-411; and Sean Greenwood, "Bevin, the Ruhr and the Division of Germany: August 1945-December 1946," *Historical Journal* 29 (1986), 203-12.

19) Deighton, *The Impossible Peace*, pp. 135-67. See also Bungert, "A New Perspective on Franco-American Relations during the Occupation of Germany," *passim*; Forrest C. Pogue, *George C. Marshall: Statesman* (New York: Viking, 1987), pp. 168-96; John Gimbel, *The Origins of the Marshall Plan* (Stanford: Stanford University Press, 1976), pp. 186-93; and John W. Young, *France, the Cold War and the Western Alliance, 1944-49: French Foreign Policy and Post-War Europe* (Leicester: Leicester University Press, 1990), pp. 134-49.

20) 私の学生の一人であるスティーヴン・レミーから、ロシア人たちがまず間違いなく行っていた外相たちの会話の盗聴から、ヨーロッパに関する将来の西側の政策についてどれほど多くを知ることができたかについて貴重な指摘を得た。See also Vladislav Zubok and Constantine Pleshakov, *Inside the Kremlin's Cold War: From Stalin to Khrushchev* (Cambridge, Mass.: Harvard University Press, 1996), p. 101.

21) Bohlen memorandum, Marshall-Stalin conversation, 15 Apr. 1947, *FRUS 1947*, ii. 343-4.

22) Charles E. Bohlen, *Witness to History: 1929-1969* (New York: Norton, 1973) p. 263. See also Robert Murphy, *Diplomat Among Warriors* (Garden City, NY: Doubleday, 1964), p. 307.

23) 第2章をみよ。

24) Smith, *Lucius D. Clay*, pp. 414-20.

25) Deighton, *The Impossible Peace*, pp. 207-22.

26) London Conference communiqué, 7 June 1948, *FRUS: 1948*, ii. 314-15. ロンドン会議の重要性については以下もみよ。Turner, *The Two Germanies*, pp. 23-4.

27) Frank A. Ninkovich, *Germany and the United States: The Transformation of the German Question since 1945*, updated edn. (New York: Twayne, 1994), pp. 61-2.

28) Clay to William Draper, 3 Nov. 1947, quoted in Smith, *Lucius D. Clay*, p. 445.

29) Turner, *The Two Germanies*, pp. 29-30; Thomas Alan Schwartz, *America's Germany: John J. McCloy and the Federal Republic of Germany* (Cambridge, Mass.: Harvard University Press, 1991), p. 32.

30) Farquharson, "The Essential Division," p. 40; Ninkovich, *Germany and the United States*, pp. 62-3.

31) Tiul'panov report to CPSU Central Committee Commission Evaluating the Propaganda Administration of the SVAG, 16 Sept. 1946, Central Party Archives, Moscow, in CWIHP *Bulletin* 4 (Fall 1994), 46.

32) Naimark, *The Russians in Germany*, p. 326.

33) Ibid. 467.

34) See Raack, "Stalin Plans His Postwar Germany," pp. 66-7; also Gerhard Wettig, "All-German Unity and East German Separation in Soviet Policy, 1947-1949," CWIHP conference paper, Essen, June 1994, pp. 15-16.

35) *Khrushchev Remembers: The Glasnost Tapes*, trans. and ed. Jerrold L. Schecter with Vyacheslav V. Luchkov (Boston: Little, Brown), p. 165. See also Turner, *The Two Germanies*, p. 66.

36) Dietrich Staritz, "The SED, Stalin, and the German Question: Interests and Decision-Making in the Light of New Sources," *German History* 10 (Oct. 1992), 278.

37) Quoted in Ra'anan, *International Policy Formation in the USSR*, p. 94.

38) Staritz, "The SED, Stalin, and the German Question," pp. 278-80.

39) Djilas, *Conversations with Stalin*, p. 153.

40) A. Smirnov to Molotov, 12 Mar. 1948, quoted in Michael Narinsky, "Soviet Policy and the Berlin Blockade," CWIHP conference paper, Essen, June 1994.

41) PPS-37, "Policy Questions Concerning a Possible German Settlement," 12 Aug. 1948, *FRUS: 1948*, ii. 1289. See also PPS-37/1, "Position To Be Taken by the U. S. at a CFM Meeting," 15 Nov. 1948, ibid. 1321.

42) John Lewis Gaddis, *Strategies of Containment: A Critical Appraisal of Postwar American National Security Policy* (New York: Oxford University Press, 1982), pp. 86-8.

43) PPS-37, 12 Aug. 1948, *FRUS: 1948*, ii. 1296. ケナンのドイツに関する考察は以下もみよ。

Kennan, *Memoirs: 1925–1950*, pp. 415–26; also Wilson D. Miscamble, *George F. Kennan and the Making of American Foreign Policy, 1947–1950* (Princeton: Princeton University Press, 1992), pp. 141–7.
44) 「計画A」についての決定版は次をみよ。PPS-37/1, 15 Nov. 1948, *FRUS: 1948*, ii. 1320–8.
45) Gaddis, *Strategies of Containment*, pp. 55–65.
46) See Kennan, *Memoirs: 1925–1950*, pp. 442–6.
47) Robert Murphy memorandum, Conversation with Acheson, 9 Mar. 1949, *FRUS: 1949*, iii. 102.
48) Acheson to US Embassy, London, 11 May 1949, ibid. 873. 当時のアチソンの立場についての優れた議論は以下を参照。Miscamble, *George F. Kennan*, pp. 158–69.
49) Smith, *Lucius D. Clay*, p. 536.
50) Schwartz, *America's Germany*, pp. 36–7.
51) Miscamble, *George F. Kennan*, pp. 169–71.
52) 西ドイツ人は1946年から1947年頃にはすでに「磁石」政策について議論していた。Farquharson, "The Essential Division," pp. 41–2.
53) Paul H. Nitze, with Ann M. Smith and Steven L. Rearden, *From Hiroshima to Glasnost: At the Center of Decision: A Memoir* (New York: Grove Weidenfeld, 1989), p. 70.
54) Farquharson, "The Essential Division," p. 39.
55) Schwartz, *America's Germany*, p. 114; also Ernest R. May, "The American Commitment to Germany, 1949–55," *Diplomatic History* 13 (Fall 1989), 442–3.
56) Chester J. Pach, Jr., *Arming the Free World: The Origins of the United States Military Assistance Program, 1945–1950* (Chapel Hill: University of North Carolina Press, 1991), pp. 219–26.
57) NSC-68, "United States Objectives and Programs for National Security," 14 Apr. 1950, in Thomas H. Etzold and John Lewis Gaddis, eds., *Containment: Documents on American Policy and Strategy, 1945–1950* (New York: Columbia University Press, 1978), p. 411.
58) Schwartz, *America's Germany*, pp. 116–19.
59) Ibid. 118–19. See also Laurence W. Martin, "The American Decision to Rearm Germany," and Theodore J. Lowi, "Bases in Spain," both in Harold Stein, ed., *American Civil-Military Decisions: A Book of Case Studies* (Birmingham: University of Alabama Press, 1963), pp. 643–705. 台湾問題は第３章で論じた。
60) Schwartz, *America's Germany*, p. 122.
61) Quoted ibid. 125.
62) Quoted ibid. 128.
63) May, "The American Commitment to Germany," pp. 446–7; also Gaddis, *Strategies of Containment*, pp. 109–15.
64) 第２章をみよ。
65) May, "The American Commitment to Germany," p. 446.
66) Ibid. 432–3.
67) Ibid. 456.
68) スターリンの晩年については以下にとりまとめられている。Adam Ulam, *Stalin: The Man and His Era* (New York: Viking, 1973), pp. 700–41; and in Werner G. Hahn, *Postwar Soviet Politics: The Fall of Zhdanov and the Defeat of Moderation, 1946–53* (Ithaca: Cornell University Press, 1982), pp. 136–56. ケナンの追放については以下をみよ。George F. Kennan, *Memoirs: 1950–1963* (Boston: Atlantic, Little Brown, 1972), pp. 145–67.
69) このメモは以下に公刊されている。*FRUS: 1952–54*, vii. 169–72. また、私は以下の議論からことに大きな示唆を得た。Gerhard Wettig, "Stalin and German Reunification: Archival Evidence on Soviet Foreign Policy in the Spring of 1952," *Historical Journal* 37 (1994), 411–19. また私の学生の一人による慎重な研究から示唆を得た。Ruud van Dijk, "The 1952 Stalin Note Debate: Myth or Missed Opportunity for German Unification?" CWIHP Working Paper 14 (May 1996).
70) Acheson, *Present at the Creation*, pp. 629–30; Schwartz, *America's Germany*, pp. 265–6; Ann L.

Phillips, *Soviet Policy Toward East Germany Reconsidered: The Postwar Decade* (Westport, Conn.: Greenwood Press, 1986), pp. 120-1. See also Central Intelligence Agency National Intelligence Estimate 17, "Probable Soviet Reactions to a Remilitarization of Western Germany," 27 Dec. 1950, in Scott A. Koch, ed., *CIA Cold War Records: Selected Estimates on the Soviet Union, 1950-1959* (Washington: CIA, 1993), pp. 111-16.

71) Schwartz, *America's Germany*, pp. 263-4, 267.

72) See Phillips, *Soviet Policy Toward East Germany Reconsidered*, pp. 120-1.

73) Acheson summary of Eden's views, 14 Mar. 1952, *FRUS: 1952-4*, vii. 176-7. See also Schwartz, *America's Germany*, pp. 264-5.

74) Acheson to US Embassy, London, 30 Apr. 1952, *FRUS: 1952-4*, vii. 218-19.

75) Van Dijk, "The 1952 Stalin Note Debate," pp.27-35. 「覚書の戦い」については依然として次の業績は有用である。James C. Van Hook, "Schach: The United States and the German Question, 1949-1955" (Ohio University Honors Tutorial College and Contemporary History Institute thesis, June 1990).

76) こうした議論の例として以下を参照。Adam B. Ulam, *The Communists: The Story of Power and Lost Illusions, 1948-1991* (New York: Scribner's, 1992), pp. 72-3; Henry Kissinger, *Diplomacy* (New York: Simon & Schuster, 1994), pp. 497-500. より懐疑的な解釈については以下を参照。Marshall D. Shulman, *Stalin's Foreign Policy Reappraised* (Cambridge, Mass.: Harvard University Press, 1963), pp. 191-4.

77) この問題を最初に提起した研究の一つは以下である。Coral Bell, *Negotiation From Strength: A Study in the Politics of Power* (New York: Knopf, 1963), pp. 103-6. しかし西ドイツにおいてはスタイニンガーの研究が出版された後、この問題をめぐって活潑な議論が展開された。本書によれば、アデナウアーがイギリスとアメリカにスターリンの提案を深追いしないように説得したと論じている。Rolf Steininger, *Eine vertane Chance: Die Stalin-Note vom 10. März 1952 und die Wiedervereiningung* (Berlin: J. H. W. Dietz, 1985).

78) Naimark, *The Russians in Germany*, pp. 266, 270-1; Staritz, "The SED, Stalin, and the German Question," p. 281; Van Dijk, "The 1952 Stalin Note Debate," p. 20.

79) Staritz, "The SED, Stalin, and the German Question," p. 283; also Phillips, *Soviet Policy Toward East Germany Reconsidered*, pp. 207-9; A. James McAdams, *Germany Divided: From the Wall to Reunification* (Princeton: Princeton University Press, 1993), pp. 24-7; and Wilfrid Loth, *Stalins ungeliebtes Kind: Warum Moskau die DDR nicht wollte* (Berlin: Rowohlt, 1994).

80) Quoted in Wettig, "Stalin and German Reunification," pp. 417-18.

81) Van Dijk, "The 1952 Stalin Note Debate," p. 26.

82) Alexei Filitov, "The Soviet Policy and Early Years of Two German States, 1949-1961," CWIHP Conference paper, Essen, June 1994, p. 6.

83) The Western note is in *FRUS 1952-4*, vii. 189-90.

84) Minutes, Stalin conversation with Pieck, Ulbricht, and Grotewohl, 7 Apr. 1952, Soviet Foreign Ministry Archives, in CWIHP *Bulletin* 4 (Fall 1994), p. 48. この史料は同じ会議に関するピエックの暗号を使ったメモにも記されている。

85) Staritz, "The SED, Stalin, and the German Question," pp. 287-90.

86) Kennan to State Department, 25 May 1952, *FRUS: 1952-4*, vii. 252-3.

87) Kennan, *Memoirs: 1950-1963*, pp. 108-9.

88) Marc Trachtenberg, *History and Strategy* (Princeton: Princeton University Press, 1991), p. 173.

89) Vladislav M. Zubok, "Soviet Foreign Policy in Germany and Austria and the Post-Stalin Succession Struggle, 1953-1955," CWIHP Conference paper, Essen, June 1994, pp. 9-10.

90) Quoted in Robert V. Daniels, ed., *A Documentary History of Communism*, rev. edn. (Hanover, NH: University Press of New England, 1984), ii. 172.

91) Albert Resis, ed., *Molotov Remembers: Inside Kremlin Politics: Conversations with Felix Chuev* (Chicago:

Ivan R. Dee, 1993), p. 336.

92) Carlton Savage to Paul Nitze, 1 Apr. 1953, *FRUS: 1952-4*, viii. 1138.

93) Bohlen to State Department, 25 Apr. 1953, ibid. 1165. 4月16日の全米新聞編集者協会におけるアイゼンハワーの演説は以下に収録されている。Ibid. 1147-55.

94) Phillips, *Soviet Policy Toward East Germany Reconsidered*, pp. 120-1; James Richter, "Reexamining Soviet Policy Towards Germany During the Beria Interregnum," CWIHP Working Paper 3, June 1992, p. 9.

95) *Molotov Remembers*, p. 334. See also Knight, *Beria*, pp. 191-2.

96) Pavel Sudoplatov and Anatolii Sudoplatov, with Jerrold L. Schecter and Leona P. Schecter, *Special Tasks: The Memoirs of an Unwanted Witness—A Soviet Spymaster* (Boston: Little, Brown, 1994), pp. 363-4. 長い間ベリヤの同志であったことから、スドプラトフはベリヤ失脚の後逮捕され、長期にわたって投獄された。この件に関するスドプラトフの証言の評価については以下をみよ。Zubok and Pleshakov, *Inside the Kremlin's Cold War*, pp. 159-60.

97) *Molotov Remembers*, p. 334. グロムイコも同様の説明を行っている。Andrei Gromyko, *Memoirs*, trans. Harold Shukman (New York: Doubleday, 1990), pp .317-18.

98) Knight, *Beria*, pp. 183-91.

99) See Pipes, *The Russian Revolution*, pp. 74-5, 249; also Knight, *Beria*, pp. 226-7, citing the subsequent example of Yuri Andropov.

100) *Molotov Remembers*, p. 336. See also Knight, *Beria*, p. 191; Zubok and Pleshakov, *Inside the Kremlin's Cold War*, pp. 160-2.

101) Quoted in James G. Richter, *Khrushchev's Double Bind: International Pressures and Domestic Coalition Politics* (Baltimore: Johns Hopkins University Press, 1994), pp. 36-7.

102) Phillips, *Soviet Policy Toward East Germany Reconsidered*, pp. 131-4; Knight, *Beria*, pp. 192-3.

103) 本件に関する最良の説明は以下にある。Ibid. 194-224.

104) Phillips, *Soviet Policy Toward East Germany Reconsidered*, pp. 150-3; Zubok, "Soviet Foreign Policy in Germany and Austria and the Post-Stalin Succession Struggle," pp. 16-18.

105) 1920年代にスターリンが使ったこの種の戦術については以下をみよ。Alan Bullock, *Hitler and Stalin: Parallel Lives* (New York: Knopf, 1992), pp. 187-8. フルシチョフはマレンコフを引退に追い込みながら、同時に核戦争に勝利することは不可能であるとするマレンコフの見解を支持した時に、類似した行動をとった。

106) Kennan, *Memoirs: 1950-1963*, p. 161.

107) See Trachtenberg, *History and Strategy*, pp. 174-5.

108) Cutler memorandum, conversation with Eisenhower, 13 Aug. 1953, *FRUS: 1952-54*, vii. 510. カトラーによる天測と流木の指摘は、オマー・ブラッドレー将軍の当時の演説の表現を言い換えたものである。

109) NSC-160/1, "United States Position With Respect to Germany," 17 Aug. 1953, ibid. 518.

110) Dulles memorandum, 6 Sept. 1953, ibid. ii. 457-60.

111) NSC meeting minutes, 25 Mar. 1953, ibid. 260. アイゼンハワー政権の予算節減の重視は以下をみよ。Gaddis, *Strategies of Containment*, pp. 132-6.

112) Trachtenberg, *History and Strategy*, pp. 185-6; also Saki Dockrill, "Cooperation and Suspicion: The United States' Alliance Diplomacy for the Security of Western Europe, 1953-54," *Diplomacy and Statecraft* 5 (Mar. 1994), 148-50. ドックリルは、1952年においてアメリカが防衛費に国民総生産の15%を費やしている時に、イギリスが13.2%、フランスが11.8%、オランダが8.1%、ベルギーが7.6%を費やしていたと指摘している。

113) Martin Gilbert, *Winston S. Churchill: "Never Despair," 1945-1965* (Boston: Houghton Mifflin, 1988), p. 831. See also Peter G. Boyle, ed., *The Churchill-Eisenhower Correspondence: 1953-1955* (Chapel Hill: University of North Carolina Press, 1990), pp. 41-55.

114) James G. Hershberg, "'Explosion in the Offing'; German Rearmament and American Diplomacy,

1953-1955," *Diplomatic History* 16 (Fall 1992), 528-31; Hans-Jürgen Grabbe, "Konrad Adenauer, John Foster Dulles, and West German-American Relations," in Richard H. Immerman, ed., *John Foster Dulles and the Diplomacy of the Cold War* (Princeton: Princeton University Press, 1990), p.125.

115) Eisenhower to Dulles, 8 Sept. 1953, *FRUS: 1952-4*, ii. 460-1 (emphasis in original).

116) Trachtenberg, *History and Strategy*, pp. 176-7.

117) Conant to Dulles, 28 Oct. 1953, *FRUS: 1952-4*, vii. 551-2. See also Hershberg, "Explosion in the Offing," pp. 536-44; and Rolf Steininger, "John Foster Dulles, the European Defense Community, and the German Question," in Immerman, ed., *John Foster Dulles and the Diplomacy of the Cold War*, pp. 93-4.

118) Hershberg, "Explosion in the Offing," p. 544; Grabbe, "Konrad Adenauer, John Foster Dulles, and West German-American Relations," pp. 112-14.

119) Dulles to Eisenhower, 5 Feb. 1954, *FRUS: 1952-4*, vii. 962. See also Phillips, *Soviet Policy Toward East Germany Reconsidered*, pp. 169-71.

120) Schwartz, *America's Germany*, pp. 282-3.

121) Dwight D. Eisenhower, *The While House Years: Mandate for Change* (Garden City, NY: Doubleday, 1963), p. 523. See also McAdams, *Germany Divided*, p. 28; and *Khrushchev Remembers*, trans. and ed. Strobe Talbot (Boston: Little, Brown, 1970), p. 505.

122) *Khrushchev Remembers: The Last Testament*, trans. and ed. Strobe Talbott (Boston: Little, Brown, 1974), p. 358.

123) Richter, *Khrushchev's Double Bind*, p. 116.

124) スタイニンガーはすぐれた説明を加えている。Steininger, "The EDC and the German Question," pp. 93-107.

125) May, "The American Commitment to Germany," p. 453.

126) Trachtenberg, *History and Strategy*, pp. 177-8. See also Norman Gelb, *The Berlin Wall: Kennedy, Khrushchev, and a Showdown in the Heart of Europe* (New York: Simon & Schuster, 1986), p. 92.

127) *Khrushchev Remembers: The Last Testament*, p. 361.

128) Quoted in Trachtenberg, *History and Strategy*, p. 179.

129) Ninkovich, *Germany and the United States*, p. 100.

130) NSC-160/1, 17 Aug. 1953, *FRUS: 1952-4*, vii. 512.

131) Turner, *The Two Germanies*, pp. 111-12.

132) *Khrushchev Remembers: The Glasnost Tapes*, pp. 164-5.

133) See Wolfgang Krieger, "Germany," in David Reynolds, ed., *The Origins of the Cold War in Europe: International Perspectives* (New Haven: Yale University Press, 1994), pp. 151-3.

134) いかにしてこれが起こったかの明確かつ包括的な説明は以下を参照。Naimark, *The Russians in Germany*. さらに以下もみよ。Turner, *The Two Germanies*, pp. 51-3, 99-108.

135) Ibid. 114.

136) Ibid. 127. 第7章も参照。

137) May, "The American Commitment to Germany," pp. 454-6; Trachtenberg, *History and Strategy*, pp. 153-68, 180-91.

138) George F. Kennan, *Russia, the Atom, and the West* (New York: Harper, 1958), pp. 39-40.

139) Douglas Brinkley, *Dean Acheson: The Cold War Years, 1953-71* (New Haven: Yale University Press, 1992), pp. 81-3. 動揺したアチソンは「これ以上世間体を気にしていては身の破滅だ」と発言した。

140) Kennan, *Memoirs: 1950-1963*, p. 250. アデナウアーの対応については以下をみよ。The memorandum of his conversation with Dulles, 7 Feb. 1959, *FRUS: 1958-60*, viii. 340. リース講演をめぐる論争は以下をみよ。Walter Hixson, *George F. Kennan: Cold War Iconoclast* (New York: Columbia University Press, 1989), pp. 171-93.

141) Beate Ihme-Tuchel, "The Soviet Union and the Politics of the Rapacki Plan," CWIHP Conference paper, Essen, June 1994.

142) Kennan, *Russia, the Atom, and the West*, pp. 40-1.

143) Gelb, *The Berlin Wall*, p. 63.

144) フルシチョフの28ペイジにわたる覚書は以下に要約されている。*FRUS: 1958-60*, viii. 133. その抜粋は以下にある。Unites States, Department of State, *Documents on Germany: 1944-1985* (Washington: Government Printing Office, 1986), pp. 552-9.

145) P. Florin briefing for GDR ambassadors, 1-2 Feb. 1956, quoted in Hope Harrison, "Ulbricht and the Concrete 'Rose': New Archival Evidence on the Dynamics of Soviet-East German Relations and the Berlin Crisis, 1958-1961," CWIHP Working Paper 5, May 1993, pp. 4-5.

146) McAdams, *Germany Divided*, p. 29.

147) Pervukhin-Selyaninov report, "On the Situation in West Berlin," 24 Feb. 1958, quoted in Harrison, "Ulbricht and the Concrete 'Rose'," p. 6.

148) Trachtenberg, *History and Strategy*, pp. 180-91. 第8章もみよ。

149) Smirnov comment at meeting with Ulbricht, 5 Oct. 1958, as reported in Pervukhin diary, 11 Oct. 1958, quoted in Richter, *Khrushchev's Double Bind*, p. 113.

150) Andropov to Central Committee, 28 Aug. 1958, quoted in Harrison, "Ulbricht and the Concrete 'Rose'," p. 17.

151) Ulbricht comment, 2 Oct. 1958, as reported in Pervukhin diary, 12 Oct. 1958, quoted in Harrison, "Ulbricht and the Concrete 'Rose'," pp. 15, 19-20.

152) Ibid. 6-7.

153) Ibid. 9-11.

154) Ibid. 20-1; also Richter, *Khrushchev's Double Bind*, p. 102; Zubok and Pleshakov, *Inside the Kremlin's Cold War*, pp. 194-8; and Hope M. Harrison, "New Evidence on Khrushchev's 1958 Berlin Ultimatum," CWIHP *Bulletin* 4 (Fall 1994), 35-9.

155) フルシチョフの直情径行の習性については以下をみよ。Michael R. Beschloss, *The Crisis Years: Kennedy and Khrushchev, 1960-1963* (New York: HarperCollins, 1991), pp. 380-1.

156) Valentine Falin, *Politische Erinnerungen* (Munich: Droemer Knaur, 1993), p. 336. これについてはズボク (Vladislav Zubok) の教示による。さらに以下も参照。Richter, *Khrushchev's Double Bind*, p. 101.

157) Vladislav M. Zubok, "Khrushchev's Motives and Soviet Diplomacy in the Berlin Crisis, 1958-1962," CWIHP Conference paper, Essen, June 1994, pp. 20-1.

158) Ibid. 14-15, 38-9; Trachtenberg, *History and Strategy*, p. 171.

159) Dean Rusk, *As I Saw It*, as told to Richard Rusk (New York: Norton, 1990), p. 227. See also *Khrushchev Remembers: The Last Testament*, p. 501. ノーマン・ゲルブはフルシチョフが好んだベルリンに関連する暗喩の有用な一覧表を示している。それらの暗喩が示唆しているのはベルリンについて苦痛を感じているのは西側にとどまらないということである。「吐き出さねばならない、喉に刺さった骨」、「抜くべきとげ」、「切り取るべき癌」、「抜くべき虫歯」Gelb, *The Berlin Wall*, p. 79.

160) Llewellyn Thompson to State Department, 3 Dec. 1958, *FRUS: 1958-60*, viii. 152.

161) Ibid. 195-6; William Burr, "Avoiding the Slippery Slope: The Eisenhower Administration and the Berlin Crisis, November 1958-January 1959," *Diplomatic History* 18 (Spring 1994), 180, 185-91.

162) Dulles memorandum, Conversation with Eisenhower, 30 Nov. 1958, *FRUS: 1958-60*, viii. 143.

163) John S. D. Eisenhower notes, Eisenhower-Dulles conversation, 29 Jan. 1959, ibid. 303.

164) Burr, "Avoiding the Slippery Slope," pp. 185-8. 西ドイツの「ハルシュタイン原則」については以下をみよ。McAdams, *Germany Divided*, p. 35.

165) James L. Richardson, *Germany and the Atlantic Alliance: The Interaction of Strategy and Politics* (Cambridge, Mass.: Harvard University Press, 1966), p. 40.

166) Burr, "Avoiding the Slippery Slope," pp. 199-200.

167) Memorandum, Dulles-Adenauer conversation, 8 Feb. 1959, *FRUS: 1958-60*, viii. 346-7.

168) Quoted in Trachtenberg, *History and Strategy*, p. 198; also Gelb, *The Berlin Wall*, p. 93. この発言

は上記に引用したこの会談についての公式記録からは削除されているが、トラクテンバーグとゲルブは記録を筆記したデイヴィッド・クレイン（David Klein）から引用している。公刊された文書は実際に、アデナウアーが「状況は、核兵器の使用に至るようなことを決して許さないだろう」と主張したとする。*FRUS: 1958-60*, viii. 346.

169）ダレスのロンドンにおける1959年2月5日のセルウィン・ロイド（Selwyn Lloyd）との会談は以下をみよ。*FRUS: 1958-60*, viii. 318. イギリスの働きかけについては以下を参照。Trachtenberg, *History and Strategy*, pp. 198-201.

170）Memorandum, Eisenhower-Macmillan conversation, 20 Mar. 1959, *FRUS: 1958-60*, viii. 520-1.

171）Trachtenberg, *History and Strategy*, pp. 201-2.

172）Andrew Goodpaster notes, Eisenhower meeting with Douglas Dillon and Robert Murphy, 22 July 1959, *FRUS: 1958-60*, viii. 1032. アイゼンハワーが、フルシチョフを招待することについて個人的な責任を負わないようにするために、この話を脚色していたことを示す若干の証拠も存在する。Howard Campbell Craig, "The Thermonuclear Revolution and American Postwar Realism" (Ph. D. dissertation, Ohio University, 1995), pp. 210-12.

173）Harrison, "Ulbricht and the Concrete 'Rose'," p. 21.

174）Charles Thayer notes, Khrushchev-Harriman conversation, 25 June 1959, *FRUS: 1958-60*, viii. 941-3. フルシチョフのアデナウアーについての性格描写は一見の価値がある。「ソ連では最近こんなジョークがある。アデナウアーの裸を後ろから見れば、ドイツの分割がわかる。正面からみれば一本化だ。」このジョークは前から好まれていた。Veljko Micunovic, *Moscow Diary* (Garden City, NY: Doubleday, 1980), p. 330.

175）Memoranda, Eisenhower-Khrushchev conversations, 26 and 27 Sept. 1959, *FRUS: 1958-60*, x. 462-7, 479-82.

176）Quoted in Jack M. Schick, *The Berlin Crisis: 1958-1962* (Philadelphia: University of Pennsylvania Press, 1971), pp. 121-2. See also Bohlen's memorandum of a conversation with Soviet ambassador to the United States Mikhail Menshikov, 8 July 1960, *FRUS: 1958-60*, x. 539.

177）Schick, *The Berlin Crisis*, pp. 171-20.

178）Pervukhin report, "On Several Issues regarding the Economic and Political Situation in Democratic Berlin," 10 Dec. 1959, quoted in Harrison, "Ulbricht and the Concrete 'Rose'," p. 26.

179）Soviet Foreign Ministry record of Khrushchev-Ulbricht meeting, 30 Nov. 1960, ibid., appendix A. See also Gelb, *The Berlin Wall*, pp. 63-70; and McAdams, *Germany Divided*, p. 48.

180）Khrushchev-Ulbricht meeting, 30 Nov. 1960, in Harrison, "Ulbricht and the Concrete 'Rose'," appendix A. See also Richter, *Khrushchev's Double Bind*, pp. 139-40; and Zubok and Pleshakov, *Inside the Kremlin's Cold War*, pp. 249-50.

181）O. P. Selyaninov diary, 5 Feb. 1960, quoted in Harrison, "Ulbricht and the Concrete 'Rose'," p. 27.

182）Ulbricht to Khrushchev, 18 Oct. 1960, quoted in ibid. 25.

183）Ibid. 32.

184）ここではハリソンの分析にしたがっている。Ibid. 28.

185）Khrushchev-Ulbricht meeting, 30 Nov. 1960, ibid., appendix A.

186）Ulbricht to Khrushchev, 18 Jan. 1961, in ibid., appendix B.

187）See Beschloss, *The Crisis Years*, pp. 63-5.

188）Memorandum, Kennedy-Brandt meeting, 13 Mar. 1961, *FRUS: 1961-3*, xiv. 26-7. See also Beschloss, *The Crisis Years*, pp. 174-6.

189）Thompson to State Department, 16 Mar. 1961, *FRUS: 1961-3*, xiv. 31-2.

190）Beschloss, *The Crisis Years*, pp. 77-8.

191）Ibid. 162-3, 176-7; also Harrison, "Ulbricht and the Concrete 'Rose'," p. 36. Khrushchev's comment is in *Khrushchev Remembers: The Last Testament*, p. 503.

192）この重要な論点については以下を参照。Harrison, "Ulbricht and the Concrete 'Rose'," p. 37.

193) Memorandum, Kennedy-Khrushchev meeting, 4 June 1961, *FRUS: 1961-3*, xiv. 93-4.

194) *Khrushchev Remembers: The Last Testament*, p. 503.

195) Memorandum, Kennedy-Khrushchev meeting, 4 June 1961, *FRUS: 1961-3*, xiv. 89, 94, 97-8. See also Beschloss, *The Crisis Years*, pp. 215-24.

196) Ibid. 224-5. See also James Reston, *Deadline: A Memoir* (New York: Random House, 1991), pp. 290-1.

197) Acheson report on Berlin, 28 June 1961, *FRUS: 1961-3*, xiv. 138-59.

198) See Beschloss, *The Crisis Years*, p. 258.

199) *Documents on Germany, 1944-1985*, p. 764.

200) Beschloss, *The Crisis Years*, pp. 257-8.

201) Thompson to State Department, 28 July 1961, *FRUS: 1961-3*, xvi. 233-4.

202) Transcript, Warsaw Pact meeting, 4 Aug. 1961, CWIHP *Bulletin* 3 (Fall 1993), 60.

203) See Richter, "Khrushchev, Domestic Politics, and the Origins of the Berlin Crisis," pp. 16-23; Robert M. Slusser, *The Berlin Crisis of 1961: Soviet-American Relations and the Struggle for Power in the Kremlin, June-November, 1961* (Baltimore: Johns Hopkins University Press, 1973), pp. 10-18, 49-66, 68-75. 第7章もみよ。

204) See Khrushchev to Ulbricht, 30 Jan. 1961, in Harrison, "Ulbricht and the Concrete 'Rose'," appendix C.

205) Pervukhin to Gromyko, 19 May 1961, ibid., appendix D.

206) Harrison, "Ulbricht and the Concrete 'Rose'," p. 39. See also Gelb, *The Berlin Wall*, pp. 97-9.

207) Harrison, "Ulbricht and the Concrete 'Rose'," p. 44.

208) ウルブリヒトの意図についての推測は以下を参照。Ibid. 39-40; also Gelb, *The Berlin Wall*, pp. 99-100.

209) Harrison, "Ulbricht and the Concrete 'Rose'," p. 35.

210) Zubok, "Khrushchev's Motives and Soviet Diplomacy," pp. 17-18; Gelb, *The Berlin Wall*, pp. 144-5.

211) Yuli Kvitsinsky, *Vor dem Sturm: Erinnerungen eines Diplomaten* (Berlin: Siedler Verlag, 1993), p. 179, quoted in Harrison, "Ulbricht and the Concrete 'Rose'," p.47.

212) Ulbricht speech to Warsaw Pact leaders, 3 Aug. 1961, ibid., appendix H.

213) Ibid. 47; Gelb, *The Berlin Wall*, p. 140. See also Randall Bennett Woods, *Fulbright: A Biography* (New York: Cambridge University Press, 1995), pp. 315-16.

214) McAdams, *Germany Divided*, pp. 50-1.

215) W. W. Rostow, *The Diffusion of Power: An Essay in Recent History* (New York: Macmillan, 1972), p. 231. See also Gelb, *The Berlin Wall*, pp. 117-18.

216) Memorandum, Rusk meeting with ambassadors, 9 Aug. 1961, *FRUS: 1961-3*, xiv. 319.

217) Rusk to US embassy in Bonn, 12 Aug. 1961, ibid. 324.

218) これらの事件に関する適切な解説は以下をみよ。Gelb, *The Belrin Wall*, pp. 242-58.

219) Beschloss, *The Crisis Years*, p. 278.

220) Ibid. 334-5.

221) Khrushchev to Ulbricht, 28 Sept. 1961, quoted in Harrison, "Ulbricht and the Concrete 'Rose'," p. 52.

222) Quoted in Beschloss, *The Crisis Years*, p. 225.

223) *Khrushchev Remembers: The Glasnost Tapes*, pp. 169-70.

第6章

1) Quoted in Richard Pipes, *Russia Under the Bolshevik Regime* (New York: Norton, 1994), p. 199.

2) Quoted from the notes of I. V. Kovalev in Sergei N. Goncharov, John W. Lewis, and Xue Litai,

Uncertain Partners: Stalin, Mao, and the Korean War (Stanford: Stanford University Press, 1994), pp. 71-2.

3) ORE 29-49, "Prospects for Soviet Control of a Communist China," 15 Apr. 1949, in Michael Warner, ed., *CIA Cold War Records: The CIA Under Harry Truman* (Washington: CIA, 1994), p. 280.

4) 我々がいまだに「第三世界」という用語を使っている事実は、冷戦を経験したことが、その起源と展開に何らのあるいはほとんど係わり合いをもたなかった人類の多様な大多数について我々が認識するに際して、いかに徹底した影響をもったかを示している。現在なお我々は、かつてイギリス人が鉄道の客車を「一等」と「三等」に分け、「二等」を作らなかったと同様の危険を、国際関係を取り扱う際に冒している。しかし一般に受け入れられている他の表現がないため、私は本意ではないが、この使われ続けている表現を用いた。

5) Melvyn P. Leffler, *A Preponderance of Power: National Security, the Truman Administration, and the Cold War* (Stanford: Stanford University Press, 1992), p. 147. 興味深い実例として、ジョージ・ケナンが1946年2月22日にモスクワから打電した極秘の「長文電報」(*FRUS: 1946*, vi. 705) 中で植民地主義について述べたこと、ならびに有名な1947年3月12日のトルーマン大統領の議会演説「トルーマン・ドクトリン」中の表現を比較せよ。*Public Papers of the Presidents: Harry S. Truman: 1947* (Washington: Government Printing Office, 1963), pp. 178-9.

6) Ole R. Holsti, "Models of International Relations and Foreign Policy," *Diplomatic History* 13 (Winter 1989), 27-9. はこれに関するすぐれた要約。この視角から冷戦史を叙述した勇敢な試みとして以下を参照。Thomas J. McCormick, *America's Half-Century: United States Foreign Policy in the Cold War* (Baltimore: Johns Hopkins University Press, 1989).

7) 中ソ同盟は、アメリカがラテンアメリカ、中東、アジアの同盟諸国と維持した条約体制と同様に、冷戦における提携を生み出す要因として人種に依拠することが難しいことを示唆している。

8) 帝国成立の前提条件としてのパワーの格差に関するさらに一般的な議論は以下を参照。Michael Doyle, *Empires* (Ithaca: Cornell University Press, 1986), pp. 30-47.

9) Robert J. McMahon, "Credibility and World Power: Exploring the Psychological Dimension in Postwar American Diplomacy," *Diplomatic History* 15 (Fall 1991), 455-71. 背景についてはさらに以下を参照。Jack Snyder, *Myths of Empire: Domestic Politics and International Ambition* (Ithaca: Cornell University Press, 1991); Frank Ninkovich, *Modernity and Power: A History of the Domino Theory in the Twentieth Century* (Chicago: University of Chicago Press, 1994); and Charles A. Kupchan, *The Vulnerability of Empire* (Ithaca: Cornell University Press, 1994).

10) Douglas J. Macdonald, *Adventures in Chaos: American Intervention for Reform in the Third World* (Cambridge, Mass.: Harvard University Press, 1992), pp. 67, 70-3, 89-90. See also Robert O. Keohane, "The Big Influence of Small Allies," *Foreign Policy* 2 (Spring 1971), 161-82.

11) この点はNSC-68において明らかである。NSC-68, "United States Objectives and Programs for National Security," 14 Apr. 1950, printed in Ernest R. May, ed., *American Cold War Strategy: Interpreting NSC 68* (New York: St. Martin's Press, 1993), p. 35. さらに以下を参照。Eric Hobsbawm, *The Age of Extremes: A History of the World, 1914-1991* (New York: Pantheon, 1994), pp. 376-7; and Richard Crockatt, *The Fifty Years War: The United States and the Soviet Union in World Politics, 1941-1991* (New York: Routledge, 1995), p. 91.

12) 中央情報局は、ORE 25-48でこうした議論を強く主張した。ORE 25-48, "The Breakup of the Colonial Empires and Its Implications for US Security," 3 Sept. 1948, in Warner, ed., *The CIA Under Harry Truman*, pp. 219-34.

13) Warren F. Kimball, *The Juggler: Franklin Roosevelt as Wartime Statesman* (Princeton: Princeton University Press, 1991), pp. 127-57; Peter W. Rodman, *More Precious Than Peace: The Cold War and the Struggle for the Third World* (New York: Scribner's, 1994), pp. 38-44. アメリカの反植民地主義については以下をみよ。Scott Bills, *Empire and Cold War: The Roots of US-Third World Antagonism* (New York: St. Martin's Press, 1990), pp. 5-10; and Wm. Roger Louis, *Imperialism at Bay: The United States and the Decolonization of the British Empire, 1941-1945* (New York: Oxford University Press, 1978), pp.

147-58.

14) See ibid. pp. 259-73; Robert Dallek, *Franklin D. Roosevelt and American Foreign Policy, 1932-1945* (New York: Oxford University Press, 1979), pp. 536-7; Gary R. Hess, *The United States' Emergence as a Southeast Asian Power, 1940-1950* (New York: Columbia University Press, 1987), pp. 121-58; and Walter LaFeber, "Roosevelt, Churchill, and Indochina: 1942-45," *American Historical Review* 80 (Dec. 1975), 1277-95.

15) George McT. Kahin, *Intervention: How America Became Involved in Vietnam* (New York: Doubleday, 1986), pp. 14-15; William J. Duiker, *U.S. Containment Policy and the Conflict in Indochina* (Stanford: Stanford University Press, 1994), p. 29.

16) Bills, *Empire and Cold War*, p. 58; Hess, *The United States' Emergence as a Southeast Asian Power*, pp. 163-75; Piero Gleijeses, *Shattered Hope: The Guatemalan Revolution and the United States, 1944-1954* (Princeton: Princeton University Press, 1991), pp. 22-3; and Robert J. McMahon, *Colonialism and the Cold War: The United States and the Struggle for Indonesian Independence, 1945-49* (Ithaca: Cornell University Press, 1981), pp. 56-7.

17) H. W. Brands, *The Specter of Neutralism: The United States and the Emergence of the Third World, 1947-1950* (New York: Columbia University Press, 1989), pp. 17-20; also Robert J. McMahon, *The Cold War on the Periphery: The United States, India, and Pakistan* (New York: Columbia University Press, 1993), pp. 14-17. インドネシアについては以下をみよ。McMahon, *Colonialism and the Cold War, passim.*

18) Peter L. Hahn, *The United States, Great Britain, and Egypt, 1945-1956: Strategy and Diplomacy in the Early Cold War* (Chapel Hill: University of North Carolina Press, 1991), pp. 64-92. トルーマン大統領によるイスラエルの国家承認の決定に関する最良の個人的回想の一つとして以下を参照。Clark M. Clifford, with Richard M. Holbrooke, *Counsel to the President: A Memoir* (New York: Random House, 1991), pp. 3-25.

19) Marshall to Caffery, 3 Feb. 1947, *FRUS: 1947*, vi. 77-8.

20) この点については、中央情報局の評価をみよ。ORE 25-48, "The Breakup of the Colonial Empires and the Implications for US Security," 3 Sept. 1948, in Warner, ed., *The CIA under Harry Truman*, p. 232.

21) Gaddis, *The Long Peace*, pp. 158-64. さらに詳細な論議は以下を参照。Wilson D. Miscamble, *George F. Kennan and the Making of American Foreign Policy, 1947-1950* (Princeton: Princeton University Press, 1992), pp. 178-246.

22) Billis, *Empire and Cold War*, pp. 82-90; Hess, *The United States' Emergence as a Southeast Asian Power*, pp. 169-84. ヨーロッパにおけるアメリカの活動については以下を参照。Peter Coleman, *The Liberal Conspiracy: The Congress for Cultural Freedom and the Struggle for the Mind of Postwar Europe* (New York: Free Press, 1989), esp. pp. 1-79; and Sally Pisani, *The CIA and the Marshall Plan* (Lawrence: University Press of Kansas, 1991).

23) Acheson executive session testimony, 12 Oct. 1949, US Congress, Senate Committee on Foreign Relations, *Historical Series: Reviews of the World Situation, 1949-1950* (Washington: Government Printing Office, 1974), p. 87.

24) Acheson to US Consulate General, Hanoi, 20 May 1949, *FRUS: 1949*, vii. 29.

25) もっとも明確にこの問題を議論しているのは以下である。Andrew J. Rotter, *The Path to Vietnam: Origins of the American Commitment to Southeast Asia* (Ithaca: Cornell University Press, 1987). さらにつぎも参照。Ronald McGlothen, *Controlling the Waves: Dean Acheson and U.S. Foreign Policy in Asia* (New York: Norton, 1993).

26) Duiker, *U.S. Containment Policy and the Conflict in Indochina*, pp. 23-8, 37, 48. また、ヨーロッパの安全保障と「第三世界」の安定性との大局的な関係については以下をみよ。Leffler, *A Preponderance of Power*, pp. 312, 346-7.

27) この表現は以下に拠った。Macdonald, *Adventures in Chaos*, pp. 12-15.

28) Duiker, *U.S. Containment Policy and the Conflict in Indochina*, pp. 90-5.
29) 「一つの世界」はウェンデル・ウィルキーのベストセラーのタイトルである。Wendell L. Willkie, *One World* (New York: Simon & Shuster, 1943). 同書は同時代のアメリカ人の植民地主義への態度をもっともよく表現したものの一つである。
30) Louis Fischer, *The Life of Lenin* (New York: Harper & Row, 1964), pp. 526-7; Pipes, *Russia Under the Bolshevik Regime*, pp. 198-200.
31) さらに詳細は第3章をみよ。
32) Ulam, *Stalin: The Man and His Era*, p. 362; McMahon, *Cold War on the Periphery*, pp. 45-6; Anita Inder Singh, *The Limits of British Influence: South Asia and the Anglo-American Relationship, 1947-56* (New York: St. Martin's Press, 1993), pp. 37-8. スターリン時代におけるソ連のインド政策について好意的な見解は以下を参照。Surendra K. Gupta, *Stalin's Policy Towards India, 1946-1953* (New Delhi: South Asian Publishers, 1988).
33) Kahin, *Intervention*, pp. 21-2. See also Duiker, *U.S. Containment Policy and the Conflict in Indochina*, pp. 38-9; Rotter, *The Path to Vietnam*, p. 101. この点を旧ソ連公文書によって裏付けたものは以下である。Igor Bukharkin, "Moscow and Ho Chi Minh, 1945-1969," paper delivered at the CWIHP-University of Hong Kong conference on "The Cold War in Asia," Jan. 1996, pp. 3-7. 同会議に提出された別の論文は、ホー・チ・ミンがインドや東南アジア諸国から外交承認を求めていたことを実証している。Mark Bradley, "Constructing an Indigenous Regional Political Order in Southeast Asia: Vietnam and the Diplomacy of Revolutionary Nationalism, 1946-1949."
34) Stalin to the Democratic Party of Azerbaijan, 8 May 1946, quoted in Vladislav Zubok and Constantine Pleshakov, *Inside the Kremlin's Cold War: From Stalin to Khrushchev* (Cambridge, Mass.: Harvard University Press, 1996), p. 45.
35) Tanigawa Yoshihiko, "The Cominform and Southeast Asia," in Yonosuke Nagai and Akira Iriye, eds., *The Origins of the Cold War in Asia* (Tokyo: University of Tokyo Press, 1977), pp. 362-77. 最近の研究は以下を参照。Duiker, *U.S. Containment Policy and the Conflict in Indochina*, pp. 63-5; also Gavriel Ra'anan, *International Policy Formation in the USSR: Factional "Debates" during the Zhdanovschina* (Hamden, Conn.: Archon Books, 1983), pp. 111-15.
36) ORE-25-48, "The Breakup of the Colonial Empires," 3 Sept. 1948, in Warmer, ed., *The CIA under Harry Truman*, p. 229.
37) 一次史料としては以下がある。Shi Zhe, "With Mao and Stalin: The Reminiscences of Mao's Interpreter: Part II: Liu Shaoqi in Moscow," trans. Chen Jian, *Chinese Historians* 6 (Spring 1993), 82-6. さらにこの会議の意義については第3章をみよ。
38) I. V. Kovalev interview with S. N. Goncharov, "Stalin's Dialogue with Mao Zedong," *Journal of Northeast Asian Studies* 10 (Winter 1991), 61.
39) Quoted in Goncharov et al., *Uncertain Partners*, p. 105. See also ibid. 78.
40) Ibid. 105-8; also Shu Guang Zhang, *Deterrence and Strategic Culture: Chinese-American Confrontations, 1949-1958* (Ithaca: Cornell University Press, 1992), p. 172.
41) Ibid. 172-3. See also *Khrushchev Remembers: The Glasnost Tapes*, trans. and ed. Jerrold L. Schecter and Vyacheslav V. Luchkov (Boston: Little, Brown, 1990), pp. 155-6; Chen Jian, "China and the First Indo-China War, 1950-54," *China Quarterly* #133 (Mar. 1993), pp. 88-9; and Qiang Zhai, "Transplanting the Chinese Model: Chinese Military Advisers and the First Vietnam War, 1950-1954," *Journal of Military History* 57 (Oct. 1993), 692-3.
42) John W. Garver, "Polemics, Paradigms, Responsibility, and the Origins of the U.S.-PRC Confrontation in the 1950s," *Journal of American-East Asian Relations* 3 (Spring 1994), 13-14. この論文でガーヴァーは以下に大きく影響されている。Theda Skocpol, *States and Social Revolutions: A Comparative Analysis of France, Russia, and China* (Cambridge: Cambridge University Press, 1979), esp. pp. 169-71. また「第三世界」革命のイデオロギー的起源については以下を参照。Forrest D. Colburn, *The Vogue of Revolution in Poor Countries* (Princeton: Princeton University Press, 1994).

43) Garver, "Polemics, Paradigms, Responsibility," p. 13. 傍点引用者。

44) 第3章をみよ。

45) Zhai, "Transplanting the Chinese Model," pp. 694-6; Chen, "China and the First Indo-China War," p. 90; Zhang, *Deterrence and Strategic Culture*, p. 174.

46) Quoted in Chen, "China and the First Indo-China War," p. 87. See also Zhai, "Transplanting the Chinese Model," pp. 690-2; Zhang, *Deterrence and Strategic Culture*, p. 170; and Duiker, *U.S. Containment Policy and the Conflict in Indochina*, pp. 88-9.

47) Chen, "China and the First Indo-China War," pp. 91-2. See also Zhang, *Deterrence and Strategic Culture*, pp. 174-6.

48) 第3章をみよ。

49) Zhai, "Transplanting the Chinese Model," pp. 698-707; Chen, "China and the First Indo-China War," pp. 93-7.

50) Quoted in Zhang, *Deterrence and Strategic Culture*, pp. 173-4.

51) Ibid. 181-2.

52) Quoted in Chen, "China and the First Indo-China War," pp. 102-3. See also Zhai, "Transplanting the Chinese Model," pp. 707-11; and Zhang, *Deterrence and Strategic Culture*, pp. 183-4.

53) Chen, "China and the First Indo-China War," pp. 105-6; Zhai, "Transplanting the Chinese Model," pp. 696-8, 712. 周恩来は1954年7月、ホー・チ・ミンに、中国人はインドシナにヴェトナム人、ラオス人、クメール人の区別があることしか知らなかったと認めた。そして「我々は、インドシナが一つの国であり……そしてクメール人は少数民族であるとずっと信じていた」と語った。Zhou-Ho meeting, Liuzhou, 3 July 1954, quoted in Li Haiwen, "Restoring Peace in Indochina at the Geneva Conference," paper prepared for the CWIHP-University of Hong Kong conference on "The Cold War in Asia," Jan. 1996, p. 6.

54) See Duiker, *U.S. Containment Policy and the Conflict in Indochina*, p. 193; also Qiang Zhai, *The Dragon, the Lion, and the Eagle: Chinese-British-American Relations, 1949-1958* (Kent, OH: Kent State University Press, 1994), p. 143.

55) Ibid. 139-40. ジュネーヴ会議への中国側の準備については左で議論されている。

56) Ibid. 142-3; Zhang, *Deterrence and Strategic Culture*, pp. 184-5. この事態に関するアイゼンハワーの真意についての徹底的な考察として以下を参照。Melanie Billings-Yun, *Decision Against War: Eisenhower and Dien Bien Phu, 1954* (New York: Columbia University Press, 1988).

57) Chen, "China and the First Indo-China War," pp. 104, 107, 109; Zhai, *The Dragon, the Lion, and the Eagle*, pp. 140-1.

58) Transcript, Zhou Enlai-Ho Chi Minh meeting, Liuzhou, 3 July 1954, quoted in Li, "Restoring Peace in Indochina," pp. 6-7.

59) See Hahn, *The United States, Great Britain, and Egypt*, p. 90.

60) Bruce Robellet Kuniholm, *The Origins of the Cold War in the Near East: Great Power Conflict and Diplomacy in Iran, Turkey, and Greece* (Princeton: Princeton University Press, 1980), pp. 304-50, 383-99; Kuross A. Samii, *Involvement by Invitation: American Strategies of Containment in Iran* (University Park: Pennsylvania State University Press, 1987), pp. 69-94. ソ連とトゥーデ党との関係についての新しい情報は以下にある。Natalia I. Yegorova, "'The Iran Crisis' of 1945-1946: A View from the Russian Archives," CWIHP Working Paper 15 (May 1996).

61) Albert Resis, ed., *Molotov Remembers: Inside Kremlin Politics: Conversations with Felix Chuev* (Chicago: Ivan R. Dee, 1993), p. 73. トルコ危機については以下を参照。Kuniholm, *The Origins of the Cold War in the Near East*, pp. 355-78; Zubok and Pleshakov, *Inside the Kremlin's Cold War*, pp. 92-3; and Melvyn P. Leffler, "Strategy, Diplomacy, and the Cold War: The United States, Turkey, and NATO, 1945-1952," *Journal of American History* 71 (Mar. 1985), 807-25.

62) Galia Golan, *Soviet Policies in the Middle East from World War Two to Gorbachev* (Cambridge: Cambridge University Press, 1990), pp. 29-34; Alexei Vassiliev, *Russian Policy in the Middle East: From

Messianism to Pragmatism (Reading, Berks.: Ithaca Press, 1993), pp. 16-19.

63) Quoted in Hahn, *The United States, Great Britain, and Egypt*, p. 50. ヘンダーソンの植民地主義に対する懸念については以下をみよ。H. W. Brands, *Inside the Cold War: Loy Henderson and the Rise of the American Empire. 1918-1961* (New York: Oxford University Press, 1991), pp. 122-3.

64) PPS/21, "The Problem of Palestine," 11 Feb. 1948, *The State Department Policy Planning Staff Papers* (New York: Garland, 1983), ii. 84. See also David Schoenbaum, *The United States and the State of Israel* (New York: Oxford University Press, 1993), pp. 34-62.

65) Kennan memorandum, 21 May 1948, *FRUS: 1948*, v. 1021.

66) Aaron David Miller, *Search for Security: Saudi Arabian Oil and American Foreign Policy, 1939-1949* (Chapel Hill: University of North Carolina Press, 1980), pp. 177-84.

67) Hahn, *The United States, Great Britain, and Egypt*, pp. 52-4.

68) Ibid. 102. See also Alonzo L. Hamby, *Man of the People: A Life of Harry S. Truman* (New York: Oxford University Press, 1995), p. 537.

69) *Khrushchev Remembers*, trans. and ed. Strobe Talbott (New York: Little, Brown, 1970), p. 475. See also Hough, *The Struggle for the Third World*, pp. 36-7; and Vassiliev, *Russian Policy in the Middle East*, pp. 19-20.

70) Rami Ginat, *The Soviet Union and Egypt, 1945-1955* (London: Frank Cass, 1993), pp. 29, 41-2, 45-6.

71) Ibid. 38-9; Golan, *Soviet Policies in the Middle East*, pp. 34-41.

72) この概要は当時のアメリカの情勢評価を反映している。Philip Jessup to Marshall, 1 July 1948, *FRUS: 1948*, v. 1182-3; Ginat, *The Soviet Union and Egypt*, pp. 77-88.

73) Marshall memorandum of conversation, 12 May 1948, *FRUS: 1948*, v. 975.

74) Quoted in Ginat, *The Soviet Union and Egypt*, p. 85.

75) *Khrushchev Remembers*, p. 476. See also Ginat, *The Soviet Union and Egypt*, pp. 105, 119-20, 156-60; and Fawaz A. Gerges, *The Superpowers and the Middle East: Regional and International Politics, 1955-1967* (Boulder: Westview, 1994), pp. 23-4.

76) Quoted in ibid. 45.

77) Vladislav M. Zubok, "Soviet Intelligence and the Cold War: The 'Small' Committee of Information, 1952-53," *Diplomatic History* 19 (Summer 1995), 466-8. モサデク政権に対するソ連の冷ややかな態度についての初期の考察としては、以下をみよ。Golan, *Soviet Policies in the Middle East*, p. 177.

78) Samii, *Involvement by Invitation*, pp. 141-3. エジプトについては以下をみよ。Joel Cordon, *Nasser's Blessed Movement: Egypt's Free Officers and the July Revolution* (New York: Oxford University Press, 1992), pp. 161-8.

79) この表現は、ジェームズ・マッキントッシュ卿（1765-1832年）によるもので、「支離滅裂でも何とかやり遂げる」という古くからのイギリス人の行動原理を、やや上品に言い直したものである。そうしたやり方を高く評価すべき時もたまにはあるが、もちろん難しいのはどんな場合にそれをしてやるかである。

80) Policy Planning Staff memorandum, 21 May 1952, *FRUS: 1952-4*, ix. 233.

81) Minutes, State Department-Joint Chiefs of Staff meeting, 18 June 1952, ibid. 237.

82) そのディレンマについては、以下に洞察力に富む分析がなされている。Macdonald, *Adventures in Chaos*, pp. 249-57. しかしながら私自身は、民主党が海外の同盟国を改革しようとする傾向があることに対して、共和党はしばしばそれらを支援しようと試みるという彼の議論に懐疑的である。

83) Hahn, *The United States, Great Britain, and Egypt*, pp. 109-16. See also Peter L. Hahn, "Containment and Egyptian Nationalism: The Unsuccessful Effort to Establish the Middle East Command, 1950-53," *Diplomatic History* 11 (Winter 1987), 23-40.

84) Hahn, *The United States, Great Britain, and Egypt*, pp. 122-30; Amin Hewedy, "Nasser and the Crisis of 1956," in Wm. Roger Louis and Roger Owen, eds., *Suez 1956: The Crisis and Its Consequences* (New York: Oxford University Press, 1989), pp. 163-4.

85) Quoted in Hahn, *The United States, Great Britain, and Egypt*, p. 159.

86) Roger Makins to Anthony Eden, 4 Oct. 1956, quoted in Wm. Roger Louis, "Dulles, Suez, and the British," in Richard Immerman, ed., *John Foster Dulles and the Diplomacy of the Cold War* (Princeton: Princeton University Press, 1990), p. 134. ダレスの反植民地主義についてはさらに以下をみよ。Ronald W. Pruessen, *John Foster Dulles: The Road to Power* (New York: Free Press, 1982), pp. 409-10, 446-8, 504-6.

87) Dulles-Naguib conversation, 11 May 1953, *FRUS: 1952-4*, ix, 15-17. 引用文傍点は原文書。

88) 以下はエジプトに関して、グローバルな視点と地域レベルの視点の対照について有益な議論を行っている。Gerges, *The Superpowers and the Middle East*, pp. 54-5.

89) Dulles-Nasser conversation, 12 May 1953, ibid. 22-3. 引用文傍点は原文書。

90) Minutes, NSC meetings, 1 June and 9 July 1953, ibid. 381, 395.

91) Gordon, *Nasser's Blessed Movement*, pp. 191-7; Keith Kyle, *Suez* (New York: St. Martin's Press, 1991), pp. 54-6; and Ali E. Hillai Dessouki, "Nasser and the Struggle for independence," in Louis and Owen, eds., *Suez* 1956, esp. pp. 31-7.

92) Hahn, *The United States, Great Britain, and Egypt*, pp. 184-5; Gerges, *The Superpowers and the Middle East*, p. 25.

93) Miles Copeland, *The Game of Nations: The Amorality of Power Politics* (New York: Simon & Schuster, 1969) pp. 177-8.

94) Dulles to US Embassy, Ankara, 26 Mar. 1955, and to US Embassy, Cairo, 30 Mar. 1955, ibid. 43, 45.

95) McMahon, *Cold War on the Periphery*, pp. 39-42, 162-76 194-5. アメリカのユーゴスラビア、インド、非同盟運動に対する政策については以下をみよ。Brands, *The Specter of Neutralism*, pp. 13-219.

96) Ibid. 264-5; Ginat, *The Soviet Union and Egypt*, pp. 191-4.

97) ナセルと周恩来の対話を解説するこの文書は、ナセルの親友であったモハメド・ヘイカルの回顧録で明らかにされたもので、中ソ対立が深刻化したあと、中国がエジプトにコピーを提供したとしている。ヘイカルは必ずしも信頼できる情報源ではないけれども、この報告は、すでにインドシナの事例でみてきたように、それがどこの地域であれ、中国が民族自決運動の支援をいかに一貫して重視していたかを示しているといえる。Mohamed Heikal, *The Sphinx and the Commissar: The Rise and Fall of Soviet Influence in the Middle East* (New York: Harper & Row, 1978), pp. 57-9.

98) Golan, *Soviet Policies in the Middle East*, pp. 45-6; Ginat, *The Soviet Union and Egypt*, pp. 207-9.

99) Ibid. 160-90; Gerges, *The Superpowers and the Middle East*, p. 34.

100) *Khrushchev Remembers*, p. 477.

101) Ginat, *The Soviet Union and Egypt*, pp. 207-8; Hough, *The Struggle for the Third World*, pp. 37, 149-51, 228-9.

102) フルシチョフは、実際には首相の座を降りる数ヵ月前の1964年5月までカイロを訪問したことはなかった。最近の説明は以下を参照。Sergei Khrushchev, *Khrushchev on Khrushchev: An Inside Account of the Man and His Era*, ed. and trans. William Taubman (Boston: Little, Brown, 1990), pp. 58-62.

103) Hoover to Dulles, 11 July 1955, *FRUS: 1955-7*, xii. 132.

104) Dulles-Harold Macmillan conversation, 26 Sept. 1955, ibid. 517-19.

105) Hahn, *The United States, Great Britain, and Egypt*, p. 194.

106) Kyle, *Suez*, pp. 148-52. 1955年9月26日におけるイギリス外相マクミランとダレスの会談では、マクミランは「我々はナセルを生かしてはおかないし、様々な圧力で彼を最後には失脚させる」と認めていた。*FRUS: 1955-7*, xiv. 518. アメリカ側の強まる幻滅については以下をみよ。Robert R. Bowie, "Eisenhower, Dulles, and the Suez Crisis," in Louis and Owen, eds., *Suez 1956*, pp. 190-2.

107) 1956年7月19日のダレスとアフマド・フセインの会談については以下を参照。*FRUS: 1955-7*, xv. 867-73. See also Bowie, "Eisenhower, Dulles, and the Suez Crisis," pp. 192-6; and Diane B. Kunz, *The Economic Diplomacy of the Suez Crisis* (Chapel Hill: University of North Carolina Press, 1991), pp.

68-72.

108) Kyle, *Suez*, pp. 128-130.

109) Eisenhower Diary, 8 Mar. 1956, in Robert H. Ferrell, ed., *The Eisenhower Diaries* (New York: Norton, 1981) p. 319.

110) Dulles-Allen Dulles telephone conversation, 19 July 1956, *FRUS: 1955-7*, xv. 866.

111) これについてはさらに以下をみよ。John Lewis Gaddis, *The Long Peace: Inquiries into the History of the Cold War* (New York: Oxford University Press, 1987), esp. p. 192.

112) Ibid. 174-87. See also David Allan Mayers, *Cracking the Monolith: U.S. Policy Against the Sino-Soviet Alliance, 1949-1955* (Baton Rouge: Louisiana State University Press, 1986).

113) Kunz, *Economic Diplomacy of the Suez Crisis*, p. 194. 最も包括的な説明として以下をみよ。Kyle, *Suez*. また簡潔な解説として以下を参照。Kyle, Maurice Vaisse, and Mordecai Bar-Or in Louis and Owen, eds., *Suez 1956*, pp. 103-60; Wm. Roger Louis, "The Tragedy of the Anglo-Egyptian Settlement of 1954," ibid. 43-71.

114) Bowie, "Eisenhower, Dulles, and the Suez Crisis," pp. 207-8; Kyle, *Suez*, pp. 300-1.

115) Gerges, *The Superpowers and the Middle East*, pp. 65-6. 左にはアイゼンハワーとダレスがこの立場をとった理由が簡潔に述べられている。東欧については第7章を参照。

116) See Rashid Khalidi, "Consequences of the Suez Crisis in the Arab World," in Louis and Owen, eds., *Suez 1956*, p. 378. アメリカがかけた経済的圧力については以下をみよ。Kunz, *Economic Diplomacy of the Suez Crisis, passim.*

117) John C. Cambell, "The Twin Crises of Hungary and Suez," in Louis and Owen,eds., *Suez: 1956*, pp. 246-7; Kyle, *Suez*, pp. 456-60. エジプト側の観点は以下をみよ。Heikal, *The Sphinx and the Commissar*, p. 72. フルシチョフによる核の恫喝は第8章で論議される。

118) Gerges, *The Superpowers and the Middle East*, p. 79.

119) *Khrushchev Remembers*, pp. 475, 480.

120) Gerges, *The Superpowers and the Middle East*, p. 80. Kunz, *Economic Diplomacy of the Suez Crisis*, p. 179. 本書はアメリカもエジプトに対して経済制裁を課していたという、しばしば忘れられている点を指摘している。

121) Ibid. 170.

122) Dulles memorandum, 16 Nov. 1956, *FRUS: 1955-7*, xii, 330-1. 傍点引用者。

123) Dulles conversation with Turkish, Iraqi, Iranian, and Pakistani ambassadors, 4 Dec. 1956, ibid. 370.

124) Kunz, *Economic Diplomacy of the Suez Crisis*, p. 158.

125) 1956年12月6日のアイゼンハワーとダレスの電話会談については以下をみよ。Eisenhower-Dulles telephone conversation, 6 Dec. 1956, *FRUS: 1955-7*, xii. 395-6. 中東問題に関するアイゼンハワーとダレスの関係については以下を参照。Bowie, "Eisenhower, Dulles, and the Suez Crisis," pp. 213-14.

126) *Public Papers of the President of the United States: Dwight D. Eisenhower, 1957* (Washington: Government Printing Office, 1958), pp. 6-16. アイゼンハワー・ドクトリンの背景については、以下を参照。Cecil V. Crabb, Jr., *The Doctrines of American Foreign Policy: Their Meaning, Role, and Future* (Baton Rouge: Louisiana State University Press, 1982), pp. 153-92; and Thomas G. Paterson, *Meeting the Communist Threat: Truman to Reagan* (New York: Oxford University Press, 1988), pp. 159-90.

127) Ibid. 180-2; Kunz, *Economic Diplomacy of the Suez Crisis*, p. 160. 上院の投票は72対19、下院でのそれは350対60であった。

128) NSC minutes, 11 Jan. 1957, *FRUS: 1955-7*, xii. 440.

129) NIE 30-2-57, "Near East Developments Affecting US Interests," 8 Oct. 1957, ibid. 609.

130) State Department Staff Study, "United States Objectives and Policies With Respect to the Near East," 30 Oct. 1957, ibid. 623.

131) Quoted in Heikal, *The Sphinx and the Commissar*, p. 82.

132) 二人のCIA要員による著作として以下を参照。Copeland, *The Game of Nations*, p. 239 and Wilbur Crane Eveland, *Ropes of Sand: America's Failure in the Middle East* (New York: Norton, 1980), pp. 293-5.

133) レバノン危機についての最近の評価は以下をみよ。Gerges, *The Superpowers in the Middle East*, pp. 102-22. Stephen J. Genco, "The Eisenhower Doctrine: Deterrence in the Middle East, 1957-1958," in Alexander L. George and Richard Smoke, *Deterrence in American Foreign Policy: Theory and Practice* (New York: Columbia University Press, 1974), pp. 308-62. 左は古い書物であるが、依然として価値がある。また短いが鋭い分析として以下をみよ。McMahon, "Credibility and World Power," pp. 464-5.

134) Eveland, *Ropes of Sand*, p. 299.

135) Minutes, NSC meeting, 31 July 1958, *FRUS: 1958-60*, xii. 129, 132.

136) NSC 5820/1, "U.S. Policy Toward the Near East," 4 Nov. 1958, ibid. 189.

137) Heikal, *The Sphinx and the Commissar*, p. 65.

138) Ibid. 16-17. この重要な点については左をみよ。私にとっては、以下も大変有益であった。John Kevin Burns, "A Lesson in Nationalism: United States Relations with Egypt During the Eisenhower Presidency, 1953-1960" (MA Thesis, University of Maryland Baltimore County, 1994).

139) Gerges, *The Superpowers and the Middle East*, pp. 80-1.

140) Heikal, *The Sphinx and the Commissar*, p. 84.

141) その理由については第7章と第8章で論じられる。

142) *Khrushchev Remembers*, p. 488; Khrushchev, *Khrushchev on Khrushchev*, p. 58.

143) これらの要因については主として以下に拠った。Miller, *Soviet Relations with Latin America*, esp. pp. 1-50.

144) Gaddis Smith, *The Last Years of the Monroe Doctrine, 1945-1993* (New York: Hill & Wang, 1994), pp. 63-4.

145) Ibid. 61-2. See also Vernon A. Walters, *Silent Missions* (Garden City, NY: Doubleday, 1978), pp. 150-69; Forrest C. Pogue, *George C. Marshall: Statesman, 1945-1959* (New York: Viking, 1987), pp. 385-93; and Robert E. Quirk, *Fidel Castro* (New York: Norton, 1993), pp. 25-6. 私はまた、教え子の一人であるモリー・スミス (Molly Smith) がボゴタ暴動について著した論文に拠るところが大きかった。

146) ケナンの報告は以下をみよ。*FRUS: 1950*, ii. 598-624. See also George F. Kennan, *Memoirs: 1925-1950* (Boston: Atlantic Little, Brown, 1967), pp. 476-84.

147) Smith, *The Last Years of the Monroe Doctrine*, pp. 65-90. 私はスミスとは解釈が異なっている。スミスは、ケナンの報告をNSC-68と関連付け、その中にグアテマラや世界の至るところで後に展開されるアメリカの秘密工作の青写真をみている。

148) 私はここでは以下に拠るところが大きい。Gleijeses, *Shattered Hope*, esp. pp. 140-8, 361-3, 380-1. さらに以下をみよ。Richard H. Immerman, *The CIA in Guatemala: The Foreign Policy of Intervention* (Austin: University of Texas Press, 1982). ユナイテッド・フルーツ社の役割に大きな重要性を与えているのは以下である。Stephen Schlesinger and Stephen Kinzer, *Bitter Fruit: The Untold Story of the American Coup in Guatemala* (Garden City, NY: Doubleday, 1982). ダレスの歴史の教訓は以下に引用されている。Smith, *The Last Years of the Monroe Doctrine*, p. 87.

149) See Miller, *Soviet Relations With Latin America*, pp. 25-7.

150) Gleijeses, *Shattered Hope*, pp. 141, 147.

151) Ibid. 280-3, 295-304; also Herbert S. Dinerstein, *The Making of a Missile Crisis: October 1962* (Baltimore: Johns Hopkins University Press, 1976), pp. 10-13.

152) Ibid. 184-8.

153) Immerman, *The CIA in Guatemala*, p. 186.

154) これらの事態についての最近の最良の説明は以下をみよ。Quirk, *Fidel Castro*, pp. 87-209. グアテマラの事件がカストロの革命にどのような影響を与えたのかについては以下を参照。Dinerstein,

The Making of a Missile Crisis, pp. 18-20; Immerman, *The CIA in Guatemala*, pp. 194-7; and Gleijeses, *Shattered Hope*, pp. 372-3.

155) Thomas G. Paterson, *Contesting Castro: The United States and the Triumph of the Cuban Revolution* (New York: Oxford University Press, 1994), pp. 108-10, 126-8, 137-8.

156) Walters, *Silent Missions*, pp, 313-37; Stephen E. Ambrose, Nixon: *The Education of a Politician, 1913-1962* (New York: Simon & Schuster, 1987), pp. 456-82.

157) Minutes, Cabinet meeting, 16 May 1958, *FRUS: 1958-60*, v. 238.

158) Dulles to Eisenhower, 7 Jan. 1959, ibid. vi. 347.

159) この記念すべき場面は1992年に放映されたイギリス放送協会のドキュメンタリー番組 "The Cuban Missile Crisis" の中に出てくる。

160) Eisenhower-Herter conversation, 18 Apr. 1959, *FRUS: 1958-60*, vi. 475.

161) Nixon memorandum, 19 Apr. 1959, ibid. 476. 類似した1959年4月23日付の国務省の評価については以下を参照。ibid. 482-3.

162) 「バランスをとる ("balancing")」や「時流に乗る＝バンドワゴンする ("bandwagoning")」といった言葉は国際関係理論から私が借用したものであるが、それらの言葉は通常、アナーキーな環境における諸国家の行動を特徴づけるために使われる言葉であり、相対的に組織化された環境における指導者について使用する言葉ではない。See Kenneth Waltz, *Theory of International Politics* (New York: Random House, 1979), pp. 125-6; Stephen Walt, *The Origins of Alliances* (Ithaca: Cornell University Press, 1987), pp. 17-33. ウォルトは同盟の形成におけるイデオロギーの役割を論議しているけれども、バランスやバンドワゴンといった文脈の中でそれを分析している訳ではない。Ibid. 33-40.

163) Quirk, *Fidel Castro*, esp. pp. 26-30, 54, 64, 160, 182. カストロが熱狂的に野球に傾倒していたことは以下をみよ。Ibid. 199-201, 260; Paterson, *Contesting Castro*, pp. 49-51.

164) この当時の真偽の定かでない逸話が残っている。キューバ銀行の接収を決定したカストロは、側近にエコノミストがいるかどうかを尋ねた。ゲバラが手を挙げ、カストロは彼を銀行の責任者とした。後にカストロはゲバラに「君がエコノミストだとは知らなかった」と語った時、「何ですって、私はあなたがコミュニストと言ったと思っていた」と返事した。この話は1960年3月10日の国家安全保障会議の話題となったことは重要であり、またグロムイコの回顧録にも出てくる。*FRUS: 1958-60*, vi. 836; Andrei Gromyko, *Memoirs*, trans. Harold Shukman (New York: Doubleday, 1989), p. 183.

165) 私はこの点について以下の分析に拠るところが大きい。Quirk, *Fidel Castro*, pp. 247-8. さらに次も参照。*Khrushchev Remembers*, pp. 541-2.

166) Hough, *The Struggle for the Third World*, p. 72.

167) *Khrushchev Remembers*, p. 540. See also Dinerstein, *The Making of a Missile Crisis*, pp. 36-47; Quirk, *Fidel Castro*, pp. 290-1; and Paterson, *Contesting Castro*, pp. 28, 33, 71-2, 107-8, 142-6.

168) Quirk, *Fidel Castro*, pp. 273-4, 290-2; also *Khrushchev Remembers*, pp. 541-3.

169) Quirk, *Fidel Castro*, p. 292.

170) Quoted in ibid. 294.

171) Eisenhower to Harold Macmillan, 11 July 1960, *FRUS: 1958-60*, vi. 1003.

172) Dean Rusk, as told to Richard Rusk, *As I Saw It* (New York: Norton, 1990), p. 245. See also Richard Reeves, *President Kennedy: Profile of Power* (New York: Simon & Schuster, 1993), p. 105.

173) Herter to Selwyn Lloyd, 21 Feb. 1960, *FRUS: 1958-60*, vi. 806.

174) 5412 Committee memorandum, "A Program of Covert Action Against the Castro Regime," 16 Mar. 1960, ibid. 850-1.

175) Eisenhower to Macmillan, 11 July 1960, ibid. 1002-3.

176) Macmillan to Eisenhower, 22 July 1960, ibid. 1005.

177) See Kyle, *Suez*, p. 257.

178) Dinerstein, *The Making of Missile Crisis*, pp. 82, 91; also Quirk, *Fidel Castro*, pp. 321-2; and Smith,

The Last Years of the Monroe Doctrine, pp. 100-1.

179) Hough, *The Struggle for the Third World*, pp. 156-62.

180) そのあざやかな描写は以下をみよ。Quirk, *Fidel Castro*, pp. 334-8. フルシチョフ自身の回想は次をみよ。*Khrushchev Remembers: The Last Testament*, pp. 477-9.

181) Quirk, *Fidel Castro*, pp. 339-42. グロムイコの見解は以下にある。Gromyko, *Memoirs*, p. 158.

182) ここに引用するフルシチョフの演説は以下にある。Alvin Z. Rubinstein, ed., *The Foreign Policy of the Soviet Union*, 3rd edn. (New York: Random House, 1972), pp. 266-9.

183) Michael R. Beschloss, *The Crisis Years: Kennedy and Khrushchev, 1960-1963* (New York: HarperCollins, 1991), pp. 60-1.

184) *Public Papers of the Presidents: John F. Kennedy, 1961* (Washington: Government Printing Office, 1962), pp. 22-3.

185) See Beschloss, *The Crisis Years*, p. 63; also John Lewis Gaddis, *Strategies of Containment: A Critical Appraisal of Postwar American National Security Policy* (New York: Oxford University Press, 1982), pp. 198-9.

186) W. W. Rostow, *The Stages of Economic Growth: A Non-Communist Manifesto* (Cambridge: Cambridge University Press, 1960), esp. pp. 162-4. 1950年代に発展した「開発理論」に対する鋭い批判は以下をみよ。D. Michael Shafer, *Deadly Paradigms: The Failure of U.S. Counterinsurgency Policy* (Princeton: Princeton University Press, 1988).

187) 長らく受けいられていた標準的叙述は以下をみよ。Peter Wyden, *The Bay of Pigs: The Untold Story* (New York: Simon & Schuster, 1979). さらに以下も重要。Richard M. Bissell, Jr., with Jonathan E. Lewis and Frances T. Pudlo, *Reflections of a Cold Warrior: From Yalta to the Bay of Pigs* (New Haven: Yale University Press, 1996), pp. 152-99.

188) Quoted in Reeves, *President Kennedy*, pp. 163-5.

189) 第5章をみよ。

190) *Khrushchev Remembers*, pp. 545-6. See also *Khrushchev Remembers: The Last Testament*, pp. 509-11; and *Khrushchev Remembers: The Glasnost Tapes*, p. 170.

191) "Ghost of a Kennedy—C.I.A. Plot Has Come Back to Haunt Clinton," *New York Times*, 30 Oct. 1994. See also Tim Weiner, "Keeping the Secrets That Everybody Knows," ibid. ケネディ政権とイギリス領ギアナに関する背景について以下のものがある。Arthur M. Schlesinger, Jr., *A Thousand Days: John F. Kennedy in the White House* (Boston: Houghton Mifflin, 1965), pp. 773-9; and Cary Fraser, *Ambivalent Anti-Colonialism: The United States and the Genesis of West Indian Independence, 1940-1964* (Westport, Conn.: Greenwood Press, 1994), pp. 124-202. またこのエピソードについては以前オックスフォード大学で私の学生であったジェーン・シレリー (Jane Sillery) からの教示に負うところが大きい。

192) 第7章において理由を論じる。

第7章

1) Joseph Stalin, *Economic Problems of Socialism in the USSR* (1952), in Bruce Franklin, ed., *The Essential Stalin: Major Theoretical Writings, 1905-52* (Garden City, NY: Anchor Books, 1972), pp. 469-71. この引用はヴラディスラフ・ズボックとコンスタンティン・プレシャコフの示唆に負っている。

2) Quoted in William J. Tompson, *Khrushchev: A Political Life* (New York: St. Martin's Press, 1995), p. 123.

3) Robert S. McNamara, with Brian VanDeMark, *In Retrospect: The Tragedy and Lessons of Vietnam* (New York: Random House, 1995), p. xvi. 私は免疫措置が暗に意味するところについて以下で全面的に論議を発展させていた。John Lewis Gaddis, *Strategies of Containment: A Critical Appraisal of Postwar American National Security Policy* (New York: Oxford University Press, 1982), p. 223.

4) こうした見解が出現した理由についてのすぐれた説明は以下を参照。D. Michael Shafer, *Deadly Paradigms: The Failure of U.S. Counterinsurgency Policy* (Princeton: Princeton University Press, 1988), esp. pp. 43-132.
5) See Robert C. Tucker, *Stalin in Power: The Revolution from Above, 1928-1949* (New York: Norton, 1990) pp. 46-50, 345; also William Curti Wohlforth, *The Elusive Balance: Power and Perceptions During the Cold War* (Ithaca: Cornell University Press, 1993), pp. 77-8, and Tony Smith, *Thinking Like a Communist: State and Legitimacy in the Soviet Union, China, and Cuba* (New York: Norton, 1987), pp. 24, 45-8.
6) Robert A. Pollard, *Economic Security and the Origins of the Cold War, 1945-1950* (New York: Columbia University Press, 1985), pp. 7-9, 14-16;. John Lewis Gaddis, *The United States and the Origins of the Cold War, 1941-1947* (New York: Columbia University Press, 1972), pp. 18-22; Eric Hobsbawm, *The Age of Extremes: A History of the World, 1914-1991* (New York: Pantheon, 1994), pp. 230-1.
7) See Martin Malia, *The Soviet Tragedy: A History of Socialism in Russia, 1917-1991* (New York: Free Press, 1994), p. 300.
8) 最近の物価水準で計算すると、アメリカの国民総生産（GNP）は、1941年の1260億ドルから1945年には2140億ドルになっている。1929年時点の物価で計算してみても、1390億ドルから1810億ドルであり、その増大は著しいものである。*The Statistical History of the United States from Colonial Times to the Present* (Stamford, Conn.: Fairfield Publishers, 1965), p. 139.
9) Malia, *The Soviet Tragedy*, pp. 201-9. See also Adam B. Ulam, *The Communists: The Story of Power and Lost Illusions, 1948-1991* (New York: Scribner's, 1992), pp. 6-7.
10) Gaddis, *The United States and the Origins of the Cold War*, pp. 12-14.
11) Pollard, *Economic Security and the Origins of the Cold War*, pp. 4, 10-11.
12) Quoted in Alfred E. Eckes, Jr., *A Search for Solvency: Bretton Woods and the International Monetary System, 1941-1971* (Austin: University of Texas Press, 1975), p. 127.
13) Henry R. Nau, *The Myth of America's Decline: Leading the World Economy into the 1990s* (New York: Oxford University Press, 1990), pp. 38-9, and Hobsbawm, *The Age of Extremes*, pp. 270-4. これらは簡潔な概観を提供している。ブレトン・ウッズ会議については以下をみよ。Eckes, *A Search for Solvency*, pp. 107-64.
14) Ibid. 141.
15) W. Averell Harriman and Elie Abel, *Special Envoy to Churchill and Stalin, 1941-1946* (New York: Random House, 1975), p. 384. See also Pollard, *Economic Security and the Origins of the Cold War*, p. 51; and Thomas G. Paterson, *Soviet-American Confrontation: Postwar Reconstruction and the Origins of the Cold War* (Baltimore: Johns Hopkins University Press, 1973), pp. 37-40.
16) Harriman and Abel, *Special Envoy*, p. 385.
17) Pollard, *Economic Security and the Origins of the Cold War*, pp. 50-3. ロシアに対する借款問題と武器貸与の関係については以下をみよ。George C. Herring, Jr., *Aid to Russia, 1941-1946: Strategy, Diplomacy, the Origins of the Cold War* (New York: Columbia University Press, 1973).
18) Memorandum of 26 Dec. 1945, printed in Harold James and Marzenna James, "The Origins of the Cold War: Some New Documents," *Historical Journal* 37 (1994), 620-1.
19) Soviet foreign ministry memorandum, 29 Dec. 1945, printed ibid. 619. この文書によれば、もしソ連がブレトン・ウッズ体制に加わったならば、ソ連は他の参加国の債務を引き受けざるを得なくなったかもしれないし、拠出しなければならない金の使途を統制できなくなる可能性があった。
20) See Eckes, *A Search for Solvency*, pp. 141-6.
21) George F. Kennan, *Memoirs: 1925-1950* (Boston: Atlantic Little, Brown, 1967), pp.292-3.
22) Ibid. 293. 実際に打電されたケナンの電報は国務省からの別件の問い合わせ、すなわち1946年2月9日に行われたスターリンの選挙演説の背景に関する問い合わせに対する返信であった。しかしながら彼は明らかにブレトン・ウッズに関する問い合わせを念頭においていた。関連する史

料については以下をみよ。*FRUS: 1946*, vi. 696 n.

23) Kennan to Byrnes, 22 Feb. 1946, ibid. 703.

24) Nau, *The Myth of America's Decline*, pp. 89-91. See also Dean Acheson, *Present at the Creation: My Years in the State Department* (New York: Norton, 1969), pp. 725-8.

25) マーシャル計画に対するブレトン・ウッズの影響については以下をみよ。Warren I. Cohen, *America in the Age of Soviet Power, 1945-1991* (New York: Cambridge University Press, 1993), p. 42. マーシャル計画をソ連が拒絶したことは第2章で論議している。

26) Malia, *The Soviet Tragedy*, p. 300.

27) Peter R. Beckman, *World Politics in the Twentieth Century* (Englewood Cliffs, NJ: Prentice-Hall, 1984), pp. 209, 236, 284. それぞれの年におけるソ連の世界における鋼鉄生産シェアは、12%、17%、20%である。以下も参照。Hobsbawm, *The Age of Extremes*, p. 258.

28) Nau, *The Myth of America's Decline*, p. 39. See also Geir Lundestad, *The American "Empire" and the Other Studies of US Foreign Policy in a Comparative Perspective* (New York: Oxford University Press, 1990), pp. 62-5; and David P. Calleo, "Since 1961: American Power in a New World Economy," in William H. Becker and Samuel F. Wells, Jr., eds., *Economics and World Power: An Assessment of American Diplomacy Since 1789* (New York: Columbia University Press, 1984), pp. 391-3.

29) 私は「円滑に運営されるための体制」の暗喩を以下から借用している。Fred L. Block, *The Origins of International Economic Disorder: A Study of United States International Monetary Policy from World War II to the Present* (Berkeley: University of California Press, 1977), pp. 4, 6.

30) Eckes, *A Search for Solvency*, pp. 237-71; Robert Solomon, *The International Monetary System, 1945-1976: An Insider's View* (New York: Harper & Row, 1977), pp. 176-215.

31) See Richard Crockatt, *The Fifty Years War: The United States and the Soviet Union in World Politics, 1941-1991* (New York: Routledge, 1995), pp. 11-13.

32) Preface to the French and German editions of "Imperialism: The Highest Form of Capitalism," in Robert C. Tucker, ed., *The Lenin Anthology* (New York: Norton, 1975), p. 207. See also Wohlforth, *The Elusive Balance*, pp. 67, 77-8.

33) Robert V. Daniels, ed., *A Documentary History of Communism*, rev. edn. (Hanover, NH: University Press of New England, 1984), ii. 137-8.

34) Vladimir O. Pechatnov, "The Big Three After World War II: New Documents on Soviet Thinking About Postwar Relations with the United States and Great Britain," CWIHP Working Paper 13 (June 1995), esp. pp. 18-19. See also Ambassador Nikolai Novikov's report, "U.S. Foreign Policy in the Postwar Period," 27 Sept. 1946, in Kenneth M. Jensen, ed., *Origins of the Cold War: The Novikov, Kennan, and Roberts "Long Telegrams" of 1946* (Washington: United States Institute of Pace, 1991), pp. 11, 13.

35) ヴァルガのこのような「代替選択肢」とその結末については、以下が明確な説明を与えている。Wohlforth, *The Elusive Balance*, pp. 77-87.

36) Quoted in Daniels, ed., *A Documentary History of Communism*, ii. 172. See also James G. Richter, *Khrushchev's Double Bind: International Pressures and Domestic Coalition Politics* (Baltimore: Johns Hopkins University Press, 1994), pp. 32-3. これとは異なる立場からの、しかし説得力に欠ける解釈については以下も参照。Hobsbawm, *The Age of Extremes*, pp. 232-3.

37) Kennan to Byrnes, 22 Feb. 1946, *FRUS: 1946*, vi. 701. See also Wohlforth, *The Elusive Balance*, pp. 95-9. しかしながら、興味深いことにケナンはこの問題を、スターリン自身もしくはマルクス=レーニン主義のイデオロギーと同じ程度にロシアの国民性に帰していた。「客観的真実に対するロシア人の軽視こそが、——実のところ、彼らは客観的真実などというものの存在を信じてはいない——事実を告げられてもそれを何らかの隠された目的を促進するための方便としかみなさない傾向を生んでいる。」

38) 本書は依然として最良の概説である。Robert A. Divine, *Second Chance: The Triumph of Internationalism in America during World War II* (New York: Atheneum, 1967).

39) Wohlforth, *The Elusive Balance*, pp. 78-9. See also Hobsbawm, *The Age of Extremes*, p. 271.

40) See Smith, *Thinking Like a Communist*, pp. 55-6; also John Lewis Gaddis, "International Relations Theory and the End of the Cold War," *International Security* 17 (Winter 1992/3), 38.

41) Wohlforth, *The Elusive Balance*, pp. 60-1, 65.

42) ルンデスタッドはこの論点を以下に示唆している。Lundestad, *The American "Empire"*, pp. 54-6. See also Thomas J. McCormick, *America's Half-Century: United States Foreign Policy in the Cold War* (Baltimore: Johns Hopkins University Press, 1989), pp.46-53.

43) Block, *The Origins of International Economic Disorder*, pp. 12-14; Smith, *America's Mission*, p. 163.

44) 私の学生の一人であるブロシウスは、戦後のアメリカの戦略が優先順位を経済から地政学的なそれへ徐々に移行した状況を跡づけている。S. David Broscious, "From 'Peace and Prosperity' to 'Peace and Security:' The Marshall Plan and the Ideological Shift within U.S. Foreign Policy, 1947-1948," a paper delivered at the 1995 annual convention of the Society for Historians of American Foreign Relations.

45) Pollard, *Economic Security and the Origins of the Cold War*, pp. 156-61; Lundestad, *The American "Empire"*, pp. 72-3; Hobsbawm, *The Age of Extremes*, pp. 275-6; Lawrence S. Kaplan, *The United States and NATO: The Formative Years* (Lexington: University Press of Kentucky, 1984) p. 181; and Alfred E. Eckes, Jr., *Opening America's Market: U.S. Foreign Trade Policy Since 1776* (Chapel Hill: University of North Carolina Press, 1995), esp. pp. 157-77.

46) Smith, *America's Mission*, p. 172. マーシャル計画に関するアメリカの柔軟性については以下をみよ。Pollard, *Economic Security and the Origins of the Cold War*, pp. 133-6; Nau, *The Myth of America's Decline*, pp. 103-6; and Michael J. Hogan, *The Marshall Plan: America, Britain, and the Reconstruction of Europe, 1947-1952* (Cambridge: Cambridge University Press, 1987), pp. 434-5, 443-5.

47) Smith, *America's Mission*, pp. 160-3.

48) Lundestad, *The American "Empire,"* p. 65.

49) Wohlforth, *The Elusive Balance*, p. 80.

50) あるいはトニー・スミスが西ドイツについて書いているように、「ドイツの社会主義者たちを妨害していた最大の外部勢力はアメリカではなくソ連であった。」Smith, *America's Mission*, p. 172. See also Jean Edward Smith, *Lucius D. Clay: An American Life* (New York: Henry Holt, 1990), p. 276.

51) アラン・ミルワードはこの論点をヨーロッパについて説得的に述べている。Alan S. Millward, *The Reconstruction of Western Europe, 1945-51* (Berkeley: University of California Press, 1984). しかしホブズボームはヨーロッパと日本についてそうした論議に鋭く反論している。Hobsbawm, *The Age of Extrimes*, pp. 275-6.

52) この論点はポール・ケネディとその批判者であるジョセフ・ナイそれぞれによって提起されている。Paul Kennedy, *The Rise and Fall of the Great Powers: Economic Change and Military Conflict from 1500 to 2000* (New York: Random House, 1987), p. 432; Joseph S. Nye, Jr., *Bound to Lead: The Changing Nature of American Power* (New York: Basic Books, 1990), pp. 72-3.

53) Hogan, *The Marshall Plan*, pp. 431-2.

54) Quoted in Daniels, ed., *A Documentary History of Communism*, ii. 172. さらにこの点については第5章を参照。

55) See Michael Doyle, "Kant, Liberal Legacies, and Foreign Affairs," *Philosophy and Public Affairs* 12 (Summer and Fall 1983), 205-35, 323-53; and Bruce Russett, *Grasping the Democratic Peace: Principles for a Post-Cold War World* (Princeton: Princeton University Press, 1993).

56) Michael Doyle, "An International Liberal Community," in Graham Allison and Gregory Treverton, eds., *Rethinking America's Security: Beyond the Cold War to New World Order* (New York: Norton, 1992), pp. 330-1.

57) Smith, *America's Mission*, pp. 286-7. See also Melvyn P. Leffler, *A Preponderance of Power: National Security, the Truman Administration, and the Cold War* (Stanford: Stanford University Press, 1992), pp. 52-3.

58) さらにこの詳細は第8章を参照。

59) Kennan, *Memoirs: 1925-1960*, p. 369; Gaddis, *Strategies of Containment*, pp. 30-1; Wilson D. Miscamble, *George F. Kennan and the Making of American Foreign Policy, 1947-1950* (Princeton: Princeton University Press, 1992), pp. 348-9.

60) Smith, *America's Mission*, p. 155. もしセオドア・ローズヴェルトの影響がウッドロー・ウィルソンの影響よりも長続きしていたら、事態がどのように別の発展をしたのだろうかという興味深い議論については以下も参照。Henry Kissinger, *Diplomacy* (New York: Simon & Schuster, 1994), pp. 29-55.

61) Quoted in Smith, *Lucius D. Clay*, p. 332. クレイ将軍と報道機関の関係については以下をみよ。Ibid. 365-6, 369-70.

62) D. Clayton James, *The Years of MacArthur: Triumph and Disaster, 1945-1964* (Boston: Houghton Mifflin, 1985), pp. 281-5.

63) Quoted in Smith, *America's Mission*, p. 146.

64) Ibid. 148-51.

65) さらなる論拠については以下を参照。David Hackett Fischer, *Albion's Seed: Four British Folkways in America* (New York: Oxford University Press, 1989).「ゼロ時」を見る別の方法は、カオス理論で言うところの、ある過程の始まりにおける微妙な変化さえもがその後の進展に深い影響をあたえるという、「初期条件に対する敏感な依存性」の状況として考えることである。以下に明確な議論をみることができる。James Gleick, *Chaos: Making a New Science* (New York: Viking, 1987), pp. 11-31.

66) Hugh Thomas, *Conquest: Montezuma, Cortéz, and the Fall of Old Mexico* (New York: Simon & Schuster, 1993). 本書は初期の瞬間を見事に再構成している。さらに以下も参照。James, *MacArthur: Triumph and Disaster*, p. 4.

67) See Reinhold Wagnleitner, *Coca-Colonization and the Cold War: The Cultural Mission of the United States in Austria after the Second World War*, trans. Diana M. Wolf (Chapel Hill: University of North Carolina Press, 1994). 戦前期については以下をみよ。Frank Costigliola, *Awkward Dominion: American Political, Economic, and Cultural Relations with Europe, 1919-1933* (Ithaca: Cornell University Press, 1984).

68) 第2章を参照。

69) David P. Calleo, *Beyond American Hegemony: The Future of the Western Alliance* (New York: Basic Books, 1987), pp. 28-39. 本書は、ケナンのこうした問題に関する懸念について、興味深いことにロバート・A・タフトのような人々との関連においてうまく要約している。

70) Marc Trachtenberg, *History and Strategy* (Princeton: Princeton University Press, 1991), p. 167.

71) Kaplan, *The United States and NATO*, pp. 11, 100-1, 181.

72) Diane B. Kunz, *The Economic Diplomacy of the Suez Crisis* (Chapel Hill: University of North Carolina Press, 1991). 本書が最良の解説を提供している。

73) アメリカ合衆国憲法の構造との比較を三人の歴史家が強調している。Kaplan, *The United States and NATO*, pp. 60-1, 178; Ernest R. May, "The American Commitment to Germany, 1949-55," *Diplomatic History* 13 (Fall 1989), pp. 458-60; and Geir Lundestad, "The United States and European Integration, 1945-1995," forthcoming.

74) これらの考え方を私は次の著作に主として依拠した。Thomas Risse-Kappen, *Cooperation Among Democracies: The European Influence on U.S. Foreign Policy* (Princeton: Princeton University Press, 1995), pp. 12-41. しかし以下も参照。John Gerard Ruggie, "International Regimes, Transactions, and Change: Embedded Liberalism in the Postwar Economic Order," in Stephen D. Krasner, ed., *International Regimes* (Ithaca: Cornell University Press, 1983), esp. pp. 198-9. やや類似の結論だがまったく異なった分析方法から導かれたものとして以下をみよ。Kissinger, *Diplomacy*, pp. 79, 82-4, 103-4.

75) Lawrence S. Kaplan, *NATO and the United States: The Enduring Alliance*, updated edn. (New York:

Twayne, 1994), pp. 24, 28-9, 37, 47. See also May, "The American Commitment to Germany," pp. 455-6.

76) 第5章を参照。Lundestad, "The United States and European Integration," pp. 32-3. トルーマン政権がヨーロッパ防衛共同体（EDC）構想に対して当初いかに冷静であったかについて本書はよい議論を提供している。

77) Trachtenberg, *History and Strategy*, p. 159.

78) 適切な事例研究として以下を参照。Risse-Kappen, *Cooperation Among Democracies*, pp. 42-82.

79) これらの論点は本書第3章と第4章、ならびに以下においてさらに詳細に論議されている。Kaplan, *NATO and the United States*, pp. 64-5, 67-8.

80) Philip Nash, "The Other Missiles of October: Eisenhower, Kennedy, and the Jupiters in Europe, 1957-1963" (Ph.D. Dissertation, Ohio University, 1994).

81) See Kaplan, *The United States and NATO*, pp. 14-29.

82) Stuart A. Kauffman, *The Origins of Order: Self-Organization and Selection in Evolution* (New York: Oxford University Press, 1993). See also M. Mitchell Waldrop, *Complexity: The Emerging Science at the Edge of Order and Chaos* (New York: Viking, 1992), pp. 275-323.

83) Kaplan, *The United States and NATO*, pp. 52-8. まだ出版されていないが以下は瞥見の限り、ヨーロッパに対するアメリカの政策とその衝撃についての最良の概観である。Lundestad, "The Unites States and European Integration, 1945-1995."

84) John W. Young, *Cold War Europe: 1945-1989* (New York: Routledge, Chapman, & Hall, 1991), pp. 28-53. 本書は手ごろな概説書である。

85) Dulles to Macmillan, 10 Dec. 1955, *FRUS: 1955-7*, iv. 363. この引用についてはルンデスタッドの指摘に負っている。

86) 第2章を参照。

87) 第5章を参照。

88) Leonid Ya. Gibiansky, "Problems of East European International-Political Structuring in the Period of Formation of the Soviet Bloc," paper prepared for a CWIHP conference, Moscow, Jan. 1993, p. 53.

89) Paul Marer, "Soviet Economic Policies in Eastern Europe," in John P. Hardt, ed., *Reorientation and Commercial Relations of the Economies of Eastern Europe* (Washington: Government Printing Office, 1974), p. 136. 私はこの引用についてマストニー（Vojtech Mastny）の指摘に負っている。さらに以下をみよ。George Schöpfin, "The Stalinist Experience in Eastern Europe," *Survey: A Journal of East and West Studies* 30 (Oct. 1988), 126-8.

90) Sergei N. Goncharov, John W. Lewis, and Xue Litai, *Uncertain Partners: Stalin, Mao, and the Korean War* (Stanford: Stanford University Press, 1994), pp. 121-9. See also Shu Guang Zhang, "The Collapse of Sino-Soviet Economic Cooperation, 1950-1960: A Cultural Explanation," pp. 13-17, and Yang Kuisong, "On the Causes of the Changes in Mao Zedong's View of the Soviet Union," pp. 15-17, both papers prepared for the CWIHP-University of Hong Kong conference, "The Cold War in Asia," Jan. 1996.

91) Stalin to Shtykov, 30 Jan. 1950, CWIHP *Bulletin* 5 (Spring 1995), p. 9.

92) Tompson, *Khrushchev*, p. 229. See also pp. 1-2; as well as Malia, *The Soviet Tragedy*, pp. 317-20, 328; and Richter, *Khrushchev's Double Bind*, p. 56.

93) Ulam, *The Communists*, pp. 108-12; also Richter, *Khrushchev's Double Bind*, p. 32. 東ベルリン暴動に関するソ連の懸念についての新しい証拠については以下をみよ。The report of 24 June 1953 prepared by V. Sokolovskii, V. Semyonov, and P. Yudin for Molotov and Bulganin, CWIHP *Newsletter* 5 (Spring 1995), 10, 17-21. 本文書に添えられたクリスチャン・オスターマン（Christian Ostermann）による論評も参照のこと。

94) See Malia, *The Soviet Tragedy*, p. 328; also Amy Knight, *Beria: Stalin's First Lieutenant* (Princeton: Princeton University Press, 1993), p. 227; and James M. Goldgeier, *Leadership Style and Soviet Foreign*

Policy: Stalin, Khrushchev, Brezhnev, Gorbachev (Baltimore: Johns Hopkins University Press, 1994), pp. 17-21.

95) Tompson, *Khrushchev*, pp. 122, 184.

96) Ibid. 151. See also Fedor Burlatsky, *Khrushchev and the First Russian Spring* (London: Weidenfeld & Nicolson, 1991), pp. 82-3, 139-43, 145-9; Malia, *The Soviet Tragedy*, pp. 330-4; and Donald Filtzer, *The Khrushchev Era: De-Stalinisation and the Limits of Reform in the USSR, 1953-1964* (London: Macmillan, 1993), pp. 38-57.

97) Tompson, *Khrushchev*, p. 267.

98) *Khrushchev Remembers*, ed. and trans. Strobe Talbott (Boston: Little, Brown, 1971), p. 422.

99) Tompson, *Khrushchev*, pp. 130-1; Ulam, *The Communists*, pp. 114-18.

100) *Khrushchev Remembers*, p. 380.

101) Zhou Enlai to Mao Zedong, 24 Jan. 1957, CWIHP, *Bulletin* 6 and 7 (Winter 1995/6), p. 153.

102) *Khrushchev Remembers*, pp. 373, 517. See also Ulam, *The Communists*, pp. 120-5.

103) *Khrushchev Remembers: The Glasnost Tapes*, trans. and ed. Jerrold L. Schecter with Vyacheslav V. Luchkov (Boston: Little, Brown, 1990), pp. 72-80. 本書が最も詳しく説明しているが、以下も参照。*Khrushchev Remembers: The Last Testament*, trans. and ed. Strobe Talbott (Boston: Little, Brown, 1974), pp. 220-1, 493. モロトフが次第にその地位を低下させていたことに関しては以下の文献が有益である。Richter, *Khrushchev's Double Bind*, pp. 64-8.

104) 第5章を参照。

105) M. Steven Fish, "After Stalin's Death: The Anglo-American Debate Over a New Cold War," *Diplomatic History* 10 (Fall 1986), 333-55. But see also John Lewis Gaddis, "The Unexpected John Foster Dulles," in Richard H. Immerman, ed., *John Foster Dulles and the Diplomacy of the Cold War* (Princeton: Princeton University Press, 1990), pp. 67-71.

106) 第8章を参照。

107) Smith, *Thinking Like a Communist*, pp. 43-8; also Theodore S. Hamerow, *From the Finland Station: The Graying of Revolution in the Twentieth Century* (New York: Basic Books, 1990), p. 166; and Steven M. Goldstein, "Nationalism and Internationalism: Sino-Soviet Relations," in Thomas W. Robinson and David Shambaugh, eds., *Chinese Foreign Policy: Theory and Practice* (New York: Oxford University Press, 1994), pp. 230-1.

108) ここでの議論は以下の文献に依拠した。Constantine V. Pleshakov, "Reform Versus Revolution: Khrushchev Deals With China," unpublished paper prepared for the Brown University Centennial Conference on Nikita S. Khrushchev, Dec. 1994, pp. 6-8.

109) Richter, *Khrushchev's Double Bind*, p. 74. See also ibid. 76.

110) Ibid. 102.

111) *Khrushchev Remembers*, pp. 375, 382.「個人崇拝とその帰結について」というフルシチョフの演説は以下に収録されている。T. H. Rigby, ed., *The Stalin Dictatorship: Khrushchev's 'Secret Speech' and Other Documents* (Sydney: Sydney University Press, 1968), pp. 23-89. フルシチョフのスターリン批判の背景に関しては以下を参照。Filtzer, *The Khrushchev Era*, pp. 12-16.

112) Georgi Arbatov, *The System: An Insider's Life in Soviet Politics* (New York: Times Books, 1992), p. 49. See also Burlatsky, *Khrushchev and the First Russian Spring*, pp.63-5.

113) 以下はこの党大会をよくまとめている。Tompson, *Khrushchev*, pp. 153-61. さらに以下も参照。Richter, *Khrushchev's Double Bind*, pp. 79-81.

114) Kissinger, *Diplomacy*, p. 519.

115) 以下においてフルシチョフとゴルバチョフの比較が簡潔になされている。Filtzer, *The Khrushchev Era*, pp. 1-4, 82-4.

116) See Bernard S. Morris, *Communism, Revolution, and American Policy* (Durham: Duke University Press, 1987), pp. 3-4.

117) Burlatsky, *Khrushchev and the First Russian Spring*, pp. 132-3. 本書のスターリンとの比較は印象的

である。

118)　もちろんこの命題はフランス革命の起源を考察したトクヴィルにさかのぼる。近年の新たな論議については以下をみよ。Hamerow, *From the Finland Station*, pp. 19-35.

119)　第5章を参照。

120)　*Khrushchev Remembers*, pp. 382-3. See also Peter Grose, *Gentleman Spy: The Life of Allen Dulles* (Boston: Houghton Mifflin, 1994), pp. 419-27.

121)　Polish Politburo protocol 129, meetings of 19, 20, and 21 Oct. 1956, CWIHP *Bulletin* 5 (Spring 1995), 40. この史料と、これに関する最近公開された他の史料については以下を参照。L. W. Gluchowski, "Poland, 1956: Khrushchev, Gomulka, and the 'Polish October'," ibid. 1, 38-49; and Mark Kramer, "Hungary and Poland, 1956: Khrushchev's CPSU CC Presidium Meeting on East European Crises, 24 October, 1956," ibid. 1, 50-1. 背景については以下の文献も有益である。Krystyna Kersten, "1956: The Turning Point," in Odd Arne Westad, Sven Holtsmark, and Iver B. Neumann, eds., *The Soviet Union in Eastern Europe, 1945-89* (New York: St Martin's Press, 1994), pp. 47-62.

122)　*Khrushchev Remembers: The Last Testament*, p. 205.

123)　Antonin Novotny notes, CPSU CC Presidium meeting, 24 Oct. 1956, CWIHP *Bulletin* 5 (Spring 1995), 54.

124)　Ibid.

125)　Quoted in Mark Kramer, "Khrushchev and Eastern Europe: De-Stalinization and Reconsolidation," paper prepared for the Khrushchev Centennial Conference, Brown University, Dec. 1994, p. 20. See also Burlatsky, *Khrushchev and the First Russian Spring*, pp. 85-6. ハンガリー動乱の背景については以下をみよ。Charles Gati, *Hungary and the Soviet Block* (Durham: Duke University Press, 1986), pp. 127-55.

126)　Quoted in Kramer, "Hungary and Poland, 1956," p. 51.

127)　Ibid. 51-2; Tompson, *Khrushchev*, pp. 168-9.

128)　Kramer, "Khrushchev and Eastern Europe," pp. 26-30. See also Burlatsky, *Khrushchev and the First Russian Spring*, pp. 88-92. また詳細な同時代的記述として以下を参照。Veljko Micunovic, *Moscow Dialy*, trans. David Floyd (Garden City, NY: Doubleday, 1980), pp. 149, 170-4, 394-6.

129)　Ibid. 92-3.

130)　*Khrushchev Remembers: The Glasnost Tapes*, pp. 125-6.

131)　Richter, *Khrushchev's Double Bind*, pp. 91-2.

132)　*Khrushchev Remembers*, pp. 346-50.

133)　Vasily Sidikhmenov, "Stalin and Mao Hearkened [*sic*] To Us," *New Times International* 5 (Feb. 1993), 31. 次の会議提出論文からも示唆を受けた。M. Yu. Prozumenshchikov and I. N. Shevchuk, "Soviet-Chinese Relations, 1953-1959," prepared for a CWIHP conference, Moscow, Jan. 1993.

134)　*Khrushchev Remembers: The Glasnost Tapes*, pp. 142-3. 同様の告白がソ連外務省極東局長による以下のレポートに見られる。Mikhail Zimyanin, "The Political, Economic, and International Standing of the PRC," 15 Sept. 1959, printed in the CWIHP *Bulletin* 6 and 7 (Winter 1995/6), 178.

135)　"The Greatest Friendship," 9 Mar. 1953, in Michael Y. M. Kau and John K. Leung, eds., *The Writings of Mao Zedong*, i: *September, 1949-December, 1955* (Armonk, NY: M. E. Sharpe, 1986), p. 329.

136)　Transcript, Mao Zedong's conversation with a Yugoslavian Communist Union delegation, Beijing, Sept. 1956, CWIHP *Bulletin* 6 and 7 (Winter 1995/6), 151.

137)　Soviet Ambassador P. F. Yudin report of a conversation with Mao, 31 Mar. 1956, ibid. 165; Mao conversation with Yugoslav delegation, Sept. 1956, ibid. 149.

138)　Li Zhisui, *The Private Life of Chairman Mao*, trans. Tai Hung-chao (New York: Random House, 1994), pp. 115-18.

139)　ここでは私は Vladislav Zubok and Constantine Pleshakov, *Inside the Kremlin's Cold War: From Stalin to Khrushchev* (Cambridge, Mass.: Harvard University Press, 1996), pp. 214-15. における「非同時的な」革命的発展に関する議論のいくつかの含意に主として依拠している。しかし以下も参照の

こと。Hobsbawm, *The Age of Extremes*, pp. 465-8, and Frederick C. Teiwes, "Establishment and Consolidation of the New Regime," in Roderick MacFarquhar and John K. Fairbank, eds., *The Cambridge History of China*, xiv: *The People's Republic*, pt. 1: *The Emergence of Revolutionary China, 1949-1965* (New York: Cambridge University Press, 1987), p. 67. また、劉少奇による1949年のモスクワ訪問に関する第3章の論議を参照のこと。

140) 第3章を参照。

141) Maurice Meisner, *Mao's China and After: A History of the People's Republic* (New York: Free Press, 1986), pp. 84-163. 本書は優れた概説である。

142) Mao Zedong speech, "On Sino-American and Soviet-American Relations," 27 Jan. 1957, CWIHP *Bulletin* 6 and 7 (Winter 1995/6), 152.

143) *Khrushchev Remembers*, p. 471; *Khrushchev Remembers: The Last Testament*, p. 252.

144) Li, *The Private Life of Chairman Mao*, p. 115.

145) "The Greatest Friendship," in Kau and Leung, eds., *The Writings of Mao Zedong*, i, 330. 毛沢東がソヴィエト・モデルを中国の状況に適用したことに関しては以下を参照。Teiwes, "Establishment and Consolidation of the New Regime," pp. 63-7, 129-42.

146) P. F. Yudin report of conversation with Mao Zedong, 22 July 1958, CWIHP *Bulletin* 6 and 7 (Winter 1995/6), 155-6.

147) Harrison Salisbury, *The New Emperors: China in the Era of Mao and Deng* (Boston: Little, Brown, 1992). 本書は中国の革命指導者たちがいかに容易に帝国主義的傾向を発展させたかを強調している。

148) Li, *The Private Life of Chairman Mao*, p. 115; also Sidikhmenov, "Stalin and Mao," p. 32.

149) Yudin report, conversation with Mao, 31 Mar. 1956, CWIHP *Bulletin* 6 and 7 (Winter 1995/6), 166. レーニンでさえ間違う可能性があるということを毛沢東は認めていた。つまるところ、彼は「著作執筆中に(中略)いくつかの言葉遣いを線を引いて消し、そして書き直したのではないかね」と。Ibid. 167; see also *Khrushchev Remembers: The Last Testament*, pp. 250-1.

150) Teiwes, "Establishment and Consolidation of the New Regime," p. 134. のちに毛沢東はフルシチョフがポーランド危機を平和的に解決するのを助けたことを自分の手柄にした。毛沢東とユディン(P. F. Yudin)との会談。22 July 1958, CWIHP *Bulletin* 6 and 7 (Winter 1995/6), 156.

151) ゴムルカと周恩来の会談記録。11 Jan. 1957, CWIHP *Bulletin* 5 (Spring 1995), 43. さらに周恩来の毛沢東への報告も参照。24 Jan. 1957, ibid. 6 and 7 (Winter 1995/6), 153-4.

152) *Khrushchev Remembers: The Last Testament*, p. 254. フルシチョフの不信については以下をみよ。Ibid. 245-6; also *Khrushchev Remembers*, p. 466.

153) Mao-Yudin conversation, 22 July 1958, CWIHP *Bulletin* 6 and 7 (Winter 1995/6), 155.

154) Yang, "On the Causes of the Changes in Mao Zedong's View of the Soviet Union," pp. 27-8.

155) Li, *The Private Life of Chairman Mao*, p. 220.

156) 1957年2月27日の毛沢東の演説は以下にある。Roderick MacFarquhar, Timothy Cheek, and Eugene Wu, eds., *The Secret Speeches of Chairman Mao: From the Hundred Flowers to the Great Leap Forward* (Cambridge, Mass.: Harvard University Press, 1989), pp. 131-89.

157) Ibid. 201. これら一連の出来事に関しては以下を参照。Merle Goldman, "The Party and the Intellectuals," in MacFarquhar and Fairbank, eds., *The Cambridge History of China*, xiv. 242-58.

158) *Khrushchev Remembers*, p. 467.

159) Li, *The Private Life of Chairman Mao*, p. 204.

160) Kenneth Lieberthal, "The Great Leap Forward and the Split in the Yenan Leadership," in MacFarquhar and Fairbank, eds., *The Cambridge History of China*, xiv. 293-359. は優れた概観を提供している。

161) Robert C. Tucker, *Stalin in Power: The Revolution From Above, 1928-1941* (New York: Norton, 1990), pp. 321-3. See also Donald S. Zagoria, *The Sino-Soviet Conflict, 1956-1961* (Princeton: Princeton University Press, 1962), pp. 81-2.

162) *Khrushchev Remembers: The Last Testament*, p. 273. See also Lieberthal, "The Great Leap Forward,"

p. 484.

163) Liu Xiao to Ministry of Foreign Affairs, Beijing, 20 Oct. 1958, quoted in Zhang, "The Collapse of Sino-Soviet Economic Cooperation," p. 35. Zagoria, *The Sino-Soviet Dispute*, pp. 77-141. 本書は大躍進政策に対するソ連の対応について詳細な議論を提供している。

164) *Khrushchev Remembers: The Glasnost Tapes*, p. 153. See also *Khrushchev Remembers*, p. 473.

165) Li, *The Private Life of Chairman Mao*, p. 225.

166) Lieberthal, "The Great Leap Forward," p. 306.

167) Nicholas R. Lardy, "The Chinese Economy Under Stress, 1958-1965," in MacFarquhar and Fairbank, eds., *The Cambridge History of China*, xiv. 366-7. See also Li, *The Private Life of Chairman Mao*, pp. 283, 290-1.

168) Ibid. 278, 291.

169) Lardy, "The Chinese Economy Under Stress," pp. 370-2. See also Basil Ashton, Kenneth Hill, Alan Piazza, and Robin Zeitz, "Famine in China, 1958-61," *Population and Development Review* 10 (Dec. 1984), 613-45.

170) 私はこの一般化を第1章で引用したように、第二次世界大戦より前のスターリンの政策の結果死亡した推計1700～2200万人と、一般的に600万と認められているホロコーストにおける死者数に基礎をおいている。上述した毛沢東による犠牲者の数が1600万人から2700万人の幅があるのに対して、ヒトラーとスターリンが生み出した国内犠牲者の数はあわせて2300万人から2800万人の幅がある。

171) この点については第8章で論じられる。

172) Quoted in John Gittings, *Survey of the Sino-Soviet Dispute: A Commentary and Extracts from the Recent Polemics, 1963-1967* (London: Oxford University Press, 1968), pp. 347, 350.

173) Ibid. 130-1.

174) Quoted in Zhang, "The Collapse of Sino-Soviet Economic Cooperation," pp. 38-9.

175) Tompson, *Khrushchev*, pp. 237-9. See also Richter, *Khrushchev's Double Bind*, pp. 103-5, 127.

176) Burlatsky, *Khrushchev and the First Russian Spring*, p. 130. 当時のソ連経済の困難については以下をみよ。Richter, *Khrushchev's Double Bind*, p. 127.

177) Michael Beschloss, *The Crisis Years: Kennedy and Khrushchev, 1960-1963* (New York: HarperCollins, 1991), pp. 165-7. 向こう見ずであったことの別の成功例として、1940年5月にフランクリン・D・ローズヴェルトが年間5万機の航空機生産を国民に呼びかけたことがあるが、その時点で生産量は目標の十分の一にも達していなかった。Doris Kearns Goodwin, *No Ordinay Time: Franklin and Eleanor Roosevelt: The Home Front in World War II* (New York: Simon & Schuster, 1994), pp. 44-5.

178) この点に関しては第9章で論じられる。

179) Gordon H. Chang, *Friends and Enemies: The United States, China, and the Soviet Union, 1948-1972* (Stanford: Stanford University Press, 1990), pp. 228-52.

180) こうした事態を予測した理論家の一人はユーゴスラヴィア人のカルデリ (Edward Kardelj) である。See Burlatsky, *Khrushchev and the First Russian Spring*, pp. 117-18.

181) Allen S. Whiting, "The Sino-Soviet Split," in MacFarquhar and Fairbank, eds., *The Cambridge History of China*, xiv. 479.

182) *Khrushchev Remembers*, p. 466; *Khrushchev Remembers: The Last Testament*, pp. 245-6.

183) *Khrushchev Remembers*, p. 464.

184) Ibid. 466-7; Li, *The Private Life of Chairman Mao*, pp. 220, 222, 261-2. しかしながらフルシチョフは不快感を表に出さず、むしろその後西側の首脳たちを訪問する際の彼の態度として取り入れた。

185) ゴーリスト的思考についてのすぐれた入門として以下を参照。Philip H. Gordon, *A Certain Idea of France: French Security Policy and the Gaullist Legacy* (Princeton: Princeton University Press, 1993), esp. pp. 3-22. 中ソ関係における個人的な敵意の重要性に関しては以下を参照。Yang, "On the Causes of the Changes in Mao Zedong's View of the Soviet Union," pp. 6-7; and William Taubman, "Khrushchev vs. Mao: A Preliminary Sketch of the Role of Personality in the Sino-Soviet Dispute,"

paper prepared for the CWIHP-University of Hong Kong conference on "The Cold War in Asia," Jan. 1996.

186) Michael M. Harrison, *The Reluctant Ally: France and Atlantic Security* (Baltimore: Johns Hopkins University Press, 1981), pp. 134-68.

187) Gordon, *A Certain Idea of France*, pp. 79-160, は慎重な評価をしている。

188) 同様の暗喩についての初期の使われ方に関しては以下を参照。John Foster Dulles, *War or Peace* (New York: Macmillan, 1950), p. 242.

189) *Khrushchev Remembers*, p. 477.

190) Hobsbawm, *The Age of Extremes*, pp. 250-1, 259, 398-400, and Crockatt, *The Fifty Years War*, pp. 12-13. この2冊はともに冷戦史の主たる転換点として1950年代末と1960年代はじめの重要性を強調している。

第8章

1) Quoted in John Wilson Lewis and Xue Litai, *China Builds the Bomb* (Stanford: Stanford University Press, 1988), p. 37.

2) Memorandum, NSC meeting, 26 Jan. 1956, *FRUS: 1955-7* xx. 297.

3) See e.g. Philip E. Mosely, *The Kremlin and World Politics: Studies in Soviet Policy and Action* (New York: Vintage Books, 1960) ; and Donald S. Zagoria, *The Sino-Soviet Conflict, 1956-1961* (Princeton: Princeton University Press, 1962).

4) 第4章をみよ。

5) ジョン・ミューラーはこの冷戦の終結というテーマを、第三次世界大戦に匹敵する、しかし平和的な変化としている。John Mueller, *Quiet Cataclysm: Reflections on the Recent Transformation of World Politics* (New York: HarperCollins, 1995), esp. pp. 1-3.

6) George F. Kennan, "The Sources of Soviet Conduct," *Foreign Affairs* 25 (July 1947), 580.

7) John Foster Dulles, *War or Peace* (New York: Macmillan, 1950), p. 242. ダレスのダラスにおける演説も参照。Dulles's speech to the Dallas Council on World Affairs, 27 Oct. 1956, *Department of State Bulletin* 35 (5 Nov. 1956), 695-9.

8) Robert A. Divine, *Foreign Policy and U.S. Presidential Elections: 1952-1960* (New York: Franklin Watts, 1974), pp. 32-6, 50-6.

9) 「ニュールック」政策についての著者の詳細な議論は以下を参照。John Lewis Gaddis, *Strategies of Containment: A Critical Appraisal of Postwar American National Security Policy* (New York: Oxford University Press, 1982), pp. 127-63. また「ニュールック」とフルシチョフの戦略的欺騙戦略との興味深い類似については以下をみよ。Walter A. McDougall, *The Heavens and the Earth: A Political History of the Space Age* (New York: Basic Books, 1985), pp. 265-9.

10) Quoted in Richard Rhodes, *Dark Sun: The Making of the Hydrogen Bomb* (New York: Simon & Schuster, 1995), p. 510.

11) Andrei Sakharov, *Memoirs*, trans. Richard Lourie (New York: Knopf, 1990), p. 175.

12) David Holloway, *Stalin and the Bomb: The Soviet Union and Atomic Energy, 1939-1956* (New Haven: Yale University Press, 1994), pp. 307-8.

13) Eisenhower speech to the United Nations General Assembly, 8 Dec. 1953, *Public Papers of the Presidents of the United States: Dwight D. Eisenhower, 1953* (Washington: Government Printing Office, 1960), p. 817.

14) See Holloway, *Stalin and the Bomb*, pp. 227, 238, 327-8. 広島については以下をみよ。David Callahan, *Dangerous Capabilities: Paul Nitze and the Cold War* (New York: HarperCollins, 1990), pp. 50-1.

15) Quoted in Rhodes, *Dark Sun*, pp. 508-9.

16) Quoted in Holloway, *Stalin and the Bomb*, p. 307.

17) Quoted ibid. 316-17.
18) Quoted ibid. 317.
19) 一人の例外は国防相で後に首相となるニコライ・ブルガーニンで、彼は1954年9月の原子爆弾投下実験で帽子を吹き飛ばされた。中国の将軍である彭徳懐と朱徳も現場にいた。Ibid., 327.
20) Nuel Pharr Davis, *Lawrence and Oppenheimer* (New York: Simon & Schuster, 1968), pp. 258. このトルーマンとオッペンハイマーの会話には他にもいくつかの記録がある。See e.g. *The Journals of David E. Lilienthal*, ii: *The Atomic Energy Years, 1945-1950* (New York: Harper & Row, 1964), p. 118; also Merle Miller, *Plain Speaking: An Oral Biography of Harry S. Truman* (New York: G. P. Putnam, 1974), p. 228. トルーマンの核兵器に対する考え方は第4章で議論されている。
21) Sakharov, *Memoirs*, pp. 192-5.
22) Charles Critchfield, quoted in Rhodes, *Dark Sun*, p. 543. オッペンハイマーに対する訴訟をめぐる最近のすぐれた論議としては以下を参照。Ibid. 530-59; McGeorge Bundy, *Danger and Survival: Choices About the Bomb in the First Fifty Years* (New York: Random House, 1988), pp. 305-18.
23) Ibid. 541-3; also Robert A. Divine, *Blowing on the Wind: The Nuclear Test Ban Debate, 1954-1960* (New York: Oxford University Press, 1978), pp. 3-35; and Spencer Weart, *Nuclear Fear: A History of Images* (Cambridge, Mass.: Harvard University Press, 1988), pp. 183-214.
24) Press conference, 24 Mar. 1954, *Eisenhower Public Papers: 1954*, p. 346.
25) 1954年4月1日付のニューヨークタイムズ紙やワシントンポスト紙にはアイゼンハワーとストラウスの3月31日の記者会見についてすぐれた記事がある。
26) Hagerty Diary, 31 Mar. and 1 Apr. 1954, in Robert H. Ferrell, ed., *The Diary of James C. Hagerty: Eisenhower in Mid-Course, 1954-1955* (Bloomington: Indiana University Press, 1983), pp. 36, 39.
27) 例として以下をみよ。Rhodes, *Dark Sun*, photograph 76. BRAVO 実験が引き起こした国際的な抗議についてはディヴァインが描写している。Divine, *Blowing on the Wind*, pp. 6-35.
28) Notes, Eisenhower meeting with legislative leaders, 14 Feb. 1956, *FRUS: 1955-7*, xix. 198.
29) Memorandum, NSC Meeting, 8 Dec. 1955, ibid. 172.
30) Churchill to Eisenhower, 9 Mar. 1954, in Peter G. Boyle, ed., *The Churchill-Eisenhower Correspondence, 1953-1955* (Chapel Hill: University of North Carolina Press, 1990), pp. 122-4.「核外交」に対するチャーチルの初期の支持については第4章を参照。
31) Eisenhower to Churchill, 19 Mar. 1954, in Boyle, ed., *The Churchill-Eisenhower Correspondence*, p. 125.
32) ボイルの結論をみよ。Ibid. 211-13. また次も参照。M. Steven Fish, "After Stalin's Death: The Anglo-American Debate Over a New Cold War," *Diplomatic History* 10 (Fall 1986), 333-55.
33) Report by Panel of Consultants of the Department of State, "Armaments and American Policy," Jan. 1953, *FRUS: 1952-4*, ii. 1066. このレポートについてはさらに以下も参照。Bundy, *Danger and Survival*, pp. 288-9.
34) Eisenhower speech to the UN General Assembly, 8 Dec. 1953, *Eisenhower Public Papers: 1953*, p. 817.
35) James Hagerty Diary, 27 July 1954, *FRUS: 1952-4*, xv. 1844-5.「あの老人〔李承晩〕には気の毒だが」とアイゼンハワーは事前にハガティーに語っていた。「彼は祖国を再統一したいと願っている。しかし、我々は彼がそのために戦争を始めるのを許すことはできない。結果は恐るべきことになるだろう」。Ibid. 1839.
36) Memorandum, NSC meeting, 3 Dec. 1954, ibid. ii. 804-5. See also Hagerty's diary entries for 3, 4 Jan. and 1 Feb. 1955, in *FRUS: 1955-7*, xix. 3-6, 39-40.
37) Memorandum, NSC meeting, 4 Aug. 1955, ibid. 101.
38) Dulles speech to the Council on Foreign Relations, 12 Jan. 1954, *Department of State Bulletin* 30 (25 Jan. 1954), 107-10. ダレスの演説の背景と結果については以下をみよ。Bundy, *Danger and Survival*, pp. 255-60; Gaddis, *Strategies of Containment*, pp. 145-61; H. W. Brands, "The Age of Vulnerability: Eisenhower and the National Insecurity State," *American Historical Review* 94 (Oct. 1989), 972-3.
39) Memorandum, Dulles-Strauss telephone conversation, 29 Mar. 1954, *FRUS: 1952-4*, ii. 1379-80.

40) Memorandum, NSC meeting, 6 May 1954, ibid. 1428.

41) Dulles memorandum, "Basic National Security Policy (Suggestions of the Secretary of State)," ibid. 773. ダレスの核兵器に関する思考の推移については以下をみよ。John Lewis Gaddis, *The United States and the End of the Cold War: Implications, Reconsiderations, Provocations* (New York: Oxford University Press, 1992), pp. 66-73.

42) Holloway, *Stalin and the Bomb*, pp. 306, 336. See also Vladislav Zubok and Constantine Pleshakov, *Inside the Kremlin's Cold War: From Stalin to Khrushchev* (Cambridge, Mass.: Harvard University Press, 1996), pp. 164-6.

43) Holloway, *Stalin and the Bomb*, pp. 338-9. このエピソードに関する議論としては以下を参照。Arnold L. Horelick and Myron Rush, *Strategic Power and Soviet Foreign Policy* (Chicago: University of Chicago Press, 1966), pp. 19-22, 26-7; William Curti Wohlforth, *The Elusive Balance: Power and Perceptions During the Cold War* (Ithaca: Cornell University Press, 1993), pp. 142-4; James G. Richter, *Khrushchev's Double Bind: International Pressures and Domestic Coalition Politics* (Baltimore: Johns Hopkins University Press, 1994), pp. 48-51.

44) Quoted in Yuri Smirnov and Vladislav Zubok, "Nuclear Weapons after Stalin's Death: Moscow Enters the H-Bomb Age," CWIHP *Bulletin* 4 (Fall 1994), 14-15. マレンコフへの影響については以下をみよ。Zubok and Pleshakov, *Inside the Kremlin's Cold War*, p. 169.

45) Quoted in Mohamed Heikal, *The Sphinx and the Commissar: The Rise and Fall of Soviet Influence in the Middle East* (New York: Harper & Row, 1978), p. 129. See also Holloway, *Stalin and the Bomb*, p. 339.

46) Horelick and Rush, *Strategic Power and Soviet Foreign Policy*, p. 26; William J. Tompson, *Khrushchev: A Political Life* (New York: St. Martin's Press, 1995), p. 143.

47) Memoranda, Eisenhower-Bulganin and Eisenhower-Zhukov conversations, 18 and 20 July 1955, *FRUS: 1955-7*, v. 376, 413.

48) Quoted in Michael R. Beschloss, *Mayday: Eisenhower, Khrushchev and the U-2 Affair* (New York: Harper & Row, 1986), p. 102.

49) *Khrushchev Remembers*, trans. and ed. Strobe Talbott (Boston: Little, Brown, 1970), p. 438.

50) Eisenhower United Nations speech, 8 Dec. 1953, *Eisenhower Public Papers: 1953*, p.816.

51) Hagerty Diary, 3 Jan. 1955, *FRUS: 1955-7*, xix. 4. See also Hagerty's Diary entry for 1 Feb. 1955, ibid. 40. 核抑止よりも核の危険を強調する政府高官の傾向についてのより一般的な説明は以下をみよ。Bundy, *Danger and Survival*, p. 380.

52) Technological Capabilities Panel (Killian) Report, 14 Feb. 1955, quoted in Brands, "The Age of Vulnerability," p. 974.

53) Eisenhower Diary, 23 Jan. 1956, *FRUS: 1955-7*, xix. 187.

54) Memorandum, Eisenhower meeting with Secretaries of State, Defense, and the Chairman of the Atomic Energy Commission, 23 Jan. 1956, ibid. 189; memorandum, NSC meeting, 26 Jan. 1956, ibid. xx. 297.

55) Report of the Central Committee to the 20th Party Congress, Feb. 1956, in Robert V. Daniels, ed., *A Documentary History of Communism*, ii: *Communism and the World* (Hanover, NH: University Press of New England, 1984), p. 225. See also Wohlforth, *The Elusive Balance*, pp. 144-5; Richter, *Khrushchev's Double Bind*, p. 80; and Zubok and Pleshakov, *Inside the Kremlin's Cold War*, pp. 184-5.

56) Statement Appended to the Report of the General Advisory Committee, 30 Oct. 1949, *FRUS: 1949*, i. 570-1. James G. Hershberg, *James B. Conant: Harvard to Hiroshima and the Making of the Nuclear Age* (New York: Knopf, 1993), pp. 470-8. 本書にはコナントの考え方とその影響についての丁寧な論議が展開されている。

57) Kennan memorandum, "The International Control of Atomic Energy," 20 Jan. 1950, *FRUS: 1950*, i. 39.

58) Bradley to Louis Johnson, 23 Nov. 1949, *FRUS: 1949*, i. 595-6. See also Bundy, *Danger and Survival*,

pp. 206-9; Rhodes, *Dark Sun*, pp. 387, 397-8; and David Alan Rosenberg, "American Atomic Strategy and the Hydrogen Bomb Decision," *Journal of American History* 66 (June 1979), 62-87. ここのブラッドレイの認識はバーナード・ブロディのそれに一致している。Marc Trachtenberg, *History and Strategy* (Princeton: Princeton University Press, 1991), pp. 6-7.

59) NSC-68の起草におけるコナントの役割については以下をみよ。Hershberg, *James B. Conant*, pp. 499-502. また、水爆開発決定に関する一般的な論議としては以下をみよ。Herbert F. York, *The Advisors: Oppenheimer, Teller, and the Superbomb* (San Francisco: W. H. Freeman, 1976), pp. 41-74.

60) Memorandum, NSC meeting, 25 Mar. 1954, *FRUS: 1952-4*, ii. 639-41.

61) See e.g. Gaddis, *Strategies of Containment*, pp. 129-36.

62) Memorandum, NSC meeting, 23 June 1954, *FRUS: 1952-4*, ii. 1469. See also ibid. 1342.

63) Memorandum, NSC meeting, 24 June 1954, ibid. 696. See also Dulles to Eisenhower, 8 Sept. 1953, ibid. 461.

64) 「我々は核兵器の使用に訴えてソ連がヨーロッパを席巻することを阻止できる。しかしながら、もとよりこれによって数百万の人を殺すことになる。さらにそれによって我々はヨーロッパの基地を放棄しなければならないだろう。これは途方もない問題だ。」Memorandum, NSC meeting, 26 Jan. 1956, *FRUS: 1955-7*, xx. 297.

65) 「大統領は侵略者を特定できなければ報復理論は崩壊してしまうと語った。侵略は多くの場合、その国に対するあからさまな攻撃よりも国内の転覆や内戦の形をとる。そうした場合、誰に対して報復すればよいのかは難しい。」Memorandum, NSC meeting, 5 Aug. 1954, *FRUS: 1952-4*, ii. 708.

66) Memorandum, NSC meeting, 26 Jan. 1956, *FRUS: 1955-7*, xx. 297.

67) 「アメリカは、核兵器の使用が迅速かつ積極的な侵略の阻止をもたらし、また政治的かつ軍事的考慮のバランスの上で、核の使用が安全保障上の国益を前進させる上で最良である場合には、局地的な状況においてさえも、その使用をあらかじめ排除することはできない。」(NSC-5501, "Basic National Security Policy," approved by Eisenhower 7 Jan. 1955, ibid., xix. 33) アイゼンハワーによる第一次台湾海峡危機における核の脅しについては以下をみよ。Gordon H. Chang, *Friends and Enemies: The United States, China, and the Soviet Union, 1948-1972* (Stanford: Stanford University Press, 1990), pp. 131-42.

68) See Bundy, *Danger and Survival*, pp. 278, 283, 285, 377.

69) Carl von Clausewitz, *On War*, ed. and trans. Michael Howard and Peter Paret (Princeton: Princeton University Press, 1976), esp. pp. 75-80. 本書におけるパレットの序説および以下をみよ。"The Genesis of *On War*," ibid. 21-2; Alan Beyerchen, "Clausewitz, Nonlinearity, and the Unpredictability of War," *International Security* 17 (Winter 1992/3), esp. p. 67.

70) See Christopher Bassford, *Clausewitz in English: The Reception of Clausewitz in Britain and America, 1815-1945* (New York: Oxford University Press, 1994), pp. 157-62.

71) Memorandum, NSC meeting, 7 Feb. 1957, *FRUS: 1955-7*, xix. 416. See also Eisenhower's comments at the NSC meetings of 20 Dec. 1956 and 11 Apr. 1957, ibid. 381, 473.アイゼンハワーの明らかな矛盾とそれに関するおそらくはクラウゼヴィッツ流の説明に対するすぐれて洞察的な論議は以下を参照。Peter J. Roman, *Eisenhower and the Missile Gap* (Ithaca: Cornell University Press, 1995), pp. 65, 83-4, 111.

72) Ibid. 70-1. See also Brands, "The Age of Vulnerability," pp. 980-1; and Gaddis, *The United States and the End of the Cold War*, pp. 66-73.

73) Bundy, *Danger and Survival*, pp. 334-50; Callahan, *Dangerous Capabilities*, pp. 155-74; Douglas Brinkley, *Dean Acheson: The Cold War Years, 1953-71* (New Haven: Yale University Press, 1992), pp. 58-64. やや古いが有益な説明として以下も参照。Richard A. Aliano, *American Defense Policy from Eisenhower to Kennedy: The Politics of Changing Military Requirements, 1957-1961* (Athens: Ohio University Press, 1975).

74) Trachtenberg, *History and Strategy*, pp. 40-2.

75) この部分における私のアイゼンハワーへの再検討は、以前私の学生であったキャンベル・クレ

イグの洞察力に富む博士論文に負うところが大きい。Campbell Craig, "The Thermonuclear Revolution and American Postwar Realism" (Ohio University, 1995). さらに以下も参照。Roman, *Eisenhower and the Missile Gap*, pp. 86-7.

76) 抑止は他の方法でも作用したけれども、「もし我々に現在ソ連に核攻撃を思いとどまらせるのに十分な軍事的強靱さがないとしても、それでは20倍の強さを持っていたからと言ってソ連を思いとどまらせることが出来るのか確信できないと大統領は語った。」Memorandum, NSC meeting, 21. Dec. 1956, *FRUS: 1955-7*, xix. 390.

77) Memorandum, NSC meeting, 27 Feb. 1956, ibid. 211. See also Eisenhower's comments on a Net Evaluation Subcommittee briefing, 23 Jan. 1956, ibid. 190-1.

78) Memorandum, Eisenhower conversation with Radford and Maxwell Taylor, 24 May 1956, ibid. 313. See also William Burr, "Avoiding the Slippery Slope: The Eisenhower Administration and the Berlin Crisis, November 1958-January 1959," *Diplomatic History* 18 (Spring 1994), 182.

79) Wohlforth, *The Elusive Balance*, p. 158; McDougall, *The Heavens and the Earth*, pp, 265-9; Zaloga, *Target America*, pp. 159-60; Tompson, *Khrushchev*, pp. 216-18.

80) Memorandum, NSC meeting, 8 Nov. 1956, *FRUS: 1955-7*, xxv. 419. 私はこの部分とそれ以降の論議で、私の学生の修士論文から示唆を得た。Jason George, "Adapting to Circumstances: American Policy Toward Eastern Europe, 1953-1956" (Ohio University, 1995).

81) Memorandum, NSC meeting, 26 Oct. 1956, *FRUS: 1955-7*, xxv. 299. See also Stephen E. Ambrose, *Eisenhower: The President* (New York: Simon & Schuster, 1984), p. 368.

82) 関連文書は以下にある。*FRUS: 1955-7*, xxv. 305-7, 317-18, 321-2, 328, 347-8, 351-2. 最高会議幹部会については以下で確認されている。Mark Kramer, "Khrushchev and Eastern Europe: De-Stalinization and Reconsolidation," paper prepared for the Brown University Khrushchev Centennial Conference, Dec. 1994, p. 26.

83) フルシチョフが1956年11月12日のユーゴスラビアの大使との会談で言及しているところでは、彼はモスクワを安心させようとするアイゼンハワーの発言に気づいており、それを弱さの兆候であると受け止めている。Veljko Micunovic, *Moscow Diary*, trans. David Floyd (Garden City, New York: Doubleday, 1980), pp. 156-7. ハンガリー動乱弾圧の決定についての彼の詳細な記述では(*Khrushchev Remembers*, pp. 458-65)、アメリカやNATOの介入に対する恐怖については何も語られていない。しかし、その後に出た回顧録の補訂版では、そうした干渉が起こった場合に、対抗措置として展開したソ連軍に関する簡潔な言及が存在する。*Khrushchev Remembers: The Glasnost Tapes*, trans. and ed. Jerrold L. Schechter and Vyacheslav V. Luchkov (Boston: Little, Brown, 1990), p. 125.

84) "Report of the President's Committee on International Information Activities," 30 June 1953, *FRUS: 1952-4*, ii. 1817. See also NSC 174, "United States Policy toward the Soviet Satellites in Eastern Europe," approved by Eisenhower on 23 Dec. 1953, ibid. viii. 116-28; and Bennett Kovrig, *Of Walls and Bridges: The United States and Eastern Europe* (New York: New York University Press, 1991), pp. 62-9.

85) Robert Cutler to Dulles, 3 Sept. 1953, *FRUS: 1952-4*, ii. 457.

86) Bulganin to Eden, 5 Nov. 1956, in Noble Frankland, ed., *Documents on International Affairs, 1956* (London: Oxford University Press, 1959), p. 289.

87) Richter, *Khrushchev's Double Bind*, p. 93; Keith Kyle, *Suez* (New York: St. Martin's Press, 1991). 第6章もみよ。

88) *Khrushchev Remembers*, p. 481. See also Horelick and Rush, *Stratregic Power and Soviet Foreign Policy*, pp. 31, 212; and Micunovic, *Moscow Diary*, pp. 148-9.

89) *Khrushchev Remembers: The Last Testament*, trans. and ed. Strobe Talbott (Boston: Little, Brown, 1974), p. 54. See also York, *The Advisors*, pp. 75-93.

90) General Curtis LeMay at the Naval War College, Apr. 1956, quoted in Rhodes, *Dark Sun*, p. 566. See also David Alan Rosenberg, "'A Smoking Radiating Ruin at the End of Two Hours:' Documents on American Plans for Nuclear War with the Soviet Union, 1954-1955," *International Security* 6

(Winter 1981/2), 3-38.

91) Stephen J. Zaloga, *Target America: The Soviet Union and the Strategic Arms Race, 1945-1964* (Novato, California: Presidio Press, 1993), pp. 162-3.

92) See John Ranelagh, *The Agency: The Rise and Decline of the CIA* (New York: Simon & Schuster, 1986), pp. 306-7.

93) Memorandum, Eisenhower conversation with Sherman Adams and Herbert Hoover, Jr., 5 Nov. 1956, *FRUS: 1955-7*, xvi, 1000-1. ボーレンとその情報予測評価については以下をみよ。Ibid. 995-6, 1018-20.

94) Memorandum, NSC meeting, 17 May 1956, ibid. xix. 307.

95) Memorandum, NSC meeting, 27 Feb. 1956, ibid. 211.

96) Memorandum, NSC meeting, 17 May 1956, ibid. 307.

97) Horelick and Rush, *Strategic Power and Soviet Foreign Policy*, p. 109. See also Sergei Khrushchev, *Khrushchev on Khrushchev: An Inside Account of the Man and His Era*, ed. and trans. William Taubman (Boston: Little, Brown, 1990), p. 106.

98) *Molotov Remembers: Inside Kremlin Politics: Conversations with Felix Chuev*, ed. Albert Resis (Chicago: Ivan R. Dee, 1993), pp. 226, 313.

99) Zaloga, *Target America*, pp. 121-4, 171-3.

100) ソ連とアメリカとによるドイツのロケット技術の利用については以下をみよ。Ibid. 115-21, 125-8; also McDougall, *The Heavens and the Earth*, pp. 41-55; and William B. Breuer, *Race to the Moon: America's Duel with the Soviets* (Westport, Conn.: Praeger, 1993).

101) *Khrushchev Remembers: The Last Testament*, p. 46.

102) *Khrushchev Remembers*, p. 444. See also Horelick and Rush, *Strategic Power and Soviet Foreign Policy*, p. 29.

103) Zaloga, *Target America*, pp. 145-6.

104) ここでは当時10代であった私が強く印象づけられたことを一次史料としたい。

105) Memorandum, NSC meeting, 1 Dec. 1955, *FRUS: 1955-7*, xix. 169.

106) Memorandum, Eisenhower meeting with scientific advisers, 15 Oct. 1957, ibid. 609 (emphasis added). See also James R. Killian, Jr., *Sputnik, Scientists, and Eisenhower: A Memoir of the First Special Assistant to the President for Science and Technology* (Cambridge, Mass.: MIT Press, 1977), pp. 14-15.

107) *Khrushchev Remembers: The Last Testament*, pp. 53-4.

108) *Khrushchev Remembers: The Glasnost Tapes*, p. 188.

109) *Khrushchev Remembers: The Last Testament*, p. 47.

110) See McDougall, *The Heavens and the Earth*, pp. 235-6; also Zubok and Pleshakov, *Inside the Kremlin's Cold War*, p. 197.

111) Horelick and Rush, *Strategic Power and Soviet Foreign Policy*, pp. 18, 27-9; also Allen W. Dulles, *The Craft of Intelligence* (New York: Harper & Row, 1963), p. 149; John Prados, *The Soviet Estimate: US Intelligence Analysis and Russian Military Strength* (New York: Dial Press, 1982), pp. 38-50; and Dino A. Brugioni, *Eyeball to Eyeball: The Inside Story of the Cuban Missile Crisis* (New York: Random House, 1991), pp. 8-10.

112) *Khrushchev Remembers: The Glasnost Tapes*, p. 187. See also Horelick and Rush, *Strategic Power and Soviet Foreign Policy*, pp. 29-30.

113) Micunovic diary, 12 Nov. 1956, in Micunovic, *Moscow Diary*, pp. 156-7.

114) See Horelick and Rush, *Strategic Power and Soviet Foreign Policy*, pp. 31, 212, 216; Richter, *Khrushchev's Double Bind*, pp. 93-4; and Zubok and Pleshakov, *Inside the Kremlin's Cold War*, pp. 191-2.

115) Memorandum, NSC meeting, 28 June 1957, *FRUS: 1955-7*, xxiv. 119-20. またジョン・フォスター・ダレスとアレン・ダレスの電話記録をみよ。The transcript of a telephone conversation between John Foster Dulles and Allen Dulles, 8 July 1957, ibid. 146. 類似する分析として以下を参照。Zubok and Pleshakov, *Inside the Kremlin's Cold War*, p. 177.

116) See Micunovic, Moscow Diary, p. 114.

117) Micunovic diary, 31 Oct. 1957, ibid. 311. See also Wohlforth, *The Elusive Balance*, pp. 157-60.

118) Horelick and Rush, *Strategic Power and Soviet Foreign Policy*, p. 42; Zagoria, The Sino-Soviet Conflict, pp. 156-7. その発言の著作権が自分にあることをフルシチョフが後に認めたことついては以下をみよ。*FRUS: 1958-60*, x. 365.

119) Horelick and Rush, *Strategic Power and Soviet Foreign Policy*, pp. 43-5, 49.

120) Zaloga, *Target America*, pp. 150-4, 191. See also *Khrushchev Remembers: The Last Testament*, pp. 46-8.

121) Quoted in Robert A. Divine, *The Sputnik Challenge* (New York: Oxford University Press, 1993), p. 44.

122) For the Gaither Committee report, See Prados, *The Soviet Estimate*, pp. 67-75; also Bundy, *Danger and Survival*, pp. 335-7; Roman, *Eisenhower and the Missile Gap*, pp. 31-4.

123) Divine, *The Sputnik Challenge*, p. 177. See also Joseph W. Alsop, with Adam Platt, *"I've Seen the Best of It": Memoirs* (New York: Norton, 1992), pp. 413-14; and Edwin M. Yoder, Jr., *Joe Alsop's Cold War: A Study of Journalistic Influence and Intrigue* (Chapel Hill: University of North Carolina Press, 1995), pp. 168-73.

124) Eisenhower radio-television address, 7 Nov. 1957, *Eisenhower Public Papers: 1957*, esp. pp. 789-94. このスピーチの反響については以下をみよ。Divine, *The Sputnik Challenge*, pp. 45-7.

125) Philip Nash, "The Other Missiles of October: Eisenhower, Kennedy, and the Jupiters in Europe, 1957-1963," (Ph.D. dissertation, Ohio University, 1994), pp.12-57.

126) See Micunovic, *Moscow Diary*, pp. 327, 338, 340.

127) Nash, "The Other Missiles of October," pp. 13, 33. See also Zubok and Pleshakov, *Inside the Kremlin's Cold War*, pp. 159-60. Trachtenberg, *History and Strategy*, pp. 170-91. の慎重な論議も参照。

128) 私は以下からこの適切な暗喩を借用した。Vladislav M. Zubok, "Khrushchev's Motives and Soviet Diplomacy in the Berlin Crisis, 1958-1962," paper prepared for a CWIHP conference on "The Soviet Union, Germany, and the Cold War," Essen, Germany, June 1994, p. 37.

129) Richter, *Khrushchev's Double Bind*, pp. 101-3; Zubok and Pleshakov, *Inside the Kremlin's Cold War*, pp. 195-6. 第5章を参照。

130) Horelick and Rush, *Strategic Power and Soviet Foreign Policy*, pp. 117-19.

131) Charles. W. Thayer notes, Khrushchev-Harriman conversation, 23 June 1959, *FRUS: 1958-60*, viii. 941-2, x. 269-81. ハリマンの反応について異なる解釈は以下をみよ。Rudy Abramson, *Spanning the Century: The Life of W. Averell Harriman, 1891-1986* (New York: William Morrow, 1992), pp. 573-4.

132) Quoted in Glenn T. Seaborg, *Kennedy, Khrushchev and the Test Ban* (Berkeley: University of California Press, 1981), p. 252. ぞっとさせる恫喝と卑俗な陽気さとが混在したフルシチョフの奇妙な性向を、以下はうまく説明している。Bundy, *Danger and Survival*, p. 365.

133) Memorandum, Harriman conversation with Christian A. Herter and other advisers, 10 July 1959, *FRUS: 1958-60*, x. 284-5.

134) Ann Whitman memorandum of Eisenhower comments, 1 July 1959, ibid. 295 n.; John S. D. Eisenhower memorandum, Eisenhower-Nixon conversation, 22 July 1959, ibid. 332. ニクソンはこの助言に従ったとはいえない。See Beschloss, *Mayday*, pp. 180-4.

135) Memorandum, Eisenhower conversation with Herter and Allen Dulles, 8 July 1959, *FRUS: 1958-60*, x. 307.

136) Whitman memorandum, 1 July 1959, ibid. 295 n.

137) 招待をめぐる事情については以下の編者註にまとめられている。Ibid. 309-11.また第5章をみよ。

138) フルシチョフの訪問については以下に適切な記述がある。Beschloss, *Mayday*, pp. 187-215. フルシチョフ自らの回想は以下をみよ。*Khrushchev Remembers: The Last Testament*, pp. 368-416.

139) See the memorandum of Vice President Nixon's conversation with Khrushchev during his visit to the Soviet Union, 26 July 1959, *FRUS: 1958-60*, x. 360; also a memorandum of Eisenhower's conversation with Nixon and Under-Secretary of State Douglas Dillon, 5 Aug. 1959, ibid. 383.

140) See the CIA's internal history of the CORONA Project, written in 1973 by Kenneth E. Greer, in Kevin C. Ruffner, ed., *CORONA: America's First Satellite Program* (Washington: CIA, 1995), pp. 11-12. その列車旅行についてのフルシチョフの回想では、車窓から見えるものについてではなく、その乗り心地の良さに言及している。*Khrushchev Remembers: The Last Testament*, pp. 389-90.

141) Quoted in Horelick and Rush, *Strategic Power and Soviet Foreign Policy*, p. 58.

142) Zaloga, *Target America*, pp. 190-2; Roman, *Eisenhower and the Missile Gap*, pp. 175-92.

143) Lodge to Herter, 9 Feb. 1960, *FRUS: 1958-60*, x. 507.

144) Robert Amory, quoted in Peter Grose, *Gentleman Spy: The Life of Allen Dulles* (Boston: Houghton Mifflin, 1994), p. 350. ピョートル・ポポフ中佐（Lt. Col. Pyotr Popov）の亡命については以下をみよ。Ibid. 357-9; also Ranelagh, *The Agency*, pp. 255-6.

145) これらの初期の偵察活動については以下をみよ。Prados, *The Soviet Estimate*, pp. 29-30; Beschloss, *Mayday*, pp. 77-8; Zubok and Pleshakov, *Inside the Kremlin's Cold War*, p. 189; also Robert S. Hopkins III, "An Expanded Understanding of Eisenhower, American Policy, and Overflights," unpublished paper presented at the annual conference of the Society for Historians of American Foreign Relations, Annapolis, Md., June 1995, esp. pp. 3-5.

146) Memorandum, Eisenhower-Eden-Faure conversation, Geneva, 17 July 1955, *FRUS: 1955-7*, v. 350.

147) この提案については以下をみよ。Ibid. 450-3.

148) See Beschloss, *Mayday*, pp. 98-105; McDougall, *The Heavens and the Earth*, pp. 118-20, 134; Divine, *The Sputnik Challenge*, pp. 4-6, 11-12; and John Lewis Gaddis, *The Long Peace: Inquiries into the History of the Cold War* (New York: Oxford University Press, 1987), pp. 198-9.

149) Memorandum, Eisenhower-Khrushchev conversation, Geneva, 22 July 1955, *FRUS: 1955-7*, v. 479-80. 国家安全保障会議におけるこの遣り取りに関するアイゼンハワーのコメントは以下をみよ。NSC meeting, 28 July 1955, ibid. 529-30.

150) Anatoly Dobrynin, *In Confidence: Moscow's Ambassador to America's Six Cold War Presidents (1962-1986)* (New York: Random House, 1995), pp. 147, 193-4, 424. ドブルイニンは、たとえそれが、アメリカがソ連による自国領空飛行を許容するか否かをみきわめるという目的からだけであったとしても、フルシチョフには「オープン・スカイ」構想を受け入れる用意があったが、政治局がそれを却下したのであると主張した（ibid. 37-8.）。しかしこれは先に引用した、フルシチョフはその提案を即座に拒否したというジュネーヴ首脳会談の史料と矛盾する。

151) Quoted in Beschloss, *Mayday*, p. 105.

152) Ibid. 80-93. See also Brugioni, *Eyeball to Eyeball*, p. 24; and Richard M. Bissell, Jr., with Jonathan E. Lewis and Frances T. Pudlo, *Reflections of a Cold Warrior: From Yalta to the Bay of Pigs* (New Haven: Yale University Press, 1996), pp. 94-110.

153) Ibid. 112-13; Brugioni, *Eyeball to Eyeball*, p. 302.

154) *Khrushchev Remembers: The Last Testament*, p. 444.

155) 一つの初期の例は、現在我々が承知しているように、朝鮮戦争におけるソ連空軍の大規模な介入であったかもしれず、アメリカの情報機関は当時これをおそらく知っていた。さらにこの点については第3章をみよ。

156) Ranelagh, *The Agency*, pp. 172-3; Zaloga, *Target America*, p. 88.

157) Memorandum, Eisenhower-McElroy conversation, 12 Feb. 1959, *FRUS: 1958-60*, x. 260-2. アイゼンハワーはここで、「オープン・スカイ」協定のもとで相互に合意された領空内の飛行ではなく、おそらく一方的な侵犯のことを考えていた。ソ連の能力に関して大統領がより早い時点で表明していた疑念については以下もみよ。Divine, *The Sputnik Challenge*, pp. 172-4.

158) Memorandum, Eisenhower-McElroy conversation, 12 Feb. 1959, *FRUS: 1958-60*, x. 261-2.

159) Greer, "Corona," in Ruffner, ed., *CORONA*, pp. 16-21. See also Prados, *The Soviet Estimate*, pp. 104-9.

160) Beschloss, *Mayday*, pp. 14-66. は最良の説明。以下にはその航空機の撃墜の事情についての新しい情報がある。Zaloga, *Target America*, pp. 158-9.

161) *Khrushchev Remembers: The Last Testament*, pp. 451, 455; also Zubok and Pleshakov, *Inside the Kremlin's Cold War*, pp. 202-5. アルバトフは、フルシチョフが会議に向けて真剣な準備をなにもしなかったし、会議を決裂させるためにU2を口実に使おうとしたと指摘している。Georgi Arbatov, *The System: An Insider's Life in Soviet Politics* (New York: Times Books, 1992), p. 96.

162) Dobrynin, *In Confidence*, p. 42. See also Tompson, *Khrushchev*, p. 225; and Fedor Burlatsky, *Khrushchev and the First Russian Spring: The Era of Khrushchev Through the Eyes of His Advisor*, trans. Daphne Skillen (New York: Scribner's, 1991), p. 156-7.

163) *Khrushchev Remembers: The Last Testament*, p. 452.

164) See Tompson, *Khrushchev*, pp. 223-4; also Divine, *The Sputnik Challenge*, pp. 41-2.

165) Zubok and Pleshakov, *Inside the Kremlin's, Cold War*, pp. 181-2.

166) *Khrushchev Remembers: The Last Testament*, pp. 449, 461.

167) Greer, "Corona," in Ruffner, ed., *CORONA*, pp. 21-2. 地上の解像度に関する数字は以下にある。Joint Mission Coverage Index for *Mission 9009: 18 August 1960*, ibid. 120.

168) NIE 11/8/1-61, "Strength and Deployment of Soviet Long Range Ballistic Missile Forces," 21 Sept. 1961, ibid. 130. See also Prados, *The Soviet Estimate*, pp. 117-18; and Fred Kaplan, *The Wizards of Armageddon* (New York: Simon & Schuster, 1983), pp. 286-90.

169) Quoted in Horelick and Rush, *Strategic Power and Soviet Foreign policy*, p. 83. See also Alsop, *"I've Seen the Best of It,"* p. 415.

170) Zaloga, *Target America*, pp. 152-4.

171) See Brugioni, *Eyeball to Eyeball*, pp. 44-5.

172) Beschloss, *Mayday*, p. 288. 衛星偵察の正当性に対するソ連の態度については以下をみよ。Bundy, *Danger and Survival*, p. 351; and Gaddis, *The Long Peace*, pp. 203-6.

173) Quoted in Horelick and Rush, *Strategic Power and Soviet Foreign Policy*, p. 81.

174) Quoted in James G. Blight, Bruce J. Allyn, and David A. Welch, *Cuba on the Brink: Castro, the Missile Crisis, and the Soviet Collapse* (New York: Pantheon, 1993), p. 130.

175) この問題に関する最良の論議は以下にある。Bundy, *Danger and Survival*, pp. 338-44.

176) Zagoria, *The Sino-Soviet Conflict*, p. 160; also Adam B. Ulam, *The Communists: The Story of Power and Lost Illusions, 1948-1991* (New York: Scribner's, 1992), pp.177-9.

177) *Khrushchev Remembers: The Last Testament*, pp. 255-7. See also Micunovic, *Moscow Diary*, p. 324; Lewis and Xue, *China Builds the Bomb*, pp. 67-8; and Li Zhisui, *The Private Life of Chairman Mao*, trans. Tai Hung-chao (New York: Random House, 1994), p. 125.

178) 第4章と第6章をみよ。

179) Lewis and Xue, *China Builds the Bomb*, p. 39. See also Gaddis, *The Long Peace*, pp. 184-5; Zubok and Pleshakov, *Inside the Kremlin's Cold War*, pp. 216-17; Shu Guang Zhang, *Deterrence and Strategic Culture: Chinese-American Confrontations, 1949-1958* (Ithaca: Cornell University Press, 1992), pp. 211-12.

180) アメリカの核戦力の脅威について次をみよ。Chang, *Friends and Enemies*, pp. 131-7. 金門、馬祖危機についてのもう一つの一般的な議論については以下を参照。Qiang Zhai, *The Dragon, the Lion, and the Eagle* (Kent, Ohio: Kent State University Press, 1994), pp. 153-77.

181) See Lewis and Xue, *China Builds the Bomb*, p. 38.

182) Ibid. 39-45, 61-2.

183) Li, *The Private Life of Chairman Mao*, pp. 206-7. おそらく李は1956年9月の第八回中国共産党大会時のミコヤンの北京訪問を記述しているのであろう。この緊迫した出会いとその後については以下をみよ、Zagoria, *The Sino-Soviet Dispute*, pp. 55-6; Micunovic, *Moscow Diary*, pp. 322-3. 毛沢東とソ連大使P・F・ユーディンの1958年7月22日の会談の速記録は以下にある。The minutes of a conver-

sation between Mao and Soviet ambassador P. F. Yudin, 22 July 1958, CWIHP *Bulletin* 6 and 7 (Winter 1995/6), 155.

184)　それは以下の見解である。Yang Kuisong, "On the Causes of the Changes in Mao Zedong's View of the Soviet Union," paper prepared for the CWIHP-University of Hong Kong conference on "The Cold War in Asia," Jan. 1996, pp. 27-9.

185)　*Khrushchev Remembers*, P. 519.

186)　Li, *The Private Life of Chairman Mao*, p. 262. 毛沢東の側からする別の不満の要因は、その年の始め、ロシア人が両国の海軍協力を提案するとともに、ソ連潜水艦との連絡のための長波無線施設を中国沿岸に建設する提案をしたことである。毛沢東はこれらの構想に対して中国の主権侵害であると見なし非常に激烈に反応した。この問題については以下をみよ。John Wilson Lewis and Xue Litai, *China's Strategic Seapower: The Politics of Force Modernization in the Nuclear Age* (Stanford: Stanford University Press, 1994), pp. 12-14.

187)　Quoted in Zhang, *Deterrence and Strategic Culture*, p. 235. レバノンと金門、馬祖危機の関係については以下を参照。Xiao-bing Li, "Making of Mao's Cold War: The 1958 Taiwan Straits Crisis Revised," pp. 11-12; and Zheng Yongping, "Formulating China's Policy on the Taiwan Straits Crisis in 1958," p. 3, both papers prepared for the CWIHP-University of Hong Kong conference on "The Cold War in Asia," Jan. 1996. 伝統的な解釈によれば、毛沢東は、1955年以来アメリカとの間で行ってきた大使級会談の失敗と、アメリカによる台湾への核搭載可能な爆撃機とミサイルの配備計画とに反応したことになっている。たとえば以下をみよ。Robert Garson, *The United States and China Since 1949: A Troubled Affair* (Teaneck, NJ: Fairleigh Dickinson University Press, 1994), pp. 70-1. こうした事態の進展が毛沢東に影響したことは疑いないが、今からみれば、レバノン危機はさらに直接的な原因であったように思われる。

188)　Li, *The Private Life of Chairman Mao*, pp. 237, 254.

189)　Quoted in Zubok and Pleshakov, *Inside the Kremlin's Cold War*, p. 223.

190)　Ibid. 224. See also the Soviet Central Committee's letter to the Chinese Central Committee, 27 Sept. 1958, CWIHP *Bulletin* 6 and 7 (Winter 1995/6), 226.

191)　Andrei A. Gromyko, *Memoirs* (New York: Doubleday, 1989), pp. 251-2. 中国側は、グロムイコが記述したような会話があったことを一貫して否定してきた。Zhang, *Deterrence and Strategic Culture*, pp. 254-5. しかし上記に引用したズボクとプレシャコフの説明は同時期のソ連公文書にもとづいており、また毛沢東の主治医も先に引用した1957年の会話のなかで類似した戦略の概要がかたられたことについて回想しており、フルシチョフも同年後半の毛沢東のモスクワ訪問時に同様のことを聞いている。*Khrushchev Remembers: The Last Testament*, pp. 256-7.

192)　Li, "Making of Mao's Cold War," pp. 12-13.

193)　Mao speeches to the Supreme State Council, 5 and 8 Sept. 1958, CWIHP *Bulletin* 6 and 7 (Winter 1995/6), 216-19.「縛り首の縄」戦略については以下をみよ。Li, "Making of Mao's Cold War," pp. 16-23; Zheng, "Formulating China's Policy on the Taiwan Straits Crisis in 1958," pp. 9-10; and Tao Wenzhao, "Relaxations and Tensions in Sino-American Relations, 1954-1958," paper prepared for the CWIHP-University of Hong Kong conference on "The Cold War in Asia," Jan. 1996, pp. 8-11.

194)　Mao Speech to the Supreme State Council, 5 Sept. 1958, CWIHP *Bulletin*, 6 and 7 (Winter 1995/6), 217. 砲弾の数については以下をみよ。Wu Xengxi, "Inside Story of the Decision Making during the Shelling of Jinmen," ibid. 210.

195)　Ibid. 218.

196)　Khrushchev to Eisenhower, 7 Sept. 1958, in Gillian King, ed., *Documents on International Affairs, 1958* (London: Oxford University Press, 1962), p. 187.

197)　Zagoria, *The Sino-Soviet Dispute*, p. 214; Chang, *Friends and Enemies*, pp. 192-3. それらの解釈は私と同じであり、ズボクの解釈とは異なる。彼はフルシチョフが「危機勃発の時、北京に賛同する事に決め、……そして1950年の2月の中ソ条約の精神と文言に忠実であることを実証した」と解釈している。Vladislav M. Zubok, "Khrushchev's Nuclear Promise," CWIHP *Bulletin* 6 and 7 (Winter

1995/6), 219.

198) Soviet Central Committee to Chinese Central Committee, 27 Sept. 1958, ibid. 226-7.

199) *Khrushchev Remembers: The Last Testament*, pp. 269-70.

200) Lewis and Xue, *China Builds the Bomb*, pp. 60-4.

201) Ibid. 308.

202) Quoted in Zagoria, *The Sino-Soviet Conflict*, pp. 278-9.

203) Ibid. 299-300.

204) *Khrushchev Remembers: The Last Testament*, p. 270.

205) 第7章をみよ。

206) Zagoria, *The Sino-Soviet Conflict*, p. 300.

207) Tompson, *Khrushchev*, p. 194. See also Horelick and Rush, *Strategic Power and Soviet Foreign Policy*, p. 38, 65-6.

208) Quoted in Richter, *Khrushchev's Double Bind*, p. 140. See also Zubok and Pleshakov, *Inside the Kremlin's Cold War*, pp. 250-1; and Hope M. Harrison, "Ulbricht and the Concrete 'Rose': New Archival Evidence on the Dynamics of Soviet-East German Relations and the Berlin Crisis, 1958-1961," CWIHP Working Paper 5 (May 1993), pp. 22-5.

209) 第5章をみよ。

210) 逸話風の証拠については以下を参照。The comments of former CIA official John Mapother in the Nuclear History Program Berlin Crisis Oral History Project *Transcripts* (College Park, Maryland: University of Maryland Center for International Security Studies, 1994), Interview 1, 9 Oct. 1990, p. 17.

211) Memorandum, Kennedy-Khrushchev conversation, 4 June 1961, *FRUS: 1961-3*, xiv. 89, 93. フルシチョフのケネディに対する態度は以下をみよ。Burlatsky, *Khrushchev and the First Russian Spring*, p. 162.

212) *Khrushchev Remembers: The Last Testament*, pp. 256-7.

213) See Michael R. Beschloss, *The Crisis Years: Kennedy and Khrushchev, 1960-1963* (New York: HarperCollins, 1991), pp. 26-8, 65-6, 189-91, 202; also William D. Fahey, "The Best Intentions: The Origins of the Gilpatric Speech" (MA thesis, Ohio University, 1993), pp. 24-31.

214) 前掲註168参照。

215) それらの議論の趣は、ライマン・レムニッツァー将軍の1961年9月7日のベルリン問題対策会議におけるメモにうまく捉えられている。General Lyman Lemnitzer's abbreviated notes from the 7 Sept. 1961 meeting of the Berlin Steering Group, *FRUS: 1961-3*, xiv. 397-8. See also the interviews in the Nuclear History Program Berlin Crisis Oral History Project *Transcripts*.

216) *Public Papers of the Presidents: John F. Kennedy, 1961*, pp. 533-40. アイゼンハワーとケネディの西ベルリン防衛に関する相違については以下をみよ。Bundy, *Danger and Survival*, pp. 371-8. また、国務省・国防省と比べてアイゼンハワーとダレスそれぞれのベルリンに関する相対的な柔軟性は以下に論議されている。Burr, "Avoiding the Slippery Slope," pp. 178, 199-205.

217) Llewellyn Thompson to State Department, 28 and 29 July 1961, *FRUS: 1961-3*, xiv. 233, 235.

218) Quoted in Beschloss, *The Crisis Years*, p. 263. See also Thompson to State Department, 28 July 1961, ibid. vii. 111-12.

219) 非公式な核実験の一時停止については以下に明快な説明がある。Divine, *Blowing on the Wind*, pp.213-40.

220) この問題については以下に広範囲に史料が収録されている。*FRUS: 1961-3*, vii. See slso Seaborg, *Kennedy, Khrushchev, and the Test Ban*, pp. 29-85; and Richter, *Khrushchev's Double Bind*, pp. 146-7.

221) Viktor Adamsky and Yuri Smirnov, "Moscow's Biggest Bomb: The 50-Megaton Test of Oct. 1961," CWIHP *Bulletin* 4 (Fall 1994), 20.

222) See Sakharov, *Memoirs*, pp. 221, 229; also Zubok and Pleshakov, *Inside the Kremlin's Cold War*, p. 253.

223) Ibid. 215-18. この水爆実験についてのフルシチョフ自身の回想は以下をみよ。*Khrushchev Remembers: The Last Testament*, pp. 68-71.

224) Adamsky and Smirnov, "Moscow's Biggest Bomb," p. 20; Sakharov, *Memoirs*, p. 218.

225) Adamsky and Smirnov, "Moscow's Biggest Bomb," pp. 3, 19.

226) Sakharov, *Memoirs*, p. 215.

227) Hannes Adomeit, *Soviet Risk-Taking and Crisis Behavior: A Theoretical and Empirical Analysis* (London: Allen & Unwin, 1982), p. 214.

228) Adamsky and Smirnov, "Moscow's Biggest Bomb," p. 20.

229) United States Arms Control and Disarmament Agency, *Documents on Disarmament, 1961* (Washington: Government Printing Office, 1962), pp. 544-5.

230) Fahey, "The Best Intentions," p. 34.

231) ここでは、私は上掲のファヘイの論旨に従っており、それはギルパトリックとエルスバーグへのインタビューにもとづいている。See also Bundy, *Danger and Survival*, pp. 381-2; Beschloss, *The Crisis Years*, pp. 329-32; Roger Hilsman, *To Move a Nation: The Politics of Foreign Policy in the Administration of John F. Kennedy* (New York: Dell, 1967), pp. 163-4; Gregg Herken, *Counsels of War* (New York: Knopf, 1985), pp. 140-2; Richard Ned Lebow and Janice Gross Stein, *We All Lost the Cold War* (Princeton: Princeton University Press, 1994), pp. 36-8. ヒレンブランド (Martin Hillenbrand) の指摘によれば、ギルパトリック発言の付随効果は、ミサイルギャップが存在しないことについて、その時点までは信頼すべき証拠を持たなかったアメリカ政府内の下僚たちを安心させたことであった。The Nuclear History Program Berlin Crisis Oral History Project *Transcripts* (Interview 2, 22 Feb. 1991, p. 126).

232) L. Frank Baum, *The Wizard of Oz* (New York: Puffin Books, 1982), p. 135.

233) Quoted in Beschloss, *The Crisis Years*, p. 332. See also Fahey, "The Best Intentions," p. 82.

234) Quoted in Horelick and Rush, *Strategic Power and Soviet Foreign Policy*, p. 85 n.

235) Beschloss, *The Crisis Years*, p. 349.

236) Memorandum by Ambassador Josef Hegen and Counselor Werner Wenning, Beijing, 1 Dec. 1961, quoted in Harrison, "Ulbricht and the Concrete 'Rose'," p. 53.

237) Scott D. Sagan, *Moving Targets: Nuclear Strategy and National Security* (Princeton: Princeton University Press, 1989), p. 25. See also Bundy, *Danger and Survival*, p. 322; and Roman, *Eisenhower and the Missile Gap*, P. 104.

238) Beschloss, *The Crisis Years*, p. 444.

第9章

1) これらは以下に引用されている。James G. Blight, Bruce J. Allyn, and David A. Welch, *Cuba on the Brink: Castro, the Missile Crisis, and the Soviet Collapse* (New York: Pantheon, 1993), p. 252.

2) Laurence Chang and Peter Kornbluh, eds., *The Cuban Missile Crisis, 1962: A National Security Archive Documents Reader* (New York: New Press, 1992), pp. 401-15. 本書には詳細な文献目録が含まれる。

3) こうした新しい見解は以下に典型的である。James A. Nathan, ed., *The Cuban Missile Crisis Revisited* (New York: St. Martin's Press, 1992). しかし以下も参照。Robert A. Divine, "Alive and Well: The Continuing Cuban Missile Crisis Controversy," *Diplomatic History* 18 (Fall 1994), 551-60.

4) George F. Kennan, *Memoirs: 1925-1950* (Boston: Atlantic Little, Brown, 1967), p. 368; John Lewis Gaddis, *Strategies of Containment: A Critical Appraisal of Postwar American National Security Policy* (New York: Oxford University Press, 1982), pp. 30-1.

5) William J. Tompson, *Khrushchev: A Political Life* (New York: St. Martin's Press, 1995), pp. 244-5; Vladislav Zubok and Constantine Pleshakov, *Inside the Kremlin's Cold War: From Stalin to Khrushchev* (Cambridge, Mass.: Harvard University Press, 1996), pp. 262-4.

6) この戦力比は1962年時点でのアメリカの保有する運搬可能な核弾頭が5000発、ソ連側300発と

いう見積もりによるが、ロバート・マクナマラは後者の数は恐らく過大評価であると認識していた。Blight et al., *Cuba on the Brink*, pp. 136-7. また、ソ連側の確証は以下にみることができる。Anatoli I. Gribkov and William Y. Smith, *Operation ANADYR: U.S. and Soviet Generals Recount the Cuban Missile Crisis* (Chicago: edition q, 1994), pp. 10-11. 以下ではICBMの戦力比が1962年初頭において9対1の割合でアメリカの優位にあったことが指摘されている。Barton J. Bernstein, "Reconsidering the Missile Crisis: Dealing with the Problems of the American Jupiters in Turkey," in Nathan, ed., *The Cuban Missile Crisis Revisited*, p. 65. 1952年における評価については、第6章を参照。

7) マングース工作に関する最近の評価については、以下のものを参照するとよい。Gribkov and Smith, *Operation ANADYR*, pp. 91-5, 105-7, 118-21; Raymond L. Garthoff, *Reflections on the Cuban Missile Crisis*, rev. edn. (Washington: Brookings Institution, 1989), pp. 6-9, 31-3, 122; and Richard M. Bissell, Jr., with Jonathan E. Lewis and Frances T. Pudlo, *Reflections of a Cold Warrior: From Yalta to the Bay of Pigs* (New Haven: Yale University Press, 1996), pp. 199, 203. 以下ではカストロ暗殺計画についてのケネディの認識が論議されている。Richard Reeves, *President Kennedy: Profile of Power* (New York: Simon & Schuster, 1993), pp. 263-7, 335-7. マングース工作に関する当時の報告や関連するソ連のキューバ大使アレクサンドル・アレクセーエフの活動に関する1962年9月7日付の文書は以下を参照。The CWIHP *Bulletin* 5 (Spring 1995), pp. 63-4.

8) James G. Hershberg, "Before 'The Missile of October': Did Kennedy Plan a Military Strike Against Cuba?" in Nathan, ed., *The Cuban Missile Crisis Revisited*, pp. 237-80.

9) "Notes Taken from Transcripts of Meetings of the Joint Chiefs of Staff, October-November 1962, Dealing with the Cuban Missile Crisis." 最近情報公開法による請求によって公開された、この文書を利用するにあたってフィリップ・ナッシュ (Philip Nash) の援助を得た。

10) Blight et al., *Cuba on the Brink*, p. 41. See also Garthoff, *Reflections on the Cuban Missile Crisis*, p. 9.

11) Soviet transcript, Mikoyan-Castro conversation, 4 Nov. 1962, CWIHP *Bulletin* 5 (Spring 1995), 96.

12) *Khrushchev Remembers: The Glasnost Tapes*, trans. and ed. Jerrold L. Schecter and Vyacheslav V. Luchkov (Boston: Little, Brown, 1990), p. 170.

13) Quoted in Blight et al., *Cuba on the Brink*, p. 203. See also ibid. 124.

14) Soviet transcript, Mikoyan-Castro meeting, 4 Nov. 1962, CWIHP *Bulletin* 5 (Spring 1995), 96.

15) Gribkov and Smith, *Operation ANADYR*, p. 10. See also Richard Ned Lebow and Janice Gross Stein, *We All Lost the Cold War* (Princeton: Princeton University Press, 1994), p. 28.

16) Blight et al., *Cuba on the Brink*, p. 77. 戦略バランスについての二つの異なる解釈については以下をみよ。Garthoff, *Reflections on the Cuban Missile Crisis*, pp.21-4; and Robert E. Quirk, *Fidel Castro* (New York: Norton, 1993), pp. 413-16.

17) Gromyko to CPSU Central Committee, 19 Oct. 1962, ibid. 66-7. See also Lebow and Stein, *We All Lost the Cold War*, p. 112; Andrei Gromyko, *Memoirs*, trans. Harold Shukman (New York: Doubleday, 1990), pp. 176-8; and Anatoly Dobrynin, *In Confidence: Moscow's Ambassador to America's Six Cold War Presidents (1962-1986)* (New York: Times Books, 1995), pp. 77-8.

18) *Time* 73 (13 Apr. 1959), 22. この引用については以下を参考にした。Philip Nash, "The Other Missiles of October: Eisenhower, Kennedy, and the Jupiters in Europe, 1957-1963" (Ph.D. dissertation, Ohio University, 1994), pp. 1-57. 本論文では1957年のNATOによる中距離・準中距離ミサイルの配備をめぐる決定について最良の説明がなされている。

19) Ibid. 58-191. トルコにおけるジュピターミサイルが作戦可能になった日時については以下をみよ。Ibid. pp. 170-1; also in Garthoff, *Reflections on the Cuban Missile Crisis*, p. 60. 配備を進行させたケネディの決定に関する資料は以下をみよ。*FRUS: 1961-3*, xvi. 702-4.

20) Michael R. Beschloss, *The Crisis Years: Kennedy and Khrushchev, 1960-1963* (New York: HarperCollins, 1991), p. 444. 第8章も参照。「博士の異常な愛情」の中のエピソードとの示唆に富む比較は以下をみよ。Nash, "The Other Missiles of October," pp. 193-4. ジュピターは実際には中距離ミサ

イルではなく、準中距離ミサイルであった。

21) Memorandum, Nixon-Khrushchev conversation, 26 July 1959, *FRUS: 1958-60*, x. 363.

22) Quoted in Nash, "The Other Missiles of October," p. 165. フルシチョフがイランにアメリカのミサイルが配備されていると考えていたことは間違いであった。これについてのグロムイコとラスクの長い会談については以下を参照。Gromyko to the CPSU Central Committee, 20 Oct. 1962, CWIHP *Bulletin* 5 (Spring 1995), 67-9; also Gromyko, *Memoirs*, pp. 178-9.

23) この話はフルシチョフの女婿（Alexei Adzhubei）が BBC 放送のテレビドキュメンタリー "The Cuban Missile Crisis" の第 1 部で語ったものである。See also Nash, "The Other Missiles of October," pp. 174-5.

24) *Khrushchev Remembers* trans. and ed. Strobe Talbott (New York: Bantam, 1971), p. 547. See also Garthoff, *Reflections on the Cuban Missile Crisis*, pp. 12-16, Blight et al., *Cuba on the Brink*, p. 344; またミコヤン（Sergo Mikoyan）の見解は以下をみよ。James G. Blight and David A. Welch, *On the Brink: Americans and Soviets Reexamine the Cuban Missile Crisis* (New York: Hill & Wang, 1989), p. 239; and Fedor Burlatsky, *Khrushchev and the First Russian Spring: The Era of Khrushchev Through the Eyes of His Advisor*, trans. Daphne Skillen (New York: Scribner's, 1991), p. 171.

25) Zubok and Pleshakov, *Inside the Kremlin's Cold War*, p. 260; Lebow and Stein, *We All Lost the Cold War*, pp. 48, 91; Nash, "The Other Missiles of October," pp. 176-7.

26) Blight et al., *Cuba on the Brink*, pp. 83, 198, 200; also pp. 242-3. カストロは1987年 1 月にソ連の高官との会談の席で、同様の言葉で自分の考えを語っている。See Georgy K. Shakhnazarov, "Fidel Castro, Glasnost, and the Caribbean Crisis," CWIHP *Bulletin* 5 (Spring 1995), 88-9.

27) Gribkov and Smith, *Operation ANADYR*, p. 20. カストロの動機に関するやや異なる解釈については以下をみよ。Blight et al., *Cuba on the Brink*, pp. 345-7.

28) Ibid. 254.

29) Ibid. 346-7; also Philip Brenner, "Thirteen Months: Cuba's Perspective on the Missile Crisis," in Nathan, ed., *The Cuban Missile Crisis Revisited*, pp. 193-4.

30) See Zubok and Pleshakov, *Inside the Kremlin's Cold War*, p. 260.

31) Blight et al., *Cuba on the Brink*, p. 254. See also Shakhnazarov, "Fidel Castro, Glasnost, and the Caribbean Crisis," p. 89.

32) Blight et al., *Cuba on the Brink*, p. 85; Blight and Welch, *On the Brink*, pp. 40-2; Garthoff, *Reflections on the Cuban Missile Crisis*, p. 24.

33) アメリカ側がキューバにソ連の準中距離ミサイルを発見した後、そしてその情報を公表する以前の10月18日に、ディーン・ラスクとこの問題について議論した際のグロムイコの説明については以下をみよ。Gromyko to CPSU Central Committee, 20 Oct. 1962, CWIHP *Bulletin* 5 (Spring 1995), 68.

34) 1962年11月 4 日のミコヤンとカストロの会談についてのソ連側の記録は以下を参照。Ibid. p. 97. See also *Khrushchev Remembers: The Glasnost Tapes*, p. 171.

35) 同じことが以下で主張されている。Lebow and Stein, *We All Lost the Cold War*, p. 63.

36) 第 3 章を参照。

37) Garthoff, *Reflections on the Cuban Missile Crisis*, p. 17; Beschloss, *The Crisis Years*, pp. 398-9. 条約の原文については以下をみよ。Gribkov and Smith, *Operation ANADYR*, pp. 185-8.

38) Ibid. 9, 17, 26-8. See also Blight et al., *Cuba on the Brink*, pp. 58-61; and Garthoff, *Reflections on the Cuban Missile Crisis*, p. 20.

39) ソ連のミサイル基地建設とその発見の経緯については以下を参照。Dino A. Brugioni, *Eyeball to Eyeball: The Inside Story of the Cuban Missile Crisis* (New York: Random House, 1991), pp. 56-217. CIA の情報評価の例として以下を参照。Mary S. McAuliffe, ed., *CIA Documents on the Cuban Missile Crisis* (Washington: CIA, 1992), pp. 1-137.

40) Garthoff, *Reflections on the Cuban Missile Crisis*, pp. 35-6.

41) Gribkov and Smith, *Operation ANADYR*, pp. 15, 21, 55.

42) 1962年11月4日のミコヤンとカストロの会談に関するソ連側の記録は以下をみよ。CWIHP *Bulletin* 5 (Spring 1995), 97.

43) Gribkov and Smith, *Operation ANADYR*, pp. 51-2; Brugioni, *Eyeball to Eyeball*, pp.197-9.

44) この点についてのカストロの認識については以下をみよ。Blight et al., *Cuba on the Brink*, pp. 199, 251; also Gribkov and Smith, *Operation ANADYR*, p. 70.

45) Blight et al., *Cuba on the Brink*, p. 200.

46) Beschloss, *The Crisis Years*, pp. 425-6, 500; Garthoff, *Reflections on the Cuban Missile Crisis*, pp. 29, 47-8. ボルシャコフは後に、キューバに攻撃兵器は持ち込んでいないと言うフルシチョフの保証を伝達したとき、彼はその時点でのミサイル配備を承知していなかったと主張している。これについては以下も参照。Blight et al., *Cuba on the Brink*, pp. 207-8. またカストロは、「攻撃兵器」と「防御兵器」との区別が人為的であったことを認めている。

47) Gribkov and Smith, *Operation ANADYR*, p. 15.

48) Lebow and Stein, *We All Lost the Cold War*, p. 87 (emphasis in original). See also ibid.105.

49) Bernstein, "Reconsidering the Missile Crisis," p. 68; also McGeorge Bundy, *Danger and Survival: Choices About the Bomb in the First Fifty Years* (New York: Random House, 1988), p. 417.

50) Beschloss, *The Crisis Years*, pp. 442-3; Blight et al., *Cuba on the Brink*, pp. 136-7. See also Bundy, *Danger and Survival*, p. 448.

51) Lebow and Stein, *We All Lost the Cold War*, pp. 79, 95-8; Hershberg, "Before 'The Missiles of October'," pp. 260-1; Beschloss, *The Crisis Years*, pp. 414-15. キーティングの情報源については、ワシントンの内部情報にくわしい人物の信頼できる推測、とする以上には決して明らかにされなかった。Gribkov and Smith, *Operation ANADYR*, pp. 108-9.

52) Quoted in Chang and Kornbluh, eds., *The Cuban Missile Crisis*, p. 355. ケネディ大統領は9月13日にも同様の発言をしている。

53) Dobrynin, *In Confidence*, pp. 79-80. カストロは1992年に、「我々はソ連人よりもアメリカ人のことをよく知っていると常に信じていたし、あるいは少なくとも当時信じていた」と語っている。Blight et al., *Cuba on the Brink*, p. 91. しかしラウル・カストロは危機の少し前にアメリカからの脅威に直面しているキューバに対する支援についてのソ連の公式声明が「市井のラテンアメリカ人にとっても、アメリカ合衆国の人々にとってもきわめて明確なものであった」との自信を露わにしていた。Alekseev to Soviet Foreign Ministry, 11 Sept. 1962, CWIHP *Bulletin* 5 (Spring 1995), 65.

54) Nash, "The Other Missiles of October," pp. 204-5.

55) See Donald Kagan, *On the Origins of War and the Preservation of Peace* (New York: Doubleday, 1995) p. 504. 本書では1939年3月にヒトラーがミュンヘン協定を破棄してチェコスロヴァキア全土を併合したことに対するイギリス首相ネヴィル・チェンバレンの激しい反応と、それに対する広範な民衆の支持について記されている。Beschloss, *The Crisis Years*, pp. 414-30. この研究ではミサイル危機直前にケネディが直面していた国内の政治的圧力について興味深い論議がなされている。この問題についてはさらに以下を参照。Bundy, *Danger and Survival*, pp. 412-13; and Lebow and Stein, *We All Lost the Cold War*, pp. 95-8.

56) これらの論点についての説明は以下を参照。Scott Sagan, *The Limits of Safety: Organizations, Accidents, and Nuclear Weapons* (Princeton: Princeton University Press, 1993), pp. 53-5.

57) Bundy, *Danger and Survival*, p. 461. ケネディの判断についてはp. 453. をみよ。

58) 以下はなぜ事故が起きたのかについての理論的な研究のすぐれた概観である。Sagan, *The Limits of Safety*, pp. 11-52.

59) Soviet transcript, Mikoyan conversations with Castro and Guevara, 3 and 5 Nov. 1962, CWIHP *Bulletin* 5 (Spring 1995), pp. 93, 108. See also Lebow and Stein, *We All Lost the Cold War*, p. 116; Quirk, *Fidel Castro*, pp. 434, 443-5; and Vladislav M. Zubok, "'Dismayed by the Actions of the Soviet Union': Mikoyan's Talks with Fidel Castro and the Cuban Leadership, November, 1962," CWIHP *Bulletin* 5 (Spring 1995), pp. 59, 89-92.

60) Beschloss, *The Crisis Years*, pp. 544-5. See also Blight et al., *Cuba on the Brink*, p. 357; and Gribkov

and Smith, *Operation ANADYR*, p. 176.

61) そうした議論の例としてバーンスタインの初期の論文も含まれた以下を参照。Bernstein, "Reconsidering the Missile Crisis," p. 56.

62) Ibid. 57; Lebow and Stein, *We All Lost the Cold War*, pp. 123-5.

63) テープ録音をめぐる状況は以下をみよ。Marc Tractenberg, "White House Tapes and Minutes of the Cuban Missile Crisis: ExCom Meetings, October, 1962," in Sean M. Lynn-Jones, Steven E. Miller, and Stephen Van Evera, eds., *Nuclear Diplomacy and Crisis Management* (Cambridge, Mass.: MIT Press, 1990), pp. 283-9.

64) Transcript, ExComm meeting of 27 Oct. 1962, in Chang and Kornbluh, eds., *The Cuban Missile Crisis*, p. 216.

65) Dobrynin to Soviet Foreign Ministry, 27 Oct. 1962, CWIHP *Bulletin* 5 (Spring 1995), 79-80. See also Dobrynin, *In Confidence*, pp. 86-91; Bundy, *Danger and Survival*, pp. 432-3; and Lebow and Stein, *We All Lost the Cold War*, pp. 125-7. セオドア・ソレンセンは、大統領がキューバとトルコのミサイルを取り引きすることを明白に認めていたことを示すいかなる兆候も覆い隠そうとして、ロバート・ケネディが遺した危機に関する説明を書き直す責任を引き受けた。こうしたケネディ大統領の名声を死守しようとする歴史記述の別の例として以下をみよ。James G. Hershberg, "Anatomy of a Controversy: Anatoly F. Dobrynin's Meeting with Robert F. Kennedy, Saturday, 27 October 1962," CWIHP *Bulletin* 5 (Spring 1995), pp. 75-80.

66) 1962年11月はじめのミコヤンとカストロの会談は、ミコヤンがトルコのミサイルが取引の一部であると理解していたことを明らかにしている。実際、彼はグアンタナモのアメリカ海軍基地ではなく、ジュピター・ミサイルの撤去をロシアが主張した理由について説明しなければならないことに気づいていた。しかしながらミコヤンはロシア側が、ミサイル危機が現に進行中、ケネディが考えていた程にはトルコのミサイルが重要であるとはみていなかったことを示唆している。ミコヤンの主張によれば、フルシチョフはそれを取引に含めるという考え方をウォルター・リップマンのコラムから思いついたとしている。Walter Lippmann column in the *Washington Post* on 25 Oct. CWIHP *Bulletin* 5 (Spring 1995), pp. 98-9. フルシチョフは、その時までにトルコとイタリアのミサイルは老朽化のために「象徴的な」重要性しかなかったことを確認している。*Khrushchev Remembers: The Last Testament*, trans. and ed. Strobe Talbott (Boston: Little, Brown, 1974), p. 512. See also Lebow and Stein, *We All Lost the Cold War*, pp. 134-5.

67) Blight and Welch, *On the Brink*, pp. 83-4; Garthoff, *Reflections on the Cuban Missile Crisis*, pp. 95-6.

68) Bernstein, "Reconsidering the Missile Crisis," pp. 100-1; Lebow and Stein, *We All Lost the Cold War*. pp. 127-30.

69) Quoted in Nash, "The Other Missiles of October," p. 209.

70) Ibid. See also Bernstein, "Reconsidering the Missile Crisis," p. 90; Lebow and Stein, *We All Lost the Cold War*, pp. 119-20; and Gribkov and Smith, *Operation ANADYR*, p. 138.

71) See Elizabeth Cohn, "President Kennedy's Decision to Impose a Blockade in the Cuban Missile Crisis: Building Consensus in the ExComm After the Decision," in Nathan, ed., *The Cuban Missile Crisis Revisited*, pp. 219-35.

72) Divine, "Alive and Well," p. 559.

73) 以下はこの問題に関する古典的な業績である。Roberta Wohlstetter, *Pearl Harbor: Warning and Decision* (Stanford: Stanford University Press, 1962).

74) 以下は防衛準備態勢（デフコン）システムに関する明確な論議を提供している。Sagan, *The Limits of Safety*, pp. 62-5. 真珠湾のアナロジーの重要性については以下を参照。Kagan, *On the Origins of War*, p. 506.

75) これらの論点についてはこの後の四つの段落とともに以下に大きく依拠している。Sagan, *The Limits of Safety*, esp. chs. 2 and 3.

76) See Quirk, *Fidel Castro*, p. 417.

77) Garthoff, *Reflections on the Cuban Missile Crisis*, p. 46.

78) Gribkov and Smith, *Operation ANADYR*, pp. 26-7, 45-6. これらの数は1992年当時にグリブコフによって提供された情報を訂正している。See Blight et al., *Cuba on the Brink*, pp. 58-65, 352-5.

79) Zubok and Pleshakov, *Inside the Kremlin's Cold War*, p. 265. 本書はソ連から164個の核「爆発物」が送られたと主張している。

80) Quoted in Blight et al., *Cuba on the Brink*, p. 351.

81) Gribkov and Smith, *Operation ANADYR*, pp. 63-4. See also, pp. 5, 27. フルシチョフ自身の海軍の展開に関する回想は以下をみよ。*Khrushchev Remembers: The Glasnost Tapes*, p. 172.

82) Gribkov and Smith, *Operation ANADYR*, pp. 139-41; Bundy, *Danger and Survival*, p. 425; Garthoff, *Reflections on the Cuban Missile Crisis*, pp. 37-40. キューバにおける核兵器の探索については以下も参照。Brugioni, *Eyeball to Eyeball*, pp. 538-48.

83) Gribkov and Smith, *Operation ANADYR*, p. 65.

84) さらなる反実仮想の考察については次をみよ。Ibid. 64-6, 173-8.「現代人にとって、恐怖と利害が諸国家を戦争へと駆り立てることは意外なことではない。しかし名誉に関わることが戦争を導くことは奇妙に思われるかもしれない。我々が名誉を名声、栄光や光輝さなどの意味で捉えれば、それはより以前の時代にのみあてはまるものである。しかしながらもし我々が、その意味を、尊敬、敬意、然るべき処遇、尊重、威信などとして理解するならば、現代世界においても諸国家の重要な動機でありうることを悟るであろう」。Donald Kagan, *On the Origins of War*, p. 8.

85) Soviet transcript, Castro-Mikoyan conversation, 3 Nov. 1962, CWIHP *Bulletin* 5 (Spring 1995), p. 94.

86) Mark Kramer, "The 'Lessons' of the Cuban Missile Crisis for Warsaw Pact Nuclear Operations," ibid. 110, 112. See also Gribkov and Smith, *Operation ANADYR*, pp. 6, 43, 62-3. 本書はプリーエフが実際に弾頭を動かしていたと主張している。また以下はいくつかの弾頭がミサイルに装着されていたことについてのアメリカの偵察写真の根拠について示唆している。Brugioni, *Eyeball to Eyeball*, pp. 547-8.

87) Gribkov and Smith, *Operation ANADYR*, p. 57; Blight et al., *Cuba on the Brink*, p. 86.

88) Castro to Khrushchev, 28 Oct. 1962, ibid. 484.

89) Gribkov and Smith, *Operation ANADYR*, p.67. 以下のグリブコフの見解も参照。Blight et al., *Cuba on the Brink*, pp. 104-5, 113-14; and Garthoff, *Reflections on the Cuban Missile Crisis*, pp. 82-5.

90) Blight et al., *Cuba on the Brink*, p. 108.

91) プリーエフについては以下を参照。Garthoff, *Reflections on the Cuban Missile Crisis*, pp. 18-19; Zubok and Pleshakov, *Inside the Kremlin's Cold War*, p. 264; Gribkov and Smith, *Operation ANADYR*, p. 25; and Kramer, "The 'Lessons' of the Cuban Missile Crisis for Warsaw Pact Nuclear Operations," pp. 110, 112.

92) Castro to Khrushchev, 26 Oct. 1962, ibid. 481.

93) Khrushchev to Castro, 30 Oct. 1962, ibid. 486-7. See also *Khrushchev Remembers: The Glasnost Tapes*, pp. 177, 182-3. このメッセージに対するカストロの説明は、翻訳の難しさを強調している。Blight, et al., *Cuba on the Brink*, pp. 121-2, 478-80.

94) Khrushchev to Castro, 28 Oct. 1962, in ibid. 482.

95) *Khrushchev Remembers: The Glasnost Tapes*, p. 183.

96) 第8章を参照。

97) Beschloss, *The Crisis Years*, pp. 542-5. See also Reeves, *President Kennedy*, pp. 424-5.

98) John Lewis Gaddis, *Russia, the Soviet Union, and the United States: An Interpretive History*, 2nd edn. (New York: McGraw-Hill, 1990), p. 251. Khrushchev's admission is in *Khrushchev Remembers*, p. 553.

99) Ibid. 555.

100) *Khrushchev Remembers: The Glasnost Tapes*, p. 180.

101) Khrushchev to Castro, 30 Oct. 1962, in Blight et al., *Cuba on the Brink*, p. 488.

102) Soviet transcript, Mikoyan-Castro conversation, 4 Nov. 1962, CWIHP *Bulletin* 5 (Spring 1995), p. 97.

103) Zubok and Pleshakov, *Inside the Kremlin's Cold War*, p. 268; Gribkov and Smith, *Operation ANADYR*, p. 73; Tompson, *Khrushchev*, pp. 272-3; Khrushchev, *Khrushchev on Khrushchev*, pp. 156-7; Garthoff, *Reflections on the Cuban Missile Crisis*, p. 132.
104) フルシチョフ後のソ連の戦略ミサイルの増強に関する便利で生々しい描写は以下にみることができる。The CIA National Intelligence Estimate 11-3/8-76, "Soviet Forces for Intercontinental Conflict Through the Mid-1980s," 21 Dec. 1976, in Donald P. Steury, comp., *Estimates on Soviet Military Power, 1954 to 1984: A Selection* (Washington: CIA, 1994), p. 253.
105) この可能性を最も強く主張しているのは以下である。Hershberg, "Before 'The Missiles of October'".
106) Garthoff, *Reflections on the Cuban Missile Crisis*, p. 127.
107) Blight et al., *Cuba on the Brink*, pp. 236-9; Quirk, *Fidel Castro*, pp. 480-3; also Carlos Lechuga, *In the Eye of the Storm: Castro, Khrushchev, Kennedy and the Missile Crisis*, trans. Mary Todd (Melbourne: Ocean Press, 1995), pp. 195-211.
108) この部分は以下の私の論文を敷衍したものである。John Lewis Gaddis, *The Long Peace: Inquiries into the History of the Cold War* (New York: Oxford University Press, 1987), pp. 215-45.
109) このシステムに関する古典的な分析は以下をみよ。Kenneth Waltz, *Theory of International Politics* (New York: Random House, 1979).

第10章

1) Warren I. Cohen, *America in the Age of Soviet Power, 1945-1991* (New York: Cambridge University Press, 1993), p. 261.
2) Eric Hobsbawm, *The Age of Extremes: A History of the World, 1914-1991* (New York: Pantheon, 1994), p. 614.
3) 歴史的な出来事の結末を知らずに予測しようと試みることから生じうる誤りの例として、以下を参照。John Lewis Gaddis, *The United States and the End of the Cold War: Implications, Reconsiderations, Provocations* (New York: Oxford University Press, 1992), pp. 133-54.
4) Michael J. Hogan and Thomas G. Paterson, eds., *Explaining the History of American Foreign Relations* (New York: Cambridge University Press, 1991) ; Anders Stephanson, "The United States," in David Reynolds, ed., *The Origins of the Cold War in Europe: International Perspectives* (New Haven: Yale University Press, 1994), pp. 23-52. これらはこうした学派の解釈についてのわかりやすい概論となっている。
5) 重要な例外は以下の二書である。William H. McNeill, *America, Britain and Russia: Their Cooperation and Conflict* (New York: Johnson Reprint, 1970; originally published in 1953) ; and Louis J. Halle, *The Cold War as History* (New York: Harper & Row, 1967).
6) See Douglas J. Macdonald, "Communist Bloc Expansion in the Early Cold War: Challenging Realism, Refuting Revisionism," *International Security* 20 (Winter 1995/6), 152-88; また、より一般的な一連の不満については以下を参照。John Lewis Gaddis, "International Relations Theory and the End of the Cold War," ibid. 17 (Winter 1992/3), 5-58. 異なる視点からの現実主義批判については以下を参照。John Gerard Ruggie, "The False Premise of Realism," ibid. 20 (Summer 1995), 62-70.
7) 以下はこの点をさらに敷衍している。John Lewis Gaddis, "The Tragedy of Cold War History," *Diplomatic History* 17 (Winter 1993), 7-9.
8) See e.g. Halle, *The Cold War as History*, pp. 1-11.
9) ここではハンス・J・モーゲンソー (Hans J. Morgenthau) の影響が顕著である。とりわけ彼の *Politics Among Nations: The Struggle for Power and Peace* (New York: Knopf, 1948) はその後第5版まで版を重ねている。その他の著名な「現実主義者」の分析には以下のものがある。Edward Hallett Carr, *The Twenty Years' Crisis, 1919-1939: An Introduction to the Study of International Relations*

(New York: St. Martin's Press, 1939); Walter Lippmann, *U.S. Foreign Policy: Shield of the Republic* (Boston: Little, Brown, 1943); and George F. Kennan, *American Diplomacy: 1900-1950* (Chicago: University of Chicago Press, 1951).

10) Kenneth Waltz, *Theory of International Politics* (New York: Random House, 1979), pp. 183, 204.

11) やや異なる使われ方をしているが同様の比喩については以下を参照。Marshall D. Shulman, "The Superpowers: Dance of the Dinosaurs," *Foreign Affairs* 66 ("America and the World, 1987/8"), 494.

12) Geir Lundestad, "Empire By Invitation? The United States and Western Europe, 1945-1952," *Journal of Peace Research* 23 (Sept. 1986), 263-77.

13) さらなる論議については以下を参照。John Lewis Gaddis, "On Moral Equivalency and Cold War History," *Ethics and International Affairs* 10 (1996), 131-48.

14) Ibid. 142-5. 本節は前掲論文に依ったが、それは以下の文献に多くを負っている。Norman M. Naimark, *The Russians in Germany: A History of the Soviet Zone of Occupation, 1945-1949* (Cambridge, Mass.: Harvard University Press, 1995), pp. 69-140.

15) 赤軍将校へのインタヴュー参照。Pt. 1 of the British television series *Messengers From Moscow*; also Milovan Djilas, *Conversations with Stalin*, trans. Michael B. Petrovich (New York: Harcourt, Brace & World, 1962), p. 95.

16) Naimark, *The Russians in Germany*, pp. 120-1.

17) 私はとりわけ、ナショナル・ヒストリー・スタンダード (National History Standards)〔アメリカ連邦政府の教育省やその他の財団が後援している民間団体によって作成されたアメリカの初等中等教育における歴史教育の標準的教程〕の最初の草稿における冷戦史の取り扱いと、スミソニアン協会が原子爆弾投下に関する展示に失敗した試みを念頭に置いている。両者については前掲 "Moral Equivalency" に関する論文においてより詳細に論じている。また善と悪の同時代的な認識が冷戦史の記述の中で適切ではなかったという議論に関しては以下を参照。Michael J. Hogan, "State of the Art: An Introduction," in Hogan, ed., *America in the World: The Historiography of American Foreign Relations since 1941* (New York: Cambridge University Press, 1995), pp. 4-9.

18) 前掲註 9 の諸文献を参照。

19) Kennan, *American Diplomacy*, p. 66.

20) Kennan "long telegram" of 22 Feb. 1946, *FRUS: 1946*, vi. 709.

21) この論点は以下によって提起されている。Tony Smith, *America's Mission: The United States and the Worldwide Struggle for Democracy in the Twentieth Century* (Princeton: Princeton University Press, 1994), p. 156.

22) Henry Kissinger, *Diplomacy* (New York: Simon & Schuster, 1994), pp. 332-3.

23) See John Mueller, *Retreat from Doomsday: The Obsolescence of Major War* (New York: Basic Books, 1989).

24) James Gleick, *Chaos: The Making of a New Science* (New York: Viking, 1987). が有用な説明を提供している。

25) See Melvyn P. Leffler, "New Approaches, Old Interpretations, and Prospective Reconfigurations," *Diplomatic History* 19 (Spring 1995), 187-8.

26) ホーガン (Michael Hogan)、カミングス (Bruce Cumings)、そしてことに驚くべきはハント (Michael Hunt) の以下の論議を参照。Hogan, ed., *America in the World*, pp. 3-19, 127-39, 148-55.

27) 私の研究についてレフラー (Melvyn Leffler) が提起した問題点は以下を参照。"New Approaches, Old Interpretations, and Prospective Reconfigurations," p. 187; "Inside Enemy Archives: The Cold War Reopened," *Foreign Affairs* 75 (July/Aug., 1996), 121.

28) この点についてはさらに以下をみよ。John Lewis Gaddis, "Peace, Legitimacy, and the Post-Cold War World: Where Do We Go From Here?" in Geir Lundestad, ed., *The Fall of Great Powers: Peace, Stability, and Legitimacy* (New York: Oxford University Press, 1994), pp.351-68.

29) ミュラーはさらにそれを以下に論議している。Muller, *Retreat from Doomsday*, esp. pp. 3-13.

原　註

30)　私はグールド（Gould）のこの主張を1994年５月のオハイオ大学における報告で聞いた。